SIGMUN

L'INTERPRETAZIONE DEI SOGNI

TRADUZIONE DI KATERINE WERNER
INTRODUZIONE DI VITTORIA ARRIGONI

Finito di stampare nel mese di febbraio 2016
presso Puntoweb, Ariccia (RM)

Sommario

S. FREUD

L'INTERPRETAZIONE DEI SOGNI

Sigmund Freud: il percorso di un innovatore

Sigmund Freud viene universalmente riconosciuto come il fondatore della psicanalisi. Le teorie da lui elaborate hanno avuto un incredibile impatto su molti settori della cultura e hanno influito sulle ricerche antropologiche e di medicina psicosomatica degli studiosi che lo hanno seguito.

Primogenito di Jakob, un piccolo mercante ebreo e della terza moglie di questi, Amalie Nathanson, nasce a Freiburg nell'odierna Repubblica Ceca nel 1856. Si trasferisce con la famiglia a Vienna nel 1960 e lì s'iscrisse alla facoltà di medicina. Dotato di una intelligenza precoce, con una particolare inclinazione per la storia e per le lingue, antiche e moderne, frequentò il seminario filosofico e il corso di logica di F. Brentano, accanto alle lezioni di anatomia, chimica, fisica, botanica e zoologia. Nel corso dei suoi studi si imbatté in uno scienziato che assunse per lui il valore di maestro, il fisiologo E.W. Brücke. Nell'Istituto Fisiologico Freud portò a termine alcune ricerche di anatomia microscopica del sistema nervoso, che rivelarono il suo essere più portato all'osservazione che alla sperimentazione. Quest'atteggiamento in effetti faceva parte, in lui, di un interesse più generale per la natura e per tutto ciò che rappresenta un enigma, come dimostra il poscritto del 1927 alla memoria *Die Frage der Laienanalyse* ("Il problema dell'analisi profana", 1926).

Nel 1881 si laureò in medicina e, dietro consiglio di Brücke, che lo aveva invitato a riflettere sulla sua modesta condizione economica, rinunciò al lavoro di ricerca per dedicarsi alla pratica professionale. Durante il tirocinio nell'Ospedale Generale di Vienna entrò in contatto con il clinico medico e neurologo H. Nothnagel e con il neuropsichiatra T.H. Meynert. Quest'ultimo, insieme a Brücke, lo aiutarono a specializzarsi nel campo della neuropatologia, argomento di cui discusse la tesi. Nonostante avesse vinto un posto da assistente presso l'Ospedale, Freud cominciò a desiderare sempre di più di approfondire i suoi studi e le sue ricerche e così, grazie ad una borsa di studio, trascorse alcuni mesi a Parigi presso J.-M. Charcot, massima autorità europea della neuropatologia.

Il tempo trascorso all'ospedale di Parigi della Salpêtrière diede l'avvio ad una svolta che spostò l'attenzione di Freud e del mondo scientifico dalla medicina organicistica alla psicologia e alla psicopatologia, cambiamento che conferì una dimensione nuova dell'uomo e della vita.

Freud in questi anni lavorò fianco a fianco con lo studioso Charcot, il quale si dedicava allo studio delle patologie nervose senza lesioni riconoscibili, principalmente l'isteria e l'ipnosi. Su quest'ultima, il pensiero di Charcot e della sua scuola tentavano di sostenerne un rapporto con un antefatto traumatico, mentre a Nancy A.-A. Liébeault e H. Bernheim ritenevano che l'ipnosi potesse essere praticata su qualsiasi persona, con l'impiego della "suggestione".

Freud restò presso Charcot dall'ottobre 1885 al febbraio dell'anno successivo; poi si trasferì a Nancy e, sulla base delle esperienze di Bernheim intuì l'esistenza di "potenti processi mentali" esclusi dalla sfera cosciente. In questo periodo Freud si sposa con Martha Bernays, che diventerà la madre dei suoi figli e la compagna di tutta una vita. Per quanto riguarda la pratica professionale, da una parte si rimise a lavorare nella ricerca di laboratorio, dall'altra si dedicò alla traduzione in tedesco dei testi di Bernheim (*De la suggestion* e *Hypnotisme*) e di Charcot (*Leçons du mardi*), che contribuirono a fare di lui un portatore di idee nuove, nonostante la poca considerazione che queste ultime ebbero negli ambienti ufficiali.

Freud comincia a maturare sempre di più come medico psicopatologo e neurologo, specializzazione quest'ultima confermata dai lavori compiuti sulle afasie e sulle monoplegie e diplegie infantili.

A partire dal 1887 Freud iniziò a collaborare con Breuer. Da questa collaborazione, che durò sino al 1895, Freud ricavò alcune acquisizioni che resteranno essenziali per la cura dell'isteria e di altre nevrosi. I risultati di questo lavoro comune furono pubblicati nell'opera *Studi dell'isteria* del 1895. Ma, dopo pochi anni dalla pubblicazioni degli *Studi*, per divergenze intellettuali e una sostanziale diversità di interessi, tra i due studiosi ci fu un graduale allontanamento.

A partire dal 1895 Freud iniziò la propria autoanalisi che si concluse nel 1900. Poi, nel 1902, ottenne la carica di professore straordinario all'Università di Vienna dove aveva già ricoperto una carica in passato e, in seguito, nel 1920, quella di professore ordinario. Questi riconoscimenti erano il frutto del prestigio che andava conquistandosi come neuropatologo, dato che in quegli anni la psicoanalisi era ancora fraintesa o ritenuta scandalosa e pertanto era oggetto di accuse e di polemiche.

Il termine "psicanalisi" compare la prima volta nel 1896, in francese e in tedesco, quando la psicologia freudiana definisce chiaramente il suo carattere di teoria non descrittiva, ma causale, cioè interessata alle motivazioni riposte dell'accadere psichico.

Concetti come la sessualità e la libido, la censura e la difesa, la rimozione, lo spostamento e la proiezione, il compromesso sintomatico e il falso nesso, il ricordo di copertura e l'abreazione vengono elaborati e definiti da Freud con straordinaria originalità, e vengono accompagnati dallo studio di casi clinici e dall'autoanalisi, arricchita quest'ultima dalle scoperte della situazione edipica e della motivazione del sogno.

Nel 1902 nacque un primo gruppo di Vienna, con la figura di Otto Rank come segretario, nel quale si accesero le prime discussioni di ordine concettuale tra i partecipanti. Nel 1907 si strinsero i primi rapporti con il professor Bleuler e i suoi assistenti Eitington e Jung, che diedero vita ben presto alla pubblicazione di una rivista di settore denominata "*Jahrbuch fuer Psychologie und Psychopathologie*". Grazie a questa collaborazione la psicoanalisi si diffuse con maggiore rapidità e a più largo spettro.

In questo periodo Freud pubblicò alcuni importanti studi: *Psicopatologia della vita quotidiana*, (1901), *Tre saggi sulla sessualità* (1905), *Il motto di spirito e la sua relazione con l'inconscio* (1905). Nel congresso di Norimberga, tenutosi nel 1910, fu fondata una *Associazione ufficiale degli psicoanalisti* a capo della quale venne eletto Jung.

Il movimento psicanalitico freudiano, dapprima isolato e osteggiato dal mondo accademico e dalla scienza ufficiale, ebbe successivamente universali riconoscimenti. Il 1908 è un anno cruciale: la *Società psicologica del giovedì* (così venne designato il gruppo che, a partire dal 1902, aveva preso a riunirsi in casa di Freud e del quale facevano parte, fra gli altri, A. Adler, M. Kahane, R. Reitler, W. Stekel e, in un secondo momento, P. Federn, M. Steiner e O. Rank) si trasforma in

Società psicanalitica di Vienna, presieduta dallo stesso Freud; K. Abraham dà vita alla *Società psicanalitica di Berlino* e, a Salisburgo, si tiene il primo congresso internazionale di psicanalisi, che vede anche, però, il sorgere dei primi dissapori all'interno del movimento, soprattutto tra la componente viennese e quella zurighese, di cui il rappresentante di maggior spicco era Jung.

Nel 1909, accogliendo un invito dell'anno precedente esteso anche a Jung da parte di S. Hall, Freud con quest'ultimo e G.S. Ferenczi, partì alla volta degli USA per un corso di lezioni alla Clark University di Worcester in Massachusetts. L'affermazione della psicanalisi su suolo americano venne sancita dalla fondazione nel 1911 della *Società psicanalitica americana* da parte di E. Jones.

Nel 1913 Ferenczi fondò la *Società di Budapest*. La creazione della *Internationale Zeitschrift für Psychoanalyse* del 1920, che seguiva l'apparizione di varie altre riviste (tra cui *Jahrbuch für psychoanalytische und psychopatologische Forschungen*, 1908, e *Imago*, 1911), segnava la più ampia diffusione della psicanalisi. Il numero dei discepoli di Freud aumentò progressivamente e le sue dottrine uscirono dalla ristretta cerchia degli iniziati, assumendo un'importanza via via crescente. Ma il movimento fu, sin dai primi anni, contrassegnato da una serie di dissensi interni, che portarono al sorgere di indirizzi diversi, spesso in vivace polemica con le posizioni freudiane originarie. Nel 1911 si ebbe la secessione di Adler, nel 1914 quella di Jung (le due più significative); nel 1912 si era avuta quella di Stekel, mentre successivamente si staccarono da Freud anche due dei suoi discepoli più intimi, Rank e Ferenczi. Accanto a queste dissidenze, in tempi più recenti si formarono, specie in America, nuovi indirizzi, i cui principali esponenti furono la K. Horney, E. Fromm e H.S. Sullivan: l'accento venne posto principalmente sull'importanza dell'ambiente e sul condizionamento esercitato dai rapporti interpersonali e sociali sui fattori biologici dell'individuo. Notevole sviluppo, in senso ortodosso, ha poi assunto la psicanalisi infantile, soprattutto con l'opera di A. Freud e di M. Klein. Le teorie freudiane, a parte la loro profonda influenza su tutti i settori della cultura (psicologia dell'arte, della musica, della religione, ecc.), hanno permeato ricerche antropologiche (B. Malinowski, A. Kardiner, M. Mead, ecc.) e indirizzi di medicina psicosomatica (F. Alexander).

Altri studi freudiani (che sviluppano ulteriormente i concetti di Io, Es, Super-io, il noto "complesso di Edipo" e la teoria della sessualità) sono *Al di là del principio di piacere* (1920), *L'Io e l'Es* (1922) e *Il disagio della civiltà* (1930).

Nei mesi successivi all'annessione dell'Austria alla Germania hitleriana, Freud dovette lasciare Vienna, dove il suo studio e la sua abitazione – che a tutt'oggi sono sede del *Sigmund Freud Museum* – erano divenuti il punto di riferimento per estimatori ed allievi. Pertanto partì nel giugno 1938 alla volta di Londra, dove prese dimora.

Morì il 23 settembre dell'anno successivo a causa di un carcinoma della mucosa orale, manifestatosi nel 1917, e per il quale era stato sottoposto dal 1923 a interventi chirurgici e protesi. Alla ricorrenza degli ottant'anni, era stato eletto socio corrispondente della Royal Society.

La serie completa delle sue opere di argomento psicologico (*Gesammelte Werke*, a c. di A. Freud e altri, 18 voll., 1940-68) è stata pubblicata dalla casa editrice Imago di Londra (voll. 1-17, 1940-52) e dall'editore Fischer di Francoforte sul Meno (vol. 18, 1968). Si ricordano, inoltre, l'edizione inglese *The standard edition of the complete psychological works of Sigmund Freud* (a c. di J. Strachey, 24 voll., 1953-74) e quella italiana, diretta da C. L. Musatti, delle *Opere* (12 voll., 1967-80). Sono anche apparsi numerosi volumi di lettere e carteggi, quasi tutti tradotti in italiano (di particolare importanza l'edizione integrale, apparsa nel 1985 in Germania e negli USA delle *Lettere a Wilhelm Fliess*, 1887-1904, a c. di J. M. Masson, 1986).

L'interpretazione dei sogni (1899)

"L'interpretazione dei sogni è la via regia per la conoscenza dell'inconscio, il fondamento più sicuro della psicoanalisi e il campo in cui ogni praticante deve maturare il proprio convincimento e perseguire il proprio perfezionamento."

Con queste parole Sigmund Freud, nell'autunno del 1909, definiva il valore propedeutico del suo libro sui sogni uscito dieci anni prima che, come succede sovente alle grandi opere rivoluzionarie, la critica scientifica e accademica ufficiale aveva accolto con malcelata ostilità.

Nella notte del 23 luglio del 1895, l'allora sconosciuto neurologo, Sigmund Freud, fa un sogno che chiamerà "Sogno dell'iniezione di Irma". Partendo da quest'ultimo e convinto che da esso si possa arrivare alla base dei conflitti che causano le nevrosi nei propri pazienti, Freud incomincia una ricerca che darà vita al suo saggio "L'interpretazione dei sogni" e che fonderà le basi per lo studio della psicoanalisi.

La ricerca prende spunto dai suoi sogni e da quelli dei suoi pazienti per poi proseguire nell'analisi e nello studio delle loro origini e caratteristiche fondanti. Egli inizia a tenere un diario dei sogni e ogni volta che si sveglia annota tutto quello che ricorda di essi: così facendo comincia ad acquisire una memoria sempre più nitida dei propri sogni e arriva a raccoglierne centinaia tra i suoi e quelli dei suoi pazienti. Egli si concentra in particolare nella ricerca di leggi e di basi comuni nella creazione del sogno.

Lo studio sul sogno prende il suo avvio dall'analisi delle concezioni che su di esso erano state elaborate prima di lui, dall'età antica in poi. Alcuni popoli consideravano il sogno come un processo inutile, un delirio fatto di immagini, parole e pensieri che danneggiavano addirittura la dote razionale dell'uomo. Un'altra scuola di pensiero invece vedeva nel sogno una sorta di manifestazione divina, che poteva anche rivelare il futuro di chi stava sognando.

Chi aveva cercato già di trattare il sogno in modo scientifico prima di Freud si bloccava nel momento in cui si trovava a spiegare il meccanismo della nascita del sogno. Soltanto la cultura popolare si rispecchiava in parte nel pensiero di Freud: infatti per essa i sogni erano presentati come un appagamento di un desiderio.

Freud infatti è sicuro che i sogni rappresentino una forma di pensiero che si manifesta durante il sonno in uno stato allucinatorio controllato che vuole soddisfare i nostri desideri. Quando poi il sogno finisce e ci svegliamo, quello che ci rimane del sogno è un ricordo frammentario di qualcosa che ci appare come un'esperienza a noi sconosciuta. Questa sensazione viene definita dallo studioso *contenuto manifesto*.

Anche se può avere una forma coerente, il contenuto manifesto si allontana sempre dalla nostra vita psichica e ci appare come un qualcosa di estraneo. Nel momento in cui il sogno viene scomposto e ogni frammento di esso viene interpretato, si arriva al *contenuto latente*, ovvero ai pensieri che compongono il sogno e che riconosciamo immediatamente come nostri. Questo processo di analisi avviene attraverso l'associazione libera dei pensieri. In pratica, un paziente disteso sul lettino comincia a parlare liberamente, associando idee e opinioni a quello che ricorda di determinate parti del suo sogno. Quello che gli viene in mente appare esattamente come un flusso di coscienza verbale, liberato da ogni tipo di costrizione che la mente potrebbe attuare; attraverso questo processo, che altro non è che l'interpretazione del sogno, si giunge al contenuto latente, ovvero a quei pensieri che formano il sogno. Percorrendo quindi a ritroso il "cammino" che il sogno ha effettuato, lo studioso giunge ad individuare il momento della sua creazione.

La formulazione di un sogno prende sempre l'avvio da una trama di pensieri che ha riempito la nostra giornata e di cui non si è fatto troppo caso, ma che continuano inconsciamente a occupare il nostro "interesse". Il lavoro onirico incomincia da questa trama di pensieri e da associazioni inconsce e produce un *desiderio represso*, ovvero il fulcro del sogno. Dal momento in cui questo desiderio represso emerge in superficie, l'embrione del sogno formato dal desiderio e dalle idee associate esce dall'inconscio attraverso il superamento di alcune fasi: la prima in cui la rete di pensieri diventa un'immagine onirica; la seconda in cui il sogno diventa qualcosa di estraneo a noi, e in cui *la censura* permette di rendere accettabile al nostro conscio i desideri e le pulsioni più nascoste ed inaccettabili.

La censura è da considerarsi una delle basi della psicoanalisi. La presenza di quest'ultima permette ai pensieri dell'inconscio di essere irraggiungibili durante la veglia e quindi di essere estranei alla nostra vita psichica ordinaria. I pensieri più "impuri" subiscono la deformazione onirica da parte della censura, che agisce con varie tecniche che hanno come obiettivo finale il camuffamento dei "veri" pensieri, ovvero il contenuto latente del sogno. A questo punto è importante capire per Freud qual è il vero scopo del sognare, dato che in ogni momento, grazie al lavoro della censura, si è sempre coscienti di stare sognando e che quello che vediamo è finto.

Il sogno non serve a soddisfare un desiderio represso ma è utile per mantenere e proteggere il sonno della persona. Attraverso i suoi meccanismi, fa in modo di mascherare gli impulsi esterni (ad esempio il rumore della sveglia che si inserisce nel sogno) e quelli interni (ad esempio la necessità di andare in bagno che viene esaudita con il "sogno di comodo") e consente ovviamente agli impulsi repressi dalla coscienza di sfogarsi in sicurezza senza disturbare il sonno.

Vittoria Arrigoni

Bibliografia sintetica su Freud in lingua italiana

Alberto Plé, *Freud e la morale*, Città Nuova, Roma, 1977

Alberto Plé, *Freud e la religione*, Città Nuova, Roma, 1971

Aldo Carotenuto, *Freud il perturbante*, Bompiani, Bergamo, 2002

André Haynal, *Freud, Ferenczi, Balint e la questione della tecnica. Controversie in psicoanalisi* (1988), Centro Scientifico Torinese, Torino, 1990

Anna Maria Accerboni (a cura di), *Freud e il Trentino,* otium *e scrittura (atti del Convegno di Lavarone)*, U.C.T., Trento, 1991

Antonino Trizzino, *Freudiana. Sentieri interrotti nella storia della psicoanalisi*, Moretti & Vitali, Bergamo, 2010

Aurelio Molaro, Alfredo Civita, *Binswanger e Freud: tra psicoanalisi, psichiatria e fenomenologia*, Cortina, Milano 2012

Billa Zanuso, *La nascita della psicoanalisi. Freud nella cultura della Vienna di fine secolo*, Bompiani, Milano, 1982

Carla Longobardo, *L'imbroglio del dr. Freud*, Prospettiva edizioni, Roma, 2011

Catherine Meyer, Mikkel Borch-Jacobsen e altri, *Il libro nero della psicoanalisi* (2005), Fazi, Roma, 2006

Celso Balducci, Irene Castiglia e Antonella Ravazzolo, *Il sogno e la sua interpretazione* (2013), Newton Compton, 2013

Emilio Rodrigué, *Sigmund Freud. El siglo del psicoanálisis*, Sudamericana, Buenos Aires, 1996

Erich Fromm, *Grandezza e limiti del pensiero di Freud* (1979), Mondadori, Milano, 1979

Erich Fromm, *La missione di Sigmund Freud* (1959), Newton Compton, Roma, 1972

Erich Fromm, *Marx e Freud* (1959), Il Saggiatore, Milano, 1968

Erich Fromm, *Scritti su Freud*, a cura di Rainer Funk, Mondadori, Milano

Franco Rella (a cura di), *La critica freudiana*, Feltrinelli, Milano, 1977

Giancarlo Ricci, *Sigmund Freud. La vita, le opere e il destino della psicoanalisi*, Bruno Mondadori, Milano, 1998

Giorgio Manfrè, *Eros e società-mondo. Luhmann- Marx-Freud*, Quat-

troventi, Urbino, 2004
Giovanni Jervis e Giorgio Bartolomei, *Freud*, Roma: Carocci, 2001
Hans G. Furth, *La conoscenza come desiderio. Un saggio su Freud e Piaget* (1987), Armando, Roma, 1993
Jacques Derrida, *Essere giusti con Freud: la storia della follia nell'età della psicoanalisi* (1992), introduzione di Pier Aldo Rovatti, Raffaello Cortina, Milano, 1994
Jacques Derrida, *Speculare su Freud* (1980), Raffaello Cortina, Milano, 2000
Jacques-Alain Miller (a cura di), *L'anti-libro nero della psicoanalisi* (2006), Quodlibet, Macerata, 2007
James Hillman, *Il mito dell'analisi* (1977), Adelphi, Milano, 1991
Jean-Marie Dollé, *Da Freud a Piaget: elementi per un approccio integrato all'affettività e all'intelligenza* (1977), Borla, Roma, 1979
Jean-Marie Dollé, *Oltre Freud e Piaget: confini per nuove prospettive in psicologia* (1994), Moretti & Vitali, Bergamo, 1994
Malcom Bowie, *Freud, Proust e Lacan: la teoria come finzione* (1987), Dedalo, Bari, 1992
Marcella D'Abbiero, *Eros e democrazia. Un percorso attraverso Tocqueville, Schopenhauer e Freud*, Guerini, Milano, 1998
Marianne Krüll, *Padre e figlio. Vita familiare di Freud* (1979), Boringhieri, Torino, 1982
Mauro Alfonso, *Freud e la madre*, Libreria Editrice Psiche, Torino, 1982.
Michail Bachtin, *Freud e il freudismo* (1927), Mimesis, Milano, 2005
Paul Laurent Assoun, *Freud, la filosofia e i filosofi* (1976), Melusina, Roma, 1990
Paul Ricoeur, *Della interpretazione: saggio su Freud* (1965), Il Saggiatore, Milano, 1967
Peter Gay, *Freud. Una vita per i nostri tempi* (1987), Bompiani, Milano, 1988
Remo Bodei, *Il dottor Freud e i nervi dell'anima: filosofia e società a un secolo dalla nascita della psicoanalisi* (conversazioni con Cecilia Albarella), Donzelli, Roma, 2001
Robert Byck, *Freud sulla cocaina* (1974), Newton Compton, 1974
Roberto Speziale-Bagliacca, *Sigmund Freud: le dimensioni nascoste della mente*, *Le Scienze*, Milano, 1999
Roger Dadoun, *Sigmund Freud* (1982), Spirali, Milano, 1997
Silvia Vegetti Finzi, *Freud e la nascita della psicoanalisi*, Mondadori, Milano, 1995
Vincenzo Cappelletti, *Introduzione a Freud*, Laterza, Roma-Bari, 2000

Avvertenza preliminare

Ho cercato in questo libro di esporre l'interpretazione del sogno, e perseguendo questo scopo non credo di essere uscito dall'ambito degli interessi neuropatologici. Il sogno infatti si presenta all'osservazione psicologica come il primo membro della serie di formazioni psichiche anormali, di cui altri aspetti, come la fobia isterica, l'ossessione e il delirio, devono interessare i medici per ragioni pratiche. Come risulterà in seguito, il sogno non può vantare una analoga importanza pratica; ma il suo valore teorico è di gran lunga più grande, così che chi non riesce a spiegare la formazione delle immagini oniriche tenterà a fatica di capire le fobie, le ossessioni e le idee deliranti, per agire su di esse con la terapia.

Ma la stessa correlazione, che rende importante la tematica qui trattata, è anche responsabile delle lacune del nostro lavoro. Le zone di frattura, che si troveranno frequentemente in questo testo, corrispondono ai numerosi punti di contatto tra il problema della formazione del sogno e i più ampi problemi della psicopatologia che non ho potuto affrontare qui e che, se non mi verranno meno tempo e forze e se sarà disponibile altro materiale, verranno elaborati in seguito.

La difficoltà della presentazione è stata aumentata dalla particolarità dei materiali che ho utilizzato per esporre l'interpretazione del sogno. Emergeranno nel corso stesso del lavoro le motivazioni per le quali non ho potuto utilizzare nessun sogno già trattato nella letteratura su questo tema o raccolti da una fonte sconosciuta. Potevo soltanto scegliere tra i miei stessi sogni e quelli dei miei pazienti sottoposti a trattamento psicoanalitico. Ma non fui in grado di utilizzare quest' ultimo materiale perché in questo caso i processi onirici erano soggetti a indesiderate complicazioni dovute all'intervento di caratteristiche nevrotiche. Non mi fu, peraltro, possibile neppure raccontare i miei sogni senza rivelare ad altri un numero di fatti privati della mia vita più grande di quanto desiderassi e di quanto è normalmente necessario per un autore che sia uno scienziato e non un poeta. Questa era una necessità penosa ma inevitabile, che mi sono visto costretto ad accettare per non rinunciare alla possibilità di dare una dimostrazione dei risultati psicologici raggiunti. Naturalmente non sono riuscito a resistere alla tentazione di limitare alcune indiscrezioni con omissioni e sostituzioni; e quando ciò è successo, la validità degli esempi impiegati è stata grandemente diminuita. Posso soltanto esprimere la speranza che i lettori di questo libro vogliano immedesimarsi nella mia difficile situazione e siano indulgenti verso di me, e inoltre che chiunque trovi nei miei sogni un qualsiasi riferimento a se stesso, voglia accordare alla vita del sogno il diritto alla libertà di pensiero.

1899

Prefazione alla seconda edizione

Se a meno di dieci anni dalla pubblicazione di questo libro, che non è sicuramente di facile lettura, si rende necessaria una seconda edizione, questo non è dovuto all'interesse espresso dai circoli competenti cui era indirizzata la prefazione alla prima edizione. I miei colleghi psichiatri sembra non si siano preoccupati di superare la sorpresa iniziale prodotta dal mio nuovo approccio ai sogni, e i filosofi di professione, che sono soliti trattare con poche frasi quasi sempre simili i problemi della vita onirica intendendola una semplice appendice degli stati di coscienza, hanno mancato evidentemente di notare che era possibile trarre da questo nuovo punto di vista alcune considerazioni tali da produrre una radicale trasformazione delle nostre teorie psicologiche. L'atteggiamento della critica scientifica spingeva solamente a pensare che la mia opera fosse destinata a passare sotto completo silenzio; la piccola schiera dei miei valorosi sostenitori, che praticano la psicoanalisi sotto la mia guida e che seguono il mio esempio nell'interpretazione dei sogni, utilizzandola nella cura dei nevrotici, non sarebbe stata in grado di esaurire la prima edizione di questo libro. Così devo essere riconoscente verso quella cerchia più vasta di lettori colti e desiderosi di conoscere, il cui interesse mi ha spinto a riprendere in mano dopo nove anni questo lavoro difficile ma per tanti versi fondamentale. Ho il piacere di poter dire che ho trovato da cambiare ben poco. Ho inserito qua e là del nuovo materiale, ho aggiunto alcuni giudizi legati alla mia aumentata esperienza e in alcune parti ho rimaneggiato l'esposizione; ma l'essenziale di ciò che avevo scritto sul sogno e sulla sua interpretazione come anche i teoremi psicologici che possono essere dedotti, sono rimasti inalterati; perlomeno soggettivamente ha superato la prova del tempo.

Chi conosce i miei altri lavori (sull'eziologia e sul meccanismo delle psiconevrosi) dovrebbe sapere che non ho mai proposto opinioni incompiute come se fossero fatti accertati e ho sempre cercato di modificare le mie affermazioni in modo tale da mantenerle al passo con il progredire delle mie conoscenze; ma nella sfera della vita onirica ho potuto mantenere le mie originali dichiarazioni. Nei lunghi anni in cui ho lavorato al problema delle nevrosi, mi sono spesso trovato in dubbio e qualche volta le mie convinzioni erano sbagliate; ma era sempre ne *L'interpretazione dei sogni* che ritrovavo sicurezza. I miei numerosi oppositori scientifici hanno mostrato certamente un istinto sicuro nel rifiutarsi di seguirmi soprattutto nelle mie ricerche sul sogno.

Il materiale di questo libro, e cioè i miei sogni che mi sono serviti per spiegare le regole dell'interpretazione del sogno, ha mostrato uguale durata e notevole forza di resistenza verso qualsiasi modifica che fosse necessaria nella revisione. Per me personalmente questo libro ha inoltre un altro significato soggettivo, che ho capito solo dopo averlo portato a termine. Mi è parso come un pezzo della mia autoanalisi, come la mia reazione alla morte di mio padre, al più importante avvenimento, alla più dolorosa perdita che un uomo possa sperimentare nella sua vita. Riconosciuto questo fatto, sono stato incapace di distruggere le tracce di questa esperienza, sebbene al lettore possa risultare indifferente sapere su quale materiale particolare imparerà ad apprezzare l'importanza dei sogni e ad interpretarli.

Dove non mi è riuscito di inserire un'osservazione fondamentale nel contesto originale, ne ho indicato il più recente riferimento tra parentesi quadre[1].

Berchtesgaden, estate 1908

[1] Queste sono state di nuovo soppresse nelle edizioni seguenti. [Nota aggiunta nel 1914]

Prefazione alla terza edizione

Tra la prima e la seconda edizione di questo libro sono passati nove anni, mentre dopo poco più di un anno è già necessaria una terza edizione. Ciò mi rallegra, ma come in precedenza non ho voluto considerare il fatto che il mio libro fosse stato trascurato come una prova del suo poco valore, così non posso nemmeno imputare l'interesse attuale come una prova della sua eccellenza. Nemmeno *L'interpretazione dei sogni* è stata lasciata intatta dal progresso della conoscenza scientifica. Quando la scrissi nel 1899, la mia "teoria sessuale" ancora non esisteva e l'analisi delle più complesse forme di psiconevrosi era appena iniziata. Coltivavo la speranza che l'interpretazione del sogno potesse rendere possibile l'analisi psicologica delle nevrosi: successivamente una maggiore conoscenza delle nevrosi ha reagito a sua volta sulla concezione del sogno. La stessa teoria dell'interpretazione del sogno si è sviluppata maggiormente in una direzione a cui nella prima edizione del libro era stato dato poco rilievo. La mia stessa esperienza, come i lavori di W. Stekel e di altri, mi hanno portato ad apprezzare meglio l'estensione e l'importanza del simbolismo nei sogni (o piuttosto nel pensiero inconscio). Così negli ultimi anni si sono accumulati molti elementi cui è necessario prestare attenzione. Ho tentato di tenere in considerazione questi nuovi dati praticando numerosi inserimenti nel testo e con l'aggiunta di note a piè di pagina. Se queste aggiunte sembrano a volte frammentare l'equilibrio dell'esposizione o se non sono sempre stato in grado di elevare il testo precedente al livello delle nuove conoscenze, devo chiedere al lettore di essere indulgente verso queste mancanze che sono i risultati e i sintomi del sempre più rapido sviluppo attuale della nostra scienza. Mi permetto persino di predire in quali altre direzioni le prossime edizioni di questo libro saranno diverse dalla presente. Esse dovrebbero da un lato presentare un maggior contatto con il grande materiale fornito dalla poesia, dal mito, dall'uso linguistico e dal folklore; dall'altro dovranno provare a trattare più precisamente di quanto ora non sia possibile i rapporti del sogno con le nevrosi e i disturbi mentali.

Il signor Otto Rank mi è stato di prezioso aiuto nel selezionare le aggiunte e ha interamente curato la correzione delle bozze. Ringrazio lui e molte altre persone per i loro contributi e correzioni.

Vienna, primavera 1911

Prefazione alla quarta edizione

Lo scorso anno (1913) il dottor A.A. Brill di New York ha pubblicato una traduzione inglese di questo libro (*The Interpretation of Dreams*, G. Allen & Co. Londra).

Il dottor Otto Rank ha questa volta non solo corretto le bozze, ma ha anche arricchito il testo di due contributi autonomi (appendice al cap. 6).

Vienna, giugno 1914

Prefazione alla quinta edizione

L'interesse per *L'Interpretazione dei sogni* non si è spento nemmeno durante la guerra mondiale, e si presentò la necessità di una nuova edizione prima che questa finisse. Non è stato tuttavia possibile prendere in considerazione tutta la nuova letteratura sull'argomento, apparsa dal 1914; da allora, né il dottor Rank né io abbiamo avuto notizie di lavori in lingua straniera. Una traduzione ungherese dell'*Interpretazione dei sogni*, curata dal dottor Hollós e dal dottor Ferenczi, sta per essere pubblicata. La parte centrale della mia *Introduzione alla psicoanalisi* (pubblicata a Vienna da H. Heller nel 1916-17), che comprende undici lezioni, è dedicata ad un'esposizione dei sogni che si sforza di essere più elementare e si pone in più stretta relazione con la teoria delle nevrosi di quanto non lo sia il presente lavoro. Nell'insieme, essa ha il carattere di un riassunto dell'*Interpretazione dei sogni*, sebbene in certi punti si addentri in maggiori particolari. Non ho avuto modo di decidermi a produrre un rifacimento fondamentale di questo libro, che avrebbe potuto portarlo allo stesso livello in cui sono le nostre attuali conoscenze psicoanalitiche, ma che peraltro ne avrebbe potuto annullare il carattere storico. Penso in ogni caso che dopo quasi vent'anni di vita abbia assolto il suo compito.

Budapest-Steinbruch, luglio 1918

Prefazione alla sesta edizione

A causa delle difficoltà in cui soggiace attualmente l'industria editoriale, questa nuova edizione è costretta ad uscire dopo più tempo di quanto fosse necessario, e così da essere, per la prima volta, la ristampa immutata della precedente. È stata completata e aggiornata dal dottor Otto Rank solo la bibliografia alla fine del volume.

La mia ipotesi, che dopo quasi vent'anni di vita questo libro avesse assolto il suo compito, non ha avuto conferma. Anzi. Potrei dire che ha un nuovo compito davanti a sé. Qualora la sua ultima funzione era quella di dare qualche informazione sulla natura dei sogni, adesso esso si trova ad avere quella ugualmente importante di occuparsi dei persistenti equivoci cui queste informazioni sono soggette.

Vienna, aprile 1921

Prefazione all'ottava edizione

Nell'intervallo trascorso tra la pubblicazione dell'ultima edizione, la settima, di questo libro (1922) e l'attuale, sono state pubblicate le mie *Gesammelten Schriften* dall'"Internationalen Psychoanalytischen Verlag" di Vienna. Il secondo volume di questa raccolta contiene la ristampa del testo originale della prima edizione, mentre il terzo volume contiene tutte le aggiunte successive. Le traduzioni pubblicate in questo lasso di tempo si rifanno all'edizione autonoma, come quella francese di J. Meyerson del 1926, uscita con il titolo *La science des rêves* (nella "Bibliothèque de Philosophie contemporaine"), quella svedese di John Landquist del 1927 (*Drömtydning*) e quella spagnola di Luis López Ballesteros y de Torres, che occupa i volumi 6 e 7 delle "Obras completas". La traduzione ungherese, che io pensavo imminente già nel 1918, non è ancora uscita.

Anche l'attuale edizione rivista dell'*Interpretazione dei sogni* è stata da me considerata essenzialmente come un documento storico e ho introdotto solo le modifiche che mi sono state suggerite dalla chiarificazione e dallo sviluppo delle mie opinioni personali. In accordo con questa impostazione, ho definitivamente rinunciato all'idea di includere un elenco bibliografico delle opere sui problemi dei sogni pubblicate fin dalla prima edizione dell'*Interpretazione dei sogni*, e questa sezione è stata eliminata. Anche i due saggi *Sogno e poesia* e *Sogno e mito*, che Otto Rank aveva aggiunto nelle precedenti edizioni, sono stati tralasciati.

Vienna, dicembre 1929

L'INTERPRETAZIONE DEI SOGNI

CAPITOLO I

LA LETTERATURA SCIENTIFICA RIGUARDO I PROBLEMI DEL SOGNO

Nelle pagine seguenti addurrò le prove del fatto che esiste una tecnica psicologica che permette di interpretare i sogni e che, applicando questo procedimento, ogni sogno si rivela come una creazione psichica piena di senso, la quale va collocata in un punto determinabile dell'attività psichica della veglia. Cercherò altresì di chiarire i processi da cui scaturiscono l'estraneità e l'inconoscibilità del sogno e di dedurre da essi la natura delle forze psichiche dalla cui interazione o dal cui contrasto emerge il sogno. Arrivata a questo punto la mia esposizione verrà interrotta, perché avrà raggiunto il luogo in cui il problema del sognare sfocia in problemi più ampi, la cui soluzione deve essere affrontata attraverso materiale diverso.

Premetto una panoramica sui lavori degli autori precedenti e sullo stato presente dei problemi del sogno nella scienza, poiché nel corso della trattazione non avrò spesso occasione di ritornarci sopra. La comprensione scientifica del sogno, infatti, malgrado gli sforzi millenari, è avanzata molto poco. Ciò è talmente ammesso in generale dagli autori che pare superfluo citare singole voci. Negli scritti di cui riporto l'indice alla fine del mio lavoro[1] si trovano molte osservazioni stimolanti e un materiale ricco e interessante per il nostro tema, ma nulla o ben poco che riguardi l'essenza del sogno o che risolva definitivamente uno dei suoi enigmi. Ancora meno è venuto alla conoscenza, naturalmente, dei profani colti.

[1] Quanto segue è stato tratto dall'accurata esposizione di B. Büchsenschütz, *Traum und Traumdeutung im Altertum*, Berlino 1861. [Nota aggiunta nel 1914]

Quale concezione del sogno possa esser stata trovata ai primordi dell'umanità presso i popoli primitivi e quale influenza possa aver avuto sulla formazione delle loro concezioni del mondo e della psiche è un tema di così alto interesse che solo controvoglia lo escludo dalla trattazione in questo contesto. Rinvio, fra le altre, alle opere conosciute di Sir John Lubbock, Herbert Spencer, E.B. Tylor e aggiungo soltanto che la portata di questi problemi e di queste speculazioni potrà essere comprensibile solo dopo che avremo espletato il compito che ci si pone: «l'interpretazione dei sogni».

La concezione primordiale del sogno risuona presso i popoli dell'antichità classica ed è con evidenza alla base del loro apprezzamento del sogno. In loro era presupposto che i sogni fossero in relazione con il mondo degli esseri sovrumani nei quali credevano e che portassero rivelazioni da parte degli dèi e dei dèmoni. Inoltre li si costringeva ad accettare che i sogni avessero un'intenzione importante per il sognatore, di norma quella di annunciargli il futuro. La straordinaria diversità dei contenuti e delle impressioni dei sogni rendeva tuttavia difficile attuare una concezione unitaria di essi e costringeva a molteplici distinzioni e raggruppamenti, a seconda del loro valore e della loro attendibilità. Per i singoli filosofi dell'antichità la valutazione del sogno non era naturalmente indipendente dalla posizione che essi erano disposti ad assegnare alla *mantica* in generale.

Nei due scritti di Aristotele che trattano il sogno, esso è già divenuto oggetto della psicologia: vi leggiamo che il sogno non è inviato dal dio, non è di natura divina, ma piuttosto demoniaca, poiché proprio la natura è demoniaca, non divina, vale a dire che il sogno non discende da una rivelazione soprannaturale, ma consegue dalle leggi dello spirito umano, che è tuttavia affine alla divinità. Il sogno viene definito come l'attività psichica di colui che dorme, in quanto dorme. Aristotele conosce alcuni caratteri della vita onirica, per esempio il fatto che il sogno ingrandisce piccoli stimoli che insorgono durante il sonno («si crede di attraversare un fuoco e di bruciare, se solo avviene un riscaldamento del tutto insignificante di questo o quell'arto») e da questo comportamento trae la conclusione che i sogni potrebbero benissimo rivelare al medico i primi sintomi, inavvertiti di giorno, di una insorgente alterazione nel corpo[2].

[2] Il medico greco Ippocrate in un capitolo della sua nota opera prende in considerazione i rapporti del sogno con le malattie.

Prima di Aristotele gli antichi, com'è noto, non consideravano il sogno come un prodotto della psiche del sognatore bensì come una ispirazione da parte del dio, e le due correnti contrapposte che ritroveremo ogni volta presenti nella valutazione della vita onirica si facevano valere già presso di loro. Si distinguevano sogni veraci, pieni di valore, inviati al dormiente per avvisarlo o annunciargli il futuro, da sogni fatui, ingannevoli e futili, la cui intenzione era indurlo in errore o farlo precipitare nella perdizione.

Gruppe[3] riporta una simile ripartizione dei sogni in Macrobio e Artemidoro di Daldi: «I sogni erano divisi in due classi. Una sembrava influenzata soltanto dal presente (o dal passato) ma era priva di significato per il futuro: comprendeva gli ενύπνια, *insomnia*, che riproducono immediatamente la rappresentazione data o il suo contrario, per esempio la fame o il suo soddisfacimento, e i φαντάσματα, che estendono in modo fantastico la rappresentazione data, come per esempio l'incubo, *ephialtes*. L'altra classe, invece, era considerata determinante per il futuro; a essa appartengono: 1) la profezia diretta, che si riceve in sogno (χρηματισμός, *oraculum*); 2) la predizione di un evento imminente (όραμα, *visio*); 3) il sogno simbolico, che ha bisogno di spiegazione (όνειρος, *somnium*). Questa teoria si è conservata per molti secoli».

A questa alternata valutazione dei sogni era collegato il compito di una «interpretazione dei sogni». Poiché, in generale, dai sogni si attendevano chiarimenti importanti, ma non si comprendevano immediatamente tutti i sogni, e non si poteva sapere se un determinato sogno incomprensibile non annunciasse purtuttavia qualcosa di significativo, si dava avvio a uno sforzo che riuscisse a sostituire il contenuto incomprensibile del sogno con un contenuto perspicuo e perciò pieno di significato. Nella tarda antichità la massima autorità nell'interpretazione dei sogni era Artemidoro di Daldi, la cui opera dettagliata (*Oneirocritica*) ci può ripagare degli scritti di simile contenuto andati perduti.[4]

[3] O. Gruppe, *Griechische Mythologie und Religiongeschichte*, Monaco 1905 p. 390. [Nota aggiunta nel 1914]

[4] Sulla storia dell'interpretazione del sogno nel Medioevo, vedi l'opera di Diepgen e le particolari ricerche di Forster, Gotthardt e altri. Per l'interpretazione dei sogni presso gli ebrei Almori, Amran, Lowinger e il recente lavoro di Lauer che tiene in considerazione il punto di vista psi-

La concezione prescientifica del sogno degli antichi era sicuramente nella massima consonanza con tutta la loro concezione del mondo, che era solita proiettare all'esterno, come realtà, ciò che aveva realtà solo all'interno della vita psichica. Essa teneva conto, oltre a ciò, dell'impressione principale che la vita desta riceve dal sogno attraverso il ricordo che resta al mattino, poiché in questo ricordo il sogno si contrappone al rimanente contenuto psichico come qualcosa di estraneo, che promana per così dire da un altro mondo. Sarebbe del resto errato pensare che la dottrina della provenienza soprannaturale dei sogni sia priva di adepti ai nostri giorni; eccetto tutti gli scrittori pietisti e mistici – che d'altra parte fanno bene a tenere occupati i resti del territorio del soprannaturale, in passato molto vasti, fintanto che essi non sono conquistati dalla spiegazione scientifico-naturalistica – si incontrano tuttavia anche uomini arguti, avversi a ogni idea avventurosa, che cercano di supportare la loro fede religiosa nell'esistenza e nell'intervento di forze spirituali sovrumane proprio con l'inspiegabilità dei fenomeni onirici (Haffner, 1887). La considerazione della vita onirica da parte di alcune scuole di filosofi, per esempio gli schellinghiani, è una evidente risonanza della natura divina del sogno, incontestata nell'antichità, e anche la discussione sulla forza divinatoria del sogno, sulla sua capacità di annunciare il futuro, non è chiusa – per quanto le simpatie di chiunque si sia arreso al modo di pensare scientifico possano essere inequivocabilmente inclini a respingere una simile affermazione – poiché i tentativi di spiegazione psicologica non sono sufficienti a superare il materiale raccolto.

Scrivere una storia della nostra conoscenza scientifica dei problemi del sogno è difficile, perché in questa conoscenza, per quanto importanti possono essere alcune acquisizioni, non si osserva un progresso in una direzione unitaria. Non si è giunti alla formazione di una base di risultati accertati, su cui poi un ricercatore successivo avrebbe continuato a costruire, bensì ogni nuovo autore ha ripreso gli stessi problemi e ha ricominciato dall'inizio. Se volessi attenermi a una successione temporale degli autori e riportare in compendio quali idee ciascuno di essi egli abbia espresso sui problemi del sogno, dovrei rinunciare a progettare un perspicuo quadro d'insieme dello stato presente della nostra conoscenza sul sogno; ho preferito

coanalitico. Per l'interpretazione del sogno presso gli arabi vedi Drexel, Schwarz e il missionario Tfinkdji; per i giapponesi Miura e Iwaya; per i cinesi Secker e per gli indiani von Negelein. [Nota aggiunta nel 1914] perciò legare l'esposizione ai temi, anziché agli autori, e per ciascuno dei problemi relativi al sogno citerò ciò che fra i materiali, per risolverlo, si può trovare nella letteratura esistente.

Poiché però non mi è riuscito di dominare l'intera letteratura riguardante questo oggetto, così tanto dispersa e sconfinante in altri ambiti, devo pregare i miei lettori di accontentarsi se già solo nella mia esposizione nessun fatto fondamentale e nessun punto di vista significativo andranno perduti.

Sino a poco tempo fa la maggior parte degli autori era stata indotta a trattare nello stesso contesto sonno e sogno e ad associare di regola anche la valutazione di stati analoghi che arrivano fino alla psicopatologia e di processi simili al sogno (come le allucinazioni, le visioni, eccetera). Invece nei lavori più recenti si mostra l'aspirazione a tenere limitato il tema e a prendere per esempio a oggetto una singola questione dal campo della vita onirica. In questo mutamento mi pare di vedere un'espressione della convinzione per cui, in cose così oscure, chiarezza e comprensione si possono ottenere solo con una serie di ricerche specifiche. Qui io non posso offrire altro che una simile ricerca particolare, e cioè specialmente di natura psicologica. Ho avuto poche occasioni di occuparmi del problema del sonno, poiché è un problema essenzialmente fisiologico, benché nelle caratteristiche dello stato di sonno si deve comprendere il mutamento delle condizioni funzionali dell'apparato psichico. Anche la letteratura sul sonno rimarrà dunque fuori dalla nostra considerazione.

L'interesse scientifico per i fenomeni onirici in sé conduce ai seguenti problemi, in parte confluenti.

A. Relazione del sogno con la vita desta

L'ingenuo giudizio di chi si desta suppone che il sogno – anche se non proviene da un altro mondo – rapisce tuttavia colui che dorme in un altro mondo. Il vecchio fisiologo Burdach, al quale dobbiamo un'attenta e fine descrizione dei fenomeni onirici, ha espresso questa convinzione in un passo molto citato (1838): «La vita del giorno, con le sue fatiche e le sue voluttà, le sue gioie e i suoi dolori, non si ripete mai, piuttosto il sogno finisce con il liberarcene. Anche se l'intera nostra anima è colma di un oggetto, anche se un profondo dolore lacera la nostra intimità o un compito assorbe tutta la nostra forza spirituale, il sogno o ci dà qualcosa di completamente estraneo o prende singoli elementi dalla realtà combinandoli, o ancora aderisce soltanto alla tonalità del nostro umore e simbolizza la realtà». Nello stesso senso I.H. Fichte (1864) parla direttamente di *sogni di completamento* e li definisce uno dei segreti benefici di natura autoterapeutica dello spirito. In un senso simile si esprime anche L. Strümpell nel suo studio, giustamente apprezzato da tutti, sulla natura e la nascita dei sogni (1887): «Chi sogna è distolto dal mondo della coscienza desta [...] Nel sogno la memoria del contenuto ordinato della coscienza desta e del suo normale comportamento va quasi completamente perduta [...] L'anima nel sogno è isolata e quasi senza ricordo del contenuto regolare del corso della vita desta...».

Ma la stragrande maggioranza degli autori, rispetto alla relazione fra il sogno e la vita desta, ha sostenuto la concezione opposta. Così Haffner (1887): «Innanzitutto, il sogno è la prosecuzione della vita desta. I nostri sogni si associano sempre alle rappresentazioni presenti poco prima nella coscienza. Un'osservazione precisa troverà quasi sempre un filo che annoda il sogno alle esperienze di vita del giorno precedente». Weygandt (1893) contraddice direttamente l'affermazione di Burdach sopra riportata: «Perché spesso, a quanto pare nella grande maggioranza dei sogni, si può osservare che questi ci riconducono precisamente alla vita normale, invece di liberarcene». Maury (1878) dice in una formula stringata: «*Nous rêvons de ce que nous avons vu, dit, desire ou fait*»[5]; Jessen, nella sua *Psicologia* pubblicata nel 1855, sostiene in modo più dettagliato: «Il contenuto dei sogni è sempre determinato, in misura maggiore o minore, dalla personalità individuale, dall'età, dal sesso, dalla condizione sociale, dal livello culturale, dal modo di vivere abituale e dagli eventi e dalle esperienze di tutta la vita condotta fin lì». Il filosofo J.G.E. Maaß (1805) prende posizione in modo più esplicito rispetto a questo problema: «L'esperienza conferma la nostra asserzione secondo cui noi sogniamo più spesso le cose su cui si dirigono le nostre più ardenti passioni. Da ciò si vede che le nostre

[5] «Sogniamo quel che abbiamo visto, detto, desiderato o fatto».

passioni devono avere un'influenza sulla produzione dei nostri sogni. L'ambizioso sogna allori conquistati (forse solo nella sua immaginazione) o ancora da conquistare, mentre l'innamorato si occupa nei suoi sogni dell'oggetto delle sue dolci speranze... Tutte le brame voluttuose e gli abomini che sonnecchiano nel cuore, se per un qualsiasi motivo vengono eccitati, possono far sì che dalle rappresentazioni a essi associate nasca un sogno o che queste rappresentazioni si intromettano in un sogno già in corso» (citato da Winterstein, 1912).

Non diversamente pensavano gli antichi circa la dipendenza del contenuto del sogno dalla vita.

Cito da Radestock (1879): «Quando, prima della sua campagna contro la Grecia, Serse era indeciso se seguire il proposito del Consiglio contrario all'impresa o i suoi sogni che continuamente lo incitavano, Artabano, il vecchio razionale interprete di sogni dei Persiani, gli disse, cogliendo nel segno, che le immagini oniriche contengono per la maggior parte dei casi ciò che l'uomo già pensa nella veglia». Nel poema didascalico di Lucrezio, *De rerum natura* (IV, 962) si trova il passo seguente:

«*Et quo quisque fere studio devinctus adhaeret/aut quibus in rebus multum sumus ante morati/ atque in ea ratione fuit contenta magis mens,/ in somnis eadem plerumque videmur obire;/causidici causas agere et componere leges,/induperatores pugnare ac proelia obire*»[6].

Cicerone (*De divinatione*, II, 67) dice in modo del tutto simile a quanto, molto più tardi, dirà Maury:

«*Maximeque reliquiae earum rerum moventur in animis et agitantur, de quibus vigilantes aut cogitavimus aut egimus*»[7].

Il contrasto fra queste due visioni della relazione fra vita onirica e vita desta sembra di fatto irrisolvibile. È perciò opportuno ricordare l'esposizione di F.W. Hildebrandt (1875) che sostiene che le caratteristiche del sogno in generale non si lasciano descrivere se

[6] «E qualsiasi sia lo scopo a cui ci dedichiamo con zelo/quali che siano le cose cui abbiamo prestato attenzione in passato/essendo quindi maggiormente concentrata su quello scopo la nostra mente/sono di regola le stesse cose che ci pare di rinvenire nei sogni;/gli avvocati pensavano di difendere le cause ed elaborare le leggi,/i generali di combattere e affrontare le battaglie».

[7] «Si muovevano e si agitavano nell'anima soprattutto le ombre dei pensieri e delle azioni della vita desta».

non attraverso una «serie di antitesi che apparentemente si accentuano sino a divenire contraddizioni». «La *prima* di queste antitesi è costituita, da una parte, dal *rigoroso isolamento o reclusione* del sogno dalla vita vera e reale e, dall'altra, dalla loro costante *compenetrazione*, la continua dipendenza dell'una dall'altra. Il sogno è qualcosa di completamente separato dalla realtà vissuta quando si è desti, si direbbe un'esistenza ermeticamente chiusa in se stessa, separata dalla vita reale da un baratro invalicabile. Esso ci svincola dalla realtà, cancella in noi il ricordo normale che ne abbiamo e ci colloca in un altro mondo e in una biografia completamente diversa, che in fondo non ha nulla a che fare con quella reale... ». Hildebrandt poi spiega come, nell'addormentarsi, tutto il nostro essere, con le sue forme di esistenza, sparisca «come dietro un'invisibile botola». In sogno facciamo allora, per esempio, un viaggio per mare verso Sant'Elena, per offrire a Napoleone, lì prigioniero, un qualche prelibato vino della Mosella. Siamo ricevuti dall'ex imperatore con estrema gentilezza, e quasi ci dispiace veder distrutta, al risveglio, l'interessante illusione. Ma ora compariamo la situazione del sogno con la realtà. Non siamo mai stati mercanti di vino, e neppure abbiamo mai voluto diventarlo. Non abbiamo mai fatto un viaggio per mare e tantomeno sceglieremmo per meta di un viaggio simile Sant'Elena. Per Napoleone non nutriamo alcuna simpatia, bensì un truce odio patriottico. E per di più, chi faceva il sogno non era ancora fra i vivi quando Napoleone morì sull'isola; stringere una relazione personale con lui era al di fuori dell'ambito delle possibilità. Così l'esperienza del sogno appare come una parentesi estranea fra due epoche della vita che sono perfettamente contigue e che si prolungano l'una nell'altra.

«Eppure», prosegue Hildebrandt, «è altrettanto vero e corretto anche l'apparente *contrario*. Intendo dire che questa reclusione e questo isolamento vanno mano nella mano con la relazione e l'unione più intima. Possiamo addirittura dire: qualsiasi cosa il sogno ci offra, esso prende il proprio materiale dalla realtà e dalla vita spirituale che si dipana da questa realtà... Per quanto stranamente possa agire, il sogno non riesce mai davvero a staccarsi dal mondo reale, mentre le sue creazioni più sublimi, come le più buffe, devono sempre prendere a prestito la loro materia prima o da ciò che si presenta ai nostri occhi nel mondo sensibile o da ciò che in un qualche modo ha già trovato posto nei nostri ragionamenti desti; in altre parole, da ciò che noi abbiamo già sperimentato esteriormente o interiormente».

B. Il materiale onirico. La memoria nel sogno

Che ogni materiale che compone il contenuto del sogno provenga in qualche modo dal vissuto, e dunque venga riprodotto nel sogno, *ricordato*, almeno questo deve valere per noi come una conoscenza indiscutibile. Purtuttavia sarebbe un errore supporre che una tale connessione del contenuto onirico con la vita desta debba darsi senza sforzo come risultato evidente della comparazione assunta. Essa deve piuttosto essere ricercata attentamente, e può rimanere a lungo nascosta in tutta una serie di casi. Il motivo risiede in un certo numero di caratteristiche che la memoria ha la facoltà di ricordare nel sogno e che, per quanto generalmente osservate, si sono tuttavia sottratte finora ad ogni spiegazione. Varrà la pena di considerare accuratamente questi caratteri.

Accade, innanzitutto, che nel contenuto onirico si presenti un materiale che poi, quando si è desti, non riconosciamo come nostro, come parte del nostro sapere e della nostra esperienza. Ricordiamo senz'altro di averlo sognato, ma non ricordiamo se e quando lo abbiamo sperimentato. Rimaniamo poi confusi riguardo la fonte alla quale il sogno abbia attinto, e siamo ben tentati di credere a un potere di creazione del sogno indipendente, fino a quando, spesso, una nuova esperienza vissuta ci riporta, molto tempo dopo, il ricordo, dato per perduto, di un'esperienza precedente, smascherando così la fonte del sogno. Bisogna allora ammettere che nel sogno sapevamo e ricordavamo qualcosa che sfuggiva alla nostra facoltà di ricordare quando eravamo desti[8].

Delböuf racconta un esempio di questo genere particolarmente interessante, tratto da una sua personale esperienza onirica. Nel sogno vide il cortile della sua casa ricoperto di neve e trovò due piccole lu-

[8] Vaschide nota che spesso è stato osservato che le persone, in sogno, parlano le lingue straniere in modo più corretto e fluido di quanto accada loro nella veglia. [Nota aggiunta nel 1914]

certole semicongelate, sepolte sotto la neve, che egli, in quanto amico degli animali, raccolse, riscaldò e riportò nella loro piccola tana sul muro. Inoltre diede loro alcune foglie di una piccola felce che cresceva sul muro e che esse, come sapeva, amavano molto. In sogno egli conosceva il nome della pianta: *Asplenium ruta muralis*. Il sogno poi andò avanti e, dopo una divagazione, ritornò alle lucertole e mostrò a Delböuf, con suo grande stupore, due nuove bestiole che si erano accostate ai resti della felce. Allora egli volse lo sguardo ai campi aperti, vide una quinta e una sesta lucertola incamminarsi verso il buco nel muro e infine la strada intera coperta da una processione di lucertole che migravano tutte nella stessa direzione e così via.

Da sveglio, Delböuf sapeva solo i nomi latini di poche piante e questo sapere non includeva la conoscenza di un *Asplenium*. Con suo grande stupore dovette convincersi che esiste veramente una felce con questo nome. *Asplenium ruta muraria* era la sua denominazione corretta, che il sogno aveva un po' contraffatto. Non si poteva certo pensare a una casuale coincidenza; ma rimase un enigma per Delböuf da dove avesse preso nel sogno la conoscenza del nome *Asplenium*.

Il sogno era capitato nel 1862. Sedici anni più tardi, il filosofo vide da uno dei suoi amici, cui aveva fatto visita, un piccolo album con fiori disseccati, come quelli che si vendono come souvenir agli stranieri in alcune regioni della Svizzera. Gli affiora un ricordo, apre l'erbario, vi trova l'*Asplenium* del suo sogno e riconosce nel nome latino aggiunto la sua propria calligrafia. Fu quindi possibile ricostruire il contesto del sogno. Nel 1860 – due anni prima del sogno delle lucertole – una sorella di questo amico aveva fatto visita a Delböuf durante il suo viaggio di nozze. Ella aveva allora con sé quell'album, destinato a suo fratello, e Delböuf si sottopose allo sforzo di scrivere sotto la dettatura di un botanico il nome latino per ciascuna delle pianticine disseccate.

Il favore del caso, che rende questo esempio così meritevole di essere riportato, consentì a Delböuf di ricondurre anche un altro pezzo tratto dal contenuto di quel sogno alla sua fonte dimenticata. Un giorno dell'anno 1877 gli capitò fra le mani un vecchio volume di una rivista illustrata, che aveva raffigurato tutto il corteo di lucertole così come lo aveva sognato nel 1862. Il volume era datato 1861 e Delböuf riuscì a ricordarsi di essere stato fra gli abbonati alla rivista fin dalla sua prima apparizione. Che il sogno disponga di ricordi che sono inaccessibili allo stato desto è un fatto talmente singolare e significativo sotto il profilo teorico che vorrei concentrare ulteriormente l'attenzione su di esso con altri sogni «ipermnestici». Maury racconta che, per un certo periodo di tempo, soleva venirgli in mente durante il giorno la parola *Mussidan*. Egli sapeva che era il nome di una città francese, ma niente di più. Una notte sognò di conversare con una certa persona che gli disse che veniva da Mussidan, e alla sua domanda su dove si trovasse la città rispose che Mussidan era un capoluogo del *dipartimento della Dordogna*. Ridestatosi, Maury non prestò fede all'informazione contenuta nel sogno, ma il dizionario geografico lo istruì sulla completa correttezza della cosa. In questo caso la maggiore conoscenza del sogno fu confermata, ma la fonte dimenticata non venne rintracciata.

Jessen racconta (1855) un avvenimento onirico molto simile, tratto da un'epoca più antica: «A ciò appartiene fra le altre cose il sogno di Scaligero il Vecchio (Hennings, 1784), che scrisse una poesia in lode degli uomini famosi di Verona e al quale apparve in sogno un uomo che si chiamava Brugnolus e che si lamentava di essere stato dimenticato. Benché Scaligero non si ricordasse di aver mai sentito parlare di lui, compose tuttavia versi su di lui, e più tardi suo figlio venne a sapere a Verona che in passato un tal Brugnolus era stato famoso lì come critico».

Il marchese d'Hervey de St. Denis (citato da Vaschide, 1911) racconta un sogno ipermnestico, che si caratterizza per la particolarità che l'agnizione di un ricordo prima non riconosciuto si compie in un sogno successivo: «Una volta ho sognato una giovane donna dai capelli biondo oro, che vidi chiacchierare con mia sorella mentre le mostrava un lavoro di ricamo. Nel sogno mi sembrava di conoscerla molto bene, credetti persino di averla vista più volte. Al risveglio, ho ancora quel volto vivo davanti a me, ma non posso assolutamente riconoscerlo. Mi addormento di nuovo, l'immagine onirica si ripete. In questo nuovo sogno rivolgo ora la parola alla bionda signora e le chiedo se ho già avuto il piacere di incontrarla da qualche parte. "Certo", risponde la signora, "si ricorda dei bagni al mare di Pornic?". Immediatamente mi risveglio e ricordo con sicurezza i dettagli legati a questo aggraziato volto onirico».

Lo stesso autore (in Vaschide) riferisce di un musicista a lui noto che una volta udì in sogno una melodia che gli sembrò interamente nuova. Solo molti anni dopo la trovò registrata in una vecchia collezione di brani musicali, che tuttavia non ricordava di aver avuto prima fra le mani.

In una pubblicazione che purtroppo non sono riuscito a consultare (*Proceedings of the Society for Psychical Research*), sembra che Myers abbia riportato un'intera collezione di questi sogni «ipermnestici». Credo che chiunque si occupi di sogni dovrà riconoscere come un fenomeno molto comune il fatto che il sogno rende testimonianza a conoscenze e ricordi che chi è desto non crede di possedere. Nei lavori psicanalitici con soggetti nervosi di cui riferirò più tardi, mi trovo più volte ogni settimana nella situazione di dimostrare ai pazienti, a partire dai loro sogni, che essi in realtà conoscono molto bene citazioni, parole oscene e cose simili e che se ne servono nel sogno, benché li abbiano dimenticati nella vita desta. Voglio ora riportare ancora un caso innocente di ipermnesia onirica, poiché in esso si può rinvenire molto facilmente la fonte da cui proveniva la conoscenza accessibile soltanto in sogno.

In un contesto più lungo, un paziente sognò che si faceva portare in una caffetteria una *Kontuszówka*. Dopo il racconto mi chiese cosa mai fosse, non aveva mai sentito quel nome. Potei rispondere che *Kontuszówka* era un'acquavite polacca e che egli non poteva averne inventato il nome in sogno, poiché io avevo visto quel nome già molto tempo prima su cartelloni pubblicitari. Inizialmente quell'uomo non volle prestarmi fede. Qualche giorno dopo, dopo aver reso reale il suo sogno recandosi nella caffetteria, scorse quel nome su un cartellone pubblicitario, e precisamente a un angolo di strada dove, da mesi, era costretto a passare almeno due volte al giorno.

Io stesso ho sperimentato in alcuni sogni quanto dipenda dal caso la scoperta della provenienza dei singoli elementi onirici. Così per anni, prima della stesura di questo libro, mi perseguitò l'immagine di un campanile di forma molto semplice, che non ricordavo di aver visto. Lo riconobbi poi improvvisamente, e con piena sicurezza, in una piccola stazione fra Salisburgo e Reichenhall. Accadde nella seconda metà degli anni Novanta, e io avevo percorso quel tratto di strada per la prima volta nel 1886.[9] Negli anni successivi, quando mi occupavo già intensamente dello studio dei sogni, l'immagine onirica spesso ricorrente di una strana località mi divenne addirittura fastidiosa. Vedevo alla mia sinistra, in una posizione precisamente definita rispetto alla mia persona, uno spazio oscuro da cui spiccavano diverse figure grottesche di

[9] [Capoverso aggiunto nel 1909]

arenaria. Un barlume di ricordo, cui non volevo credere, mi suggeriva trattarsi dell'ingresso di una birreria; ma non riuscii né a spiegare cosa significasse quell'immagine onirica né a capire da dove venisse. Nel 1907 giunsi per caso a Padova, che, con dispiacere, non avevo più potuto visitare dal 1895. La mia prima visita alla bella città universitaria era rimasta insoddisfacente: non avevo potuto vedere gli affreschi di Giotto nella Madonna dell'Arena perché, a metà della strada che vi conduceva, mi avevano detto che quel giorno la chiesetta era chiusa. Nella mia seconda visita, dodici anni dopo, pensai di rifarmi e cercai prima di tutto la via che porta alla Madonna dell'Arena. Sulla strada, alla sinistra del mio percorso, probabilmente nel punto in cui ero tornato indietro nel 1895, scoprii la località che avevo così spesso visto in sogno, con le sue figure di pietra arenaria. Era in effetti l'ingresso nel giardino di un ristorante.

Una delle fonti da cui il sogno trae materiale per la sua riproduzione, in parte non ricordato né utilizzato nell'attività di pensiero dello stato di veglia, è la vita infantile. Citerò solo alcuni degli autori che lo hanno notato ed evidenziato.

Hildebrandt (1875): «È già stato ammesso espressamente che il sogno talvolta riporta fedelmente alla psiche, con una straordinaria forza riproduttiva, processi del tutto remoti e persino dimenticati di epoche molto lontane».

Strümpell (1877): «La cosa è ancora più evidente se si osserva come il sogno talvolta riporti alla luce, in modo del tutto integro e nella freschezza originaria, le immagini di singole località, cose e persone tratte, per così dire, dagli strati più profondi e numerosi che il tempo ha deposto sulle prime esperienze di vita infantili. Ciò non si limita meramente alle impressioni che dal loro insorgere hanno conquistato una coscienza viva o che si sono legate con forti valori psichici, e che solo più tardi ritornano nel sogno come veri e propri ricordi di cui si rallegra la coscienza desta. La profondità della memoria onirica comprende piuttosto anche immagini di persone, cose, località ed esperienze di vita della prima infanzia che non possedevano la benché minima coscienza né un valore psichico, oppure immagini che avevano perduto da tempo l'una e l'altra cosa e che perciò appaiono sia nel sogno sia al risveglio come totalmente estranee e sconosciute, finché non scopriamo la loro prima origine».

Volkelt (1875): «Particolarmente degno di nota è quanto spesso intervengano nel sogno i ricordi d'infanzia e di gioventù. Ciò a cui non pensiamo più da lungo tempo, che da tempo ha perduto per noi ogni importanza».

Il dominio del sogno sul materiale infantile, che in gran parte, come è noto, rientra nelle lacune della facoltà mnestica cosciente, origina interessanti sogni ipermnestici di cui di nuovo voglio portare alcuni esempi.

Maury racconta (1878) che spesso da bambino era andato dalla sua città natale Meaux alla vicina Trilport, dove suo padre dirigeva la costruzione di un ponte. Una notte il sogno lo trasferisce a Trilport e lo fa giocare di nuovo nelle strade della città. Gli si avvicina un uomo che indossa una specie di uniforme. Maury gli chiede come si chiama; egli dice di chiamarsi C... e di essere il guardiano del ponte. Al risveglio Maury, dubitando ancora della realtà del ricordo, chiede a una vecchia cameriera che è con lui sin dall'infanzia se riesce a ricordare un uomo con quel nome. «Certo», suona la risposta, «era il guardiano del ponte costruito allora da suo padre».

Maury ci riferisce un altro esempio, altrettanto ben confermato, della precisione dei ricordi d'infanzia che si presentano in sogno: un certo signor F., cresciuto a Montbrison, venticinque anni dopo essersene andato, decise di visitare di nuovo il luogo natìo e i vecchi amici di famiglia che non aveva più rivisto. La notte prima del suo viaggio, sognò di essere già arrivato alla meta e di aver incontrato, nei pressi di Montbrison, un signore che gli era sconosciuto all'aspetto, il quale gli disse di essere il signor T., un amico di suo padre. Il sognatore sapeva di aver conosciuto da bambino un signore con quel nome, ma da sveglio non ricordava più il suo aspetto. Giunto realmente alcuni giorni dopo a Montbrison, ritrova la località del sogno, che pensava di non conoscere, e incontra un signore in cui riconosce immediatamente il signor T. del sogno. La persona reale era solo molto più vecchia di quanto si era mostrata nell'immagine onirica.

Posso raccontare ora un sogno mio, nel quale l'impressione da ricordare è sostituita da una relazione. Vedevo in sogno una persona, che sapevo essere il medico del mio paese natale. Il suo viso non era nitido, ma si confondeva con la rappresentazione di un mio insegnante di liceo, che ancor oggi incontro occasionalmente. Ridestatomi, non riuscii a scoprire quale relazione unisse le due persone. Ma quando chiesi a mia madre del medico dei miei primi anni d'infanzia venni a sapere che era privo di un occhio, e anche il professore del liceo aveva un occhio solo. L'immagine di quest'ultimo si era sovrapposta in sogno a quella del medico, che avevo visto per l'ultima volta trentotto anni prima e al quale, per quel che ne so, non avevo mai pensato nella vita desta, benché una cicatrice sulla mia guancia avrebbe potuto ricordarmi i suoi soccorsi in mio aiuto.

Come a voler bilanciare l'eccesso d'importanza che le impressioni d'infanzia assumono nella vita onirica, diversi autori osservano che nella maggior parte dei sogni è possibile riscontrare elementi tratti dai giorni immediatamente precedenti. Robert (1886) dice persino che in genere il sogno normale si occupa soltanto delle impressioni degli ultimissimi giorni. Vedremo tuttavia che la teoria sul sogno elaborata da Robert esige necessariamente di respingere in modo simile le impressioni più antiche e di far venire avanti quelle più recenti. Ma il fatto che Robert riporta esiste veramente, come posso confermare sulla base di alcune ricerche. Un autore americano, Nelson, ritiene che si trovino più spesso nel sogno le impressioni di due, tre giorni prima, come se le impressioni del giorno precedente non fossero sufficientemente attenuate, distanziate.

Molti autori, che non intendono mettere in dubbio l'intimo nesso del contenuto onirico con la vita desta, si sorprendono del fatto che le impressioni che occupano intensamente il pensiero desto compaiono nel sogno solo dopo essere state in una certa misura messe da parte dall'attività diurna del pensiero. Così, di norma, non si sogna una persona cara defunta nei primi tempi, quando il lutto ricolma completamente chi è sopravvissuto (Delage, 1891). Uno dei più recenti osservatori di questi fenomeni, Miß Hallam, ha anche raccolto esempi del tutto contrari e sostiene in questi casi il diritto dell'individualità psicologica (Hallam e Weed, 1896).

La terza particolarità della memoria nel sogno, la più strana e la più incomprensibile, si mostra nella scelta del materiale riprodotto, in quanto non viene considerato degno di ricordo, come nella vita desta, soltanto il materiale più significativo, ma al contrario anche quello più indifferente e insignificante. Lascio la parola a questo proposito a quegli autori che hanno dato maggiore espressione alla loro meraviglia.

Hildebrandt (1875): «La cosa strana è che il sogno non prende di norma i suoi elementi dagli eventi grandi e profondi, e neppure dagli interessi imponenti e trascinanti del giorno trascorso, ma dalle situazioni supplementari, marginali, per così dire dalle briciole senza valore del passato più recente o remoto. Lo sconvolgente caso di morte nella nostra famiglia, le cui impressioni ci accompagnano ogni volta che ci addormentiamo, resta cancellato dalla nostra memoria fino a quando il primo attimo desto ce lo restituisce con dolorosa violenza. Invece la verruca sulla fronte di un estraneo, che abbiamo notato e a cui non abbiamo pensato neppure per un attimo, dopo averlo incrociato, gioca un ruolo importante nel nostro sogno».

Strümpell (1877): «[...] quei casi nei quali la scomposizione di un sogno scopre elementi che provengono, certo, dalle esperienze di vita dell'ultimo o penultimo giorno, e che però sono così insignificanti e privi di valore per la coscienza désta da cadere nell'oblio subito dopo averli vissuti. Esperienze simili sono, per esempio, affermazioni udite casualmente o azioni di qualcuno notate superficialmente, percezioni rapide e fugaci di cose o persone, brevi passi isolati di una lettura, e simili».

Havelock Ellis (1899): «*The profound emotions of waking life, the questions and problems on which we spread our chief voluntary mental energy, are not those which usually present themselves at once to dream consciousness. It is, so far as the immediate past is concerned, mostly the trifling, the incidental, the "forgotten" impressions of daily life which reappear in our dreams. The psychic activities that are awake most intensely are those that sleep most profoundly*»[10].

Binz (1878) prende spunto proprio dalle particolarità della memoria nel sogno di cui stiamo parlando per esprimere la sua insoddisfazione di fronte alle spiegazioni del sogno da lui stesso sostenute: «E il sogno naturale ci pone questioni simili. Perché non sogniamo sempre le impressioni mnestiche dell'ultimo giorno trascorso, ma ci tuffiamo spesso, senza alcun motivo evidente, in un passato che è molto lontano da noi, quasi estinto? Perché nel sogno la coscienza riceve così spesso l'impressione di immagini mnestiche *indifferenti*, mentre le cellule cerebrali, che recano in sé

[10] «Le profonde emozioni della vita desta, le domande e i problemi sui quali concentriamo volontariamente la maggior parte della nostra energia mentale sono quelli che di solito non si presentano subito alla coscienza del sogno. Per quanto riguarda il recentissimo passato, sono soprattutto le impressioni più futili, incidentali e "dimenticate" della vita quotidiana a riapparire nei nostri sogni. Le attività psichiche che sono più intensamente sveglie sono quelle che dormono più profondamente».

le impronte più vivaci del vissuto, rimangono per lo più mute e rigide, a meno che non siano state fortemente ravvivate poco prima, nello stato desto?».

Si vede facilmente che la strana preferenza della memoria onirica per ciò che vi è di indifferente, e quindi di inosservato, nelle esperienze vissute durante il giorno doveva portare per lo più a misconoscere in generale la dipendenza del sogno dalla vita desta, e poi a renderne perlomeno difficile la dimostrazione in ogni singolo caso. Fu così possibile che Mary Whiton Calkins (1893), nell'elaborazione statistica dei sogni suoi e del suo collaboratore, ritenesse che vi fosse ancora una percentuale dell'undici per cento di sogni nei quali non era visibile una relazione con la vita desta. Ha certamente ragione Hildebrandt nell'affermare che spiegheremmo geneticamente tutte le immagini oniriche se ogni volta applicassimo il tempo e la concentrazione necessari per rintracciarne l'origine. Certo, la considera «un'occupazione estremamente faticosa e ingrata: tutto si ridurrebbe, nella maggior parte dei casi, a scovare nei più reconditi angoli della memoria infinite cose senza alcun valore psichico, a riportare alla luce, dalla sepoltura in cui finiscono forse un'ora dopo, momenti completamente indifferenti di un tempo assai remoto». Devo però rammaricarmi che un autore così acuto si sia lasciato distogliere dal perseguire una via che, benché cominciasse in modo modesto, lo avrebbe immediatamente condotto al centro della spiegazione del sogno[11].

Il comportamento della memoria onirica è senz'altro della massima importanza per ogni teoria della memoria in generale. Esso ci insegna che «nulla di ciò che una volta abbiamo posseduto spiritualmente può andare del tutto perduto» (Scholz, 1887). Oppure, come lo esprime Delböuf, «*que tonte impression même la plus insignifiante, laisse une trace inaltérable, indéfmiment susceptible de reparaître au jour*»[12]; una conclusione, questa, a cui ci inducono

[11] Aggiungo come semplice constatazione successiva che è frequente nel sogno la ripetizione di occupazioni semplici e di poco valore del giorno precedente, come preparare le valigie, cucinare ecc. In questi casi, neppure chi sta sognando evidenzia il carattere di ricordo, ma quello di "realtà": "Ho fatto davvero tutto questo durante il giorno". [Nota aggiunta nel 1909]

[12] «Che qualsiasi impressione, finanche la più insignificante, lascia una traccia inalterabile, indefinibilmente suscettibile di comparire di nuovo».

anche molti altri fenomeni patologici della vita psichica. Basterà ora tener presente questa straordinaria efficienza della memoria nel sogno per sentire vivamente la contraddizione di certe teorie che menzioneremo più avanti, le quali vogliono spiegare l'assurdità e l'incoerenza dei sogni con un oblio parziale di quanto ci è noto di giorno.

Potrebbe ad esempio venire in mente di ridurre il fenomeno del sogno in generale a quello del ricordare, vedere nel sogno l'espressione di un'attività riproduttiva fine a se stessa, che continua anche di notte. Sono di questo avviso rapporti come quello di Pilcz (1899) per i quali è possibile dimostrare l'esistenza di relazioni fisse tra il tempo del sogno e il suo contenuto così che nel sonno profondo vengono riprodotte dal sogno impressioni più antiche; di mattina, invece, impressioni recenti. Ma una concezione di questo tipo è resa *a priori* improbabile dal modo in cui il sogno tratta il materiale da ricordare. A buon diritto Strümpell richiama l'attenzione sul fatto che nel sogno non accadono ripetizioni di esperienze vissute. Il sogno fa, è vero, un tentativo in questo senso, ma l'anello successivo resta fuori; esso si presenta modificato, oppure compare al suo posto un anello del tutto estraneo. Il sogno reca soltanto frammenti di riproduzioni. Questa è una regola talmente ricorrente da permetterne una utilizzazione teoretica. Esistono anche delle eccezioni, nelle quali un sogno ripete l'esperienza vissuta con la stessa precisione di cui è capace la nostra memoria quando siamo desti. Delböuf racconta che un suo collega d'università rivisse in sogno fin nei minimi dettagli un pericoloso viaggio in carrozza durante il quale era scampato a un incidente solo per miracolo. Miss Calkins menziona (1893) due sogni, il cui contenuto era l'esatta riproduzione di un'esperienza vissuta il giorno prima, e io stesso coglierò l'occasione più tardi per comunicare il caso, di cui venni a conoscenza, di un'esperienza infantile che ritornò immutata nel sogno[13].

[13] Esperienze successive mi inducono ad aggiungere che non accade affatto di rado che occupazioni semplici e prive di importanza del giorno precedente si ripetano in un sogno: ad esempio, fare le valigie, preparare del cibo, ecc. Nei sogni di questo tipo chi sogna non mette in rilievo il contenuto del ricordo, ma la sua "realtà": «Ho fatto veramente tutto questo ieri». [Nota aggiunta nel 1909]

C. Stimoli e fonti del sogno

Possiamo chiarire cosa si deve intendere con stimoli e fonti del sogno richiamandoci al detto popolare: «I sogni vengono dallo stomaco». Dietro questi concetti si nasconde una teoria che considera il sogno come conseguenza di un disturbo del sonno. Non avremmo sognato, se qualcosa non fosse intervenuto nel sonno come elemento disturbante: il sogno è proprio la reazione a questo disturbo.

Le discussioni sulle cause scatenanti dei sogni occupano lo spazio più ampio nella trattazione degli autori. È chiaro che il problema poté darsi solo quando il sogno divenne oggetto di ricerca biologica. Gli antichi, che lo ritenevano un messaggio divino, non avevano bisogno di rintracciare una fonte di stimoli per il sogno: il sogno discendeva dal volere del dio o del dèmone, e il suo contenuto era in relazione con il loro sapere e le loro intenzioni. La ricerca scientifica fin dall'inizio mirava a capire se lo stimolo a sognare fosse sempre lo stesso oppure potesse cambiare, e ci si domandò dunque se la spiegazione causale del sogno fosse di competenza della psicologia oppure della fisiologia. La maggior parte degli autori pare sostenere che le cause dei disturbi del sonno, e quindi le fonti del sogno, possono essere di vario genere e che gli stimoli sia somatici che psichici assurgono al ruolo di elementi che determinano il sogno. I punti di vista divergono sulla preferenza per l'una o per l'altra fonte del sogno e per il loro ordine gerarchico d'importanza rispetto alla nascita del sogno.

Dove l'enumerazione delle fonti del sogno è completa, risultano infine quattro generi differenti, che sono stati utilizzati anche per la partizione dei sogni: 1) *eccitamento esterno (oggettivo) dei sensi*; 2) *eccitamento interno (soggettivo) dei sensi*; 3) *stimolo corporeo interno (organico)*; 4) *fonti di stimolo puramente psichiche*.

1) *Stimoli sensoriali esterni*

Strümpell junior, il figlio del filosofo la cui opera sul sogno ci è già servita più volte da segnavia nei problemi onirici, ha riferito, com'è noto, l'osservazione di un malato che era affetto da anestesia generale della superficie corporea e da paralisi di diversi organi sensoriali superiori. Quando si chiudevano a quest'uomo le poche porte sensoriali aperte rispetto al mondo esterno, egli cadeva nel sonno. Quando vogliamo addormentarci, ci sforziamo tutti di creare una situazione simile a quella degli esperimenti di Strümpell: chiudiamo le porte sensoriali più importanti, gli occhi, e tentiamo di allontanare ogni stimolo dagli altri sensi, oppure ogni alterazione degli stimoli che agiscono su di essi. Allora ci addormentiamo, benché il nostro tentativo non riesca mai del tutto. Non riusciamo a tenere gli stimoli completamente lontani dagli organi sensoriali, né a superare del tutto l'eccitabilità di questi organi. Che gli stimoli più forti riescano sempre a svegliarci dimostra che «anche nel sonno la psiche resta in costante contatto con il mondo extracorporeo». Gli stimoli sensoriali che ci pervengono durante il sonno possono facilmente diventare fonti del sogno.

Esiste ora una gran quantità di stimoli simili, da quelli che lo stato di sonno inevitabilmente porta con sé o deve ammettere solo casualmente, fino allo stimolo casuale che risulta idoneo o destinato a porre fine al sonno. Può essere una luce più forte che penetra nei nostri occhi, un rumore che si rende percepibile, o una sostanza odorosa che irrita le nostre mucose nasali. Nel sonno possiamo scoprire con movimenti involontari singole parti del corpo ed esporle così a sensazioni di freddo oppure, cambiando posizione, produrre in noi stessi sensazioni di pressione e di contatto. Ci può pungere una zanzara oppure un piccolo incidente notturno può turbare al tempo stesso diversi sensi. L'attenzione degli osservatori ha permesso di raccogliere tutta una serie di sogni nei quali lo stimolo constatato al risveglio e un frammento del contenuto onirico coincidevano al punto tale da poter riconoscere nello stimolo la fonte del sogno.

Una raccolta di sogni simili, riconducibili a una stimolazione sensoriale oggettiva più o meno accidentale, è riportata da Jessen (1855):

«Ogni rumore, percepito in modo confuso, desta immagini oniriche corrispondenti: il rimbombo del tuono ci situa in mezzo a una battaglia, il canto di un gallo può trasformarsi nell'urlo d'angoscia di un uomo, il cigolìo di una porta può richiamare sogni di irruzione da parte di ladri. Se di notte perdiamo la nostra coperta, può darsi che sogniamo di andare in giro nudi o di cadere nell'acqua. Se siamo stesi di sbieco nel letto, con i piedi che fuoriescono dal suo bordo, ci può capitare di sognare che ci troviamo sul bordo di un orribile abisso o che precipitiamo da un'altura scoscesa. Se la nostra testa va a finire per caso sotto il cuscino, allora un'enorme roccia pende su di noi e sta per seppellirci sotto il suo peso. L'accumulo del seme produce sogni voluttuosi, dolori localizzati l'idea di maltrattamenti subìti, di attacchi nemici, o di ferite corporee che vengono provocate in quel momento...

Meier (1758) una volta sognò di essere aggredito da alcune persone che lo buttavano a terra supino e gli infilzavano un palo fra l'alluce e il dito vicino. Mentre si rappresentava questa immagine in sogno, si destò e si rese conto di avere un filo di paglia fra le dita del piede. Lo stesso Meier, secondo Hennings (1784), in un'altra occasione, in cui aveva il collo della camicia troppo stretto, sognò di venire impiccato. Hoffbauer da giovane sognò di cadere giù da un alto muro e al risveglio osservò che il letto era sfasciato e che era caduto davvero. Gregory riferisce che una volta, andando a dormire con una bottiglia d'acqua calda sui piedi, sognò di fare una gita sulla punta dell'Etna, dove il calore del suolo fu per lui quasi insopportabile. Un uomo, dopo l'applicazione di un cataplasma bollente sulla testa, sognò di essere scotennato dagli indiani, un altro ancora, che dormiva con una camicia umida, credette di esser trascinato via da una corrente. Un malato di gotta, colpito nel sonno da un attacco, sognò di essere nelle mani dell'Inquisizione e di subirne le torture (Macnish)».

L'argomentazione fondata sulla similarità fra stimolo e contenuto del sogno può essere rafforzata se si riesce a produrre nel dormiente, inducendogli sistematicamente stimoli sensoriali, sogni che corrispondono a quegli stessi stimoli. Macnish, che Jessen cita, ritiene che esperimenti di questo genere furono già realizzati da Girou de Bouzareinges. «Mentre dormiva a ginocchia scoperte, gli sembrò di stare viaggiando di notte in diligenza. Riguardo a questo egli osserva che i viaggiatori sanno bene come in diligenza, durante la notte, le ginocchia si raffreddino. In un'altra occasione aveva il capo scoperto e sognò di partecipare a una cerimonia religiosa all'aria aperta: infatti, nel paesino in cui viveva, all'epoca, c'era l'usanza di avere sempre il capo coperto, eccetto in circostanze di questo tipo».

Maury (1878) riferisce nuove osservazioni di sogni provocati su se stesso (una serie di altri tentativi non aveva prodotto risultati):

1. Gli si fa il solletico sulle labbra e sulla punta del naso con una piuma; sogna una tortura terribile: gli viene applicata una maschera di pece sul volto, poi gli viene strappata così che la pelle viene via.

2. Si striscia una forbice su una pinza: sente suonare le campane. Poi cominciano a suonare a martello, e si ritrova nei giorni di giugno del 1848.

3. Gli si fa odorare dell'acqua di Colonia: è al Cairo nel negozio di Giovanni Maria Farina. Ne conseguono avventure incredibili che non può riprodurre.

4. Gli si pizzica leggermente la nuca: sogna che gli viene applicato un cataplasma rovente e pensa a un medico che lo ha curato quando era piccolo.

5. Un ferro incandescente gli viene avvicinato al volto: sogna che degli *chauffeurs*[14] si sono introdotti in casa e costringono gli inquilini a tirar fuori il denaro ficcando i loro piedi in un braciere. Poi compare la duchessa di Abrantès, di cui nel sogno è segretario.

6. Gli si versa una goccia d'acqua sulla fronte: si trova in Italia, suda copiosamente e beve un vino bianco di Orvieto.

7. Gli si fa cadere addosso, in modo ripetuto, attraverso una carta rossa, la luce di una candela: sogna un temporale e un gran caldo e si trova di nuovo in una tempesta di neve che lo aveva colto una volta sul canale della Manica.

Hervey de St. Denis, Weygandt (1893) e altri hanno realizzato tentativi ancora diversi di produrre sogni in modo sperimentale.

Da più parti è stata osservata l'«incredibile capacità del sogno di introdurre nelle sue configurazioni impressioni immediate che vengono dal mondo dei sensi, in modo che esse creino una catastrofe già preparata e introdotta progressivamente» (Hildebrandt, 1875). «Negli anni giovanili – racconta questo autore – mi servivo di una sveglia per alzarmi regolarmente a una determinata ora del mattino. Centinaia di volte mi è capitato che il suono della sveglia si intonasse all'andamento, apparentemente molto lungo e conseguente, di un sogno, come se tutto il sogno si basasse appunto su quel suono e vi trovasse il suo vero e proprio culmine, logicamente coerente, il suo scopo naturale».

Citerò ancora, con altre intenzioni, tre di questi sogni determinati da una sveglia.

Volkelt (1875) racconta: «Una volta un compositore sognò di tenere lezione e di voler spiegare qualcosa ai suoi allievi. Quando

[14] Gli *chauffeurs* erano comitive di banditi che erano soliti, nella Vandea, utilizzare questo metodo di tortura.

ebbe finito, si rivolse a uno dei ragazzi e gli domandò: "Mi hai capito?". Quello gridò come un ossesso: "Oh sì (*Oh ja*)"; irritato, gli vieta di gridare. Ma già tutta la classe gridava: "*Orja*", poi "*Eurjo*" e infine: "*Feuerjo*!". E poi venne svegliato dal grido reale in strada: "*Feuerjo*!"».

Garnier (1872), secondo quanto dice Radestock, riferisce che Napoleone I, mentre stava dormendo in carrozza, fu svegliato improvvisamente dall'esplosione della macchina infernale, che gli fece rivivere il passaggio del Tagliamento e il cannoneggiamento degli austriaci, finché si svegliò terrorizzando tutti con il grido: «Siamo minati!».

È diventato famoso un sogno vissuto da Maury (1878). Era sofferente e stava a letto in camera sua; sua madre gli sedeva accanto. Egli sognò di essere all'epoca della Rivoluzione francese, nel periodo del Terrore, e di assistere a terrificanti scene di omicidio e di essere infine lui stesso citato dinanzi al tribunale. Lì vide Robespierre, Marat, Fouquier-Tinville e tutti i tristi eroi di quell'epoca terribile; rispose alle loro domande e, dopo vari incidenti che non si fissarono nella sua memoria, fu condannato e quindi, accompagnato da una folla sterminata, condotto sul luogo dell'esecuzione. Salì sul patibolo, il boia lo legò alla tavola; essa si capovolse; la lama della ghigliottina salì giù, egli sentì la sua testa staccarsi dal tronco e si svegliò in preda ad una angoscia indicibile: vide che era caduta la spalliera del letto e che lo aveva colpito alla nuca proprio come la lama della ghigliottina.

A questo sogno si lega un'interessante discussione, cominciata da Le Lorrain (1894) ed Egger (1895) nella *Revue philosophique*, su se e come sia possibile a chi sogna concentrare, nel breve arco di tempo che va dalla percezione dello stimolo al risveglio, una tale abbondanza, oltremodo ricca, di contenuto onirico.

Esempi di questo genere fanno apparire gli stimoli sensoriali oggettivi avuti durante il sonno come le fonti del sogno stabilite con la maggiore sicurezza. Sono anche i soli che, per quel che ne sanno i profani, giocano un ruolo rilevante. Se si domandasse a una persona colta, che però è rimasta estranea alla letteratura sul sogno, come nascono i sogni, risponderà senza dubbio richiamandosi a qualche caso a lei noto, in cui un sogno viene spiegato attraverso uno stimolo sensoriale oggettivo, riconosciuto al risveglio. La considerazione scientifica non può fermarsi a questo; essa crea l'occasione per ulteriori domande provenienti dall'osservazione che lo stimolo che agisce sui sensi durante il sogno non compare nella sua reale figura, ma è sostituito da un'altra rappresentazione, che è in una qualche relazione con esso. Ma la relazione che lega lo stimolo e il risultato onirico è, secondo le parole di Maury, «*une affinité quelconque, mais qui n'est pas unique et exclusive*»[15] (1853). Consideriamo per esempio tre dei sogni della sveglia di Hildebrandt (1875): dovremo domandarci perché mai lo stesso stimolo provochi risultati così diversi, e perché proprio questi.

«Me ne vado a passeggio in una mattina di primavera e scendo per i campi verdeggianti, fino a un villaggio lì vicino, dove vedo gli abitanti vestiti a festa, il libro di preghiere sotto il braccio, andare numerosi verso la chiesa. Certo! È domenica e la funzione del mattino comincerà presto. Decido di prendervi parte ma prima, essendo un po' accaldato, vado a rinfrescarmi nel cimitero che circonda la chiesa. Mentre sto leggendo alcune epigrafi, sento il campanaro salire sul campanile e lassù vedo la piccola campana del villaggio che darà il segnale perché cominci la funzione. Per un buon lasso di tempo resta immobile, poi inizia a oscillare: improvvisamente i suoi rintocchi risuonano chiari e penetranti, tanto chiari e penetranti da metter fine al mio sonno. I rintocchi della campana, però, vengono dalla sveglia.

Un secondo esempio. È una luminosa giornata d'inverno, le strade sono coperte da un alto strato di neve. Io ho acconsentito a prender parte a una corsa in slitta, ma devo aspettare a lungo, finché mi viene comunicato che la slitta è davanti la porta. Ora seguono i preparativi per salirvi – indosso la pelliccia, tiro fuori il sacco a pelo – e alla fine mi siedo al mio posto. Ma la partenza si protrae ancora, fino a che le redini dànno il segnale ai cavalli scalpitanti: ora trainano, i campanelli scossi con forza cominciano la loro ben nota musica turca con un impeto che, in un lampo, strappa la trama del mio sogno. Ancora una volta, non è altro che il trillo della sveglia.

Ancora un terzo esempio. Vedo in corridoio una cameriera che va verso la sala da pranzo con una dozzina di piatti accatastati. La colonna di porcellana fra le sue braccia sembra correre il rischio di perdere l'equilibrio. Fai attenzione – l'avverto – tutto il servizio cadrà a terra". Naturalmente non manca la risposta d'obbligo: è già abituata a questi lavori, e così via, mentre io l'accompagno ancora preoccupato, continuo a seguirla con lo sguardo. Giunta sulla soglia della porta, la cameriera inciampa, le fragili stoviglie cadono, crean-

[15] «Una affinità qualunque, ma che non è né unica né esclusiva».

do un frastuono, e si frantumano in mille pezzi sul pavimento. Ma il suono che si espande senza fine non è, lo capisco presto, di stoviglie in frantumi, bensì un autentico trillo: il trillo, come riconosce chi è desto, della sveglia che ha compiuto il suo dovere».

Alla domanda sul perché la psiche non riconosca in sogno la natura dello stimolo sensoriale oggettivo, Strümpell (1877) – e, in parte, anche Wundt (1874) – ha risposto che essa, di fronte agli stimoli che la colpiscono nel sonno, si trova in condizioni tali da facilitare la formazione di illusioni. Un'impressione sensoriale viene da noi *riconosciuta*, *interpretata correttamente*, vale a dire inserita nel gruppo dei ricordi a cui appartiene secondo tutte le nostre precedenti esperienze, solo se l'impressione è sufficientemente forte, limpida e durevole, e se è a nostra disposizione il tempo necessario per questa riflessione. Se non si realizzano queste condizioni, non riconosciamo l'oggetto da cui proviene l'impressione e in conseguenza di ciò formiamo un'illusione: «Se qualcuno passeggia per i campi aperti e percepisce oscuramente un oggetto lontano, può accadere che lo ritenga inizialmente un cavallo». A uno sguardo più ravvicinato, potrà sembrargli di vedere una mucca a riposo e infine la rappresentazione potrà risolversi con determinazione in un gruppo di persone sedute. Altrettanto confuse sono le impressioni che la psiche riceve in sogno dagli stimoli esterni sulla base dei quali forma delle illusioni, perché l'impressione riceve il proprio valore psichico dalle immagini mnestiche che essa richiama in numero più o meno grande. Anche secondo Strümpell rimane difficile determinare *da quale* delle molte cerchie di ricordi vengono destate le immagini che appartengono ai sogni e *quale* delle possibili relazioni associative entri in gioco: tutto ciò è lasciato, per così dire, all'arbitrio della vita psichica.

Ci troviamo ora davanti a una scelta. Possiamo ammettere che effettivamente non si deve perseguire ancora la ricerca della norma nella formazione onirica, e rinunciare a domandarci se l'interpretazione dell'illusione provocata da un'impressione sensoriale sottostà ancora ad altre condizioni. Oppure possiamo supporre che la stimolazione sensoriale oggettiva gioca solo un ruolo limitato come fonte del sogno, e che altri momenti determinano la scelta delle immagini mnestiche evocabili. In realtà, se si esaminano i sogni di Maury indotti in modo sperimentale, di cui ho parlato così diffusamente proprio per questo motivo, si è tentati di dire che l'esperimento fatto copre solo uno degli elementi dell'origine del sogno, mentre il resto del contenuto onirico sembra, piuttosto, troppo indipendente, troppo particolareggiato per poter essere spiegato secondo la sola concordanza con l'elemento indotto sperimentalmente. Si inizia persino a dubitare della teoria dell'illusione, e del potere dell'impressione obiettiva di formare il sogno, quando si sperimenta che questa impressione riceve nel sogno le interpretazioni più strane e divergenti. Così, per esempio, Simon (1888) racconta un sogno in cui vide dei giganti seduti a tavola e sentì chiaramente il rumore terribile che le loro mascelle producevano sbattendo l'una contro l'altra nella masticazione. Quando si destò, udì lo scalpiccìo di un cavallo che galoppava davanti la sua finestra. Se, in questo caso, il rumore degli zoccoli ha richiamato alla mente proprio le rappresentazioni che provengono dalla cerchia dei ricordi dei *Viaggi di Gulliver*, il soggiorno presso i giganti di Brobdingnag e i cavalli virtuosi – come interpreterei senza appoggiarmi in alcun modo all'autore – la scelta di questa cerchia di ricordi, così inusuale per lo stimolo, non sarà stata facilitata forse da altri motivi?[16]

2) *Stimoli sensoriali interni (soggettivi)*

Malgrado tutte le obiezioni occorre ammettere che l'importanza degli stimoli sensoriali oggettivi, come suscitatori di sogni, è indiscutibile, e se questi stimoli possono forse sembrare insufficienti, vista la loro natura e il loro numero, a spiegare tutte le immagini oniriche, dobbiamo ricorrere ad altre fonti del sogno, che agiscono però in modo analogo. Ora io non so chi abbia avuto per primo l'idea di prendere in considerazione, accanto agli stimoli sensoriali esterni, anche gli eccitamenti interni (soggettivi) degli organi sensoriali; sta di fatto, però, che questa idea si trova più o meno esplicitamente in tutte le più recenti ricerche sull'eziologia del sogno. «Nelle illusioni oniriche giocano un ruolo decisivo, come io credo – dice Wundt (1874) – quelle sensazioni soggettive visive o uditive che tutti noi conosciamo, quando

[16] La presenza dei giganti in un sogno fa pensare che si tratti di una scena che risale all'infanzia del sognatore. [Nota aggiunta nel 1911]
Fra l'altro, l'interpretazione offerta, basata su un ricordo dei *Viaggi di Gulliver*, è anche un buon esempio di come non si *deve* fare una interpretazione. L'interprete del sogno non deve dare libero corso al proprio ingegno, e soprattutto non deve tralasciare le associazioni di idee di colui che sogna. [Aggiunto nel 1925]

siamo desti, come il caos luminoso nell'oscuro campo visivo, il ronzìo o tintinnìo nelle orecchie, ecc., e fra questi in particolare gli eccitamenti soggettivi della retina. Così si spiega la singolare inclinazione del sogno a evocare magicamente davanti ai nostri occhi molteplici oggetti simili o del tutto identici fra loro. Vediamo davanti a noi innumerevoli uccelli, farfalle, pesci, perle variopinte, fiori, e simili. La polvere luminosa dell'oscuro campo visivo ha assunto forme fantastiche, gli innumerevoli punti luminosi di cui è fatta vengono incorporati dal sogno in altrettante immagini singole, che sono considerate come oggetti *mossi* a causa della mobilità del caos luminoso. Qui si radica anche, probabilmente, la chiara inclinazione del sogno a creare le più svariate figure animali, la cui ricchezza formale si accorda facilmente con la forma particolare delle immagini luminose soggettive».

È manifesto che gli eccitamenti sensoriali soggettivi hanno su quelli oggettivi il vantaggio di non dipendere, in quanto fonte di immagini oniriche, dalla casualità esteriore. Sono, per così dire, sempre disponibili, ogni volta che si debba ricorrere a essi per la spiegazione. Tuttavia, hanno lo svantaggio di non prestarsi, se non con molte difficoltà, a essere oggetto dell'osservazione e della verifica sperimentale che dovrebbero confermare, così come per gli stimoli oggettivi, la loro funzione di suscitatori del sogno. La maggiore conferma della loro importanza nella formazione del sogno è data dalle cosiddette allucinazioni ipnagogiche, che Johannes Müller (1826) denomina *phantastische Gesichtserscheinungen* (fenomeni visivi fantastici). Sono immagini, spesso molto vivaci e cangianti, che molte persone hanno, con una certa regolarità, quando si addormentano e che possono durare ancora per un po' di tempo anche dopo aver riaperto gli occhi. Maury, che era preso in sommo grado da ciò, ha attribuito loro un grande valore ed ha affermato il loro rapporto, anzi, ancor più, la loro identità con le immagini oniriche (come del resto aveva già osservato Müller). Perché sorgano, sostiene Maury, è necessaria una certa passività psichica, una caduta di tensione dell'attenzione (1878). È sufficiente cadere in un letargo simile, fosse pure per un secondo, per vedere, qualora se ne abbia la disposizione, un'allucinazione ipnagogica, dopo la quale magari ci si risveglia e si ricomincia daccapo, finché il gioco, ripetutosi più volte, si conclude nel sonno. Se ci si sveglia poco tempo dopo, spesso si riesce, secondo Maury, a dimostrare la presenza nel sogno di quelle stesse immagini che prima di addormentarsi erano balenate in qualità di allucinazioni ipnagogiche. È quel che gli capitò una volta con una serie di figure grottesche dai lineamenti stravolti e dalla capigliatura stravagante che lo importunarono con inaudita insistenza poco prima di addormentarsi: quando si destò, ricordò di averle sognate. Un'altra volta, mentre era in preda alla fame a causa di una dieta rigida che si era inflitto, ebbe la visione ipnagogica di un piatto e di una mano, munita di forchetta, che prendeva un po' di cibo: in sogno si vide seduto a una tavola riccamente imbandita, ed ebbe nelle orecchie il ticchettio delle forchette dei commensali. Un'altra volta ancora, addormentatosi con gli occhi irritati e dolenti, ebbe l'allucinazione ipnagogica di segni microscopici che doveva decifrare con grande fatica uno a uno; un'ora dopo, ridestatosi, ricordò di aver sognato fra le altre cose un libro aperto, stampato con caratteri molto piccoli, che egli doveva leggere con enorme sforzo.

In modo del tutto simile a queste immagini, possono comparire ipnagogicamente allucinazioni uditive di parole, nomi, ecc., che poi in sogno si ripetono, come l'*Ouverture* che annuncia i motivi principali dell'opera che essa inaugura.

Sullo stesso cammino di Müller e di Maury si muove anche un nuovo osservatore delle allucinazioni ipnagogiche, G. Trumbull Ladd (1892). Questo autore imparò con molti esercizi a svegliarsi all'improvviso, senza aprire gli occhi, due o cinque minuti dopo essersi progressivamente addormentato, ed ebbe così l'occasione di confrontare le sensazioni retiniche in procinto di sparire con le immagini oniriche che continuavano a vivere nella sua memoria. Egli è convinto che si possa riconoscere in ogni singolo caso una stretta relazione fra i due fenomeni: vale a dire i punti e le linee luminose della «luce propria» retinica forniscono in certo qual modo il disegno di contorno e lo schema alle immagini oniriche percepite psichicamente. Per esempio, a un sogno in cui vedeva chiaramente davanti a sé alcune righe stampate, che egli stava leggendo e studiando, corrispondeva un particolare ordinamento in linee parallele dei punti luminosi sulla retina. Per dirla con le sue parole: la pagina chiaramente stampata, che egli aveva letto nel sogno, si dissolse in un oggetto che apparve alla sua percezione desta come il frammento di una reale pagina stampata, posto a una distanza troppo grande per poterne distinguere chiaramente qualcosa, e osservato attraverso il forellino di un pezzo di carta.

Senza sottovalutare la parte centrale del fenomeno, Ladd ritiene che non possa avvenire in noi alcun sogno visivo in cui non ci sia un materiale dovuto allo stato di eccitamento interno della retina. Questo vale in particolare per i sogni fatti in una stanza oscura, poco dopo essersi addormentati, mentre, per i sogni fatti di mattina poco prima del risveglio, la fonte di stimolo è rappresentata dalla luce del giorno, che illumina la stanza e penetra gli occhi di chi dorme. La confusa fuga d'immagini che il sogno ci offre corrisponde precisamente all'aspetto mutevole e infinitamente cangiante dell'eccitazione di «luce propria» della retina. Se si attribuisce importanza alle osservazioni di Ladd, non si può tener in poco conto il ruolo che questa fonte soggettiva di stimoli assume rispetto ai sogni, poiché sono le immagini visive a costituire, come è noto, per la maggior parte i sogni. Il contributo degli altri àmbiti sensoriali, fino a quello uditivo, è insignificante e incostante.

3) *Stimolo corporeo interno (organico)*

Se stiamo cercando le fonti del sogno non al di fuori ma all'interno dell'organismo, dobbiamo ricordarci che quasi tutti i nostri organi interni, che in stato di salute non ci dànno segno della loro esistenza, negli stati di eccitamento – quelli che noi chiamiamo così – o di malattia diventano per noi una fonte di sensazioni (per lo più dolorose), paragonabile a quella costituita da suscitatori esterni di stimoli dolorosi e di sensazioni. Sono esperienze molto antiche, che consentono di dire, per esempio, a Strümpell (1877): «Nel sonno, la psiche raggiunge una consapevolezza sensoriale della sua corporeità molto più ampia e profonda di quella che ha quando è desta, ed è costretta a ricevere e subire certi eccitamenti che provengono da parti del corpo e mutamenti corporei, di cui non avverte nulla durante la veglia». Già Aristotele considera molto probabile che il sogno ci renda più attenti agli stati morbosi in incubazione di cui non ci accorgiamo quando siamo desti (grazie all'amplificazione cui il sogno sottopone le impressioni), e alcuni autori, la cui concezione è certamente molto lontana dal credere nella forza profetica del sogno, fanno valere questo significato del sogno almeno per ciò che si riferisce al preannunciarsi delle malattie (vedi Simon, 1888, e molti altri autori antichi)[17].

Presso i greci c'erano gli oracoli onirici che i malati in cerca di guarigione andavano abitualmente a consultare. Il malato si recava al tempio di Apollo o di Esculapio, veniva sottoposto a diverse cerimonie, gli si faceva il bagno, veniva frizionato, incensato e collocato sul cuoio di un ariete sacrificato. Altre notizie sui sogni taumaturgici presso i greci si trovano in Lehmann (1908), Bouché-Leclerq (1879-1882), Hermann (1858 e 1882), Böttinger (1795), Lloyd (1877), Döllinger (1857).

Sembrano non mancare esempi convincenti di questa capacità diagnostica del sogno anche in epoca più recente: Tissié (1898), per esempio, riferisce, citando Artigues (1884), la storia di una donna quarantatreenne, apparentemente in perfetta salute, che per alcuni anni fu visitata da sogni angosciosi e poi, all'esame medico, fu riscontrato in lei l'inizio di un'affezione cardiaca di cui poco tempo dopo morì.

In tutta una serie di persone, disturbi avanzati degli organi interni agiscono chiaramente come suscitatori di sogni. La frequenza dei sogni angosciosi nei malati di cuore e nei tubercolotici è generalmente ammessa: questo tratto della vita onirica è messo, anzi, in primo piano da molti autori, sicché posso limitarmi a un mero rinvio alla letteratura critica (Radestock, Spitta, Maury, M. Simon, a Tissié). Tissié sostiene persino che gli organi malati imprimono al contenuto onirico un'impronta caratteristica. I sogni dei malati di cuore sono abitualmente molto brevi e terminano con un risveglio brusco e carico di terrore; quasi sempre nel loro contenuto gioca

[17] Al di là di questo uso di tipo diagnostico dei sogni (ad esempio in Ippocrate), deve essere posta in evidenza anche la loro importanza terapeutica per gli antichi. I Greci avevano oracoli onirici che erano consultati costantemente da ammalati in cerca di guarigione. Il paziente andava al tempio di Apollo o di Esculapio, dove era sottoposto a varie cerimonie, lavato, massaggiato, esposto a fumi e quindi, arrivato ad uno stato di esaltazione, sdraiato su una pelle di ariete sacrificato. Si addormentava e sognava quello che gli serviva per guarire, che gli venivano indicati nella loro forma naturale o come simboli o immagini che i sacerdoti erano chiamati ad interpretare. Riferimenti sui sogni terapeutici presso i Greci si trovano in Lehmann, I, 74, Bouché-Leclerq, Hermann, *Lehrbuch der gottesdienstlichen Alterthümer der Griechen*, par. 41; *Lehrbuch der griechischen Privatalterthümer,* par. 38, 16; Böttinger in Sprengel, *Beiträge zur Geschichte der Medizin*, II, p. 163 sgg.; W. Lloyd, *Magnetism and Mesmerism in Antiquity*, London 1877; Döllinger, *Heidentum und Judentum*, p. 130. [Nota aggiunta nel 1914]

un ruolo importante una situazione di morte in circostanze atroci. I tubercolotici sognano soffocamenti, calche, fughe e sono in buona parte soggetti al noto incubo di soffocamento, che del resto Börner (1855) è riuscito a riprodurre sperimentalmente dormendo a viso in giù e tappandosi bocca e naso. In chi ha disturbi della digestione, il sogno contiene rappresentazioni gustative o di nausea. Infine, l'influenza dell'eccitamento sessuale sul contenuto del sogno è abbastanza nota a tutti per esperienza e offre il sostegno più forte all'intera dottrina dello stimolo organico come suscitatore del sogno.

Esaminando a fondo la letteratura sul sogno, è abbastanza evidente che alcuni autori (Maury, Weygandt, 1893) sono stati indotti a occuparsi dei problemi onirici per l'influsso che le loro stesse condizioni di salute esercitavano sul contenuto dei loro sogni.

Del resto, benché questi fatti siano stabilti in modo certo, la loro importanza nello studio delle fonti del sogno non è così significativa come si potrebbe pensare. Il sogno, infatti, è un fenomeno che si manifesta nelle persone sane – forse in tutte, forse ogni notte – e dunque la malattia di un organo evidentemente non ne rappresenta una condizione indispensabile. Ma a noi non interessa sapere da dove vengono sogni particolari, bensì quale possa essere la fonte che stimola i sogni comuni delle persone normali.

Ora, occorre fare un solo passo avanti per imbattersi in una fonte onirica che fluisce in modo più abbondante di tutte quelle precedenti, e che anzi promette di non esaurirsi in nessun caso. Se diamo per certo che l'interno del corpo in stato di malattia diventa fonte di stimolo del sogno e se ammettiamo che la psiche in stato di sonno, estraniata dal mondo esterno, può rivolgere una maggiore attenzione all'interno dell'organismo, risulta ovvio ammettere che gli organi non hanno bisogno di ammalarsi per far giungere alla psiche dormiente eccitamenti che diventano, poi, in un modo qualsiasi, immagini oniriche. Ciò che noi, quando siamo desti, percepiamo solo nella sua qualità come sensibilità generale e a cui, secondo i medici, tutti i sistemi organici offrono un contributo, costituirebbe di notte – avendo raggiunto una energica capacità d'azione e agendo con le sue singole componenti – la fonte più ricca e al tempo stesso più comune per risvegliare le rappresentazioni oniriche. Resterebbe così soltanto da ricercare secondo quali regole gli stimoli organici si trasformano in rappresentazioni oniriche.

Abbiamo toccato qui quella teoria sulla nascita del sogno che è diventata la preferita presso tutti gli autori medici. L'oscurità in cui viene velato alla nostra conoscenza il nocciolo del nostro essere (il *moi splanchnique*, come lo chiama Tissié) e l'oscurità sulla nascita del sogno corrispondono troppo bene l'una all'altra perché non si cerchi fra esse una relazione. Inoltre, l'idea dell'origine organica vegetativa del sogno ha un altro motivo di attrazione per il medico: egli può unire anche dal punto di vista dell'eziologia sogno e disturbo mentale, che nelle loro manifestazioni presentano già tante concordanze, sicché le alterazioni della sensibilità generale e gli stimoli provenienti dagli organi interni assumono un'estrema importanza anche nella nascita delle psicosi. Non ci si deve meravigliare, quindi, se la teoria dello stimolo somatico si può ricondurre a più di uno scienziato, e ciascuno l'ha esposta in modo del tutto indipendente.

Per una serie di autori fu decisiva l'argomentazione sviluppata dal filosofo Schopenhauer nel 1851. La rappresentazione del mondo sorge in noi allorché il nostro intelletto travasa le impressioni che lo colpiscono dall'esterno nelle forme del tempo, dello spazio e della causalità. Gli stimoli provenienti dall'interno dell'organismo, dal sistema nervoso simpatico, esercitano al massimo durante il giorno un'influenza inconscia sul nostro umore. Di notte, invece, quando l'azione assordante delle impressioni diurne si interrompe, quelle che affiorano dall'interno dell'organismo riescono ad attirare su di sé l'attenzione della psiche, in modo simile a quando di notte sentiamo mormorare una fonte che il rumore del giorno non rendeva percepibile. Ma in che altro modo dovrebbe reagire l'intelletto a questi stimoli, se non secondo la funzione che gli è propria? Esso tramuterà dunque gli stimoli in figure che riempiono lo spazio e il tempo, che si muovono sul filo conduttore della causalità, che si trasformano: così nasce il sogno. Più tardi Scherner (1861) e dopo di lui Volkelt (1875) tentarono di penetrare la relazione più stretta fra stimolo corporeo e immagine onirica. Tratteremo la loro concezione nel capitolo dedicato alle teorie del sogno.

In una ricerca effettuata in modo particolarmente coerente, lo psichiatra Krauss ha ricondotto la nascita del sogno, insieme a quella dei deliri e delle idee folli, a uno stesso elemento, la *sensazione organicamente condizionata*. Secondo lui, non si può quasi immaginare parte dell'organismo che non sia in grado di diventare punto di partenza per un sogno o un'immagine delirante. La sensazione organicamente condizionata «si può dividere però in due serie: 1) stati d'animo globali (sensibilità generale) e 2) sensazioni specifiche, appartenenti ai sistemi principali dell'organismo vegetativo, di cui abbiamo distinto cinque gruppi: a) sensazioni muscolari; b) pneumatiche; c) gastriche; d) sessuali; e) periferiche». Krauss suppone che il processo di nascita delle immagini oniriche sulla base delle stimolazioni corporee avvenga nel modo seguente: la sensazione destata evoca, secondo una legge associativa qualsiasi, una rappresentazione che le è affine e si collega a essa formando un insieme organico, rispetto al quale, però, la coscienza si comporta in modo diverso dal normale, in quanto trascura completamente la sensazione stessa e si rivolge completamente alle rappresentazioni che l'accompagnano. Ciò è al tempo stesso il motivo per cui questa situazione ha potuto essere misconosciuta per così lungo tempo. Krauss trova anche per questo processo un'espressione particolare, la *transustanziazione* delle sensazioni in immagini oniriche.

L'influenza degli stimoli organici sulla formazione del sogno è oggi quasi generalmente ammessa; ma al problema della legge che regola la loro relazione si dànno risposte molto varie e spiegazioni spesso oscure. Ora, nell'ambito della teoria degli stimoli organici, all'interpretazione del sogno spetta il compito particolare di ricondurre il contenuto del sogno agli stimoli organici che lo producono. Se però non si riconoscono le regole ermeneutiche stabilite da Scherner (1861), ci si trova spesso costretti a constatare con imbarazzo che la fonte di stimolo organico si rivela unicamente nel contenuto onirico.

C'è stata tuttavia un'interpretazione abbastanza concorde su diverse forme di sogno, che si definiscono "tipiche", perché ricorrono in molte persone con contenuti molto simili. Sono i sogni, ben noti, di caduta dall'alto, di perdita dei denti, di volo, i sogni d'imbarazzo per il fatto di ritrovarsi nudi o poco vestiti. Quest'ultimo sogno deriverebbe semplicemente dalla percezione che si ha durante il sonno di aver perduto la coperta e di giacere nudi. Il sogno della perdita dei denti viene ricondotto a uno "stimolo dentario", che però non deve essere inteso come un eccitamento patologico dei denti. Il sogno di volare, secondo Strümpell, è l'immagine adeguata utilizzata dalla psiche per interpretare l'eccitamento proveniente dai lobi polmonari che si alzano e si abbassano durante la respirazione, mentre contemporaneamente la sensibilità cutanea del torace è diminuita sino alla completa perdita di coscienza. Quest'ultima circostanza produce quella sensazione che è associata alla forma rappresentativa dell'oscillare. La caduta dall'alto nascerebbe dal fatto che la sensibilità della pressione cutanea, abolita nel sonno, si fa nuovamente cosciente quando ci cade un braccio e rimane pendente, oppure quando un ginocchio piegato si raddrizza improvvisamente: l'eccitamento passa nella coscienza e si trasforma nel sogno di cadere. La debolezza di questi tentativi di spiegazione, pure plausibili, consiste nel fatto che essi fanno sparire o emergere gruppi determinati di sensazioni organiche dalla percezione psichica, sino a raggiungere la costellazione favorevole per la spiegazione. Del resto più tardi avrò occasione di ritornare sui sogni tipici e sulla loro nascita.

Dalla comparazione di una serie di sogni simili tra loro, M. Simon ha tentato di dedurre alcune regole per l'influsso degli stimoli organici sulla determinazione delle loro conseguenze oniriche.

Egli afferma (1888): se un qualsivoglia apparato organico, che normalmente partecipa all'espressione di un affetto, si trova durante il sonno per un'altra ragione nello stato di eccitamento che di solito corrisponde a quell'affetto, il sogno che ne sorge conterrà rappresentazioni adeguate a quell'affetto. Un'altra regola suona: se un apparato organico si trova durante il sonno in stato di attività, eccitamento o perturbazione, il sogno recherà rappresentazioni che si riferiscono all'esercizio della funzione organica propria di quell'apparato.

Mourly Vold (1896) ha tentato di dimostrare sperimentalmente, per un singolo àmbito, l'influsso sulla produzione del sogno supposto dalla teoria dello stimolo organico. Ha cercato di cambiare la posizione degli arti di persone addormentate e di comparare le conseguenze oniriche con i cambiamenti effettuati. Riporta dunque come risultato le seguenti affermazioni:

1. la posizione di un arto durante il sogno corrisponde all'incirca a quella reale, vale a dire si sogna la posizione statica dell'arto che corrisponde a quella reale;

2. se si sogna il movimento di un arto, sempre esso è tale che una delle posizioni necessarie per compierlo corrisponde alla posizione reale;

3. in sogno si può anche attribuire la posizione del proprio arto ad una persona estranea;

4. si può anche sognare che il movimento dell'arto in questione venga ostacolato;

5. l'arto che si trova in una certa posizione può comparire in sogno sotto forma di animale o di mostro, e fra i due si determina

una certa analogia;

6. la posizione dell'arto può suscitare nel sogno dei pensieri che hanno una qualche relazione con quell'arto: così, per esempio, se si tratta delle dita, si sognano numeri.

Da tali risultati concluderei che neppure la teoria dello stimolo corporeo riesce a sopprimere completamente l'apparente libertà di determinazione delle immagini oniriche ridestabili.

4) *Fonti di stimolo psichiche*

Quando abbiamo trattato le relazioni del sogno con lo stato desto e la provenienza del materiale onirico, abbiamo visto che per tutti gli autori che si occupano del sogno, dai ricercatori più antichi a quelli più moderni, gli uomini sognano ciò che fanno di giorno e ciò che li interessa quando sono desti. Questo interesse dello stato desto che prosegue nel sonno non è solo un legame psichico che annoda il sogno alla vita, ma costituisce anche una fonte non trascurabile di sogni, la quale, accanto a quel che è divenuto interessante nel sonno – gli stimoli che agiscono durante il sonno – dovrebbe essere sufficiente a spiegare la provenienza di tutte le immagini oniriche. Ma abbiamo anche considerato l'affermazione contraria, cioè che il sogno distoglie il dormiente dagli interessi diurni, e che, nella maggior parte dei casi, le cose che più ci hanno colpito durante il giorno vengono sognate solo quando hanno perso lo stimolo dell'attualità nella vita desta. Così, nell'analisi della vita onirica abbiamo a ogni passo l'impressione che non sia lecito stabilire regole generali senza predisporre limitazioni come "spesso", "di regola", "nella maggior parte dei casi", e senza prepararci a riconoscere la validità delle eccezioni.

Se gli interessi diurni, insieme agli stimoli interni ed esterni del sonno, fossero sufficienti a coprire l'eziologia del sogno, dovremmo essere in grado di dar conto in modo soddisfacente della provenienza di tutti gli elementi di un sogno: l'enigma delle fonti oniriche sarebbe risolto e ci resterebbe soltanto il compito di delimitare, in ogni singolo sogno, la parte degli stimoli psichici e somatici. In realtà, però, questa risoluzione completa di un sogno non è ancora mai riuscita, e a chi l'ha tentata sono rimasti disponibili elementi onirici, spesso molto numerosi, della cui provenienza non sapeva dire nulla. Gli interessi diurni, evidentemente, in quanto fonte psichica del sogno, non hanno l'importanza che ci si doveva aspettare dopo le risolute affermazioni per cui in sogno ciascuno continua a occuparsi delle proprie faccende.

Altre fonti psichiche del sogno non sono note. Tutte le spiegazioni sostenute nella letteratura critica – a eccezione forse di quella di Scherner, che menzioneremo in seguito – presentano quindi una grossa lacuna per quel che concerne la derivazione del materiale immaginativo-rappresentativo, il più caratteristico del sogno. In questa confusione, la gran parte degli autori ha sviluppato la tendenza a ridurre il più possibile la partecipazione della psiche, che è così difficile da afferrare, nel suscitare il sogno. È vero che essi distinguono in quanto partizione fondamentale il *sogno da stimolo nervoso* e il *sogno d'associazione*, che ha la sua fonte esclusiva nella riproduzione (Wundt, 1874), ma non riescono a cacciar via il dubbio «che questi sogni si presentino senza la spinta di uno stimolo corporeo» (Volkelt, 1875). Anche per il sogno di pura associazione manca una caratterizzazione precisa: «Nei sogni d'associazione veri e propri non si può più parlare di un nucleo compatto. Il raggruppamento libero si spinge fino al centro del sogno. La vita immaginativa, già liberata dalla ragione e dall'intelletto, non è più tenuta a bada neppure dagli eccitamenti corporei e psichici ed è dunque abbandonata al suo oscillamento variopinto, al suo confuso barcollare». Anche Wundt (1874) tenta di ridurre la partecipazione psichica alla induzione del sogno, dichiarando che «a torto i fantasmi del sogno sono considerati pure allucinazioni. Probabilmente la maggior parte delle rappresentazioni oniriche sono in realtà illusioni, in quanto provengono da quelle lievi impressioni sensoriali che non cessano mai nel sonno». Weygandt sposa questa visione e la generalizza (1893). Egli afferma che per tutte le rappresentazioni oniriche «la causa immediata è rappresentata dagli stimoli sensoriali, ai quali in seguito si uniscono le associazioni riproduttive». Tissié va ancora oltre nel rimuovere le fonti di stimolo psichiche: «*Les rêves d'origine absolument psychique n'existent pas*»[18]; e in un altro passo: «*Les pensées de nos rêves nous viennent du dehors...*»[19].

Gli autori che assumono una posizione intermedia, come l'influente filosofo Wundt, non mancano di osservare che nella mag-

18 «I sogni di origine assolutamente psichica non esistono».

19 «I pensieri dei nostri sogni ci vengono da fuori».

gior parte dei sogni interagiscono stimoli somatici e sollecitazioni psichiche sconosciute o riconosciute come interessi diurni.

Capiremo in seguito che l'enigma della formazione del sogno può essere sciolto portando alla luce una fonte di stimolo psichico insospettata. Per il momento non meravigliamoci di questa sopravvalutazione degli stimoli che non provengono dalla vita psichica, per quanto riguarda la formazione del sogno. Non solo sono gli unici facilmente reperibili e dimostrabili persino attraverso esperimenti; ma la concezione somatica della nascita del sogno corrisponde anche precisamente all'orientamento oggi dominante in psichiatria. È vero che viene accentuato in modo particolare il dominio del cervello sull'organismo, ma tutto ciò che potrebbe dimostrare un'indipendenza della vita psichica da mutamenti organici dimostrabili o una spontaneità delle sue esternazioni sconvolge attualmente lo psichiatra, come se questo riconoscimento significasse dover ritornare ai tempi della filosofia della natura e dello psichismo metafisico. La diffidenza degli psichiatri ha messo la psiche, per così dire, sotto tutela ed esige ora che nessuno dei suoi moti riveli una capacità propria. Tuttavia questo comportamento non testimonia altro che una scarsa fiducia nella tenuta della concatenazione causale che si estende tra il fisico e lo psichico. Finanche là dove, nel corso della ricerca, si riconosce nello psichico l'occasione primaria di un fenomeno, una penetrazione più profonda della questione riuscirà a trovare la via che porta al fondamento organico dello psichico. Ma dove lo psichico compare, per le nostre conoscenze attuali, come termine finale, non c'è bisogno di negarlo.

D. Perché si dimentica il sogno dopo il risveglio?

Che il sogno «si dissolva» al mattino è proverbiale. Certo, è possibile ricordarlo. Infatti conosciamo il sogno solo a partire dal ricordo che ne abbiamo dopo il risveglio; ma crediamo molto spesso di ricordarlo solo in modo incompleto, mentre nella notte esso era molto più ricco; possiamo osservare come il ricordo di un sogno ancora vivido al mattino scompaia durante la giornata fino a ridursi a piccoli frammenti. Sappiamo spesso di aver sognato, ma non che cosa, e siamo così abituati all'esperienza che il sogno è soggetto all'oblio da non ritenere assurda la possibilità che anche chi potrebbe aver sognato di notte al mattino non sappia nulla né del contenuto del sogno né del fatto di aver sognato. D'altro canto accade che alcuni sogni mostrino una straordinaria tenuta nella memoria. In alcuni miei pazienti, ho analizzato sogni che erano avvenuti venticinque anni prima o anche oltre; anch'io ricordo un sogno che risale almeno a trentasette anni fa e che però ha conservato intatta la sua freschezza. Tutto ciò è ben singolare e a prima vista incomprensibile.

Dell'oblio dei sogni tratta nel modo più esaustivo Strümpell. Questo oblio è evidentemente un fenomeno complesso, dato che Strümpell lo riconduce non a un singolo motivo, bensì a tutta una serie di ragioni.

Innanzitutto, valgono per il sogno tutti quei motivi che inducono l'oblio nella vita desta. Da svegli siamo soliti dimenticare subito un gran numero di sensazioni e percezioni, o perché erano troppo deboli o perché l'eccitamento psichico collegato a esse era troppo lieve. Accade la stessa cosa per molte immagini oniriche, che vengono dimenticate perché erano troppo deboli, mentre immagini, a esse vicine, più forti, vengono ricordate. Del resto il momento dell'intensità non è di per sé decisivo per la tenuta delle immagini oniriche: come altri autori (Calkins, 1893), Strümpell ammette che spesso si dimenticano rapidamente immagini oniriche che erano molto vivide, mentre se ne ricordano di scialbe e insignificanti. Inoltre, da svegli si tende a dimenticare facilmente quel che è avvenuto soltanto una volta e a ricordare meglio quel che ci ha toccato ripetutamente. Ma la maggior parte delle immagini oniriche sono esperienze di vita uniche[20]; questa peculiarità contribuirà in ugual misura all'oblio di tutti i sogni. Molto più significativo è un terzo motivo dell'oblio. Affinché sensazioni, rappresentazioni, pensieri, ecc. giungano a una certa dimensione mnemonica, è necessario che essi non restino isolati, ma stabiliscano tra loro adeguate relazioni e associazioni. Se si scioglie un breve verso e se ne mescolano a caso le parole, diventa molto difficile ricordarlo. «Ordinate in una sequenza regolare, una parola aiuta l'altra e il tutto rimane facilmente impresso nella me-

[20] Si sono spesso osservati sogni che si ripetono in continuazione; come ad esempio la raccolta di Chabaneix.

moria, pregno di senso. In genere ricordiamo le assurdità altrettanto difficilmente e raramente di ciò che è confuso e privo di ordine». Ora, nella maggior parte dei casi, ai sogni manca comprensibilità e ordine. Le composizioni oniriche sono prive in sé della possibilità di essere ricordate e vengono dimenticate perché generalmente si scompongono sin dai primi momenti. Con questa esposizione tuttavia è completamente in disaccordo Radestock (1879), il quale ha osservato che conserviamo meglio proprio i sogni più singolari.

Ancora più efficaci appaiono a Strümpell, per l'oblio del sogno, altri momenti, che derivano dal rapporto del sogno con la vita desta. La possibilità per la coscienza desta di dimenticare i sogni evidentemente è solo il corrispettivo del fatto prima menzionato che il sogno non assume (quasi) mai ricordi ordinati dalla vita del giorno, ma solo dettagli strappati ai contesti psichici usuali, all'interno dei quali vengono ricordati quando si è desti. La composizione onirica non ha quindi un posto proprio nella schiera degli eventi psichici. Le manca ogni sussidio di memoria. «In questo modo il risultato onirico si solleva, per così dire, dal pavimento della nostra vita psichica e oscilla nello spazio psichico come una nuvola nel cielo, che un soffio più vigoroso rapidamente disperde» (1877). Nella stessa direzione agisce il fatto che al risveglio il mondo sensoriale che irrompe attira subito l'attenzione su di sé, così che pochissime immagini oniriche riescono a resistergli. Esse svaniscono davanti alle impressioni del nuovo giorno come lo splendore delle stelle davanti alla luce del sole.

In ultimo luogo, riguardo all'oblio dei sogni, bisogna pensare anche al fatto che la maggior parte delle persone dimostrano in generale scarso interesse per essi. Chi si interessa per un lasso di tempo ai sogni, per esempio come ricercatore, sogna nel frattempo anche più del solito, il che significa: ricorda i suoi sogni con maggior facilità e più spesso.

Altri due motivi dell'oblio dei sogni, che Bonatelli aggiunge (in Benini) a quelli di Strümpell, sono già contenuti in quelli: 1) il cambiamento della sensibilità generale tra sonno e veglia è sfavorevole alla riproduzione reciproca; 2) il diverso ordinamento del materiale rappresentativo rende il sogno, per così dire, intraducibile per la coscienza desta.

Dopo tutti questi motivi di oblio diventa ancor più sorprendente, come evidenzia lo stesso Strümpell, che tuttavia così tanto si conservi dei sogni nella memoria. Gli sforzi ripetuti degli autori di fissare in regole il ricordo dei sogni equivalgono alla confessione che anche qui qualcosa è rimasto enigmatico e irrisolto. A buon diritto sono state osservate di recente alcune peculiarità del ricordo dei sogni, ad esempio che un sogno ritenuto dimenticato al mattino può essere ricordato nel corso della giornata con l'occasione di una percezione che ne sfiora casualmente il contenuto, seppur dimenticato (Radestock 1879, Tissié 1898).

Però il ricordo integrale del sogno sottostà a una obiezione capace di ridurne notevolmente il valore per chi lo guardi con occhi critici: il nostro ricordo, che omette così tanto del sogno, non falsifica forse ciò che conserva?

Anche Strümpell esprime dubbi simili sull'esattezza della riproduzione del sogno (1877): «Accade allora facilmente che la coscienza desta introduca involontariamente qualcosa nel ricordo del sogno: immaginiamo di aver sognato ogni genere di cose che il sogno reale non conteneva».

In modo particolarmente deciso si esprime Jessen: «Nella ricerca e nell'interpretazione di sogni coerenti e rigorosi, bisogna prendere attentamente in considerazione il fatto, sinora a quanto pare poco osservato, che la loro verità è quasi sempre poco soddisfacente: perché, quando richiamiamo alla memoria un sogno, colmiamo e integriamo, senza accorgercene o senza volere, le lacune delle immagini oniriche. Raramente e forse mai un sogno coerente è stato così coerente in realtà come ci appare nel ricordo. Non è possibile, neppure al più grande amante della verità, raccontare un sogno bizzarro senza aggiunte e senza abbellimenti; l'aspirazione dello spirito umano a vedere il tutto in connessione è così grande da farci colmare involontariamente i difetti di connessione di un sogno in certa misura sconnesso».

Quasi come una traduzione di queste parole di Jessen suonano le osservazioni di Egger, concepite certamente in modo autonomo: «... *l'observation des rêves a ses difficultés spéciales et le seul moyen d'éviter toute erreur en pareille matière est de confier au papier sans le moindre retard ce que l'on vient d'éprouver et de remarquer; sinon, l'oubli vient vite ou total ou partiel; l'oubli total est sans gravité; mais l'oubli partiel est perfide; car si l'on se met ensuite à raconter ce que l'on n'a pas oublié, on est exposé à compléter par imagination les fragments incohérents et disjoints fourni par la mémoire...; on devient artiste à son insu, et le récit periodiquement répété s'impose à la créance de son auteur, qui, de bonne foi, le présente comme un fait authentique, dûment établi selon les bonnes méthodes...*»[21].

In modo simile, Spitta (1882) sembra supporre che solo nel tentativo di riprodurre il sogno introduciamo ordine negli elementi onirici liberamente associati fra loro: «Dall'*uno-accanto-all'altro* otteniamo *l'uno-dopo-l'altro*, *l'uno-dietro-l'altro*, aggiungiamo dunque il processo del collegamento logico che nel sogno manca».

Poiché non possediamo un controllo diverso da quello oggettivo per la fedeltà del nostro ricordo, ed esso però non è possibile nel sogno, che è una esperienza solo nostra e per la quale conosciamo solo il ricordo come fonte, quale valore rimane al nostro ricordo del sogno?

E. Le particolarità psicologiche del sogno

Nella trattazione scientifica del sogno muoviamo dal presupposto che esso sia un risultato della nostra attività psichica; eppure il sogno compiuto ci appare come qualcosa di estraneo, di cui riconosciamo la nostra autorialità talmente poco da dire "mi è capitato di sognare" tanto spesso quanto "ho sognato". Da dove nasce questa "estraneità psichica" del sogno? In base alle nostre discussioni sulle fonti del sogno, dovremmo pensare che essa non è condizionata dal materiale che penetra nel contenuto del sogno; questo è in gran parte comune alla vita onirica e alla vita desta. Ci si può chiedere quindi se non siano le variazioni dei

[21] «L'osservazione dei sogni ha le sue peculiari difficoltà e il solo modo di evitare errori in una materia simile è quello di scrivere senza il minimo ritardo ciò che si è appena provato o osservato; altrimenti l'oblio viene subito, totale o parziale. L'oblio totale non è grave, ma l'oblio parziale è infido; infatti, se ci si mette a raccontare ciò che non si è dimenticato, si è portati a completare con l'immaginazione i frammenti incoerenti e disgiunti forniti dalla memoria [...]; si diventa artisti a propria insaputa e il racconto ripetuto periodicamente si impone alla credenza del suo autore che, in buona fede, lo presenta come un fatto autentico, debitamente stabilito secondo i buoni metodi».

processi psichici nel sogno a richiamare questa impressione, e si può così tentare una caratterizzazione psicologica del sogno.

Nessuno più di G.T. Fechner, in alcune osservazioni dei suoi *Elementi di psicofisica* (1889, Vol. 2), ha messo in rilievo la diversità essenziale tra vita onirica e vita desta, traendone ampie conclusioni. Egli sostiene che «né il semplice abbassamento della vita psichica cosciente al di sotto della soglia fondamentale» né la sottrazione dell'attenzione agli influssi del mondo esterno bastano a spiegare le peculiarità della vita onirica rispetto alla vita desta. Egli suppone, piuttosto, che anche *la scena dei sogni sia diversa da quella della vita rappresentativa desta.* «Se la scena dell'attività psicofisica durante il sonno fosse la stessa di quando si è desti, il sogno non potrebbe essere altro, a parer mio, che la prosecuzione, a un grado d'intensità inferiore, della vita rappresentativa desta, e dovrebbe del resto condividerne la materia e la forma. Ma le cose stanno in tutt'altro modo».

Che cosa intenda Fechner con un simile trasferimento dell'attività psichica non è ben chiaro; e neppure c'è stato, per quel che ne so, qualcun altro che sia andato oltre nella direzione mostrata dalla sua osservazione. Un'interpretazione anatomica, nel senso della localizzazione cerebrale fisiologica o addirittura in riferimento alla stratificazione istologica della corteccia cerebrale, dovrebbe essere esclusa. Ma forse l'idea di Fechner si dimostrerà ricca di significato e fertile, se la si riferirà a un *apparato psichico* formato da molteplici istanze inserite una dopo l'altra.

Altri autori si sono accontentati di mettere in evidenza l'una o l'altra delle particolarità psicologiche più evidenti della vita onirica e di renderle un punto di partenza per ulteriori e più ampi tentativi di spiegazione.

È stato osservato a ragione che una delle peculiarità principali della vita onirica compare già al momento di addormentarsi, e va dunque considerata un fenomeno che introduce al sonno. La caratteristica dello stato desto, secondo Schleiermacher (1862), è che l'attività di pensiero procede per *concetti* e non per *immagini.* Ora, il sogno pensa principalmente per immagini, e si può osservare che approssimandosi al sonno, nella stessa misura in cui le attività volontarie si mostrano più difficili, appaiono *rappresentazioni non volute*, che appartengono tutte alla categoria delle immagini. L'incapacità a un simile lavoro rappresentativo, da noi sentito come intenzionalmente voluto, e l'apparire di immagini regolarmente collegate con questa *distrazione*, sono due caratteri che permangono nel sogno e che noi dobbiamo riconoscere, nell'analisi psicologica, come caratteri essenziali alla vita onirica. Di queste immagini – le allucinazioni ipnagogiche – già sappiamo che sono identiche alle immagini oniriche, persino nel loro contenuto[22].

Il sogno quindi pensa più che altro per immagini visive, benché non esclusivamente. Lavora anche con le immagini uditive e, in misura minore, con le impressioni degli altri sensi. Proprio come nello stato desto, molte cose vengono semplicemente pensate o rappresentate (probabilmente dunque espresse con resti di rappresentazioni verbali). Caratteristici del sogno, però, sono solo quegli elementi del contenuto che si comportano come immagini, cioè che sono più simili alle percezioni che alle rappresentazioni mnestiche. Mettendo da parte tutte le discussioni, ben note alla psichiatria, sull'essenza dell'allucinazione, possiamo affermare, assieme a tutti gli autori più informati, che il sogno *allucina*, che sostituisce pensieri con allucinazioni. Da questo punto di vista non ci sono distinzioni tra rappresentazioni visive e acustiche; è stato osservato che il ricordo di una sequenza di suoni, sentiti prima di addormentarsi, si trasforma, sprofondando nel sonno, nell'allucinazione della stessa melodia, per poi fare di nuovo posto, nel momento in cui si ritorna in sé – momento che può alternarsi più volte al sonno leggero – alla rappresentazione mnestica, più leggera e qualitativamente diversa.

La trasformazione della rappresentazione in allucinazione non è l'unica deviazione del sogno da un pensiero dello stato desto che in qualche modo gli corrisponde. Con queste immagini il sogno forma una *situazione*, rappresenta qualcosa come attuale, *drammatizza* un'idea, per usare l'espressione di Spitta (1882). La caratteristica di questa parte della vita onirica risulta però completa solo se si aggiunge che nel sogno – di regola, le eccezioni richiedono una spiegazione particolare – non ci sembra di *pensare*, bensì di *vivere*, se dunque accettiamo

[22] Silberer ha dimostrato con esempi convincenti che, in uno stato di sonnolenza, anche i pensieri astratti si trasformano in figurazioni plastiche, che esprimono lo stesso significato. Ritornerò in seguito su questo tema in riferimento ad altre questioni.

in buona fede le allucinazioni. La critica si fa viva solo al risveglio: non abbiamo vissuto, bensì solo pensato in una forma particolare, sognato. Questa caratteristica distingue lo spazio autentico del sonno dal fantasticare diurno, che non viene mai scambiato con la realtà.

Burdach ha riassunto le caratteristiche considerate sinora nelle frasi seguenti (1838): «Alle caratteristiche essenziali del sogno appartengono i fatti seguenti: a) l'attività soggettiva della nostra psiche sembra oggettiva, perché la facoltà percettiva concepisce i prodotti della fantasia come se fossero impressioni sensoriali...; b) il sonno è una sospensione dell'esercizio dell'arbitrio individuale. Dunque all'addormentarsi appartiene una certa passività... Le immagini dell'assopimento sono condizionate dalla riduzione dell'arbitrio individuale».

Si tratta ora di tentare di spiegare la credulità della psiche rispetto alle allucinazioni oniriche, che possono comparire solo dopo la cessazione di un certo esercizio dell'arbitrio individuale. Strümpell (1877) ritiene che in tal caso la psiche si comporta correttamente e in modo conforme al suo meccanismo. Gli elementi onirici non sono in alcun modo mere rappresentazioni, ma *vere e proprie esperienze psichiche*, come quelle che si manifestano mediante i sensi quando si è desti. Mentre da sveglia la psiche rappresenta e pensa per immagini verbali e per mezzo del linguaggio, nel sogno rappresenta e pensa per vere e proprie immagini sensoriali. Inoltre nel sogno interviene una coscienza dello spazio, dal momento che sensazioni e immagini vengono collocate, come quando si è desti, in uno spazio esterno. Occorre dunque ammettere che nel sogno, di fronte alle immagini e alle percezioni, la psiche si trova nelle stesse condizioni di quando è desta. Se tuttavia sbaglia, dipende dal fatto che nello stato di sonno le manca l'unico criterio che può consentirle di distinguere le percezioni sensoriali provenienti dall'esterno da quelle provenienti dall'interno. Essa non può sottoporre le sue immagini alle sole verifiche che ne indicano la realtà oggettiva. *Oltre a ciò*, essa trascura la distinzione fra immagini permutabili *arbitrariamente* e immagini nelle quali questo arbitrio manca. Sbaglia, perché non può applicare al contenuto del suo sogno la legge di causalità. In breve, il suo allontanamento dal mondo esterno contiene anche il motivo della sua fede nel mondo onirico soggettivo.

Alla stessa conclusione giunge Delböuf (1885), in base a sviluppi psicologici parzialmente divergenti. Noi prestiamo fede alla realtà delle immagini oniriche, perché nel sonno non abbiamo altre impressioni che possano far da termine di confronto, poiché siamo staccati dal mondo esterno. Se però crediamo alla verità delle nostre allucinazioni, non è perché ci è tolta la possibilità di eseguire delle prove. Il sogno può farci credere a tutte queste prove, può mostrarci per esempio che stiamo toccando la rosa che abbiamo visto e tuttavia noi seguitiamo a sognare. Secondo Delböuf, non esiste criterio valido per decidere se si tratta di un sogno o della realtà desta, se non il fatto meramente empirico di svegliarsi. Chiamo illusione tutto ciò che ho vissuto tra il momento in cui mi addormentavo e il risveglio, se al risveglio mi accorgo di giacere a letto svestito. Durante il sonno ho ritenuto vere le immagini oniriche per l'impossibilità di far cessare l'*abitudine di pensiero* che mi fa supporre un mondo esterno al quale contrappongo il mio Io[23].

[23] Haffner, come Delböuf, prova a spiegare l'attività onirica con il mutamento derivante dall'introduzione di una condizione anormale in quello che altrimenti sarebbe il corretto funzionamento di un apparato psichico intatto; ma egli rappresenta quella condizione in modo diverso. Secondo lui, la prima peculiarità di un sogno è l'assenza dello spazio e del tempo, cioè il fatto che la rappresentazione sia emancipata dal posto occupato dall'individuo nell'ordine spaziale e temporale degli eventi. A questo si ricollega la seconda peculiarità fondamentale dei sogni, vale a dire il fatto che le allucinazioni, le immaginazioni e le combinazioni fantastiche si confondono con percezioni esterne. «Tutte le funzioni psichiche superiori, in particolare la creazione di concetti, la facoltà di giudizio e la deduzione logica da una parte e la libera autodeterminazione dall'altra, sono collegate alle produzioni fantastiche dei sensi in cui trovano il loro costante fondamento. Ne consegue quindi che anche tali attività superiori partecipano al disordine delle immagini oniriche. Dico "partecipano" perché in sé la nostra facoltà di giudizio e la nostra forza di volonta non risultano affatto alterate nel sonno. Le nostre attività sono altrettanto chiaroveggenti e libere che nella vita desta. Finanche in sogno l'uomo non può trasgredire alle leggi del pensiero in quanto tali, per esempio non può ritenere identiche le cose che gli sembrano contrarie ecc. Così anche nei sogni egli può desiderare solo ciò che reputa buono (*sub ratione boni*). Ma nella sua applicazione delle leggi del pensiero e della volontà nei sogni, lo spirito umano viene indotto in errore dalla confusione di una rappresentazione con un'altra. Così accade che nei sogni ci rendiamo colpevoli delle contraddizioni più assurde, mentre d'altra parte possiamo esprimere i giudizi più acuti, fare le deduzioni più rigorose e arrivare alle decisioni più virtuose e assennate. La *mancanza di orientamento* spiega il

Se, così facendo, il distacco dal mondo esterno diventa il momento determinante che imprime alla vita onirica le sue caratteristiche più appariscenti, val la pena di riportare alcune fini osservazioni del vecchio Burdach, che gettano luce sulla relazione fra la psiche che dorme e il mondo esterno, e impediscono una sopravvalutazione delle analisi precedenti: «Il sonno accade solo a condizione che la psiche non sia eccitata da stimoli sensoriali... ma non è tanto la mancanza di stimoli sensoriali a condizionare il sonno, quanto piuttosto la mancanza di interesse per essi[24]; qualche impressione sensoriale è persino necessaria in quanto serve al rilassamento della psiche; per esempio, il mugnaio dorme solo se sente battere le pale del suo mulino, e chi per precauzione considera necessario tenere accesa la luce di notte, non riesce ad addormentarsi nell'oscurità».

«Nel sonno, la psiche si isola dal mondo esterno e si ritrae dalla periferia... Ma il rapporto non è del tutto interrotto: se non udissimo e se non sentissimo anche durante il sonno, non potremmo neppure essere svegliati. Ma ciò che conferma meglio il perdurare della sensazione è che non sempre siamo destati dall'intensità meramente sensoriale di un'impressione, ma dalla sua relazione psichica con noi; una parola indifferente non sveglia la persona che dorme, ma chiamatela col suo nome e quella si sveglia... quindi, nel sonno, la psiche sa distinguere le sensazioni... Possiamo essere svegliati anche dalla mancanza di uno stimolo sensoriale, se esso si riferisce a un fatto importante per la rappresentazione; ci si sveglia perché la luce durante la notte si spegne, il mugnaio si sveglia perché il mulino si ferma, dunque perché l'attività sensoriale si interrompe, e questo presuppone che essa fosse percepita e che tuttavia non disturbasse la psiche, perché indifferente o piuttosto soddisfacente».

Anche se volessimo prescindere da queste obiezioni, che però non devono essere sottovalutate, dobbiamo comunque ammettere che le qualità peculiari della vita onirica analizzate finora e dedotte dal suo distacco dal mondo esterno non riescono a spiegarne del tutto l'estraneità. Dacché in altri casi dovrebbe essere possibile

mistero del volo della nostra fantasia nei sogni, e la *mancanza di riflessione critica* e di comunicazione con gli altri individui è la fonte principale della grande stravaganza mostrata nei sogni dai nostri giudizi, dalle nostre speranze, dai nostri desideri».

[24] In riferimento a questo si veda il *Désintérêt* che in Claparède (1905) è il meccanismo dell'addormentamento. [Nota aggiunta nel 1914]

ritrasformare le allucinazioni in rappresentazioni, le situazioni del sogno in pensieri e risolvere così il compito dell'interpretazione dei sogni. Ora, noi non procediamo in modo diverso quando, dopo esserci svegliati, riproduciamo il sogno a partire dal ricordo che ne abbiamo: ma che la riproduzione ci riesca completamente o solo parzialmente, il sogno conserva intatta la propria enigmaticità.

Tutti gli autori ammettono inoltre, con estrema sicurezza, che nel sogno si verificano altri e più profondi cambiamenti del materiale rappresentativo dello stato desto. Strümpell (1877) tenta di isolare uno di questi cambiamenti nel passo seguente: «Col cessare dell'intuizione sensibile attiva e della normale coscienza vitale, la psiche perde anche il terreno nel quale si radicano i suoi sentimenti, i suoi desideri, i suoi interessi e le sue azioni. Anche quegli stati d'animo, sentimenti, interessi, valutazioni che, nello stato desto, sono collegati alle immagini mnestiche, sottostanno... a una pressione che li offusca; di conseguenza si scioglie il loro legame con le immagini; le immagini percettive di cose, persone, località, avvenimenti e azioni della vita desta vengono riprodotte singolarmente in gran numero, ma nessuna porta con sé il suo *valore psichico*. Questo viene staccato dalle immagini, che vagano perciò nella psiche in modo indipendente...».

Questa spoliazione del valore psichico da parte delle immagini, che nasce dall'allontanamento dal mondo esterno, deve avere, secondo Strümpell, una ruolo importante nell'impressione di estraneità con cui il sogno si contrappone, nel nostro ricordo, alla vita.

Abbiamo visto che già l'addormentarsi porta con sé la rinuncia a una delle attività psichiche, cioè alla direzione arbitraria del corso delle rappresentazioni. Questo ci spinge a supporre, in modo ovvio d'altronde, che lo stato di sonno può estendersi anche a *tutte* le funzioni psichiche. L'una o l'altra è più o meno completamente cancellata; bisogna ora capire se l'esercizio delle funzioni psichiche che restano prosegue senza problemi e se, in queste condizioni, il loro rendimento è normale. La diminuzione d'efficienza psichica nello stato di sonno non potrebbe forse spiegare le particolarità del sogno? È un'ipotesi convalidata dall'impressione che esso dà al nostro giudizio desto. Il sogno è incoerente, riunisce senza esitazione le più grandi contraddizioni, ammette cose impossibili, mette da parte il nostro sapere, così ricco durante il giorno, ci fa apparire eticamente e moralmente ottusi. Considereremmo folle chi nella vita reale si comportasse come nelle situazioni del sogno, mentre chi da sveglio parlasse o ci raccontasse cose simili a quelle che vengono comunicate nel contenuto onirico ci darebbe l'impressione di essere confuso o debole di mente. Ci limitiamo dunque a constatare uno stato di cose quando non diamo la giusta importanza all'attività psichica durante il sogno e dichiariamo abolite, o quantomeno pesantemente compromesse, le funzioni intellettuali superiori.

Con inusuale unanimità – parlerò in un altro momento delle eccezioni – tutti gli autori hanno espresso sul sogno giudizi simili, che portano immediatamente a una determinata teoria o spiegazione della vita onirica. È arrivato il momento di sostituire il mio ragguaglio offerto sinora con una raccolta delle affermazioni di diversi autori – filosofi e medici – sulle caratteristiche psicologiche del sogno.

Secondo Lemoine (1855), l'*incoerenza* delle immagini oniriche è l'unico carattere essenziale del sogno.

Maury è d'accordo e dice (1878): «*Il n'y a pas de rêves absolument raisonnables et qui ne contiennent quelque incohérence, quelque anachronisme, quelque absurdité*»[25].

Per Hegel, citato da Spitta, al sogno manca di ogni ragionevole nesso oggettivo.

Dugas dice: «*Le rêve c'est l'anarchie psychique affective et mentale, c'est le jeu des fonctions livrées à elles-mêmes et s'exercant sans contrôle et sans but; dans le rêve l'esprit est un automate spirituel*»[26].

Volkelt stesso (1875), secondo la cui teoria l'attività psichica durante il sonno non appare in alcun modo priva di scopo, ammette «l'allentamento, la dissoluzione e il disorientamento della vita rappresentativa, tenuta insieme quando si è desti dalla forza logica dell'Io centrale».

L'*assurdità* dei legami tra rappresentazioni che compaiono nel sogno non può essere giudicata in modo più duro di quanto abbia già fatto Cicerone (*De divinatione*, II): «*Nihil tam praepostere, tam incondite, tam monstruose cogitari potest, quod non possimus somniare*»[27].

[25] «Non esistono sogni assolutamente razionali e che non contengano qualche incoerenza, qualche anacronismo, qualche assurdità».

[26] «Il sogno è l'anarchia psichica affettiva e mentale, è il gioco delle funzioni abbandonate a se stesse e che si esercitano senza controllo e senza scopo; nel sogno lo spirito è un automa spirituale».

[27] «Non possiamo pensare nulla di tanto assurdo, insensato, mostruoso che non possa essere sognato».

Fechner dice (1889, Vol. 2): «È come se l'attività psicologica si trasferisse dal cervello di un uomo ragionevole a quello di un folle».

Radestock (1879): «In realtà sembra impossibile riconoscere delle leggi fisse in questa assurda attività. Sottraendosi alla severa disciplina della volontà razionale e dell'attenzione, che guidano il corso rappresentativo desto, il sogno scompiglia tutto violentemente, come in un caleidoscopio».

Hildebrandt (1875): «Che salti incredibili si concede chi sogna, per esempio nelle sue conclusioni logiche! Con quale naturalezza accetta il capovolgimento finanche dei più fermi canoni dell'esperienza! Quali ridicole contraddizioni riesce a sopportare nell'ordinamento della natura e della società fino a quando, come si suol dire, quel che è troppo è troppo e l'assurdità, spinta al culmine dell'esagerazione, produce il suo risveglio! Occasionalmente moltiplichiamo con innocenza: tre per tre fa venti; non ci meraviglia che un cane reciti dei versi, che un morto vada con i propri piedi verso la tomba, che una roccia nuoti sull'acqua; tutti seri andiamo per ordine superiore nel ducato di Bernburg o nel principato di Liechtenstein, per osservare la flotta da guerra di quel paese, oppure, poco prima della battaglia di Poltava, ci arruoliamo come volontari nell'esercito di Carlo XII».

Binz (1878), richiamandosi alla teoria del sogno deducibile da queste impressioni, dice: «Su dieci sogni, almeno nove hanno un contenuto assurdo. Ammucchiamo in essi persone e cose che non hanno la benché minima relazione fra loro. Già un momento dopo, come in un caleidoscopio, il raggruppamento è cambiato e, se possibile, è diventato ancora più assurdo e folle di prima. Così continua il mutevole gioco del nostro cervello non completamente addormentato, fino a quando ci svegliamo, ci portiamo la mano alla fronte e ci domandiamo se possediamo ancora la capacità di rappresentare e pensare in modo ragionevole».

Maury (1878) trova per il rapporto fra immagini oniriche e pensieri dello stato desto un paragone molto impressionante per il medico: «*La production de ces images que chez l'homme éveillé fait le plus souvent naître la volonté, correspond, pour l'intelligence, à ce que sont pour la motilité certains mouvements que nous offrent la chorée et les affections paralytiques...*»[28]. Del resto egli considera

[28] «La produzione di quelle immagini che nell'uomo desto molto spesso nascono dalla volontà corrisponde, per l'intelligenza, a ciò che sono per la motilità certi movimenti che ci offrono la corea e le affezioni paralitiche».

i sogni come «*toute une série de degradations de la faculté pensante et raisonnante*»[29]. Non è quasi necessario riportare le affermazioni degli autori che ripetono la frase di Maury per ogni singola funzione psichica superiore.

Secondo Strümpell (1877) nel sogno scompaiono – ovviamente anche là dove il non-senso non è manifesto – tutte le operazioni logiche fondate su rapporti e relazioni. Secondo Spitta (1882), le rappresentazioni sembrano sottrarsi completamente alla legge causale. Radestock (1879) e altri sottolineano la debolezza del giudizio e della capacità deduttiva del sogno. Per Jodl (1896), nel sogno non esiste critica né correzione di una serie di percezioni da parte del contenuto della coscienza complessiva. Lo stesso autore afferma: «Nel sogno compaiono tutti i generi di attività della coscienza, ma incompleti, inibiti, isolati l'uno rispetto all'altro». Stricker (1879), insieme a molti altri, spiega le contraddizioni in cui cade il sogno davanti al nostro sapere desto con il fatto che nel sogno si dimenticano dati di fatto oppure si perdono le relazioni logiche fra le rappresentazioni, e così via.

Gli autori che in generale giudicano così sfavorevolmente le prestazioni psichiche nel sogno ammettono tuttavia che in esso permane un certo residuo di attività psichica. Wundt, le cui teorie sono diventate un punto di riferimento essenziale per tanti altri ricercatori che si occupano del problema del sogno, lo ammette espressamente. Ma ci si potrebbe chiedere di che genere è, come è fatto questo residuo di attività psichica normale. È quasi generalmente ammesso che nel sogno la facoltà della riproduzione, la memoria, pare aver sofferto di meno, e può addirittura dimostrare una certa superiorità rispetto alla stessa funzione dello stato desto (cfr. il paragrafo B), benché parte delle assurdità del sogno debba essere spiegata proprio con la mancanza di memoria della vita onirica. Secondo Spitta (1882), è la *vita affettiva* della psiche che non viene compromessa dal sonno e che dirige il sogno. Con *affettivo*[30] egli designa la «sintesi costante dei sentimenti intesi come essenza soggettiva più intima dell'uomo».

Scholz (1887) scorge una delle attività psichiche che si esprimono nel sogno nella *reinterpretazione allegorizzante* cui è sottoposto

[29] «Tutta una serie di degradazioni della facoltà pensante e raziocinante».
[30] *Gemut* (N.d.T.)

il materiale onirico. Siebeck (1877) constata anche nel sogno la presenza della *facoltà ermeneutica di integrazione*, che viene esercitata dalla psiche contro ogni percezione e intuizione. Particolarmente difficile risulta poi la valutazione della funzione psichica ritenuta suprema, quella della coscienza. Poiché sappiamo qualcosa del sogno solo attraverso la coscienza, non può esserci alcun dubbio circa la sua tenuta. Ma Spitta (1882) ritiene che nel sogno si conservi solo la coscienza, non l'*auto*coscienza. Delböuf (1885) confessa di non riuscire a comprendere questa distinzione.

Le leggi associative secondo le quali si collegano le rappresentazioni valgono anche per le immagini oniriche, anzi il loro dominio si esprime nel modo più puro e forte nel sogno. Strümpell (1877): «Il sogno si svolge, come sembra, o esclusivamente secondo le leggi delle nude rappresentazioni, o secondo le leggi degli stimoli organici associati a tali rappresentazioni, ovvero senza che riflessione e intelletto, gusto estetico e giudizio morale possano intervenire». Gli autori di cui sto riportando le teorie si rappresentano la formazione del sogno nel modo seguente: la somma degli stimoli sensoriali che agiscono nel sonno, a partire dalle diverse fonti precedentemente indicate, evoca nella psiche dapprima un certo numero di rappresentazioni che si presentano come allucinazioni (secondo Wundt, più esattamente: illusioni, data la loro provenienza da stimoli esterni e interni). Queste si collegano fra loro secondo le note leggi di associazione, e dànno luogo a loro volta, secondo le stesse leggi, a una nuova serie di rappresentazioni (immagini). Tutto il materiale viene poi elaborato nel modo migliore possibile a partire da ciò che resta ancora attivo della facoltà psichica di ordinare e di pensare (cfr. ad esempio Wundt e Weygandt). Non si è peraltro ancora riusciti a comprendere i motivi che decidono l'intervento di questa piuttosto che di quella legge associativa nell'evocazione delle immagini che non derivano dall'esterno.

È stato però osservato ripetutamente che le associazioni che collegano fra loro le rappresentazioni oniriche sono del tutto particolari e diverse da quelle del pensiero desto. Così dice Volkelt (1875): «Nel sogno le rappresentazioni si rincorrono e si afferrano secondo affinità casuali e nessi appena percepibili. Tutti i sogni sono percorsi da associazioni siffatte, sbadate e senza legami». Maury (1878) attribuisce il massimo valore a questa caratteristica del collegamento tra le rappresentazioni, che gli consente di stabilire una più stretta analogia fra vita onirica e certi disturbi mentali.

Egli riconosce due caratteristiche principali del *délire*: 1) un'azione spontanea e come automatica dello spirito; 2) un'associazione difettosa e irregolare delle idee. Dobbiamo allo stesso Maury due ottimi esempi di sogni nei quali la semplice assonanza delle parole crea la conessione fra le rappresentazioni. Una volta egli sognò di intraprendere un pellegrinaggio (*pèlcrinage*) a Gerusalemme e alla Mecca; dopo molte avventure, si trovò in compagnia del chimico *Pelletier*, che alla fine di una conversazione gli diede una pala (*pelle*) di zinco; questa, in un successivo episodio del sogno, si trasformò in una grande spada da combattimento. Un'altra volta procedeva in sogno sulla strada maestra leggendo il numero dei *chilo*metri sulle pietre miliari; si trovò quindi in una drogheria dove c'era una grande bilancia, sul cui piatto un tipo collocava pesi da un *chilo*; allora il droghiere gli disse: «Lei non è a Parigi, è nell'isola di *Ghilolo*». Seguirono poi altre immagini in cui vide il fiore *Lo*-belia e il generale *Lo*-pez, della cui morte aveva letto poco prima; infine si svegliò che giocava al *lo*tto[31].

Siamo abbastanza convinti che questa svalutazione delle prestazioni psichiche del sogno non sia rimasta senza contestazioni provenienti da altre parti. Certo, in questo caso, contestare sembra difficile. Non è neppure molto rilevante che uno di coloro che affermano il limitato valore della vita onirica (Spitta, 1882) assicuri che in essa valgono le stesse leggi psicologiche della vita desta, o che un altro dichiari che «il sogno non è né irragionevole né delirante», se poi costoro non si prendono la briga di conciliare questi giudizi con le affermazioni precedenti circa l'anarchia e la dissoluzione di tutte le funzioni psichiche nel sogno. Ad altri autori però sembra essere balenata la possibilità che la follia del sogno non sia priva di metodo, che sia soltanto una finzione come quella del principe danese, alla cui follia si riferisce il penetrante giudizio appena citato. Forse questi autori hanno evitato di giudicare secondo l'apparenza, o forse l'apparenza da essi conosciuta era diversa.

Havelock Ellis, per esempio, senza soffermarsi sull'assurdità del sogno, lo definisce «un mondo arcaico di profonde emozioni e di pensieri imperfetti», il cui studio potrebbe farci conoscere primi-

[31] Successivamente capiremo il significato di sogni come questo, che contengono molte allitterazioni e suoni simili nelle sillabe iniziali. [Nota aggiunta nel 1909]

tivi stadi evolutivi della vita psichica.

La stessa concezione è sostenuta, in modo ancor più esteso e penetrante, da James Sully. È una testimonianza tanto più meritevole di attenzione, in quanto proviene da uno psicologo che più di ogni altro era convinto del significato recondito dei sogni: «*Now our dreams are a means of conserving these successive personalities. When asleep we go back to the old ways of looking at things and of feeling about them, to impulses and activities which long ago dominated us*»[32].

Un intellettuale come Delböuf – certo senza addurre prove contro l'insieme delle obiezioni che colpiscono la sua tesi, e dunque in fondo a torto – sostiene: «Nel sonno, a parte la percezione, tutte le facoltà dello spirito, intelligenza, immaginazione, memoria, volontà, moralità, rimagono integre nella loro essenza; esse però riguardano soltanto oggetti immaginari e in movimento. Colui che sogna è un attore che recita, volontariamente, il ruolo del folle e del saggio, del carnefice e della vittima, del nano, del gigante, del demonio e dell'angelo». Sembra che a mettere in discussione più energicamente la riduzione della prestazione psichica nel sogno sia stato il marchese d'Hervey, il quale è al centro di un acceso dibattito con Maury, e la cui opera, malgrado ogni sforzo, non sono riuscito a procacciarmi.

Maury scrive: «Il marchese d'Hervey conferisce all'intelligenza, durante il sonno, tutta la sua libertà d'azione e di attenzione e ritiene che il sonno consista soltanto nell'occlusione dei sensi, nella loro chiusura rispetto al mondo esterno; cosicché colui che dorme non si differenzia per nulla, secondo il suo modo di vedere, da chi lascia vagare il proprio pensiero ottundendo i propri sensi; la distinzione tra il pensiero normale e il pensiero di chi dorme consiste nel fatto che per chi dorme l'idea assume un aspetto visibile e obiettivo e somiglia – tanto da generare confusione – alla sensazione prodotta dagli oggetti esterni; il ricordo assume l'apparenza del fatto contemporaneo». Ma Maury aggiunge: «Vi è un'altra distinzione fondamentale, e cioè che le facoltà intellettuali dell'uomo che dorme non mostrano l'equilibrio che esse mantengono nell'uomo desto».

[32] «Ora, i nostri sogni sono un mezzo per conservare queste successive personalità. Nel sonno ritorniamo ai vecchi modi di guardare alle cose e di sentirle, a impulsi e attività che per lungo tempo ci hanno dominato».

Vaschide, che ci informa con maggiore precisione, dice che Hervey considera l'apparente incoerenza dei sogni nel modo che segue: «L'immagine del sogno è la copia dell'idea. La cosa fondamentale è l'idea; la visione è solo accessoria. Appurato questo, bisogna saper seguire il percorso delle idee, esaminare il tessuto dei sogni; l'incoerenza diventa quindi comprensibile, le concezioni più fantasiose divengono fatti semplici e completamente logici... I sogni più strani trovano una spiegazione del tutto logica se si riesce ad analizzarli».

Johann Stärcke ha attirato l'attenzione su un vecchio autore che non conoscevo, Wolf Davidson, il quale nel 1799 riportava una spiegazione simile dell'incoerenza onirica: «Tutti gli strani salti delle nostre rappresentazioni nel sogno sono determinati dalla legge d'associazione; ma nella psiche il legame avviene talora in modo oscuro, tanto da farci credere a un salto delle rappresentazioni, quando in realtà non ne esiste alcuno».

Nella letteratura critica, la scala di valutazione del sogno come prodotto psichico è molto ampia: va dalla più radicale riduzione, di cui conosciamo ormai l'espressione, all'intuizione di un valore non ancora manifesto, e giunge sino a elevare il sogno molto più in alto delle facoltà della vita desta. Hildebrandt, come è noto, ha formulato in tre antinomie le peculiarità psicologiche della vita onirica, e nella terza delle quali compendia i risultati ultimi di tutta la serie: «È la contrapposizione fra un'accentuazione, un potenziamento che si avvicina spesso al virtuosismo da un lato e, dall'altro, un'attenuazione netta e un affievolimento della vita psichica che possono spingersi spesso molto al di sotto del livello umano. Circa il primo punto, chi non è capace di confermare per esperienza personale che nella creazione e nello sviluppo del genio onirico si esprimono a volte una profondità e una intensità spirituale, una delicatezza di sentimenti, una nitidezza di visione, un acume nell'osservazione, una agilità spirituale tali da obbligarci ad ammettere che non sempre le possediamo durante la vita desta? Nel sogno ci sono elementi poetici meravigliosi, allegorie efficaci, umorismo senza eguali, gradevole ironia. Esso vede il mondo sotto una peculiare luce ideale e molte volte amplifica l'effetto dei suoi fenomeni con una profonda comprensione della loro natura. Ci fa vedere la bellezza delle cose terrene in una lucentezza davvero celestiale, il sublime nella sua somma magnificenza, l'orrore nella sua forma più raccapricciante, il ridicolo con un incontenibile senso comico; e di quando in quando, allorché ci svegliamo, siamo ancora così presi da queste sensazioni da credere che mai e poi mai il mondo ci abbia regalato qualcosa di paragonabile».

È consentito domandarsi se quelle considerazioni sprezzanti e questo elogio accalorato siano proprio rivolti allo stesso oggetto. Forse ai primi sono sfuggiti i sogni illogici e ai secondi i sogni di profondo e fine significato? E, se esistono ambedue i generi, sogni che meritano l'una e l'altra considerazione, non è forse inutile cercare di guadagnare una caratterizzazione psicologica del sogno? Non è forse sufficiente dire che nel sogno ogni cosa è possibile, dalla più profonda abiezione della vita psichica fino al suo potenziamento, inusuale per la vita desta? Per quanto conveniente, questa soluzione cozza con il fatto che ogni esperimento realizzato finora dagli studiosi del sogno pare essersi fondato sulla possibilità di una sua caratterizzazione, valida in generale, capace di superare ogni contraddizione.

È indubbio che le facoltà psichiche del sogno sono state riconosciute in modo più spontaneo e caloroso durante quella stagione intellettuale, ora alle nostre spalle, in cui gli spiriti erano governati non dalle scienze naturali esatte, bensì dalla filosofia. Tesi come quella di Schubert, secondo cui il sogno sgrava lo spirito dal potere del mondo esterno e lo separa dai legami della sensibilità, nonché le idee simili di Fichte junior[33] e di altri, i quali tutti considerano il sogno come un impeto della vita psichica in direzione di una sfera più elevata, si presentano oggi a noi come poco comprensibili e vengono ribadite solamente da mistici e devoti[34]. L'imporsi dominante della mentalità scientifica si è accompagnato a una reazione nella considerazione del sogno e sono soprattutto i medici, più di tutti gli altri, a ritenere insignificante e senza valore l'attività psichica nel sogno, mentre i filosofi e gli osservatori non specializzati, gli psicologi dilettanti che hanno offerto un apporto non certo irrilevante proprio in questo ambito, insistono soprattuto (in maggiore armonia con le intuizioni popolari) sul suo valore psichico. Chi

[33] Vedi Haffner e Spitta.

[34] Secondo l'affermazione dell'arguto mistico Du Prel, uno dei pochi autori con cui mi scuso per non averlo menzionato nelle edizioni precedenti di questo volume, non lo stato desto bensì il sogno apre il varco alla metafisica, per quanto riguarda l'essere umano. [Nota aggiunta nel 1914]

tende a svilire l'importanza della prestazione psichica nel sogno privilegia, ed è naturale, un'eziologia basata sulle fonti di stimolo somatiche; chi attribuisce alla psiche che sogna la maggior parte delle sue facoltà deste non ha ragione di non riconoscerle anche una spinta autonoma a sognare. La più manifesta tra le facoltà eccezionali imputabili al sogno, anche in una discussione obiettiva, è quella della memoria: nel paragrafo B abbiamo preso in esame in modo dettagliato le esperienze – per nulla rare – che lo dimostrano. Si può anche considerare con facilità come un'illusione un altro privilegio del sogno, spesso accentuato dagli autori più antichi, ovvero la facoltà suprema di superare distanze di tempo e di spazio. Questo privilegio, come sostiene Hildebrandt, è per l'appunto illusorio; il sogno è al di sopra del tempo e dello spazio come il pensiero desto, proprio perché non è altro esso stesso che una forma del pensiero. Riguardo la temporalità, il sogno pare godere di un altro privilegio, quello di essere indipendente dallo scorrere del tempo anche sotto un altro punto di vista. Sogni come quello dell'esecuzione capitale di Maury, che prima abbiamo riportato, sembrano confermare che il sogno è in grado di concentrare in un brevissimo arco temporale un contenuto percettivo decisamente superiore al contenuto di pensiero che la nostra attività psichica è capace di controllare quando siamo desti. Diverse obiezioni sono state mosse contro questa conclusione. Dopo l'apparizione degli scritti di Le Lorrain e Egger sulla "durata apparente dei sogni", continua a svolgersi un'interessante discussione che forse non è ancora arrivata a una spiegazione definitiva su tale questione delicata e gravida di conseguenze.[35]

Basandosi sui numerosi resoconti e sulla panoramica di Chabaneix, pare inconfutabile sostenere che il sogno è in grado di recuperare i compiti intellettuali dello stato desto e di portarli a una conclusione non conseguita durante il giorno, che il sogno riesce a risolvere dubbi e problemi e che può diventare fonte di nuova ispirazione per poeti e compositori. Ma, benché questo *dato di fatto* sia accertato, la sua spiegazione sottostà a molteplici dubbi

[35] Si guardi la tesi parigina di Tobowolska (1900) per una bibliografia successiva e una discussione critica su questi problemi. [Nota aggiunta nel 1914]

che riguardano questioni di principio.[36]

In conclusione, la supposta facoltà divinatoria del sogno rappresenta un oggetto di discussione in cui convergono, da un lato, obiezioni che con difficoltà possono essere superate e, dall'altro, conferme che vengono ripetute con insistenza. Forse a buon diritto si evita di negare ogni realtà a questo tema, dal momento che in alcuni casi si presagisce la possibilità di pervenire a una spiegazione psicologica naturale.

F. I SENTIMENTI MORALI NEL SOGNO

Per ragioni che potranno essere comprese solo dopo aver esaminato le mie ricerche sul sogno, ho distinto dalla questione della psicologia onirica un problema particolare: se e fino a quale punto si estendono alla vita onirica le capacità e i sentimenti morali dello stato desto. Anche in questo caso ci imbattiamo in quello stesso contrasto di idee che siamo stati obbligati a incontrare, con nostra sorpresa, nella considerazione di tutte le altre facoltà psichiche. Alcuni affermano con determinazione che il sogno non sa niente delle esigenze etiche, mentre altri, con altrettanta determinazione, sostengono che l'essenza morale dell'uomo perdura nella vita onirica. Se si osserva l'esperienza di ogni notte sembra possibile confermare con estrema certezza la correttezza della prima tesi. Jessen scrive: «Nel sonno non diventiamo migliori né più morali, anzi pare che la coscienza taccia, dal momento che non sentiamo compassione e possiamo commettere con la massima indifferenza, e senza mai pentircene in seguito, crimini gravissimi, furti e omicidi».

Radestock: «È necessario non dimenticare che nel sogno le associazioni si affastellano e le rappresentazioni si legano insieme senza che la riflessione e la ragione, il gusto estetico e il giudizio morale possano minimamente interporsi; il giudizio è molto debole e domina un'indifferenza morale».

E Volkelt: «Com'è noto, ogni allusione al sesso nel sogno è partico-

[36] Si consideri la critica di H. Ellis, *The World of Dreams*, p. 268.

larmente sfrenata. Mancando di ogni pudore e di ogni facoltà di sentimento o di giudizio morale, chi sogna può arrivare a vedere tutti gli altri, finanche le persone più stimate, coinvolti in azioni che nella vita desta non si azzarderebbe ad attribuir loro neppure con il pensiero».

Totalmente in disaccordo con queste idee è Schopenhauer, il quale sostiene che ciascuno agisce e parla nel sogno in piena conformità con il suo temperamento. Per Fischer[37], nella spontaneità della vita onirica si mostrano i sentimenti e i desideri individuali, gli affetti e le passioni, e le peculiarità morali della persona si riflettono nei suoi sogni.

Haffner afferma: «A parte saltuarie eccezioni... un uomo integro sarà integro anche nel sogno: resisterà alle tentazioni, non si farà permeare dall'odio, dall'invidia, dall'ira né dagli altri vizi; al contrario, il peccatore ritroverà sempre, anche nel sogno, le immagini che gli scintillavano davanti nella vita desta».

Scholz: «Il sogno è verità: noi riconosciamo sempre il nostro io a dispetto di ogni nobile o spregevole camuffamento... L'uomo giusto non può commettere nemmeno nel sogno un crimine infamante o, se pure arriva a compierlo, ne resta atterrito come di fronte a qualcosa che è estraneo alla sua natura. L'imperatore romano che fece condannare a morte un suo suddito, soltanto perché questi aveva sognato di ghigliottinare l'imperatore, in fondo aveva ragione di giustificare la condanna sostenendo che chi poteva fare sogni simili senz'altro nutriva pensieri affini durante il giorno. È in effetti significativo che noi diciamo, rispetto a qualcosa che non può aver luogo dentro di noi: «"Ma neanche per sogno!"». Al contrario, secondo Platone, gli uomini migliori sono quelli che si limitano a pensare in sogno quello che gli altri fanno quando sono desti.

Parafrasando un noto proverbio, Pfaff[38] arriva persino a dire: «Dimmi che cosa sogni e ti dirò chi sei».

Nel breve saggio di Hildebrandt, che ho già citato in modo diffuso e che secondo me costituisce l'apporto formalmente più completo e più ricco alla ricerca sul sogno, il cuore dell'indagine è rappresentato precisamente dalla moralità nel sogno. Anche per Hildebrandt vale la regola: quanto più pura la vita, tanto più puro il sogno e viceversa.

[37] *Grundzüge des Systems der Anthropologie*, Erlangen 1850 (citato da Spitta)
[38] *Das Traumleben und seine Deutung*, 1868 (citato da Spitta, p. 192)

L'essenza morale dell'uomo perdura nel sogno: «Anche se nessun errore di calcolo seppur dozzinale, nessun rovesciamento scientifico per quanto romantico, nessun anacronismo per quanto risibile ci offendono o anche solo ci mettono in guardia, conserviamo però sempre la differenza tra bene e male, giusto e ingiusto, vizio e virtù. Benché tanta parte della realtà che ci affianca di giorno possa svanire nel sonno più leggero, l'imperativo categorico di Kant è talmente pervasivo da non capitolare mai, nemmeno durante il sonno... Ma questo si può chiarire solo con il fatto che l'essenza morale, fondamento principe della natura umana, è troppo fermamente impiantata per poter subire la caleidoscopica confusione cui sono sottoposti nel sogno fantasia, intelletto, memoria e tutte le altre facoltà della stessa importanza».

Successivamente nelle due correnti di ricercatori ci sono stati curiosi spostamenti e incongruenze nella discussione. A rigor di logica, tutti quelli che nel sogno riscontrano il frantumarsi della personalità morale dell'uomo dovrebbero non avere più alcun interesse per i sogni immorali. Essi potrebbero rifiutare senza problemi il tentativo di addossare a chi sogna la responsabilità dei suoi sogni, di ricavare dalla perversità del sogno un crudele istinto naturale della persona, proprio come rifiutano il tentativo, apparentemente equivalente, di provare attraverso l'assurdità dei sogni la mancanza di valore delle attività intellettuali esercitate durante il giorno. Gli altri studiosi, che estendono anche al sogno "l'imperativo categorico", dovrebbero a loro volta ammettere senza riserve la responsabilità dei sogni immorali; e potremmo solamente sperare che sogni così disdicevoli non li turbino nella considerazione che loro stessi hanno di solito della propria moralità.

Ora, però, sembra che non esista qualcuno che sappia dire di sé, con una certa convinzione, fino a che punto sia buono o cattivo e che nessuno possa rinnegare il ricordo di qualche sogno immorale. Tant'è vero che, al di là delle divergenze sulla considerazione della moralità nel sogno, i fautori di entrambe le parti tentano chiaramente di spiegare l'origine dei sogni immorali: ne deriva un nuovo dissidio, a seconda che si ricerchi la loro provenienza nelle funzioni della vita psichica o in lesioni di origine organica. La realtà dei fatti è talmente potente da obbligare, inoltre, i sostenitori della responsabilità e i sostenitori della irresponsabilità della vita onirica ad ammettere unanimemente una determinata fonte psichica per l'immoralità dei sogni.

Anche gli studiosi che affermano il perdurare della moralità si guardano bene però dall'assumersi la completa responsabilità dei propri sogni. Così Haffner: «Noi non siamo responsabili dei nostri sogni, dal momento che al nostro pensiero e alla nostra volontà è stato sottratto l'unico fondamento su cui si basano la verità e la realtà della nostra vita... Proprio per tale ragione nessuna volizione o azione del sogno può essere virtù o peccato». L'uomo, in quanto ne è causa indiretta, è però responsabile del sogno peccaminoso: come avviene anche di giorno, gli si impone il dovere di purificare moralmente la sua anima, soprattutto prima di addormentarsi.

Hildebrandt esamina molto più approfonditamente questo connubio di rifiuto e di ammissione della responsabilità per il contenuto morale del sogno. Dopo aver chiarito che l'esposizione drammatica del sogno, la concentrazione dei più intricati processi di riflessione nel più breve arco di tempo, lo svilimento e la combinazione degli elementi rappresentativi, che egli pure riconosce, devono essere separati dall'aspetto immorale dei sogni, egli ammette che il semplice rifiuto di responsabilità per i peccati e le colpe del sogno dà adito quantomeno a seri dubbi.

«Quando vogliamo rifiutare con determinazione una qualsiasi accusa ingiusta, soprattutto un'accusa riferita alle nostre intenzioni e opinioni, siamo soliti dire: "Non l'ho pensato neanche per sogno". Con questa espressione intendiamo dire, da un lato, che il territorio onirico è il più remoto, l'ultimo luogo in cui dovremmo rispondere dei nostri pensieri, perché là quei pensieri e la nostra vera natura sono in una relazione così debole e dubbiosa che non dovremmo neppure considerarli come nostri; d'altro canto, però, il fatto che noi siamo indotti a ricusare chiaramente l'esistenza di pensieri siffatti persino nel sogno rappresenta l'ammissione indiretta che la nostra giustificazione non sarebbe completa se non riguardasse anche il sogno. Ritengo quindi che in tal caso, seppur inconsapevolmente, parliamo la lingua della verità».

«Infatti non è possibile pensare a un'azione del sogno la cui prima ragione non abbia attraversato in precedenza la mente della persona desta sotto forma di desiderio, appetito, impulso». Di questo primo impulso si dovrebbe dire: il sogno non l'ha inventato; lo ha solamente rimodellato e sviluppato, ha lavorato in forma drammatica una porzione di materiale storico riscontrata in noi, ha messo in scena le parole dell'apostolo: «Chiunque odia il proprio fratello è un assassino» (1 Giov. 3, 15). E mentre al risveglio, consapevoli della nostra forza morale, l'ampio spazio preso dal sogno peccaminoso ci può far sorridere, quel materiale formativo originario non può presentare alcun elemento ridicolo. Ci sentiamo responsabili se non della totalità, quantomeno di una determinata parte dei turbamenti di chi sogna. «In breve, se concepiamo in questo senso difficilmente discutibile la parola di Cristo: "Dal cuore provengono i cattivi pensieri" (Matteo, 15, 19), allora a stento riusciamo a difenderci dalla convinzione che ogni peccato compiuto in sogno porti con sé quantomeno un oscuro atomo di colpa».

Hildebrandt quindi scorge l'origine dell'immoralità onirica nei germi e negli accenni di impulsi malvagi che percorrono la nostra anima di giorno sotto forma di pensieri di tentazione, e con fermezza prende in considerazione questi elementi immorali nella valutazione morale della personalità. Sono gli stessi pensieri – e la stessa valutazione di essi – che portarono, come si sa, gli uomini pii e i santi di ogni epoca a deplorarsi per il fatto di essere grandi peccatori[39].

Queste rappresentazioni contrastanti, d'altronde, esistono senza alcun dubbio solitamente nella grande maggioranza degli uomini, e non solo in ambito etico. Il giudizio su di esse a volte è stato meno severo. Spitta cita la seguente affermazione di Zeller che si riferisce a questo punto: «Accade di rado che uno spirito sia così felicemente organizzato da trovarsi in ogni momento nel pieno possesso delle sue forze e da non subire la continua interruzione, durante il limpido scorrere dei suoi pensieri, di rappresentazioni non solo inessenziali ma anche ridicole e completamente contraddittorie; persino i più grandi pensatori sono stati vittime di questa banda fantastica, farsesca e molesta di rappresentazioni che importunava il loro più profondo raccoglimento e il loro lavoro intellettuale più sacro e più austero».

Un'altra considerazione di Hildebrandt chiarisce maggiormente la posizione psicologica di questi pensieri contrastanti: talvolta il

[39] È abbastanza interessante conoscere l'atteggiamento dell'Inquisizione rispetto a tale questione. Nel *Tractatus de Officio Sanctissimae Inquisitionis* di Cesare Careña, del 1659, troviamo il passo seguente: «Se qualcuno in sogno proferisce eresie, gli inquisitori devono esaminare la sua condotta di vita, perché nel sogno ritorna ciò che impegna l'uomo durante il giorno». [Nota aggiunta nel 1914]

sogno ci consente di penetrare in quelle profondità e in quei meandri del nostro essere che usualmente ci sono interdetti nello stato desto. Anche Kant pare pensarla allo stesso modo, in un passo dell'*Antropologia* (1798) in cui sostiene che forse il sogno esiste per rivelarci le inclinazioni nascoste e renderci evidente non quel che siamo, ma quel che saremmo diventati probabilmente se fossimo stati educati diversamente; e Radestock scrive che spesso il sogno ci rivela soltanto quello che non vogliamo confessare a noi stessi, e quindi in modo erroneo viene considerato bugiardo e ingannatore. Erdmann scrive[40]: «Il sogno non mi ha mai rivelato che cosa dovessi pensare di una persona, ma solo quel che ne pensavo e la mia inclinazione verso di lei». In modo affine si esprime Fichte: «Il carattere dei nostri sogni ci dà un'immagine della totalità delle nostre inclinazioni molto più precisa di quella che potremmo avere da una auto-osservazione continuata durante la vita desta».

Vediamo bene che l'insorgere di questi impulsi estranei alla nostra coscienza coincide precisamente con il fatto, già osservato, che il sogno si serve di materiale rappresentativo che manca allo stato desto o che comunque gioca in esso un ruolo insignificante. È quanto osserva Benini: «Alcune nostre disposizioni che si credevano soffocate e spente da molto tempo si risvegliano; passioni vecchie e sepolte risorgono; cose e persone a cui non pensiamo mai ci vengono davanti agli occhi». Così anche Volkelt: «Anche rappresentazioni che si sono insinuate senza accorgersene nella coscienza desta e che forse non verrebbero mai sottratte all'oblio rivelano molto di frequente in sogno la loro presenza nella psiche». Dobbiamo infine ricordare che, secondo Schleiermacher, già l'addormentarsi è accompagnato dal sorgere di rappresentazioni (immagini) non volute.

Sotto il nome di rappresentazioni non volute possiamo raccogliere tutto il materiale rappresentativo che, quando appare nei sogni immorali o assurdi, ci produce stupore. Esiste una sola differenza rilevante fra le rappresentazioni non volute in ambito etico e le altre: le prime ci consentono di riconoscere il dissidio con la nostra sensibilità normale, le altre ci sembrano soltanto estranee. Finora non è stato fatto nulla che ci consenta di comprendere pienamen-

[40] J.E. Erdmann, *Psycologische Briefe*, Lipsia 1852, p. 115 [Nota aggiunta nel 1914]

te, e quindi di eliminare, questa differenza. Ora, cosa significa l'insorgere di rappresentazioni non volute nel sogno? E che conclusioni possiamo trarre, sotto il profilo della psicologia del sogno e della vita desta, da questa apparizione notturna di impulsi etici in contrasto fra loro? A questo punto siamo obbligati a notare una nuova divergenza di opinioni e una nuova contrapposizione fra gli studiosi. La riflessione di Hildebrandt e di altri fautori della sua tesi principale può essere portata avanti soltanto in una direzione, vale a dire che anche nello stato desto gli impulsi immorali abbiano un certo potere, ma inibito, per cui non possono arrivare all'azione; e che nel sonno venga a mancare qualcosa che, agendo come inibizione, non ci permette di vedere nella vita desta l'esistenza di questi impulsi. In tal modo, il sogno ci rivelerebbe la reale, se non l'intera, essenza dell'uomo, e rappresenterebbe uno dei mezzi atti a rendere accessibile alla nostra conoscenza la parte più intima e nascosta della nostra psiche. Solo muovendo da questa premessa, Hildebrandt può permettersi di conferire al sogno il ruolo dell'ammonitore che richiama la nostra attenzione sui segreti difetti morali della psiche (così come, secondo i medici, il sogno può rivelare alla psiche disturbi corporei rimasti sino allora inosservati).

Spitta si richiama chiaramente alla stessa concezione, quando mette in evidenza le fonti di eccitazione che si riversano sulla psiche, per esempio durante la pubertà, e conforta colui che sogna sostenendo che egli ha fatto tutto quello che poteva, se nello stato desto la sua condotta di vita è stata impeccabilmente virtuosa e se si è sforzato di abolire i pensieri peccaminosi, tutte le volte che comparivano, impedendo loro di crescere e di tradursi in atto. Sulla base di questa concezione, sarebbe possibile considerare le rappresentazioni non volute come rappresentazioni represse di giorno e nel loro insorgere si dovrebbe vedere un vero e proprio fenomeno psichico.

Per altri autori, questa inferenza non è giustificata. Per Jessen le rappresentazioni non volute che appaiono sia nel sogno che di giorno, nei deliri febbrili e in altri stati deliranti, assumono «il carattere di un'attività della volontà posta in condizioni di riposo e di un processo, in certo qual modo meccanico, di immagini e di rappresentazioni mediante movimenti interni». Un sogno immorale non dimostra altro, rispetto alla vita psichica di chi sogna, se non che questi si è reso un tempo cosciente, in un modo qualsiasi, di questo contenuto rappresentativo: ma non certo che si tratta di un personale impulso psichico. Rimane dubbio se anche un altro autore come Maury attribuisca allo stato onirico la facoltà di scomporre nei suoi singoli elementi l'attività psichica piuttosto che distruggerla arbitrariamente. Rispetto ai sogni in cui vengono valicati i confini della moralità, egli afferma: «Sono le nostre disposizioni che si esprimono e che ci fanno agire, senza che la coscienza ci trattenga, benché talvolta essa ci avverta. Ho i miei difetti e le mie inclinazioni viziose; nella veglia tento di lottare contro di essi, e molto spesso mi accade di non soccombere, ma nei miei sogni soccombo sempre, o meglio, agisco per loro impulso, senza paura e rimorso... Evidentemente le visioni che si svolgono davanti al mio pensiero, e che rappresentano il sogno, mi sono suggerite dagli incitamenti da me risentiti e che la mia volontà, assente, non cerca di abolire».

Se credessimo alla capacità del sogno di palesare una inclinazione immorale realmente esistente in chi sogna, ma repressa o nascosta, non potremmo esprimere questa idea in modo più deciso di quel che faccia Maury: «Nel sogno dunque l'uomo si rivela interamente a se stesso, nella sua nudità e miseria originarie. Appena sospende l'esercizio della sua volontà, diventa lo strumento di tutte le passioni contro cui ci difendono, nello stato desto, la coscienza, il senso dell'onore, la paura». In un altro passo, trova le parole giuste: «Nel sogno si rivela soprattutto l'uomo istintivo... Quando sogna l'uomo ritorna, per così dire, allo stato di natura; ma le inclinazioni in contrasto con le idee acquisite sono ancora influenti nel sogno, quanto meno queste ultime si sono insinuate nel suo spirito». Egli porta come esempio il fatto che non di rado i suoi sogni lo mostrano vittima di quella superstizione contro la quale più violentemente ha combattuto nei suoi scritti.

Ma il valore di tutte queste acute considerazioni per una conoscenza psicologica della vita onirica è intaccato in Maury dal fatto che egli, nei fenomeni così precisamente analizzati, non vuol vedere altro che prove di quell'*automatisme psychologique* che secondo lui governa la vita onirica. Egli considera questo automatismo in totale disaccordo con l'attività psichica.

Stricker si esprime così: «Il sogno non è fatto unicamente e soltanto di illusioni; se per esempio in sogno abbiamo paura dei briganti, essi sono, è vero, immaginari, ma la paura è reale». In tal modo la nostra attenzione viene rivolta al fatto che lo sviluppo degli affetti nel sogno non ammette la valutazione che si offre al restante contenuto onirico, e viene sollevata la questione di che cosa può essere reale nei processi psichici del sogno, ovvero che cosa può aspirare a essere inserito fra i processi psichici dello stato desto.

G. Teorie oniriche e funzioni del sogno

Sarà opportuno chiamare teoria onirica ogni affermazione sul sogno che cerchi di spiegare, da un solo punto di vista, il maggior numero possibile dei caratteri analizzati e che individui al tempo stesso la posizione del sogno rispetto a un più ampio campo di fenomeni. Le singole teorie oniriche si distingueranno fra loro nel considerare come essenziale un carattere anziché un altro e nel ricondurre a esso spiegazioni e rimandi. Dalla teoria non dovremo dedurre per forza una funzione del sogno di natura utilitaria o di qualsiasi altro genere; la nostra aspettativa, indirizzata come sempre alla teleologia, si rivolgerà tuttavia soprattutto a quelle teorie che portano con sé la comprensione di una funzione del sogno.

Già conosciamo diverse concezioni del sogno, più o meno degne da questo punto di vista di essere definite teorie oniriche. La credenza degli antichi secondo cui il sogno era inviato dagli dèi per indirizzare le azioni degli uomini era una teoria onirica completa, che istruiva su tutto quello che era degno di interesse nei sogni. Da quando il sogno è diventato oggetto della ricerca biologica, conosciamo un vasto numero di teorie oniriche, benché alcune siano molto frammentarie.

Rinunciando a una lista integrale, potremo cercare di raggrupparle in un modo non troppo rigido, fondato sul grado e sul genere di attività psichica che esse presumono si realizzi nel sogno.

1) Teorie come quella di Delböuf, per le quali nel sogno prosegue la completa attività psichica dello stato desto. Secondo tali teorie la psiche non dorme, il suo apparato resta integro; ma nelle condizioni dello stato di sonno, diverse da quelle dello stato desto, la psiche, se funziona in modo normale, produce necessariamente risultati diversi da quelli dello stato desto. Rimane aperto il problema: queste teorie sono capaci di dedurre con completezza dalle

condizioni dello stato di sonno le differenze tra sogno e pensiero cosciente? Peraltro esse non hanno la possibilità di suggerire alcuna funzione del sogno; non si comprende perché si sogna, per quale ragione il complesso funzionamento dell'apparato psichico continui a funzionare anche in condizioni che non sembrano essergli destinate. Dormire senza sognare oppure svegliarsi all'insorgere di stimoli perturbatori appaiono le uniche due reazioni funzionali, piuttosto che la terza, quella di sognare.

2) Teorie che invece suppongono nel sogno una diminuzione dell'attività psichica, un affievolimento dei nessi, un depauperamento di materiale significativo. In base a queste teorie il sonno avrebbe una caratteristica psicologica completamente diversa, ad esempio, da quella che gli conferisce Delböuf: il sonno si estende profondamente sulla psiche, non consiste soltanto in uno sbarramento di essa di fronte al mondo esterno; si insinua, piuttosto, nel suo funzionamento rendendolo provvisoriamente inutilizzabile. Se mi è permesso fare un confronto servendomi del materiale psichiatrico, vorrei dire che il primo gruppo di teorie costruisce il sogno come una paranoia, il secondo ne fa il modello della debolezza mentale o di un'amenza.

Gli autori medici e in generale il mondo scientifico prediligono assolutamente la teoria per cui soltanto una minima parte dell'attività psichica paralizzata dal sonno è in grado di manifestarsi nella vita onirica. Supponendo maggiore interesse per la spiegazione del sogno, la si può ben considerare come la teoria *dominante*. Si deve notare la facilità con cui questa teoria schiva l'ostacolo più insidioso di ogni interpretazione del sogno, vale a dire: naufragare contro una delle contraddizioni che prendono corpo nel sogno. Dato che secondo questa teoria il sogno è il prodotto di una veglia parziale («una veglia graduale, parziale e al tempo stesso anormale», dice Herbart), essa riesce a chiarire, attraverso una serie di stati di progressivo risveglio che arrivano fino alla veglia completa, tutto il campo di attività psichiche che va dal rendimento deficitario del sogno – che si manifesta nella sua assurdità – fino all'attività ideativa pienamente concentrata.

Chi consideri indispensabile o più scientifica una trattazione in termini fisiologici, la rinvenirà nella teoria onirica esposta da Binz: «Questo stato (di irrigidimento) volge al termine nelle prime ore del mattino, ma solo in modo graduale. Si riducono sempre più i prodotti della fatica raccolti nell'albumina cerebrale, ed essi vengono in quantità sempre più grande scomposti o asportati dal flusso continuo del sangue. Qua e là spiccano già singoli gruppi di cellule risvegliate, mentre ogni cosa intorno riposa ancora irrigidita. Alla nostra coscienza offuscata si presenta ora il lavoro isolato dei singoli gruppi, mentre le manca il controllo di altre zone del cervello che presiedono all'associazione. Per questo motivo le immagini create, corrispondenti soprattutto alle impressioni materiali di un recente passato, si compongono caoticamente e senza regola. Sempre più alto diventa il numero delle cellule cerebrali che si liberano, sempre minore l'irragionevolezza del sogno».

È vero che tutti i fisiologi e filosofi moderni considerano il sogno come una veglia parziale, incompleta, o quantomeno vengono in parte condizionati da una teoria di questo genere. In Maury riscontriamo l'esposizione più dettagliata. Molte volte si ha l'impressione che per questo studioso l'essere svegli o l'essere addormentati corrisponda a uno spostamento di regioni anatomiche, senz'altro perché una regione anatomica e una specifica funzione psichica gli sembrano fortemente collegate. Qui mi limito solo ad accennare al fatto che, anche se la teoria della veglia parziale venisse convalidata, occorrerebbe discutere per molto tempo sulle sue formulazioni più sottili.

Ovviamente da questa concezione della vita onirica non si potrà dedurre una funzione del sogno. Un giudizio coerente sulla posizione e sulla rilevanza del sogno, invece, si trova in quel che dice Binz: «Tutti i fatti, come si può notare, portano a caratterizzare il sogno come un processo *somatico*, in tutti i casi inutile, in molti casi addirittura patologico...».

L'espressione "somatico" collegata al sogno, messa in evidenza dall'autore stesso, ha diversi significati. Si riferisce, innanzitutto, alla eziologia del sogno, cui Binz era interessato in modo particolare quando studiava i sogni provocati sperimentalmente attraverso la somministrazione di sostanze tossiche. È tipica, infatti, di questo gruppo di teorie oniriche la propensione a far derivare l'impulso a sognare, ove possibile, dal solo lato somatico. Nella formulazione più estrema: quando si raggiunge lo stato di sonno, dopo aver allontanato gli stimoli, non c'è alcun bisogno o motivo di sognare fino al mattino, allorché il progressivo risveglio, indotto dai nuovi stimoli, potrebbe riflettersi nel fenomeno del sogno. Ora, però, non si può mantenere il sonno senza stimoli: come i germi vitali di cui si lamenta Mefistofele, gli stimoli si approssimano a chi dorme da ogni parte, dall'esterno, dall'interno, finanche da quelle aree del corpo di cui non ci occupiamo quando siamo svegli. Il sonno risulta dunque turbato, la psiche è svegliata ora in un punto ora in un altro, e funziona poi per un istante, con la parte risvegliata, felice di riaddormentarsi. Il sogno è la reazione alle perturbazioni del sonno provocate dallo stimolo, una reazione, d'altronde, completamente inutile.

Considerare il sogno, che resta pur sempre un'attività dell'organo psichico, come un processo somatico, ha comunque anche un altro significato: rifiutargli la *dignità* di processo psichico. Il paragone, da molto tempo ormai applicato al sogno, delle «dieci dita di una persona completamente ignara di musica che scivolano sulla tastiera dello strumento», chiarisce forse nel migliore dei modi quale considerazione abbia incontrato usualmente l'attività onirica presso i cultori delle scienze esatte. Pensato in questo modo, il sogno diventa qualcosa di completamente ininterpretabile: difatti, come potrebbero creare un brano musicale le dieci dita di un suonatore che ignora la musica?

Nei confronti della teoria della veglia parziale non tardarono a essere avanzate molte obiezioni. Nel 1830 Burdach scriveva: «Sostenendo che il sogno è una veglia parziale, non si chiarisce né la veglia né il sonno, innanzitutto, e in secondo luogo non si dice altro se non che alcune forze della psiche sono attive nel sogno mentre altre riposano. Ma tale disparità si verifica sempre nella vita...».

Alla teoria imperante, che considera il sogno come un processo "somatico", si richiama un'interessantissima concezione, formulata per la prima volta da Robert nel 1886, che seduce perché riesce ad attribuire una funzione, un risultato utile, al fatto di sognare. Robert fonda la sua teoria su due dati dell'osservazione sui quali ci siamo già intrattenuti nella considerazione del materiale onirico: molto spesso si sognano le impressioni più marginali e solo talvolta cogliamo nel sogno gli interessi principali del giorno.

Robert sostiene con decisione: le cose su cui abbiamo pensato a lungo e approfonditamente non diventano mai stimoli di sogno, ma sempre e solo quelle che risiedono irrisolte nella mente o quelle che lambiscono fugacemente lo spirito. «Di solito non riusciamo a spiegarci il sogno, proprio perché le sue cause sono le impressioni sensoriali del giorno passato, alle quali il sognatore non ha prestato abbastanza attenzione». Un'impressione, quindi, si insinua nel sogno a patto che sia stata disturbata durante l'elaborazione, oppure che sia troppo poco significativa per poter pretendere tale elaborazione.

Ora, il sogno si presenta a Robert come un processo «somatico di cui diveniamo coscienti nella nostra reazione mentale a esso». *I sogni sono rimozioni di pensieri soffocati alla nascita.* «Un uomo a cui si strappasse la capacità di sognare dovrebbe presentare in un dato momento dei disturbi mentali, perché nel suo cervello si concentrerebbe una grande quantità di pensieri incompiuti, non approfonditi, e di impressioni vaghe, sotto il cui peso verrebbe soffocato quello che invece deve essere incorporato come un tutto compiuto nella memoria». Per il cervello sovraccarico il sogno fa da valvola di sicurezza. *I sogni hanno un potere terapeutico, ristoratore.*

Sarebbe errato domandare a Robert in quale maniera la rappresentazione onirica possa indurre un alleviamento psichico. Chiaramente lo studioso deduce dalle due caratteristiche del materiale onirico che durante il sonno in qualche modo vengano espulse impressioni inutili, tramite un processo somatico, e che il sogno non sia un processo psichico particolare, ma soltanto l'informazione che noi riceviamo di quella espulsione. Del resto l'eliminazione non è l'unico accadimento che si produce nella psiche durante la notte. Lo stesso Robert aggiunge che vengono inoltre elaborati gli spunti del giorno e che «la parte grezza del materiale ideativo rimasta nello spirito e non eliminabile viene raccolta in armonica unità dai fili del pensiero presi in prestito dalla fantasia e così inserita nella memoria come un innocente quadro fantasioso».

Ma nella considerazione delle fonti oniriche la teoria di Robert si pone in completo disaccordo con quella imperante. Mentre secondo quest'ultima noi non sogneremmo proprio se gli stimoli sensoriali interni ed esterni non risvegliassero costantemente la psiche, per Robert l'impulso a sognare risiede nella psiche stessa, che è sovraccarica e desiderosa di alleggerirsi. Con totale coerenza egli ritiene che le cause determinanti del sogno, che dipendono dallo stato di salute fisica, abbiano una funzione subordinata: esse non potrebbero in alcun modo indurre a sognare uno spirito in cui non esistesse materiale efficace per la formazione del sogno, sottratto alla coscienza vigile. Egli si limita ad ammettere che le immagini fantastiche, affioranti nel sogno dalla profondità della psiche, possano essere influenzate dagli stimoli nervosi. Secondo Robert, dunque, il sogno non dipende completamente dall'elemento somatico; però non è un processo psichico, non occupa un posto tra i processi psichici dello stato desto, è un processo somatico che si verifica ogni notte nell'apparato dell'attività psichica, e ha la funzione di tutelare questo stesso apparato dall'ipertensione oppure, in altre parole, di ripulire la psiche. Su questi stessi caratteri, che diventano evidenti nella scelta del materiale onirico, si fonda la teoria di un altro autore, Yves Delage; ed è istruttivo osservare come una lieve variante nella concezione degli stessi fatti conduca a un risultato finale completamente diverso.

Dopo la perdita di una persona cara, Delage aveva osservato su di sé che quel che ci ha preoccupato in special modo durante il giorno non compare nei sogni, oppure vi compare soltanto quando questa preoccupazione inizia a cedere il passo ad altri interessi. Le ricerche che realizzò su altre persone avallarono la generalità di questo fenomeno. A questo riguardo sarebbe interessante, se fosse realmente corretta, un'osservazione di Delage sui sogni degli sposi novelli: «Se sono stati molto innamorati, quasi mai hanno sognato l'uno dell'altro prima del matrimonio o durante la luna di miele; e se hanno fatto un sogno d'amore è stato un sogno d'infedeltà commessa con una persona indifferente o odiosa». Ma che cosa si sogna allora? Delage riconosce che il materiale presente nei nostri sogni è fatto di frammenti e resti di impressioni che appartengono ai giorni immediatamente precedenti. Tutto quello che appare nei nostri sogni, e che in un primo momento siamo propensi a considerare come prodotto della vita onirica, si scopre essere, a uno sguardo più attento, una riproduzione non riconosciuta, un *souvenir inconscient*. Questo materiale rappresentativo, però, manifesta una peculiarità comune, ovvero deriva da impressioni che forse hanno toccato più i nostri sensi che il nostro spirito, o da cui abbiamo distolto l'attenzione subito dopo il loro comparire. Quanto meno cosciente e al tempo stesso più intensa è stata l'impressione, tanto maggiore è la probabilità che essa giochi un ruolo nel sogno successivo.

Si tratta fondamentalmente delle stesse due specie di impressioni osservate da Robert – quelle insignificanti e quelle indeterminate – ma Delage sviluppa la relazione in un altro modo, sostenendo che tali impressioni non diventano adatte al sogno perché insignificanti, ma perché indeterminate. In un certo senso anche le impressioni marginali non sono state completamente determinate, anche queste sono per loro essenza come impressioni nuove, *autant de ressorts tendus* (altrettante molle tese), che si rilasseranno nel sonno. Un'impressione forte, che sia stata bloccata per caso durante l'elaborazione o rigettata intenzionalmente, potrà esigere un ruolo nel sogno più dell'impressione debole e quasi inavvertita. L'energia psichica immagazzinata durante il giorno per inibizione e repressione svolge di notte la funzione di stimolare il sogno. Nel sogno viene alla luce quel che è stato psichicamente represso[41].

Purtroppo, a questo livello, l'argomentazione di Delage si blocca; egli attribuisce all'attività psichica autonoma soltanto una minima parte, e in tal modo la sua teoria si ricollega immediatamente alla teoria imperante del sonno parziale del cervello: «In definitiva, il sogno è il risultato del pensiero che erra senza scopo e senza direzione, che si concentra progressivamente sui ricordi che hanno conservato abbastanza intensità da incrociare la sua strada e interromperlo quando passa, creando fra di loro un vincolo ora debole e improbabile, ora più forte e stringente, a seconda che l'attività cerebrale sia in quell'istante più o meno abolita dal sonno».

3) In una terza specie possono essere raccolte quelle teorie che assegnano alla psiche, quando sogna, la capacità e la propensione a determinate prestazioni, che invece, nello stato desto, essa non è capace di attuare, o quantomeno solamente in modo frammentario. Dall'esplicarsi di queste facoltà deriva solitamente una funzione utile del sogno. Le considerazioni sul sogno offerte da psicologi meno giovani appartengono soprattutto a questa specie. Mi basterà riportare soltanto un'affermazione di Burdach, per il quale il sogno è «l'attività naturale della psiche, che non viene condizionata dalla forza dell'individualità, né alterata dall'autocoscienza, né direzionata dall'autodeterminazione; ma è la vitalità dei punti centrali sensibili in libero gioco».

Evidentemente Burdach, come altri autori, concepisce questo abbandonarsi al libero utilizzo delle proprie forze come uno stato in cui la psiche si riposa e raccoglie forze nuove per il lavoro diurno, quindi come una sorta di vacanza. Per tale motivo Burdach cita e accoglie anche le dolci parole con cui il poeta Novalis decanta

[41] Anatole France esprime la stessa idea ne *Il giglio rosso*: «Quel che vediamo di notte sono i miserevoli resti di ciò che abbiamo trascurato quando eravamo desti. Spesso il sogno è la vendetta delle cose disprezzate o il rimprovero degli esseri abbandonati». [Nota aggiunta nel 1909]

l'attività del sogno: «Il sogno è una difesa contro la regolarità e la banalità della vita, un libero svago della fantasia imbrigliata, in cui essa capovolge tutte le immagini diurne e sospende con un felice gioco infantile la costante serietà dell'adulto; senza i sogni invecchieremmo anzitempo, e così possiamo concepire il sogno, anche se non come una diretta concessione dall'alto, come un compito piacevole, un compagno amabile nel viaggio verso la tomba».

Purkinje rappresenta in un modo ancora più acuto l'attività di ristoro e di conforto del sogno: «In particolare i sogni produttivi sarebbero mediatori per queste funzioni. Sono leggeri giochi dell'immaginazione, che non hanno alcun rapporto con gli eventi diurni. La psiche non vuole prolungare, ma appianare le tensioni dello stato desto, trovare riposo. Essa innanzitutto produce degli stati opposti a quello desto: risana la tristezza con la felicità, le ambasce con la speranza e con tranquille immagini di svago, l'odio con l'amore e la benevolenza, la paura con il coraggio e la fiducia; mitiga il dubbio con la persuasione e la salda fede, l'inutile attesa con il soddisfacimento. Il sonno cura – coprendole e proteggendole da nuove irritazioni – molte ferite dell'animo che il giorno lascerebbe sempre aperte. Su tutto ciò si fonda, in parte, l'effetto del tempo che allevia i dolori». Noi tutti avvertiamo che il sonno è un giovamento per la vita psichica, e l'oscura intuizione del sentimento popolare si oppone apertamente a farsi togliere con la violenza il pregiudizio che il sogno sia uno dei mezzi che il sonno utilizza per elargire i suoi benefici.

Lo sforzo più originale e più grande di definire il sogno come una speciale attività della psiche, che si può esprimere liberamente soltanto nello stato di sonno, è quello sostenuto da Scherner nel 1861. Il libro di Scherner – scritto in uno stile confuso e pomposo, sostenuto da un entusiasmo quasi delirante per questo tema che, se non riesce a coinvolgere il lettore, ne risveglia necessariamente l'antipatia – oppone tali difficoltà all'analisi da obbligarci a rivolgerci all'esposizione più limpida e stringata delle dottrine di Scherner realizzata dal filosofo Volkelt. «Dai suoi mistici ammassi, è vero, scintilla e lampeggia una luce rivelatrice, ma questo non basta a illuminare le vie del filosofo». È questa la considerazione critica che l'esposizione di Scherner incontra persino nel suo discepolo.

Scherner non appartiene a quella classe di autori che ritengono che la psiche trasferisca integre le proprie facoltà nella vita onirica. Egli stesso chiarisce come nel sogno la centralità, l'energia spontanea dell'Io venga snervata, come a causa di questa decentralizzazione la conoscenza, la sensibilità, la volontà, l'immaginazione subiscano alterazioni, e come ai residui di queste forze psichiche non appartenga più un vero carattere intellettuale, ma soltanto la natura di un meccanismo. D'altra parte, tuttavia, l'attività psichica che si può chiamare fantasia, libera da ogni controllo dell'intelletto e dunque dispensata da rigidi confini, regna sovrana nel sogno. In realtà, essa prende le ultime pietre di costruzione dalla memoria desta, ma con esse eleva edifici infinitamente diversi dalle costruzioni dello stato desto; nel sogno essa si rivela non solo riproduttiva ma anche *produttiva*. Le caratteristiche della fantasia conferiscono alla vita del sogno le sue particolarità. Essa mostra una preferenza per lo *smisurato*, *l'eccessivo*, il *mostruoso*. Al tempo stesso, però, nel liberarsi dall'ostacolo delle categorie concettuali, favorisce una maggiore flessibilità, agilità ed elasticità; è sensibilissima ai leggeri stimoli dell'umore, agli affetti dirompenti, combina subito la vita interiore in evidenza plastica esterna. Alla fantasia del sogno *manca il linguaggio concettuale*; ciò che essa vuole simboleggiare lo deve esprimere visualmente, e dato che in questo caso il concetto non interviene ad affievolire, essa dipinge con tutta la densità, la forza e l'ampiezza dell'espressione pittorica. Per quanto nitido, il linguaggio ne risulta vago, greve, impacciato. Il nitore del suo linguaggio si riduce in particolare perché essa evita di esprimere un oggetto attraverso l'immagine adatta, ma sceglie preferibilmente *un'immagine estranea*, poiché questa è capace di esprimere solo quel particolare istante dell'oggetto che intende figurare. Questa è l'attività di simbolizzazione della fantasia... Inoltre, è molto importante che la fantasia riproduca gli oggetti non nella loro totalità, ma soltanto nel loro bordo, e anche questo nella maniera più libera. I suoi dipinti sembrano dunque schizzi di genio. La fantasia onirica, però, non si limita alla mera collocazione dell'oggetto, è piuttosto intimamente costretta a sensibilizzare, oltre a esso, in misura maggiore o minore, l'Io del sogno, creando quindi un intreccio. Un sogno provocato da uno stimolo visivo, ad esempio, può rappresentare monete d'oro sulla strada, il sognatore le raccoglie, ne è felice, le porta con sé.

Il materiale utilizzato dalla fantasia per la sua attività artistica è più che altro, secondo Scherner, quello degli stimoli corporei organici, così oscuri durante il giorno. Perciò la teoria troppo fantasiosa di Scherner e quella probabilmente troppo fredda di Wundt e di altri fisiologi – teorie per altri versi antitetiche – convergono quasi del tutto nell'ipotesi delle fonti e degli stimoli del sogno. Eppure, mentre secondo la teoria fisiologica la reazione psichica agli stimoli corporei interni si consuma con il richiamo di alcune rappresentazioni in certo modo pertinenti, che a loro volta per associazione si collegano ad altre, e così sembra concludersi l'indagine sui processi psichici del sogno – per Scherner gli stimoli corporei offrono alla psiche soltanto un materiale, che essa può mettere al servizio dei suoi progetti fantastici. Secondo Scherner la formazione del sogno inizia proprio là dove per gli altri autori si conclude. Non si può certo considerare funzionale ciò che la fantasia onirica intraprende con gli stimoli corporei. Se ne serve in un gioco buffo, immaginando la fonte organica da cui sorgono sotto forma di qualche simbolismo plastico. Scherner crede persino (e qui Volkelt e altri non lo seguono) che la fantasia onirica abbia un'immagine prediletta per l'organismo nella sua totalità, ovvero: l'immagine della casa. Con grande beneficio delle sue rappresentazioni, la fantasia non sembra però vincolata a questo materiale; anzi, essa può servirsi di intere file di case per descrivere un singolo organo, per esempio lunghe strade affiancate da case per descrivere lo stimolo intestinale. Altre volte, singole parti della casa simboleggiano veramente singole parti del corpo: così, ad esempio, nel sogno provocato dal mal di testa, il soffitto di una stanza (che il sognatore vede coperto di disgustosi ragni simili a ranocchi) simboleggia la testa.

A parte il simbolismo della casa, qualsiasi altro oggetto viene impiegato per la rappresentazione delle parti del corpo da cui deriva lo stimolo. «Così, i polmoni che respirano trovano il loro simbolo in una fornace ardente con il suo palpito d'aria, il cuore in casse e ceste vuote, la vescica in oggetti rotondi, a forma di borsa o più in generale in oggetti svuotati. Il sogno causato da uno stimolo sessuale virile farà trovare per strada, a chi sogna, la parte superiore di un clarinetto, lì vicino il fornello di una pipa e accanto una pelliccia. Clarinetto e pipa rappresentano indicativamente il membro maschile, la pelliccia il pelo del pube. Nel sogno sessuale femminile, lo stretto interstizio fra le cosce aderenti può trovare il suo simbolo in un ristretto cortile contornato da case, la vagina in un sentiero scivoloso e molto angusto che passa per il cortile che la sognatrice deve attraversare per portare, ad esempio, una lettera a un uomo». È particolarmente significativo il fatto che alla fine di questi sogni causati da uno stimolo organico la fantasia onirica viene smascherata, per così dire, esibendo senza veli l'organo che causa lo stimolo ovvero la sua funzione. Così il sogno provocato da uno "stimolo dentario" termina solitamente con l'episodio del sognatore che si leva un dente di bocca.

Ma la fantasia onirica non è obbligata a rivolgere la sua attenzione solo alla forma dell'organo stimolatore; può anche simboleggiare la sostanza che esso contiene. Il sogno da stimolo intestinale, ad esempio, conduce il sognatore per vie paludose, quello provocato da stimolo vescicale davanti ad acque schiumeggianti. Oppure vengono rappresentati simbolicamente lo stimolo in quanto tale, il genere di eccitamento, l'oggetto desiderato; o ancora l'Io del sogno si congiunge tangibilmente alle simbolizzazioni del proprio stato, per esempio quando, in conseguenza di stimoli dolorosi, lottiamo disperatamente con cani feroci e con tori infuriati; oppure quando, in un sogno sessuale, la sognatrice si vede inseguita da un uomo nudo. A parte ogni possibile ricchezza di attuazione, l'attività fantastica simbolizzatrice resta la forza principale di tutti i sogni. Scavare nel carattere di questa fantasia, attribuire a questa attività psichica, così finalmente riconosciuta, il suo posto in un sistema filosofico, fu lo sforzo compiuto da Volkelt nel suo libro; un libro bello e scritto con ardore, ma che resta difficilmente comprensibile per tutti coloro che non siano già stati preparati in modo adeguato a comprendere intuitivamente schemi concettuali filosofici.

L'attività della fantasia simbolizzatrice di Scherner non è associata ad alcuna funzione utile. Quando sogna, la psiche gioca con gli stimoli che le vengono dati. Si potrebbe anche ipotizzare che essa giochi in modo scostumato. Ma qualcuno potrebbe chiedere anche a noi se la nostra analisi accurata della teoria di Scherner arrivi a qualcosa di utile, dal momento che la sua arbitrarietà, la sua indifferenza nei confronti delle regole di qualsiasi ricerca è evidente. Risponderei dicendo che non è proprio il caso di rigettare con prosopopea la teoria di Scherner prima di averla analizzata, poiché essa si fonda sull'impressione causata dai sogni in una persona che dedicò loro molta attenzione e che soprattutto sembra avere avuto una forte inclinazione per lo studio di oscuri fenomeni psichici. Peraltro essa concerne un tema che per millenni è sembrato agli uomini impenetrabile, ma contemporaneamente denso di contenuto e di rimandi; tema alla cui delucidazione la stessa scienza esatta riconosce di avere portato quale unico apporto, in completa divergenza con il sentimento popolare, lo sforzo di negarne ogni contenuto e rilevanza. In conclusione, possiamo onestamente ipotizzare che nello sforzo di interpretare il sogno non pare facile potersi sottrarre al fantastico. Esiste anche il fantastico delle cellule cerebrali; il passo di uno scienziato misurato e preciso come Binz, il quale descrive l'alba del risveglio che attraversa i cumuli di cellule addormentate della corteccia cerebrale, non è certo da meno, per fantasiosità e inverosimiglianza, rispetto agli sforzi ermeneutici di Scherner. Mi auguro di poter provare che questi ultimi hanno un fondamento reale, sebbene sia stato riconosciuto solo in forma vaga e sia privo di quel carattere di generalità cui può anelare una teoria onirica. Per il momento la teoria di Scherner, contrapposta a quella medica, può offrirci semmai un'idea degli estremi tra cui oscilla, ancora oggi, nella sua esitazione, la spiegazione della vita onirica.

H. Relazioni tra sogni e disturbi mentali

Chi parla della relazione tra sogni e disturbi mentali può avere in mente tre cose diverse: 1) rapporti eziologici e clinici, per esempio quando un sogno subentra a uno stato psicotico, lo introduce o lo segue; 2) cambiamenti che la vita onirica subisce in caso di malattia mentale; 3) rapporti interni tra sogno e psicosi, analogie che rinviano a una essenziale affinità. In epoche remote della medicina – e di nuovo in epoche recenti – queste variegate relazioni fra i due gruppi di fenomeni sono state l'oggetto prediletto degli studiosi medici, come appare evidente dalla letteratura raccolta da Spitta, Radestock, Maury e Tissié. Di recente, Sante De Sanctis ha concentrato la sua attenzione su questo problema[42]. Ai fini della nostra esposizione sarà sufficiente un veloce accenno a tale tema importante.

Riguardo le relazioni cliniche ed eziologiche tra sogno e psicosi mi pare appropriato riferire le seguenti osservazioni paradigma-

[42] Altri autori, che hanno trattato questi rapporti negli ultimi tempi, sono: Féré, Ideler, Lasègue, Pichon, Régis, Vespa, Giessler, Kazowsky, Pachantoni e altri. [Nota aggiunta nel 1914]

tiche. Hohnbaum sostiene che il primo accesso di follia dipende molte volte da un sogno angoscioso, raccapricciante, e che l'idea principale è in relazione con questo sogno. De Sanctis riferisce di osservazioni simili fatte su paranoici, e in alcune di queste constata che il sogno è la «vera causa determinante della follia». La psicosi può manifestarsi all'improvviso, con un sogno fruttuoso che contiene l'illuminazione delirante, oppure crescere gradualmente mediante altri sogni che devono ancora combattere con il dubbio. In un caso di De Sanctis, al sogno perturbatore si collegarono lievi attacchi isterici e successivamente uno stato di melanconia ansiosa. Féré racconta di un sogno che ebbe come effetto una paralisi isterica. Il sogno ci viene qui mostrato come eziologia del disturbo mentale, benché per rendere ragione di questo fatto si potrebbe anche dire che il disturbo mentale si è manifestato per la prima volta nella vita onirica, si è aperto un varco innanzitutto nel sogno. In altri casi la vita onirica contiene i sintomi patologici, oppure la psicosi resta circoscritta alla vita del sogno. Thomayer richiama la nostra attenzione su sogni angosciosi che devono essere concepiti come equivalenti di attacchi epilettici. Allison ha narrato una follia notturna (*nocturnal insanity*) nella quale gli individui appaiono del tutto sani durante il giorno, mentre di notte soffrono di allucinazioni, crisi di furore, e simili. Osservazioni simili si riscontrano in De Sanctis (equivalente onirico paranoico, in un etilista, costituito da voci che accusano la moglie di infedeltà) e in Tissié. Quest'ultimo ci offre un gran numero di osservazioni più recenti, nelle quali le azioni di carattere patologico (spunti deliranti, impulsi coatti) provengono da sogni. Guislain racconta un caso in cui il sonno era sostituito da una follia discontinua.

Non c'è dubbio che un giorno i medici si dedicheranno non solo alla psicologia, ma anche alla psicopatologia del sogno.

In casi di guarigione di una malattia mentale appare spesso curiosamente evidente che, malgrado la normalità della vita diurna, la vita onirica può appartenere ancora alla psicosi. Sembra che il primo a notare questo fenomeno sia stato Gregory (secondo Krauss). Macario narra di un soggetto maniacale che rivisse nei sogni la fuga delle idee e lo stato di esaltazione passionale della sua malattia, una settimana dopo il suo completo ristabilimento.

Fino ad oggi sono state fatte solo poche ricerche sui cambiamenti che la vita onirica subisce nei casi di psicosi cronica. Invece l'intima affinità tra sogno e disturbo mentale, che si manifesta in un'ampia concordanza di espressioni, è da molto tempo tema di studio. Secondo Maury, fu Cabanis a notare per primo questa affinità, e dopo di lui Lélut, Moreau e soprattutto il filosofo Maine de Biran. Il paragone è senz'altro più antico. Radestock comincia il capitolo di riferimento raccogliendo una sequenza di giudizi che istituiscono una analogia tra sogno e follia. Kant dice in un passo: «Il folle è un sognatore da sveglio». Krauss: «La follia è un sogno nella veglia dei sensi». Schopenhauer reputa il sogno una rapida follia e la follia un lungo sogno. Hagen considera il delirio come un sogno, non causato da sonno, ma da malattia. Wundt afferma: «In realtà nel sogno possiamo sperimentare quasi tutti quei fenomeni che osserviamo nei manicomi».

Spitta (d'altronde in modo simile a Maury) elenca le singole concordanze che giustificano questo paragone nell'ordine seguente: «1) soppressione o riduzione dell'autocoscienza, dunque inconsapevolezza del nostro stato in quanto tale, quindi impossibilità di stupirsi e mancanza di coscienza morale; 2) percezione alterata degli organi di senso, vale a dire ridotta nel sogno, e in generale molto accresciuta nella follia; 3) collegamento delle rappresentazioni fra loro solamente secondo le leggi dell'associazione e della riproduzione, da cui discende il formarsi di serie automatiche e lo squilibrio delle relazioni fra le rappresentazioni (esagerazioni, fantasmi); da tutto ciò risulta: 4) il cambiamento e rispettivamente l'inversione della personalità e talora delle particolarità del carattere (perversioni)».

Radestock aggiunge altre particolarità circa l'analogia del contenuto: «La maggior parte delle allucinazioni e delle illusioni si trova nell'ambito della vista, dell'udito e della sensibilità generale. Come nel sogno, sono pochissimi gli elementi che si trovano nell'ambito dell'olfatto e del gusto. Sia nei deliri del malato febbricitante che nei sogni affiorano ricordi di un remoto passato; l'uomo addormentato e l'uomo malato ricordano quel che l'uomo desto e sano pare aver dimenticato». L'analogia tra sogno e psicosi assume il suo reale valore nel momento in cui si osserva che essa riguarda anche, come una somiglianza di famiglia, la mimica più sottile e le singole peculiarità dell'espressione del volto.

«A chi soffre di mali del corpo e della mente il sogno offre quello che la realtà ha negato: benessere e felicità. Così, anche per il malato di mente affiorano fulgide immagini di felicità, grandezza, nobiltà e ricchezza. Il presunto possesso di beni e il soddisfacimento immaginario di desideri, la cui negazione o abolizione hanno prodotto un fondamento psichico alla follia, rappresentano spesso il contenuto primario del delirio. La donna che ha perso un bambino ha un delirio di esultanza materna, chi ha subìto sventure si immagina incredibilmente ricco, la ragazza tradita si vede dolcemente amata».

(Questo passo di Radestock è la sintesi di una sottile trattazione di Griesinger, che mostra con grande semplicità nel soddisfacimento di un desiderio un carattere della rappresentazione comune sia al sogno che alla psicosi. Le mie ricerche personali mi hanno indicato che va cercata qui la chiave di una teoria psicologica del sogno e delle psicosi).

«Il sogno e la follia sono contraddistinti in particolar modo da barocche associazioni di idee e da una debolezza di giudizio». In tutti e due i casi si *sopravvalutano* le proprie attività mentali, che sembrano insensate al giudizio obiettivo; al *fulmineo susseguirsi delle rappresentazioni* nel sogno fa da *pendant la fuga delle idee* nella psicosi. In tutti e due i casi manca qualsiasi *misura del tempo. La dissociazione onirica della personalità*, che per esempio spartisce la propria conoscenza su due persone diverse, delle quali nel sogno una, quella estranea, corregge l'Io, corrisponde davvero alla nota dissociazione della personalità nella paranoia allucinatoria; anche chi sogna sente esporre i propri pensieri da voci estranee. Esiste un'analogia addirittura per le idee deliranti fisse: i sogni patologici che si reiterano in modo ossessivo (*rêve obsédant*). Non di rado i malati, dopo essere guariti da un delirio, dicono che tutto il periodo della malattia sembra loro un sogno, spesso non spiacevole, e riferiscono persino che talvolta, mentre ancora erano malati, hanno avuto la sensazione di essere soltanto prigionieri di un sogno, come spesso succede nel sogno reale. Dopo tutto ciò, non stupisce che Radestock sintetizzi la sua concezione e quella di molti altri autori affermando che «bisogna esaminare la follia, in quanto fenomeno morboso anormale, come un'accentuazione del ciclico stato normale di sogno».

Krauss ha voluto fondare l'affinità tra sogno e follia sull'eziologia (o meglio sulle fonti di stimolo), realizzando così un collegamento più intimo, forse, di quello ammesso dall'analogia dei fenomeni manifesti. Secondo lui, come abbiamo già visto, l'elemento comune più importante è la *sensazione determinata organicamente,* la sensazione dello stimolo somatico, la sensibilità generale che dipende dalla partecipazione di tutti gli organi.

La corrispondenza tra sogno e disturbo mentale, che è indiscutibile e arriva fino ai dettagli più caratteristici, è uno dei cardini più importanti della teoria medica sulla vita onirica, per la quale il sogno costituisce un processo superfluo e perturbatore ed è il segno di un'attività psichica limitata. Perciò non sarà possibile spiegare il sogno in modo definitivo muovendo dai disturbi psichici, dacché tutti sanno quanto sia scarsa la nostra conoscenza del loro decorso. Forse invece una diversa concezione del sogno ci permetterà di modificare le nostre idee sul funzionamento ultimo dei disturbi mentali: potremo quindi dire che quando cerchiamo di risolvere l'enigma del sogno lavoriamo in realtà per la spiegazione delle psicosi.

Poscritti

Poscritto del 1909

Bisogna che io mi scusi per non aver proseguito la bibliografia dei problemi onirici anche per l'intervallo di tempo tra la prima e la seconda edizione di questo libro. La giustificazione potrà sembrare al lettore poco soddisfacente: essa mi ha comunque condizionato. Le ragioni che mi avevano portato a presentare la bibliografia sul sogno erano terminate con l'introduzione precedente; proseguire con questa ricerca mi avrebbe affaticato moltissimo senza giovare o insegnare alcunché. Infatti, i nove anni trascorsi non hanno aggiunto nulla di nuovo o di valido sulla teoria del sogno, sia rispetto ai fatti, sia rispetto alle opinioni. Nella maggior parte dei lavori pubblicati durante questo lasso di tempo, la mia ricerca non è stata né compresa né presa in considerazione, tantomeno ovviamente dai cosiddetti "studiosi del sogno", che hanno così dato un brillante esempio dell'avversione, propria degli uomini di scienza, a imparare qualcosa di nuovo. «I dotti non sono curiosi» dice l'ironico Anatole France. Se nella scienza valesse un diritto alla rivalsa, sarei anch'io legittimato a ignorare la letteratura apparsa dopo la pubblicazione di questo libro. I pochi ragguagli apparsi su riviste scientifiche sono così pieni di incomprensioni e malintesi che non saprei rispondere ai critici se non invitandoli a rileggere questo libro. O forse, più banalmente, a leggerlo.

I medici che si sono decisi ad applicare la terapia psicoanalitica e altri autori hanno pubblicato e interpretato nelle loro opere diversi sogni secondo le mie indicazioni. Poiché questi lavori vanno ben al di là di una mera conferma delle mie tesi, ho aggiunto i loro risultati nel contesto dell'esposizione. Una seconda bibliografia alla fine del libro enumera le più significative pubblicazioni apparse dopo la prima edizione. Il ricco volume sui sogni di Sante De Sanctis, di cui è stata pubblicata una traduzione tedesca subito dopo l'edizione originale, si è incrociato con la mia *Interpretazione dei sogni* per cui né io né l'autore italiano abbiamo potuto visionare le nostre rispettive pubblicazioni. Successivamente sono stato costretto, purtroppo, a constatare che il suo puntuale lavoro era incredibilmente povero di idee, talmente povero da non far neppure presagire la possibilità dei problemi da me trattati.

Ci sono soltanto due pubblicazioni che si avvicinano alle mie ricerche sui problemi del sogno. Un giovane filosofo, Hermann Swoboda, che ha voluto estendere ai fenomeni psichici la scoperta della ciclicità biologica (in serie di 23 e di 28 giorni) realizzata da Wilhelm Fliess, ha cercato in un saggio molto fantasioso[43] di risolvere con questa stessa chiave, tra le altre cose, anche l'enigma del sogno. Il significato dei sogni ne risulta molto diminuito; il loro contenuto sarebbe spiegato dalla coincidenza di tutti i ricordi che concludono nella stessa notte, per la prima o per l'ennesima volta, un ciclo biologico. Una dichiarazione personale dell'autore mi fece ipotizzare, in un primo momento, che egli stesso non avesse più intenzione di difendere questa tesi, ma pare che questa mia deduzione sia errata; più avanti menzionerò alcune osservazioni che sono in relazione con la teoria di Swoboda, i cui risultati però non mi hanno convinto. Un caso molto più piacevole mi ha fatto scoprire in una sede insospettata una concezione del sogno che combacia precisamente con il nucleo della mia. Le circostanze temporali escludono che essa possa essere stata condizionata dalla

[43] Si consideri il mio *Josef Popper-Lynkeus e la teoria del sogno*, 1923. [Nota aggiunta nel 1930]

lettura del mio saggio; devo quindi salutare in essa l'unica teoria esistente nella letteratura su questo tema, elaborata da un pensatore indipendente, che concordi con l'essenza della mia teoria del sogno. Il libro in cui ho riscontrato questa consonanza è stato pubblicato nel 1900 in una seconda edizione da "Lynkeus" con il titolo *Fantasie di un realista.*

Poscritto del 1914

La giustificazione precedente è stata scritta nel 1909. Tuttavia da quella data la situazione è diversa; il mio contributo all'interpretazione del sogno non viene più trascurato nella letteratura su questo tema. Ma la nuova situazione mi rende ancor più complesso continuare il resoconto bibliografico. *L'interpretazione dei sogni* ha portato con sé tutta una serie di nuove affermazioni e di nuove questioni che sono state dibattute dagli autori nel modo più diverso. Certo, non posso riportare questi lavori prima di avere sviluppato le mie opinioni, alle quali tali studiosi si richiamano. Nell'esposizione che segue ho considerato di questa recentissima letteratura quello che mi è sembrato valido.

CAPITOLO II

Il metodo di interpretazione del sogno. Esempio dell'analisi di un sogno

Il titolo del mio saggio rivela la tradizione all'interno della quale vorrei inserirmi nel momento di affrontare i sogni. È mia intenzione dimostrare la possibilità di interpretare i sogni, e gli eventuali contributi alla delucidazione dei problemi onirici considerati fino a qui dovranno essere visti soltanto come effetti secondari acquisiti nel corso dello svolgimento del compito vero e proprio che mi sono assegnato. Presupponendo che i sogni sono interpretabili contraddico subito la teoria onirica imperante, anzi, tutte le teorie oniriche a parte quella di Scherner, poiché "interpretare un sogno" significa mostrarne il "senso", sostituirlo con qualcosa che entri nella concatenazione delle nostre azioni psichiche come elemento di grande importanza e dello stesso valore. Come abbiamo visto, invece, le teorie scientifiche del sogno non ammettono un problema di interpretazione, poiché secondo tali teorie il sogno non è affatto un atto psichico, bensì un processo somatico che si manifesta mediante certi indizi nell'apparato psichico. L'opinione dei profani è sempre stata diversa, essa sfrutta il suo buon diritto di avanzare in modo incoerente e, pur riconoscendo che il sogno è indecifrabile e incongruente, non riesce a negargli ogni significato. Governata da un'oscura intuizione, l'opinione dei profani sembra dare un senso al sogno, anche se un senso nascosto; sembra considerarlo il surrogato di un altro processo mentale, per cui bisognerebbe soltanto scoprire la vera essenza di quel surrogato per trovare il significato nascosto del sogno.

I profani, le persone comuni, cercano da tempo immemore di

"interpretare" i sogni, utilizzando a tal fine due metodi fondamentalmente diversi. Il primo prende in considerazione il contenuto del sogno nella sua totalità e cerca di sostituirlo con un altro contenuto comprensibile e per certi riguardi simile. Questa è l'interpretazione simbolica del sogno, destinata ovviamente a fallire davanti a sogni che sembrano non solo indecifrabili, ma anche confusi. Si potrebbe rinvenire un esempio di questo metodo nella spiegazione del sogno del faraone offerta dal biblico Giuseppe.

Sette vacche grasse seguite da sette vacche magre che divorano le prime: è una sostituzione simbolica della profezia di sette anni di carestia in Egitto, che divoreranno tutta l'abbondanza accumulata nei sette anni di fortuna. A una interpretazione simbolica di questo genere si presta la maggior parte dei sogni creati artificialmente dai poeti, in quanto ne esprimono l'idea in un travestimento considerato adatto ai caratteri dei nostri sogni, noti per esperienza[44]. L'idea che il sogno abbia a che fare soprattutto con il futuro, di cui indovina in anticipo la configurazione – un residuo del significato profetico riconosciuto un tempo ai sogni – diventa poi la ragione per spostare nel futuro il senso del sogno ottenuto con l'interpretazione simbolica. Per quale via si giunge a una simile interpretazione simbolica non può ovviamente essere insegnato. L'esito dipende dall'arguzia, dall'intuizione immediata, e fu per questo motivo che l'interpretazione del sogno riuscì attraverso la simbolistica a innalzarsi a esercizio artistico legato in apparenza a doti speciali[45].

L'altro metodo popolare di interpretazione del sogno è molto meno ambizioso. Potremmo definirlo "metodo di decifrazione", perché vede il sogno come una sorta di linguaggio cifrato in cui

[44] Casualmente mi è capitato di scoprire in una novella di Wilhelm Jensen, *Gradiva*, certi sogni concepiti ad arte, costruiti in modo perfetto, che possono essere interpretati come se ad averli sognati fossero state persone reali e non inventate. Quando chiesi allo scrittore se era a conoscenza della mia teoria del sogno, mi rispose di no. Tale consonanza tra la mia ricerca e la sua creazione narrativa mi è stata utile per dimostrare la correttezza della mia analisi del sogno. [Nota aggiunta nel 1909]

[45] Nel libro *De divinatione per somnium* Aristotele afferma che il miglior interprete dei sogni è colui che sa scorgere meglio le analogie fra le cose, poiché le immagini del sogno sono deformate dal movimento proprio come le immagini dell'acqua. Dunque, colui che riesce a distinguere la verità nell'immagine deformata coglie correttamente il sogno.

ogni segno viene tradotto, secondo un codice interpretativo prestabilito, in un altro segno di cui si conosce il significato. Poniamo per esempio che io abbia sognato una lettera e un funerale; consulto ora un "libro dei sogni" e trovo che "lettera" va tradotto con "dispiacere", "funerale" con "fidanzamento". Sono io ora a dover creare un collegamento fra i termini decifrati, collegamento il cui significato considero di nuovo rivolto al futuro. Una variante interessante di questo metodo, in cui la traduzione risulta più raffinata e meno meccanica, si trova nel testo sull'interpretazione del sogno (*Oneirocritica*) di Artemidoro di Daldi[46]. Qui l'attenzione non è

[46] Artemidoro di Daldi, nato presumibilmente all'inizio del II secolo d.C., ci ha trasmesso la ricerca più compiuta e accurata dell'interpretazione dei sogni nel mondo greco-romano. Come osserva Theodor Gomperz nel suo *Traumdeutung und Zauberei* (Vienna 1866), egli fonda l'interpretazione dei sogni sull'osservazione e sull'esperienza, distinguendo nettamente tra la sua arte e altre pratiche ingannevoli. Secondo Gomperz, il principio della sua arte ermeneutica, identico a quello della magia, è il principio dell'associazione. Un oggetto che compare in sogno ha il significato di ciò che evoca (naturalmente di ciò che evoca nell'interprete del sogno!). Una fonte inesauribile di arbitrarietà e di incertezza proviene dal fatto che l'elemento onirico può richiamare alla mente dell'interprete cose diverse e che cambiano inoltre a seconda dell'individuo. La tecnica che esporrò nelle pagine seguenti si distingue dal metodo antico in un punto essenziale: essa impone il compito dell'interpretazione al sognatore stesso. Rispetto a un particolare elemento onirico, rifiuta di prendere in considerazione quel che viene in mente all'interprete mentre si interessa di quel che viene in mente al sognatore. Secondo le recenti ricerche del missionario Tfinkdji (1913), anche i moderni interpreti orientali del sogno utilizzano in gran parte la collaborazione del sognatore. Riguardo gli interpreti dei sogni tra gli arabi della Mesopotamia, egli scrive: «Per interpretare un sogno in modo corretto, gli oniromanti più abili chiedono a coloro che li consultano di riferire loro tutte le circostanze che essi reputano necessarie per una buona spiegazione... In breve, i nostri oniromanti considerano ogni singola circostanza e offrono l'interpretazione desiderata solo dopo aver richiesto e ricevuto tutte le risposte necessarie». Tra queste richieste sono incluse normalmente le domande che si riferiscono a indicazioni precise sui congiunti più stretti (genitori, mogli e figli) nonché la formula tipica: «Hai avuto rapporti sessuali con tua moglie prima o dopo il sogno?». «L'idea dominante nell'interpretazione dei sogni consiste nello spiegare il sogno attraverso il suo contrario». [Nota aggiunta nel 1914]

rivolta soltanto al contenuto del sogno, ma anche alla persona e alle condizioni di vita di chi sogna, così che lo stesso elemento onirico assume per il ricco, l'ammogliato, l'oratore, un significato diverso da quello che ha per il povero, il celibe o il commerciante. Ora, caratteristica peculiare di questo procedimento è che il lavoro d'interpretazione non è rivolto al sogno nella sua totalità, ma a ogni singola parte del suo contenuto, come se il sogno fosse un insieme in cui ogni frammento esige una determinazione particolare. Lo stimolo a creare il metodo di decifrazione è scaturito senz'altro dai sogni sconnessi e confusi[47].

È indubbio che i due metodi popolari d'interpretazione del sogno sono inutilizzabili per la considerazione scientifica della questione. Il metodo simbolico si può applicare solo in modo limitato e non è in grado di offrire una spiegazione generale. Nel metodo di decifrazione la cosa essenziale sarebbe l'attendibilità della "chiave" del libro dei sogni, mentre di ciò manca qualsiasi garanzia. Si sarebbe quindi tentati di dichiararsi d'accordo con i filosofi e con gli

[47] Il dottor Alfred Robitsek mi ha fatto osservare che nei libri di sogni orientali (di cui i nostri sono solo misere imitazioni), l'interpretazione degli elementi onirici si basa nella maggior parte dei casi sull'assonanza e sulla somiglianza delle parole. Il fatto che nella traduzione queste affinità vanno necessariamente perdute spiega l'incomprensibilità delle sostituzioni nei nostri libri dei sogni popolari. Dagli scritti di Hugo Winkler si può apprendere l'incredibile importanza che assumono i giochi di parole nelle antiche civiltà orientali. Il miglior esempio di interpretazione dei sogni che ci sia stato tramandato dall'antichità si fonda su un gioco di parole. Lo riferisce Artemidoro: «Mi sembra che anche Aristandro abbia offerto una felice interpretazione ad Alessandro di Macedonia, quando questi circondava Tiro e l'assediava, ma era irritato e rattristato per la gran perdita di tempo che l'assedio comportava. Alessandro sognò di veder ballare un satiro (*sátyros*) sul suo scudo; Aristandro si trovava per caso nei dintorni di Tiro e al seguito del re che combatteva contro i Siri. Scomponendo la parola *sátyros* in *sá* e *tyros*, convinse il re ad assediare la città con maggior forza, sicché alla fine se ne impadronì» (*sá-tyros* = tua [è] Tiro). In effetti il sogno è così intimamente legato all'espressione linguistica che S. Ferenczi (1910) può a ragione affermare che ogni lingua ha il suo proprio linguaggio onirico. Generalmente un sogno non può essere tradotto in altre lingue e neppure, direi, un libro come questo mio. [Parte aggiunta nel 1911]
* In ogni caso il dott. A.A. Brill di New York e altri dopo di lui sono riusciti a tradurre *L'interpretazione dei sogni.* [Parte aggiunta nel 1930]

psichiatri che cancellano il problema dell'interpretazione dei sogni ritenendolo un compito fantasioso[48].

Ma mi sono dovuto ricredere. Sono giunto a rendermi conto che qui ancora una volta si tratta di uno di quei casi non rari in cui un'antica credenza popolare, tenacemente conservatasi, sembra più vicina alla verità delle cose che non il giudizio della scienza che vige attualmente. Devo affermare che i sogni hanno effettivamente un significato e che è possibile un procedimento scientifico per la loro interpretazione.

Sono giunto alla conoscenza di questo metodo nel modo seguente: ho dedicato molti anni alla definizione di determinate formazioni psicopatologiche, come le fobie isteriche, le rappresentazioni ossessive e altro con finalità terapeutiche, cioè sin da quando ho appreso, da un'importante comunicazione di Josef Breuer, che per quanto riguarda queste formazioni, intese come sintomi patologici, lo spiegarle coincide con l'eliminarle.[49] Se si riesce a ricondurre una di queste rappresentazioni patologiche agli elementi dai quali è scaturita nella vita psichica del malato, essa si scompone e il malato ne risulta liberato. Considerando l'impotenza degli altri nostri sforzi terapeutici e la natura enigmatica di questi disturbi, mi sentii tentato, nonostante tutte le difficoltà, di procedere fino in fondo sulla strada intrapresa da Breuer. Avrò occasione più tardi di riferire esaurientemente come sia venuta formandosi la tecnica di questo procedimento, e quali siano stati i risultati delle mie fatiche. Fu nel corso di questi studi psicoanalitici che m'imbattei nell'interpretazione dei sogni. I pazienti che avevo impegnato a raccontarmi tutte le idee e i pensieri che venissero loro in mente rispetto a un determinato argomento, mi raccontavano anche i loro sogni, insegnandomi così che un sogno può essere inserito nella concatenazione psichica che, partendo da un'idea patologica, deve essere ricostruita nella memoria. Allora fu solo un passo breve quello che mi portò a trattare il sogno stesso come un sintomo, e ad applicare

[48] Dopo aver concluso la fine di questo testo, mi è arrivato il lavoro di Stumpf, che è in linea con le mie idee, nel tentativo di provare che i sogni sono portatori di un significato e possono essere interpretati. L'interpretazione tuttavia avviene attraverso un simbolismo di carattere allegorico, senza garanzia sulla validità del metodo usato.

[49] Breuer e Freud, *Studi sull'isteria*, Vienna 1895.

ai sogni il metodo d'interpretazione già elaborato per il sintomo.

A tal fine si rende necessaria una certa preparazione psicologica del malato. Dobbiamo mirare a ottenere da lui, in primo luogo, un'attenzione maggiore per le sue percezioni psichiche e, in secondo luogo, l'eliminazione della critica con cui di solito vaglia i pensieri che spontaneamente gli si presentano. Affinché possa concentrarsi sull'autosservazione, è vantaggioso che egli assuma una posizione di riposo e chiuda gli occhi; mentre la rinuncia alla critica dei pensieri percepiti deve essergli imposta esplicitamente. Gli diciamo dunque che il successo della psicoanalisi dipende dal fatto che egli noti e riferisca tutto ciò che gli passa per la mente senza lasciarsi indurre a sopprimere un'idea che gli sembri insignificante o non pertinente o assurda: che deve comportarsi con tutta imparzialità di fronte a ciò che gli viene in mente, poiché è proprio la sua critica ad impedirgli di trovare la soluzione del sogno, dell'idea ossessiva, e così via.

Durante la mia ricerca psicoanalitica ho notato che lo stato psichico di un uomo che riflette è del tutto diverso da quello di un uomo che osserva i propri processi psichici. Nella riflessione entra in gioco un'attività psichica maggiore di quella che interviene nella più attenta autosservazione, e ciò è reso evidente del resto dall'espressione tesa e dalla fronte corrugata della persona che riflette, in contrapposizione all'espressione distesa di chi osserva se stesso. In entrambi i casi bisogna concentrare l'attenzione, ma chi riflette esercita anche la sua facoltà *critica*, in base alla quale rifiuta, dopo averli percepiti, alcuni dei pensieri che gli si presentano, e ne interrompe bruscamente altri, non seguendone quindi i possibili sviluppi; di fronte ad altri ancora si comporta in modo tale da inibire loro l'accesso alla coscienza, reprimendoli dunque prima di poterli percepire. L'autosservatore, invece, ha come sola fatica quella di reprimere la sua facoltà critica; se ciò gli riesce, affiorano alla sua coscienza numerose idee che sarebbero altrimenti rimaste inafferrabili. Per mezzo di questo nuovo materiale che si aggiunge all'autosservazione, è possibile procedere all'interpretazione delle idee patologiche e anche delle creazioni del sogno. Si tratta evidentemente di provocare uno stato psichico che abbia in comune con lo stato che precede l'addormentarsi (e certamente con lo stato ipnotico) una certa analogia nella distribuzione dell'energia psichica (cioè dell'attenzione mobile). Quando stiamo per addormentarci, appaiono le "rappresentazioni involontarie", a causa del rilassamento di una certa attività volontaria (e senza dubbio anche critica) che influenza il corso delle nostre rappresentazioni quando siamo desti. (Generalmente attribuiamo questo rilassamento alla "stanchezza"). Le insorgenti rappresentazioni non volute si mutano in immagini visive e acustiche (confronta i commenti di Schleiermacher e di altri autori già citati)[50]. Nello stato usato per l'analisi dei sogni e delle idee patologiche, si rinuncia di proposito e volontariamente a ogni attività e si impiega l'energia psichica così risparmiata (o una parte di essa) per seguire attentamente i pensieri involontari che ora sorgono, e che hanno il loro carattere di rappresentazioni (questa è la differenza rispetto allo stato che precede l'addormentarsi). *Così le rappresentazioni "involontarie" si trasformano in rappresentazioni "volute".*

A molte persone riesce difficile assumere, abbandonando la funzione critica esercitata di solito, questo atteggiamento, che è necessario per far sorgere idee apparentemente "libere". I pensieri "involontari" scatenano generalmente una violenta resistenza che tende a impedire il loro sorgere. Tuttavia, se vogliamo credere al nostro grande filosofo e poeta Friedrich Schiller, un atteggiamento molto simile costituisce anche la condizione della creazione poetica. In un passo del suo epistolario con Körner, che è stato scoperto da Otto Rank, Schiller risponde alle lamentele dell'amico sulla sua scarsa ispirazione: «Mi sembra che la ragione della tua lamentela stia nella costrizione imposta dall'intelletto alla tua immaginazione. Tenterò di rendere più concreta la mia idea con un paragone. Sembra che non sia bene, risulti anzi dannoso per il lavoro creativo dello spirito, che la ragione esamini troppo da vicino, per così dire già alle porte, le idee che si riversano dentro. Considerata da sola, un'idea può essere completamente insignificante o davvero avventata, ma potrà forse essere resa importante da un'idea successiva; forse, unita in un certo modo ad altre, che possono sembrare altrettanto insignificanti, potrà costituire una concatenazione funzionale. La ragione non può formare alcuna opinione su tutto questo, a meno che non trattenga l'idea fino a vederla unita alle altre. In una mente creatrice

[50] Silberer ha prodotto importanti contributi per l'interpretazione dei sogni basandosi sull'osservazione diretta di questa trasformazione di rappresentazioni in immagini visive. In "Jahrbuch f. psychoanalyt." [Nota aggiunta nel 1919]

invece, mi sembra, la ragione ha ritirato le sue guardie dalle porte, le idee irrompono alla rinfusa e solo allora essa le considera nel loro insieme. Voi, signori critici, o qualunque sia il nome che vi date, vi vergognate o temete la stravaganza momentanea, passeggera, che si trova in tutte le menti veramente creatrici e la cui maggiore o minore durata distingue l'artista che pensa dal sognatore. Voi vi lamentate della vostra sterilità, perché rifiutate troppo presto e discriminate troppo severamente» (Lettera del 1° dicembre 1788).

Tuttavia, quel che Schiller descrive come il "ritirare le guardie dalle porte della ragione", vale a dire questo porsi in stato di autosservazione acritica, non è affatto difficile. La maggior parte dei miei pazienti ci riesce dopo le prime istruzioni; io stesso posso farlo perfettamente se mi aiuto scrivendo quello che mi viene in mente. La quantità di energia psichica sottratta all'attività critica e con cui è possibile accrescere l'intensità dell'autosservazione, varia considerevolmente secondo il tema su cui uno cerca di fissare l'attenzione.

Movendo i primi passi nell'utilizzo di questo procedimento, impariamo dunque che non bisogna fissare l'attenzione sul sogno nel suo insieme, ma solamente su parti separate del suo contenuto. Se chiedo a un paziente ancora inesperto: «Che cosa le fa venire in mente questo sogno?», di solito egli non riesce ad afferrare nulla nel suo campo visivo mentale. Se invece gli presento il sogno scomposto in parti, allora, per ogni parte, egli mi offrirà una serie di associazioni che si possono definire come il "sottinteso" di quella parte del sogno. Quindi, già sotto questo importante aspetto, il mio metodo d'interpretazione si distingue da quello popolare, storico e leggendario, dell'interpretazione simbolica, per avvicinarsi al "metodo di decifrazione". È, come quest'ultimo, un'interpretazione *en détail*, non *en masse*; e anch'esso considera il sogno fin dal principio come qualcosa di composito, un conglomerato di formazioni psichiche.

Nel corso delle mie psicoanalisi di nevrotici, devo avere già analizzato più di un migliaio di sogni, ma non intendo utilizzare tale materiale in questa introduzione alla tecnica e alla teoria dell'interpretazione dei sogni. A parte il fatto che mi esporrei all'obiezione che si tratta dei sogni di nevropatici e che da essi quindi non si potrebbero fare deduzioni valide per i sogni delle persone sane, un altro motivo mi costringe a prendere questa decisione. Il tema cui si riferiscono questi sogni è sempre l'anamnesi patologica che sta alla base della nevrosi. Ogni singolo sogno richiederebbe quindi un lungo preambolo e uno studio sulla natura e sulle condizioni eziologiche della psiconevrosi. Ma queste cose sono già di per sé nuove ed estremamente sorprendenti, e devierebbero l'attenzione dal problema del sogno. È invece mia intenzione dar luogo, con la risoluzione del sogno nei suoi elementi, a un lavoro preliminare per la comprensione dei problemi più complessi della psicologia delle nevrosi. Ma se tralascio i sogni dei nevrotici, vale a dire il materiale principale, non posso dimostrarmi troppo critico nella scelta del resto. Non mi rimangono che i sogni raccontati occasionalmente da persone sane di mia conoscenza o che ho trovato citati come esempi nella letteratura sulla vita onirica. Sfortunatamente, però, per tutti questi sogni mi manca l'analisi, senza la quale non posso scoprire il significato del sogno. Il mio metodo infatti non è comodo come il popolare metodo di decifrazione, che traduce il contenuto del sogno in base a una chiave fissa; anzi, sono quasi rassegnato al fatto che lo stesso contenuto possa rivestire un significato diverso, in base alle persone e al contesto. E dunque sono costretto a rivolgermi ai miei propri sogni, cioè a un materiale adeguato e ricco, proveniente da una persona pressappoco normale e carico di molteplici riferimenti alla vita quotidiana. Naturalmente l'attendibilità di queste "autoanalisi" verrà posta in dubbio: mi si dirà che lasciano la porta aperta a conclusioni arbitrarie. A mio giudizio, però, nell'auto-osservazione le condizioni sono più favorevoli che nell'osservazione di altre persone; in ogni caso sarà lecito tentare di vedere fin dove si può giungere con l'autoanalisi nell'interpretazione del sogno. Ma devo superare altre difficoltà che sono dentro di me. Si prova un comprensibile pudore a rivelare tante cose intime della propria vita psichica, e per di più sapendoci indifesi di fronte ai fraintendimenti degli estranei. Bisogna però saper superare questi timori. «Ogni psicologo – scrive Delböuf – è obbligato a confessare le proprie debolezze se crede di poter chiarire in tal modo qualche problema oscuro». E credo di poter presumere che anche nei miei lettori l'interesse iniziale per le indiscrezioni che sono costretto a fare sarà presto sostituito dall'esclusivo desiderio di approfondire i problemi psicologici così illuminati[51].

[51] Comunque sia, a onor del vero e per ridimensionare quanto ho appena detto, devo ammettere che non ho quasi mai riferito l'interpretazione integrale di un sogno personale di cui ero a conoscenza. Forse ho ragione a non confidare troppo nella discrezione dei miei lettori.

Procederò quindi nella scelta di uno dei miei sogni, e dimostrerò per mezzo di esso il mio metodo d'interpretazione. Ciascuno di questi sogni richiede una premessa. Devo chiedere al lettore di fare suoi, per un po' di tempo, i miei interessi, e di immergersi con me nei più minuti dettagli della mia vita. Infatti, l'interesse per il significato nascosto dei sogni esige una simile trasposizione.

PREMESSA

Durante l'estate del 1895 avevo avuto in cura psicoanalitica una giovane donna che era in rapporti di amicizia con me e con la mia famiglia. Si comprende subito che un insieme di rapporti come questo può diventare fonte di molti turbamenti per un medico, e in particolare per uno psicoterapeuta. Quando l'interesse personale del medico è maggiore, minore è la sua autorità: un qualsiasi fallimento minerebbe la vecchia amicizia con i parenti del malato. La cura finì con un parziale successo, la paziente guarì dalla sua angoscia isterica ma non perdette tutti i suoi sintomi somatici. All'epoca non ero ancora molto sicuro dei criteri che contraddistinguono la risoluzione definitiva del processo isterico, e proposi alla paziente una soluzione che non le sembrava accettabile. In questo disaccordo, interrompemmo la cura per le vacanze estive. Un giorno venne a trovarmi un giovane collega, uno dei miei più cari amici, che era andato a far visita in campagna alla mia paziente, Irma, e alla sua famiglia. Gli domandai come l'avesse trovata e mi rispose: «Sta meglio, ma non completamente bene». So che le parole del mio amico Otto, o forse il tono con cui mi aveva parlato, mi irritarono. Immaginai di sentire in esse un rimprovero, come se avessi promesso troppo alla paziente, e a torto o a ragione attribuii la presunta presa di posizione di Otto contro di me all'influenza dei parenti della malata, che, a quanto mi sembrava, non avevano mai visto di buon occhio la cura. Del resto, questa sgradevole sensazione non mi era chiara, né io la espressi. La sera stessa scrissi il rapporto clinico della malattia di Irma, per consegnarlo, quasi a mia giustificazione, al dottor M., un comune amico che all'epoca era la personalità dominante del nostro ambiente.

Quella notte (o meglio, il mattino dopo), feci il seguente sogno che trascrissi subito dopo il risveglio[52].

[52] Si tratta del primo sogno personale che ho analizzato accuratamente. [Nota aggiunta nel 1914]

Sogno del 23-24 luglio 1895

Un grande salone, stiamo ricevendo molti ospiti. Tra di loro c'è Irma, che prendo subito in disparte come per rispondere alla sua lettera e rimproverarla di non aver ancora accettato la "soluzione". Le dico: «Se hai ancora dolori è davvero soltanto colpa tua». Lei risponde: «Se solo tu sapessi che dolori ho ora alla gola, allo stomaco e al ventre, mi sento soffocare». Mi spavento e la guardo: è pallida e gonfia. Penso che dopotutto, forse, non sto considerando qualche cosa di organico. La porto alla finestra e le guardo la gola. Lei mostra una certa riluttanza, come le donne che portano la dentiera. Penso che non ce n'è bisogno. La bocca poi si apre bene, e vedo a destra una grande macchia bianca; in un altro punto, accanto a strane forme incurvate, che imitano evidentemente le cavità nasali, vedo delle estese croste grigiastre. Chiamo subito il dottor M., che ripete l'esame e lo conferma... Il dottor M. pare molto diverso dal solito: è pallido, zoppica e non ha la barba... Anche il mio amico Otto ora è vicino a Irma e l'amico Leopold le percuote il petto e dice: «C'è una zona di ottusità in basso a sinistra»; e indica inoltre una parte di pelle infiltrata sulla spalla sinistra (la sento anch'io, nonostante il vestito)... M. dice: «Non c'è dubbio, si tratta di un'infezione; ma non importa; interverrà la dissenteria e il veleno sarà eliminato...». Capiamo subito da dove viene l'infezione. Non molto prima, per un'indisposizione, l'amico Otto le ha fatto un'iniezione con un preparato di propile, propilene... acido propionico... trimetilamina (vedo la formula davanti ai miei occhi, stampata in grassetto)... Iniezioni di questo tipo non si dovrebbero fare con tanta leggerezza... probabilmente la siringa non era pulita.

Questo sogno ha un vantaggio rispetto a molti altri. Risulta subito chiaro a quali eventi del giorno prima esso si ricollega e di che cosa tratta. La mia premessa lo dimostra. Le notizie sulla salute di Irma avute da Otto, la storia della malattia che ho scritto sino a notte fonda, hanno continuato a occupare la mia attività psichica durante il sonno. Eppure, dopo aver preso conoscenza della premessa e del contenuto del sogno, nessuno potrebbe intuire il significato del sogno. Io stesso lo ignoro. Mi stupisco dei sintomi morbosi di cui Irma si lamenta in sogno, perché non sono gli stessi per i quali io l'ho curata. Sorrido all'idea assurda di un'iniezione con acido propionico e alle parole di consolazione del dottor M. Alla fine il sogno mi sembra più oscuro e complesso che all'inizio. Per scoprire il significato di tutto ciò è necessario intraprendere un'analisi minuziosa.

ANALISI

Il salone, stiamo ricevendo molti ospiti. Abbiamo trascorso quell'estate a Bellevue, una casa isolata situata su uno dei colli che si collegano al Kahlenberg. La casa era stata in un primo momento destinata a luogo di divertimento e aveva quindi stanze insolitamente alte simili a grandi saloni. Il sogno lo feci alla Bellevue, pochi giorni prima del compleanno di mia moglie. Quel giorno mia moglie aveva detto che per il suo compleanno aveva invitato molti amici, fra i quali anche Irma. Il sogno anticipa quindi questa occasione: è il compleanno di mia moglie e stiamo ricevendo degli ospiti, tra i quali Irma, nel grande salone di Bellevue.

Rimprovero Irma di non aver ancora accettato la soluzione; dico: «Se senti ancora dei dolori è colpa tua». Avrei potuto dirle, e forse l'ho fatto davvero, la stessa cosa anche da sveglio. A quei tempi ero dell'opinione (che più tardi ho riconosciuto sbagliata) che il mio compito finisse dopo aver comunicato ai malati il senso nascosto dei loro sintomi; che poi essi accettassero o meno la soluzione – e da questo dipendeva il successo del trattamento – era un fatto di cui non ero più responsabile. Sono molto riconoscente a questo errore, che fortunatamente ora ho superato, perché mi ha facilitato la vita in un periodo in cui, malgrado la mia inevitabile ignoranza, ci si aspettava che io avessi dei successi terapeutici. Osservo però, da quanto dico a Irma nel sogno, che non voglio essere responsabile dei dolori che avverte ancora. Se è colpa di Irma, non può essere colpa mia. Va cercata, forse, in questa direzione l'intenzione del sogno?

Le lamentele di Irma: dolori alla gola, al ventre e allo stomaco; si sente soffocare. I dolori allo stomaco erano tra i sintomi della mia paziente, ma non erano preminenti, si lamentava piuttosto di sensazioni di disgusto e di nausea. I dolori alla gola, al ventre, il senso di soffocamento avevano scarsa importanza nella sua malattia. Mi domando perché avessi scelto nel sogno quei sintomi, senza poter per il momento trovarne la ragione.

È pallida e gonfia. La mia paziente ha sempre avuto un colorito roseo. Sospetto che qui le si sostituisca qualcun altro.

Mi spavento all'idea di non aver considerato una malattia organica. Questa, come si può facilmente comprendere, è una paura costante per lo specialista che vede quasi esclusivamente nevrotici e che è solito attribuire all'isteria moltissimi fenomeni che altri medici curano come organici. D'altra parte un lieve dubbio s'insinua in me – non so da dove – sulla sincerità della mia paura. Se i dolori di Irma sono di natura organica, io non sono responsabile della sua guarigione. La mia cura elimina soltanto dolori *isterici.* Mi accorgo che in realtà sto desiderando di aver sbagliato diagnosi, perché così si eliminerebbe il rimprovero per il mio insuccesso.

La porto alla finestra e le guardo la gola. Lei mostra una certa riluttanza, come le donne che portano la dentiera. Penso che non ce n'è bisogno. Non ho mai avuto occasione di esaminare la cavità orale di Irma. L'episodio del sogno mi fa venire in mente la visita fatta tempo fa a una governante, che da principio sembrava l'immagine della bellezza giovanile ma che, nell'aprire la bocca, aveva preso delle precauzioni per nascondere la dentiera. A questo episodio si collegano altri ricordi di visite mediche e di piccoli segreti, spiacevoli per entrambe le parti, che vengono svelati in queste circostanze. Non ce n'è bisogno: a prima vista è un complimento per Irma; suppongo però che abbia anche un altro significato. A un'analisi attenta, ci si accorge se abbiamo esaurito o no i pensieri sottintesi che dovevamo aspettarci. Il modo in cui Irma sta vicino alla finestra mi ricorda improvvisamente un'altra esperienza. Irma ha una cara amica che stimo moltissimo. Una sera, quando andai a farle visita, la trovai vicino alla finestra nella posizione riprodotta nel sogno, mentre il suo medico, lo stesso dottor M., dichiarava che aveva una placca difterica. Sia il dottor M. sia la placca ritornano più avanti nel sogno. Ora mi sovviene che negli ultimi mesi avevo avuto molte buone ragioni per giudicare isterica quella donna. Lei stessa me l'aveva detto. Ma che cosa so in realtà delle sue condizioni? Solo che soffre di un senso di costrizione isterica come Irma nel sogno. Quindi, in sogno ho sostituito alla mia paziente la sua amica. Ricordo ora di aver spesso considerato con piacere l'idea che anche quest'amica potesse venire da me per farsi liberare dei suoi sintomi. Ma io stesso finivo per giudicare la cosa impossibile, perché era per carattere molto riservata. Era *riluttante*, come dimostra il sogno. Un'altra spiegazione potrebbe essere che in realtà di me non ha bisogno; infatti finora è stata abbastanza forte per sopportare senza aiuto di nessuno la sua condizione. Rimangono però alcune caratteristiche che non riesco a collegare né a Irma né all'amica: *pallida, gonfia, dentiera.* La dentiera mi aveva riportato alla mente la governante; ora sono propenso ad accontentarmi di denti malati. Poi mi viene in mente un'altra persona cui potrebbero alludere quei tratti. Anche lei non è una mia paziente e neppure vorrei che lo fosse, perché ho notato il suo imbarazzo nei miei confronti e non penso sia una malata facile. Solitamente è pallida; in un periodo particolarmente buono era gonfia[53]. Ho dunque confrontato Irma con altre due persone che si ribellerebbero anch'esse alle mie cure. Che significato può avere il fatto che io l'abbia scambiata in sogno con la sua amica? Forse semplicemente che vorrei scambiarla; l'altra risveglia in me maggior simpatia; oppure ho una opinione più alta della sua intelligenza. Difatti ho una scarsa considerazione di Irma, perché non accetta la mia soluzione; l'altra sarebbe più intelligente e cederebbe prima. *La sua bocca, poi, si apre bene* e mi direbbe più di quanto non faccia Irma[54].

Quel che vedo in gola: una grande macchia bianca e cavità nasali ricoperte di croste. La macchia bianca ricorda la difterite, quindi l'amica di Irma. Inoltre, mi ricorda la grave malattia di mia figlia maggiore, quasi due anni fa, e lo spavento di quel brutto periodo. Le croste sulle cavità nasali ricordano le preoccupazioni per la mia salute. In quell'epoca facevo molto uso di cocaina per reprimere moleste tumefazioni al naso e pochi giorni prima avevo appreso che una paziente, che come me faceva uso di cocaina, era stata colpita da un'estesa necrosi della mucosa nasale. Ero stato il primo a suggerire l'uso della cocaina, nel 1885, e questo suggerimento mi è costato anche gravi rimproveri. Un mio caro amico aveva accelerato la propria fine abusando di questa droga, e ciò avvenne prima del 1895 (data del sogno).

Chiamo subito il dottor M., che ripete l'esame. Questo potrebbe essere un semplice segnale della posizione del dottor M. nel nostro ambiente. La parola "subito" ha un tale rilievo da richiedere una spiegazione particolare. Mi ricordo un triste episodio. Prescrivendo l'uso continuato del sulfonal, che allora era considerato inno-

[53] Si possono riferire a questa terza persona le lamentele per i dolori all'addome, che fino ad ora non sono stati chiariti. Si tratta evidentemente di mia moglie. I dolori all'addome richiamano alla mia mente una delle occasioni in cui mi accorsi del suo ritegno. Certo devo ammettere che in questo sogno non sono gentile né nei confronti di Irma né verso mia moglie; tutte e due, però – e lo dico per giustificarmi – vengono commisurate all'ideale della paziente buona e docile.

[54] Mi pare che l'interpretazione di questo punto non abbia raggiunto però tutti i significati nascosti. Mi porterebbe troppo lontano approfondire il confronto fra le tre donne. Ogni sogno presenta almeno un punto insondabile, quasi un ombelico che lo lega all'ignoto.

cuo, avevo provocato in una paziente una grave intossicazione, e mi ero rivolto d'urgenza al mio esperto e più anziano collega per avere un consulto. Che questo episodio sia realmente presente nella mia mente è dimostrato anche da un'altra circostanza. La paziente vittima dell'intossicazione portava lo stesso nome di mia figlia maggiore. Finora non ci avevo mai fatto caso, ora mi sembra quasi una rivincita del destino, come se la sostituzione delle persone dovesse continuare in un altro modo: la mia Mathilde per quella Mathilde, occhio per occhio, dente per dente. Come se cercassi continuamente un pretesto per rimproverarmi una scarsa attenzione in campo medico.

Il dottor M. è pallido, non ha la barba e zoppica. È vero: il suo aspetto sofferente è spesso fonte di preoccupazione fra i suoi amici. Le altre due caratteristiche appartengono sicuramente a un'altra persona. Mi viene in mente mio fratello maggiore che vive all'estero: è sbarbato e, se ben ricordo, il dottor M. del sogno in complesso gli somiglia. Pochi giorni fa ho avuto la notizia che anche lui zoppica a causa di un'affezione artritica all'anca. Ci deve essere senz'altro una ragione per cui nel sogno fondo insieme le due persone. In realtà, mi ricordo che ero irritato con entrambi per motivi simili. Tutti e due avevano respinto una proposta che avevo fatto loro negli ultimi tempi.

Il mio amico Otto ora è vicino a Irma e l'amico Leopold la visita e scopre una zona di ottusità in basso a sinistra. Anche il mio amico Leopold, parente di Otto, è medico. Dato che entrambi praticano la stessa specialità, il destino ne ha fatto dei concorrenti costantemente esposti al confronto. Entrambi sono stati per anni miei assistenti, quando dirigevo un ambulatorio pubblico per bambini con malattie nervose. Si verificavano spesso episodi analoghi a quello riprodotto nel sogno. Mentre discutevo con Otto la diagnosi di un caso, Leopold visitava il bambino ancora una volta e portava un contributo inatteso alla nostra decisione. La differenza tra i loro caratteri era la stessa che c'era fra l'ispettore Bräsig e il suo amico Karl. Uno era rapido e pronto, l'altro lento, ma sicuro. Se nel sogno metto a confronto Otto con il prudente Leopold, lo faccio evidentemente per mettere in miglior luce Leopold. È un paragone simile a quello tra la mia indocile paziente Irma e la sua amica, che considero più intelligente. Mi rendo conto ora di uno dei percorsi su cui procede l'associazione di idee nel sogno: dal bambino malato alla clinica per bambini.

L'ottusità in basso a sinistra mi sembra corrispondere, in ogni dettaglio, a un caso particolare, nel quale mi aveva colpito la coscienziosità di Leopold. Inoltre mi balena dinanzi agli occhi qualcosa come un'affezione metastatica, ma potrebbe anche trattarsi di qualcosa che è in relazione con la paziente che vorrei avere al posto di Irma. Infatti, per quanto ho potuto giudicare, la donna imita una tubercolosi.

Una parte di pelle infiltrata sulla spalla sinistra. Mi accorgo immediatamente che si tratta del mio reumatismo alla spalla, che avverto regolarmente quando sto sveglio fino a notte fonda. Inoltre nel sogno l'espressione è molto ambigua: *la sento anch'io...* Significa: la sento sul mio proprio corpo. Del resto, sono colpito anche dal linguaggio insolito: *una parte di pelle infiltrata sulla spalla sinistra.* Siamo abituati all'infiltrato sinistro postero-superiore" che si riferisce ai polmoni, e quindi di nuovo alla tubercolosi.

Nonostante il vestito. Questo, in ogni caso, è soltanto un'interpolazione. Generalmente in clinica i bambini si visitano svestiti, il che è in certo senso in contrasto con il modo in cui vanno visitate le pazienti adulte. Di un celebre clinico si raccontava che avesse sempre fatto l'esame fisico delle sue pazienti solo attraverso i vestiti. Il resto mi è oscuro. Francamente, non ho alcuna voglia di approfondire questo punto.

M. dice: «Non c'è dubbio, si tratta di un'infezione; ma non importa; interverrà la dissenteria e il veleno sarà eliminato...». Questo all'inizio mi sembra ridicolo, eppure va attentamente scomposto come tutto il resto. Considerato più da vicino, mi sembra che abbia un certo senso. Ciò che avevo scoperto nella paziente era una difterite localizzata. Del periodo di malattia di mia figlia ricordo la discussione su difterite e difteria, dove quest'ultima è l'infezione generale che deriva dalla difterite locale. Leopold deduce l'esistenza di una infezione generale di questo tipo dalla presenza di un'area ottusa, che potrebbe dunque far pensare a focolai metastatici. Ma credo che proprio nella difteria tali metastasi non si manifestino. Mi ricordano piuttosto una piemia.

Non importa. Questa vuole essere una consolazione. Sembra inserirsi nel contesto come segue. L'ultimo frammento del sogno dice che i dolori della mia paziente sono dovuti a una grave affezione organica. Ho la sensazione che ancora una volta non voglio far altro che scrollarmi la colpa di dosso. La cura psicologica non può essere ritenuta responsabile del persistere di dolori difterici.

Ciononostante provo un senso di imbarazzo per il fatto di inventare per Irma una malattia così grave, al solo scopo di discolparmi. Sembra così crudele. Ho quindi bisogno che mi si assicuri un esito positivo, e non mi pare una scelta sbagliata farmi consolare dal dottor M., ma qui vado al di là del sogno, e anche questo richiede una spiegazione.

Ma perché questa consolazione è così insensata?

Dissenteria. Sembra che ci sia qualche vaga idea teorica che i materiali tossici possano essere eliminati attraverso l'intestino. Voglio forse burlarmi dell'abbondanza di spiegazioni stravaganti e delle singolari relazioni patologiche del dottor M.? A proposito di dissenteria, mi viene in mente qualcos'altro. Alcuni mesi fa avevo preso in cura un giovane con strani disturbi dell'evacuazione intestinale, che altri colleghi avevano curato come un caso di "anemia con denutrizione". Avevo riconosciuto che si trattava di un caso d'isteria, ma non volendo sperimentare con lui la mia psicoterapia lo avevo mandato in crociera. Ora, alcuni giorni fa, ho ricevuto una lettera disperata dall'Egitto in cui mi dice di aver avuto un nuovo attacco, che il medico del luogo ha considerato di dissenteria. Sospetto un errore di diagnosi da parte di un medico poco esperto, che si lascia ingannare dall'isteria; tuttavia non ho potuto fare a meno di rimproverarmi di aver posto il malato in condizioni tali da contrarre un'affezione organica oltre alla sua affezione intestinale isterica. Inoltre *dissenteria* fa assonanza con *difteria*, una parola che nel sogno non è citata.

Sì, pensavo: mi burlo del dottor M. e della sua prognosi consolante: «Interverrà la dissenteria ecc.»; mi viene in mente infatti che anni prima egli mi aveva raccontato ridendo qualcosa di molto simile riguardo un altro medico. Insieme a questo collega era stato chiamato a consulto presso un paziente gravemente malato, e si era sentito obbligato a far rilevare al collega, molto ottimista, la presenza di albumina nelle urine. Il collega però non si lasciò impressionare e rispose: «Non importa, l'albumina si eliminerà da sé!». Non ho più dubbi, dunque, che in questo punto del sogno si deridono i colleghi che non sanno nulla dell'isteria. Quasi a conferma di ciò, mi viene in mente un'ulteriore idea: si rende conto il dottor M. che i sintomi della sua paziente, l'amica di Irma, che fanno temere una tubercolosi, hanno anche una base isterica? Ha colto questa isteria o si è fatto ingannare?

Ma che motivo posso avere per trattare così male il mio amico? È una questione molto semplice: il dottor M., come Irma, non condivide la mia "soluzione". Quindi, in questo sogno mi sono vendicato di due persone: di Irma con le parole: «Se hai ancora dolori è davvero soltanto colpa tua», e del dottor M., con l'insensata consolazione che gli ho messo in bocca.

Capiamo subito da dove viene l'infezione. Questa conoscenza immediata nel sogno è strana. Poco prima non lo sapevamo ancora, perché l'infezione è stata riscontrata soltanto da Leopold.

Non molto prima, per un'indisposizione, l'amico Otto le ha fatto un'iniezione. Otto in realtà mi aveva detto che, durante il breve periodo della sua visita alla famiglia di Irma, era stato chiamato all'albergo vicino per fare un'iniezione a qualcuno che si era improvvisamente sentito male. Le iniezioni, a loro volta, mi ricordano il mio sfortunato amico che si è avvelenato con la cocaina. Gli avevo suggerito la droga solo per utilizzo interno durante lo svezzamento dalla morfina; lui invece si fece immediatamente *iniezioni* di cocaina.

Con un preparato di propile, propilene... acido propionico. Come mi sono potuti venire in mente questi nomi? La stessa sera in cui avevo scritto la cartella clinica della malattia di Irma e poi sognato, mia moglie aveva aperto una bottiglia di liquore su cui appariva la parola "ananas"[55], un dono del nostro amico Otto. Infatti egli ha l'abitudine di fare regali a ogni possibile occasione; c'è da sperare che un giorno o l'altro ne venga guarito da una donna[56]. Questo liquore emanava un odore di acquavite talmente scadente che rifiutai di assaggiarlo. Mia moglie propose di dare la bottiglia alle persone di servizio ma io, prudentemente, glielo impedii dicendo, da buon filantropo, che non era giusto che si avvelenassero nemmeno loro. L'odore di acquavite (amil...) ha evidentemente risvegliato in me il ricordo di tutta la serie: propil, metil e così via, e questo ha provocato nel sogno i preparati di propile. È vero però che ho effettuato una sostituzione: ho sognato propile dopo aver annusato amile, ma forse simili sostituzioni sono consentite nella chimica organica.

[55] Questa parola, d'altronde, presenta una curiosa assonanza con il cognome della mia paziente Irma.

[56] A questo riguardo il sogno non si è dimostrato profetico. Ma lo fu da un altro punto di vista. Infatti i disturbi gastrici della mia paziente, per i quali ero preoccupato di essere ritenuto responsabile, si sono rivelati i primi sintomi di una brutta malattia legata ai calcoli. [Nota aggiunta nel 1909 ed eliminata nelle edizioni dal 1925 in poi]

Trimetilamina. Nel sogno vedo la formula chimica di questa sostanza, il che mostra in ogni caso un grande sforzo della mia memoria. La formula è stampata in grassetto, come se si volesse far risaltare dal contesto qualche particolare importante. A che cosa mi riporta dunque la trimetilamina, su cui viene attratta in questo modo la mia attenzione? A un discorso con un altro amico che da anni conosce tutti i miei progetti, come io i suoi. Una volta egli mi aveva riferito certe idee di chimica sessuale, dicendo tra l'altro che credeva di scorgere nella trimetilamina uno dei prodotti del metabolismo sessuale. Quindi questa sostanza mi riporta alla sessualità, ovvero al fattore cui attribuisco la maggiore importanza nell'originarsi delle affezioni nervose che ho intenzione di guarire. La mia paziente Irma è una giovane vedova; se ci tengo a giustificare di fronte a lei il fallimento della mia cura, farò dunque bene ad appellarmi alla sua condizione di vedovanza, che i suoi amici vorrebbero cambiare. Del resto, quanto è strano l'intreccio di questo sogno! Anche l'altra donna, che nel sogno è mia paziente al posto di Irma, è una giovane vedova.

Comincio a comprendere le ragioni per cui la formula della trimetilamina è così rilevante nel sogno. In quest'unica parola convergono molte cose importanti. Trimetilamina non è solamente un'allusione al fattore predominante della sessualità, ma anche a una persona, la cui solidarietà ricordo con piacere quando mi sento isolato con le mie opinioni. Senz'altro questo amico, che ha un ruolo così significativo nella mia vita, doveva apparire di nuovo nella catena associativa del sogno. Infatti, egli conosce a fondo le conseguenze delle affezioni del naso e delle sue cavità secondarie e ha richiamato l'attenzione della scienza su alcuni interessanti rapporti fra le conche nasali e gli organi sessuali femminili (le tre formazioni increspate nella gola di Irma). Gli ho fatto visitare Irma per capire se i suoi dolori di stomaco avessero origine dal naso. Ma lui stesso soffre di suppurazioni nasali che mi preoccupano: forse allude a questo la piemia cui penso in relazione alle metastasi del sogno.

Iniezioni di questo tipo non si dovrebbero fare con tanta leggerezza. L'accusa di leggerezza è qui rivolta direttamente al mio amico Otto. Mi sembra di aver pensato qualcosa del genere nel pomeriggio, quando con le parole e con lo sguardo sembrava schierarsi contro di me. Un pensiero simile a: «Come è facile da influenzare! Con che leggerezza salta alle conclusioni!». Inoltre, la frase del sogno mi riporta ancora una volta al mio amico morto, che tanto rapidamente era ricorso alle iniezioni di cocaina. Come ho già detto, le iniezioni di cocaina erano assolutamente fuori delle mie intenzioni. Accusando Otto di fare uso con troppa leggerezza di quei mezzi chimici, noto che di nuovo mi sto riferendo alla storia della sfortunata Matilde, da cui risulta la stessa accusa nei miei confronti. Evidentemente raccolgo esempi della mia coscienziosità, ma anche del suo contrario.

Probabilmente la siringa non era pulita. Ancora un'accusa rivolta a Otto, stavolta però di origine diversa. Ieri ho incontrato per caso il figlio di una signora di ottantadue anni, alla quale devo fare un'iniezione di morfina due volte al giorno. Attualmente vive in campagna e soffre, ho saputo, di una flebite. Ho subito pensato che si trattasse di un'infiltrazione causata da una siringa sporca. Sono orgoglioso di non averle provocato, in due anni, alcuna infiltrazione: naturalmente sto sempre attento ad appurare che la siringa sia pulita. Sono molto scrupoloso. La flebite mi fa ripensare a mia moglie, che durante una delle sue gravidanze soffrì di stasi venosa. Affiorano ora alla mia memoria tre situazioni simili (con mia moglie, con Irma, con la defunta Matilde), la cui identità evidentemente mi ha permesso di sostituire nel sogno le tre persone l'una con l'altra.

Ho dunque completato l'interpretazione del sogno.[57] Durante questo lavoro ho cercato di allontanare tutte le idee che avrebbero provocato il confronto tra contenuto onirico e pensieri nascosti nel sogno.

Frattanto mi si è anche chiarito il "senso" del sogno. Ho notato un'intenzione, che viene realizzata dal sogno e che deve essere stata la ragione del sognare. Il sogno esaudisce alcuni desideri risvegliati in me dagli eventi della sera prima (la notizia ricevuta da Otto, la stesura della cartella clinica). Infatti dal sogno risulta che il colpevole delle continue sofferenze di Irma non sono io, bensì Otto. Questi mi aveva innervosito parlandomi dell'incompleta guarigione di Irma: ora il sogno si vendica, ritorcendo l'accusa su di lui. Dalla responsabilità della condizione di salute di Irma il sogno mi assolve riportandolo ad altre ragioni, anzi creando tutta una serie di motivi. Il sogno rappresenta un particolare stato di cose che io avrei in realtà desiderato; *il suo contenuto costituisce*

[57] Anche se, a quanto pare, non ho riferito tutto quello che mi è venuto in mente durante il lavoro di interpretazione. [Nota aggiunta nel 1909]

dunque la realizzazione di un desiderio, ed è da un desiderio causato.

Tutto ciò balza agli occhi. Ma anche alcuni dettagli del sogno mi diventano più comprensibili dal punto di vista della realizzazione di un desiderio. Mi vendico di Otto non solo per essersi troppo frettolosamente schierato contro di me, attribuendogli un'azione medica avventata (l'iniezione), ma anche per il cattivo liquore che odora di acquavite, e nel sogno trovo un'espressione che riassume i due rimproveri: l'iniezione con un preparato di propilene. Non ancora soddisfatto, continuo la mia vendetta contrapponendogli il suo concorrente che è più coscienzioso. Sembra dunque che io dica: «Lo preferisco a te». Ma Otto non è il solo costretto a subire lo sfogo della mia ira. Mi vendico anche della mia paziente disobbediente sostituendola con un'altra più saggia e più docile. Non perdono neppure l'opposizione del dottor M., anzi gli faccio chiaramente notare che sta affrontando la situazione da ignorante («interverrà la dissenteria, ecc.»). E per di più, allontanandomi da lui, faccio appello a un medico più bravo (l'amico che mi ha parlato della trimetilamina), nello stesso modo in cui da Irma sono passato alla sua amica e da Otto a Leopold. Portate via queste persone, sostituitele con tre di mia scelta e sarò libero da questi rimproveri immeritati! Il sogno prova in modo esauriente l'infondatezza di questi rimproveri. I dolori di Irma non ricadono su di me, dato che essa stessa ne porta la colpa rifiutando di accettare la mia soluzione. Non mi riguardano, perché sono di natura organica e quindi non guaribili con la psicoterapia. Io non devo essere incolpato per i dolori di Irma: essi si spiegano in modo soddisfacente con la sua vedovanza (trimetilamina!), situazione che non sono in grado di modificare. I dolori di Irma sono stati provocati da un'imprudente iniezione di Otto con sostanza inadatta, cosa che io non avrei mai fatto. I dolori di Irma sono l'effetto di un'iniezione fatta con una siringa sporca, come la flebite della vecchia signora, mentre io non provoco mai dei danni facendo iniezioni. Noto però che queste spiegazioni dei dolori di Irma, che mi assolvono da ogni responsabilità, non sono del tutto coerenti l'una con l'altra, anzi si escludono a vicenda.

Tutta la difesa – questo sogno non è altro – mi ricorda vivamente la difesa di quell'uomo che fu accusato dal suo vicino di avergli restituito un secchio in cattivo stato. In un primo momento disse che glielo aveva riportato intatto; poi, che il secchio era già bucato al momento del prestito; infine, che non aveva mai preso in prestito un secchio dal vicino. Ma tanto meglio: basterà che venga accettata come valida una sola di queste tre linee difensive e l'uomo dovrà essere assolto.

Il sogno mostra anche altri temi, il cui rapporto con il mio tentativo di discolpa di fronte alla malattia di Irma è meno evidente: la malattia di mia figlia e quella di una paziente con lo stesso nome, l'azione nociva della cocaina, l'affezione del mio paziente nel suo viaggio in Egitto, le preoccupazioni per la salute di mia moglie, di mio fratello, del dottor M., i miei personali disturbi fisici, le preoccupazioni per l'amico assente che soffre di suppurazioni nasali. Ma, se ci penso bene, tutto si riassume in un unico giro di pensieri che potrebbe sintetizzarsi così: preoccupazioni per la salute propria e altrui, coscienziosità medica. Ricordo una sensazione imprecisa e penosa nel momento in cui Otto mi informò della salute di Irma. Dall'insieme di pensieri che appaiono nel sogno, potrei ricavare retrospettivamente l'impressione di questa fugace sensazione. È come se mi avesse detto: «Tu non prendi abbastanza sul serio i tuoi doveri di medico, non sei coscienzioso, non mantieni le tue promesse». Dopo di che mi si sarebbe messa a disposizione quella serie di pensieri, per dimostrare fino a che punto mi stia a cuore la salute dei miei parenti, amici e pazienti. Va notato che tra questo materiale ideativo ci sono anche ricordi sgradevoli, che sostengono più l'accusa attribuita al mio amico Otto che la mia discolpa. Il materiale è, per così dire, imparziale, ma è evidente il rapporto tra questo materiale più ampio, che fa da sottofondo al sogno, e il tema più circoscritto, dal quale è risultato il desiderio di non essere responsabile della malattia di Irma.

Non pretendo di aver fatto luce piena sul significato di questo sogno né di aver dato un'interpretazione priva di lacune. Potrei soffermarmici ancora a lungo, ricavarne nuovi chiarimenti, discutere alcuni nuovi problemi che esso pone: ho già individuato i punti che si presterebbero a ulteriori sviluppi. Mi trattiene dal continuare questo lavoro ermeneutico il riserbo che si presenta per ogni sogno personale. Chi volesse per questo motivo muovermi un affrettato rimprovero, provi pure a essere più sincero di me. Per il momento mi basta aver raggiunto questa nuova conoscenza: se adottiamo il metodo di interpretazione dei sogni qui esposto, scopriremo che il sogno ha davvero un significato e non è affatto l'espressione di un'attività cerebrale ridotta a frammenti, come fonti autorevoli hanno affermato. *Compiuto il lavoro di interpretazione, ci rendiamo conto che il sogno è la realizzazione di un desiderio.*

CAPITOLO III

Il sogno è la realizzazione di un desiderio

Quando, dopo essere passati per una gola stretta, giungiamo improvvisamente su un'altura dove la strada si divide e si dischiudono i più bei panorami da ogni lato, ci è lecito sostare un momento e riflettere in quale direzione ci convenga innanzitutto volgere i nostri passi. Qualcosa di simile succede anche a noi, dopo aver superato questa prima interpretazione del sogno. Abbiamo raggiunto la chiarezza di una scoperta improvvisa. Il sogno non può essere paragonato al suono dissonante di uno strumento musicale, percosso da un tocco estraneo anziché dalla mano del suonatore; non è insensato, non è assurdo, non si fonda sul presupposto che una parte delle nostre rappresentazioni dorme, mentre un'altra incomincia a risvegliarsi. Al contrario, il sogno è un fenomeno psichico pienamente valido e cioè la realizzazione di un desiderio; va inserito nella catena degli atti psichici della veglia, a noi comprensibili; è frutto di un'attività mentale estremamente complicata.

Ma, proprio nel momento in cui intendiamo godere di questa nuova scoperta, siamo assaliti da una ridda di domande. Se il sogno, secondo quel che sostiene l'interpretazione dei sogni, rappresenta un desiderio realizzato, da dove viene la forma stravagante e complessa in cui si esprime questa realizzazione? Quale mutamento hanno subìto i pensieri del sogno, prima che da essi si formassero le immagini che ricordiamo quando siamo desti? Come si verifica questo mutamento? Da dove proviene il materiale che è stato elaborato in forma di sogno? Da dove provengono alcune delle peculiarità che abbiamo rinvenuto nei pensieri del sogno, come ad esempio il fatto che possono essere reciprocamente contraddittori? (Si veda l'analogia con il secchio preso in prestito). Può il sogno dirci qualcosa di nuovo sui nostri processi psichici interiori? Può il suo contenuto correggere opinioni alle quali di giorno abbiamo creduto?

Propongo di mettere da parte per ora tutte queste domande e di continuare per un'unica strada. Abbiamo appreso che il sogno rappresenta la realizzazione di un desiderio. Il nostro primo compito deve essere quello di verificare se questo è una caratteristica generale del sogno, oppure soltanto il contenuto casuale di quel sogno particolare (il sogno dell'iniezione a Irma), che abbiamo prima analizzato. Infatti, anche tenendo presente che ogni sogno ha un significato e un valore psichico, dobbiamo però ritenere possibile che questo significato non sia lo stesso in ciascun sogno. Il nostro primo sogno rappresentava la realizzazione di un desiderio; un altro potrebbe risultare forse la conferma di una paura, un terzo potrà avere per contenuto una riflessione, un quarto potrebbe riprodurre semplicemente un ricordo. Troveremo altri sogni sorti da un desiderio oltre quel primo? O forse esistono soltanto sogni nati da un desiderio?

È facile provare che i sogni mostrano spesso in modo chiaro il loro carattere di realizzazione di un desiderio, tanto che suscita stupore il fatto che il linguaggio onirico non sia stato compreso già da molto tempo. Per esempio, c'è un sogno che posso creare quando voglio, per così dire sperimentalmente. Se la sera mangio sardine, olive o altri cibi salati, la sete di cui soffro di notte mi sveglia. Ma il mio risveglio è preceduto da un sogno, ogni volta di identico contenuto: cioè che sto bevendo. Bevo acqua a grandi sorsi, mi piace come può piacere soltanto una bevanda fresca quando si muore di sete, poi mi sveglio e sono costretto in effetti a bere. Questo semplice sogno è provocato dalla sete che io sento al momento del risveglio. Da tale sensazione sorge il desiderio di bere e il sogno a sua volta mi presenta la realizzazione di questo desiderio. Il sogno svolge una funzione che mi è facile indovinare. Dormo profondamente e non ho l'abitudine di essere svegliato da un bisogno. Se riesco a calmare la mia sete *con un sogno* in cui bevo, non ho bisogno di svegliarmi per soddisfarla. Questo, dunque, è un sogno di comodità. All'agire si sostituisce il sognare, come del resto accade in altre occasioni della vita. Purtroppo la mia sete d'acqua non può essere soddisfatta da un sogno, così come la mia sete di vendetta contro l'amico Otto e il dottor M., ma l'intenzione è analoga in ambedue i casi. Poco tempo fa, lo stesso sogno ha subìto qualche variazione. Avevo sete già prima di addormentarmi e vuotai il bicchier d'acqua messo sul comodino vicino al mio letto. Alcune ore dopo, durante la notte, ebbi di nuovo un attacco di sete con tutti gli inconvenienti del caso. Per procurarmi l'acqua avrei dovuto alzarmi e andare a prendere il bicchiere sul comodino di mia moglie. Allora feci un sogno adatto: che cioè mia moglie mi offriva da bere in un vaso; il vaso era un'urna cineraria etrusca che avevo portato a casa da un viaggio in Italia e poi regalato. L'acqua che esso conteneva era talmente salata (evidentemente a causa della cenere che era nell'urna) che mi svegliai. Si osservi come il sogno disponga ogni cosa in modo conveniente. Dato che l'unica sua intenzione è la realizzazione di un desiderio, può essere completamente egoista. In realtà l'amore per la comodità non è compatibile con il riguardo per altre persone. Probabilmente l'introduzione dell'urna cineraria nel sogno rappresenta un desiderio realizzato: mi dispiace non possedere più quel vaso, proprio come non poter raggiungere il bicchiere che era sul comodino di mia moglie. L'urna cineraria si confà inoltre alla sensazione, diventata ora più intensa, di sapore salino che, come so, mi costringerà al risveglio[58].

Durante la giovinezza facevo spesso simili sogni di comodità. Avendo preso da sempre l'abitudine a lavorare fino a notte fonda, mi risultava difficile svegliarmi presto. Allora sognavo generalmente di essermi alzato e di trovarmi vicino al lavabo. Dopo un po' di tempo non potevo non accorgermi di non essermi ancora alzato,

[58] Della reale esistenza dei sogni provocati dalla sete era consapevole anche W. Weygandt (*Entstehung der Träume*, Lipsia 1893), il quale al riguardo osserva: «La sensazione di sete è percepita da tutti nel modo più preciso: essa fa sempre sorgere una rappresentazione del dissetarsi. La maniera in cui il sogno rappresenta la soddisfazione della sete cambia di volta in volta e trae la sua forma da qualche ricordo ravvicinato. In questo caso è regola generale che alla rappresentazione della soddisfazione della sete segua immediatamente una delusione, per la scarsa efficacia del rinfresco ottenuto in modo immaginario». Weygandt però non coglie che questa validità generale della reazione del sogno allo stimolo non vale universalmente. Che altre persone possano svegliarsi per la sete nel corso della notte senza aver prima sognato non rappresenta un'obiezione alla mia esperienza personale, ma mostra piuttosto un sonno meno buono del mio. Si veda in proposito Isaia 29, 8: «Avverrà come quando un uomo affamato sogna di mangiare, ma si sveglia e il suo stomaco è vuoto; o come quando un uomo assetato sogna di bere, ma si sveglia ed è debole e con la gola riarsa». [Nota aggiunta nel 1914]

ma nel frattempo avevo dormito ancora un poco. Un mio giovane collega, che sembra condividere il mio piacere per il sonno, racconta in forma particolarmente divertente lo stesso sogno determinato da pigrizia. La padrona di casa del suo appartamento, nelle vicinanze dell'ospedale, aveva l'ordine tassativo di svegliarlo in tempo ogni mattina, ma non le riusciva certo facile eseguirlo. Una mattina il sonno doveva essere particolarmente piacevole. La signora gridò nella stanza: «Si svegli, signor Pepi, deve andare all'ospedale». In risposta a questo, egli sognò di trovarsi nel letto di una camera d'ospedale, dove c'era una tabella clinica su cui si leggeva: Pepi H., studente in medicina, anni ventidue. Mentre sognava si disse: «Se mi trovo già all'ospedale, non c'è bisogno che ci vada». Si voltò dall'altra parte e continuò a dormire. In questo modo aveva apertamente confessato a se stesso il motivo del proprio sogno.

Ecco ora un altro sogno il cui stimolo produceva parimenti il suo effetto durante il sonno. Una mia paziente, che si era dovuta sottoporre a un'operazione alla mascella che ebbe esito sfavorevole, doveva portare, per ordine dei medici, giorno e notte un apparecchio refrigerante sulla guancia malata. Invece, appena addormentata, aveva l'abitudine di gettarlo via. Un giorno mi chiesero di rimproverarla per aver gettato a terra un'altra volta l'apparecchio. La malata si giustificò in questo modo: «Stavolta non potevo davvero farne a meno: è stato a causa di un sogno fatto durante la notte. Sognavo di trovarmi in un palco all'opera ed ero tutta concentrata sulla rappresentazione. In sanatorio si trovava invece il signor Karl Meyer e si lamentava di terribili dolori alla mascella. Mi sono detta: "Visto che non sono io ad avere i dolori non ho bisogno dell'apparecchio". E quindi l'ho buttato via». Il sogno di questa povera sofferente sembra qusi concretizzare quella frase che a volte affiora sulle labbra della gente in situazioni spiacevoli: «Potrebbe andarmi meglio». Il sogno mostra questo "andar meglio". Il signor Karl Meyer, al quale la sognatrice aveva trasferito i suoi dolori, era, nella cerchia dei suoi conoscenti, il giovane più indifferente che potesse venirle in mente fra le sue conoscenze.

Altrettanto facile è scoprire la realizzazione di un desiderio in alcuni sogni che ho raccolto fra persone sane. Un amico che conosce la mia teoria sul sogno, e ne ha parlato con sua moglie, mi disse una volta: «Mia moglie mi ha pregato di dirti che ieri ha sognato di avere le mestruazioni. Saprai certo che cosa significa». Naturalmente lo so: se la giovane ha sognato di avere le mestruazioni, vuol dire che non le ha avute. Posso immaginare che vorrebbe godere della sua libertà ancora per qualche tempo, prima di affrontare i disagi della maternità. Era un modo garbato di annunciare la sua prima gravidanza. Un altro amico mi scrive che sua moglie ha sognato di recente macchie di latte sul petto della sua camicetta. Anche questo è un annuncio di gravidanza, ma non della prima: la giovane madre desidera più latte per il suo secondo figlio di quanto ne abbia avuto per il primo.

Una giovane donna, rimasta isolata per diverse settimane a causa di una malattia infettiva del figlio, sogna, a guarigione avvenuta, di essere a una festa, cui partecipano Alphonse Daudet, Paul Bourget, Marcel Prévost e altri, tutti molto affabili con lei e molto divertenti. Anche in sogno questi scrittori hanno i tratti che ella conosce dalle loro fotografie, mentre Marcel Prévost, che non ha mai visto in foto, somiglia all'uomo della disinfezione, che era stato il suo primo visitatore dopo molto tempo e che il giorno prima aveva disinfettato la stanza del malato. Mi sembra possibile fare una traduzione completa del sogno: «Sarebbe ora che capitasse qualche cosa di più divertente di questa eterna cura del malato».

Forse questa scelta sarà sufficiente a provare che, nelle più diverse condizioni, sono molto frequenti i sogni che possono essere considerati soltanto come realizzazione di desiderio e che manifestano apertamente il loro contenuto. Si tratta nella maggior parte dei casi di sogni brevi e semplici, ben diversi dalle confuse e ingombrate composizioni oniriche che hanno attratto maggiormente l'attenzione degli studiosi. Vale però la pena di soffermarsi ancora su questi sogni semplici. Si può presumere che le forme più semplici di sogno si trovino nei bambini, le cui facoltà psichiche sono indubbiamente meno complicate di quelle degli adulti. Secondo me, la psicologia infantile è destinata a offrire alla psicologia degli adulti contributi analoghi a quelli che lo studio della struttura o dello sviluppo degli animali inferiori ha reso all'indagine della struttura delle specie superiori. Sinora poco è stato fatto per utilizzare consapevolmente in questa direzione la psicologia infantile.

I sogni dei bambini sono spesso la mera realizzazione di desideri[59] e dunque, rispetto a quelli degli adulti, sono ben poco

[59] L'esperienza dimostra che i sogni deformati che esigono un'interpretazione sono già presenti nei bambini di quattro o cinque anni. Ciò si accorda pienamente con le nostre teorie sulle condizioni che determinano la deformazione onirica.

interessanti. Non presentano enigmi da risolvere, ma d'altra parte hanno una grandissima importanza al fine di dimostrare che il sogno, nella sua intima essenza, rappresenta la realizzazione di un desiderio. Ho potuto raccogliere alcuni esempi di questi sogni dal materiale ricevuto dai miei figli.

Devo ben due sogni a una gita nel bel paese di Hallstatt, fatta nell'estate del 1896 partendo da Aussee: uno di mia figlia, che aveva allora otto anni e mezzo; l'altro di mio figlio, che aveva cinque anni e tre mesi. Premetto che quell'estate abitavo su una collina vicino Aussee, da dove quando era bel tempo si godeva uno splendido panorama sul Dachstein. Con il cannocchiale si poteva scorgere nitidamente il Rifugio Simony. I bambini cercavano spesso di vederlo, non so con quale risultato. Prima della gita avevo detto loro che Hallstatt si trova ai piedi del Dachstein. La loro attesa era grande. Da Hallstatt giungemmo alla valle dell'Echern, che li incantò con il suo mutevole paesaggio. Il bambino di cinque anni, però, divenne a poco a poco di cattivo umore. Ogni volta che appariva una nuova montagna, domandava: «Questo è il Dachstein?» e io dovevo rispondergli: «No, è solo una collina». Dopo aver posto questa domanda ripetute volte, ammutolì e si rifiutò assolutamente di venire con noi per il sentiero a gradini che portava alla cascata. Pensai che fosse stanco. Il mattino dopo venne da me tutto contento e mi raccontò: «Stanotte ho sognato che eravamo al Rifugio Simony». Allora capii: quando avevo parlato del Dachstein, aveva pensato che nella gita a Hallstatt avremmo scalato la montagna e che avremmo visto da vicino il rifugio di cui si era tanto parlato rispetto al cannocchiale. Ma quando si accorse di doversi accontentare di alcune colline e di una cascata, si sentì ingannato e gli venne il cattivo umore. Il sogno era quindi una compensazione della delusione. Provai a scoprire alcuni particolari del sogno, ma erano scarsi. «Si salgono gradini per sei ore», il che era quello che aveva sentito dire.

La gita risvegliò dei desideri anche nella bambina di otto anni e mezzo, desideri che il sogno fu costretto a realizzare. Avevamo portato con noi ad Hallstatt il figlio dodicenne dei vicini, un perfetto cavaliere che già aveva conquistato tutte le simpatie della signorina. Il mattino dopo ella mi raccontò questo sogno: «Pensa, ho sognato che Emil era uno di noi, vi chiamava "mamma" e "papà" e dormiva con noi nella stanza grande dei ragazzi. Poi la mamma entrata nella stanza e gettava sotto i nostri letti una manciata di tavolette di cioccolata, avvolte in carta blu e verde». I suoi fratelli, che evidentemente non hanno ereditato la capacità di interpretare i sogni, risposero, proprio come i nostri scienziati, che quel sogno era una sciocchezza. La bambina, invece, ne difese almeno una parte e, per la teoria delle nevrosi, è importante sapere quale: «Che Emil appartenga alla nostra famiglia può essere una sciocchezza, ma la parte che riguarda le tavolette di cioccolata no». Per me, proprio questo punto rimaneva oscuro. Fu la mamma a fornirmene la spiegazione. Tornando a casa dalla stazione, i bambini si erano fermati davanti all'apparecchio automatico che dava loro di solito delle tavolette di cioccolata, avvolte in una lucente carta stagnola. Volevano prenderle ma la mamma replicò giustamente che quel giorno aveva già realizzato abbastanza i loro desideri: così quest'ultimo fu realizzato dal sogno. Io non mi ero accorto di questo piccolo episodio. Mi era però perfettamente chiara la parte del sogno che mia figlia aveva trascurato. Io stesso avevo sentito il nostro ospite ben educato dire ai bambini per la strada di aspettare che la mamma e il papà li raggiungessero. Il sogno della piccola trasformò questa temporanea parentela in una adozione duratura. La sua capacità affettiva non conosceva altre forme di vita in comune all'infuori di quelle basate sul rapporto con i suoi fratelli e raffigurate nel sogno. Naturalmente era impossibile spiegare, senza interrogare la piccola, perché le tavolette di cioccolata venissero gettate sotto il letto.

Degli amici mi hanno raccontato un sogno molto simile a quello di mio figlio. Era stato fatto da una bambina di otto anni. Il padre aveva fatto una gita a Dornbach con diversi bambini per visitare il Rifugio Rohrer, ma tornò indietro perché si era fatto tardi e promise ai bambini di ripetere la gita un'altra volta. Tornando a casa passarono davanti al cartello che indicava la strada per Hameau. I bambini pretesero allora di esservi portati, ma anche questa gita, per la stessa ragione, fu rinviata a un altro giorno. La mattina dopo la bambina di otto anni andò dal padre dicendogli soddisfatta: «Papà, stanotte ho sognato che venivi con noi al Rifugio Rohrer e ad Hameau». La sua impazienza aveva dunque anticipato la realizzazione della promessa che il padre le aveva fatto.

Altrettanto chiaro è un altro sogno, suscitato in mia figlia, che aveva allora tre anni e pochi mesi, dal bel paesaggio di Aussee. La piccola aveva attraversato il lago per la prima volta e il tempo della gita era stato troppo breve per lei. Quando arrivammo al ponte di sbarco non volle lasciare la barca e si mise a piangere amaramente. Il mattino dopo mi disse: «Stanotte sono stata sul lago». Speriamo che la durata della gita del sogno le abbia dato maggiore soddisfazione.

Mio figlio maggiore, che ha ora otto anni, faceva già dei sogni che realizzavano le sue fantasie. Sognò di essere con Achille su un carro guidato da Diomede. Naturalmente il giorno prima si era entusiasmato per un libro sulle leggende greche che era stato regalato alla sorella maggiore.

Se mi si consente di includere tra i sogni anche le parole pronunciate dai bambini durante il sonno, posso citare a questo punto uno dei sogni più recenti della mia collezione. La mia figlia più piccola, che aveva allora diciannove mesi, una mattina aveva vomitato e per questo era stata tenuta a digiuno per tutto il giorno. La notte dopo, la sentimmo gridare eccitata durante il sonno: «Anna Fleud, flagole, flagoloni, flittata, pappa». All'epoca aveva l'abitudine di usare il proprio nome per esprimere l'idea del possesso; l'elenco comprendeva probabilmente tutto quello che le sembrava formare un pasto desiderabile; il fatto che le fragole apparissero in due varietà diverse rappresentava una protesta contro il regolamento sanitario casalingo. Alla base di ciò vi era una circostanza ulteriore a lei ben nota: la bambinaia aveva attribuito la sua indisposizione a una scorpacciata di fragole. Quindi nel sogno la bambina si prendeva la rivincita su questo verdetto poco gradito[60].

Anche se siamo convinti che l'infanzia è felice perché ignora ancora i desideri sessuali, non dovremmo dimenticare quale fonte di delusione e rinunce, e quindi di spunti per il sogno, possa costituire il secondo dei due grandi istinti vitali[61]. Eccone un altro esempio. Mio nipote di ventidue mesi era stato incaricato di farmi gli auguri per il mio compleanno e di regalarmi un cestino di ciliegie, che in quella

[60] La medesima operazione compare nel sogno che sua nonna (la cui età insieme a quella della nipotina raggiunge circa settant'anni) ebbe poco tempo dopo. Obbligata a restare per un giorno intero senza cibo a causa di un disturbo al suo rene mobile, sognò, senz'altro richiamando alla mente il periodo felice della sua giovinezza, di essere stata invitata a pranzo e a cena e di gustare in quelle occasioni i cibi più prelibati.

[61] Uno studio più dettagliato della vita psichica dei bambini ci fa vedere però che le pulsioni sessuali, in forma infantile, giocano un ruolo abbastanza rilevante nell'attività psichica del bambino, anche se per troppo tempo questo ruolo è stato trascurato. Questo studio ci fa dubitare, in un certo senso, della felicità dell'infanzia, così come viene ricostruita in modo retrospettivo dagli adulti. Si guardino i miei *Tre saggi sulla teoria sessuale* (1905). [Nota aggiunta nel 1911]

stagione dell'anno erano ancora una primizia. Pare che il compito gli risultasse difficile perché continuava a ripetere: «Dentro ci sono ciliegie» e non era possibile convincerlo a darmi il cestino. Comunque trovò un modo per ricompensarsi. Fino ad allora aveva raccontato tutte le mattine alla madre di aver sognato un "soldato bianco", un ufficiale della guardia con un mantello bianco che una volta aveva ammirato per la strada. Il giorno dopo il sacrificio del compleanno, si svegliò allegro con la notizia (che poteva venirgli evidentemente solo da un sogno): «Hermann mangiato tutte le ciliegie!»[62].

[62] Occorre aggiungere che i bambini piccoli iniziano presto a fare sogni anche più complicati e meno trasparenti, e che, d'altro canto, accade spesso che in certe circostanze gli adulti facciano sogni semplici, di carattere infantile. I molti esempi che si trovano nel mio *Caso clinico del piccolo Hans* (1908) e nell'opera di Jung, *Conflitti dell'anima infantile* (1909) dimostrano come i sogni di bambini di quattro o cinque anni possano essere ricchi di un contenuto inatteso. [Aggiunto nel 1914] Per l'interpretazione di sogni di bambini da un punto di vista analitico si vedano: H. von Hug-Hellmuth, Putnam, van Raalte, Spielrein e Tausk; e anche F. Bianchieri, A. Busemann, S. Doglia e soprattutto A. Wiggam che mette in evidenza la tendenza dei sogni a soddisfare desideri. D'altronde, negli adulti, i sogni di tipo infantile sembrano comparire molto frequentemente in collegamento con insolite circostanze esterne. Otto Nordenskjold parla dell'equipaggio che passò con lui l'inverno nell'Antartico: «I nostri sogni, che non erano mai stati più vivaci e più numerosi di allora, ci rivelavano il corso dei nostri pensieri più intimi. Finanche certi nostri compagni che sognavano solo raramente avevano ora lunghe storie da raccontare, quando al mattino ci scambiavamo le nostre esperienze di quel mondo immaginario. Tutti i sogni si riferivano al mondo esterno, così lontano da noi in quel momento, ma spesso adattato alla nostra situazione effettiva di allora. In un sogno piuttosto singolare, uno dei compagni si vedeva tornato sui banchi di scuola e il suo compito era quello di scuoiare foche in miniatura, che erano state appositamente confezionate a scopo didattico. D'altro canto, i nostri sogni ruotavano soprattutto attorno al mangiare e al bere. Uno di noi, che si era abituato a partecipare durante la notte a grandi banchetti, era felice quando poteva raccontare al mattino di aver goduto di un pranzo di tre portate; un altro sognava tabacco, intere montagne di tabacco; un altro ancora la nave che avanzava a vele spiegate verso di noi sul mare aperto. Merita di essere ricordato anche questo sogno. Il postino arriva con la posta e spiega a lungo il motivo del ritardo: l'ha consegnata all'indirizzo sbagliato e solo con molte difficoltà è riuscito a riaverla. Ovviamente nei sogni ci occupavamo di cose ancora

Io stesso ignoro che cosa sognino gli animali. Ma un proverbio, riferitomi da uno dei miei studenti, pretende di saperlo perché alla domanda: «Che cosa sognano le oche?» risponde: «Il granoturco»[63]. Tutta la teoria del sogno come realizzazione di un desiderio è sintetizzata in queste parole.[64]

Osserviamo a questo punto che, se ci fossimo rivolti ai modi di

più impossibili, ma in quasi tutti, sia miei che degli altri, a mancare era la fantasia. Se li avessimo scritti, questi sogni sarebbero stati sicuramente di grande interesse psicologico. Si comprenderà facilmente quanto desiderassimo il sonno, dal momento che esso era in grado di realizzare tutto ciò che ciascuno di noi desiderava più ardentemente». Cito ancora, da C. Du Prel, *Die Philosophie der Mystik* (Lipsia 1885): «Mungo Park, quasi morto di sete durante un viaggio in Africa, sognava continuamente le valli ricche di acqua e i prati della sua patria. Allo stesso modo il barone Trenck, rinchiuso nella fortezza di Magdeburgo, patendo i tormenti della fame, si vedeva circondato da vivande prelibate, e George Back, uno dei partecipanti alla prima spedizione di Franklin, sul punto di morire di fame per le terribili privazioni subìte, sognava sempre e regolarmente pasti succulenti». [Parte aggiunta nel 1914]

[63] Ferenczi riferisce un proverbio ungherese che afferma, ancora più precisamente, che «il porco sogna le ghiande, l'oca il granoturco». [Nota aggiunta nel 1911.] * Un proverbio ebraico dice: «Che cosa sogna il pollo? Il miglio». (Vedi Bernstein, *Jüdische Sprichwörter und Redensarten*, p. 116). [Parte aggiunta nel 1914]

[64] Lungi da me l'affermare che nessuno prima di me abbia mai pensato di far derivare il sogno da un desiderio (si vedano i primi capoversi del prossimo capitolo). Chi è interessato all'argomento potrebbe citare il medico Erofilo, vissuto al tempo di Tolomeo, che, stando a Buchsenschuz (p. 33), individuava tre tipi di sogni: quelli mandati dagli dei, quelli che nascono spontaneamente da un'immagine che l'anima si fa di ciò che la riguarda e che accadrà, e quelli misti, che nascono da soli, in base ad un collegamento tra immagini, quando vediamo ciò che desideriamo. Partendo dagli esempi di Scherner, J. Starcke ha tratto un sogno che lo stesso autore considera una realizzazione di desiderio. Scherner (p. 239) scrive: «La fantasia realizzò immediatamente nella sognatrice il desiderio attivo durante la veglia, per il semplice fatto che esso era molto vivo nella sua anima». Questo sogno si trova tra i «sogni di stato d'animo», vicino ai «sogni di nostalgia sentimentale maschile e femminile» e ai «sogni di malumore». Come si può constatare, Scherner non attribuisce al desiderio nel sogno un'importanza diversa da quella che egli attribuisce a un qualsiasi altro stato d'animo della veglia, e non crede nella correlazione tra il desiderio e l'essenza del sogno. [Nota aggiunta nel 1914]

dire, avremmo raggiunto più velocemente la teoria del significato recondito dei sogni. La sapienza della lingua manifesta a volte un certo disprezzo per i sogni: sembra che voglia dar ragione alla scienza quando afferma che "i sogni sono schiuma". Ma per il linguaggio comune il sogno è in generale un benigno realizzatore di desideri: quando le nostre aspettative vengono superate dalla realtà esclamiamo infatti con gioia: «Non avrei mai immaginato una cosa simile, neanche nei miei sogni più folli».

CAPITOLO IV

La deformazione del sogno

Ora, se continuo ad affermare che il significato di ogni sogno è la realizzazione di un desiderio, ovvero che non esistono altri sogni oltre a quelli di desiderio, sono sicuro *a priori* che incontrerò la più ferma opposizione.

Mi si dirà: «Che esistano sogni da intendersi come realizzazione di desideri non è nulla di nuovo, è stato notato già da tempo dagli studiosi.[65] Vedi Radestock, Volkelt, Purkinje, Tissié, Simon (sui sogni della fame del barone Trenck quando era prigioniero), e un brano di Griesinger. Ma che esistano soltanto sogni che realizzano un desiderio è una generalizzazione ingiustificata, che per fortuna può essere facilmente confutata. Dopotutto esistono molti sogni nei quali si riconosce un contenuto doloroso, senza alcun segno di una qualsiasi realizzazione di desiderio. Il filosofo del pessimismo, Eduard von Hartmann, è probabilmente la persona più lontana dalla teoria della realizzazione di un desiderio. Nella sua *Filosofia dell'inconscio* scrive: "Quando si tratta di sogni, vengono trasportate nello stato di sonno tutte le noie della vita desta; l'unica cosa che non vi ritroviamo è ciò che può in qualche modo riconciliare l'uomo colto con la vita: il godimento scientifico e artistico...". Ma anche degli osservatori più concilianti, per esempio Scholz, Volkelt e altri, hanno affermato che nei sogni il dolore e il dispiacere sono più comuni del piacere. Anzi, Florence Hallam

[65] Già il neoplatonico Plotino diceva: «Quando si sveglia il desiderio, entra in gioco la fantasia e in qualche modo ce ne rappresenta l'oggetto». Vedi Du Prel, p. 276. [Nota aggiunta nel 1914]

e Sarah Weed, studiando i loro sogni, hanno addirittura espresso statisticamente la preponderanza del dispiacere nei sogni. Secondo loro il 57,2% dei sogni è "spiacevole" e solo il 28,6% è "piacevole". Oltre a questi sogni, che trasportano nel sonno le varie sensazioni spiacevoli della vita, ci sono anche sogni d'angoscia, nei quali le più tremende sensazioni spiacevoli ci attanagliano fino a farci svegliare. E sono proprio i bambini, che presentano manifestamente sogni di desiderio, a essere più facilmente vittime di questi sogni d'angoscia».

In effetti, proprio i sogni d'angoscia sembrano non consentire di generalizzare l'affermazione, basata sugli esempi che abbiamo fatto nel capitolo precedente, che i sogni siano realizzazioni di desideri; sembrano anzi rendere assurda tale affermazione.

Tuttavia non è molto difficile ribattere a queste obiezioni apparentemente definitive. Basta tenere presente che la mia teoria non si basa sulla valutazione del contenuto manifesto del sogno, ma si riferisce ai pensieri che il lavoro d'interpretazione riconosce dietro di esso. Bisogna contrapporre il contenuto manifesto del sogno al suo contenuto latente. È fuori di dubbio che esistono sogni il cui contenuto manifesto è decisamente penoso. Ma qualcuno ha forse provato a interpretare tali sogni, a scoprirne il contenuto latente? Se la risposta è negativa, allora le due obiezioni sollevate contro la mia teoria non ci toccano più: resta pur sempre la possibilità che, una volta interpretati, anche i sogni penosi e i sogni d'angoscia si rivelino essere realizzazione di desideri.[66]

[66] È straordinaria la persistente ostinazione che dimostrano i lettori e critici di questo libro i quali non considerano questa affermazione e la distinzione fondamentale tra contenuto onirico manifesto e quello latente. [Nota aggiunta nel 1909] * Tra tutte le posizioni assunte sull'argomento, nessuna è così vicina alla mia come quella contenuta in questo passo di J. Sully, *The Dream as a Revelation*, p. 364, il cui merito non dev'essere considerato minore se viene citato solo ora: «Dopotutto si può affermare che i sogni non sono un assurdo nonsenso, come è stato detto da autori come Chaucer, Shakespeare e Milton. Le aggregazioni caotiche della nostra fantasia notturna hanno un preciso significato e sono portatrici di una nuova conoscenza. Come molti messaggi cifrati, l'iscrizione onirica se viene studiata attentamente perde la sua iniziale apparenza di confusione e assume l'aspetto di un messaggio comprensibile e serio. Altrimenti, variando leggermente il paragone, possiamo affermare che, come un palinsesto, il sogno cela sotto i suoi insignificanti caratteri superficiali, segni di un'antica e preziosa comunicazione». [Parte aggiunta nel 1914]

Quando, nel corso di una ricerca scientifica, ci si imbatte in un problema di difficile soluzione, è spesso consigliabile aggiungere un secondo problema a quello originario, proprio come è più facile schiacciare due noci insieme che schiacciarne una sola. Quindi non solo ci troviamo di fronte al problema di come possano essere realizzazione di desideri certi sogni penosi e angosciosi, ma aggiungiamo, in base a quanto detto finora sul sogno, una seconda domanda: perché i sogni di contenuto indifferente, che si rivelano successivamente realizzazione di desideri, non esprimono apertamente il loro significato? Prendiamo ad esempio il sogno dell'iniezione a Irma, che ho già ampiamente trattato. Esso non è assolutamente un sogno di natura penosa, e dalla sua interpretazione risulta anzi un chiarissimo esempio di realizzazione di desiderio. Ma poi, perché mai il sogno ha bisogno di un'interpretazione? Perché non dice direttamente ciò che significa? In realtà, anche il sogno dell'iniezione a Irma, a prima vista, non dà l'impressione di rappresentare un desiderio soddisfatto del sognatore. Il lettore non avrà avuto questa impressione, e io stesso lo ignoravo prima di averlo analizzato. Chiamiamo questo comportamento dei sogni, che ha tanto bisogno di spiegazione, «fenomeno della deformazione nei sogni». Dunque, il nostro secondo problema è: qual è l'origine di tale deformazione?

Possono subito venirci in mente diverse possibili soluzioni: come, per esempio, che durante il sonno esiste una certa incapacità di dare ai pensieri del sogno un'espressione adeguata. Ma basta l'analisi di certi sogni a spingerci a spiegare diversamente questa deformazione onirica. Voglio dimostrarlo con un altro mio sogno, il quale anch'esso richiede numerose indiscrezioni da parte mia, ma il mio sacrificio personale avrà come compenso una delucidazione fondamentale del problema.

Premessa. Nella primavera del 1897 appresi che due professori della nostra università avevano proposto la mia nomina a professore straordinario. La notizia mi sorprese e mi fece molto piacere, perché implicava un riconoscimento da parte di due uomini insigni che non poteva essere attribuito a rapporti personali. Mi dissi però subito che non dovevo farmi troppe illusioni. Negli anni precedenti il Ministero non aveva preso in considerazione proposte simili, e diversi colleghi, più anziani di me e di merito almeno pari al mio, avevano atteso invano la loro nomina. Non avevo quindi ragione di credere che io sarei stato più fortunato. Decisi quindi di rassegnarmi. Mi sembrava di non essere ambizioso; in fondo esercitavo la mia professione con soddisfacente successo, anche senza i vantaggi di un titolo. Del resto non era il caso che io dichiarassi l'uva matura o acerba, visto che senza dubbio pendeva troppo in alto per me.

Una sera venne un mio amico a farmi visita, uno di coloro il cui esempio era stato per me un ammonimento. Candidato da tempo alla promozione a professore, titolo che nella nostra società fa del medico un semidio per i suoi pazienti, e meno rassegnato di me, si faceva vivo di tanto in tanto al Ministero per accelerare la sua pratica. Venne da me proprio dopo essere tornato da una di queste visite; mi raccontò di aver messo alle strette l'alto funzionario e di avergli chiesto molto schiettamente se il ritardo della sua nomina non fosse dovuto in realtà a motivi confessionali. La risposta era stata che, in considerazione dello stato di cose attuale, era certamente vero che Sua Eccellenza non era in grado, eccetera. «Almeno ora so a che punto sono», aveva concluso il mio amico. Per me questo non fu una novità, ma il racconto rafforzò la mia rassegnazione: infatti gli stessi motivi confessionali valgono anche nel mio caso[67].

La mattina dopo questa visita feci il sogno seguente, notevole anche dal punto di vista formale. Consisteva di due pensieri e di due immagini, dove ogni pensiero si alternava a una immagine. Riferirò però soltanto la prima metà del sogno, dato che l'altra non ha nulla a che vedere con lo scopo che mi induce a riferire questo sogno.

I. *Il mio amico R. è mio zio. Nutro un grande affetto per lui.*

II. *Vedo davanti a me il suo volto, un po' cambiato, come se si fosse allungato. È incorniciato da una barba gialla che spicca con particolare chiarezza.*

Seguono le altre due parti, un nuovo pensiero seguìto da una immagine, che tralascio.

L'interpretazione di questo sogno si svolse come segue. Quando mi ricordai del sogno, nel corso della mattinata, risi forte e dissi: «È assurdo!». Ma esso non si lasciò respingere, e mi perseguitò per tutto il giorno, finché a serata inoltrata cominciai a rimproverarmi: «Se uno dei tuoi pazienti durante l'interpretazione di un sogno non riuscisse a dire altro che "è assurdo!", tu lo rimprovereresti e supporresti che dietro il sogno si nasconda una storia spiacevole

[67] I "motivi confessionali" si riferiscono ai sentimenti antisemitici diffusi a Vienna verso la fine del XIV secolo.

di cui il paziente non vuole diventare consapevole. Cura te stesso allo stesso modo. La tua convinzione che il sogno sia assurdo non è altro che una resistenza interiore verso la sua interpretazione. Non farti trattenere». Mi accinsi dunque all'interpretazione.

R. è mio zio. Che cosa può significare? Ho sempre avuto soltanto uno zio, lo zio Josef[68]. A lui è collegata una triste storia. Un tempo, più di trent'anni fa, si era lasciato coinvolgere per lucro in un affare che la legge punisce severamente; e infatti fu punito. Mio padre, i cui capelli in pochi giorni divennero grigi per il dolore, diceva sempre che lo zio Josef non era stato un uomo cattivo, ma soltanto un semplicione. Così si esprimeva. Se dunque il mio amico R. è mio zio Josef, intendo dire con ciò che R. è un semplicione. Difficile da credersi e molto spiacevole! Ma ecco quel viso che vedo in sogno, con i lineamenti allungati e la barba gialla. Mio zio aveva in effetti un viso come quello, allungato e incorniciato da una bella barba bionda. Il mio amico R. in origine era molto bruno, ma quando le persone dai capelli bruni incominciano a incanutire, scontano lo splendore della giovinezza. La loro barba nera subisce, pelo per pelo, una spiacevole trasformazione di colori: dapprima diventa di un marrone rossiccio, poi giallognola, e infine definitivamente grigia. La barba del mio amico R. si trova attualmente in questo stato; del resto anche la mia, noto con irritazione. Il viso che vedo in sogno è, contemporaneamente, quello del mio amico R. e quello di mio zio. È come una delle fotografie sovrapposte di Galton, che per stabilire somiglianze di famiglia faceva fotografare diversi visi sulla stessa lastra. Non c'è più dubbio, quindi: volevo veramente dire che il mio amico R. è un semplicione, come mio zio Josef.

Ancora non capisco a che scopo io abbia stabilito questo confronto, contro il quale continuo a combattere. Confronto non ancora molto approfondito, del resto, dal momento che mio zio era un delinquente, mentre il mio amico R. è incensurato... tranne una multa per aver investito un bambino con la bicicletta. Che io mi riferisca a questo reato? Ciò significherebbe rendere ridicolo il confronto. Ora

[68] È incredibile come la mia memoria, la memoria da sveglio, diminuisca in questo caso al fine dell'analisi. Ho conosciuto cinque zii e ne ho amato e stimato uno soltanto. Ma nell'attimo in cui supero la resistenza a interpretare il sogno dico a me stesso di aver avuto solamente uno zio, proprio quello di cui il sogno parla.

però mi viene in mente un'altra conversazione, e sempre sullo stesso argomento, che ho avuto giorni fa con un altro collega, N. Lo avevo incontrato per strada. Anche lui era stato proposto per la nomina a professore. Era venuto a sapere dell'onore che mi era stato concesso e mi fece le sue congratulazioni. Le rifiutai senza esitare: «Proprio tu, che conosci per esperienza personale il valore di questa proposta, non dovresti scherzare in questo modo!». Egli rispose, probabilmente ironizzando: «Non si può mai sapere. Il mio è un caso particolare. Non sai che una volta una donna ha sporto denuncia contro di me? Non c'è bisogno che io ti dica che l'istruttoria è stata sospesa: si trattava di un volgare tentativo di ricatto. Inoltre ho dovuto darmi molto da fare per salvare quella donna dalle conseguenze giudiziarie. Ma forse il Ministero si serve di questa vicenda per rifiutare la proposta della mia nomina. *Tu* invece sei incensurato». Ecco trovato il colpevole, e contemporaneamente l'interpretazione e lo scopo del sogno. Mio zio Josef rappresenta i due colleghi che non sono stati nominati professori, uno perché semplicione, l'altro perché colpevole. Ora capisco anche la ragione per cui ho bisogno di questa rappresentazione. Se la nomina dei miei colleghi è stata rinviata per motivi confessionali, anche la mia nomina rimane incerta; se invece posso trovare per i loro casi altri motivi che non riguardano la mia persona, mi è possibile continuare a sperare. Il sogno procede dunque nel modo seguente: fa di R. un semplicione, di N. un colpevole, mentre io non sono né l'uno né l'altro; in tal modo non abbiamo più niente in comune e io posso godere della prospettiva della mia nomina ed evitare la triste conclusione che avrei dovuto trarre per la mia persona da quanto l'alto funzionario ha detto a R.

Devo però proseguire ulteriormente nell'interpretazione di questo sogno: non mi sembra di aver trovato ancora una conclusione soddisfacente. Non mi dà pace la leggerezza con cui degrado due colleghi stimati, solo per aprirmi la via della nomina a professore. L'insoddisfazione per il mio comportamento è però già un po' diminuita, da quando mi sono reso conto del valore che occorre attribuire alle affermazioni fatte in sogno. Negherei senz'altro di fronte a chiunque di ritenere davvero R. un semplicione e di dubitare della versione che mi ha dato N. sul tentativo di ricatto, come del resto non credo neppure che Irma si sia ammalata gravemente a causa di un'infezione provocatale da Otto con un preparato di propilene. In entrambi i casi i sogni esprimono soltanto il mio *desiderio che le cose stiano così*. L'affermazione in cui si realizza il mio desiderio appare meno assurda nel secondo sogno che nel primo; nel secondo sogno essa si serve infatti in modo più intelligente di certi fatti reali, come una diffamazione ben fatta, in cui c'è "qualche cosa di vero". Il mio amico R. infatti ha avuto a suo tempo il voto contrario di un professore della sua facoltà e il mio amico N. mi ha fornito lui stesso ingenuamente il materiale per la mia diffamazione. Tuttavia, ripeto, mi sembra che questo sogno richieda ulteriori spiegazioni.

Ricordo ora che c'è un'altra parte del sogno che finora non ho preso in considerazione nella mia interpretazione. Dopo aver pensato che R. è mio zio, nutro per lui nel sogno un grande affetto. A che cosa è dovuto quel sentimento? Naturalmente, non ho mai provato affetto per mio zio Josef. Il mio amico R. mi è molto caro da anni, ma se andassi da lui e gli esprimessi i sentimenti provati nel sogno, rimarrebbe senza subbio stupito. Il mio affetto verso di lui mi appare falso ed esagerato, un po' come il giudizio sulle sue capacità intellettuali, che esprimo nella fusione della sua personalità con quella di mio zio; ma esagerato in senso opposto. Ora però le cose cominciano a chiarirsi. L'affetto del sogno non appartiene al contenuto latente, ai pensieri nascosti dietro il sogno, ma sorge in contrasto con questo contenuto, e serve a nascondermi la vera interpretazione del sogno. Probabilmente è proprio questa la sua ragion d'essere. Ricordo con che resistenza mi sono avvicinato all'interpretazione di questo sogno, per quanto tempo l'ho rinviata dicendomi che il sogno era semplicemente assurdo. L'esperienza dei miei trattamenti psicoanalitici mi permette di interpretare una simile posizione negativa e di capire che essa non ha valore conoscitivo, bensì esprime soltanto un moto affettivo. Quando mia figlia non vuole una mela che le viene offerta, dice che è amara, senza neanche assaggiarla. Quando i miei pazienti si comportano come mia figlia, so che si tratta di una rappresentazione che essi vogliono rimuovere. Lo stesso vale per il mio sogno.

Io non voglio interpretarlo, perché l'interpretazione contiene qualcosa a cui mi ribello. Portata a termine l'interpretazione, capisco a che cosa mi ero opposto: l'affermazione che R. è un semplicione. L'affetto che provo per lui non può provenire dai pensieri latenti del sogno, ma deriva senza dubbio da questa mia ribellione. Se sotto questo profilo il mio sogno risulta deformato dal contenuto latente – e in particolare deformato nel suo opposto – allora l'affetto manifesto nel sogno serve allo scopo di questa deformazione. In altre parole, la *deformazione* risulta qui intenzionale, è un mezzo di *dissimulazione.* I pensieri del mio sogno contengono una diffamazione contro R.; perché io non la noti, appare nel sogno qualcosa di opposto, vale a dire un sentimento di affetto per lui.

Questa potrebbe essere una scoperta di validità generale. Come si è visto dagli esempi citati nel terzo capitolo, esistono sogni che sono palesi realizzazioni di desideri. Ma dove la realizzazione del desiderio è irriconoscibile, dove esso è travestito, là dovrebbe esistere una inclinazione alla difesa contro il desiderio: e proprio per questa difesa il desiderio non può esprimersi se non deformato. Voglio cercare nella vita sociale un corrispettivo di questo fenomeno della vita psichica intima. Dove troviamo, nella vita sociale, una deformazione analoga di un atto psichico? Soltanto là dove esistono due persone, di cui una possiede un certo grado di autorità e l'altra, a causa di esso, deve usare qualche riguardo. In tal caso questa seconda persona deforma i suoi atti psichici, oppure, come si potrebbe anche dire, *dissimula.* La cortesia che uso ogni giorno è in buona parte una dissimulazione di questo genere. Quando interpreto i miei sogni per il lettore, sono costretto a fare dissimulazioni analoghe. Anche il poeta si lamenta di essere costretto a questa deformazione quando scrive:

Das Beste, was du wissen kannst,
Darfst du den Buben doch nicht sagen[69].

In una situazione analoga si trova lo scrittore politico quando deve dire delle verità sgradevoli a chi detiene il potere. Se le dice apertamente, coloro che detengono il potere ne reprimeranno prima o poi l'espressione: in seguito, se si tratta di affermazioni orali, preventivamente, se l'intenzione dello scrittore è di diffonderle mediante la stampa. Lo scrittore è dunque costretto a temere la censura, quindi modera e deforma l'espressione delle proprie opinioni. A seconda della forza e della sensibilità di questa censura, si trova costretto o ad astenersi del tutto da certe forme di polemica o a parlare per allusioni anziché chiamare le cose con il loro nome, o ancora a nascondere il suo scandaloso messaggio dietro una maschera apparentemente innocua: per esempio, può raccontare un fatto accaduto tra due mandarini nel Regno di Mezzo, mentre intende invece riferirsi

[69] «Eppure, il meglio di quanto puoi sapere ai tuoi alunni non puoi dirlo». (Goethe)

ai funzionari del suo paese. Quanto più severa è la censura, tanto più esteso sarà il travestimento e tanto più ingegnosi i mezzi che comunque guidano il lettore verso il vero significato delle sue parole[70].

[70] La dottoressa H. von Hug Hellmuth (1915) ha riferito un sogno che probabilmente si adatta come nessun altro a giustificare la mia scelta di una tale parola: "censura". La deformazione del sogno utilizza in questo caso gli stessi mezzi usati dalla censura postale per espellere i passi che le sembrano scandalosi. La censura postale li rende illeggibili barrandoli con una riga nera; la censura del sogno li sostituisce con un mormorìo incomprensibile. Per agevolare la comprensione del sogno devo aggiungere che la sognatrice è una donna di cinquant'anni, molto colta e apprezzata, che è rimasta vedova di un alto ufficiale morto all'incirca dodici anni prima e madre di figli adulti, uno dei quali all'epoca del sogno si trovava al fronte.
Ecco ora il sogno dei "servizi d'amore". «La signora va all'ospedale di guarnigione N. 1 e dice alla sentinella al cancello che deve parlare con il medico primario (proferendo un nome a lei sconosciuto) perché ha intenzione di prestare servizio all'ospedale. Nel dire ciò, mette l'accento sulla parola "servizio" in modo tale che l'interlocutore immediatamente comprende che si tratta di "servizi d'amore". Poiché si tratta di una signora anziana, dopo qualche esitazione la fa passare. Però, invece di raggiungere il medico primario, la donna arriva in una sala ampia e cupa nella quale si trovano diversi ufficiali e medici militari, in piedi o seduti intorno a un lungo tavolo. La signora indirizza la sua offerta a un capitano medico che la capisce al volo. Le sue parole testuali sono: «Io e molte altre signore e giovani ragazze di Vienna siamo pronte a offrire ai soldati...». A questo punto nel sogno segue un mormorìo... «non importa se della truppa o ufficiali... ». Ma l'espressione del volto degli ufficiali, in parte imbarazzati, in parte ironici, le fa capire che il mormorìo è stato ben inteso da tutti i presenti. La signora continua: «Capisco che la nostra decisione può apparire strana, ma è invece molto seria. Nessuno domanda al soldato al fronte se vuole o non vuole morire». Segue un lungo e imbarazzante silenzio che dura per qualche minuto. Il capitano medico le gira il braccio attorno alla vita e dice: «Gentile signora, immagini che si arrivi effettivamente a... » (mormorìo). Ella si sfila dal suo abbraccio e pensa: «Sono tutti uguali». Quindi risponde: «Santo cielo, sono una donna anziana e forse non arriverò mai a tanto. D'altronde, sarebbe opportuno rispettare una condizione: l'età, in modo che una donna anziana e un ragazzo giovanissimo non... (mormorìo)... Sarebbe orribile!». Il capitano medico: «Capisco perfettamente». Alcuni ufficiali, tra cui uno che da giovane l'aveva corteggiata, scoppiano a ridere e la donna chiede di essere portata dal medico primario che conosce, per mettere tutto in chiaro. Con grande avvilimento, si rende conto di non conoscerne il nome. Malgrado ciò il capitano

La coincidenza, fino ai minimi particolari, tra il fenomeno della censura e quello della deformazione nel sogno ci autorizza a supporre per essi analoghi fattori determinanti. Possiamo dunque presumere che nel singolo individuo i sogni ricevano una forma dall'azione di due forze psichiche (correnti, sistemi), una delle quali forma il desiderio espresso dal sogno, mentre l'altra esercita una censura su di esso, provocando di conseguenza una deformazione della sua espressione. Rimane da indagare in base a quale potere questo secondo agente possa esercitare la sua censura. Se teniamo presente che i pensieri latenti del sogno non sono coscienti prima dell'analisi, mentre il contenuto manifesto che da essi deriva viene ricordato coscientemente, allora sembra plausibile supporre che la prerogativa del secondo agente consista appunto nel permettere ai pensieri di divenire coscienti. Nulla giungerebbe alla coscienza del primo sistema senza passare prima per il secondo agente, mentre quest'ultimo non lascerebbe passare nulla senza esercitare i suoi diritti e imporre al pensiero che vuole essere ammesso nella coscienza le modifiche che gli sono più gradite. Riveliamo con ciò una ben determinata concezione dell'essenza" della coscienza: il diventar cosciente è per noi uno specifico atto psichico, separato e indipendente dal processo di fissazione e rappresentazione, e la coscienza ci appare come un organo sensorio che percepisce un contenuto che proviene da altrove. Si può dimostrare che la psicopatologia non può assolutamente fare a meno di queste concezioni fondamentali. Ci riserviamo comunque di svilupparle più tardi.

Se si accetta questa rappresentazione delle due forze psichiche e dei loro rapporti con la coscienza, al palese affetto da me provato in sogno per il mio amico R., che è stato così diffamato durante l'interpretazione del sogno, corrisponde una perfetta analogia nella vita politica. Immaginiamo la vita di uno Stato in cui un governatore geloso del suo potere e un'opinione pubblica consapevole e attiva siano in lotta fra loro. Il popolo è in rivolta contro un funzionario sgradito

medico, molto cortese, le mostra una strettissima scala a chiocciola di ferro, che dalla sala conduce immediatamente ai piani superiori. Mentre sale sente un ufficiale che dice: «È una decisione straordinaria, giovane o vecchia che sia; i miei omaggi!». Sicura di adempiere esclusivamente al proprio dovere, la signora sale una scala che sembra interminabile.
Il sogno si ripete altre due volte, nell'arco di poche settimane, ogni volta con lievi mutamenti, come nota la signora, assolutamente insignificanti e privi di senso. [Nota aggiunta nel 1919]

e ne esige l'allontanamento; per mostrare di non dover tener conto della volontà popolare, l'autocrate sceglierà proprio quel momento per conferire al funzionario un'alta onorificenza che altrimenti non avrebbe avuto ragion d'essere. In modo analogo, il mio secondo agente, che regola l'accesso alla coscienza, gratifica l'amico R. con l'effusione di un affetto eccessivo, semplicemente perché gli impulsi del primo sistema, per un loro particolare interesse del momento, vorrebbero condannarlo come un semplicione[71].

Forse a questo punto cominciamo a capire che l'interpretazione del sogno ci può offrire chiarimenti sulla struttura del nostro apparato psichico che finora abbiamo atteso invano dalla filosofia. Ma noi non seguiremo questa strada e, chiarito il fenomeno della deformazione nel sogno, torneremo al nostro problema di partenza. Ci si chiedeva come i sogni di contenuto spiacevole possano essere spiegati in quanto realizzazione di desideri. Ora vediamo che ciò è possibile ove si sia verificata una deformazione del sogno e il contenuto spiacevole serva soltanto a mascherare qualcosa che si desidera. Tenendo ferma l'esistenza delle due forze psichiche, possiamo anche dire che questi sogni penosi contengono effettivamente qualche cosa che è spiacevole per il secondo agente, ma che contemporaneamente soddisfa un desiderio del primo. Sono sogni di desiderio, in quanto ogni singolo sogno proviene dal primo agente, mentre il secondo ha soltanto una funzione difensiva, non creativa[72], rispetto al sogno. Se ci limitassimo a considerare il contributo onirico del secondo fattore, non riusciremmo mai a

[71] Questo genere di sogni ipocriti non càpita raramente, né in me né in altri individui. Mentre ero concentrato a elaborare un certo problema scientifico, ho fatto per diverse notti, a breve distanza l'una dall'altra, un sogno vagamente inquietante in cui mi riconciliavo con un amico che da tempo evitavo. Alla fine, la quarta e quinta volta, ho compreso il significato del sogno. Era un invito a lasciare gli ultimi residui di scrupoli nei confronti di quella persona e a liberarmene del tutto. Tutto ciò nel sogno si era invece ipocritamente mascherato con il significato opposto. Altrove ho pubblicato il "sogno edipico ipocrita" di uomo, in cui gli impulsi ostili e i desideri di morte racchiusi nei pensieri del sogno sono sostituiti da un affetto palese. Menzioneremo un'altra varietà di sogni ipocriti più avanti. [Parte aggiunta nel 1911]

[72] Più avanti ritroveremo anche il caso in cui il sogno, diversamente, esprime un desiderio di questa seconda istanza. [Nota aggiunta nel 1930]

comprendere il sogno. Tutti gli enigmi già osservati dagli studiosi resterebbero privi di soluzione.

L'analisi dovrà dimostrare, da parte sua, per ogni caso particolare, che il sogno ha effettivamente un significato segreto da cui risulta la realizzazione di un desiderio. Sceglierò perciò alcuni sogni di contenuto spiacevole e ne tenterò l'analisi. Alcuni sono sogni di pazienti isterici, che richiedono una lunga premessa e qualche occasionale digressione sui processi psichici dell'isteria. Ma non posso evitare questa accresciuta difficoltà dell'esposizione.

Come ho già spiegato, quando prendo in trattamento analitico un paziente psiconevrotico, i suoi sogni diventano regolarmente l'argomento dei nostri colloqui, nel corso dei quali devo dargli tutte le spiegazioni psicologiche di cui io stesso mi sono servito per arrivare a comprendere i suoi sintomi. In tal modo mi espongo inevitabilmente a una critica certo non meno spietata di quella che potrebbe venirmi dai colleghi. E invariabilmente i miei pazienti ricusano la mia tesi che tutti i sogni siano realizzazione di desideri. Ecco alcuni esempi del materiale onirico presentatomi per dimostrarmi l'evidenza del contrario.

«Lei mi dice sempre che il sogno è un desiderio realizzato», comincia a dire una mia arguta paziente. «Bene, ora le racconto un sogno il cui contenuto rivela invece un desiderio non realizzato. Come lo concilia con la sua teoria? Ecco il sogno: *voglio offrire una cena, ma non ho nient'altro che un po' di salmone affumicato. Penso di uscire a comprare qualcosa, ma mi ricordo che è domenica pomeriggio e che tutti i negozi sono chiusi. Allora cerco di telefonare a qualche fornitore, ma il telefono è guasto. Quindi devo rinunciare al mio desiderio di dare una cena*».

Naturalmente io rispondo che soltanto l'analisi può decidere del significato del sogno, anche ammettendo che a prima vista esso sembra sensato, coerente e somigliante all'opposto di una realizzazione di desiderio. «Ma da dove proviene il materiale del sogno? Come lei sa, lo spunto di un sogno si trova sempre nei fatti del giorno prima».

Analisi. Il marito della mia paziente, un bravo e onesto macellaio all'ingrosso, le ha fatto notare il giorno prima che sta diventando troppo grasso e che quindi ha intenzione di iniziare una cura dimagrante. Si alzerà presto, farà movimento, seguirà una dieta rigorosa e soprattutto non accetterà più inviti a cena. La paziente aggiunge ridendo che il marito ha conosciuto al suo tavolo abituale in birreria un pittore che ha insistito per fargli un ritratto, dal momento che non aveva mai visto dei lineamenti così espressivi. Ma il marito, con le sue solite maniere, ha risposto che era lusingato ma che certamente il pittore avrebbe preferito a tutto il suo viso una parte del sedere di una bella ragazza[73]. Attualmente è molto innamorata del marito e lo prende amorevolmente in giro. Lo ha anche pregato di non darle del caviale.

Le chiedo cosa significa e lei mi spiega che da molto tempo desidera poter mangiare ogni mattina un panino al caviale, ma non si concede questo lusso. Naturalmente il marito le farebbe avere subito del caviale, se lei glielo chiedesse; invece lo ha pregato di non regalargliene per poter continuare a prenderlo in giro.

Questa spiegazione non mi sembra convincente. Dietro queste ragioni poco soddisfacenti si nascondono solitamente motivi inconfessati. Esse mi ricordano i pazienti ipnotizzati di Bernheim, che eseguono un ordine postipnotico e i quali, quando gli si chiede il motivo delle loro azioni, invece di rispondere che non lo sanno, si sentono obbligati a inventare qualche ragione palesemente insoddisfacente. Qualche cosa di simile accadrà anche nel caso del caviale della mia paziente. Osservo che è costretta a crearsi nella vita un desiderio insoddisfatto e che il suo sogno rappresenta la realizzazione di questa rinuncia. Ma perché ha bisogno di un desiderio insoddisfatto?

Le associazioni che ha prodotto sinora non sono state sufficienti per interpretare il sogno. La esorto a farne altre. Dopo una breve pausa, che corrisponde appunto al superamento di una resistenza, ella mi racconta di aver fatto visita ieri a un'amica, di cui in fondo in fondo è gelosa perché il marito la loda sempre. Per fortuna questa amica è molto magra mentre a suo marito piacciono le donne formose. Le domando di che cosa abbia parlato questa amica magra. Naturalmente, risponde, del suo desiderio di diventare un po' più formosa. L'amica le ha anche chiesto: «Quando ci inviterai di nuovo a cena? Da te si mangia sempre così bene».

Ora il significato del sogno è chiaro e posso dire alla mia paziente: «È come se lei, di fronte a quella sollecitazione, si fosse detta:

[73] Si consideri l'espressione *Dem Maler Sitzen* (sedersi per il pittore, posare) e i versi di Goethe: E se non hai il sedere,/il nobiluomo come può sedersi? – *Und wenn er Keinen Hintern hat, Wie kann der Edle sitzen?*

"Proprio te dovrei invitare! Perché tu possa farti una bella mangiata, ingrassare e piacere ancora di più a mio marito. Preferisco non dare più cene". Infatti il sogno le dice che non può offrire nessuna cena e realizza quindi il suo desiderio di non aiutare l'amica a diventare un po' più grassa. Il proposito di suo marito di non accettare più inviti a cena per riuscire a dimagrire le insegna che i pranzi di società fanno ingrassare». Alla conferma di questa interpretazione manca ora soltanto una coincidenza qualsiasi. Anche il salmone affumicato del contenuto del sogno non è ancora stato spiegato. «Come le è venuto in mente il salmone?». «Il salmone affumicato è il piatto preferito della mia amica», risponde. Casualmente, anch'io conosco la signora in questione e posso confermare che si concede tanto poco il salmone quanto la mia paziente il caviale.

Lo stesso sogno ammette anche un'altra e più sottile interpretazione, che diventa anzi inevitabile se teniamo conto di un dettaglio secondario. Le due interpretazioni non si contraddicono fra loro, anzi si sovrappongono e costituiscono un bell'esempio della consueta polesemia dei sogni e di tutte le altre formazioni psicopatologiche. Abbiamo appreso che, nello stesso tempo in cui sognava la rinuncia di un desiderio, la mia paziente cercava di procurarsi nella vita reale un desiderio insoddisfatto (il panino con il caviale). Anche la sua amica aveva espresso un desiderio, in particolare quello di ingrassare, e non ci stupiremmo se la nostra paziente avesse sognato che il desiderio dell'amica restava insoddisfatto. Infatti il desiderio della mia paziente è che quello della sua amica (il desiderio di ingrassare) non si realizzi. Ma invece di questo, ella sogna che è il suo desiderio a non realizzarsi. Quindi il sogno può essere nuovamente interpretato se supponiamo che nel sogno ella non intenda se stessa bensì l'amica, che le si sia sostituita o, in altre parole, si sia identificata con lei. Penso che la mia paziente abbia realmente fatto questo e che il fatto di essersi costruita un desiderio insoddisfatto nella vita reale costituisca una prova di tale identificazione.

Ma qual è il significato dell'identificazione isterica? Per chiarirlo, è necessaria un'esposizione più accurata. L'identificazione è un momento estremamente importante nel meccanismo dei sintomi isterici; tramite essa i malati riescono a esprimere nei loro sintomi non soltanto le esperienze proprie, ma quelle di molte persone, riescono dunque a soffrire, in un certo senso, per un'intera moltitudine e a rappresentare da soli tutte le parti di una commedia. Mi si obietterà che questa è la ben nota imitazione isterica, la capacità da parte degli isterici di imitare ogni sintomo di altre persone che abbiano colpito la loro attenzione, per così dire: una simpatia spinta sino alla riproduzione. Questo, comunque, non ci mostra altro che il cammino percorso dal processo psichico nell'imitazione isterica; ma una cosa è il cammino, un'altra l'atto psichico che lo percorre. Quest'ultimo è un po' più complicato di ciò che si ama indicare come imitazione isterica e corrisponde, come spiegherà un esempio, a un processo deduttivo inconscio. Supponiamo che un medico abbia una paziente con un certo tipo di convulsioni all'ospedale, in una stanza con altre malate. Egli non si meraviglierà se una mattina scoprirà che quel particolare attacco isterico è stato imitato dalle altre malate. Penserà semplicemente che esse hanno visto e imitato e che dunque si tratta di infezione psichica. Questo è vero, ma l'infezione psichica si svolge pressappoco in questo modo. Di solito le malate sanno reciprocamente più cose di quanto sappia il medico e, quando la visita è conclusa, si interessano l'una dell'altra. Se una di loro manifesta oggi il suo attacco, le altre sapranno immediatamente che esso è provocato da una lettera giunta da casa, da un dispiacere amoroso risvegliatosi, e così via. La loro compassione si risveglia e traggono una deduzione, che però non giunge alla coscienza: «Se una causa come questa può produrre un attacco simile, anch'io posso avere lo stesso genere di attacco perché cause come questa valgono anche per me». Se tale deduzione potesse diventare cosciente, probabilmente sfocerebbe nell'angoscia di avere un attacco simile; ma di fatto la deduzione si svolge in una regione psichica diversa, e sfocia quindi nella realizzazione del sintomo temuto. Quindi l'identificazione non è mera imitazione, ma *appropriazione* in base a una analoga pretesa eziologica. Essa esprime una rassomiglianza, e si riferisce a qualcosa di comune che permane nell'inconscio.

Solitamente l'identificazione viene utilizzata nell'isteria per esprimere una comunanza sessuale. Nei suoi sintomi l'isterica si identifica di preferenza, anche se non in modo esclusivo, con persone con le quali ha avuto un rapporto sessuale, oppure con quelle che hanno rapporti sessuali con le stesse persone con le quali ne ha lei stessa. Anche il linguaggio tiene conto di questo, quando dice che due amanti sono "una cosa sola". Nella fantasia isterica, proprio come nei sogni, è sufficiente per l'identificazione pensare a dei rapporti sessuali, senza che essi debbano per questo avere valore di realtà. Quindi la mia paziente segue unicamente le regole dei processi isterici di pensiero quando dà sfogo alla sua gelosia verso l'amica (che tra l'altro riconosce ingiustificata) sostituendosi a lei nel sogno e identificandosi con lei tramite la creazione di un sintomo, quello del desiderio insoddisfatto. In altre parole, si potrebbe esprimere il processo anche in questo modo: la mia paziente si sostituisce nel sogno all'amica perché quest'ultima si sostituisce a lei accanto al marito e perché lei vorrebbe prendere il posto dell'amica nell'alta stima di lui.

Più semplicemente, eppure sempre secondo lo schema per il quale la mancata realizzazione di un desiderio implica la realizzazione di un altro, si risolse l'obiezione alla mia teoria del sogno formulata da un'altra paziente, la più arguta fra tutte le mie sognatrici. Un giorno le avevo spiegato che il sogno è la realizzazione di un desiderio. Il giorno dopo mi raccontò un sogno in cui andava con la suocera in un posto di villeggiatura per trascorrervi assieme le vacanze. Ebbene, io sapevo che lei si era violentemente ribellata all'idea di trascorrere l'estate insieme alla suocera, e sapevo anche che pochi giorni prima era riuscita a evitare la temuta convivenza prendendo in affitto una casa molto distante dal posto di villeggiatura della suocera. Ora, il sogno aboliva questa soluzione desiderata; dunque, non si trattava forse della più palese contraddizione alla mia teoria della realizzazione di un desiderio mediante il sogno? Certo, bastava trarre la conclusione logica di questo sogno per averne l'interpretazione. Il sogno dimostrava che io avevo torto: *era dunque suo desiderio che io avessi torto e il sogno le mostrava quel desiderio realizzato*. Il desiderio che io avessi torto, soddisfatto a proposito della villeggiatura, si riferiva in realtà a un argomento diverso e più serio. All'epoca avevo dedotto, dal materiale offertomi nell'analisi, che in un certo periodo della sua vita doveva essere accaduto qualcosa di importante per la sua malattia. Ella aveva negato la cosa, perché non riusciva a ricordarla, ma poco dopo apparve chiaro che avevo ragione. Il suo desiderio che io potessi aver torto, trasformato nel sogno di passare le vacanze con la suocera, corrispondeva dunque al giustificato desiderio che quei fatti, dei quali stava diventando consapevole per la prima volta, non si fossero mai verificati.

Senza analisi, solo con una supposizione, ho provato a interpretare un piccolo episodio accaduto a un mio amico, già mio compagno di liceo per otto anni. Una volta, in una piccola cerchia di amici, egli aveva ascoltato una mia conferenza sulla novità del sogno come realizzazione di un desiderio. Tornato a casa, sognò di aver perduto tutti i suoi processi – era avvocato – e più tardi se ne lamentò con me. Risposi evasivamente dicendogli che dopotutto non è possibile vincere tutti i processi, ma nel mio intimo invece pensai: se per otto anni sono stato seduto al primo banco perché ero il primo della classe, mentre lui vagava di qua e di là al centro della classe, è mai possibile che non gli sia rimasto da quegli anni il desiderio di un mio fiasco completo?

Un altro sogno, di carattere più cupo, mi fu raccontato da una paziente, sempre come obiezione alla mia teoria dei sogni di desiderio.

La paziente, che era una giovane ragazza, cominciò così: «Lei si ricorderà che mia sorella ha ora un figlio solo, Karl; il maggiore, Otto, lo ha perduto quando stavo ancora a casa sua. Otto era il mio prediletto, si può dire che l'ho allevato io. Sono affezionata anche al piccolo, ma naturalmente mai quanto al morto. Stanotte ho sognato *di vedere davanti a me Karl morto. Giace nella sua piccola bara, con le mani incrociate, e intorno a lui ci sono tante candele, proprio come il piccolo Otto, la cui morte è stata per me un colpo tremendo.* Mi dica, che cosa può significare? Lei mi conosce bene; sono così cattiva da augurare a mia sorella la perdita dell'unico figlio che le è rimasto? O forse significa che desideravo la morte di Karl invece di quella di Otto, cui ero molto più affezionata?».

La rassicurai: quest'ultima interpretazione era esclusa. Dopo una breve riflessione, potei darle la corretta interpretazione del sogno, che lei in seguito mi confermò. Fui in grado di farlo perché ero a conoscenza di tutta la sua storia precedente.

Rimasta orfana da piccola, la ragazza era stata allevata in casa della sorella, molto più anziana di lei. Tra gli amici e i visitatori della casa incontrò anche l'uomo che lasciò un'impronta duratura nel suo cuore. Per un po' di tempo sembrò che questi rapporti, quasi inespressi, dovessero concludersi in un matrimonio. Ma l'esito felice fu sventato dalla sorella, i cui moventi non vennero mai interamente chiariti. Dopo la rottura, l'uomo amato dalla nostra paziente smise di frequentare quella casa, e la ragazza stessa, qualche tempo dopo la morte del piccolo Otto, sul quale nel frattempo aveva riversato il suo affetto, si rese indipendente. Ma non riuscì a liberarsi dallo stato di dipendenza cui l'aveva portata l'attaccamento per l'amico della sorella. Il suo orgoglio le imponeva di evitarlo, ma non le fu possibile trasferire il suo amore sui corteggiatori che si presentarono in seguito. Quando veniva annunciato che l'oggetto del suo amore, un letterato, avrebbe dato una conferenza in qualche luogo, lei si trovava immancabilmente tra gli ascoltatori, e approfittava di ogni occasione per vederlo da lontano, in terreno neutrale. Ricordai che il giorno prima mi aveva detto che il professore sarebbe andato a un concerto e che lei stessa vi sarebbe andata per godere ancora una volta della sua vista. Questo era successo il giorno precedente e il concerto doveva aver luogo il giorno in cui mi raccontò il sogno. Mi era quindi facile ricostruire la corretta interpretazione, e le domandai se si ricordava qualche evento accaduto dopo la morte del piccolo Otto. Mi rispose subito: «Certo, il professore tornò allora a trovarci dopo una lunga assenza e lo rividi ancora una volta presso la bara del piccolo Otto». Era proprio quel che mi aspettavo. Interpretai dunque il sogno in questo modo: «Se ora morisse l'altro bambino, accadrebbe la stessa cosa. Lei trascorrerebbe la giornata da sua sorella, il professore verrebbe certamente a fare le condoglianze e lei lo rivedrebbe come allora, nelle stesse circostanze. Il sogno non significa altro che questo suo desiderio di vederlo di nuovo, un desiderio contro il quale lei sta combattendo intimamente. So che lei ha nella borsetta il biglietto per il concerto di oggi. Il suo è un sogno di impazienza, che anticipa di qualche ora lo sguardo fugace che oggi getterà su di lui».

Per nascondere il suo desiderio, ella aveva evidentemente scelto una situazione in cui di solito desideri di questo genere vengono repressi, una situazione in cui si è talmente addolorati da non pensare all'amore. Tuttavia è abbastanza possibile che anche nella situazione reale, di cui il sogno era una riproduzione fedele, davanti alla bara del primo bambino che amava più intensamente, ella non abbia potuto reprimere un sentimento di affetto per il visitatore che tanto le era mancato[74].

Un sogno analogo di un'altra paziente trovò una spiegazione diversa. Da giovane eccelleva per prontezza di spirito e buon umore e tuttora manifestava queste doti, perlomeno in ciò che le veniva in mente nel corso del trattamento. Durante un sogno piuttosto lungo, questa signora immaginò di vedere la sua unica figlia quindicenne giacere morta in una "scatola". Era molto tentata di fare di

[74] Come il salmone affumicato nel sogno della cena mancata.

questa immagine del sogno un'obiezione alla teoria della realizzazione di un desiderio, ma lei stessa intuiva che il particolare della "scatola" doveva aprire la via a una diversa interpretazione del sogno. Nel corso dell'analisi ricordò che la sera prima, in società, c'era stata una discussione sulla parola inglese *box* e sui vari modi di tradurla, come: scatola, palco, cassettone, schiaffo e così via. Altri particolari dello stesso sogno consentirono di aggiungere che la signora aveva indovinato l'affinità dell'inglese *box* con il tedesco *Buchse* [barattolo] e che si era poi ricordata che la parola *Büchse* veniva anche usata volgarmente per i genitali femminili. Tenendo conto dei limiti delle sue nozioni di anatomia topografica, si poteva quindi supporre che la figlia nella "scatola" significasse l'embrione nel ventre materno. A questo punto ella ammise che l'immagine del sogno corrispondeva in effetti a un suo desiderio. Come molte giovani donne, non era stata affatto felice di essere incinta, e più di una volta aveva confessato a se stessa il desiderio che il bambino nel suo grembo morisse; anzi, in un attacco di rabbia, dopo una violenta lite con il marito, aveva percosso con i suoi pugni il ventre per colpire il bambino. Quindi la figlia morta era davvero la realizzazione di un desiderio, anche se di un desiderio che era stato accantonato da quindici anni, e non c'è da meravigliarsi che non venga riconosciuto come tale un desiderio che viene realizzato con tanto ritardo. Frattanto, infatti, sono cambiate molte cose.

Il gruppo cui appartengono gli ultimi due sogni, che trattano della morte di parenti cari, verrà preso in considerazione più tardi quando tratterò i sogni "tipici". Potrò allora utilizzare nuovi esempi per dimostrare come, malgrado il loro contenuto indesiderato, tutti questi sogni debbano essere interpretati come realizzazione di desideri.

Devo il sogno seguente non a un paziente, ma a un intelligente giurista di mia conoscenza. Anch'esso mi fu raccontato con l'intenzione di mettermi in guardia da una prematura generalizzazione della teoria del sogno come realizzazione di un desiderio. «*Sogno*» racconta il mio conoscente «*che arrivo davanti a casa mia con una signora sottobraccio. Lì davanti c'è una carrozza chiusa e un signore mi viene incontro, si presenta come agente di polizia e mi invita a seguirlo. Gli chiedo soltanto un po' di tempo per riordinare le mie faccende.* Pensa che sia forse mio desiderio essere arrestato?». «Certamente no, devo ammetterlo. Sa per caso sotto quale accusa veniva arrestato?». «Sì, per infanticidio, credo». «Infanticidio? Ma lei sa, vero, che questo reato può essere commesso soltanto da una madre sul suo neonato?»[75]. «Certamente». «E in che circostanze ha sognato? Che cosa è successo la sera prima?». «Preferirei non parlarne, è una faccenda delicata». «Ma devo saperlo, altrimenti dobbiamo rinunciare a interpretare il sogno». «E va bene, stia a sentire. Non ho passato la notte a casa, ma da una donna che significa moltissimo per me. Quando al mattino ci siamo svegliati, c'è stato di nuovo qualcosa fra noi. Mi sono riaddormentato e ho sognato ciò che lei sa». «È una donna sposata?». «Sì». «E lei non vuole avere un figlio da lei?». «No, questo potrebbe tradirci». «Dunque lei non pratica un coito normale?». «Prendo la precauzione di ritrarmi prima dell'eiaculazione». «Posso supporre che lei abbia ripetuto la cosa più volte durante la notte e che, rifacendola al mattino, sia rimasto un po' incerto sulla sua riuscita?». «Potrebbe darsi». «Allora il suo sogno è la realizzazione di un desiderio. Con esso lei raggiunge la sicurezza di non aver generato un bambino oppure, il che è lo stesso, di aver ucciso un bambino. Si possono facilmente osservare i legami intermedi. Ricordi, dunque: alcuni giorni fa abbiamo parlato delle difficoltà del matrimonio e di come sia incoerente il fatto che sia consentito praticare un coito che non dia frutto, mentre, quando l'uovo e il seme si sono uniti e hanno formato un feto, qualsiasi intervento viene punito come un reato. A questo proposito ci siamo ricordati della controversia medievale sul momento preciso in cui l'anima entra nel feto, poiché soltanto in quel momento diventa applicabile il concetto di omicidio. Lei conosce certamente quella spaventosa poesia di Lenau (*Das tote Glück*) che equipara l'infanticidio alle precauzioni anticoncezionali». «È strano, proprio stamattina mi è capitato di pensare a Lenau». «Anche questa è una risonanza del suo sogno. Le voglio ora presentare un altro piccolo soddisfacimento collaterale di desiderio. Con la signora sottobraccio lei arriva davanti a casa sua.[76] Lei dunque la porta a casa invece di passare la notte in casa di lei,

[75] Accade spesso che un sogno venga raccontato in un primo momento in modo incompleto e che solamente nel corso dell'analisi siano ricordati i brani omessi. I brani aggiunti a posteriori rappresentano normalmente la chiave per l'interpretazione del sogno. Si veda quel che viene detto sull'oblio nei sogni più avanti.

[76] Il verbo *Heimführen* ha il significato sia di "sposare" che di "portare a casa".

come nella realtà. Esistono forse più motivi per cui la realizzazione del desiderio, che costituisce il cuore del sogno, si sia mascherata in una forma così spiacevole. Lei potrebbe sapere dal mio lavoro sull'eziologia delle nevrosi d'angoscia, che ritengo il *coitus interruptus* uno dei fattori che scatenano lo sviluppo dell'angoscia nevrotica. La mia tesi sarebbe confermata se rimanesse in lei, dopo ripetuti rapporti di questo tipo, un senso di disagio che diventa poi uno degli elementi che compongono il suo sogno. Di questo stesso disagio inoltre lei si serve per non confessare a se stesso la realizzazione di un desiderio. Del resto, il riferimento all'infanticidio non è stato ancora spiegato. Come ha fatto ad arrivare a questo crimine tipicamente femminile?». «Devo ammettere che qualche anno fa sono stato implicato in una faccenda del genere. Per colpa mia una ragazza tentò di evitare con un aborto le conseguenze di un suo rapporto con me. Io non avevo niente a che fare con l'attuazione di quella decisione, ma per molto tempo fui nella comprensibile angoscia che la faccenda venisse scoperta». «Capisco, questo ricordo fornisce un secondo motivo per cui la supposizione di non aver fatto bene le cose doveva preoccuparla».

Un giovane medico, che mi sentì raccontare questo sogno durante un ciclo di conferenze, dovette esserne colpito, perché lo risognò subito applicandone lo schema di pensiero a un altro argomento. Il giorno prima aveva consegnato la sua dichiarazione dei redditi, che aveva compilato onestamente, dal momento che aveva ben poco da dichiarare. Sognò dunque che *un suo conoscente, uscendo da una riunione con i commissari delle imposte, venisse da lui e lo informasse che tutte le altre denunce erano state accolte senza alcuna obiezione, la sua invece aveva destato una diffidenza generale e gli sarebbe stata imposta una forte multa.* Il sogno è la realizzazione, appena velata, del desiderio di essere riconosciuto come un medico con alti redditi. Esso ricorda inoltre la nota storia della giovane cui sconsigliano di sposare il suo corteggiatore perché è un uomo violento che, una volta sposata, di certo la picchierebbe. La fanciulla risponde: «Magari cominciasse fin d'ora a picchiarmi!». Il suo desiderio di essere sposata è così grande da farle accettare anche i probabili inconvenienti di quel matrimonio, non solo, ma da farglieli finanche desiderare.

Raccogliendo sogni di questo tipo, molto frequenti, che sembrano ergersi in contrasto con la mia teoria – in quanto il loro contenuto è la rinuncia a un desiderio oppure il verificarsi di qualcosa di palesemente indesiderabile – sotto la denominazione di "sogni contrari al desiderio", osservo che essi sono nell'insieme riconducibili a due princìpi, uno dei quali non è stato ancora menzionato, anche se gioca un ruolo importante sia nei sogni sia nella vita degli uomini. Una delle forze motrici di questi sogni è il desiderio che io abbia torto. Essi appaiono regolarmente nel corso delle mie cure, quando il paziente è in uno stato di resistenza nei miei confronti, e posso essere sicuro di provocare uno di questi sogni, dopo aver spiegato al paziente per la prima volta la mia teoria del sogno come realizzazione di un desiderio[77]. Anzi, prevedo che a molti lettori accadrà la stessa cosa: in sogno saranno pronti a negarsi un desiderio, pur di soddisfare il desiderio che io abbia torto.

Lo stesso fenomeno è illustrato da un ultimo sogno di questo tipo, che ora riferirò, espostomi da una paziente in cura. È il sogno di una giovane che ha dovuto superare molte difficoltà per poter proseguire la cura con me, contro la volontà dei genitori e delle persone autorevoli che aveva consultato. *A casa le proibiscono di continuare a venire da me. La ragazza allora fa appello alla promessa che le avevo fatto di curarla, se necessario, anche senza onorario e io le rispondo: «Non posso fare concessioni per quanto riguarda il denaro»*. Bisogna ammettere che non è proprio facile dimostrare, in questo caso, la realizzazione di un desiderio, ma in tutti i casi simili esiste un secondo enigma la cui soluzione contribuisce a risolvere anche il primo. Da dove provengono le parole che la paziente mi mette in bocca? Ovviamente non le ho mai detto nulla del genere, ma uno dei suoi fratelli, in particolare quello che esercita su di lei la maggiore influenza, ha avuto la cortesia di attribuirmi quel sentimento. Il sogno dunque tende a dimostrare che il fratello ha ragione. E non soltanto nel sogno ella tende a dargli ragione. Questa stessa idea domina tutta la sua vita ed è il motivo della sua malattia.

Un medico ha avuto un sogno, raccontato poi da August Stärke, che a prima vista crea particolari difficoltà alla teoria della realizzazione del desiderio: «*Vedo nell'ultima falange del mio indice sinistro un primo indizio di sifilide*». Forse la considerazione che persino nel contenuto indesiderato il sogno appare chiaro e co-

[77] Negli ultimi anni sogni contrari al desiderio di questo genere mi furono riferiti spesso dai miei ascoltatori, come reazione alla mia teoria del sogno quale realizzazione di un desiderio. [Nota aggiunta nel 1911]

erente ci tratterrà dall'analizzarlo. Ma, se non si teme la fatica di un'analisi, si apprende che "*primo indizio*" (*Primaraffekt*) equivale a una *prima affectio* («primo amore») e che il tumore ripugnante, per citare le parole di Stärke, rappresenta «la realizzazione di un desiderio dotato di grande carica emotiva»[78].

Il secondo motivo dei sogni contrari al desiderio è così ovvio che si corre il rischio di trascurarlo, come è accaduto a me per molto tempo. Nella costituzione sessuale di molte persone esiste una componente masochistica che deriva dalla trasformazione nel suo contrario della componente aggressiva, sadica. Vengono chiamati masochisti "mentali" coloro che non cercano il piacere nel dolore fisico inflitto loro, bensì nell'umiliazione e nella tortura psichica. È immediatamente chiaro che queste persone possono avere sogni contrari al desiderio, nonché sogni spiacevoli, che tuttavia per loro non sono altro se non realizzazioni di desideri, in quanto soddisfano le loro tendenze masochistiche. Ecco uno di questi sogni. Un giovane che anni prima aveva molto tormentato il fratello maggiore, per il quale nutriva un affetto omosessuale, dopo un radicale cambiamento di carattere fa un sogno diviso in tre parti: 1) *suo fratello maggiore si prende gioco di lui*; 2) *due adulti si accarezzano fra loro con intenti omosessuali*; 3) *suo fratello ha venduto l'impresa di cui egli è impaziente di diventare direttore*. Da quest'ultimo sogno egli si risveglia con sensazioni spiacevolissime, eppure si tratta di un sogno di desiderio masochistico, che potrebbe essere interpretato così: «Mi starebbe bene se mio fratello facesse questa vendita, se non altro per punirmi di tutti i tormenti che ha dovuto subire da me».

Spero che questi esempi siano sufficienti (finché non verrà sollevata la prossima obiezione) a rendere plausibile il fatto che anche i sogni con un contenuto spiacevole devono essere interpretati come realizzazione di desideri[79]. E nessuno vedrà una coincidenza casuale nel fatto che l'interpretazione di questi sogni tocchi ogni volta argomenti di cui non si parla volentieri e ai quali non si desidera pensare. La sensazione spiacevole provocata da questi sogni è senza dubbio identica alla ripugnanza che tende, generalmente con successo, a trattenerci dal discutere o considerare tali argomenti, ripugnanza

[78] *Zentralblatt für Psychoanalyse*, II, 1911-1912.

[79] Tengo a precisare che l'argomento non è esaurito e ne parlerò in seguito. [Nota aggiunta nel 1925]

che ognuno di noi deve superare se, nonostante tutto, si trova costretto ad affrontarli. Ma questa sensazione spiacevole, che ricorre anche nel sogno, non esclude però l'esistenza di un desiderio. In ogni uomo esistono desideri che non vorrebbe comunicare agli altri e desideri che non vuole neppure confessare a se stesso. D'altra parte ci sentiamo autorizzati a trovare un legame tra il carattere spiacevole di questi sogni e il dato di fatto della deformazione onirica, e a concludere che tali sogni sono così deformati e la realizzazione del desiderio è mascherata sino al punto da essere irriconoscibile, perché esiste una ripugnanza, un'intenzione di rimozione di fronte all'argomento del sogno o al desiderio che da esso deriva. La deformazione onirica risulta quindi, in realtà, un atto della censura. Rendiamo però conto di tutto quello che l'analisi dei sogni spiacevoli ha portato alla luce, se modifichiamo la formula in cui abbiamo cercato di esprimere l'essenza del sogno nel modo seguente: *il sogno è la realizzazione (mascherata) di un desiderio (represso, rimosso)*[80].

[80] Un grande poeta contemporaneo che, per quanto ne so, non vuole avere nulla a che spartire con la psicoanalisi e con l'interpretazione dei sogni è arrivato per conto suo a definire in modo quasi identico l'essenza del sogno e parla quindi del sogno come segue: «Comparire illecito di desideri nostalgici repressi, sotto false sembianze e falso nome». Carl Spitteler, *Meine frühesten Erlebnisse* (Jena 1914). Anticipando, menziono ora l'alterazione e l'ampliamento introdotti da Otto Rank (1910) rispetto a questa formula fondamentale: «Il sogno mostra di solito come realizzati, in forma celata e simbolica, desideri attuali e generalmente anche erotici, sulla base e con l'aiuto di materiale sessuale infantile rimosso». Non ho mai sostenuto di aver utilizzato questa formula di Rank. Mi pare sufficiente la versione più breve, come è espressa nel testo. Ma solo il fatto di aver citato la modifica introdotta da Rank ha fatto sì che alla psicoanalisi venisse mosso infinite volte il rimprovero di asserire che tutti i sogni hanno un contenuto sessuale. Se invece si prende questa frase di Rank nel modo giusto, essa dimostra solamente la scarsa coscienziosità con cui i critici sono soliti trattare le loro questioni e la prontezza con cui gli avversari tralasciano le affermazioni più trasparenti, quando esse non sono funzionali alle loro tendenze aggressive. Infatti, solo poche pagine prima avevo fatto riferimento ai diversi modi in cui i desideri vengono realizzati nei sogni infantili (fare una gita, andare in barca, mangiare e così via) e in altri momenti avevo parlato di sogni provocati dalla fame, dalla sete, dallo stimolo di escrezione e di semplici sogni di comodo. Anche lo stesso Rank non fa un'affermazione assoluta. Egli dice «generalmente anche erotici» e

Restano ora da discutere i sogni d'angoscia, come particolare sottospecie dei sogni di contenuto spiacevole, e sarà molto difficile per gli inesperti considerarli come sogni di desiderio. Basterà qui un brevissimo accenno: non si tratta di un nuovo aspetto del problema del sogno, che si rivelerebbe in essi; si tratta piuttosto, in questo caso, di comprendere l'angoscia nevrotica in generale. L'angoscia che proviamo in sogno si può spiegare solo *apparentemente* con il contenuto del sogno. Se questo contenuto viene sottoposto all'analisi, scopriamo che l'angoscia non è giustificata dal contenuto del sogno più di quanto l'angoscia di una fobia sia giustificata dalla rappresentazione cui la fobia si riferisce. Per esempio, è vero che si può cadere dalla finestra, e quindi si ha ragione di essere prudenti quando si è vicino alla finestra; non si capisce invece perché, nella fobia corrispondente, l'angoscia sia così grande da perseguitare il malato ben oltre la sua ragione concreta. Vediamo allora che si può validamente affermare la stessa cosa sia per quanto riguarda le fobie che i sogni d'angoscia: in entrambi i casi l'angoscia è legata solo superficialmente alla rappresentazione che l'accompagna e deriva da un'altra fonte.

Dal momento che esiste un rapporto così stretto fra angoscia onirica e angoscia nevrotica, per spiegare la prima devo rinviare alla spiegazione della seconda. In un breve scritto sulla nevrosi d'angoscia ho sostenuto a suo tempo che l'angoscia nevrotica deriva dalla vita sessuale e corrisponde a una libido che è stata deviata dal suo scopo e non ha trovato impiego. Da allora questa formula si è dimostrata sempre più valida. Se ne può dedurre l'assioma che i sogni d'angoscia sono sogni di contenuto sessuale, in cui la libido è stata trasformata in angoscia. Più avanti avremo occasione di confermare questa affermazione con l'analisi di alcuni sogni di pazienti nevrotici. Inoltre, nel corso di un ulteriore tentativo di pervenire a una teoria dei sogni, avrò modo ancora una volta di parlare dei fattori determinanti dei sogni di angoscia e della loro compatibilità con la teoria della realizzazione di un desiderio.

questo è senz'altro confermato nella maggior parte dei casi dai sogni degli adulti. Le cose starebbero in un altro modo se si usasse "sessuale" nel senso di "Eros", come ora si fa abitualmente in psicoanalisi. Ma è molto poco probabile che i miei avversari abbiano considerato l'interessante ipotesi problematica che tutti i sogni scaturiscono da forze motrici "libidiche" in contrasto con le forze "distruttive". [Nota aggiunta nel 1925]

CAPITOLO V

IL MATERIALE E LE FONTI DEI SOGNI

Quando l'analisi del sogno dell'iniezione a Irma ci mostrò che un sogno può essere la realizzazione di un desiderio, il nostro primo interesse fu di sapere se con ciò avevamo scoperto una caratteristica universale del sogno o no, e reprimemmo per un momento la nostra curiosità per ogni altro problema scientifico che potesse essere sorto in noi durante il lavoro di interpretazione. Ora, dopo aver seguìto quella via fino alla fine, possiamo tornare indietro e scegliere un nuovo punto di partenza per i nostri vagabondaggi attraverso i problemi del sogno, anche se dovremo tralasciare per qualche tempo l'argomento, non ancora esaurito, della realizzazione del desiderio.

Ora che il nostro procedimento d'interpretazione ci permette di scoprire il contenuto latente del sogno, che è di gran lunga più importante del suo contenuto manifesto, avvertiamo all'improvviso l'urgenza di riprendere uno a uno i singoli problemi del sogno, per vedere se siamo in grado di sciogliere gli enigmi e le contraddizioni che sono apparsi irrisolvibili fin tanto che conoscevamo soltanto il contenuto manifesto del sogno.

Nel capitolo introduttivo sono state ampiamente riportate le opinioni dei singoli autori sulla relazione esistente tra sogno e stato desto, nonché sull'origine del materiale onirico. I miei lettori ricorderanno anche le tre caratteristiche della memoria onirica che, per quanto spesso osservate, non sono mai state spiegate con chiarezza:

1) I sogni preferiscono manifestamente le impressioni dei giorni immediatamente precedenti (Robert, Strümpell, Hildebrandt, e anche Hallarn e Weed).

2) Essi compiono la loro selezione in base a princìpi diversi da quelli della memoria desta, ricordando cioé non l'essenziale e l'importante, bensì il marginale e l'inosservato.

3) Hanno a loro disposizione le primissime impressioni dell'infanzia e riportano alla luce dettagli di quel periodo che ci sembrano banali e che da svegli credevamo di aver dimenticato da molto tempo.

Naturalmente, queste caratteristiche nella scelta del materiale onirico sono state studiate dagli autori precedenti solo in rapporto al contenuto manifesto del sogno.

A. Materiale recente e indifferente nei sogni

Se ora ricorro alla mia personale esperienza riguardo all'origine degli elementi che si presentano nel contenuto del sogno, devo cominciare con l'affermare che in ogni sogno è possibile ritrovare un punto di contatto con le esperienze del giorno precedente. Ogni sogno che esamino, sia mio che di altri, conferma ogni volta questa esperienza. Tenendo presente questo dato di fatto, posso dunque iniziare l'interpretazione di un sogno, ricercando innanzitutto l'avvenimento della giornata precedente che ha dato lo spunto al sogno; in molti casi questo è anzi il metodo più breve. Nei due sogni che ho analizzato accuratamente nel capitolo precedente (quello dell'iniezione a Irma e quello di mio zio con la barba gialla), il punto di contatto con il giorno precedente è così evidente da non richiedere ulteriori spiegazioni. Ma, per dimostrare con quale regolarità si possa rintracciare la conferma di un simile rapporto, esaminerò la mia raccolta di sogni personale e farò qualche esempio. Dei miei sogni citerò soltanto quel tanto che mi serve per scoprire la fonte del sogno che stiamo cercando.

1. *Faccio visita in una casa dove mi fanno entrare solo con difficoltà...; frattanto faccio* ATTENDERE *una donna.*

Fonte: la sera prima avevo conversato con una parente e le avevo detto che doveva *attendere* per un acquisto che voleva fare fino a... ecc.

2. *Ho scritto una* MONOGRAFIA *su una certa (indistinta) specie di piante.*

Fonte: ho visto la mattina una *monografia* sul genere ciclamino nella vetrina di una libreria.

3. *Vedo due donne per la strada,* MADRE E FIGLIA, *di cui l'ultima è stata una mia paziente.*

Fonte: una mia paziente in cura mi ha raccontato la sera prima che sua *madre* opponeva della difficoltà alla prosecuzione della cura.

4. *Nella libreria di S. e R. faccio un abbonamento a un periodico che costa* VENTI FIORINI *l'anno.*

Fonte: il giorno prima mia moglie mi ha ricordato che le devo ancora *venti fiorini* per le spese settimanali di casa.

5. *Ricevo una* COMUNICAZIONE *dal* COMITATO *socialdemocratico in cui mi si tratta come fossi un* MEMBRO.

Fonte: ho ricevuto una *comunicazione* dal *comitato* elettorale liberale e contemporaneamente dal consiglio della lega umanitaria, di cui sono effettivamente *membro.*

6. *Un uomo su uno* SCOGLIO IN MEZZO AL MARE, ALLA MANIERA DI BÖCKLIN.

Fonte: Dreyfus all'*Isola del Diavolo*, e nello stesso tempo ho ricevuto notizie dai miei parenti in *Inghilterra* ecc.

Ci si può chiedere se i sogni si collegano inevitabilmente agli eventi del giorno precedente o se possono riferirsi a impressioni provenienti da un tempo più lontano dell'immediato passato. È improbabile che tale questione non abbia importanti implicazioni teoriche: io opterei comunque per una prerogativa esclusiva a favore del giorno immediatamente precedente il sogno, di cui parleremo come del "giorno del sogno". Ogni volta che ho ritenuto di scoprire la fonte del sogno in una impressione di due o tre giorni prima, una indagine più approfondita mi ha convinto che quella impressione era stata di nuovo ricordata il giorno precedente, e che quindi una riproduzione dimostrabile si era inserita tra il giorno dell'evento e il momento del sogno; inoltre mi è stato possibile dimostrare lo spunto recente che poteva avermi fatto ricordare l'antica impressione.

Del resto, non sono riuscito a convincermi che tra l'impressione del giorno che provoca il sogno e il suo ricorrere nel sogno sia inserito un intervallo regolare di rilevanza biologica (il primo intervallo di questo genere ha una durata, secondo Hermann Swoboda, di diciotto ore)[81].

[81] Come ho già indicato nel poscritto al capitolo 1, H. Swoboda ha ampiamen-

te applicato la teoria degli intervalli biologici di 23 e 28 giorni, scoperta da W. Fliess, alla abitudine psichica e ha sostenuto, in particolar modo, che questi intervalli sono fondamentali per la comparsa degli elementi onirici del sogno. Se questo venisse dimostrato, non cambierebbe nulla di sostanziale nell'interpretazione dei sogni, ma si troverebbe una nuova base per il materiale onirico. Ho nuovamente analizzato qualche mio sogno personale per testare la veridicità della teoria degli intervalli con un materiale onirico, e ho scelto, a questo scopo, degli elementi del contenuto onirico particolarmente rilevanti, per i quali potevo stabilire esattamente la data di apparizione [Nota aggiunta nel 1911].
1. Sogno del 1-2 ottobre 1910
(Frammento)... In un luogo non definito in Italia. Tre figlie mi mostrano dei piccoli oggetti preziosi, come in un negozio di antiquariato e intanto si siedono sulle mie ginocchia. Guardando uno degli oggetti dico: "Vi ho dato io questo". Vedo chiaramente, dicendo ciò, un piccolo bassorilievo con il caratteristico stile del Savonarola.
Quando è stata l'ultima volta che ho visto un ritratto di Savonarola? In base al mio diario di viaggio, mi trovavo a Firenze i giorni 4 e 5 settembre. Volevo mostrare al mio compagno di viaggio il ritratto di un monaco che trova la morte tra le fiamme, e credo di averglielo mostrato il 5, al mattino. Da questo evento sino alla notte del sogno sono trascorsi 27 giorni +1, un "periodo femminile", secondo Fliess. Ma sfortunatamente per il valore di questo esempio, devo ricordare che il giorno stesso del sogno era venuto da me (per la prima volta dopo il mio ritorno) un collega molto bravo ma dallo sguardo così cupo da essere da me soprannominato, già da molti anni, "rabbino di Savonarola". Egli mi presentò un malato che si era infortunato sul treno di Pontebba, e così avevo rivolto il mio pensiero al mio recente viaggio in Italia. L'apparizione nel contenuto onirico del sorprendente elemento "Savonarola", si spiega con la visita del mio collega il giorno del sogno e l'intervallo di 28 giorni perde ogni importanza per la spiegazione.
2. Sogno del 10-11 ottobre 1910
Sto facendo ancora una volta una ricerca di chimica nel laboratorio dell'università. Il consigliere aulico L. mi chiede di cambiare stanza e mi precede per il corridoio. L. ha una lampada o qualche altro strumento in mano, e la tiene alta sopra la testa in modo acuto [?] [penetrante?], e ha una singolare postura a testa protesa. Poi arriviamo in un luogo aperto... (il resto dimenticato)
Ciò che più colpisce nel contenuto di questo sogno è il modo in cui il consigliere aulico L. porta dinanzi a sé la lampada (o lente), con l'occhio che scruta attentamente in lontananza. Sono molti anni che non vedo L., ma so di per certo che è soltanto il sostituto di un più celebre personaggio, l'Archimede della fonte di Aretusa a Siracusa, che ha lo stesso atteggiamento di L. nel sogno e tiene nell'identico modo lo specchio ustorio, scrutando l'esercito degli assedianti romani. Quando ho visto questo monumento per la prima (e ultima) volta? Stando ai miei appunti, fu la sera del 17

Anche Havelock Ellis si è occupato di tale questione e ha dichiarato di non essere riuscito a riscontrare una simile periodicità nella riproduzione dei sogni, pur avendola cercata. Egli racconta un sogno in cui si trovava in Spagna e voleva andare in un posto: Daraus, Varaus o Zaraus. Quando si svegliò non riuscì a ricordare una località con questo nome e accantonò il sogno. Alcuni mesi

settembre e da questa data sino a quella del sogno sono trascorsi effettivamente 13+10=23 giorni, un periodo maschile, secondo Fliess.Purtroppo anche in questo caso, approfondendo il sogno, la teoria degli intervalli perde attendibilità. Lo spunto del sogno è scaturito dalla notizia ricevuta lo stesso giorno; la clinica nella quale tengo le mie lezioni sarebbe stata a breve trasferita altrove. Ho pensato che la nuova sede risulterà molto scomoda per me e ho pensato che potrei non aver avuto un aula a disposizione. A questo punto il mio pensiero deve essere tornato al periodo di docenza, quando effettivamente non avevo una aula e i miei sforzi per procurarmene una non incontravano il favore dei potenti consiglieri aulici e dei professori. Andai allora da L., allora decano e considerato da me mio protettore, per lamentarmi delle mie difficoltà. Egli mi promise aiuto ma di seguito non si fece più vivo. Nel sogno è lui l'Archimede che mi dà "un appoggio" e mi conduce in un altro locale. Un interprete attento noterà facilmente che i pensieri del sogno sono guidati dal bisogno di vendetta e dal senso di grandezza. Sono però convinto che, senza questo spunto, era poco probabile che Archimede apparisse nel sogno di quella notte e mi domando se la forte e ancora recente impressione della statua di Siracusa non si sarebbe fatta avanti anche con un intervallo di tempo diverso.

3. Sogno del 2-3 ottobre 1910.

(Frammento)...Qualcosa circa il professor Oser, che ha preparato personalmente il mio menu, il che mi rende estremamente tranquillo (Il resto è dimenticato)

Il sogno si collega alle difficoltà digestive di quel giorno, tant'è che stavo pensando di rivolgermi a un collega per farmi prescrivere una dieta. Il fatto che io in sogno mi rivolga a Oser, morto durante l'estate, richiama la morte, avvenuta qualche giorno prima (1 ottobre), di un altro professore d'università, che stimavo molto. Quando è morto Oser e quando ho saputo della sua morte? A quanto risulta dalle notizie del giornale, è morto il 22 agosto. Io allora ero in Olanda, dove mi veniva recapitato regolarmente il giornale di Vienna, e devo aver letto la notizia della sua morte il 24 o il 25 agosto. Questo intervallo di tempo però non corrisponde più a nessun periodo: comprende 7+30+2=39 giorni o forse 40. Non riesco a ricordarmi se in quell'intervallo ho parlato di Oser con qualcuno o ho semplicemente pensato a lui.

Questo tipo di intervalli, non utilizzabili dalla teoria dei periodi senza ulteriore elaborazione, sono nei miei sogni molto più frequenti che gli intervalli regolari. L'unica relazione che rimane costante è quella che ho già indicato nel testo: il rapporto tra sogno e le impressioni del giorno appena concluso.

dopo scoprì che effettivamente il nome Zaraus corrispondeva ad una stazione tra San Sebastian e Bilbao, da dove era passato in treno duecentocinquanta giorni prima del sogno.

Credo dunque che per ciascun sogno esista uno stimolo tratto dai fatti per i quali si può dire che non ci si è ancora "dormito sopra". Le impressioni del passato più recente (escluso il giorno che precede la notte del sogno) non mostrano dunque, rispetto al contenuto onirico, un rapporto diverso da quello di altre impressioni che appartengono a periodi più lontani. I sogni possono scegliere il loro materiale da qualunque momento della vita di chi sogna, purché esista un filo conduttore fra le esperienze del giorno del sogno (le impressioni "recenti") e quelle più lontane.

Ma da dove viene questa preferenza per le impressioni recenti? Chiariremo questo punto sottoponendo ad analisi più accurata uno dei sogni citati. A tal proposito scelgo il:

Sogno della monografia botanica

Ho scritto una monografia su una certa pianta. Il libro è davanti a me, sto appunto voltando una tavola a colori ripiegata. In ogni esemplare c'è anche un campione essiccato della pianta, come se fosse preso da un erbario.

Analisi

La mattina ho visto un nuovo libro nella vetrina di una libreria intitolato *Il genere ciclamino*, evidentemente una *monografia* su quella pianta.

Il ciclamino, penso, è il *fiore preferito* di mia moglie. Mi rimprovero di ricordarmi così raramente di *portarle* dei *fiori*, cosa che le fa piacere. A proposito del *portare dei fiori*, mi sovviene una storia che ho raccontato poco tempo fa a un gruppo di amici, come supporto della mia tesi per cui la dimenticanza è molto spesso provocata da un movente inconscio e consente a ogni modo di dedurre le intenzioni segrete di chi dimentica. Una giovane donna era abituata a ricevere dal marito un mazzo di fiori per il suo compleanno. Un anno questo simbolo di affetto viene meno e la giovane scoppia in lacrime. Il marito le si avvicina, non sa darsi pace per il suo pianto finché lei gli dice: «Oggi è il mio compleanno». Lui si porta le mani alla fronte ed esclama: «Scusami, lo avevo completamente dimenticato. Uscirò subito per andare a comprarti dei *fiori*». Ma lei rimane inconsolabile perché la dimenticanza del marito le prova di non essere più presente nei pensieri di lui come lo era un tempo. Due giorni fa questa signora L. ha incontrato mia moglie, le ha detto che si sente bene e le ha chiesto di me. Anni fa si è fatta curare da me.

E ora un altro spunto: ricordo che una volta ho scritto davvero una *monografia su una pianta*, e in particolare una dissertazione sulla *coca*, che ha attirato l'attenzione di Karl Koller sulle proprietà anestetiche della cocaina. Io stesso avevo indicato questa applicazione dell'alcaloide nella mia pubblicazione, ma non ero abbastanza preparato per approfondire ulteriormente la questione. Questo mi fa venire in mente che la mattina dopo il sogno (ho trovato il tempo di interpretarlo soltanto la sera) avevo pensato alla cocaina in una specie di sogno a occhi aperti. Se mai dovessi avere un glaucoma, andrei a Berlino in incognito e mi farei operare da un medico che mi ha raccomandato il mio amico berlinese (Fliess). Il chirurgo, che non avrebbe la minima idea della mia identità, affermerebbe ancora una volta la facilità di certe operazioni, da quando è stata introdotta la cocaina; e io non muoverei neppure un muscolo della mia faccia che possa rivelare che io stesso ho contribuito alla scoperta. A questa fantasia si associavano poi alcune considerazioni su come sia imbarazzante per un medico ricorrere per se stesso alle prestazioni mediche dei colleghi. L'oculista berlinese non mi riconoscerebbe e io dovrei pagare il suo onorario come un qualsiasi altro paziente. Soltanto dopo essermi ricordato di questo sogno a occhi aperti, mi rendo conto che dietro di esso si nasconde il ricordo di un episodio preciso. Poco dopo la scoperta di Koller, mio padre si ammalò effettivamente di glaucoma; fu operato dal mio amico, l'oculista dottor Königstein. Il dottor Koller si occupò dell'anestesia con la cocaina e osservò che in quella occasione si trovavano riunite tutte e tre le persone che avevano avuto una parte nell'introduzione della cocaina.

Avanzo ora con il pensiero, per sapere quando mi sono ricordato per l'ultima volta di questo affare della cocaina. È stato pochi giorni fa, mentre guardavo una *pubblicazione* nella quale allievi riconoscenti celebrano il giubileo del loro maestro e direttore di laboratorio. Fra i meriti del laboratorio, ho trovato menzionato anche il fatto che lì sono state scoperte le proprietà anestetiche della cocaina, per opera di Koller. Mi accorgo ora improvvisamente che il mio sogno è legato a un avvenimento della sera precedente. Avevo accompagnato a casa il dottor Königstein, con cui mi ero trovato a parlare di un argomento che ogni volta scuote i miei sentimenti. Mentre mi intrattenevo con lui nell'atrio, ci raggiunsero il professor *Gärtner* [= "giardiniere"] e la sua giovane moglie. Non potei trattenermi dal fare a tutti e due i miei complimenti per il loro aspetto *fiorente*. Il professor Gärtner è uno degli autori della *pubblicazione* celebrativa di cui ho parlato poco fa, e io ebbi quindi la possibilità di ricordarmene. Nel discorso con il dottor Königstein era stata menzionata, benché in un contesto diverso, anche la signora L., di cui ho descritto poco fa il disappunto nel giorno del suo compleanno.

Cercherò di interpretare anche gli altri elementi del contenuto onirico. Un *campione essiccato della pianta* è incluso nella monografia, come se si trattasse di un *erbario*. All'erbario si collega un ricordo che risale ai tempi del liceo. Un giorno il nostro preside mandò a chiamare gli allievi delle classi superiori e consegnò loro l'erbario della scuola, perché lo esaminassero e lo pulissero. Vi si erano annidati dei piccoli vermi, vermi di libro. Non parve riporre troppa fiducia nel mio aiuto, perché mi affidò soltanto pochi fogli. Ricordo ancora che contenevano delle crocifere. Non avevo mai avuto rapporti diretti con la botanica. All'esame preliminare di botanica dovetti di nuovo individuare una crocifera, ma non ne fui capace. I risultati non sarebbero stati troppo brillanti, se non fossi stato tratto d'impaccio dalle mie cognizioni teoriche. Dalle crocifere passo alle composite. In fondo anche il carciofo è una composita, e precisamente la composita che potrei chiamare il mio *fiore preferito*. Più generosa di me, mia moglie ha spesso l'abitudine di portarmi dal mercato questo mio fiore preferito.

Vedo *davanti a me* la monografia che ho scritto. Anche questo mi fa pensare a qualcosa. Il mio amico, evidentemente preveggente, mi ha mandato ieri una lettera da Berlino: «Sono molto impegnato con il tuo libro sui sogni. *Lo vedo davanti a me finito e ne sfoglio le pagine*». Come l'ho invidiato per questo suo dono di preveggenza! Se potessi anch'io vederlo finito davanti a me!

La *tavola a colori ripiegata*. Quando ero studente di medicina, ero costantemente vittima della tendenza a studiare unicamente su monografie. Nonostante i miei mezzi limitati, in quel tempo ero riuscito a entrare in possesso di numerose rassegne mediche e rimanevo incantato dalle loro *tavole a colori*. Ero fiero di questa mia brama di approfondimento. Quando poi cominciai io stesso a scrivere delle pubblicazioni, fui anche obbligato a disegnarmi le tavole illustrative e ricordo che una di esse riuscì talmente misera che un collega, seppur benevolmente, mi prese in giro. A ciò si aggiunge, non so bene come, un ricordo della primissima infanzia. Una volta mio padre si era divertito a dare da strappare a me e a una mia sorella più piccola un libro con *tavole a colori* (il racconto di un viaggio in Persia). Da un punto di vista educativo il fatto era difficilmente giustificabile. Avevo allora cinque anni, mia sorella non ne aveva ancora tre e l'immagine di noi bambini che beati sfogliamo quel libro strappandolo, foglio a foglio, proprio come un *carciofo*, mi ritrovo a dire, è praticamente l'unico ricordo plastico che ho di quel periodo della vita. Più tardi, quando ero studente, mi si sviluppò una predilezione spiccata a raccogliere e possedere libri, simile alla tendenza a studiare su monografie: l'*hobby preferito* (l'idea di qualcosa di *preferito* compare già nei pensieri del sogno riguardo ai ciclamini e ai carciofi). Divenni un *topo di biblioteca*.[82] Da quando rifletto su me stesso, ho sempre ricollegato questa mia passione a quel ricordo infantile, o meglio ho riconosciuto in quella scena dell'infanzia un "ricordo di copertura" per la mia successiva bibliofilia. Naturalmente ho anche imparato ben presto che dalle passioni facilmente nascono dispiaceri. All'età di diciassette anni avevo un notevole conto presso il libraio, ma non i mezzi per pagarlo, e per mio padre ebbe scarso valore la scusa che i miei interessi avrebbero potuto rivolgersi a qualcosa di peggiore. Il ricordo di questa vicenda giovanile mi riporta subito alla discussione con il mio amico dottor Königstein. Infatti, nella discussione della sera precedente il sogno, mi aveva rimproverato della stessa cosa: concedevo troppo spazio ai miei *hobby preferiti*.

Per motivi non inerenti all'argomento, non voglio proseguire l'interpretazione di questo sogno, ma mostrarne soltanto l'orientamento. Durante il lavoro d'interpretazione sono stato portato a ricordare, e da vari punti di vista, la discussione con il dottor Königstein. Se prendo in considerazione gli argomenti toccati nella discussione, il significato del sogno mi diventa comprensibile. Tutte le associazioni di pensiero che sono state accennate – i fiori pre-

[82] Il termine *Bücherwurm* ha in tedesco il significato di "tignuola" ma anche di "topo da biblioteca". (N.d.T.)

feriti di mia moglie, i miei, la cocaina, le difficoltà dell'assistenza medica tra colleghi, la mia predilezione per lo studio di monografie, la mia negligenza in altri campi, come la botanica – tutto porta in ultima analisi all'uno o all'altro aspetto della mia conversazione con il dottor Königstein. Ancora una volta il sogno assume il carattere di una giustificazione, di una difesa del mio diritto, come il primo sogno analizzato, quello dell'iniezione a Irma; anzi, esso continua l'argomento allora iniziato e lo discute in base al nuovo materiale aggiuntosi nell'intervallo fra i due sogni.

Persino la forma di espressione, apparentemente indifferente, acquista un accento particolare e sta a significare in questo caso: «Dopotutto sono io che ho scritto il prezioso e noto trattato sulla cocaina», proprio come a suo tempo avevo detto a mia discolpa: «Sono uno studente bravo e diligente». In tutti e due i casi, quindi: «Me lo posso permettere». Posso rinunciare quindi a proseguire l'interpretazione di questo sogno, perché lo scopo che mi ha portato a riferirlo era soltanto quello di stabilire, in base a un esempio, il rapporto fra il contenuto onirico e l'esperienza del giorno precedente, che ne è lo stimolo. Finché di questo sogno io conoscevo soltanto il contenuto manifesto, mi sembrava che esso si riferisse a un singolo evento del giorno. Ma una volta compiuta l'analisi, emerge una seconda fonte, che deriva da un'altra esperienza dello stesso giorno. La prima delle impressioni cui si riferisce il sogno è insignificante, è una circostanza secondaria: ho visto un libro nella vetrina di una libreria il cui titolo mi colpisce di sfuggita, e il cui contenuto non dovrebbe interessarmi. Il secondo episodio è invece di alto valore psichico: ho discusso animatamente per un'ora con il mio amico oculista, gli ho parlato di cose che toccano entrambi, e ho risvegliato in me dei ricordi che mi hanno variamente turbato. Inoltre, la conversazione è stata troncata prima della sua conclusione dall'arrivo di conoscenti.

Dobbiamo dunque domandarci quale sia il nesso tra le due impressioni diurne e quale il loro rapporto con il sogno avvenuto nella notte. Il contenuto manifesto del sogno allude soltanto all'impressione *indifferente*, il che sembra confermare la tendenza del sogno ad accogliere nel suo contenuto soprattutto i dettagli marginali della vita desta. Nell'interpretazione invece tutto tende all'esperienza *significativa*, che a ragione mi ha colpito. Se giudico il significato del sogno nell'unica maniera corretta, vale a dire in base al contenuto latente affiorato attraverso l'analisi, viene alla luce improvvisamente un nuovo fatto significativo. Sembra perdere il suo significato l'enigma per cui il sogno si occuperebbe soltanto dei frammenti insignificanti della vita desta, e mi vedo costretto a smentire l'affermazione che la vita psichica dello stato desto non continui nel sogno, e che quindi il sogno sperperi attività psichica per un materiale irrisorio. È vero il contrario: ciò che ci impegna di giorno domina anche il pensiero del sogno e ci preoccupiamo di sognare soltanto quelle cose che durante il giorno ci hanno dato motivo di riflessione.

La spiegazione più ovvia del fatto che io ciononostante sogni l'impressione diurna indifferente, mentre il sogno è stato provocato da quella che mi ha a ragione turbato, è che anche in questo caso esiste il fenomeno di deformazione che abbiamo precedentemente ricondotto a una forza psichica con potere di censura. Il mio ricordo della monografia sul genere ciclamino è impiegato dunque come un'*allusione* alla conversazione con l'amico; in modo simile, nel sogno della cena mancata, il "salmone affumicato" è un'allusione di chi sogna al pensiero dell'amica. Rimane ora da chiedersi attraverso quali associazioni intermedie l'impressione della monografia possa entrare in relazione allusiva con la conversazione con l'oculista, dal momento che a prima vista tale relazione non è chiara. Nell'esempio della cena mancata, la relazione è data sin dal principio: "salmone affumicato" fa sicuramente parte, in quanto cibo preferito dell'amica, della sfera di rappresentazioni che la personalità dell'amica è in grado di evocare nella sognatrice. Nel nostro nuovo esempio ci sono invece due impressioni distinte, che non hanno nulla in comune se non il fatto di essere accadute lo stesso giorno. Osservo la monografia la mattina, faccio la discussione la sera. La risposta che mi viene offerta dall'analisi è la seguente: relazioni di questo tipo, quando non sono evidenti a prima vista, fra le due impressioni, sono intrecciate più tardi fra il contenuto rappresentativo dell'una e il contenuto rappresentativo dell'altra. Già durante la stesura scritta dell'analisi ho richiamato l'attenzione con il corsivo sulle rispettive associazioni intermedie. Escludendo altre interferenze, alla rappresentazione della monografia sui ciclamini si collegherebbe soltanto l'idea che si tratta del fiore preferito di mia moglie e inoltre, eventualmente, il ricordo del mazzo di fiori che non è stato inviato alla signora L. Non credo che questi pensieri sottintesi sarebbero stati sufficienti a provocare un sogno.

There needs no ghost, my lord, come from the grave

To tell us this[83].

è detto nell'*Amleto*.

Ma ecco che nel corso dell'analisi mi ricordo che l'uomo che interruppe la nostra conversazione si chiamava *Gärtner* (giardiniere) e che pensai che sua moglie fosse *fiorente*. Ricordo addirittura a posteriori che una delle mie pazienti, che ha il bel nome di *Flora*, era stata per un certo tempo al centro della nostra discussione. Mediante queste associazioni intermedie, che appartengono alla sfera delle rappresentazioni botaniche, deve essersi formato un ponte fra i due episodi del giorno, l'uno indifferente, l'altro significativo. Intervennero poi altre relazioni, come quella della cocaina, che può essere a buon diritto l'anello intermedio fra la persona del dottor Königstein e una monografia botanica da me scritta; e queste relazioni hanno consolidato la fusione delle due sfere di rappresentazione. In tal modo una parte del primo episodio poté servire da allusione al secondo.

Mi si contesterà che la spiegazione è arbitraria o artificiosa. Che cosa sarebbe successo se il professor Gärtner non fosse sopraggiunto con la sua fiorente signora, se la paziente della nostra conversazione non si fosse chiamata Flora ma Anna? La risposta è semplice. Se fossero mancate queste associazioni di pensiero, senz'altro ne sarebbero state scelte delle altre. È molto facile istituire associazioni di questo genere, come dimostrano i giochi di parole e gli indovinelli che ci rallegrano la giornata. Il regno del motto di spirito è illimitato. Oppure, per arrivare a uno stadio più avanzato, ove non fosse stato possibile creare sufficienti associazioni intermedie, il sogno sarebbe riuscito diverso. Un'altra impressione indifferente, come infinite altre che si presentano alla nostra mente e poi vengono dimenticate, avrebbe preso il posto della monografia nel sogno, sarebbe entrata in rapporto con l'argomento della conversazione e l'avrebbe rappresentata nel contenuto onirico. Dal momento che solo l'impressione della monografia ha avuto questa sorte, dobbiamo supporre che si adattasse meglio a stabilire l'associazione. Non bisogna mai meravigliarsi, come *Giovannino il furbo* di Lessing, «che al mondo soltanto i ricchi posseggano tanto denaro».

83 «Non c'è bisogno, mio signore, di uno spettro venuto dalla tomba / per dirci questo».

Il procedimento psicologico mediante il quale, sempre secondo la nostra teoria, l'episodio indifferente viene a sostituire quello psichicamente rilevante, non può non sembrarci ancora dubbio e strano. In un capitolo successivo ci troveremo di fronte al compito di rendere più comprensibili le particolarità di questa operazione, apparentemente irrazionale. Qui invece abbiamo di fronte soltanto l'esito di un processo, la cui esistenza dobbiamo ammettere in seguito a numerosissime osservazioni che si ripetono regolarmente nell'analisi dei sogni. È come se si verificasse una specie di "spostamento" dell'accento psichico, potremmo dire, per mezzo delle associazioni intermedie sopraddette; in tal modo rappresentazioni inizialmente poco intense si fanno carico dell'investimento originariamente più intenso di altre rappresentazioni e ottengono abbastanza energia da aprirsi l'accesso alla coscienza. Simili spostamenti non ci sorprendono affatto, quando si tratta di trasferire una certa quantità di affetto, o in genere quando si tratta di azioni motorie. La zitella solitaria che trasferisce il suo affetto sugli animali, lo scapolo che diventa un fanatico collezionista, il soldato che difende con il suo sangue una striscia di tela colorata, la bandiera, una stretta di mano che, prolungata di qualche secondo, crea la felicità nel rapporto d'amore oppure, nell'*Otello*, un fazzoletto perduto che provoca uno scoppio d'ira: sono tutti esempi di spostamenti psichici sui quali non c'è nulla da obiettare. Ma quando sentiamo che nella stessa maniera e secondo gli stessi princìpi si giunge alla decisione di cosa dovrà entrare nella nostra coscienza e cosa dovrà restarne fuori, in breve: cosa *penseremo*, abbiamo l'impressione che sia un fatto patologico e, se si verifica nella vita reale, lo riteniamo un errore di pensiero. Riveliamo fin d'ora il risultato di considerazioni ulteriori, e cioè che il procedimento psichico da noi riconosciuto operante nello spostamento onirico, benché non si possa descrivere come un disturbo patologico, differisce tuttavia dalla norma ed è un processo di natura più *primaria*.

Quindi, il fatto che il contenuto dei sogni includa i residui delle esperienze insignificanti lo spieghiamo come una manifestazione della *deformazione onirica* (mediante spostamento), e si ricorderà che nella deformazione abbiamo riconosciuto una censura operante nel passaggio tra due forze psichiche. C'è da aspettarsi con ciò che l'analisi ci riveli regolarmente la vera fonte del sogno, quella psichicamente rilevante nella vita desta, benché l'accento si sia spostato dal ricordo di quella fonte su un ricordo indifferente. Questa nostra concezione si pone in netto contrasto con la teoria di Robert, divenuta per noi inservibile. Il fenomeno che Robert intendeva spiegare non esiste; la sua è una supposizione basata su un malinteso, sulla mancata sostituzione del contenuto reale al contenuto apparente del sogno. E contro la teoria di Robert può essere sollevata un'altra obiezione: se il sogno avesse effettivamente il compito di liberare la nostra memoria, tramite un particolare lavoro psichico, dalle "scorie" del ricordo del giorno, il nostro sonno dovrebbe essere più tormentato e sottoposto a un lavoro molto più faticoso di quello della nostra vita intellettuale durante la vita desta. Infatti la quantità di impressioni indifferenti diurne da cui dovremmo proteggere la nostra memoria è evidentemente smisurata: la notte non sarebbe sufficiente per venirne a capo. È molto più probabile che il processo di oblio delle impressioni indifferenti si sviluppi senza l'intervento attivo delle nostre forze psichiche.

Tuttavia qualcosa ci dice di non avere fretta di abbandonare la teoria di Robert senza fare qualche altra considerazione. Non abbiamo ancora spiegato il fatto che una tra le impressioni diurne indifferenti, e in particolare un'impressione dell'ultimo giorno, offre regolarmente un contributo al contenuto onirico. Le relazioni fra questa impressione e la vera e propria fonte del sogno nell'inconscio non sempre sono date in partenza; vengono istituite, come abbiamo visto, soltanto in un secondo momento, durante il lavoro onirico, come al servizio dello spostamento prefissato. Deve esserci dunque una costrizione a far partire dei collegamenti proprio in direzione dell'impressione recente, anche se indifferente; ed essa si deve rivelare, attraverso un attributo qualsiasi, particolarmente adatta. In caso contrario, potrebbe accadere con altrettanta facilità che i pensieri del sogno spostino il loro accento su una componente inessenziale della loro sfera di rappresentazioni.

Le osservazioni seguenti possono aiutarci a offrire una spiegazione. Se durante il giorno abbiamo avuto due o più esperienze adatte a provocare sogni, il sogno si riferisce congiuntamente a entrambe come a una sola: *obbedisce alla costrizione di farne un'unità*. Ecco un esempio. Un pomeriggio d'estate entrai in uno scompartimento ferroviario in cui trovai due miei conoscenti, però sconosciuti l'uno all'altro. Il primo era un mio influente collega, il secondo apparteneva a una distinta famiglia di cui ero medico. Feci le presentazioni; ma durante tutto il lungo viaggio i loro rapporti si svolsero tramite me, per cui discorrevo ora con l'uno ora con l'altro. Pregai il collega di usare la sua influenza per favorire un nostro comune conoscente, che proprio allora aveva iniziato la sua attività di medico. Egli mi rispose che era convinto della bravura del giovane, ma che il suo aspetto dimesso non gli avrebbe facilitato l'ingresso in case distinte. Risposi: «Proprio per questo motivo ha bisogno di essere raccomandato». All'altro mio compagno di viaggio domandai poco dopo notizie della salute di sua zia, che era la madre di una delle mie pazienti e che in quel periodo era a letto gravemente malata. La notte dopo il viaggio sognai che il giovane amico, a favore del quale avevo interceduto, si trovava in un elegante salotto dove, circondato da una scelta società in cui avevo collocato tutti i ricchi e i nobili di mia conoscenza, pronunciava con una sicurezza da uomo di mondo l'orazione funebre per la vecchia signora (zia del mio secondo compagno di viaggio), che nel sogno era già morta. (Devo confessare che non ero in buoni rapporti con questa signora). Il mio sogno aveva dunque ancora una volta realizzato dei collegamenti fra le due impressioni del giorno precedente, e ne aveva dedotto una situazione unitaria.

Sulla base di molte esperienze simili, sono costretto ad affermare che nel lavoro onirico esiste una sorta di coazione a creare in unità nel sogno tutte le fonti di stimolo esistenti[84].

Voglio ora esaminare questo problema: la fonte del sogno, cui giungiamo con l'analisi, deve essere ogni volta un evento recente (e significativo), oppure la parte di suscitatore del sogno può essere assunta da un'esperienza intima, cioè dal ricordo di un evento psichicamente significativo, da una successione di idee? La risposta, in base a numerose analisi, risulta decisamente a favore della seconda ipotesi. Il sogno può essere provocato da un processo intimo, divenuto in un certo senso recente attraverso il lavoro mentale diurno.

Sarà quindi arrivato il momento, ora, di sintetizzare in uno schema le diverse condizioni che ci consentono di riconoscere le fonti del sogno. Fonte del sogno può essere:

a) un'esperienza recente e psichicamente significativa, rappre-

[84] La caratteristica tipica del lavoro onirico di raggruppare in un unico movimento tutti gli avvenimenti che nello stesso momento accendono il suo interesse, è stata evidenziata da diversi studiosi, come Delage, in "Rev. industr.", vol. 2, Delboef, *Le Sommeil et le rêves* che li definisce *rapprochement forcé*.

sentata direttamente nel sogno[85];

b) diverse esperienze recenti, significative, che il sogno compone in unità[86];

c) una o più esperienze recenti e significative che vengono rappresentate, nel contenuto onirico, da un'esperienza dello stesso periodo, ma indifferente[87];

d) un'esperienza intima, significativa (ricordo o successione di idee) rappresentata regolarmente nel sogno da un'impressione recente ma indifferente[88].

Si vede, dunque, che condizione invariabile per l'interpretazione rimane il fatto che una componente del contenuto onirico ripeta un'impressione recente, del giorno prima. Questa parte, destinata ad assolvere una funzione di rappresentanza, può far parte della cerchia di rappresentazioni dell'elemento suscitatore del sogno – come sua componente essenziale o irrilevante – o derivare dalla sfera di un'impressione indifferente che, attraverso una serie più o meno numerosa di collegamenti, è stata posta in rapporto con la sfera dell'elemento suscitatore. L'apparente pluralità delle condizioni si deve qui soltanto all'alternativa: spostamento avvenuto o non avvenuto; e osserviamo ora come questa alternativa ci faciliti la spiegazione delle contraddizioni del sogno nella stessa misura in cui la serie di stati di progressivo risveglio delle cellule cerebrali agevola la teoria medica.

In questi quattro casi si può anche osservare che, al fine della formazione del sogno, un elemento psichicamente significativo ma non recente (una successione di idee, un ricordo) può essere sostituito da un elemento recente ma psichicamente indifferente, purché vengano soddisfatte le due condizioni seguenti: 1) che il contenuto onirico sia collegato a un'esperienza recente; 2) che lo stimolo del sogno sia un processo psichicamente significativo. In un solo caso (il caso *a*) le due condizioni vengono soddisfatte dalla stessa impressione. Se si tiene conto, poi, che le stesse impressioni indifferenti, che sono utilizzate nel sogno finché sono recenti, perdono questa capacità dopo un giorno (o al massimo pochi giorni),

[85] Come nel sogno dell'iniezione a Irma e nel sogno di mio zio con la barba gialla.

[86] Come nell'orazione funebre del giovane medico.

[87] Come nel sogno della monografia botanica.

[88] La maggioranza dei sogni dei miei pazienti nel corso dell'analisi è di questo genere.

possiamo concludere che la freschezza di un'impressione le dà un certo valore psichico al fine della formazione del sogno, equivalente in un certo senso al valore dei ricordi e dei processi ideativi dotati di tonalità affettiva. Solo nel corso delle prossime discussioni psicologiche potremo scoprire su che cosa possa fondarsi il valore delle impressioni recenti nella formazione del sogno.

A questo proposito si noterà poi che durante la notte possono avvenire importanti mutamenti, inosservati dalla nostra coscienza, nel nostro patrimonio di ricordi e di rappresentazioni. Spesso ci viene consigliato di non prendere una decisione prima di averci "dormito sopra" una notte, e questo consiglio è pienamente giustificato. A questo punto però ci accorgiamo di essere sconfinati dalla psicologia del sogno a quella del sonno, uno sconfinamento che avremo occasione di ripetere[89].

A questo punto si può sollevare un'obiezione che minaccia di rovesciare le ultime conclusioni. Se le impressioni indifferenti possono insinuarsi nel contenuto onirico solo se sono recenti, come mai il contenuto dei sogni include anche elementi appartenenti a periodi precedenti, che all'epoca in cui erano recenti, per usare le parole di Strümpell, non avevano alcun valore psichico, e avrebbero dovuto quindi esser stati dimenticati da tempo, elementi dun-

[89] Pöztl ha dato contributi rilevanti al tema dell'importanza del materiale recente per la formazione dei sogni, in un suo saggio che implica diverse conseguenze. In alcuni esperimenti, Pöztl ordinò ai pazienti di fare un disegno di quanto avevano colto coscientemente di un'immagine vista al tachistoscopio. Poi si concentrò sui sogni fatti da quei pazienti la notte successiva e chiese loro ancora una volta di fare dei disegni di parti appropriate di quei sogni. Ne scaturiva sempre che i dettagli dell'immagine esposta che non erano stati notati dal paziente avevano prodotto il materiale per la formazione del sogno, mentre quelli che erano stati percepiti coscientemente e ritratti nel disegno non comparivano nel contenuto manifesto del sogno. Il materiale tratto dal lavoro onirico veniva modificato da esso allo scopo di formare il sogno nel solito modo "arbitrario", o meglio, "autocratico". I problemi sollevati dall'esperimento di Pöztl vanno ben al di là dell'àmbito dell'interpretazione dei sogni che svolgiamo in questa ricerca. Eppure, vale la pena di notare il contrasto tra questo nuovo metodo di indagare la formazione dei sogni sperimentalmente e la precedente grezza tecnica che consisteva nell'introdurre nel sogno degli stimoli che interrompevano il sonno del paziente. [Nota aggiunta nel 1919]

que che non sono né recenti né psichicamente rilevanti?

Possiamo respingere questa obiezione riferendoci ai risultati della psicoanalisi nei soggetti nevrotici. Si arriva infatti alla conclusione che lo spostamento, che sostituisce il materiale psichicamente significativo con materiale indifferente (sia nell'attività del sognare sia in quella del pensare), si è verificato in tali casi in periodi di vita precedenti, ed è rimasto fissato da allora nella memoria. Questi particolari elementi, che in origine erano indifferenti, non lo sono più, da quando appunto hanno assunto, tramite lo spostamento, valore di materiale psichicamente significativo. Ciò che è effettivamente rimasto indifferente non può più essere riprodotto neppure nel sogno.

Dalle precedenti affermazioni si potrà concludere, giustamente, che io affermo che non esistono stimoli di sogni indifferenti, e quindi non esistono sogni "innocenti". Questa è di fatto la mia opinione nel senso più rigoroso e assoluto, eccezion fatta per i sogni dei bambini e forse per le brevi reazioni oniriche a sensazioni notturne. Tutto il resto va riconosciuto o come manifestamente significativo dal punto di vista psichico, o come deformato, e quindi valutabile solo alla fine dell'interpretazione, quando a sua volta sarà riconosciuto come significativo.

Il sogno non si occupa mai di sciocchezze; non consentiamo infatti che il nostro sonno venga disturbato da inezie[90]. I sogni apparentemente innocenti si rivelano maliziosi, quando ci si prende la briga di interpretarli; sono, se mi si concede l'espressione, come "lupi in veste d'agnelli". Poiché questo è di nuovo un punto su cui mi aspetto delle obiezioni, e poiché mi è grata l'occasione di mostrare la deformazione onirica in opera, sceglierò dalla mia raccolta alcuni sogni "innocenti" e li sottoporrò ad analisi.

1) Una giovane donna, intelligente, colta, dal comportamento molto riservato, "un'acqua cheta", racconta quanto segue: *Ho sognato di arrivare tardi al mercato e di non trovare più nulla né dal macellaio né dall'erbivendola.* Senza dubbio si tratta di un sogno innocente, ma

[90] Havelock Ellis, un benevolo critico di questo saggio, scrive: «È qui che molti di noi non sono più in grado di seguire Freud». Egli, però, non ha analizzato sogni e si rifiuta di credere che sia impossibile fondare il proprio giudizio sul contenuto manifesto. [Nota aggiunta nel 1914]

un sogno non può avere un carattere così semplice, e quindi la invito a raccontarmelo con maggiori dettagli. Ed ecco allora che cosa diventa: *Sogna di andare al mercato con la cuoca, che porta il cesto. Chiede qualcosa al macellaio che le risponde: «Non ne può più avere», e vuole darle qualcos'altro dicendo: «Anche questo è buono». Lei rifiuta e va dall'erbivendola che vuole venderle una verdura particolare legata in fasci, ma di colore nero. Lei dice: «Non la conosco, non la prendo».*

Il riferimento del sogno al giorno precedente è abbastanza semplice. Effettivamente era andata tardi al mercato, e non aveva trovato più nulla. «La macelleria era già chiusa»: questa frase si impone, per descrivere l'accaduto. Ma, attenzione: non è questo un modo di dire, o meglio il contrario del modo di dire molto volgare, per indicare una trascuratezza dell'abbigliamento maschile?[91] Comunque la sognatrice non ha usato queste parole, forse le ha evitate; cerchiamo di interpretare i dettagli contenuti nel sogno.

Quando nel sogno qualcosa ha carattere di discorso diretto, cioè viene detto o udito, e non semplicemente pensato (e in genere è facile fare la distinzione con sicurezza), ciò deriva da discorsi della vita reale che naturalmente sono stati trattati come materiale grezzo, e possono quindi presentarsi frammentariamente, leggermente modificati, ma soprattutto strappati dal loro contesto.[92] Nel lavoro d'interpretazione un metodo è quello di partire da questi discorsi. Da dove viene dunque l'osservazione del macellaio: «*Non ne può più avere*»? Da me stesso: alcuni giorni prima le avevo spiegato che le più remote esperienze infantili «*non* si possono *più* avere come tali», ma vengono sostituite nell'analisi da "traslazioni" e da sogni. Sono dunque io il macellaio e lei sta respingendo queste traslazioni nel presente di vecchi modi di pensare e di sentire. E ancora, qual è l'origine della sua frase del sogno: «*Non la conosco, non la prendo*»? Ai fini dell'analisi occorre dividerla in due. «*Non la conosco*»: l'ha detto lei stessa il giorno prima alla cuoca con cui aveva avuto una discussione. Ma aveva aggiunto: «*Si comporti bene*!». A questo punto si può osservare uno spostamento. Delle due frasi usate nella discussione con la cuoca, lei ha trasferito nel sogno quella insignificante,

[91] Simile all'espressione italiana "avere la bottega aperta". (N.d.T.)

[92] A proposito dei discorsi all'interno del sogno, si guardi il capitolo sul lavoro onirico. Tra tutti gli studiosi, soltanto Delboeuf sembra aver riconosciuto l'origine dei discorsi presenti nel sogno, visto che li paragona a *clichés* (op. cit.)

ma soltanto quella repressa («*Si comporti bene!*») concorda con il resto del contenuto onirico. Queste sarebbero le parole giuste da dire a chi azzardasse pretese scorrette e dimenticasse di "chiudere la bottega". La concordanza con le allusioni contenute nell'episodio dell'erbivendola ci dimostra che siamo effettivamente sulla buona strada. Una verdura che si vende legata in fasci (lunga, come lei aggiungerà in seguito) e insieme nera, che cosa può essere se non la combinazione onirica di asparago e rapa nera? Credo di non dover interpretare per nessuno, uomo o donna che sia, gli asparagi, ma anche l'altra verdura mi sembra alludere, nella pronuncia tedesca, allo stesso tema sessuale che abbiamo sospettato fin da principio quando volevamo inserire nel racconto del sogno l'espressione sulla macelleria chiusa.[93] Non occorre qui conoscere integralmente il significato di questo sogno: sta di fatto che esso *ha* un significato e questo significato non è per nulla innocente[94].

2) Ecco un altro sogno innocente della stessa paziente, che rappresenta, in certo senso, il completamento del precedente: *Il marito le chiede: «Non credi che dovremmo far accordare il pianoforte?». Ed ella risponde: «Non ne vale la pena; tanto bisogna far riparare i martelletti».*

Ancora una volta la ripetizione di un avvenimento reale del giorno prima. Il marito le ha fatto quella domanda e lei ha risposto in modo simile. Ma che significa il fatto che lei lo sogni? Parlando del pianoforte dice, sì, che è una cassa *disgustosa*, che è una vecchia *cassa*,

[93] Gioco di parole basato sulla somiglianza della pronuncia tedesca dell'espressione "rapa nera" e dell'esclamazione "Nero, salvati!", che a sua volta fa riferimento ad altri giochi di parole comuni nei giornali umoristici di quel tempo. (N.d.T.)

[94] Per chi desiderasse saperne di più si può aggiungere che il sogno nascondeva una fantasia in cui io mi comportavo in modo sconveniente e sessualmente provocante e la paziente si difendeva da me. Se questa interpretazione pare assurda, è sufficiente ricordare gli innumerevoli casi in cui dei medici sono accusati in modo simile da donne isteriche. Ma in questi casi la fantasia perviene alla coscienza senza maschera, sotto forma di allucinazione, anziché essere deformata e apparire solo come un sogno. La paziente fece questo sogno all'inizio della cura psicoanalitica. Solo più tardi venni a sapere che in esso aveva ripetuto il trauma iniziale dal quale si era originata la sua nevrosi. Da allora è accaduto spesso che altre pazienti mi attribuissero lo stesso comportamento: avendo subìto un attentato sessuale durante l'infanzia, forse cercano di ripeterlo nei loro sogni.

che ha un *brutto suono*, una cosa che suo marito possedeva già prima del matrimonio, e così via[95]; ma solo la frase «*non ne vale la pena*» ci offre la chiave della soluzione. Questa frase deriva da una visita fatta a una sua amica il giorno prima. Era stata invitata a togliersi la giacca e aveva rifiutato dicendo: «Grazie, *non ne vale la pena*, devo andarmene subito». Mentre mi fa questo racconto mi viene in mente che nel corso dell'analisi, ieri, aveva improvvisamente portato le mani alla giacca, un bottone della quale si era slacciato. Dunque è come se volesse dire: «Per favore non guardi, *non ne vale la pena*». In questo modo la *cassa* sta per "cassa toracica" e l'interpretazione del sogno porta direttamente all'epoca del suo sviluppo fisico, quando iniziò ad essere insoddisfatta delle forme del suo corpo. Conduce anche a periodi precedenti, se prendiamo in considerazione la parola *disgustosa* e il *brutto suono* e se ricordiamo la frequenza con cui i piccoli emisferi del corpo femminile rappresentano, nelle allusioni e nei sogni, come contrapposto e come sostituto, gli emisferi maggiori.

3) Interrompo per un momento questa serie per inserire il breve sogno innocente di un giovane. Ha sognato che *indossa di nuovo il cappotto e questo fatto è terribile*. Lo spunto manifesto del sogno è dato, a quel che dice, dal ritorno improvviso del freddo. A un'analisi più accurata si osserverà che le due brevi parti del sogno non si accordano tra loro, perché che cosa mai dovrebbe esserci di terribile nel fatto di portare, quando fa freddo, un cappotto pesante e spesso? Contro l'innocenza del sogno parla già la prima associazione venutagli in mente durante l'analisi: il ricordo di una signora che ieri gli ha confidato che il suo ultimo figlio deve la propria esistenza a un preservativo rotto. Su quella base ricostruisce ora i pensieri avuti in quella occasione. Un preservativo sottile è pericoloso, ma uno spesso è scadente. Il preservativo si può ben rappresentare come un *cappotto*, difatti si *indossano* entrambi. Un avvenimento come quello raccontato dalla signora sarebbe senz'altro *terribile* per un uomo come lui, che non è sposato.

E ora ritorniamo alla nostra innocente sognatrice.

4) *Ella mette una candela nel candeliere, ma la candela si rompe e*

[95] Dopo l'interpretazione apparirà chiaro che si tratta di una sostituzione con il contrario.

non si regge diritta. Le bambine a scuola dicono che lei è maldestra, ma la signora dice che non è colpa sua.

Ancora una volta uno spunto reale. Il giorno prima effettivamente ha messo una candela nel candeliere, ma la candela non si è rotta. Il simbolismo usato è trasparente. La candela è un oggetto che eccita i genitali femminili e se la candela si rompe, così da non poter stare dritta, ciò significa che il marito è impotente («*non è colpa sua*»). Ma potrà mai questa giovane signora, educata con tanta cura e rimasta estranea a qualsiasi bruttura, conoscere un simile uso della candela? Per caso, è ora in grado di indicarmi l'episodio che glielo ha fatto conoscere. Nel corso di una gita in barca sul Reno, passò accanto a loro una barca piena di studenti che molto allegri cantavano, o meglio urlavano una canzone:

Wenn die Königin von Schweden,
Bei geschlossenen Fensterläden
Mit Apollokerzen...[96]

Ella non udì o non comprese le ultime parole e fu suo marito a spiegargliele. Nel contenuto del sogno i versi sono sostituiti da un ricordo innocente: un incarico che ella una volta, a scuola, aveva eseguito in modo maldestro. L'elemento comune è costituito dalle *finestre chiuse.* Il collegamento fra il tema della masturbazione e l'impotenza è abbastanza ovvio. L'*Apollo* del contenuto latente del sogno collega questo a un sogno precedente, in cui si trattava della vergine Pallade. Tutto ciò in verità non è certo innocente.

5) Perché non si creda di poter facilmente trarre dai sogni le reali condizioni di vita di chi sogna, riferisco un altro esempio che pare anch'esso innocente e proviene dalla stessa persona. «*Ho sognato qualche cosa*», racconta, «*che ho effettivamente fatto ieri: riempivo di tanti libri un baule da far fatica a chiuderlo. E ho sognato esattamente quello che è avvenuto*». In questo caso è la narratrice stessa a sottolineare la concordanza fra sogno e realtà. Tutti i giudizi e le osservazioni di questo tipo sul sogno, benché abbiano trovato posto nel pensiero desto, pure appartengono regolarmente al contenuto latente del sogno, e ne avremo conferma in seguito da altri esempi. Ci vien detto dunque che la cosa raccontata dal sogno è effettivamente accaduta il

[96] «Quando la regina di Svezia / a finestre chiuse / con candele di Apollo...».

giorno prima. Sarebbe troppo lungo descrivere per quale via ci sia venuta l'idea di ricorrere all'inglese per l'interpretazione. Si tratta comunque, ancora una volta, di un piccolo *box* (si veda il sogno della figlia morta nella scatola), che è stato tanto riempito da non poterci più fare stare nulla. Questa volta perlomeno niente di male.

In tutti questi sogni "innocenti", il fattore sessuale spicca in modo molto visibile come motivo della censura. Ma questo è un argomento di particolare importanza che per il momento dobbiamo tralasciare.

B. Materiale infantile come fonte dei sogni

In accordo con tutti gli altri autori, a eccezione di Robert, ho indicato come terza peculiarità del contenuto onirico il fatto che nel sogno possono comparire impressioni che appartengono alla primissima infanzia, delle quali la memoria vigile non sembra disporre. Naturalmente è difficile stimare la frequenza con cui ciò accade, perché al risveglio non riconosciamo l'origine degli elementi onirici in questione. La dimostrazione che si tratta di impressioni dell'infanzia deve quindi essere data oggettivamente, ma raramente se ne ha l'opportunità. Singolarmente convincente è, secondo Maury, la storia di un uomo che, dopo vent'anni di assenza, decise di tornare a rivedere il paese natìo. La notte precedente la partenza, questi sognò di trovarsi in un paese completamente ignoto e di incontrare per la strada un signore, anch'egli sconosciuto, con il quale si mise a conversare. Tornato effettivamente al paese, scoprì che il luogo sconosciuto esisteva realmente, nei dintorni del suo paese natale, mentre l'uomo sconosciuto risultò essere un amico del padre morto, che viveva ancora lì. Questa era la prova evidente che nell'infanzia aveva visto sia l'uomo sia la località. Del resto questo sogno va interpretato come un sogno d'impazienza, similmente al sogno della ragazza che aveva nella borsetta il biglietto per il concerto e della bambina cui il padre aveva promesso la gita ad Hameau e altri simili. Ovviamente solo mediante l'analisi è possibile arrivare a scoprire il motivo che fa riprodurre a chi sogna proprio quella particolare impressione infantile.

Uno degli ascoltatori del mio ciclo di conferenze, il quale si vantava che i suoi sogni erano quasi sempre privi di deformazione, mi raccontò di aver visto in sogno poco tempo prima *il suo ex precettore a letto con la governante* che era stata con loro fino ai suoi undici anni. Nel sogno aveva identificato l'ambiente in cui si svolgeva la scena. Vivamente interessato, raccontò il sogno al fratello maggiore che ridendo gli confermò la verità di quanto aveva sognato. Il fratello ricordava bene tutto, perché allora aveva sei anni. I due amanti, ogni volta che si presentava l'occasione favorevole per un incontro notturno, erano soliti far ubriacare di birra il fratello maggiore. Il fratello minore, invece, il sognatore, che aveva allora tre anni e dormiva nella stanza della governante, non veniva considerato un ostacolo.

Anche in un altro caso è possibile stabilire con sicurezza e senza l'aiuto dell'interpretazione che il sogno contiene elementi infantili: quando cioè si tratta di un cosiddetto sogno "ricorrente", che è avvenuto nell'infanzia e che ricompare poi periodicamente nel sonno dell'adulto. Ai noti esempi di sogni siffatti posso aggiungerne qualcuno di mia esperienza, per quanto io stesso personalmente non ne abbia mai avuti. Un medico trentenne mi raccontò che nei suoi sogni, dalla prima infanzia fino a quel momento, compariva spesso un leone giallo, che egli è in grado di descrivere in modo molto particolareggiato. Un giorno questo leone, che egli ben conosceva nei sogni, gli si presentò sotto forma di un oggetto di porcellana andato smarrito molto tempo prima. Il giovane apprese poi dalla madre che era stato il giocattolo preferito della sua infanzia, cosa che egli stesso aveva dimenticato.

Se ora passiamo dal contenuto manifesto ai pensieri del sogno che soltanto l'analisi porta alla luce, possiamo scoprire con sorpresa l'intervento di esperienze infantili anche in sogni il cui contenuto non suggerirebbe di fare simili supposizioni. Devo allo stimato collega del "leone giallo" un esempio molto piacevole e istruttivo di un sogno simile. Dopo aver letto il resoconto della spedizione polare di Nansen, sognò di sottoporre a trattamento galvanico in un deserto di ghiaccio il coraggioso esploratore, per guarirlo da una sciatica di cui questi soffriva. Nel corso dell'analisi del sogno, gli venne in mente una storia della sua infanzia, senza la quale il sogno resterebbe certamente incomprensibile. Un giorno, quando aveva tre o quattro anni, aveva sentito i grandi parlare di viaggi d'esplorazione e aveva domandato a suo padre se si trattava di una malattia grave. Evidentemente aveva confuso *reisen* (viaggiare) con *Reissen* (dolori acutissimi), e la canzonatura dei suoi fratelli fece sì che l'imbarazzante episodio non fosse mai dimenticato.

Un caso del tutto simile è quello accaduto a me nell'analisi dedicata al sogno della monografia sul genere ciclamino, quando mi sono imbattuto in un ricordo infantile rimasto intatto: il ricordo di mio padre che consegna a me, bambino di cinque anni, perché lo strappi, un libro illustrato con tavole a colori. Ci si può forse chiedere se questo ricordo abbia effettivamente contribuito alla strutturazione del contenuto del sogno e se non si tratti invece di un rapporto posteriore creato dal lavoro d'analisi. Ma la ricchezza e la complessità delle catene associative depongono a favore della prima alternativa: ciclamini, fiore preferito, cibo preferito, carciofo; sfogliare come un carciofo, foglia a foglia – modo di dire che è di uso quotidiano a proposito dello smembramento dell'impero cinese – erbario, vermi di libri (topi di biblioteca), il cui cibo preferito sono i libri. Posso inoltre assicurare i miei lettori che il significato ultimo del sogno, che qui non ho rivelato, è intimamente collegato al contenuto della scena infantile.

In un altro gruppo di sogni, l'analisi ci dimostra che il vero desiderio che provoca il sogno – rappresentazione dell'appagamento di quel desiderio – deriva dalla vita infantile; per cui abbiamo la sorpresa di scoprire che *il bambino continua a vivere con i suoi impulsi nel sogno.*

Inserisco a questo punto l'interpretazione di un sogno dal quale abbiamo già tratto insegnamento: il sogno dell'amico R. che è mio zio. Nel corso dell'interpretazione siamo arrivati al punto di riconoscere nitidamente il desiderio che offre un motivo del sogno, quello di essere nominato professore; abbiamo spiegato la tenerezza sentita in sogno per l'amico R., come una creazione di opposizione e di rivolta di fronte agli insulti ai due colleghi, contenuti nei pensieri del sogno. È un sogno personale; posso quindi proseguirne l'analisi dichiarando che la soluzione raggiunta non aveva soddisfatto la mia sensibilità. Sapevo che da sveglio il mio giudizio sui colleghi bistrattati in sogno era del tutto diverso; la forza del mio desiderio di non condividerne il destino per quel che riguardava la nomina mi sembrava insufficiente a spiegare la contraddizione esistente fra la stima che ho di loro nella vita reale e la valutazione del sogno. Se il desiderio di sentirmi chiamare con un altro titolo fosse così forte, starebbe a dimostrare un'ambizione patologica che non mi riconosco e che ritengo a me estranea. Non so come potrebbero giudicarmi a questo proposito altre persone che credono di conoscermi; forse nel passato sono stato realmente molto ambizioso ma, in ogni caso, da gran tempo ho trasferito la mia ambizione su altre mete, che non siano il titolo e la dignità di *professor extraordinarius.*

Allora, quale potrebbe essere stata la causa che ha prodotto il mio sogno? Mi viene in mente un fatto che ho spesso sentito raccontare nella mia infanzia. Alla mia nascita, una vecchia contadina predisse a mia madre, orgogliosa dell'annuncio di aver dato al mondo, con il suo primo figlio, un grande uomo. Profezie di questo genere devono essere molto comuni: vi sono tante madri in gioiosa attesa e tante vecchie contadine o donne anziane che compensano la perdita del loro potere di controllo sulla vita presente rivolgendosi al futuro. E certo la profetessa non ci avrà perso nulla con le sue parole. Che la mia sete di grandezza risalga sino a quell'episodio? Ma ecco che a questo punto mi ricordo un'altra impressione, che appartiene ad anni successivi e che fornirebbe una spiegazione ancora migliore. Una sera, in uno di quei ristoranti del Prater dove i miei genitori erano soliti condurmi, quando avevo undici o dodici anni, fummo colpiti da un uomo che si spostava da un tavolo all'altro, improvvisando versi su qualsiasi tema gli venisse richiesto, in cambio di un piccolo compenso. Fui incaricato di invitare il poeta al nostro tavolo ed egli mostrò gratitudine al piccolo messaggero. Prima di informarsi sull'argomento prescelto, improvvisò qualche verso sul mio conto, dichiarando, nella sua ispirazione, che sarei diventato probabilmente "ministro". Ricordo ancora molto bene l'impressione che mi fece questa seconda profezia.

Erano i giorni del ministero *borghese*; poco tempo prima mio padre aveva portato a casa i ritratti dei professionisti borghesi Herbst, Giskra, Unger, Berger e altri, e avevamo illuminato la casa in loro onore. Vi erano tra loro persino degli ebrei, infatti allora ogni diligente ragazzino ebreo aveva il portafoglio di ministro nella sua cartella. Agli eventi di quell'epoca deve collegarsi senza dubbio il fatto che io, sino a poco prima di iscrivermi all'università, avevo l'intenzione di studiare legge e cambiai idea solo all'ultimo momento. Infatti a un medico è definitivamente preclusa la carriera di ministro. Ma ora torniamo al sogno. Comincio a pensare che esso mi ha riportato da questo tetro presente al tempo, colmo di speranza, del ministero *borghese* e soddisfa, per quanto gli è possibile, il mio desiderio di allora. Bistrattando così duramente, in quanto ebrei, i due colti e stimati colleghi, uno come fosse un semplicione, l'altro un delinquente, mi comporto come fossi il ministro, mi sono messo al posto del ministro. Che stupenda vendetta contro Sua Eccellenza! Egli rifiuta di nominarmi *professor extraordinarius* e io mi vendico in sogno mettendomi al suo posto.

In un'altra occasione ho potuto verificare come il desiderio che provoca il sogno, malgrado sia attuale, venga fortemente sostenuto da ricordi che risalgono all'infanzia. Penso a una serie di sogni fondati sull'ardente desiderio di visitare Roma. Per molto tempo dovrò continuare a soddisfare questo desiderio soltanto nei sogni, perché ragioni di salute mi obbligano a evitare un soggiorno a

Roma nella stagione in cui mi è possibile viaggiare[97]. Così una volta sognai di vedere dal finestrino del treno il Tevere e il ponte di Castel S. Angelo. Poi il treno si mette in moto e mi rendo conto di non essere neppure sceso in città. Il panorama visto in sogno era preso da una nota stampa che avevo scorto il giorno prima nel salotto di un paziente. Un'altra volta qualcuno mi condusse su una collina e mi mostrò Roma, semiavvolta nella nebbia e ancora così lontana che mi meravigliai di vederla con tanta chiarezza. Il contenuto di questo sogno è più ricco di quel che sia qui opportuno esporre. È tuttavia facilmente riconoscibile il motivo del "vedere da lontano la terra promessa". La città che ho visto per la prima volta nella nebbia è Lubecca e l'immagine della collina è nel Gleichenberg. Nel terzo sogno finalmente sono a Roma, come mi dice il sogno stesso. Ma con mia grande delusione non vedo affatto un panorama cittadino, bensì soltanto *un ruscello dalle acque scure, sulle cui rive si trovano da un lato delle rocce nere, dall'altro dei prati con grandi fiori bianchi. Noto un certo signor Zucker* (che conosco solo superficialmente) *e decido di chiedergli come si arriva in città.* È evidente che mi sforzo invano di vedere in sogno una città che non ho mai visto da sveglio. Scomponendo il paesaggio del sogno nei suoi elementi, scopro che i fiori bianchi indicano la città di Ravenna, che io ho visitato e che almeno per un breve periodo ha tolto a Roma il privilegio di essere capitale d'Italia. Nelle paludi intorno a Ravenna avevamo visto nell'acqua nera delle belle ninfee; il sogno le fa crescere nei prati, come i narcisi della nostra Aussee, perché allora ci era costata tanta fatica coglierle nell'acqua. La roccia nera, così vicina all'acqua, ricorda chiaramente la valle del Tepl vicino Karlsbad. E *Karlsbad* mi consente ora di chiarire lo strano dettaglio di me che chiedo la strada al signor Zucker. Nel materiale di cui è intessuto il sogno devono essere riconosciuti a questo punto due di quei divertenti aneddoti ebraici, che nascondono una così profonda e spesso amara sapienza di vita e che menzioniamo così volentieri nelle lettere e nei discorsi. Uno è la storia della "costituzione", e racconta di un ebreo povero che si infila senza biglietto

[97] Da molto tempo so che c'è bisogno di un po' di coraggio per realizzare desideri che fino allora sono stati ritenuti irraggiungibili; [Nota aggiunta nel 1909] e da allora sono diventato un perenne pellegrino diretto a Roma. [Parte aggiunta nel 1925]

nell'espresso che conduce a Karlsbad. Còlto in flagrante, viene allontanato dal treno a ogni controllo e trattato sempre più severamente, fino a quando in una delle tappe del suo calvario incontra un conoscente che gli domanda dove stia andando. «A Karlsbad», risponde, «se la mia costituzione resiste».

L'altro aneddoto è la storia dell'ebreo che non sa il francese, al quale viene raccomandato di chiedere la strada per Rue Richelieu, una volta raggiunta Parigi. Anche Parigi è stata per lunghi anni mèta della mia nostalgia, e la felicità con cui per la prima volta misi piede sul selciato di quella città mi garantì che avrei ottenuto il soddisfacimento anche di altri desideri. Il "chiedere la strada" è inoltre una diretta allusione a Roma, poiché, com'è noto, tutte le strade portano a Roma. Del resto il nome *Zucker* ("zucchero") è una nuova allusione a Karlsbad, dove generalmente mandiamo tutti coloro che soffrono di quella malattia *costituzionale* che è il diabete (*Zuckerkrankheit*). Lo stimolo di questo sogno è stato la proposta fatta dal mio amico berlinese di incontrarci a Praga per Pasqua. Dagli argomenti che dovevo discutere con lui avrebbe avuto origine un nuovo collegamento fra "zucchero" e "diabete".

Un quarto sogno, fatto subito dopo quest'ultimo, mi riconduce nuovamente a Roma. Vedo un angolo di strada davanti a me, e mi sorprendo di trovarvi affissi tanti manifesti tedeschi. Il giorno prima avevo scritto al mio amico, con profetica lungimiranza, che Praga non sarebbe stata un luogo di soggiorno comodo per ospiti tedeschi. Il sogno era dunque anche espressione del desiderio di incontrarlo a Roma, invece che in una città della Boemia, e dell'auspicio, risalente forse ai miei anni universitari, che a Praga si tollerasse di più la lingua tedesca. Del resto, nei primi anni d'infanzia può darsi che capissi la lingua ceca, essendo nato in un piccolo paese della Moravia con popolazione slava. Una filastrocca ceca, che ho sentito quando avevo pressappoco diciassette anni, si è impressa con tanta facilità nella mia memoria che posso ripeterla ancor oggi, sebbene non abbia la minima idea di che cosa significhi. Quindi, anche in questi sogni non mancano diversi collegamenti con le impressioni dei miei primi anni di vita.

Solo durante il mio ultimo viaggio in Italia, che tra l'altro mi portò anche sul lago Trasimeno, potei finalmente scoprire, dopo aver preso dolorosamente la strada del ritorno, ottanta chilometri prima di Roma, come la mia nostalgia per la Città Eterna fosse rafforzata da impressioni infantili. Stavo appunto progettando di fare l'anno dopo un viaggio a Napoli passando per Roma, quando fui colpito da una frase, letta probabilmente in uno dei nostri classici[98]: «Viene da chiedersi chi abbia passeggiato più nervosamente in camera sua, dopo aver concepito il piano di andare a Roma, se il rettore aggiunto Winckelmann o il condottiero Annibale». Allora avevo seguìto le tracce di Annibale e, come lui, non ero riuscito a vedere Roma. Anche Annibale era andato in Campania, quando il mondo intero lo attendeva a Roma. Annibale, cui somigliavo sotto questi aspetti, era stato però l'eroe favorito dei miei anni di scuola. Come molti coetanei, durante le guerre puniche avevo rivolto le mie simpatie non ai Romani ma al Cartaginese. Quando poi, nelle classi superiori, compresi meglio cosa significa appartenere a una razza straniera, e l'atteggiamento antisemitico dei miei compagni mi obbligò a prendere una posizione determinata, la figura del generale semita crebbe ancora di più ai miei occhi. Annibale e Roma simboleggiavano, per me adolescente, il conflitto fra la tenacia degli ebrei e l'organizzazione della Chiesa cattolica, mentre la crescente importanza assunta dal movimento antisemita sulla nostra vita affettiva mi aiutava a fissare i pensieri e i sentimenti di quei lontani giorni. Così il desiderio di recarmi a Roma è diventato nella mia vita onirica maschera e simbolo di molti altri ardenti desideri, la cui realizzazione potrebbe essere perseguita con la costanza e la dedizione del cartaginese, sebbene la loro soddisfazione sembri per il momento tanto poco favorita dal destino quanto il desiderio di Annibale, durato tutta la vita, di entrare in Roma.

Solo ora mi imbatto nell'avvenimento della mia infanzia che mostra ancor oggi il suo potere su tutti questi sentimenti e sogni. Avevo forse dieci o dodici anni, quando mio padre iniziò a portarmi con sé nelle sue passeggiate e a esprimermi nelle conversazioni le sue idee sulle cose di questo mondo. Così, una volta, mi fece questo racconto per dimostrarmi quanto migliore del suo fosse il tempo in cui ero venuto al mondo io. «Quando ero giovane», mi disse, «un sabato andai a passeggio per le vie del paese dove sei nato. Ero ben vestito, e avevo in testa un berretto di pelliccia nuovo. Passa un cristiano, e con un colpo mi butta il berretto nel fango urlando: "Via dal marciapiede, ebreo!"». «E tu che cosa hai fatto?», gli chiesi. «Andai in mezzo alla strada e raccolsi il berret-

[98] Lo scrittore cui si allude deve essere stato senza dubbio Jean Paul. [Nota aggiunta nel 1925]

to», fu la sua calma risposta. Non mi sembrò una condotta eroica da parte di quell'uomo grande e robusto che mi teneva per mano. Contrapposi a questa situazione, che non mi soddisfaceva, un'altra, molto più rispondente alla mia sensibilità: la scena cioè in cui il padre di Annibale, Amilcare Barca[99], fa giurare al figlio davanti all'altare di famiglia che si vendicherà dei Romani. Da allora in poi Annibale ha avuto un posto nelle mie fantasie.

Ritengo di poter rinvenire ancora più indietro nella mia infanzia questo entusiasmo per il generale cartaginese: anche in questo caso, dunque, si tratterebbe soltanto della traslazione di un rapporto affettivo già formato su un nuovo oggetto. Uno dei primi libri che mi capitarono fra le mani quando imparai a leggere, fu la "storia del Consolato e dell'Impero" di Thiers. Mi ricordo ancora di aver incollato piccole etichette con il nome dei marescialli dell'imperatore sulla schiena piatta dei miei soldatini di legno. Già da allora Masséna (in ebraico: Manasseh)[100] era chiaramente il mio favorito. (Questa preferenza potrebbe anche spiegarsi con la casuale coincidenza che abbiamo in comune la data di nascita, esattamente a cento anni di distanza). Napoleone stesso, mediante la traversata delle Alpi, si ricollega ad Annibale. E forse lo sviluppo di questo ideale guerriero può essere rintracciato ancora più indietro nella mia infanzia, fino ai desideri suscitati in me da una relazione, ora amichevole ora bellicosa, che ebbi, nei primi tre anni della mia vita, con un compagno di giochi maggiore di un anno e più forte di me.

Quanto più a fondo si va nell'analisi dei sogni, tanto più spesso si rintracciano esperienze infantili che nel contenuto onirico latente fungono da fonti del sogno.

Come abbiamo già visto, molto raramente il sogno riproduce ricordi in modo tale che questi ne costituiscano, senza abbreviazioni e mutamenti, l'unico contenuto manifesto. Sono stati comunque confermati alcuni esempi di questa evenienza, e posso aggiungerne qualche altro, che si riferisce ancora una volta a scene infantili. Un sogno diede una volta a uno dei miei pazienti la riproduzione, quasi non deformata, di un avvenimento sessuale, che egli riconobbe

[99] Nella prima edizione compariva il nome di Asdrubale: curioso errore che ho chiarito nella mia *Psicopatologia della vita quotidiana*. [Nota aggiunta nel 1909]

[100] L'origine ebraica del maresciallo è stata messa in dubbio. [Nota aggiunta nel 1909]

subito come un ricordo fedele. In realtà, il ricordo non era mai stato completamente perduto nella vita desta, ma era molto debole e fu possibile farlo rivivere grazie al precedente lavoro d'analisi. A dodici anni era andato a trovare un compagno che si trovava a letto e che muovendosi, forse per puro caso, si scoprì. Còlto, alla vista del sesso, da una sorta di coazione, anch'egli si spogliò e afferrò il membro dell'amico, che lo guardò con sdegno e stupore, per cui fu còlto dall'imbarazzo e lo lasciò andare. Ventitré anni più tardi, il sogno ripeté la scena con tutti i particolari delle sensazioni provate quella volta, modificandole però in questo senso: il sognatore assumeva un ruolo passivo, invece di quello attivo, mentre il compagno di scuola era sostituito da una persona che apparteneva alla sua vita attuale.

In genere, però, la scena infantile viene rappresentata nel contenuto onirico manifesto solo attraverso un'allusione, ed è compito dell'interpretazione tirarla fuori dal sogno. La comunicazione di esempi di questo genere non è molto convincente, poiché di solito non c'è alcuna prova dell'effettiva esistenza di queste esperienze infantili; se hanno avuto luogo nella prima infanzia, non sono più riconosciute come ricordi. La giustificazione generale per provare l'esistenza di queste esperienze infantili attraverso i sogni è data da tutta una serie di fattori presenti nel lavoro psicoanalitico, che sembrano reciprocamente coerenti e quindi sufficientemente fedeli. Strappati dal loro contesto ai fini dell'interpretazione, questi riferimenti del sogno a esperienze infantili fanno ben poca impressione, in particolare perché non riporto l'intero materiale su cui si basa l'interpretazione. Ma tutto questo non mi tratterrà dal comunicarli.

1) Tutti i sogni di una mia paziente sono caratterizzati dal suo "affanno"; ella si affanna per arrivare in tempo da qualche parte, per non perdere il treno e così via. In un sogno *deve andare a far visita a una sua amica; sua madre le ha detto di andare in carrozza, non a piedi; ma lei corre e cade di continuo.* Il materiale che emerge dall'analisi consente di riconoscere il ricordo di gare infantili (si sa che cosa un viennese chiami *Hetz*)[101] rievocando, soprattutto in

[101] *Hetz* significa generalmente "affanno", ma a Vienna ha anche il significato di "baldoria, divertimento". (N.d.T.)

questo sogno, un gioco caro ai bambini, quello di pronunciare la frase «*Die Kuh rannte, bis sie fiel*» («la mucca corse finché cadde») tanto in fretta da farla sembrare una parola sola, senza senso, (il che costituisce un altro modo di affannarsi). Tutti questi innocenti giochi precipitosi fra piccole amiche vengono ricordati perché ne sostituiscono altri, meno innocenti.

2) Sogno di un'altra paziente: *Si trova in una grande stanza dove ci sono macchine di ogni tipo, all'incirca come ella immagina che sia un istituto ortopedico. Viene a sapere che io non ho tempo e che dovrà fare la cura insieme ad altre cinque pazienti. Ma lei si rifiuta e non vuole mettersi sul letto o su qualunque cosa le sia destinata. Si mette in un angolo ad aspettare che io le dica che non è vero. Le altre intanto ridono di lei, ironizzando sul suo modo di "comportarsi". Nello stesso tempo, le sembra di fare tanti piccoli quadrati.*

La prima parte del contenuto di questo sogno si riferisce alla cura e alla traslazione sulla mia persona. La seconda contiene l'allusione alla scena infantile; l'accenno al letto congiunge le due parti.

L'*istituto ortopedico* si riferisce a un mio commento in cui avevo paragonato la cura, per natura e per durata, a un trattamento ortopedico. All'inizio della cura fui costretto a dirle che per il momento *avevo poco tempo per lei*, ma che in seguito avrei potuto dedicarle un'ora intera al giorno. Ciò risvegliò in lei l'antica sensibilità, caratteristica fondamentale dei bambini destinati all'isteria. Essi non sono mai sazi d'amore. La mia paziente era la più piccola di sei fratelli (da qui: *insieme ad altre cinque*) e come tale la preferita del padre, ma pare che ella abbia avuto l'impressione che il padre amato le dedicasse ancora troppo poco tempo e attenzione. Il suo *aspettare che io le dica che non è vero* ha questa origine: il fattorino del sarto le aveva portato un vestito e lei gli aveva consegnato il denaro. Poi aveva chiesto al marito se, qualora il ragazzo avesse perduto il denaro, avrebbe dovuto pagare un'altra volta. Per *burlarsi di lei* il marito disse di sì (il ridere di lei nel contenuto del sogno), ed ella continuò a chiederglielo *aspettando che finalmente dicesse che non era vero*. Ora è possibile ricostruire il pensiero del contenuto latente: dovrà pagarmi il doppio se le dedico doppio tempo? Un pensiero avaro, o *sporco* (la scarsa pulizia dell'infanzia viene spesso sostituita, nel sogno, dall'avarizia; la parola "sporco" ne costituisce il legame). Se tutta la storia del suo aspettare che io dica, ecc., rappresenta una perifrasi della parola "sporco", allora il suo *stare in un angolo* e il *non mettersi a letto* diventano elementi di una scena infantile, in cui lei avrebbe sporcato il letto e per punizione sarebbe stata messa in un angolo con la minaccia che il padre non le avrebbe più voluto bene, i fratelli avrebbero riso di lei, e così via. I *piccoli quadrati* sono un'allusione a una sua nipotina che le aveva mostrato come scrivere delle cifre in nove quadrati, mi pare, in modo che la loro somma dia sempre quindici in tutte le direzioni.

3) Il sogno di un uomo: *Vede due ragazzi che fanno la lotta, forse – stando agli arnesi che giacciono lì intorno – due garzoni di bottaio; uno dei ragazzi fa cadere l'altro a terra e quest'ultimo ha degli orecchini con pietre blu. Egli insegue l'aggressore con un bastone alzato per punirlo; questi si rifugia da una donna che sta in piedi presso uno steccato di legno, come fosse sua madre. È una donna della classe operaia e volta le spalle al sognatore. Alla fine si gira e lo fissa con uno sguardo talmente terribile che egli fugge lontano spaventato. Si può vedere sporgere la carne rossa della palpebra inferiore dei suoi occhi.*

Il sogno si è abbondantemente servito di alcune circostanze banali del giorno prima. In effetti, ieri ha visto per strada due ragazzi, uno dei quali aveva *fatto cadere l'altro a terra*. Avvicinatosi per rappacificarli, sono scappati. *Garzoni di bottaio*: questo trova la sua spiegazione soltanto in un sogno successivo, nell'analisi del quale impiega il modo di dire "sfondare la botte". *Orecchini con pietre blu*: li portano principalmente – è una sua osservazione – le prostitute. Si giunge in questo modo alla nota canzonetta giocosa dei due ragazzi: «l'altro ragazzo si chiamava Maria» (cioè era una ragazza). *La donna che sta in piedi*: dopo l'episodio dei due ragazzi, è andato a passeggiare lungo il Danubio dove, approfittando della solitudine del luogo, ha urinato contro uno *steccato di legno*. Proseguendo ha incontrato una signora piuttosto anziana, decentemente vestita, che gli ha sorriso molto cordialmente e ha voluto dargli il suo biglietto da visita. Poiché nel sogno la donna ha la stessa posizione che aveva lui mentre urinava, si tratta di una donna che sta urinando e a ciò si riferisce quindi lo sguardo *terribile* e lo *sporgere della carne rossa*, che può significare soltanto i genitali aperti quando si è accovacciati, genitali che aveva visto nell'infanzia e che tornano nel ricordo successivo come carne viva, come ferita.

Il sogno collega due occasioni nelle quali il ragazzino può aver visto i genitali di coetanee: gettandole a terra e mentre stavano urinando. Come risulta dal contesto, egli conserva il ricordo di una punizione o minaccia da parte del padre, per la curiosità sessuale che in quelle circostanze aveva dimostrato.

4) Tutta una raccolta di ricordi infantili, riuniti, per quanto possibile, in un'unica fantasia, si ritrova dietro al seguente sogno di una signora anziana.

Esce di fretta e furia per fare delle commissioni. Arrivata sul Graben si piega sulle ginocchia, come se stesse per accasciarsi. Molte persone le si fanno intorno, soprattutto i vetturini, ma nessuno l'aiuta ad alzarsi. Ella fa vari tentativi, alla fine ci riesce, perché la mettono a sedere in una carrozza, che deve riportarla a casa. Attraverso il finestrino le gettano dentro un grande, pienissimo cesto (simile a un cesto per la spesa).

È la stessa persona che nei suoi sogni è sempre affannata, così come da bambina affannava tutte le sue amichette. La prima scena deriva evidentemente dalla vista di un cavallo caduto; anche l'accasciarsi fa pensare alle corse di cavalli. Da giovane andava a cavallo e ancora più giovane, forse, avrà giocato a fare il cavallo. L'*accasciarsi* si riferisce a un suo primo ricordo d'infanzia: il figlio diciassettenne del portiere che, còlto per strada da convulsioni epilettiche, veniva portato a casa in carrozza. Ovviamente ne aveva solo sentito parlare, ma l'idea di convulsioni epilettiche, la rappresentazione dell'epilessia ha acquistato grande potere sulla sua fantasia, e in seguito ha influenzato la forma dei suoi attacchi isterici. Se una donna sogna di cadere, ciò ha regolarmente un significato sessuale; diventa una donna "*caduta*". Nel nostro caso, questa interpretazione è tanto meno dubbia, in quanto ella cade sul Graben, quel luogo di Vienna noto come il passeggio delle prostitute. Il *cesto per la spesa* (*Korb*) si presta a più di un'interpretazione: come cesto ricorda i molti *rifiuti* (*Körbe*) che una volta opponeva ai suoi corteggiatori e che più tardi, almeno così crede, ha ricevuto lei stessa. Per di più nessuno vuole *aiutarla ad alzarsi*, cosa che lei stessa interpreta come un essere disdegnata. Il cesto per la spesa ricorda inoltre alcune fantasie, ormai note all'analisi, di essersi sposata con qualcuno che era molto al di sotto della sua condizione, e ora deve andare personalmente al mercato per fare la spesa. Infine, potrebbe essere interpretato come indicazione di una persona di servizio. A questo punto emergono altri ricordi d'infanzia, tra cui quello di una cuoca licenziata perché rubava: *era caduta in ginocchio* implorando. La paziente aveva allora dodici anni. Poi, il ricordo di una cameriera che fu licenziata per un affare amoroso con il cocchiere di casa, che del resto in seguito la sposò. Questo ricordo dunque ci offre una fonte per i vetturini del sogno (i quali, in contrasto con il cocchiere della realtà, non sollevano la donna caduta). Tuttavia resta ancora da spiegare *il cesto che le viene gettato dietro*, e precisamente *attraverso il finestrino*. Ciò le ricorda la consegna dei bagagli da spedire per ferrovia, l'abitudine degli innamorati in campagna di arrampicarsi fino alla finestra della loro *ragazza*, e altre piccole impressioni della sua vita in campagna: un signore che getta delle *prugne blu* a una signora *attraverso la finestra* della sua stanza, lo spavento della sua sorellina perché un idiota passando ha guardato nella stanza *attraverso la finestra*. E ora dietro ciò affiora un oscuro ricordo di quando aveva dieci anni, il ricordo di una governante che in campagna amoreggiava con un servitore della casa, e lei bambina poteva essersene accorta, e che insieme al suo amante fu *mandata via*, *gettata fuori* (nel sogno è il contrario: *gettato dentro*): una storia che avevamo già avvicinato da parecchie altre direzioni. Ma il bagaglio, la valigia di una persona di servizio, è chiamata a Vienna in modo sprezzante "le sette prugne": «Metti insieme le tue sette prugne e vattene!».

La mia raccolta è naturalmente ricchissima di sogni simili fatti dai miei pazienti: la loro analisi porta a impressioni infantili vaghe o nemmeno più ricordate, che spesso appartengono ai primi tre anni di vita. È però azzardato trarne conclusioni valide per il sogno in generale; si tratta infatti regolarmente di persone nevrotiche, soprattutto isteriche, e la parte attribuita in questi sogni alle scene infantili potrebbe essere causata dalla natura della nevrosi e non dall'essenza del sogno. Ciononostante, anche nell'interpretazione dei miei sogni, che non faccio certo per spiegare evidenti sintomi patologici, mi accade con altrettanta frequenza di ritrovare nel contenuto latente del sogno, senza che me lo aspetti, una scena infantile, mentre d'improvviso tutta una serie di sogni sbocca sulle strade che si diramano da un'esperienza infantile. Ho già offerto esempi di questo genere e ne fornirò altri in diverse occasioni. Forse non posso concludere meglio questo capitolo se non riferendo alcuni miei sogni, nei quali occasioni recenti ed esperienze infantili, da tempo dimenticate, si uniscono come fonti del sogno.

1) Stanco e affamato, dopo un viaggio, vado a letto e nel sonno cominciano a farsi sentire le grandi necessità della vita. Sogno quanto segue:

Vado in cucina a cercare un po' di dolce. Ci sono tre donne, una delle quali è la padrona di casa che sta rigirandosi qualcosa tra le mani, come se stesse preparando degli gnocchi. Ella mi dice di aspettare finché avrà finito (queste parole non sono chiare). Divento impaziente e me ne vado via offeso. Mi infilo un soprabito, ma il primo che provo è troppo lungo per me. Me lo tolgo, un po' sorpreso di vederlo bordato di pelliccia. Il secondo che indosso ha una lunga striscia con un disegno turco. Mi si avvicina uno sconosciuto con un viso lungo e una barbetta a pizzo che mi impedisce di indossarlo dichiarando che è suo. Io gli faccio vedere che è tutto ricamato alla turca. Mi chiede: «Cosa c'entrano i turchi (disegni, strisce...) con lei?». Poi però facciamo amicizia.

Quando comincio l'analisi di questo sogno, mi viene in mente in modo del tutto inaspettato il primo romanzo che ho letto, o meglio, incominciato a leggere dalla fine del primo volume, a tredici anni circa. Non ho mai saputo il titolo del romanzo né il nome dell'autore, ma ricordo molto bene la fine. L'eroe impazzisce e continua a gridare i nomi delle tre donne che gli hanno dato la più grande felicità e il più grande dolore della sua vita. Uno di questi nomi è *Pélagie.* Non so ancora dove mi porterà questa idea nell'analisi. A proposito delle tre donne, affiorano alla mia mente le tre Parche, che filano il destino degli uomini e io so che una delle tre donne, la padrona di casa del sogno, è la madre che dà la vita e a volte, come nel mio caso, anche il primo nutrimento. Sul seno della donna si incontrano amore e fame. Un giovane che era diventato, come racconta una storia, un grande ammiratore della bellezza femminile, un giorno che il discorso era caduto sulla bella balia che lo aveva allattato da piccolo, disse: «Mi dispiace non avere meglio approfittato, a suo tempo, dell'occasione». Ho l'abitudine di citare questo aneddoto per spiegare il momento dell'"azione differita" nel meccanismo delle psiconevrosi. Una delle Parche, dunque, si sfrega le palme delle mani, come se preparasse gli gnocchi. Curiosa occupazione per una Parca, che richiede con urgenza una spiegazione. Essa mi viene da un altro e precedente ricordo infantile. Quando avevo sei anni e mia madre mi dava il primo insegnamento, dovevo credere che siamo fatti di terra e che perciò dobbiamo tornare alla terra. Ma la cosa non mi andava e io espressi i miei dubbi sulla teoria. Allora mia madre si sfregò i palmi delle mani l'uno con l'altro, come se stesse facendo gli gnocchi, solo che non aveva pasta fra le mani, e come una prova che siamo fatti di terra mi mostrò le squame nerastre di epidermide che si erano staccate. La mia sorpresa per questa dimostrazione visiva fu immensa e io mi calmai nella convinzione che in seguito trovai esposta nella frase: «Sei debitore alla natura di una morte»[102]. Dunque sono davvero le Parche quelle che trovo andando in cucina, come facevo tante volte da bambino quando avevo fame e la mamma vicino al fuoco mi invitava ad aspettare che il pranzo fosse pronto. E ora gli gnocchi, i *Knödel*! Almeno uno dei miei professori d'università, in particolare quello cui devo le mie nozioni d'istologia (vedi il riferimento all'epidermide), di fronte alla parola *Knödl* ricorderà una persona contro cui egli fu costretto a procedere legalmente perché aveva plagiato i suoi scritti. Commettere un plagio, impadronirsi di qualunque cosa, anche se appartiene ad altri, tutto ciò conduce chiaramente alla seconda parte del sogno, in cui sono trattato come quel ladro di soprabiti che per un certo tempo esercitò la sua professione nelle aule universitarie. Ho scritto la parola "plagio" senza pensarci, perché mi si è offerta, e ora osservo che essa deve appartenere al contenuto latente del sogno, perché può servire da ponte di parole (*Brücke*) fra le diverse parti del contenuto manifesto. La catena di associazioni *Pélagie – plagio – plagiostomi*[103] (o pescicani) – *vescica natatoria di un pesce* collega il vecchio romanzo con l'affare Knödl e con i soprabiti, che chiaramente si riferiscono agli strumenti della tecnica sessuale (vedi i sogni allitterativi di Maury). Certo si tratta di una catena di pensieri molto artificiosa e insensata, ma non sarei riuscito a costruirla da sveglio, se non fosse già stata elaborata prima dal lavoro onirico. Anzi, quasi che la spinta a creare collegamenti a ogni costo non si fermi neppure di fronte alle cose più sacre, l'onorato nome di Brücke (vedi sopra il *ponte* di parole) mi serve ora per ricordare l'istituto in cui da studente ho passato le mie ore più felici, senza desideri di sorta:

So wird's Euch an der Weisheit Brüsten

[102] Tutte e due le emozioni riferite a queste scene infantili, lo stupore e la rassegnazione all'inevitabile, si erano manifestate in un sogno fatto poco tempo prima. Esso fu il primo a farmi tornare alla memoria questo episodio dell'infanzia.

[103] Evito intenzionalmente di aggiungere i plagiostomi. Essi mi ricordano un episodio sgradevole, una brutta figura di fronte a questo professore universitario.

Mit jedem Tage mehr gelüsten[104]

in pieno contrasto con i desideri che mi tormentano mentre sogno. Alla fine emerge il ricordo di un altro caro maestro, il cui nome fa assonanza a sua volta con qualcosa da mangiare: Fleischl (*Fleisch* = carne), come quello di Knödl, e un triste episodio in cui hanno parte squame d'epidermide (la madre e la padrona di casa), la pazzia (il romanzo) e un ingrediente della cucina latina che toglie la fame: la cocaina.

Potrei continuare a seguire in questo modo le intricate vie del pensiero e chiarire integralmente la parte di sogno mancante nell'analisi, ma sono obbligato a interrompere, perché i sacrifici personali che ciò mi costerebbe sono troppo grandi. Raccoglierò soltanto uno dei fili che possono condurre direttamente ai pensieri onirici che si trovano al fondo di questo intrico. Lo sconosciuto dal viso lungo e dalla barbetta a pizzo, che vuole impedirmi di indossare il soprabito, ha i tratti di un commerciante di Spalato dal quale mia moglie ha comprato una gran quantità di stoffe turche. Si chiamava Popović, nome ambiguo che ha offerto anche all'umorista Stettenheim lo spunto per un'osservazione allusiva: «Mi disse il suo nome e mi strinse la mano arrossendo». Come prima stavo facendo ancora una volta lo stesso abuso dei nomi: Pélagie, Knödl, Brücke, Fleischl. Senza tema di contraddizione, si può affermare che questi giochi di parole sono tipici della malizia infantile; ma, fatti da me, rappresentano una vendetta, perché il mio nome è stato infinite volte vittima di questi sciocchi umorismi.[105] Goethe osservò come siamo suscettibili nei confronti del nostro nome, dentro il quale ci sembra di essere cresciuti come nella nostra pelle. Disse questo a proposito di un verso che Herder scrisse sul suo nome:

Der du von Göttern *abstammst, von* Gothen *oder vom Kote.*
So seid ihr Götter*bilder auch zu Staub*[106].

[104] «Anche voi giorno dopo giorno prenderete sempre maggiore gusto / ad essere attaccati alle mammelle della sapienza». (Goethe)

[105] *Freude* in tedesco significa "gioia". (N.d.T.)

[106] «Tu che discendi dagli dèi (*Götter*), dai Goti (*Gothen*) o dal fango (*Kot*). (Herder) / Così anche voi, immagini divine (*Götterbilder*), siete ridotte in polvere». (Goethe)

Osservo che la digressione sull'abuso dei nomi serviva solo a preparare questa lamentela. Ma devo interrompere. L'acquisto fatto a Spalato da mia moglie me ne ricorda un altro a Cattaro, nel corso del quale sono stato troppo esitante, perdendo così una bella occasione (vedi l'occasione perduta con la balia). Uno dei pensieri del sogno, ispirato dalla fame, dice infatti: «Non bisognerebbe mai lasciarsi sfuggire un'occasione, ma prendere sempre ciò che si può avere, anche a costo di una piccola ingiustizia; non si dovrebbe mai perdere un'occasione, la vita è così breve e la morte inevitabile». Poiché ciò ha anche un significato sessuale e il desiderio non si ferma davanti all'ingiustizia, questo *carpe diem* ha ragione di temere la censura e quindi di nascondersi dietro un sogno. Allora vengono espressi tutti i pensieri di significato opposto: il ricordo del tempo in cui al sognatore era sufficiente l'alimento spirituale, pensieri inibitori di ogni specie e persino le minacce a base delle più terribili punizioni sessuali.

2) Questo secondo sogno richiede una premessa piuttosto lunga. Ero andato alla Stazione Ovest per recarmi ad Aussee, dove avrei passato le vacanze, ma sul binario si trovava ancora il treno per Ischl, che parte prima del mio. Qui vedo il conte Thun, che va a Ischl per una udienza con l'imperatore. È giunto in carrozza aperta, nonostante la pioggia, ed è passato direttamente dall'ingresso riservato ai treni locali, allontanando senza spiegazioni, con un piccolo gesto della mano, il controllore che, non riconoscendolo, gli ha chiesto il biglietto. Partito il treno per Ischl, dovrei abbandonare il marciapiede e tornare nella sala d'aspetto, ma nonostante qualche difficoltà faccio in modo che mi lascino sostare lì. Trascorro il tempo a guardare se verrà qualcuno a farsi assegnare uno scompartimento per raccomandazione. Nel caso, sono ben deciso a protestare, ovvero a esigere parità di diritti. Nel frattempo canticchio qualcosa, che più tardi riconosco come l'aria delle *Nozze di Figaro*:

Se vuol ballare, signor contino,
Il chitarrino le suonerò.

(Non credo che un'altra persona sarebbe riuscita a riconoscerla).

Tutta la sera ero stato di ottimo umore, battagliero. Mi ero preso gioco del cameriere e del vetturino, senza offenderli, spero. E ora mi passano per la mente pensieri insolenti e rivoluzionari di ogni specie, che ben si accordano alle parole di Figaro e al ricordo della commedia di Beaumarchais, che ho visto recitata dalla *Comédie française*. Pensavo alla battuta sui gran signori che si sono dati la pena di nascere, al *droit du Seigneur* che il conte Almaviva cerca di esercitare su Susanna, agli scherzi che i nostri maligni giornalisti d'opposizione si permettono di fare sul nome del conte Thun, chiamandolo "conte Nichtsthun" (conte Farniente). Non che io lo invidi; in questo momento ha un difficile passo da compiere presso l'imperatore, e il vero conte Nichtsthun sono io che parto per le vacanze. Molti divertenti progetti in proposito. A questo punto arriva un signore che conosco perché "rappresentante del governo" agli esami di medicina, il quale per le sue prestazioni in questa veste si è attirato il lusinghiero soprannome di "concubino del governo". In virtù del suo titolo ufficiale, egli chiede mezzo scompartimento di prima classe e io sento il ferroviere dire a un altro: «Dove mettiamo il signore con il mezzo biglietto di prima classe?».

Bell'esempio di favoritismo: dopotutto io pago la tariffa intera per il mio biglietto di prima classe. Alla fine anch'io ottengo uno scompartimento tutto per me, ma in una carrozza senza corridoio, di modo che non avrò a disposizione il gabinetto durante la notte. La mia protesta presso un impiegato non ha successo; mi vendico suggerendogli di far fare in questo scompartimento almeno un buco nel pavimento, per gli eventuali bisogni dei passeggeri. E infatti verso le due e tre quarti mi sveglio, con l'impellente bisogno di urinare, dopo aver fatto il sogno seguente:

Folla di gente, raduno di studenti. Parla un conte (Thun o Taaffe). Spronato a dire qualcosa sui tedeschi, dichiara con gesto sprezzante che il loro fiore preferito è il fàrfaro e si mette all'occhiello qualcosa che somiglia a una foglia lacerata, in realtà lo scheletro di una foglia accartocciata. Io scatto, scatto dunque[107]*, ma sono sorpreso del mio comportamento.*

(Poi, meno distintamente.) *Come se mi trovassi nell'aula magna dell'università, gli ingressi fossero ostruiti e si dovesse fuggire. Mi apro il varco attraverso una serie di stanze ben arredate, evidentemente stanze di ministeri o di uffici pubblici, con mobili di colore tra il marrone e il violetto, e arrivo infine in un corridoio dove sta seduta*

[107] Questa ripetizione si è introdotta nel testo del sogno, in apparenza per distrazione; ma l'ho lasciata perché con l'analisi si è rivelata importante.

una governante, una donna grassa piuttosto anziana. Evito di parlarle; ma lei ritiene evidentemente che sono autorizzato a passare di lì, perché mi chiede se deve accompagnarmi con la lampada. Io le indico con una parola o con un gesto di fermarsi sulle scale e mi sento così molto furbo, perché dopotutto evito il controllo. Così sono in fondo e trovo un sentiero stretto, in salita, molto ripido, nel quale mi inoltro.

(Di nuovo indistinto) ... *È come se venisse ora il secondo problema, quello di uscire dalla città, proprio come il primo era stato uscire da quella casa. Viaggio in una carrozza con un solo cavallo, e ordino al vetturino di andare in una stazione. All'obiezione che mi fece, dicendomi che lo avevo stancato troppo, rispondo: «Non posso venire con lei sul percorso ferroviario». Tuttavia è come se avessi già fatto con lui un tratto di strada che generalmente si percorre in treno. Le stazioni sono occupate; mi chiedo se devo andare a Krems oppure a Znaim, ma penso che lì c'è la Corte e decido per Graz o un posto simile. Ora sono seduto in uno scompartimento che somiglia a una carrozza tranviaria, e ho all'occhiello un oggetto lungo, stranamente pieghettato, e sopra delle viole di color violetto marrone, fatte di stoffa rigida, cosa che colpisce molto la gente.* (Qui la scena s'interrompe).

Mi trovo di nuovo di fronte alla stazione, ma questa volta in compagnia di un signore piuttosto anziano; invento un piano per non essere riconosciuto, ma vedo questo piano già eseguito. È come se pensare e vivere fossero una cosa sola. Egli si finge cieco, almeno da un occhio, e io gli porgo un orinale di vetro (che dovevamo comprare o che abbiamo comprato in città). Quindi io sono un infermiere e devo porgergli l'orinale perché è cieco. Se il controllore ci vede così, ci lascerà passare perché non attiriamo l'attenzione. A questo punto l'atteggiamento del signore, e il suo membro nell'atto di urinare, appaiono in forma plastica. (A questo punto mi sveglio con il bisogno di urinare).

Nell'insieme il sogno dà in qualche modo l'impressione di una fantasia che trasferisce il sognatore nell'anno rivoluzionario 1848, il cui ricordo era stato ravvivato dal giubileo del 1898 e inoltre da una piccola gita nella Wachau, durante la quale avevo scoperto Emmersdorf[108], il luogo dove si rifugiò il capo degli studenti Fischhof, cui alludono, forse, alcuni elementi del contenuto manife-

[108] Un errore, ma stavolta non l'ho fatto per distrazione. Solo successivamente ho saputo che Emmersdorf nella Wachau non si deve identificare con il luogo omonimo che fu l'asilo del rivoluzionario Fischhof. [Nota aggiunta nel 1925]

sto del sogno. Le mie associazioni mi portano in Inghilterra, a casa di mio fratello, il quale aveva l'abitudine di rinfacciare per scherzo a sua moglie: «*Fifty years ago*» («Cinquant'anni fa»), secondo il titolo di una poesia di Lord Tennyson, che i bambini correggevano ogni volta in «*Fifteen years ago*» («Quindici anni fa»). Questa fantasia, che si ricollega ai pensieri suscitati dalla vista del conte Thun, è soltanto preposta all'edificio, come la facciata di qualche chiesa italiana che non ha rapporto organico con essa, ma a differenza di tali facciate è lacunosa, confusa e in molti punti lascia trasparire qualche elemento della costruzione interna.

La prima situazione del sogno rappresenta la fusione di più scene, che io posso separare. L'atteggiamento altezzoso del conte nel sogno è la copia di una scena avvenuta al liceo, quando avevo *quindici* anni. Avevamo tramato un complotto contro un insegnante malvisto e ignorante: ad animarlo era stato un compagno, che da allora sembra aver preso a suo modello *Enrico VIII* d'Inghilterra. Toccò a me il comando del colpo principale e una discussione sull'importanza del Danubio per l'Austria (*Wachau*!) offrì l'occasione che portò alla rivolta aperta. Tra i congiurati figurava l'unico nostro compagno di classe aristocratico, chiamato "giraffa" per la notevole lunghezza delle sue gambe; quando veniva interrogato dal tiranno della scuola, il professore di tedesco, aveva lo stesso atteggiamento del conte nel sogno. La spiegazione del *fiore preferito* e del *mettersi all'occhiello* qualcosa che sembra un fiore (il che mi fa pensare a delle orchidee che ho portato nello stesso giorno a un'amica, e anche a una rosa di Gerico) si rifà palesemente a quella scena di uno dei drammi storici di Shakespeare (*Enrico VI*), che rappresenta l'inizio della guerra civile della Rosa *Rossa* e della Rosa *Bianca*. È stato il nome di *Enrico VIII* ad aprire la strada a questo ricordo. Dalle rose ai garofani rossi e bianchi, il passo è breve. (Nell'analisi si inseriscono a questo punto due brevi strofe, una tedesca e una spagnola:

Rosen, Tulpen, Nelken
Alle Blumen welken[109].

Isabelita, no llores,
Que se marchitan las flores[110].

[109] «Rose, tulipani, garofani / tutti i fiori appassiscono».
[110] «Isabelita, non piangere / ché i fiori appassiscono».

Il versetto spagnolo riporta a *Figaro*). A Vienna i garofani bianchi sono diventati il simbolo degli antisemiti, quelli rossi dei socialdemocratici. Dietro ciò il ricordo di una provocazione antisemitica, durante un viaggio in treno nella bella Sassonia (si veda *Anglo*-sassone). La terza scena, che ha offerto alcuni elementi alla creazione della situazione iniziale del sogno, risale ai miei primi anni di studente. In un'associazione di studenti *tedeschi* ci fu una discussione sul rapporto tra filosofia e scienze naturali. Io, ragazzino imberbe infarcito di teorie materialistiche, mi feci avanti per sostenere un punto di vista estremamente unilaterale. Un collega più anziano e preparato, che in seguito ha dimostrato la sua capacità di guidare gli uomini e di organizzare le masse, e che ha del resto persino un nome derivante dal regno animale, si alzò e ci fece una predica solenne: disse che anche lui da giovane aveva dato da mangiare ai porci ed era poi tornato pentito alla casa del padre. Io *scattai* (come nel sogno), divenni villano[111] e risposi: ora che sapevo che da giovane aveva dato da mangiare ai *porci*, non mi *meravigliavo* più del tono dei suoi discorsi (nel sogno mi meraviglio dei miei sentimenti di nazionalista tedesco). Un grande tumulto; fui invitato da più parti a ritirare le mie parole, ma resistetti. L'offeso fu troppo ragionevole per accettare la *sfida* contro di lui e lasciò cadere la cosa.

Gli altri elementi della prima situazione onirica provengono da strati più profondi. Che significa che il conte esalti il fàrfaro (*Huflattich*)? A questo punto mi conviene seguire una serie di associazioni: *Huf* – *lattich* – *lattice* – *lattuga* – *insalata* – *cane da insalata* (il cane che non gode di una cosa e che non permette neppure che ne godano gli altri). Traspare qui un'intera raccolta di insulti: gir-affa [*Affe*=scimmia], *porco*, *scrofa*, *cane*; potrei anche, dilungandomi intorno a un nome, giungere a un asino e quindi ancora una volta a un insulto rivolto a un insegnante accademico. Inoltre traduco fàrfaro, *Huflattich* – non so se a torto o a ragione – con *pisse-en-lit*. La conoscenza della parola mi viene dal *Germinal* di Zola, in cui si esortano i bambini a portare con sé questo tipo di insalata. Il cane, in francese *chien*, ha nel suo nome un'allitterazione con la funzione più importante (*chier* [defecare] come *pisser* [mingere] con la meno importante). Tra poco avremo raccolto ciò che vi è di sconveniente in tutti e tre gli stati della materia, quello solido, liquido e gassoso;

[111] *Saugrob* significa letteralmente grossolano, volgare come una scrofa. (N.d.T.)

poiché, sempre nel *Germinal*, che ha a che fare con la rivoluzione futura, è descritto un singolarissimo duello che si basa sulla produzione di emissioni gassose, chiamate *flatus*[112]. E ora mi rendo conto di come la via che porta a questo *flatus* sia preparata da tempo, partendo dai *fiori*, attraverso i versetti *spagnoli* e l'*Isabelita*, fino a *Isabella* e Ferdinando, passando per *Enrico VIII*, la storia inglese al tempo della battaglia tra l'Armada e l'Inghilterra, vinta la quale gli inglesi coniarono una medaglia con la scritta "*Flavit et dissipati sunt*"[113], perché la tempesta aveva disperso la flotta spagnola. Avevo pensato di utilizzare questo motto come titolo semischerzoso del capitolo sulla terapia, se mai dovessi riuscire a fare un'esposizione particolareggiata delle mie concezioni e del mio trattamento dell'isteria.

Il secondo episodio del sogno non posso approfondirlo in modo altrettanto minuzioso, proprio per riguardo alla censura. Mi sostituisco infatti a un glorioso personaggio di quel tempo rivoluzionario, il quale sembra aver avuto un'avventura con un'aquila (*Adler*) e aver sofferto d'incontinenza, e così via. Penso che qui non sarei autorizzato a oltrepassare la censura, per quanto sia stato un consigliere di corte (*consiliarius aulicus*, vedi Aula) a raccontarmi la maggior parte di queste storie. La serie di stanze (*Zimmer*) nel sogno deve il proprio spunto alla carrozza-salone di Sua Eccellenza, che avevo potuto vedere per un attimo; ma significa, come spesso accade nel sogno, donne (*Frauenzimmer*), donne pubbliche. Con la figura della governante, mostro la mia mancanza di gratitutidine per un'anziana signora spiritosa e mal ripago la sua ospitalità e le molte divertenti storielle che mi sono state offerte a casa sua. Il particolare della lampada si riferisce a Franz Grillparzer, che ha còlto un delizioso episodio analogo – *L'Armada e la tempesta* – e l'ha poi utilizzato nella sua tragedia su Ero e Leandro, *Le onde del mare e dell'amore* (1831)[114].

112 In realtà non in *Germinal* ma in *La terre*: errore di cui mi sono accorto solo dopo aver concluso l'analisi. Occorre d'altronde osservare il ricorrere delle stesse lettere in *Huflattich* e *flatus*.

113 «Soffiò e si dispersero». Un solerte biografo, il dottor Fritz Wittels, mi rimprovera di aver omesso il nome di Geova da questo motto. La medaglia inglese riporta il nome di Dio in ebraico sullo sfondo di una nube. È posta in modo da poter essere ritenuta sia parte del disegno che del motto stesso.

114 In un saggio di denso contenuto, Silberer ha tentato di dimostrare con questa parte del mio sogno che il lavoro onirico può riprodurre non solo i pensieri latenti del sogno, ma anche i processi psichici che intervengono

Devo anche rinunciare a un'analisi particolareggiata delle altre due parti. Prenderò in considerazione soltanto gli elementi che conducono alle due scene infantili, dal momento che proprio a questo scopo ho intrapreso la discussione di questo sogno. A ragione si supporrà che è il materiale sessuale a obbligarmi a questa soppressione; ma è una spiegazione che può sembrare insoddisfacente. Non celiamo a noi stessi molte cose che invece siamo costretti a tenere nascoste agli altri, e in questo caso non sono in gioco ragioni che mi obbligano a celare la soluzione, bensì i motivi della censura intima, che nascondono a me stesso il contenuto onirico vero e proprio. Pertanto devo dire che l'analisi consente di riconoscere nelle tre parti del sogno insolenti vanterie, l'espressione di una ridicola megalomania, che da tempo avevo represso nella vita desta e che si spinge con qualche diramazione fino al contenuto manifesto del sogno (*mi sento molto astuto*), ma che fa ben capire l'umore molto allegro della sera precedente al sogno. Vanagloria, dunque, su tutta la linea; per esempio, l'accenno a *Graz* si riferisce al modo di dire: «Quanto costa Graz?», che si usa quando ci si compiace di essere ritenuti molto ricchi. Chi ricorda l'incomparabile descrizione che Rabelais fa della vita e delle gesta di Gargantua e del figlio suo Pantagruel riuscirà a includere fra le vanterie anche l'accennato contenuto della prima parte.

Alle due scene infantili promesse ai miei lettori appartiene anche il materiale seguente. Avevo comprato per questo viaggio un *nuovo* baule di un colore tra il *marrone* e il viola, colore che nel sogno compare più volte (*violette marrone-viola*, fatte di stoffa rigida, e ancora un oggetto che si chiama *Mädchenfänger*, "acchiappafanciulle", i mobili nelle stanze ministeriali). Che indossando qualcosa di *nuovo* si dia nell'occhio alla gente è una nota credenza infantile. Ora, mi è stato raccontato il seguente episodio della mia infanzia, il cui ricordo è sostituito dal ricordo del racconto. Pare che all'età di due anni io *bagnassi* ancora il *letto* di tanto in tanto, ed essendone rimproverato, *consolassi* mio padre promettendo che gli avrei comprato a N. (la città più vicina) un bel letto *nuovo*, rosso. (Questa è l'origine della frase incidentale del sogno per cui *abbiamo comprato o dovevamo comprare* l'ori-

durante la formazione dei sogni. Ritengo però che egli non tenga conto del fatto che «i processi psichici che intervengono durante la formazione del sogno» fanno parte, come tutto il resto, del materiale dei miei pensieri. In questo sogno colmo di ambizione ero chiaramente fiero di aver messo in luce questi processi.

nale in città; bisogna mantenere le promesse). (Si noti del resto anche la giustapposizione dell'orinale, simbolo maschile, e del baule o *box*, simbolo femminile). Tutta la megalomania del bambino è contenuta in questa promessa. Abbiamo già visto quanto siano importanti nei sogni le difficoltà dei bambini connesse con l'urinare. L'analisi di soggetti nevrotici ci ha anche consentito di riconoscere l'intima relazione esistente fra enuresi e carattere ambizioso.

Vi fu poi, quando avevo sette o otto anni, un'altra scena domestica di cui mi ricordo molto bene. Una sera, prima di andare a letto, trasgredii il comando, imposto dal pudore, di non fare i miei bisogni in presenza dei genitori nella loro camera da letto, e mio padre, nella sua ramanzina, commentò: «Da questo ragazzo non verrà fuori niente». Questa deve essere stata una grave offesa per il mio orgoglio, perché nei miei sogni riconosco sempre allusioni a questa scena, sempre collegate all'enumerazione delle mie capacità e dei miei successi, quasi volessi dire: «Vedi che ne è venuto fuori qualche cosa». Questa scena infantile offre il materiale all'ultima immagine del sogno, nella quale, naturalmente per vendetta, le parti sono invertite. L'uomo piuttosto vecchio, che è evidentemente mio padre, perché l'occhio cieco rappresenta il suo glaucoma unilaterale[115], urina ora davanti a me, come io una volta davanti a lui. Con il riferimento al glaucoma, gli ricordo la cocaina, che gli fu così utile durante l'operazione, come se in questo modo io avessi mantenuto la mia promessa. Inoltre mi burlo di lui; essendo egli cieco, debbo tenergli l'urinale e mi beo di molte allusioni alle mie scoperte sulla teoria dell'isteria, delle quali sono così orgoglioso[116].

[115] Esiste un'altra interpretazione. Mio padre aveva un occhio solo come Odino, padre degli dèi. La consolazione che gli offrivo nella prima scena infantile era quella di comprargli un letto nuovo.

[116] E così, dunque, ecco altro materiale di interpretazione: passargli l'orinale di vetro mi fa venire in mente la storia del contadino dall'ottico, che prova un paio di occhiali dietro l'altro e ciononostante non riesce a leggere (*Bauernfänger* = "acchiappa-contadini", "truffatore"; *Mädchenfänger* = "acchiappa-fanciulle", nell'episodio precedente del sogno). Il modo in cui il padre viene trattato dai contadini dopo essere diventato scemo, in *La terre* di Zola. La tragica vendetta che consiste nel fatto che mio padre,

Le due scene sull'orinale prese dall'infanzia sono in me già di per sé strettamente connesse all'argomento della megalomania, ma al loro emergere durante il viaggio ad Aussee contribuì la casuale circostanza che il mio scompartimento fosse sprovvisto di gabinetto, e dovessi quindi già prevedere l'eventualità di una situazione imbarazzante, che si manifestò in effetti la mattina dopo. Mi svegliai con la sensazione di un bisogno fisico. Qualcuno potrebbe supporre che queste sensazioni giochino la parte di vero e proprio stimolo del sogno, ma preferirei un'altra teoria, e cioè che

negli ultimi giorni della sua vita, sporca il letto come un bambino chiarisce la mia presenza nel sogno come infermiere. *Era come se pensare e vivere fossero la stessa cosa*. Questo mi ricorda un dramma onirico di Oskar Panizza, in cui Dio Padre viene trattato in modo esecrabile, come un vecchio paralitico. Nel suo caso volontà e azione sono la stessa cosa e uno dei suoi arcangeli, una specie di Ganimede, deve vietargli di bestemmiare e maledire, poiché le imprecazioni sarebbero state immediatamente realizzate. Il mio fare progetti è un rimprovero verso mio padre, che riguarda un periodo precedente. Soprattutto il contenuto ribelle del sogno, con la sua lesa maestà e con il disprezzo nei confronti delle autorità superiori, deve essere riportato alla ribellione contro mio padre. Il principe è conosciuto come il padre del suo paese; il padre è l'autorità più antica, la prima e per i bambini l'unica; nel corso della storia della civiltà umana si sono sviluppate dal suo potere autocratico le altre autorità sociali (eccezion fatta per le limitazioni che il "matriarcato" esige riguardo questa affermazione). La frase *pensare e vivere erano la stessa cosa* rinvia alla spiegazione dei sintomi isterici, e ad essa rinvia anche l'orinale maschile. Non c'è bisogno di spiegare a un viennese il principio del *Gschnas*, che consiste nel costruire oggetti in apparenza rari e preziosi con materiale rozzo, preferibilmente umoristico e privo di valore (ad esempio, creare armature con pentole, manciate di paglia e panini), uno dei passatempi prediletti qui a Vienna dagli artisti. Io avevo notato che questo è per l'appunto proprio quel che fanno i soggetti isterici: essi costruiscono inconsciamente, a fianco di quel che è loro accaduto nella realtà, dei fatti immaginari terribili o perversi, con il materiale più innocente e consueto della loro esperienza. Ed è a queste fantasie che i loro sintomi si riferiscono prima di tutto, e non a ricordi di fatti reali, siano essi gravi o ugualmente innocui. Scoprire ciò mi ha consentito di superare molteplici difficoltà, ricavandone un piacere particolare. Ebbene, ero riuscito a richiamare tutto questo mediante l'elemento onirico dell'orinale maschile, perché mi avevano detto che nell'ultima serata *Gschnas* qualcuno aveva mostrato un calice avvelenato, che era appartenuto in passato a Lucrezia Borgia, formato in particolare da un orinale maschile di quelli che vengono adoperati negli ospedali.

siano stati i pensieri del sogno a provocare il bisogno di urinare. Molto raramente mi accade che qualche bisogno disturbi il mio sonno, tanto più all'ora di questo risveglio, le due e tre quarti del mattino. E posso anche rispondere poi a un'altra obiezione, osservando che anche in viaggi più comodi non ho quasi mai sentito il bisogno di urinare dopo un risveglio molto mattutino. D'altronde, posso lasciare in sospeso questo punto senza alcun danno. Da quando, attraverso le esperienze dell'analisi dei sogni, ho compreso che anche da sogni la cui interpretazione sembra in un primo momento completa, perché ne sono facilmente reperibili le fonti e il desiderio che li stimola, si diramano importanti fili di pensiero che risalgono fino alla primissima infanzia, sono stato costretto a chiedermi se anche tale peculiarità non rappresenti una condizione essenziale del sognare. Se mi è consentito generalizzare il mio pensiero, ogni sogno implicherebbe nel suo contenuto manifesto un collegamento con un fatto vissuto recente, mentre nel contenuto latente implicherebbe il rapporto con un fatto vissuto più remoto. L'analisi dell'isteria mi pone effettivamente nella condizione di dimostrare che queste antiche esperienze sono rimaste recenti, nel senso proprio della parola, fino all'immediato presente. Ma per ora è ancora estremamente difficile dimostrare la verità di questa supposizione; dovrò ritornare per un altro riguardo a considerare la parte presumibile che le primissime esperienze infantili svolgono nella formazione del sogno.

Delle tre peculiarità della memoria nei sogni considerate all'inizio del capitolo, una, vale a dire la preferenza del contenuto onirico per i fatti secondari, è stata risolta in modo soddisfacente mediante la deformazione onirica. Siamo stati in grado di confermare, ma non di dedurre dai motivi del sognare, le altre due: la preminenza del recente e dell'infantile. Dobbiamo tenere presenti queste due peculiarità, la cui spiegazione e valutazione non sono ancora state scoperte; esse dovranno essere inserite altrove, nella psicologia dello stato di sonno oppure nella discussione della struttura dell'apparato psichico che faremo in seguito, dopo aver appreso che l'interpretazione dei sogni è come una finestra attraverso la quale si può gettare uno sguardo all'interno di quell'apparato.

Voglio però sin d'ora richiamare l'attenzione su un'altra deduzione, che deriva da queste ultime analisi di sogni. Spesso il sogno sembra avere più di un significato. Non solo, come dimostrano gli esempi, vi si possono trovare riunite, una accanto all'altra, diverse soddisfazioni di desideri; ma un significato o una soddisfazione di desiderio possono coprirne altri via via, fino a quando alla fine si incontra la soddisfazione di un desiderio della prima infanzia. E in questo caso ci si dovrebbe chiedere di nuovo se non sia più esatto sostituire "spesso" con "sempre"[117].

C. Le fonti somatiche del sogno

Nel momento in cui si prova a interessare un uomo colto ma profano ai problemi del sogno e gli si domanda da quali fonti a suo parere esso provenga, si può facilmente osservare che l'interpellato si ritiene in pieno possesso della soluzione. Quasi immediatamente viene fatto riferimento all'influsso esercitato sulla formazione dei sogni da una digestione disturbata, da una certa postura del corpo o da possibili "incidenti" che si verificano durante il sonno, e per esempio non sembra ipotizzare che, anche tenendo conto di tutto questo, rimane ancora qualcosa da spiegare.

Abbiamo esposto con precisione nel capitolo iniziale il ruolo che la letteratura scientifica riconosce alle sorgenti di stimolo somatiche nella formazione dei sogni, motivo per cui ora ci possiamo limitare a ricordare i risultati dell'indagine. Abbiamo notato come si distinguono tre tipologie di fonti di stimolo somatiche: gli stimoli sensoriali oggettivi, che provengono dall'esterno; gli stati di eccitamento interno degli organi di senso, di natura puramente soggettiva; e gli stimoli somatici provenienti dall'interno del corpo. Abbiamo sottolineato anche la tendenza degli studiosi

[117] Che i significati dei sogni siano organizzati in strati sovrapposti costituisce una delle questioni più delicate ma anche più interessanti dell'interpretazione dei sogni. Chiunque dimentichi questa possibilità sarà facilmente indotto in errore e potrà anche sostenere delle tesi assurde sulla natura dei sogni. Purtroppo in realtà non sono state fatte abbastanza ricerche su questo punto. Fino ad ora l'unica ricerca compiuta è stata quella di Otto Rank sulla stratificazione relativamente regolare dei simboli nei sogni provocati dalla necessità di urinare.

a eliminare definitivamente eventuali fonti psichiche accanto alle fonti somatiche. Osservando le argomentazioni supposte a favore delle fonti di stimolo somatiche, abbiamo notato l'importanza degli eccitamenti oggettivi degli organi di senso – stimoli casuali durante il sonno e in parte stimoli non separabili dalla vita psichica neanche durante il sonno – e come questa è garantita da tante opinioni e come questa trova la sua verifica in via sperimentale. La parte degli eccitamenti sensoriali soggettivi è dimostrata dal ritorno delle immagini sensoriali ipnagogiche nei sogni; il riferimento delle nostre immagini e rappresentazioni oniriche a uno stimolo somatico interno non si può verificare in tutta la sua estensione, ma invece può trovare un punto di appoggio nell'influsso, noto a tutti noi, ed esercitato sul contenuto dei nostri sogni dall'eccitamento degli organi digestivi, urinari e sessuali.

Stimolo nervoso e stimolo somatico sono le fonti somatiche del sogno, e addirittura secondo numerosi studiosi le uniche.

Abbiamo però approfondito anche un lungo susseguirsi di dubbi che sembravano infangare non tanto l'esattezza, quanto l'adeguatezza della teoria degli stimoli somatici.

Anche se tutti coloro che sostengono questa teoria si sentissero certi dei suoi fondamenti reali – in particolare per quello che si rifà agli stimoli nervosi accidentali ed esterni che si ritrovano senza eccessiva fatica nel contenuto del sogno – tuttavia costoro non potrebbero non capire che l'enorme contenuto rappresentativo dei sogni non si può riportare solamente agli stimoli nervosi esterni. Miss Mary Whiton Calkins ha esaminato per circa sei settimane i sogni suoi e quelli di un'altra persona, ritrovando soltanto il 13,2% e rispettivamente il 6,7% di casi nei quali era possibile verificare l'elemento di una percezione sensoriale esterna, mentre solamente due casi della sua raccolta furono ricondotti a sensazioni organiche[118]. E questa è la conferma statistica di quanto un non corposo panorama delle nostre esperienze già ci aveva fatto supporre.

Frequentemente ci si accontentò di sottolineare il "sogno da stimolo nervoso" come una particolare sottospecie studiata approfonditamente. E così Spitta distinse i sogni determinati da "stimolo

[118] M.W. Calkins, *Amer. J. Psychol.*, vol. 5, 311 (1893).

nervoso" e i sogni "d'associazione"[119]. Risultava però evidente che la soluzione sarebbe rimasta non abbastanza soddisfacente fino al momento in cui non si fosse riusciti a verificare il legame esistente tra le fonti somatiche e il contenuto rappresentativo dei sogni.

Alla prima obiezione, la non adeguata frequenza delle fonti di stimolazione esterne, se ne può anche affiancare un'altra: la spiegazione insufficiente ottenuta ricorrendo a questo tipo di fonti. Chi sostiene questa teoria deve renderci conto di due questioni: in primo luogo, perché lo stimolo esterno non è riconosciuto nella sua reale natura, ma invece regolarmente misconosciuto e traslato e, in seconda battuta, perché la reazione della psiche di fronte a codesto stimolo misconosciuto dà luogo a risultati così numerosi, vari e imprevedibili. Abbiamo visto, secondo la risposta di Strümpell[120], come, in seguito al suo distaccamento dal mondo esterno durante il sogno, la psiche non riesce a fornire la giusta interpretazione dello stimolo sensoriale obiettivo, e così si trova costretta, sulla base di un impulso indeterminato che si dirama in molte parti, a comporre e assemblare delle illusioni. Così si esprime Strümpell: "Nel momento in cui nella psiche, tramite uno stimolo nervoso esterno o interno, durante il sonno, sorge una sensazione o un complesso di sensazioni, un'emozione, oppure un processo psichico generico – ed essa lo riesce a percepire – questo processo evoca dall'ambito di esperienze rimaste nella psiche dalla veglia immagini di sensazioni, dunque percezioni del passato, sia prive, sia provviste di valore psichico. Esso raccoglie intorno a sé un numero più o meno maggiore di immagini, che danno all'impressione derivante dallo stimolo nervoso il suo significato e valore psichico. Si è soliti affermare, come il linguaggio quotidiano nel caso del comportamento, che nel sonno la psiche "interpreta" le emozioni che provengono da stimoli nervosi. Il risultato di questa interpretazione è definito come il "sogno da stimolo nervoso", ovvero un sogno nel quale le componenti sono causate dal fatto che uno stimolo nervoso esercita il suo effetto nella vita spirituale secondo le leggi della riproduzione".

119 H. Spitta, *Die Schlaf- und Traumzustände der menschlichen Seele* (Tubinga 1882) p. 233.

120 L. Strümpell, op. cit., pp. 108 sg.

Non molto diversa è la definizione di Wundt[121], secondo cui le raffigurazioni oniriche sorgono da stimoli di senso, e specialmente da stimoli della sensibilità generale; e proprio per questo motivo esse sono in genere illusioni fantastiche e solamente in parte minore rappresentazioni mnestiche, che possono diventare anche allucinazioni. Per la relazione tra contenuti e proposte del sogno, come emerge da una simile teoria, Strümpell scopre il notevole paragone delle "dieci dita di una persona del tutto inconsapevole di musica che scorrono sulla tastiera dello strumento".[122] In questa maniera i sogni non potrebbero essere un fenomeno psichico, scaturito da motivi psichici, ma solamente quel che risulta da uno stimolo fisiologico che si manifesta con sintomatologia psichica, dal momento che l'apparato assalito dallo stimolo non riesce a produrre altra espressione. Su un presupposto non troppo differente si basa per esempio la riflessione sulle rappresentazioni ossessive tentata da Meynert, con il suo noto esempio del quadrante d'orologio caratterizzato da alcuni numeri che spiccano in rilievo.

Anche se la teoria degli stimoli somatici è stata accolta decisamente con interesse e ad alcuni possa sembrare seducente e attraente, è per noi molto semplice individuare il suo punto debole. Infatti ogni stimolo somatico che durante il sonno sollecita l'apparato psichico a condurre un'interpretazione attraverso la nascita di un'illusione, può dare l'impulso a inesauribili tentativi d'interpretazione e così esser capace di tradursi in rappresentazioni infinitamente varie.[123] La teoria di Strümpell e Wundt non riesce ad indicare un motivo qualsiasi che sia capace di regolare il rapporto tra lo stimolo esterno e la rappresentazione adottata per interpretarlo, oppure in altre parole potremmo dire che è incapace di spiegare la "singolare scelta" che gli stimoli "compiono abbastanza frequentemente nella loro attività produttiva".[124] Ma è possibile

[121] W. Wundt, *Grundzüge der physiologischen Psychologie* (Lipsia 1874) pp. 656 sg.
[122] L. Strümpell, op. cit., p. 84.
[123] Desidero consigliare a tutti di leggere i resoconti precisi e dettagliati di sogni provocati sperimentalmente, raccolti da Mourly Vold in due volumi, per trarne l'opinione che il contenuto del sogno sia spiegabile solo in minima parte con le condizioni sperimentali descritte e che in generale sia poco utile a comprendere i problemi del sogno.
[124] T. Lipps, *Grundtatsachen des Seelenlebens* (Bonn 1883) p. 170.

individuare anche altre obiezioni, per esempio al fatto che la psiche nel sonno non sia capace di riconoscere la vera natura dello stimolo sensoriale oggettivo. Il fisiologo Burdach per esempio pone alla nostra attenzione il fatto che anche nel sonno la psiche è capace d'interpretare con precisione le impressioni di senso che a essa pervengono, e questa è anche capace di reagire secondo l'interpretazione esatta, dal momento che, sempre secondo Burdach, per esempio ci si sveglia molto più facilmente sentendosi chiamare per nome che per un'altra qualsiasi motivazione; e questo significa che nel sonno la nostra mente fa una differenza fra le diverse sensazioni che prova. E così Burdach comprende che, mentre dormiamo, esiste, oltre a un'incapacità a interpretare gli stimoli sensoriali, una reale mancanza d'interesse nei loro confronti. I medesimi argomenti utilizzati da Burdach nel 1830 per contrastare la teoria degli stimoli somatici sono utilizzati senza modifica alcuna da Lipps nel 1883. La psiche si mostra a noi come quel tale dormiente di una nota storia che, quando gli si domanda: "Dormi?", dice: "No", ma quando il suo interlocutore insiste: "Allora prestami dieci fiorini", si difende rispondendo: "Dormo."

La non adeguatezza della teoria degli stimoli somatici si può dimostrare anche in un'altra maniera. L'osservazione delle persone e di me stesso dimostra che non sono particolarmente indotto a sognare da stimoli esterni, anche se questi si presentano nel contenuto onirico se e quando sogno. Ma se uno stimolo cutaneo interviene durante il sonno, mi ritrovo con un vasto campionario di reazioni possibili. Posso non accorgermene per poi scoprire, per esempio quando mi risveglio, che mi si era scoperta una gamba oppure che stavo dormendo schiacciando il mio braccio; la patologia mi permette di individuare numerosi casi nei quali stimoli sensoriali e motori riescono a permanere inefficaci durante il nostro dormire. Oppure durante il sonno posso avvertire una certa sensazione simile a quella che avviene di solito per gli stimoli dolorifici, pur senza ospitare la possibilità stessa del dolore all'interno del mio sogno. In terzo luogo[125], posso aprire gli occhi conseguente-

[125] Si veda a questo proposito K. Landauer, *Handlungen des Schlafenden*, in "Z. ges. Neur. Psychiat., vol. 39,329 (1918)".Tutti possono constatare che le persone addormentate possono compiere azioni chiare e piene di significato. Chi dorme non è assolutamente instupidito, anzi può agire logicamente e con forza di volontà.

mente allo stimolo percepito, ed eliminarlo. Soltanto come quarta delle possibili reazioni lo stimolo nervoso può guidare e condurmi nel mio sognare; le altre casistiche sono perlomeno altrettanto frequenti di quest'ultima. E tutto questo non si potrebbe verificare se il tema del sogno non fosse al di là delle fonti di stimolo somatiche.

Valutando con intelligenza questa mancanza della spiegazione del sogno mediante stimoli somatici, studiosi come Scherner, cui si unì il filosofo Volkelt,[126] hanno provato a definire in modo più preciso le attività psichiche che fanno sorgere dagli stimoli somatici le immense immagini oniriche, e che hanno cercato di nuovo il significato primario del sogno in qualcosa di psichico, ovvero in un'attività psichica. Scherner non ha fornito solamente una descrizione poeticamente rivissuta e decisamente complessa delle particolarità psichiche che si manifestano nel corso della formazione del sogno, bensì ha ben creduto di aver colto la verità secondo la quale la psiche si sviluppa per mezzo degli stimoli che le vengono proposti. Nella libera azione della fantasia quando è sciolta dalle trappole della veglia, il lavoro onirico tende a parere di Scherner a raffigurare simbolicamente la natura dell'organo da cui inizia a muoversi lo stimolo e la qualità stessa dello stimolo. Il risultato costruisce una specie di "libro dei sogni", quasi una strada maestra per l'interpretazione, attraverso la quale possiamo riuscire a dedurre dalle immagini oniriche esattamente le sensazioni corporee, le qualità degli organi e le differenti tipologie di eccitazione. "Così l'immagine del gatto esprime il molesto cattivo umore dell'animo, quella di un bel biscotto levigato, la nudità di un corpo."[127] Il corpo umano nella sua completezza è raffigurato dalla fantasia onirica come se fosse un'abitazione, e i singoli organi possono essere come le stanze di una casa. Nei "sogni da stimolo dentario", la bocca può corrispondere a un atrio col soffitto a volta, oppure al percorso dalla faringe all'esofago può corrispondere una scalinata che unisce due diversi piani. "Nel sogno da "mal di capo", per rappresentare la fronte può venire scelto un soffitto completamente ricoperto da ragni mostruosi e per certi versi

[126] K.A. Scherner, *Das Leben des Traumes* (Berlino 1861); J. Volkelt, *Die Traum-Phantasie* (Stoccarda 1875).
[127] Volkelt, op. cit., p. 32.

simili a delle rane".[128] Per il medesimo organo, il sogno può fare riferimento a una vastissima quantità di simboli; e così, per fare un altro esempio, "i polmoni che respirano possono manifestarsi sotto la forma di una fornace accesa col suo fremito d'aria, e il cuore in ceste vuote, e la vescica in oggetti tondeggianti a forma di borsa o più generalmente in cose svuotate dal loro contenuto". "È particolarmente interessante che alla fine del sogno l'organo stimolatore e la sua funzione si mostrino spesso meno camuffati e di frequente si riferiscono al corpo stesso dell'autore del sogno. Così il "sogno da stimolo dentario" può concludersi con il sognatore che estrae un dente dalla propria bocca".[129]

Questa teoria non ha mai avuto molto successo presso gli studiosi. Sembrò ambiziosa e persino si faticò a trovarvi la giustificazione che forse merita. Essa porta al recupero dell'interpretazione del sogno tramite il simbolismo che utilizzarono gli antichi; ma il campo cui dovrebbe riferirsi la riflessione viene ristretto alla sola dimensione del corpo umano. L'assenza di una tecnica d'interpretazione scientificamente accreditata ha delle serie conseguenze sulla possibilità di applicare la teoria schemeriana. L'arbitrio non sembra essere eliminato dall'interpretazione, specialmente considerando che uno stimolo può mostrarsi con differenti figure sostitutive, e addirittura il seguace di Scherner, Volkelt, non è stato capace di confermare la raffigurazione del corpo come casa. D'altronde, si rimane facilmente urtati dal fatto che qui il lavoro onirico è imposto alla psiche come se si trattasse di un'attività inutile e senza meta, dal momento che la psiche accetta di fantasticare sullo stimolo che la impegna, senza individuare neanche da lontano qualcosa di simile all'eliminazione dello stimolo stesso.

Si può trovare inoltre una speciale obiezione che minimizza duramente la teoria schemeriana della simbolizzazione di stimoli corporei. Questi stimoli infatti sono presenti costantemente e la psiche, secondo quel che si pensa, può essere accessibile a essi quando dormiamo. Non si capisce però per quale motivo la psiche non sogni costantemente e per tutta la notte, e non sogni ogni notte di tutti gli organi. Se per sottrarsi a questa obiezione si afferma che dall'occhio, dall'orecchio, dalla dentatura, dagli intestini e via dicendo devono svilupparsi stimoli particolari per

[128] Ibid., pp. 33 sg.
[129] Ibid., pp. 34 sg.

afferrare l'attività onirica, si incontra la complicazione che consiste nel dimostrare l'obiettività di queste intensificazioni degli stimoli, il che è reso possibile solamente in una minuscola serie di casi. Se sognare di volare manifesta una simbolizzazione del sollevarsi e dell'abbassarsi dei lobi polmonari nel complesso meccanismo della respirazione, allora questo sogno – anche secondo Strümpell[130] – dovrebbe verificarsi decisamente più frequentemente; altrimenti si dovrebbe dimostrare nel suo svolgersi un'accresciuta attività respiratoria. È possibile però una terza via, la più radicale e forse accettabile: ovvero che in determinati istanti si presentino come efficaci dei particolari motivi per rivolgere l'attenzione alle sensazioni più viscerali, che sono sempre e costantemente presenti; ma questa possibilità si muove al di là della teoria di Scherner.

Il pregio delle opinioni di Scherner e di Volkelt consiste nel saper attrarre l'attenzione su una serie di caratteristiche del contenuto onirico che pretendono una spiegazione e che sembrano preludere a nuove conoscenze. È vero che i sogni ospitano simbolizzazioni di organi e funzioni corporee, come che nel sogno l'acqua indica spesso la necessità di urinare, e che il membro maschile può essere rappresentato da un bastone eretto come da una colonna. Ai sogni nei quali il campo visivo è nettamente movimentato e caratterizzato da colori accesi è difficile omettere l'interpretazione di "sogno determinato da stimolo visivo"; ma allo stesso modo è difficile confutare il contributo delle illusioni in quei sogni caratterizzati da caos e voci non facilmente distinguibili. Un sogno simile a quello di Scherner,[131] con due file di attraenti ragazzi biondi che stanno uno di fronte all'altro, su un ponte, e dove il sognatore si siede su una parte del ponte ed estrae dalla sua mascella un lungo dente; oppure un sogno non troppo differente nella sostanza fatto da Volkelt,[132] in cui compaiono due file di cassetti, e che a sua volta finisce con l'estrazione di un dente, ci fa notare come le frequentissime creazioni oniriche di questo tipo non permettono di sbarazzarsi della teoria scherneriana senza il desiderio di ricercarne il più piccolo nucleo di verità credibile.

Quindi si manifesta il problema di avere una motivazione differente della presunta simbolizzazione dello stimolo dentario. Per

[130] L. Strümpell, op. cit., p. 119.
[131] Scherner, op. cit., p. 167.
[132] Volkelt, op. cit., p. 52.

tutto il periodo in cui abbiamo affrontato la teoria delle fonti somatiche ho evitato di far emergere l'argomento che si ricava dalle nostre analisi. Infatti se, tramite un procedimento non applicato da altri studiosi al loro materiale onirico, è emerso che il sogno ha un valore esatto come azione psichica, che un desiderio diventa il motivo della sua formazione e che le vicende della vigilia compongono il materiale immediato del suo contenuto, ci accorgiamo che crolla qualsiasi altra teoria che non si concentri su un procedimento d'indagine fondamentale e faccia di conseguenza sembrare il sogno come una reazione psichica, vuota ed enigmatica, a stimoli somatici. Escludendo il caso che si diano due tipologie completamente differenti di sogni, una delle quali è occorsa solo a noi e l'altra solo agli studiosi precedenti, resta solamente da trovare, nell'ambito della nostra teorizzazione, una sistemazione a quei fattori sui quali si è basata la teoria corrente degli stimoli somatici.

Il primo passo in questa direzione è già stato compiuto quando abbiamo affermato che il lavoro onirico subisce la costrizione a elaborare in unità tutti gli impulsi di sognare che sono simultaneamente presenti. Abbiamo notato che, quando rimangono dalla notte precedente due o più episodi in grado di creare un'impressione, i desideri risultanti vengono unificati in un sogno singolo; e allo stesso modo, che l'impressione psichicamente significativa e le vicende casuali della vigilia contribuiscono a formare il materiale stesso del sogno, alla condizione però che si possano stabilire tra loro delle raffigurazioni capaci di stabilire una relazione. Il sogno sembra così quasi una reazione a tutto ciò che esiste contemporaneamente e come attuale nella psiche addormentata. In tutti i sogni che abbiamo analizzato abbiamo riconosciuto un residuo di frammenti psichici, di tracce mnestiche, alle quali si può affidare (data la preferenza accordata al materiale recente e a quello infantile) un carattere di attualità, per ora psicologicamente non determinabile. È inoltre facile ipotizzare che, se nel sogno oltre a manifestarsi queste attualità mnestiche si aggiunge del materiale fresco sotto forma di sensazioni, questi eccitamenti divengono anch'essi di fondamentale importanza, dal momento che si congiungono con le altre attualità psichiche per formare il materiale necessario alla creazione del sogno. Detto in maniera più semplice: durante il sonno gli stimoli sono elaborati nel momento dell'appagamento di desiderio. Si tratta di un'unione che può anche non avvenire; infatti abbiamo già visto come mentre dormiamo siano possibili diverse tipologie di atteggiamento nei confronti degli stimoli corporei.

L'essenza del sogno non si altera se alle fonti psichiche si aggiunge del materiale somatico; esso così rimane un appagamento del desiderio, completamente indipendente dall'espressione che a esso è capace di conferire il materiale del tempo presente.

A questo punto ritengo sia giunto il momento di affrontare una serie di particolarità che possono far variare l'importanza per il sogno degli stessi stimoli esterni. Immagino che dipenda dal ruolo di fattori individuali, fisiologici e casuali, che sono forniti di volta in volta dalle circostanze medesime, e che decidono in quale maniera ci si comporterà nei singoli casi fino al più intenso eccitamento oggettivo che si può raggiungere durante il sonno. L'abituale o casuale complessità del sonno – congiunta all'intensità della presenza di uno stimolo – una volta sarà capace di reprimere lo stimolo, evitando di turbare il sogno, mentre in altra occasione obbligherà al risveglio il dormiente oppure avvalorerà il tentativo di superare lo stimolo stesso magari provando a inserirlo all'interno del sogno in corso. Considerando la varietà di queste costellazioni gli stimoli oggettivi esterni potranno essere espressione del sogno, e con frequenza sempre maggiore in una persona oppure minore in un'altra. Nel mio caso, poiché ho la fortuna di avere un sonno forte e solido, cerco brutalmente di non farmi disturbare mentre dormo, ed è assai rara l'intromissione nei sogni di motivi di eccitazione provenienti dall'esterno, mentre è evidente che i motivi psichici mi fanno sognare con grande semplicità. A dire il vero ricordo un unico sogno, nel quale si può rinvenire un'oggettiva e dolorosa fonte di stimolo, e a mio parere sarà molto più istruttivo osservare quale effetto abbia sortito, proprio in questo sogno, lo stimolo esterno.

Cavalco un cavallo di colore grigiastro, inizialmente in maniera maldestra, come se vi fossi soltanto appoggiato. Poi noto che c'è un mio collega, P, anche lui a cavallo, noto che è vestito di loden, e subito mi dice che qualcosa non funziona (nota un problema, forse che sono seduto male). Col trascorrere degli istanti mi trovo sempre più a mio agio sul cavallo, e sono seduto comodo mentre guardo intorno a me e ho la sensazione di essere a casa. Al posto della sella c'è una specie di cuscino che riempie completamente lo spazio tra il collo e il dorso del cavallo. Transito a fatica tra due carri da trasporto. E a un tratto del percorso mi giro e accenno il movimento necessario a scendere, da principio davanti a una piccola chiesetta aperta, lungo la strada. Poi scendo realmente da cavallo e sono dinnanzi a una cappella. Nella stessa strada vi è anche un albergo; potrei lasciarvi andare il cavallo da solo, ma preferisco accompagnarlo. È come se provassi vergogna ad avvicinarmi a quel luogo cavalcando il mio cavallo. Davanti all'albergo noto la presenza di un fattorino che stringe fra le mani un biglietto che in realtà ho trovato io e per questo motivo mi canzona. Sul biglietto c'è scritto, e ben sottolineato per due volte: "Niente mangiare" e un secondo proponimento (non chiaro) come: "Niente lavorare"; ho la vaga idea che mi trovo in una città straniera in cui non lavoro.

Forse in un primo momento non risulterà evidente che il sogno è nato sotto l'influsso, o meglio sotto la costrizione, di una sensazione dolorosa. Il giorno precedente ero rimasto vittima di alcuni foruncoli alla radice dello scroto che erano enormi e che mi provocavano dolori insopportabili; il mio umore era disturbato, e per giunta avevo una specie di stanchezza febbrile, poi inappetenza e il pesante lavoro della giornata, troppo lavoro. Probabilmente non ero del tutto in grado di assolvere ai miei impegni di medico, e sicuramente per qualità e localizzazione del dolore non si poteva pensare a una occupazione meno adatta che *cavalcare.* Il sogno invece mi trasferisce proprio in questa azione; possiamo dire che si tratta della più energica negazione del dolore che si possa immaginare. Sono un pessimo cavalcatore, non sogno mai di cavalcare, e sono andato a cavallo, e senza sella, una sola volta in vita mia e non mi è affatto piaciuto. La particolarità del sogno è che cavalco come se non ci fosse alcun foruncolo sul perineo, decisamente *non ne voglio avere.* La mia sella, stando alla descrizione, è il cataplasma che mi ha fatto addormentare. Probabilmente – così difeso – nelle prime ore del sonno non percepii alcun dolore. Poi le sensazioni si fecero più vive e radicali e tentarono di destarmi: così intervenne il sogno e per calmarmi mi disse: "Continua a dormire, non vorrai mica svegliarti! Tu non hai nessun foruncolo, tu vai a cavallo, e con un foruncolo in quel posto non si può proprio riuscire a cavalcare!" Il dolore venne soffocato e io continuai a dormire.

Il sogno però non si è accontentato di simulare l'assenza del foruncolo diabolico, con la costante persistenza di una rappresentazione incompatibile con il male, comportandosi in una simile maniera come la follia della madre che ha perso il suo bambino, o del commerciante che ha dissipato i suoi averi; i particolari della sensazione negata e dell'immagine utilizzata per la rimozione di questa fungono da materiale di saldatura alla situazione del sogno e per portare alla rappresentazione tutto quello che già esiste nella mente. Il *grigio* del mio cavallo corrisponde esattamente al *pepe* e *sale* del vestito indossato dal collega P. l'ultima volta che l'ho incontrato per una via di campagna. Inoltre come causa del foruncolo mi è stato indicata un'alimentazione *piccante*. L'amico P. ama "andare a cavallo" quando è in mia presenza, specialmente da quando mi ha sostituito presso una paziente con la quale avevo fatto delle "grandi *prodezze*"; essa in realtà, come il cavallo nella storiella del cavaliere della domenica, mi ha condotto dove voleva. Il mio cavallo forse può acquistare il significato simbolico della mia paziente (e per giunta nel sogno il cavallo *è decisamente intelligente). "Mi sembra di essere a casa mia"*: si riferisce alla mia posizione in quella casa, prima che P. subentrasse al mio posto. "Pensavo che Lei fosse saldo in sella", mi ha detto poco tempo fa, riferendosi alla stessa casa, dove vive uno dei rari protettori che io abbia tra i medici più autorevoli di questa città. Inoltre era una prodezza anche fare con quei dolori della psicoterapia per tante ore al giorno; ma sono anche perfettamente consapevole del fatto che senza un pieno benessere fisico non posso praticare questo mio lavoro particolarmente faticoso, e il sogno infatti è ricco di oscure allusioni alla situazione che prima o poi dovrà accadere (il biglietto, come quello che i nevrastenici portano con sé e indicano al medico): "*Non lavorare*" e "*non mangiare*". Continuando nell'interpretazione, scopro che il lavoro del sogno è stato capace di trovare la strada che giunge dalla situazione di desiderio del cavalcare alle scene dei litigi infantili precoci che devono essersi svolte fra me e mio nipote, che oggi vive in Inghilterra e che tra le altre cose è nato un anno prima di me. Inoltre il sogno ha ospitato elementi dei miei viaggi in Italia: la strada infatti è sostenuta da impressioni di Verona e di Siena. Un'interpretazione decisamente più complessa conduce a pensieri onirici sessuali; e ricordo chiaramente quello che dovevano voler dire per una paziente, che non aveva mai messo piede in Italia, le allusioni del sogno al bel paese (*gen Italien* – verso l'Italia, *Genitalien* – genitali), non senza un momentaneo riferimento alla casa in cui ero medico prima che mi subentrasse l'amico P.

In un altro sogno, fui capace alla stessa maniera di proteggermi da un'interruzione del sonno, minacciato però questa volta da una esasperante eccitazione sensoriale. Soltanto grazie a una casualità potei essere in grado di cogliere il nesso fra il sogno e lo stimolo accidentale, e così di comprendere il significato profondo del sogno stesso. Andò così: un mattino al mio risveglio – era piena estate, in alta montagna, nei pressi del Tirolo – ricordai di aver avvistato nei miei sogni *il Papa, morto.* Non mi fu facile interpretare il sogno, che tra le altre cose non era popolato da particolari elementi visivi. Rammentai soltanto che poco tempo prima il giornale aveva parlato di una trascurabile malattia di Sua Santità. Ma nello svolgersi della mattina mia moglie mi disse: "Hai notato quel terribile scampanio?". Non sapevo di averlo davvero udito, ma capii il significato recondito del mio sogno: si trattava della reazione al rumore e della mia necessità di dormire. Ma i terribili e osservanti tirolesi volevano svegliarmi. Così mi vendicai di loro giungendo alla conclusione che è egregiamente riuscita a strutturare il mio sogno e tranquillo continuai a dormire senza il minimo interesse per il suono invasivo delle pie campane.

Tra i sogni riportati nei capitoli precedenti, se ne possono individuare numerosi che ben si presterebbero a essere esempi di elaborazione dei cosiddetti stimoli nervosi. Uno di essi è certamente il sogno del bere a grandi sorsi: ad un primo e superficiale sguardo, lo stimolo somatico ne è la sua sola sorgente e il desiderio che sgorga dalla sensazione – la sete – l'unica ragion d'essere. Lo stesso paesaggio si ha in altri sogni meno complessi, quando lo stimolo somatico da solo è capace di comporre e formulare un desiderio. Il sogno dell'ammalata che in nottata estrae dalla guancia l'apparecchio refrigerante dimostra una reazione insolita, mediante un appagamento di desiderio, a stimoli dolorifici; pare che l'ammalata sia stata capace di rendersi temporaneamente analgesica e di scaricare i suoi dolori proiettandoli su qualcun altro.

Il mio sogno delle tre Parche parla della fame, ma è al contempo capace di far retrocedere il bisogno di cibo fin al cospetto dell'anelito del bambino per i seni della madre, e poi usare tutta questa innocenza come tettoia che copre da una brama ben più grave, alla quale non è lecito esprimersi esplicitamente. Nel sogno del conte Thun, si può osservare per quali strade un bisogno fisico accidentale sia messo in relazione con gli impulsi più densi, ma anche repressi, della vita psichica. E quando il Primo Console unisce il rumore di un'esplosione all'interno di un sogno di battaglia leggermente prima di venirne svegliato si mostra con lucidità la tendenza attraverso la quale l'attività psichica si preoccupa in generale delle sensazioni durante il sonno.

Un avvocato dall'aspetto giovanile e indaffarato nella sua causa più importante si addormenta nel pomeriggio, e si pone in una maniera decisamente simile a quella del grande Napoleone. Sogna di un certo G. Reich di *Husiatyn*, del quale viene a conoscenza grazie ad una causa. Questo nome gli s'impone sempre più fervidamente; al punto che è costretto a svegliarsi e percepisce la tosse di sua moglie che soffre di catarro bronchiale.

Compariamo il sogno di Napoleone I, che era noto per il suo sonno profondo, con quello dello studente dormiglione che, svegliato dal padrone di casa in quanto si deve dirigere all'ospedale, sogna di essere a letto, già nell'ospedale, e continua a dormire motivando il sonno in questo modo: dal momento che sono già in ospedale, non c'è bisogno che mi alzi per andarci. Quest'ultimo è chiaramente un sogno di comodità, il suo autore si confessa la necessità del sogno, e con questo mostra uno degli enigmi più grandi della natura di tutti i sogni. Per certi versi *i sogni* sono sempre *di comodità*, cioè si incaricano di far continuare il sogno stesso. *Il sogno è come un custode, e non un perturbatore.* Giustificheremo in un'altra occasione questa teoria rispetto ai momenti psichici del risveglio; possiamo però certificarne sin da ora la possibilità di applicazione alla funzione degli stimoli obiettivi esterni. La psiche o evita di interessarsi ai motivi che determinano le sensazioni durante il nostro sonno, contro l'intensità e il significato ch'essa ben comprende; oppure utilizza il sogno per negare gli stimoli; oppure ancora, come terza e ultima possibilità, se è costretta a riconoscere gli stimoli, si dirige a cercare quell'interpretazione che ci può dare la sensazione come una componente non totalizzante di una certa situazione desiderata e comunque compatibile con il sonno. Napoleone poteva continuare a dormire: infatti era soltanto un ricordo onirico delle cannonate di Arcole ad impegnarsi a disturbarlo.[133]

Il desiderio di dormire deve essere incluso ogni volta fra i reali e importanti motivi della formazione del sogno. E ogni sogno ben riuscito risulta come un appagamento di questo desiderio. Parleremo invece in seguito della posizione che un simile desiderio di sonno – generale, sempre presente e costantemente uguale – assume dinnanzi gli altri desideri, l'uno o l'altro dei quali può apparire soddisfatto dal contenuto onirico. Nel desiderio di dormire abbiamo scovato un momento fondante, che è capace di colmare la lacuna

[133] Il contenuto di questo sogno è riferito in modo discorde dalle due fonti da cui lo conosco.

della teoria di Strümpell-Wundt, e di ripensare e comprendere le stramberie presenti nell'interpretazione di uno stimolo esterno. L'interpretazione corretta richiede l'impegno di un interesse attivo, e suscita l'esigenza del rischio di porre fine al sonno. È per questo motivo che di tutte le interpretazioni ipotizzabili vengono accettate solamente quelle che si adattano al ruolo della censura, che è esercitata in modo totale, dal desiderio di dormire. Per fare un esempio: è l'usignolo e non l'allodola. Perché, se si trattasse dell'allodola, la notte d'amore sarebbe terminata. Ora, tra le interpretazioni attendibili dello stimolo, viene scelta quella che riesce a collegarsi in maniera credibile con gli impulsi del desiderio che sono tutti appostati nella psiche. Il tutto accade in una maniera univoca, e nulla è lasciato al dominio della casualità. L'interpretazione sbagliata non rientra nel mondo delle illusioni ma ne rappresenta una facile scappatoia. Anche qui nonostante tutto dobbiamo ammettere un atto di flessione di quello che può essere considerato come il normale processo psichico.

Quando gli stimoli nervosi esterni e quelli somatici interni sono talmente profondi da forzare verso di sé la forza attrattiva della psiche, rappresentano – se rimangono nel sogno e non nel risveglio – un luogo di certezza per la formazione del sogno, un nucleo del materiale onirico, per il quale viene mosso in maniera analoga un appagamento del desiderio, esattamente come accade nel caso delle raffigurazioni mediatrici fra due stimoli psichici. È quindi vero, ma non in assoluto, che l'elemento somatico guida quello che il sogno contiene. In questo caso per esempio la formazione del sogno viene evocata da un desiderio che non potremmo chiamare come attuale. Il sogno non può far altro che simboleggiare un desiderio in un determinato momento e affrontarlo come appagato; il sogno deve scoprire quale desiderio possa essere rappresentato come appagato per mezzo di una sensazione che diviene attuale. Se questo materiale attuale ha un carattere doloroso o sofferente, non è detto che non si possa utilizzare la formazione del sogno. Infatti la vita psichica utilizza anche desideri che sono capaci di condurci verso il dispiacere, fatto che sembra contraddittorio, ma che diventa comprensibile quando ci si rifà alla presenza di due istanze psichiche e alla censura che inevitabilmente vive in mezzo a loro.

Come abbiamo già notato, nella vita psichica ci sono dei desideri rimossi che provengono dal primo sistema e al cui appagamento tende spesso a opporsi il secondo sistema. "Ci sono" non deve essere interpretato in senso storico, nel senso che simili desideri sono stati e poi sono andati incontro alla distruzione; per la teoria della rimozione. Simili desideri rimossi esistono ancora, ma contemporaneamente esiste un'inibizione che pesa su di essi. L'organizzazione psichica che permette a questi desideri repressi di appagarsi rimane sempre utilizzabile. Se però succede che uno di questi viene attuato, l'inibizione ormai vinta del secondo sistema – che giunge alla coscienza – si manifesta sotto forma di un dispiacere. Per semplificare e concludere: se mentre dormiamo sono presenti sensazioni somatiche dal carattere spiacevole, questa costellazione serve al sogno al fine di rappresentare l'appagamento di un desiderio, comunque represso, e il tutto con un superiore o inferiore impegno da parte della censura.

È per questo che sono possibili molti dei nostri sogni angosciosi, mentre un'altra classe di creazioni oniriche, sfavorevoli alla versione del desiderio, mostra un meccanismo nettamente diverso. Infatti, l'angoscia nelle elaborazioni oniriche può essere di natura psiconevrotica, e può derivare da eccitazioni sessuali, e in questo caso per esempio coincide con la libido che è stata rimossa. Allora l'angoscia – tutto il sogno mostruoso – ha la struttura di un sintomo nevrotico, e noi abitiamo il punto limite nel quale la tendenza onirica all'appagamento del nostro desiderio fallendo trova il suo limite. In altre produzioni oniriche particolarmente angosciose la sensazione di terrore è fornita somaticamente (come in chi ha problemi alle vie respiratorie e al cuore e presenta una difficoltà di respirazione) e viene utilizzata al fine di ottenere l'appagamento sotto forma di sogno dei desideri energicamente repressi e celati, perché i sogni, se mossi da motivazioni psichiche, avrebbero causato la medesima liberazione di angoscia. Non è particolarmente complesso conciliare questi due casi, che solo a un primo e superficiale sguardo possono apparire discordanti. Delle due formazioni psichiche – una possibilità affettiva e l'altra a contenuto rappresentativo – che sono profondamente connesse, l'una, quella che si dà attualmente, accompagna anche in sogno l'altra; ora è il terrore a evocare il contenuto della rappresentazione repressa, ed ora è il contenuto rappresentativo, sdoganato dalla rimozione e accompagnato da una profonda eccitazione sessuale, a chiamare ed invocare la liberazione dell'angoscia. Nel primo di questi casi si può ipotizzare che un affetto, dato somaticamente, viene assimilato e considerato psichicamente; altrove, tutto è un fatto psichico, ma il contenuto ch'era stato represso può venire sostituito da un'interpretazione somatica che ci conduce all'angoscia. Le fatiche che in questi luoghi si contrappongono alla comprensione non riguardano da vicino il sogno; esse infatti provengono dal fatto che nel corso di simili considerazioni ci troviamo a sfiorare da vicino la questione alla base del formarsi dell'angoscia, come del resto il problema della rimozione.

Alla serie degli stimoli onirici principali, d'origine organica interna, si può accomunare senza alcun dubbio la tonalità cenestesica organica. Non che essa rappresenti la sostanza del sogno; ma impone ai pensieri del sogno una scelta del materiale che dovrà servire alla rappresentazione nel contenuto onirico, in quanto appoggia una parte di questo materiale, corrispondente alla sua natura, e frequentemente ne respinge l'altra. Oltre a tutto questo, l'umore della giornata di una persona è strettamente collegato con i residui psichici, che sono indubbiamente molto importanti per i sogni. Un simile stato d'animo può anche mantenersi simile a se stesso durantc tutto lo svolgersi del sogno, ma può essere sorpassato e certamente trasformarsi, specie se fastidioso e sgradevole, nel suo esatto contrario.

Se tutte le sorgenti di stimolo somatiche durante il sonno – le sensazioni del sonno – non sono particolarmente forti, a mio parere è perché svolgono, nella nascita e nella struttura del sogno, una parte per certi versi simile a quella delle supposizioni recenti del giorno che le ha precedute. Credo fermamente che esse vengano utilizzate per la formazione del sogno, e specialmente nel caso in cui esse siano atte alla fusione con il contenuto rappresentativo delle fonti psichiche; in caso contrario, no. Esse possono venire trattate come un materiale di secondaria importanza, disponibile ogni volta che è necessario, che viene utilizzato nei momenti di bisogno, e non come un materiale prezioso che concorre a determinare le modalità della propria utilizzazione. L'esempio è per certi versi analogo a quello del mecenate che dona una pietra preziosa, un'onice, all'artista, con la finalità che ne faccia un'opera d'arte. Le qualità della pietra, il suo colore e la sua venatura prendono parte nella decisione di quale testa o scena potranno raffigurare, e nel caso di un materiale uniforme e generoso, marmo o pietra, l'artista si affida unicamente all'idea che nasce e si sviluppa nella sua mente. Solamente in questa maniera ritengo sia comprensibile il fatto che i materiali onirici generati da stimoli somatici dall'intensità non particolarmente forte non appaiono in tutti i sogni, e neanche tutte le notti.[134]

Ritengo opportuno proporre un esempio ulteriore che ci condurrà nuovamente nel mondo dell'interpretazione dei sogni.

Mi sforzavo di comprendere che cosa mai possa voler dire la sensazione dell'essere inibiti, dell'esser bloccati, del non saper evitare la sensazione dell'impaccio, tutto così frequente in sogno e tutto così prossimo all'angoscia. La notte seguente feci questo sogno: *ero vestito senza particolare cura, salivo le scale di un appartamento al pian terreno fino a giungere ad un piano superiore. Salivo tre gradini con un solo passo e gioivo nel poter salire con una simile agilità. Ma all'improvviso mi trovavo al cospetto di una domestica che scendeva le scale e ardita si dirigeva verso di me. Provavo vergogna, avevo fretta ed ecco che come all'improvviso sopraggiungeva quel senso d'inibizione al quale prima facevo riferimento, ero intrappolato. I gradini come sabbie mobili, non potevo muovermi.*

Analisi: l'ambientazione del sogno è sottratta alla realtà quotidiana. In un'abitazione viennese ho due case, che sono collegate soltanto da una scala esterna. Al piano terra ci sono l'ambulatorio e lo studio, al piano superiore i luoghi di una normale abitazione. Una volta terminato, in nottata, il mio lavoro al piano terra, mi trovo a salire la scala per giungere finalmente nella camera da letto. La notte precedente al sogno avevo realmente percorso quel tragitto con i vestiti decisamente mal messi, e mi ero tolto il colletto, la cravatta e i polsini; nel sogno tutto questo ambiva all'esser nudo ma, come accade di solito, in una maniera imprecisata. Saltare i gradini: corrisponde alla mia maniera abituale di percorrere le scale e costituisce una certa soddisfazione del desiderio già individuato nel sogno, dal momento che la facilità dell'impresa mi ha tranquillizzato sulle possibili condizioni del mio cuore. Questa modalità di fare le scale rappresenta anche un contrasto con l'inibizione che compare nella seconda metà del sogno. Mi mostra – forse non era necessario – che il sogno non ha alcuna difficoltà a rappresentare delle azioni di movimento, per giunta eseguite con

[134] Rank ha dimostrato nei suoi studi che alcuni sogni di risveglio provocati da stimoli organici (sogni provocati dal bisogno di urinare e dalla polluzione) manifestano principalmente il conflitto tra il bisogno di dormire e quello organico, così come la stessa influenza dei bisogni sul contenuto del sogno. [Nota aggiunta nel 1914]

assoluta perfezione; infatti nei sogni ci capita di volare!

Ma la scala che sono impegnato a salire non è più quella di casa mia; all'inizio non la riconosco, ma la persona che si dirige verso di me mi permette di individuare dove mi trovo. Si tratta della domestica dell'anziana signora che incontro circa due volte al giorno per farle delle iniezioni ed effettivamente anche la scala è decisamente concordante nella mia memoria con quella che devo salire in quell'abitazione.

Ora, perché incontro questa scala e questa donna nel mio sogno? La vergogna provata dal non essere completamente vestiti ha certamente un riferimento alla sessualità; la domestica è molto più anziana di me, e inoltre brontolona e nulla la rende attraente ai miei occhi. Non riesco a pensare ad altro se non a questo: quando al mattino mi reco in quella casa, di solito sulle scale vengo assalito da un colpo di tosse con catarro; l'espettorato termina con il terminare della scala. Non esiste sputacchiera né al primo né al secondo piano: e a mio parere non è giusto che io sia ritenuto il responsabile della manutenzione della scala, che invece dovrebbe essere garantita dalla presenza di una sputacchiera. La portinaia, anziana, brontolona ed estremamente dedita alla pulizia, ha sull'argomento un'opinione nettamente differente. È lì a spiare, controlla se sputo e, avvenuto il fatto, la percepisco chiaramente urlare. Poi quando accade, si rifiuta di salutarmi per dei giorni. Ora, la giornata precedente al sogno, il partito della portinaia era stato rafforzato anche dalla domestica. Avevo concluso, come sempre del resto, la mia visita all'ammalata con grande velocità, quando la domestica mi affrontò in anticamera dicendomi: "Signor dottore, oggi avrebbe potuto almeno pulirsi le scarpe prima di venire qui nella stanza. Il tappeto rosso è ancora una volta terribilmente lurido e le sue pedate hanno lasciato il segno". Non trovo altri motivi per giustificare la presenza della scala e della domestica nel mio sogno.

Tra il mio planare-sulle-scale e il mio sputacchiare-sulle-scale si può rintracciare un intimo rapporto. Tosse e disturbi del cuore significano entrambi la punizione per il vizio del fumo, a causa del quale vengo rimproverato anche dalla mia portinaia; nel sogno le due case si fondono.

Purtroppo dovrò posticipare il seguito dell'analisi del sogno a quando potrò riferire l'origine dei sogni tipici dell'essere vestiti in una maniera incompleta e non del tutto adeguata. Come risultato provvisorio mi limito ora ad osservare solamente che la sensazione onirica del movimento inibito può essere provocata ogni volta che un contesto la riesce a rendere necessaria. Una maniera specifica della mia motilità nel sonno non può causare o determinare questo contenuto onirico, perché, ed è quasi una conferma della colpevolezza consapevole, poco prima nel sogno correvo slanciato e col passo leggero per le scale.

D. Sogni tipici

Solitamente non siamo capaci di interpretare il sogno di un'altra persona, specialmente se questa non vuole comunicarci i pensieri inconsci che si celano nel contenuto del sogno, e questo pregiudica le fondamenta del nostro metodo analitico[135]. Esiste comunque, in piena contraddizione con la presunta libertà del singolo di forgiarsi il proprio mondo onirico secondo la particolarità individuale, rendendolo poco comprensibile per gli altri, un dato numero di sogni che in quasi tutti noi si presentano sotto le stesse vesti e che quindi siamo soliti ipotizzare abbiano per tutti il medesimo significato. Questi sogni tipici hanno un particolare interesse, anche perché nascono dalle stesse sorgenti in tutti gli esseri umani e sembrano quindi decisamente adatti ad illuminarci sulle fonti dei sogni.

Con aspettative decisamente particolari inizieremo a sondare la nostra tecnica analitica su questi sogni che possiamo definire come tipici e solamente con rammarico confesseremo che la nostra tecnica non sempre si mostra all'altezza. Nell'interpretazione dei sogni tipici, le idee del loro autore che in passato ci hanno aiutato a capire il significato del sogno solitamente vengono meno, oppure divengono insufficienti e lacunose, impedendoci così di capovolgere col loro aiuto il nostro problema. Qualunque ne sia la motivazione, e quale sia

[135] Questa mia affermazione, secondo cui il nostro metodo di interpretazione non può essere applicato se non si possiede del materiale associativo del sognatore, ha bisogno di una spiegazione: in un caso il nostro lavoro d'interpretazione è indipendente dalle associazioni del sognatore, cioè quando questi ha inserito nel sogno elementi *simbolici.* In questo caso, quindi, utilizziamo una sorta di metodo *ausiliario,* un secondo metodo di interpretazione. [Nota aggiunta nel 1914]

la modalità per ovviare a questa mancanza della nostra tecnica verrà compreso in un punto futuro del nostro lavoro. Allora sarà comprensibile al lettore anche la motivazione per cui io posso trattare in questa sede solamente di alcuni dei sogni appartenenti al gruppo dei sogni tipici, rimandando l'esame di tutti gli altri ad un futuro prossimo.

1) Il sogno d'imbarazzo per la propria nudità

Il sogno di essere nudi o quasi e in presenza di estranei accade alcune volte senza provare vergogna. A noi però interesseranno in questo scritto solamente i casi in cui si prova vergogna e imbarazzo, e quindi quando si vuole scappare per poi nascondersi, e quando spesso quasi non ci si riesce a muovere, incapaci di ribaltare la situazione. Soltanto in questo caso il sogno può essere definito tipico; altrimenti, il centro del suo contenuto si può includere in differenti rapporti e quindi trasformare per aggiunte personali. In altre parole si tratta della sensazione angosciosa, di vergogna, per cui si vorrebbe nascondere la propria nudità, generalmente cambiando spazio, e ovviamente non ci si riesce mai. Quasi certamente ad ogni lettore è capitato un sogno di questo tipo.

Normalmente le circostanze per via delle quali ci si trova a essere nudi sono poco chiare. Per esempio si sente dire: "Ero in camicia", ma raramente si tratta di un'immagine distinta, e spesso si presenta anche un'alternativa: "Ero in camicia oppure in sottoveste". Regolarmente la non precisione dell'abbigliamento non è abbastanza grave da giustificare il sentimento di vergogna che assale il sognatore. Tutti coloro che hanno indossato la divisa militare sanno che la nudità è spesso sostituita da una tenuta non idonea al proprio ruolo: "Sono per strada, scopro di essere senza sciabola e vedo degli ufficiali venire verso di me", oppure "senza cravatta", oppure "indosso pantaloni a quadretti" e via dicendo.

Spesso si prova vergogna dinnanzi a estranei dalla fisionomia non ben delineata. Nel sogno tipico spesso non si è rimproverati, o spesso neanche notati bensì siamo noi stessi a provare un simile imbarazzo. Le persone hanno un atteggiamento indifferente – come ho potuto percepire in un sogno particolarmente chiarificatore – e addirittura solenne. Tutto questo non può lasciarci indifferenti.

L'imbarazzo del sognatore e l'indifferenza della gente costituiscono una contraddizione che spesso si verifica nei nostri sogni. Si accorderebbe in maniera più armonica con la sensazione del sognatore se le reazioni degli estranei fossero sguardi sorpresi piuttosto che derisione. Sono quasi certo però che questo elemento di scandalo venga eliminato grazie all'appagamento del desiderio mentre l'altro è rimasto al suo posto; in questa maniera le due parti creano una frizione. In realtà sappiamo che il mondo del sogno, nella sua forma parzialmente deformata dall'appagamento di desiderio, non è mai stato veramente capito e approfondito. Pensiamo alla struttura di una nota fiaba di Andersen, *I vestiti nuovi dell'imperatore*, e poi alla poetica rielaborazione di Ludwig Fulda, intitolata *Il talismano*. Nella fiaba di Andersen si narra la storia di due imbroglioni che lavorano per l'imperatore ad una veste di grande valore che dovrà essere visibile solamente a coloro che saranno buoni e fedeli. L'imperatore esce dalla sua abitazione indossando il suo vestito invisibile, mentre la gente, inquietata dall'enorme virtù del tessuto, reagisce come se non vedesse la nudità dell'imperatore.

E quanto appena descritto è esattamente quello che accade nel nostro sogno. Non occorre un grande coraggio per ammettere che la complessa trama del sogno ha offerto lo spunto per la creazione di una nuova veste nella quale la situazione, così come è presente nel ricordo, acquista un significato. È stata così privata del suo significato originario e messa al servizio di utilità estranee. Poi vedremo che tale sbagliata comprensione del sogno accade assai spesso, per il cosciente lavoro di pensiero di un secondo sistema psichico, e deve essere visto come un fattore della struttura definitiva del sogno; noteremo anche che simili distorsioni – nella stessa personalità psichica – conducono una parte fondamentale nella creazione delle rappresentazioni ossessive e fobiche. Anche per il nostro sogno è possibile scoprire dove è stato raccolto il materiale per la reinterpretazione. È il sogno ad essere l'imbroglione, l'imperatore è il sognatore e la caratteristica moralizzatrice rivela una oscura nozione del fatto che nel contenuto latente si trovano dei desideri proibiti, sacrificati alla rimozione. Il contesto attraverso il quale simili sogni si presentano in soggetti nevrotici non fa sorgere dubbi sull'esistenza, alle fondamenta del sogno, di una rimembranza della prima infanzia. Solamente nella nostra infanzia, infatti, si è manifestato un periodo nel quale eravamo seminudi davanti ai parenti, agli estranei, alle bambinaie, alle domestiche, ai visitatori, ed allora non provavamo vergogna alcuna.[136] In molti bambini è facile notare – anche in anni successivi – come si esaltano

[136] Il bambino però compare anche nella fiaba: c'è infatti un piccolo che esclama improvvisamente: "Ma non ha nulla addosso!".

ogni volta che si spogliano. Ridono, saltano, giocano alla lotta; la madre o chi per lei li rimprovera esclamando: "Via! È una vergogna, non farlo più!". I bambini sono esibizionisti; dalle nostre parti è assai raro attraversare un paesino senza incontrare un bambino che non si alzi la camiciola in presenza del viandante, chissà, forse in suo onore. Un mio paziente ricorda chiaramente di un episodio che risale al suo ottavo anno di età, in cui, denudatosi per andare a letto, vuole andare danzando dalla sorella nella camera adiacente ma la domestica glielo impedisce. Nella storia giovanile di persone nevrotiche ha un grande valore lo spogliarsi di fronte a bambini dell'altro sesso; nella paranoia la fantasia di essere guardati mentre ci si veste e ci si spoglia è probabilmente assimilabile a questo tipo di esperienze. Tra i perversi vi è una classe di individui nei quali l'impulso infantile è stato glorificato ed è diventato sintomo: gli *esibizionisti.*

Un'infanzia che non sente vergogna col trascorrere del tempo e sotto il filtro del nostro sguardo retrospettivo appare come un paradiso; e a ben vedere il paradiso stesso cosa altro è se non la fantasia collettiva dell'infanzia del singolo individuo? E questo è il motivo per cui anche nel paradiso terrestre gli uomini si mostrano nudi e non si vergognano più, finché giunge un momento in cui la vergogna e l'angoscia tornano alla carica, avviene la cacciata, inizia la vita sessuale e la struttura della civiltà umana. Il sogno ogni notte ci porta in questo paradiso arcaico; abbiamo già espresso l'idea secondo la quale le impressioni della prima infanzia tendano di per sé a riprodursi; e che la loro reiterazione è come un appagamento del nostro desiderio. I sogni di nudità sono sempre o quasi sogni di esibizione[137].

Il centro del sogno di esibizione è caratterizzato dalla figura del sognatore, visualizzata però non come un bambino ma nel presente, e nell'abbigliamento inadeguato che appare indistinto per effetto della censura; a tutto questo possiamo anche aggiungere la presenza fondamentale e la altrettanto fondamentale scelta delle persone dinanzi alle quali si prova un sentimento di vergogna. Non ricordo un solo caso nel quale riappaiano nel sogno gli spettatori reali delle esibizioni infantili del sognatore. Il sogno non può

[137] Ferenczi ha pubblicato una serie di sogni di nudità fatti da donne, che potrebbero fare riferimento alla voglia di esibizione tipica infantile, ma che, per altri motivi, sono diversi dal tipico sogno della nudità di cui abbiamo appena parlato. [Nota aggiunta nel 1911]

essere considerato quasi mai alla stregua di un ricordo. Appare strano che le persone verso le quali si destava tutto il nostro interesse sessuale durante l'infanzia vengono evitate con precisione in tutte le rappresentazioni oniriche, nelle manifestazioni isteriche e nelle nevrosi ossessive; solamente la paranoia integra gli spettatori del passato e sostiene con enorme convinzione la loro presenza onirica, anche se essi rimangono non sempre ben visibili. Nel sogno infatti appaiono "molte persone estranee" che non si interessano o accorgono dello spettacolo di nudità, si tratta né più né meno del *contrario del desiderio* di quella singola persona ben nota, alla quale era stata offerta la nostra nudità. In ogni caso, "molte persone estranee" popolano assai di frequente i nostri sogni, anche in contesti nettamente differenti, dove, in quanto antitesi del desiderio, assumono quasi sempre il valore di "segreto". Rimane da non dimenticare che anche il ripristino dell'antico stato delle cose, che insorge nella paranoia, tiene conto di questa inversione. Non si è soli, si è osservati, ma a farlo sono "molte persone estranee, stranamente indeterminate".

Oltre a tutto questo è sempre presente la rimozione. La sensazione di angoscia e pena presente nel sogno è infatti la reazione del secondo sistema psichico al fatto che il senso della scena di esibizionismo, rifiutato, è giunto fino alla sua raffigurazione. Per escludere una simile sensazione era necessario che la scena non fosse richiamata in vita.

Più avanti, ad ogni modo, approfondiremo meglio la sensazione riguardante l'inibizione. Nei sogni essa rappresenta la *negazione*. A seguire l'intenzione inconscia, l'esibizione dovrebbe non avere fine, mentre a seguire la censura essa dovrebbe essere interrotta.

Le relazioni fra i nostri sogni tipici e le fiabe e le poesie non sono né sporadiche né casuali. Talvolta, il cuore astuto del poeta ha compreso analiticamente il processo di trasformazione – il cui strumento del resto è il poeta – e l'ha accompagnato in direzione inversa, riportando così la poesia al sogno. Un caro amico mi ha fatto notare il seguente passaggio tratto da *Enrico Il Verde* scritto da Gottfried Keller nel 1854: "Non le auguro, caro Lee, di provare mai per esperienza la peculiare e piccante verità della situazione di Ulisse, quando compare nudo e coperto di fango davanti a Nausicaa e alle sue compagne di giuoco! Vuol sapere come succede? Teniamoci per un momento all'esempio. Se Lei, diviso dalla patria e da tutto ciò che Le è caro, sta vagando in terra straniera, e ha molto visto e molto provato, ha dolori e preoccupazioni, è misero e abbandonato, allora nella notte Le verrà fatto senza dubbio di sognare che si sta avvicinando alla patria; la vede splendere e rilucere nei più bei colori, mentre gentili, delicate e care figure Le vengono incontro; allora Lei d'improvviso scopre di andar attorno stracciato, nudo, coperto di polvere. Vergogna senza nome e angoscia *l'assalgono.* Lei tenta di coprirsi, di nascondersi, e si sveglia in un bagno di sudore. Questo è, da quando esiste l'umanità, il sogno dell'uomo tormentato, e sbattuto qua e là; Omero ha tratto codesta situazione dalla più profonda ed eterna essenza dell'umanità".

L'essenza più misteriosa ed infinita del genere umano, che il poeta si propone di risvegliare nel suo lettore, è costituita da impulsi provenienti dalla vita psichica e che hanno le loro origini prima nell'età infantile, poi in quella preistorica. Nascosti fra i desideri capaci di arrivare fino alla coscienza dell'uomo privo di patria, irrompono nel sogno i desideri repressi dell'infanzia che ormai sono illeciti e forse è per questa motivazione che il sogno, oggettivato nella storia di Nausicaa, si trasforma regolarmente in un sogno angoscioso.

Il mio sogno che mostrava la corsa per le scale è anch'esso un sogno esibizionista, poiché ne presenta le caratteristiche essenziali. Dovrebbe quindi poter essere ricondotto a situazioni infantili la cui conoscenza dovrebbe poter chiarire fino a quale punto il comportamento della domestica serva a procurarle il ruolo che occupa nel sogno. Ora posso tranquillamente dare tutte le chiarificazioni necessarie alla comprensione. In un'analisi psicoanalitica si scopre come interpretare la contiguità temporale intesa come connessione oggettiva; due pensieri che quasi si sommano, in apparenza senza alcun legame, appartengono ad un'unità che dobbiamo scoprire, allo stessa maniera in cui una A e una B, se le scriviamo una di seguito all'altra, verranno pronunciate come se si trattasse della sillaba: ab. Tutto questo è valido anche per la relazione dei sogni fra loro stessi. Il mio sogno della scala è sottratto da una serie di sogni, gli altri membri della quale conosco già dall'interpretazione. Il sogno che essi contengono deve esser parte del medesimo panorama. Ora, alle fondamenta degli altri sogni vi è la rimembranza di una bambinaia che mi ha accudito da un certo punto in poi della mia prima infanzia fino al raggiungimento dell'età di due anni e mezzo; di lei ho ancora un oscuro ricordo ben cosciente. Attenendomi alle informazioni estorte di recente a mia madre posso dire con certezza che la bambinaia era vecchia e brutta, però molto gentile e intelligente; rispettando però le conclusioni che ritengo mi è permesso trarre dai miei sogni, intuisco che la donna non deve sempre avermi trattato amorevolmente, deve avermi rivolto dei rimproveri e specialmente quando sembravo non far mia l'educazione alla pulizia e all'ordine. Quindi la domestica, impegnata a continuare l'opera di educazione, acquisisce la volontà di essere trattata da me e nel mio sogno come una presenza della preistorica vecchia e brutta bambinaia. Comunque si può supporre che, nonostante il trattamento severo subìto, il piccolo bambino abbia concesso alla sua istruttrice una parte considerevole del suo amore[138].

2) Sogni della morte di persone care

Un'altra serie di sogni, che si possono definire tipici, è rappresentata da quelli che hanno per oggetto la morte di un parente: genitore, fratello o sorella, figlio, eccetera. Bisogna innanzitutto dividere questi sogni in due categorie: quelli in cui non si è colti da un senso di tristezza, al punto che al risveglio ci si sorprende della propria insensibilità; e quelli in cui ci si addolora profondamente per la morte, dolore che si manifesta durante il sonno sotto forma di pianto accorato.

Possiamo fare a meno di soffermarci sui sogni della prima serie, che non hanno diritto alcuno di essere ritenuti tipici. Se li si analizza, si scopre che il loro significato è distinto dal loro contenuto e che la loro funzione è quella di coprire un qualche desiderio diverso. A questa categoria apparteneva il sogno della zia, che vede disteso nella bara davanti a sé l'unico figlio di sua sorella. Ciò non vuol dire che ella desideri la morte del nipote ma nasconde, come si è visto, unicamente il desiderio di rivedere, dopo una lunga distanza, una persona cara, la stessa che in precedenza, dopo un intervallo simile, aveva rivisto presso la salma di un altro nipote. Tale desiderio, che rappresenta il reale contenuto del sogno, non costituisce una ragione di tristezza, ragion per cui, anche durante

[138] Un'altra interpretazione di questo sogno può essere: sputare sulle scale (*spucken* = sputare) fa pensare a *esprit d'escalier*, visto che *spuken* (apparire) è un'attività tipicamente spiritica. Il che significa mancanza di battuta pronta, cosa di cui mi devo rimproverare. Che alla bambinaia mancasse la battuta pronta? (Intesa sia come "battuta di spirito" che come "battuta di mano"). [Nota aggiunta nel 1911]

il sogno, non si prova tristezza alcuna. Si nota come in questo caso la sensazione presente nel sogno non dipenda dal contenuto esplicito, ma da quello latente, e come il contenuto affettivo del sogno sia rimasto incolume dalla deformazione cui è andato soggetto il contenuto rappresentativo.

Diverso è ciò che accade nei sogni nei quali è rappresentata la morte di un parente, che provoca una commozione dolorosa. Il significato di questi sogni coincide con l'enunciazione del loro contenuto, vale a dire con il desiderio che la persona cara muoia, e poiché prevedo, a questo punto, che la sensibilità di tutti i lettori e di tutte le persone cui è successo di fare sogni simili si sentirà offesa dalla mia interpretazione, intendo offrire una dimostrazione più ampia possibile.

Abbiamo già preso in considerazione un sogno che ci ha permesso di vedere come i desideri che nei sogni appaiono appagati non siano sempre desideri attuali. Possono essere anche desideri passati, dimenticati, sovrastratificati e rimossi, i quali però – in ragione della loro riapparizione onirica – godono di una sorta di esistenza prolungata. Questi desideri non sono morti, almeno non come, nella nostra concezione, consideriamo morti i defunti, ma lo sono piuttosto come le ombre dell'*Odissea* le quali, se solo bevono del sangue, si risvegliano a un'altra vita. Ad esempio, nel sogno della figlia morta in una scatola, c'era un desiderio che quindici anni prima era stato effettivo, e che già a partire da allora era ammesso in tutta franchezza. Può essere utile per la teoria del sogno aggiungere che, anche in questo caso, alle radici del desiderio si celava un ricordo risalente alla primissima infanzia. Da piccola – non è possibile precisare quale fosse l'età precisa – alla sognatrice era capitato di sentir detto che sua madre, durante la gravidanza, era precipitata in una depressione acuta, e che aveva desiderato vivamente la morte della bambina che portava in grembo. Ormai adulta, e a sua volta in stato interessante, non fece che seguire l'esempio di sua madre.

Quando qualcuno sogna che il padre o la madre, il fratello o la sorella sono morti, provandone dolore, mi guardo bene dall'impiegare questo sogno a mo' di dimostrazione del fatto che egli ne desideri *tutt'ora* la morte. La teoria del sogno non si spinge a tanto: si accontenta di concludere che il sognatore in passato, durante l'infanzia, ha desiderato la loro morte. Temo però che questa limitazione non basti affatto a tranquillizzare chi protesta; costui potrebbe negare di aver mai pensato qualcosa del genere, con la stessa forza con cui si sente sicuro di non covare simili desideri nel presente. Debbo pertanto portare alla luce un brano della vita psichica sommersa dell'infanzia, a partire dalle testimonianze che il presente continua ad offrirci[139].

Osserviamo innanzitutto la relazione dei bambini con i loro fratelli. Non mi spiego perché si dia per scontato che questa relazione debba essere senz'altro amorevole; tanto più che nell'esperienza di ciascuno abbondano gli esempi di ostilità tra fratelli adulti e che di frequente è possibile constatare come tale discordia risalga al periodo dell'infanzia o esista da sempre. Ma non mancano gli adulti che, pur uniti da un legame tenero ai fratelli, hanno vissuto nell'infanzia un'ostilità pressoché ininterrotta con loro. Il fratello maggiore ha maltrattato il minore, lo ha calunniato, gli ha rubato i giocattoli; il fratello minore si è consumato in una rabbia impotente contro il maggiore, ne è stato geloso e lo ha temuto; oppure ha rivolto i suoi primi impulsi di amore per la libertà e di senso della giustizia contro il fratello tiranno. I genitori lamentano che i bambini non vanno d'accordo e non sanno capirne il motivo. Si vede chiaramente come il carattere del bambino buono sia anch'esso diverso da quello che auspichiamo in un adulto. Il bambino è totalmente egoista, avverte con intensità i suoi bisogni e, senza badare ad altro, mira a soddisfarli, specie in opposizione ai suoi rivali, gli altri bambini, e in primo luogo contro i suoi fratelli. Non per questo definiamo però quel bambino «perfido»: lo chiamiamo «cattivo»; non è responsabile delle sue cattive azioni, né di fronte al nostro giudizio né di fronte alla legge penale. Ed è giusto che sia così; giacché è legittimo prevedere che negli anni ancora assegnati all'infanzia inizieranno a risvegliarsi nel piccolo egoista sentimenti altruistici e il senso della morale e che, per usare le parole di Meynert, un io secondario andrà a sovrapporsi a quello primario e lo inibirà. È certamente vero che la moralità non si manifesta di colpo e per intero in un dato momento, e che la durata del periodo amorale nei bambini varia da individuo a individuo. Laddove viene meno lo sviluppo di questa moralità, parliamo facilmente di "degenerazione" ma si tratta a ben vedere di una inibizione dello

139 Cfr. la mia *Analisi della fobia di un bambino di cinque anni* e il mio scritto *Teorie sessuali infantili.*

sviluppo. Laddove il carattere primario è già stato superato dallo sviluppo ulteriore, esso può essere ancora riportato in luce, quantomeno parzialmente, dall'insorgere dell'isteria. Può sorprendere il grado di concordanza che insiste fra il cosiddetto carattere isterico e quello di un bambino "cattivo". La nevrosi ossessiva risulta invece da un'ipermoralità, imposta come fardello al carattere primario, che torna a farsi vivo.

Molte persone dunque, che nel presente nutrono un sincero amore per i loro fratelli tanto che, se questi morissero, ne sentirebbero dolorosamente la mancanza, nell'inconscio coltivano da lungo tempo desideri malvagi contro di loro, che possono trovare realizzazione nei sogni.

È tuttavia estremamente interessante osservare il comportamento che i bambini fino a tre anni o poco più mantengono nei confronti dei fratelli minori. Il bambino sapeva di essere figlio unico; ora gli annunciano che la cicogna ha portato un altro bambino. Egli prende in esame il nuovo arrivato e dichiara con decisione: «La cicogna può riportarselo via».[140] Ho la ferma convinzione che il bambino sia in grado di valutare lo svantaggio che l'estraneo rappresenta per lui. Una signora mia amica, che oggi è in ottimi rapporti con la sorella, minore di quattro anni, mi ha rivelato che reagì alla notizia del suo arrivo con la condizione: «Ma, sia come sia, il mio cappello rosso non glielo do». Sebbene il bambino raggiunga questa consapevolezza soltanto più tardi, è però in quel momento che ha origine la sua ostilità. Conosco il caso di una bambina di meno di tre anni che tentò di strangolare il lattante nella culla, non attendendosi nulla di buono dalla sua permanenza. I bambini di questa età possono soffrire di gelosie acutissime e quanto mai manifeste. Oppure: nel caso in cui il fratellino sparisca sul serio prematuramente e sul bambino tornino a concentrarsi

[140] Hans, di tre anni e mezzo (la cui fobia è stata al centro dello studio citato nella nota precedente), poco dopo la nascita della sorella, febbricitante per via di un mal di gola, esclamò: «Non voglio una sorellina!». Un anno e mezzo dopo, in piena nevrosi, confessò che aveva desiderato che la madre lasciasse cadere la piccola nel bagno e che questa morisse. Ciononondimeno, Hans era un bambino buono e affettuoso, che presto si affezionò alla sorella e volle prenderla sotto la sua protezione. [Nota aggiunta nel 1909]

tutte le attenzioni della famiglia, fino a che ecco che non arriva un altro fratellino portato dalla cicogna; non è forse logico che il nostro piccolo nutra il desiderio che il nuovo rivale subisca la medesima sorte del precedente, cosicché tutto torni a funzionare come prima e come nel periodo intermedio?[141] Naturalmente, questo atteggiamento del bambino nei confronti dei fratelli arrivati dopo lui è, in condizioni normali, una mera conseguenza della differenza d'età. Se questa differenza è rilevante, nella bambina maggiore prenderanno già forma i primi istinti materni nei confronti del neonato indifeso.

Durante l'infanzia, i sentimenti di ostilità verso i fratelli sono con ogni probabilità molto più frequenti di quanto non appaiano all'ottusa osservazione degli adulti[142]. Ho perso l'occasione di osservarlo sui miei figli, nati a breve distanza l'uno dall'altro; la recupero ora con il mio nipotino, il cui dominio assoluto è stato messo in discussione, dopo quindici mesi, dalla comparsa di una rivale. Per la verità, a quanto so l'ometto si comporta oltremodo cavallerescamente con la sorellina, le bacia la mano e la accarezza; tuttavia sono convinto che egli, sebbene non abbia ancora compiuto due anni, usi la sua capacità di parola per criticare la nuova arrivata, la quale, nella migliore delle ipotesi, gli appare quantomeno superflua. Se il discorso cade su di lei, non manca mai di intervenire per esclamare irritato: «Troppo picco(l)a, troppo picco(l)a». Negli

[141] Quando la morte avviene nella prima infanzia, la famiglia può riuscire a dimenticarla; l'analisi psicoanalitica, tuttavia, mostra la sua importante influenza sullo sviluppo di neurosi successive. [Nota aggiunta nel 1914]

[142] Alla pubblicazione di questo studio sono seguite numerose riflessioni sull'ostilità che i bambini nutrono in principio nei confronti dei fratelli e di uno dei genitori. Lo scrittore e poeta Spitteler ha restituito un quadro particolarmente semplice e veritiero di questo atteggiamento dei bambini, prendendo a riferimento la propria infanzia: «E poi c'era un secondo Adolfo: un essere che definivano mio fratello, sebbene io non ne vedessi l'utilità, né comprendessi tutte le attenzioni che circondavano lui e me. Per quel che mi riguardava, io era autosufficiente; che bisogno avevo di un fratello? Che oltre ad essere inutile, mi era anche di ostacolo. Quando facevo i dispetti alla nonna, anche lui voleva infastidirla. Quando mi portavano fuori in carrozzina, si sedeva davanti a me occupando metà dello spazio ed eravamo costretti a spingerci l'un l'altro con i piedi. [Nota aggiunta nel 1914]

ultimi mesi, poiché la bambina si è affrancata, grazie a un eccezionale sviluppo, da questa valutazione dispregiativa, ha trovato argomenti diversi per sostenere che non merita troppe attenzioni. Ogni qualvolta se ne presenta l'occasione, ricorda che non ha denti[143]. Serbiamo tutti il ricordo della bambina maggiore di un'altra mia sorella che, all'età di sei anni, si fece confermare per mezz'ora da tutte le zie: «Non è vero che questa cosa Lucia non la può ancora capire?». Lucia era la sua rivale, minore di due anni e mezzo.

Sognare la morte di fratelli, fatto che corrisponde a una maggiore ostilità, è un evento che ho riscontrato in tutte le mie pazienti. Mi è capitata una sola eccezione, che può facilmente tradursi in una conferma della regola. Un giorno, nel corso di una seduta, spiegavo a una signora questo stato di cose – stato che data la natura del sintomo mi sembrava lecito porre all'ordine del giorno – allorché ella mi sorprese rispondendo di non aver mai avuto sogni simili. Le tornò però alla mente un altro sogno, che all'apparenza non aveva alcun collegamento con ciò: un sogno apparso per la prima volta quando aveva quattro anni, all'epoca in cui era la più piccola, e più volte ripetuto in seguito. *Una gran folla di bambini, tutti suoi fratelli, sorelle, cugini e cugine, correvano in lungo e in largo su un prato. Improvvisamente gli spuntarono le ali, si levarono in volo e sparirono alla vista.* La signora non sapeva assegnare alcun significato al sogno, ma noi potremo senza difficoltà riconoscervi un sogno della morte di tutti i fratelli, nella sua forma primordiale, solo minimamente alterata dalla censura. sMi permetto di proporre la seguente analisi. In occasione della morte di uno dei bambini di quella schiera – ovvero i figli di due suoi fratelli cresciuti in fraterna comunità – la nostra sognatrice, che all'epoca non aveva ancora quattro anni, avrà domandato a qualche saggia persona adulta: «Che cosa succede ai bambini quando muoiono?». E la risposta sarà stata: «Gli spuntano le ali e diventano angioletti». In seguito a questa spiegazione, i fratelli nel sogno hanno tutti le ali come gli angeli e – ciò che più importa – se ne volano via. La nostra piccola creatrice d'angioletti rimane sola, unica, si noti, di tanta schiera! I bambini che corrono in lungo e in largo su un pra-

[143] All'età di tre anni e mezzo, il piccolo Hans ricorse allo stesso argomento per sferrare una violenta critica a danno della sorella. Riteneva che la mancanza di denti le impedisse di parlare. [Nota aggiunta nel 1909]

to dal quale spiccano il volo costituiscono un richiamo allusivo e pressoché inequivocabile alle farfalle, quasi che la bambina avesse prodotto la stessa associazione di idee che indusse gli antichi a raffigurare l'anima munita di ali di farfalla.

Giunti a questo punto, qualcuno potrebbe forse obiettare: certo, si possono ammettere impulsi ostili nei bambini rivolti contro i fratelli, ma come può l'animo infantile raggiungere un grado di malvagità tale da augurare la morte al rivale o al compagno di giochi più forte, come se le colpe si potessero espiare solo con la morte? Chi la pensa a questo modo non considera che la rappresentazione infantile dell'"essere morti" ha in comune con la nostra la mera espressione e poco altro. Il bambino ignora l'orrore della decomposizione, il gelo della tomba, il terrore del nulla infinito che all'adulto – come provano tutti i miti dell'aldilà – costa tanta fatica sopportare nella sua rappresentazione. La paura della morte è estranea al bambino, ecco perché gioca con quella parola funesta e minaccia: «Se lo rifai, morirai come è morto Francesco», mentre la povera madre, consapevole forse che la maggior parte dei nati a questo mondo non supera la soglia dell'infanzia, è corsa da un brivido. Ancora all'età di otto anni, di ritorno da una visita al museo di Storia naturale, il bambino può dire alla madre: «Mamma, ti voglio tanto bene. Quando muori ti faccio imbalsamare e ti tengo qui nella stanza, così posso vederti per sempre!». Così dissimile può essere la rappresentazione infantile dell'essere morti dalla nostra[144].

Per il bambino, al quale d'altronde sono risparmiate le scene di sofferenza che precedono la morte, essere morti equivale a «essere altrove», non importunare più i superstiti. Egli non sa dire in quali modi si compia quest'assenza, se mediante una partenza, un congedo, un allontanamento, o la morte[145]. Se nei primi anni di vita di un

[144] Mi ha profondamente colpito la frase pronunciata da un bambino di dieci anni, molto intelligente, che dopo l'improvvisa morte del padre ha osservato: «Capisco che papà è morto, ma non riesco a capire perché non torni a casa per cena». [Nota aggiunta nel 1909]

[145] Un padre che aveva dei rudimenti di psicoanalisi ha individuato il preciso momento in cui la sua figliola di quattro anni, molto intelligente, ha colto la distinzione tra «essere vivi» e «essere morti». La bambina era stata irrequieta a tavola e aveva notato gli sguardi di rimprovero di una delle cameriere dell'albergo. «Vorrei che Josephine morisse» aveva detto al padre. «Perché vuoi che muoia?» aveva risposto il padre. «Non basterebbe che

bambino fu mandata via la bambinaia e poco dopo morì la madre, nel suo ricordo, come si scopre nell'analisi, i due eventi risultano sovrapposti in un'unica serie. Più di una madre ha dolorosamente constatato quanto poco il bambino senta la mancanza degli assenti allorché, tornata a casa da una vacanza di varie settimane, s'informa e si sente rispondere che «mai una volta i bambini hanno domandato della mamma». Nel caso poi la madre sia davvero partita per quel "viaggio senza ritorno" che è la morte, i bambini in un primo momento sembrano averla dimenticata, ed è solo in seguito che cominciano a ricordarla. Dunque, qualora il bambino abbia motivo di auspicare l'assenza di un altro bambino, non esita affatto ad attribuire a questo auspicio la forma dell'"essere morto", mentre la reazione psichica suscitata dal sogno del desiderio di morte dimostra che, a prescindere dalla diversità di contenuto, il desiderio nel bambino è in certa misura analogo al desiderio dell'adulto.

Ora, se il desiderio di morte rivolto ai fratelli, così come si manifesta nell'infanzia, si giustifica con l'egoismo del bambino, che vede i fratelli come concorrenti, come si spiega il desiderio di morte rivolto contro i genitori, che per il bambino sono latori di sentimenti d'amore e garanzia di appagamento delle esigenze e la cui conservazione dovrebbe stargli pertanto a cuore proprio per ragioni egoistiche?

Per risolvere questa difficoltà dobbiamo fare riferimento all'esperienza che dimostra come i sogni della morte dei genitori si rivolgano in grande prevalenza al genitore che ha lo stesso sesso del bambino che sogna, cosicché il maschio sogna la morte del padre e la femmina la morte della madre. Non posso affermare che ciò rappresenti una regola assoluta, ma la prevalenza di casi di questo genere è talmente palese da richiedere una spiegazione che faccia ricorso a un elemento determinante di portata generale[146]. Suppergiù, è come se si instaurasse una precoce predilezione sessuale, come se il bambino vedesse nel padre – e la bambina nella madre – il rivale in amore, che sarà ben conveniente eliminare.

se ne andasse via?». «No,» aveva risposto la bambina «perché in quel caso tornerebbe». Il narcisismo dei bambini giudica ogni interferenza come un atto di lesa maestà, un crimine che richiede di essere punito con l'unica misura che non ammette sfumature. [Nota aggiunta nel 1919]

[146] Questa situazione si camuffa spesso, nel sogno, dietro l'insorgere di un impulso autopunitivo che minaccia il sognatore e risponde a una reazione morale di fronte alla morte del genitore che ama. [Nota aggiunta nel 1925]

Prima di rifiutare quest'idea come aberrante, si devono prendere attentamente in considerazione, anche qui, i rapporti reali tra genitori e figli. Bisogna distinguere ciò che il comune senso della pietà si attende da questo rapporto e ciò che di fatto emerge dall'osservazione quotidiana. Nel rapporto fra genitori e figli si celano numerose occasioni di ostilità; le condizioni che favoriscono l'insorgere di desideri censurabili sono oltremodo frequenti.

Soffermiamoci in prima istanza sul rapporto fra padre e figlio. A mio giudizio, la santità che circonda i comandamenti del decalogo offusca la nostra percezione della realtà. Forse esitiamo addirittura ad ammettere il fatto che la maggior parte degli uomini sia ben lontana dall'osservare il quarto comandamento. Negli strati più bassi, così come in quelli più alti della società umana, non è raro che la pietà per i genitori venga meno al cospetto di altri interessi. Le cupe nozioni che, tramandate dalla mitologia e dalle leggende, sono giunte fino a noi dagli albori della società umana, conferiscono un'immagine inquietante del soverchiante potere del padre e dell'assenza di scrupoli con cui tale potere veniva esercitato. Crono mangia i propri figli, pressappoco come il cinghiale divora la figliata della femmina; Zeus evira il padre e si insedia al suo posto in veste di dominatore[147]. Quanto più assoluto era il dominio del padre nella famiglia antica, tanto più il figlio, in quanto successore designato, deve essere stato indotto a incarnare il ruolo di rivale, e tanto più grande deve essere stata la sua impazienza di giungere al potere, per mezzo della morte del padre. Ancora oggi, all'interno della nostra famiglia borghese, il padre che nega al figlio l'indipendenza e i mezzi ad essa necessari, facilita in genere la crescita del germe dell'ostilità che alberga nel loro rapporto. Capita di frequente che il medico osservi come il dolore per la perdita del padre non riesca a soffocare nel figlio la soddisfazione per la libertà finalmente conquistata. I padri tendono ad aggrapparsi spasmodicamente a quanto è rimasto nella nostra società dell'antica *potestas patris familias*, e qualunque poeta, come è il caso di Ibsen, incentri le sue opere sul motivo della lotta primigenia fra padre e figlio è sicuro del successo.

I motivi di conflitto tra madre e figlia sorgono quando la figlia

[147] Questo almeno secondo alcuni miti. Ce ne sono altri secondo cui l'evirazione sarebbe stata compiuta per mano di Crono sul padre Urano. Per l'istanza mitologica di questo argomento, cfr. Rank.

cresce e, anelando alla libertà sessuale, trova nella madre chi le fa da guardia; la madre a sua volta riconosce nel fiorire della figlia che per lei è giunto il tempo di deporre ogni pretesa sessuale.

Questi meccanismi sono sotto gli occhi di tutti. Ma non bastano a spiegare i sogni di morte dei genitori, così come li riscontriamo in persone per le quali la pietà nei confronti dei genitori è divenuta da tempo immemore qualcosa di inviolabile. Inoltre, le considerazioni svolte in precedenza ci inducono a far risalire il desiderio di morte nei confronti dei genitori alla primissima infanzia. Con una sicurezza che va al di là di ogni dubbio, tale supposizione trova conferma, nel caso degli psiconevrotici, nelle analisi con essi intraprese. Queste testimoniano di come i desideri sessuali del bambino – nella misura in cui possono definirsi tali, in questo stadio germinale – si destino molto precocemente e come la prima inclinazione della bambina è rivolta al padre, le prime infantili concupiscenze del bambino alla madre. In tal modo il padre per il bambino e la madre per la bambina divengono concorrenti indesiderati; e osservando il caso dei fratelli, si è già visto quanto poco ci voglia per il bambino a far sì che questo sentimento conduca al desiderio di morte. Di norma, la scelta sessuale si manifesta già nei genitori; una tendenza naturale fa sì che l'uomo vizi le figlie e che la donna si ponga dalla parte dei figli, anche qualora entrambi – a condizione che l'incanto del sesso non turbi il loro giudizio – agiscano con severità nell'educazione dei piccoli. Il bambino si accorge perfettamente della preferenza e si ribella al genitore che vi si oppone. Trovare amore nell'adulto non significa per lui soltanto soddisfare un bisogno specifico, ma prova altresì che si cede alla sua volontà in tutto il resto. Così egli persegue la sua tendenza sessuale istintiva e rinnova al contempo l'iniziativa che parte dai genitori, qualora la sua scelta coincida con la loro.

Di solito, gli indizi di queste tendenze infantili vengono per lo più trascurati; alcuni si possono osservare anche dopo i primi anni dell'infanzia. Una bambina di otto anni che conosco approfitta dei momenti in cui sua madre deve allontanarsi da tavola per proclamarsi sua erede: «Adesso sono io la mamma. Carlo, vuoi ancora verdura? Ti prego, non fare complimenti» e così via. Una bambina di quattro anni, estremamente vivace e dotata, nella quale questo tratto di psicologia infantile è particolarmente manifesto, dichiara apertamente: «Adesso la mamma se ne può pure andare, poi il paparino deve sposare me e io voglio essere sua moglie». Questo desiderio nella vita infantile non esclude affatto che la bambina ami teneramente anche sua madre. Se quando il padre è in viaggio il maschietto ha il permesso di dormire al fianco della madre e poi, al ritorno a casa di questi, deve tornare nella sua cameretta, in compagnia di qualcuno che gli va assai meno a genio, è facile che prenda corpo in lui il desiderio che il padre sia sempre assente, per poter mantenere il suo posto accanto alla cara e bella mamma, e un mezzo per raggiungere tale desiderio è, ovviamente, che il padre sia morto, poiché una cosa ha appreso dall'esperienza: le persone "morte", come il nonno ad esempio, sono sempre assenti, non fanno più ritorno.

Sebbene si adattino agevolmente all'interpretazione proposta, queste osservazioni svolte su bambini piccoli non producono quel pieno convincimento cui giunge il medico per mezzo delle psicoanalisi di nevrotici adulti, dove la narrazione dei sogni in questione è condotta con preamboli tali da costringere a interpretarli come sogni di desiderio.

Un giorno ricevo una mia paziente affranta e con gli occhi rossi di pianto. «Non voglio più vedere i miei parenti» dice. «Merito che abbiano orrore di me». Poi, quasi senza soluzione di continuità, dice di ricordare un sogno, di cui ovviamente ignora il significato. Lo ha fatto quando aveva quattro anni: *una lince o una volpe cammina sul tetto, poi qualcosa cade o lei stessa cade e portano via da casa sua madre morta, mentre lei piange disperata*. Non appena le ebbi spiegato come questo sogno rappresentasse il desiderio nutrito nella sua infanzia di vedere la madre morta e come si dovesse attribuire a questo sogno la sua idea che i parenti dovessero avere orrore di lei, la paziente mi fornì materiale per chiarire il sogno stesso. «Occhio di lince» è l'insulto con cui un ragazzaccio l'aveva apostrofata quando era molto piccola; quando aveva tre anni una tegola cadde dal tetto sulla testa di sua madre, facendole uscire sangue in abbondanza.

Una volta ebbi modo di studiare attentamente una giovanetta nel corso di diversi stati psichici da lei attraversati. Nella fase di confusione agitata da cui prese avvio la malattia, essa manifestò una particolare avversione per la madre, picchiandola e insultandola ogni volta che si accostava al letto mentre, al contempo, era docile e arrendevole verso sua sorella, molto più grande di lei. Venne a seguire poi uno stato lucido ma parzialmente apatico, accompagnato da un sonno molto agitato; fu in questa fase che iniziai il trattamento e presi in esame i suoi sogni. Per la maggior parte, trattavano più o meno velatamente della morte della madre. Una volta la paziente assisteva ai funerali di una vecchia, un'altra volta vedeva se stessa e sua sorella sedute a tavola, vestite a lutto: il significato di questi sogni non lasciava adito a dubbi. Nel corso di un ulteriore, progressivo miglioramento, comparvero fobie isteriche, di cui la più angosciosa era che fosse successo qualche cosa alla madre. Ovunque si trovasse, doveva correre a casa per assicurarsi che la mamma fosse ancora viva. Sommato alle mie altre esperienze, il caso si rivelava assai istruttivo: mostrava in una versione per così dire plurilingue, diverse reazioni dell'apparato psichico di fronte a un'identica rappresentazione. Nello stato confusionale, che io interpreto come *predominio* della seconda istanza psichica sulla prima, generalmente repressa, l'ostilità inconscia verso la madre si era espressa in senso motorio; con la prima fase di acquietamento, nella quale la ribellione era stata soffocata e il dominio della censura era stato ristabilito, a questa ostilità, per realizzare il desiderio della morte della madre, non restava che il terreno del sogno; quando la normalità prese ulteriormente piede, apparve come controreazione isterica e fenomeno di difesa a smodata preoccupazione per la madre. In questo contesto si capisce facilmente perché le ragazze isteriche siano sovente legate in modo eccessivo alla madre. In un'altra occasione ebbi modo di osservare approfonditamente la vita psichica inconscia di un giovane che, per via di una nevrosi ossessiva, era quasi inetto alla vita: non riusciva a scendere in strada perché lo tormentava l'idea di poter uccidere tutte le persone che incrociava e trascorreva le giornate organizzando sistematicamente le prove del suo alibi, nel caso gli venisse imputato uno degli omicidi avvenuti in città. Inutile aggiungere che era un uomo tanto retto quanto colto. L'analisi – che del resto lo condusse alla guarigione – rivelò come alla base di questa penosa rappresentazione ossessiva insistessero impulsi omicidi nei confronti del padre, un po' troppo severo, impulsi che, con suo stupore, si erano manifestati coscientemente quando aveva sette anni, ma che naturalmente si erano originati in un'epoca infantile molto precedente. Dopo la dolorosa malattia e la morte del padre, a trentun anni prese piede il rimprovero ossessivo, trasferito su sconosciuti, sotto forma di fobia. Chi è stato sul punto di voler far cadere nel vuoto il proprio padre dalla vetta di un monte può certamente essere ritenuto anche capace di attentare alla vita di estranei; non gli resta perciò che rinchiudersi nella sua stanza.

Le mie numerose esperienze testimoniano di come i genitori svolgano un ruolo principale nella vita psichica infantile di tutti i futuri nevrotici: l'amore per l'uno e l'odio per l'altro appartengono a quella riserva inalienabile di impulsi psichici che prende forma in quel periodo ed è tanto dirimente per la semiologia della futura nevrosi. Ritengo però che i nevrotici non si differenzino troppo a questo riguardo da altri uomini che possono considerarsi normali, cioè che riescano a creare qualche cosa di assolutamente nuovo e peculiare. È molto più probabile, ed è comprovato da osservazioni occasionali in bambini normali, che in questi sentimenti di amore e di odio verso i genitori essi ci facciano discernere più chiaramente, per un semplice effetto di ingrandimento, ciò che accade in modo meno manifesto e meno intenso nella psiche della maggior parte dei bambini.

A sostegno di questa esperienza, l'antichità ci ha tramandato una materia leggendaria, la cui portata profonda e universale risulta comprensibile solamente ammettendo un'analoga validità generale delle premesse sopraccitate, tratte dalla psicologia infantile. Mi riferisco alla leggenda del re Edipo e all'omonimo dramma di Sofocle.

Edipo, figlio di Laio, re di Tebe, e di Giocasta, viene abbandonato quando è ancora in fasce poiché un oracolo ha predetto al padre che il figlio nascituro sarà il suo assassino. Edipo viene salvato e allevato come figlio di re in una corte straniera, fino a che, all'oscuro della propria origine, interroga a sua volta l'oracolo e ne ottiene il consiglio di stare lontano dalla patria, perché se vi facesse ritorno sarebbe costretto a trasformarsi nell'assassino di suo padre e nello sposo di sua madre. Sulla strada che lo conduce lontano dalla presunta patria, incontra il re Laio e lo uccide nel corso di una lite improvvisa. Giunge poi alle porte di Tebe, dove risolve gli enigmi posti dalla Sfinge che sbarra il passaggio; in segno di gratitudine, i tebani lo eleggono re e gli offrono la mano di Giocasta. Per lungo tempo regna in pace e rispettato, genera con la madre a lui sconosciuta due figli e due figlie, finché scoppia una pestilenza che induce ancora una volta i tebani a consultare l'oracolo. Qui ha inizio la tragedia di Sofocle. I messi portano il responso secondo cui la pestilenza cesserà quando l'assassino di Laio sarà estromesso dal paese.

Ma dove si trova costui?
E dove si cela l'opaca traccia che testimonia la colpa antica?

Ora, l'azione della tragedia consiste nella rivelazione sempre più vicina e differita ad arte – paragonabile al lavoro che si compie in una psicoanalisi – che Edipo è l'assassino di Laio, e al contempo il figlio dell'assassinato e di Giocasta. Travolto dalla mostruosità dei crimini perpetrati inconsapevolmente, Edipo si acceca e lascia la patria. La sentenza dell'oracolo è compiuta.

L'*Edipo re* è una cosiddetta tragedia del fato; il suo effetto tragico appare fondato sul contrasto fra il volere inappellabile degli dèi e i vani sforzi dell'uomo sottoposto alla minaccia della sciagura; colpito nel profondo, lo spettatore dovrebbe trarre dalla tragedia una lezione sulla rassegnazione al volere della divinità, prendere atto della propria impotenza. Non stupisce, quindi, che certuni poeti moderni abbiano cercato di ottenere un analogo effetto tragico inscenando lo stesso contrasto in una favola di loro invenzione. Ma gli spettatori hanno assistito indifferenti al compiersi, contro ogni tentativo di opposizione, di una maledizione o della sentenza di un oracolo in uomini innocenti: le successive tragedie del fato sono rimaste inefficaci.

Se l'*Edipo re* riesce a turbare l'uomo moderno non meno dei greci suoi contemporanei, il motivo risiede nel fatto che l'effetto della tragedia greca non poggia sul contrasto tra fato e volontà umana, bensì va rinvenuto nella specificità del materiale in cui tale contrasto si manifesta. C'è dentro di noi una voce pronta a riconoscere la forza coattiva del destino di Edipo, mentre possiamo liquidare come puramente arbitrarie le trame che figurano nel *Dic Ahnfrau* di Grillparzer o in altre tragedie fataliste. Ed è senz'altro vero che nella storia del re Edipo è contenuto un elemento determinante di questo tipo. Il suo destino ci commuove nella misura in cui sarebbe potuto essere anche il nostro, giacché prima della nostra nascita l'oracolo ha profferito una medesima maledizione per noi e per lui. Forse siamo tutti accomunati dal destino di volgere il primo impulso sessuale verso la madre, il primo odio e il primo impeto di violenza contro il padre: i nostri sogni ce ne forniscono la prova. Il re Edipo, che ha assassinato suo padre Laio e preso in moglie sua madre Giocasta, altro non è che l'appagamento di un nostro desiderio d'infanzia. Ma, a differenza di Edipo, siamo fortunatamente riusciti in seguito – a meno che non siamo diventati psiconevrotici

– a stornare i nostri impulsi sessuali da nostra madre, a dimenticare la gelosia per nostro padre. Di fronte a colui in cui si è adempiuto quel primigenio desiderio infantile, indietreggiamo inorriditi, forti della rimozione che ha intimamente soffocato questi desideri. Portando alla luce la colpa di Edipo, il poeta ci costringe a prendere coscienza del nostro intimo, al cui interno quegli impulsi, benché repressi, rimangono pur sempre presenti. Il contrappunto con cui il coro si congeda: «osservate colui che conosceva i celebri enigmi, il più grande tra gli uomini, Edipo, a cui nessuno nei giorni felici si volse mai senza un invido sguardo... verso che gorghi d'orrore e di pena precipita...» esprime un monito che tocca noi e il nostro orgoglio, noi che rispetto agli anni dell'infanzia ci vediamo così saggi e potenti. Come Edipo, viviamo nell'inconsapevolezza dei desideri che, offensivi per la morale, ci sono stati imposti dalla natura e che, una volta rivelati, ci inducono a distogliere lo sguardo dalle scene della nostra infanzia[148].

Nel testo della tragedia sofoclea appare evidente come la tragedia di Edipo sia tratta da un materiale onirico primordiale, che ha per oggetto il penoso turbamento suscitato dal rapporto con i genitori a causa dei primi impulsi sessuali. Giocasta consola Edipo, ancora inconsapevole, ma turbato tuttavia dal ricordo dei responsi dell'oracolo, parlando di un sogno che, per quanto comune a molti uomini, è a suo vedere privo di significato: «Quanti, prima di te, giacquero in sogno con la madre! Ma la vita, per coloro che vedono in queste ombre il nulla vano, è solo un lievissimo peso». Come allora, anche oggi il sogno di giacere con la madre è frequente in molti uomini, che lo raccontano con sorpresa e indignazione. Esso rappresenta, come è facile comprendere, la chiave della tragedia e il complemento del sogno della morte del padre. La favola di

148 Nessuna delle scoperte della psicoanalisi ha mai generato contestazioni così aspre, un arrovellarsi così forsennato e deformazioni così divertenti da parte dei critici quanto questo accenno agli impulsi di incesto infantile presenti nell'inconscio. Ignorando tutti i dati forniti dall'esperienza, si è tentato da ultimo di interpretare l'incesto da un punto di vista esclusivamente "simbolico". Ferenczi ha proposto un'ingegnosa reinterpretazione del mito di Edipo, basato su un passaggio di una lettera di Schopenhauer. Studi successivi riconoscono che il «complesso di Edipo», introdotto per la prima volta nella nostra *Interpretazione dei sogni*, ricopre un'importanza insospettata per la storia dell'umanità. [Nota aggiunta nel 1914]

Edipo è la reazione della fantasia a questi due sogni paradigmatici e, nello stesso modo in cui i sogni sono vissuti dagli adulti con sentimenti di rifiuto, così la leggenda deve accogliere nella sua costruzione anche l'orrore e l'autopunizione. La sua ulteriore configurazione dipende ancora una volta da una fallace elaborazione secondaria della materia, che cerca di piegare quest'ultima a un intento teologizzante. Il tentativo di conciliare l'onnipotenza divina con la responsabilità umana è destinato naturalmente al fallimento, sia qui sia altrove.

Nello stesso terreno dell'*Edipo re* getta le proprie radici un'altra grandiosa creazione tragica, l'*Amleto* di Shakespeare. Ma nelle differenze riscontrabili tra le due elaborazioni di una medesima materia si palesa tutta la distanza che intercorre tra la vita psichica di due civiltà tanto dissimili tra loro, e si ravvisa il secolare progresso della rimozione nella vita affettiva del genere umano. Nell'*Edipo*, il desiderio infantile che struttura la trama viene tratto alla luce e realizzato come nel sogno; nell'*Amleto* è rimosso e veniamo a sapere della sua esistenza – non diversamente da quanto accade in una nevrosi – solo tramite gli effetti inibitori che ne derivano. L'effetto travolgente del dramma più recente permane inalterato nonostante siamo tenuti all'oscuro del carattere dell'eroe. Il dramma si regge sull'esitazione di Amleto ad adempiere il compito di vendetta che gli è stato assegnato; il testo non rivela quali siano le ragioni o i motivi di tale esitazione, e i più diversi tentativi di interpretazione non sono riusciti a fornire indicazioni al riguardo. Secondo l'opinione tutt'oggi prevalente, che risale a Goethe, Amleto rappresenta il tipo d'uomo la cui forza d'azione è paralizzata dal predominio opprimente dell'attività intellettiva («la tinta nativa della risoluzione è resa malsana dalla pallida cera del pensiero»). Secondo altri, il poeta ha voluto descrivere una personalità morbosa, indecisa, che ricade nel novero della nevrastenia. Sennonché, la diegesi drammatica dimostra che Amleto non è affatto rappresentato come un uomo incapace di agire in assoluto. Lo vediamo agire due volte, la prima sull'onda di un repentino trasporto emotivo, quando uccide l'uomo che origlia dietro le tende, una seconda volta con premeditazione, quasi con perfidia, quando, incarnando la spregiudicatezza tipica del principe rinascimentale, condanna i due cortigiani alla morte a lui stesso destinata. Che cosa dunque lo inibisce nel compimento dell'opera che lo spettro di suo padre gli ha affidato? Ancora una volta, la spiegazione è chiara: la natura peculiare di quell'opera. Amleto può far tutto, tranne vendicarsi dell'uomo che ha eliminato suo padre prendendone il posto accanto a sua madre, l'uomo che mette in atto i suoi desideri infantili rimossi. L'odio che dovrebbe spronarlo alla vendetta lascia il posto a rimproveri autoinferti e scrupoli di coscienza che lo ammoniscono a non credersi migliore del peccatore che dovrebbe castigare.

Così ho tradotto in termini di vita cosciente ciò che nella psiche dell'eroe deve rimanere inconscio. Se qualcuno volesse definire Amleto isterico, potrei accettare la denominazione solo come corollario della mia interpretazione. A questa ben s'accorda l'avversione sessuale cui Amleto dà voce nel suo dialogo con Ofelia, la medesima avversione sessuale che negli anni a seguire si sarebbe impadronita sempre più dell'animo del poeta, sino a giungere alle sue estreme conseguenze nel *Timone d'Atene.* Naturalmente, non può che essere la personale vita psichica del poeta, quella che si manifesta al nostro cospetto nell'*Amleto.* Georg Brandes, nella sua opera su Shakespeare[149], ci informa che il dramma è stato composto immediatamente dopo la morte del padre dell'autore (1601), quindi in pieno lutto, nella reviviscenza – possiamo supporre – delle sensazioni infantili di fronte al padre. È risaputo inoltre che il figlio di Shakespeare, morto precocemente, si chiamava Hamnet (nome che ricorda Hamlet). Come l'*Amleto* affronta il rapporto del figlio con i genitori, così il *Macbeth*, cronologicamente vicino, ha per oggetto la mancanza di figli. Del resto, alla stessa maniera in cui tutti i sintomi nevrotici, e gli stessi sogni, sono passibili di sovrainterpretazione, anzi la esigono se vogliono essere compresi appieno, così anche ogni autentica creazione poetica si origina da una molteplicità di motivi, da diversi impulsi nell'anima del poeta, e ammette diverse interpretazioni. Quella che ho tentato qui è solo l'interpretazione dello strato più profondo di impulsi presente nella psiche del poeta creatore[150].

[149] G. Brandes, *Shakespeare* (Copenhagen, 1895-96).

[150] E. Jones, in *Das Problem des Hamlet und der Oedipuskomplex*, ha completato queste indicazioni per la comprensione analitica dell'*Amleto* e le ha sostenute contro altre interpretazioni. [Nota aggiunta nel 1919] In un secondo momento, ho in verità esitato ad accettare il presupposto secondo cui l'autore delle opere di Shakespeare sarebbe l'uomo di Stratford. [Nota aggiunta nel 1930] Per ulteriori tentativi di analisi del

Non posso chiudere la disamina dei sogni che hanno per oggetto la morte di persone care senza spendere ancora qualche parola sul ruolo che assolvono nella teoria del sogno in generale. Questi sogni realizzano il caso, decisamente inconsueto, del pensiero onirico – composto dal desiderio rimosso – che sfugge ad ogni censura e passa inalterato nel sogno. Solo in circostanze particolari può realizzarsi un simile destino. La posizione d'eccezione occupata da questi sogni è data a mio vedere dai due seguenti momenti determinanti: in primo luogo, non esiste desiderio dal quale ci crediamo più lontani; riteniamo che questo desiderio non potrebbe «venirci in mente neanche per sogno», e dunque la censura onirica si trova inerme al cospetto di una simile mostruosità, all'incirca come la legge solonica non era in grado di stabilire alcuna pena per il parricidio. In secondo luogo però, al desiderio rimosso e insospettato si somma, con particolare insistenza in simili casi, un residuo diurno che assume la forma di preoccupazione per la vita della persona cara. Questa preoccupazione non riesce a infiltrarsi nel sogno se non avvalendosi del desiderio consonante; ma il desiderio può assumere la maschera della preoccupazione che si è destata durante il giorno. Se si crede che tutto ciò avvenga in modo più semplice – ovvero che di notte, durante i sogni, si prosegua semplicemente il corso di quanto si è intrapreso di giorno – i sogni della morte di persone care escludono ogni connessione con la spiegazione del sogno, e ci si insedia vanamente in un enigma di facile risoluzione.

È altamente istruttivo cercare di discernere il rapporto che lega questi sogni ai sogni d'angoscia. Nei sogni che hanno per oggetto la morte di persone care, il desiderio rimosso trova una via che gli permette di sottrarsi alla censura e alla deformazione che ne deriva. Effetto collaterale, che non manca mai, è che nel sogno si prova dolore. Allo stesso modo, il sogno d'angoscia si manifesta solo nel caso in cui la censura venga totalmente o parzialmente messa a tacere, e peraltro questo tacitamento risulta agevolato quando l'angoscia è già emersa come sensazione attuale, derivante da fonti somatiche. Appare in questo modo evidente il fine perseguito dalla censura nella sua deformazione del sogno: evitare il generarsi dell'angoscia o di altre forme di affetti penosi.

Ho fatto cenno prima all'egoismo della psiche infantile e mi ricol-

Macbeth, si veda il mio saggio *Alcuni tipi di carattere delineati dal lavoro psicoanalitico* (1916) e J. Lekels, *Imago*, vol. 5 (1917). [Nota aggiunta nel 1919]

lego ora a questo motivo nell'intento di mettere in luce un rapporto, in virtù del quale i sogni conservano questo carattere. Essi sono tutti assolutamente egoistici, in tutti compare, benché travestito, il nostro caro Io. I desideri che vi trovano appagamento sono senza eccezione desideri dell'Io; e solo l'illusione ci dà a vedere la presenza di un interesse altruistico alla base di un sogno. Mi ripropongo di analizzare alcuni casi che contraddicono una simile opinione.

1) Un bambino che non ha ancora compiuto quattro anni racconta di *aver visto un grande piatto guarnito, con dentro un bel pezzo di carne arrosto, e all'improvviso il pezzo era mangiato in un sol boccone, senza essere tagliato. Non ha visto la persona che lo ha mangiato*[151]. Chi può essere lo sconosciuto che nel sogno del nostro piccolo consuma quel lauto pasto di carne? Le esperienze vissute durante il giorno che precede il sogno serviranno a chiarirlo. Sotto prescrizione medica, da qualche giorno il bambino segue una dieta lattea; ma la sera del sogno si è comportato male e per punizione è stato mandato a letto senza cena. In passato aveva già fatto una simile cura della fame e aveva dato prova di grande coraggio. Sapeva che non gli sarebbe spettato nulla da mangiare, ma non aveva osato fare cenno alla sua fame. Si sentono in lui i primi effetti dell'educazione; si manifestano già nel sogno, che dimostra un principio di deformazione onirica. Nessun dubbio che suo sia il desiderio di consumare un pasto così lauto, per l'esattezza un pasto a base di arrosto. Ma sapendo che gli è proibito, non osa prendere posto a tavola, come fanno nel sogno i bambini affamati (si veda il sogno delle fragole della mia piccola Anna). La figura rimane anonima.

2) Una volta ho sognato di vedere nella vetrina di una libreria il nuovo fascicolo di una raccolta, in rilegatura d'amatore, che ho l'abitudine di comperare (monografie di artisti, di storia universa-

[151] La presenza nel sogno di grandi oggetti, che appaiono in grandi quantità, e dell'esagerazione in genere, può essere fatta risalire a un'altra peculiarità infantile. Il desiderio più ardente dei bambini è quello di essere grandi e di avere la stessa quantità di cose che spetta agli adulti. Sono difficili da soddisfare, non contemplano la parola «basta» e reiterano insaziabilmente la richiesta di ciò che gli piace. Solo grazie all'educazione apprendono la moderazione, il limite, la rassegnazione. È noto che i nevrotici sono ugualmente inclini all'eccesso e alla smodatezza.

le, famosi centri d'arte, e via dicendo). La nuova collezione ha per titolo: *Oratori* (o *Orazioni*) *celebri*, e il primo fascicolo reca il nome del dottor Lecher. All'analisi, mi appare improbabile che la fama del dottor Lecher, infaticabile oratore dell'ostruzionismo tedesco in Parlamento, mi tenga occupato durante i sogni. Il fatto è che alcuni giorni fa ho preso in carico nuovi pazienti e mi vedo costretto a parlare dalle dieci alle undici ore ogni giorno. Dunque, sono io stesso un oratore infaticabile.

3) Un'altra volta sogno che un professore di mia conoscenza, che insegna presso la nostra università, dice: *«Mio figlio, il miope»*. Segue quindi un dialogo fatto di brevi battute e poi una terza scena del sogno, nella quale figuriamo io e i miei figli. Per ciò che concerne il contenuto latente del sogno, il professor M. e suo figlio sono a loro volta comparse, coperture per me e per mio figlio maggiore. In seguito tornerò ancora su questo sogno, per una sua particolarità diversa.

4) Un esempio dei bassi sentimenti egoistici che si celano dietro un'affettuosa sollecitudine ci è offerto dal sogno seguente: *Il mio amico Otto ha un brutto aspetto, ha il viso livido e gli occhi sporgenti.*

Otto è il mio medico di famiglia e sarò sempre in debito con lui perché da anni si occupa della salute dei miei figli, li cura con efficacia quando cadono malati e, per di più, coglie ogni pretesto per portar loro dei regali. Il giorno precedente al sogno era venuto a farci visita e mia moglie aveva notato il suo aspetto stanco e affaticato. Ed ecco che di notte il mio sogno gli attribuisce alcuni dei sintomi del morbo di Basedow. Chi, all'atto dell'interpretazione, non segue le mie regole, vede in questo sogno una prova della mia preoccupazione per la salute del mio amico, e suppone che questa preoccupazione si realizzi nel sogno. Ciò contraddirebbe non solo l'affermazione che il sogno è l'appagamento di un desiderio, ma anche l'altra affermazione, secondo la quale il sogno è accessibile esclusivamente a impulsi egoistici. Ma chi interpretasse il sogno in questo modo dovrebbe spiegarmi perché temo che Otto sia affetto dal morbo di Basedow, alla cui diagnosi il suo aspetto non offre il minimo appiglio. La mia analisi fornisce invece il seguente materiale, che traggo da un episodio accaduto sei anni fa. Con una piccola compagnia, di cui faceva parte anche il professor R., attraversavo il bosco di N., che dista alcune ore dalla nostra località di soggiorno estivo, e che era immerso nella più assoluta oscurità. Il cocchiere, che non era perfettamente lucido, fece precipitare la carrozza giù per un pendio e fu un miracolo se ne uscimmo vivi. Dovemmo però fermarci a pernottare nella locanda più vicina, dove la notizia del nostro incidente ci guadagnò la simpatia generale. Un signore che presentava i segni evidenti del morbo di Basedow – niente gozzo, del resto, ma solo colorito livido del volto e occhi sporgenti, proprio come nel sogno – si mise a nostra completa disposizione e domandò cosa potesse fare per noi. Il professor R. rispose coi suoi modi bruschi: «Mi presti una camicia da notte, non le chiedo altro». Al che il nobiluomo: «Mi spiace, ma questo no», e se ne andò.

Proseguendo l'analisi, mi viene in mente che Basedow, oltre che il nome di un medico, è anche il nome di un celebre pedagogo. (Ora, da sveglio, non mi sento del tutto sicuro di questa informazione). Ma si dà il caso che il mio amico Otto sia la persona a cui ho chiesto, nel caso mi capitasse qualcosa, di vigilare sull'educazione fisica dei miei figli, soprattutto nel periodo della pubertà (ecco perché la camicia da notte). Vedendo ora in sogno il mio amico Otto affetto dai sintomi della malattia di quel nobile soccorritore, voglio dire con ogni evidenza: «Se mi dovesse capitare qualche cosa, ci sarà da attendersi che Otto si adoperi per i miei figli poco quanto, a suo tempo, vedemmo fare al signor barone L., malgrado le sue generose offerte». A questo punto, il carattere egoistico del sogno dovrebbe risultare palese[152].

Ma dove si realizza, in questo caso, l'appagamento di desiderio? Non nella vendetta che ha per bersaglio l'amico Otto, il cui destino sembra essere ormai quello di essere maltrattato nei miei sogni, bensì nella relazione seguente: dal momento che nel sogno Otto

[152] In occasione di una conferenza sull'egoismo dei sogni tenuta da Ernest Jones di fronte a una platea americana, una signora si oppose a questa generalizzazione poco scientifica, sostenendo che il sottoscritto poteva giudicare solo i sogni degli austriaci, e non quelli degli americani. Era convinta, per quel che la riguardava, che i suoi sogni fossero assolutamente altruistici. Tutto ciò che si trova nel pensiero preconscio può entrare a far parte del sogno, altruismo incluso. Così come può passare nel sogno un impulso sentimentale o erotico presente nell'inconscio. L'affermazione fatta nel testo è valida nel limite in cui gli impulsi egoistici sono tra le più frequenti tendenze inconsce dei sogni, per quanto apparentemente superate nella vita desta. [Nota aggiunta nel 1925]

appare nelle vesti del barone L., io mi identifico conseguentemente con qualcun altro, ovvero con il professor R., perché chiedo un favore a Otto proprio come, in quella circostanza, R. chiese un favore al barone L. E questo è il punto. Il professor R., al quale, ad essere sinceri, non oso solitamente paragonarmi, è un uomo che, come me, si è fatto da solo, al di fuori della scuola, e solo in età avanzata ha ottenuto il titolo che meritava da lungo tempo. Ancora una volta, dunque, voglio diventare professore! E non solo. Anche «in età avanzata» è un desiderio appagato, perché significa che vivrò abbastanza a lungo per essere personalmente di guida ai miei figli nel periodo della pubertà.

3. *Altri sogni tipici*

Rispetto ad altri sogni tipici, ai quali ci lasciamo andare piacevolmente o dai quali precipitiamo in preda all'angoscia, non ho esperienza personale e tutto ciò che so lo debbo alle psicoanalisi. Dai confronti che se ne possono ricavare, bisognerà concludere che anche questi sogni ripetono impressioni dell'infanzia, ovvero, si riferiscono a quei giochi di movimento che hanno una straordinaria presa sul bambino. Quale zio non ha fatto volare un bambino, correndo per casa tenendolo sollevato sulle braccia, o non ha giocato a farlo cadere dondolandolo sulle ginocchia e allungando all'improvviso una gamba, o non lo ha sollevato in alto facendo finta di togliergli tutt'a un tratto il sostegno? I bambini gridano di gioia e chiedono senza sosta che il gioco venga ripetuto, specie se comporta una certa dose di spavento e di vertigine; a distanza di anni, ricreano quella ripetizione nel sogno, trascurando le mani che li hanno sorretti, così da volare e cadere liberamente. È nota la predilezione di tutti i bambini piccoli per questo tipo di giochi, come per il dondolo e l'altalena; e se capita loro di vedere esercizi acrobatici al circo[153], il ricordo si ravviva. In alcuni ragazzi, l'accesso isterico non fa che riprodurre tali esercizi, eseguiti oltretutto

[153] L'osservazione psicoanalitica ci mostra che i bambini prediligono gli esercizi ginnici e tendono a ripeterli negli attacchi isterici perché, oltre al piacere fisico che ne ricavano, ridestano in loro l'immagine mnestica, sovente inconscia, del rapporto sessuale osservato tra esseri umani o animali. [Nota aggiunta nel 1925]

con grande abilità. Non di rado, in questi giochi di movimento di per sé innocenti, si destano sensazioni sessuali[154].

Per dirla con un'espressione di uso comune, che riassume in sé tutte queste manifestazioni: è il divertimento (*Hetzen*) dell'infanzia che si ripete nei sogni del volare, del cadere, della vertigine e via dicendo, le cui sensazioni di piacere si sono ora invertite in angoscia. Ma, come ben sa ogni mamma, anche nei bambini il *divertimento* termina di frequente in bisticcio e pianto. Ho quindi buone ragioni per non accogliere l'opinione secondo cui lo stato della nostra sensibilità cutanea durante il sonno, il movimento dei nostri polmoni, ecc., sono all'origine dei sogni di volo e di caduta. Ritengo che anche queste sensazioni siano riprodotte sulla scorta del ricordo, cui il sogno fa riferimento, e che siano dunque contenuto, e non fonti, del sogno. Non nego, tuttavia, di non saper dare una spiegazione esaustiva di questa serie di sogni tipici. In questo caso specifico, il materiale di cui dispongo non mi è di alcun aiuto. Debbo attenermi al punto di vista generale, secondo il quale tutte le sensazioni cutanee e di movimento di questi sogni tipici affiorano quando qualche motivo psichico lo esige, e possono essere trascurate quando non incontrano tale necessità. Mi sembra che il collegamento con le esperienze infantili si evinca chiaramente dagli indizi che ho ricavato dall'analisi di psiconevrotici. Non sono però in condizione di stabilire quali altri significati – differenti forse di persona in persona, nonostante l'apparenza tipica di questi sogni – possano essersi andati a sommare, nel corso della vita, al ricordo di quelle sensazioni, e auspico di colmare questa lacuna tramite un'accurata analisi di esempi significativi. Può stupire che lamenti una mancanza di materiale riguardo a sogni frequenti quali quelli di volare, cadere, strappare i denti e così via, ma c'è da dire che non ho avuto un'esperienza personale di tali sogni da quando ho rivolto la mia attenzione al tema della loro interpretazione. I sogni dei nevrotici che sono in genere a mia disposizione, inoltre, non sono sempre tutti suscettibili di interpretazione, e spesso non

[154] A questo proposito, un giovane collega mi ha riferito: «Posso dire per esperienza personale che una volta, mentre ero sull'altalena e scendevo verso il punto più basso del volo, sentii una sensazione ai genitali che, seppure non del tutto piacevole, potrei definire come una sensazione di godimento». Molti tra i miei pazienti mi hanno riferito che le prime erezioni legate a sensazioni di piacere di cui abbiano memoria si sono manifestate nell'atto di arrampicarsi, quando erano ragazzi, o nel mezzo di una zuffa.

si riesce a giungere al fondo delle loro mire recondite; quando una forza psichica, impegnata nella costruzione della nevrosi, all'atto della soluzione di questa si rende nuovamente disponibile, fa opposizione a un'interpretazione capace di indagare dal primo all'ultimo tutti gli enigmi.

4. *Il sogno dell'esame*

Chiunque abbia terminato con l'esame di maturità i propri studi superiori si lamenta dell'ostinazione con cui è tormentato dal sogno angoscioso di essere stato bocciato, di dover ripetere un anno, eccetera. Per chi invece è in possesso di un titolo accademico, a questo sogno tipico se ne sostituisce un altro, dove gli si rimprovera di non aver superato l'esame di laurea; contro tale accusa, egli si affanna inutilmente a obiettare che ormai da anni esercita la professione, che è un docente di ruolo, o un alto funzionario. Sono i ricordi indelebili dei castighi subiti nell'infanzia per le nostre malefatte che si sono risvegliati nel nostro animo, in corrispondenza dei due punti cruciali dei nostri studi, nel *dies irae, dies illa* dei duri esami. Anche l'"angoscia dell'esame" dei nevrotici trova il suo rafforzamento in quest'angoscia infantile. Da quando abbiamo smesso di andare a scuola, non sono più, come prima, i genitori e gli educatori oppure, in un secondo momento, gli insegnanti, a provvedere alla nostra punizione; è toccato all'inesorabile concatenamento causale della vita occuparsi del proseguimento della nostra educazione e ora sogniamo gli esami di maturità o di laurea – e chi non ha tremato allora, pur appartenendo alla schiera dei giusti? – ogniqualvolta temiamo di ricevere una punizione perché non abbiamo fatto bene, o non siamo riusciti a fare una cosa; ogni volta che avvertiamo la pressione di una responsabilità.

Devo un ulteriore chiarimento su questo tipo di sogni a un esperto collega [Stekel] il quale, nel corso di un dibattimento scientifico, rilevò che, a quanto gli era dato sapere, il sogno dell'esame di maturità si dà soltanto in persone che l'hanno superato, mai in persone che non sono riuscite a passarlo. L'angoscioso sogno d'esame – che si presenta, come tutto sembra confermare, quando sappiamo che per il giorno dopo ci attende un compito di responsabilità e temiamo di fare brutta figura – avrebbe dunque recuperato dal passato un'occasione in cui l'intensa angoscia si dimostrò ingiustificata e fu contraddetta dall'esito positivo. Ecco un vistoso esempio di erronea comprensione del contenuto del sogno da parte dell'istanza vigile. L'obiezione, concepita come ribellione nei confronti del sogno – ma io sono già dottore e via dicendo – sarebbe in realtà la consolazione che ci offre il sogno, che dunque starebbe a significare: non avere paura per domani, pensa all'inquietudine che hai provato prima dell'esame di maturità, eppure non è successo niente. Difatti ormai sei un dottore e così via. Con ciò, l'angoscia che attribuiamo al sogno sarebbe la conseguenza di residui diurni.

Questa spiegazione risulta confermata dalle prove che, sebbene quantitativamente insufficienti, ho potuto condurre su di me e su altri. Per esempio, all'università venni respinto all'esame di medicina legale: nel sogno questa materia non mi ha mai perseguitato, mentre ho sostenuti vari esami di botanica, zoologia e chimica, tutte materie portate in esame con una ben fondata paura e superate però senza incorrere nella punizione, vuoi per intercessione del destino o dell'esaminatore. Nel sogno della maturità, sostengo ogni volta l'interrogazione in storia, che all'epoca superai brillantemente, ma soltanto perché il mio affabile professore – il benefattore con un occhio solo protagonista di un altro sogno – aveva notato che sul libretto di esame che gli avevo reso, la seconda delle tre domande era stata cancellata con l'unghia del dito, per raccomandargli di non insistere su quel punto. Un mio paziente che si era ritirato all'esame di maturità, superandolo in seguito, e che fu respinto all'esame d'ufficiale, mi racconta di sognare spesso il primo esame, mai l'ultimo.

I sogni d'esame oppongono all'interpretazione quella difficoltà che ho definito in precedenza come caratteristica della maggior parte dei sogni tipici. È raro che il materiale associativo prodotto da chi sogna sia sufficiente all'interpretazione. Per comprendere più a fondo questi sogni bisogna raccogliere una serie più ampia di esempi. In tempi recenti, ho avuto la netta sensazione che l'obiezione «ma sei già dottore e così via» non funga solo da maschera alla consolazione, ma suggerisca anche un rimprovero. Il quale suonerebbe: «Vecchio come sei, già avanti negli anni, combini ancora di queste stupidaggini, di queste bambinate». In questa somma di autocritica e consolazione consisterebbe il contenuto latente dei sogni d'esame. Di conseguenza non deve sorprendere che i rimproveri per le «stupidaggini» e le «bambinate», negli esempi che abbiamo appena visto, si riferiscano alla ripetizione di atti sessuali censurabili. Wilhelm Stekel, cui dobbiamo la prima interpretazione del "sogno di maturità", vi vede un costante riferimento all'esperienza e alla maturità sessuale. Spesso la mia pratica ha potuto confermarlo.

CAPITOLO VI

Il lavoro onirico

Tutti i tentativi condotti in precedenza per risolvere le questioni poste dal sogno si rifacevano direttamente al contenuto onirico manifesto, presente nel ricordo, e si sforzavano di desumere da questo l'interpretazione del sogno, oppure, se non tentavano un'interpretazione, si sforzavano di fondare il loro giudizio sul sogno in riferimento al suo contenuto. Noi siamo gli unici ad affrontare una situazione diversa; per noi, fra il contenuto del sogno e i risultati della nostra analisi si insinua un nuovo materiale psichico: il contenuto *latente*, che il nostro procedimento fa emergere. Da questo contenuto, e non già da quello manifesto, si muove la soluzione del sogno. Ci spetta pertanto un nuovo compito, che prima non esisteva, ovvero il compito di studiare la relazione tra contenuto manifesto e pensieri onirici latenti, e di esaminare i processi attraverso cui da questi ultimi abbia a risultare il primo. Pensieri onirici e contenuto onirico si propongono come due traduzioni del medesimo contenuto in due lingue diverse, o meglio, il contenuto manifesto ci appare come una versione dei pensieri del sogno in un altro linguaggio, di cui dobbiamo imparare a conoscere segni e regole sintattiche, confrontando l'originale con la traduzione. Una volta appreso il codice, i pensieri del sogno ci divengono comprensibili. Il contenuto del sogno si presenta, per così dire, sotto forma di scrittura geroglifica, i cui segni vanno decodificati uno ad uno nella lingua dei pensieri onirici. Sarebbe un palese errore leggere questi segni in base al loro valore di immagini, anziché secondo i loro rapporti simbolici. Poniamo ad esempio che io abbia davanti a me un rebus: una casa con una barca sul tetto, una lettera dell'alfabeto, una figura che corre, con un apostrofo al posto della testa, eccetera. Sarebbe un grave errore dichiarare assurda questa composizione e i suoi elementi. Il posto di una barca non può essere il tetto di una casa, e una persona senza testa non può correre, senza contare che la figura umana è più grande della casa e, se l'insieme dovesse rappresentare un paesaggio, non avrebbero senso le lettere, che certo non si trovano in natura. È chiaro che per valutare correttamente il rebus è necessario che io non sollevi obiezioni di questo genere, né contro la composizione nel suo insieme né contro i singoli dettagli, ma che mi sforzi piuttosto di sostituire ad ogni immagine una sillaba o una parola, che rimandi, secondo un rapporto dato, a un'immagine. Le parole che in questo modo vanno a formare una catena non sono più assurde, ma possono dar voce alla più bella e più alta frase poetica. Ora, il sogno è un rebus del genere, e coloro che ci hanno preceduto nel campo dell'interpretazione del sogno hanno commesso l'errore di interpretare il rebus come se fosse una composizione pittorica. Così facendo, lo trovarono assurdo e privo di valore.

A. Il lavoro di condensazione

La prima cosa che appare manifesta a chiunque metta a paragone il contenuto e i pensieri del sogno è l'enorme *lavoro di condensazione* che si è compiuto. Il sogno, messo a confronto con l'abbondanza e la ricchezza dei pensieri del sogno, appare scarno, spoglio, laconico. Il sogno, una volta trascritto, occupa lo spazio di una mezza pagina; l'analisi dei pensieri del sogno necessita di uno spazio sei, otto, dodici volte maggiore. Il rapporto varia con il variare dei sogni; l'esperienza mi ha insegnato che non varia mai di senso. C'è la tendenza a sottovalutare la misura della condensazione che è stata operata, poiché si scambiano i pensieri del sogno che vengono portati alla luce per il materiale completo, quando invece un ulteriore lavoro d'interpretazione può rivelarne di nuovi, celati dietro il sogno. Abbiamo dovuto già prendere atto di come non si abbia mai l'assoluta certezza di aver interpretato un sogno fino in fondo; anche quando l'interpretazione ci appare soddisfacente e priva di lacune, rimane sempre la possibilità che nel sogno si celi qualche altro significato. Il *grado di condensazione* è dunque – a rigore – imprevedibile.

Contro l'affermazione che, dalla difformità tra contenuto e pensieri del sogno, si possa dedurre un'estesa condensazione del materiale psichico avvenuta nel corso dell'atto onirico, si potrebbe sollevare un'obiezione che a prima vista sembra molto affascinante. È molto frequente difatti la sensazione di aver sognato moltissimo, nel corso dell'intera notte, e di aver poi dimenticato quasi tutto. Il sogno che ricordiamo al risveglio sarebbe perciò solo un residuo del lavoro onirico complessivo che, nel caso riuscissimo a ricordare per intero, avrebbe un'estensione pari a quella dei pensieri del sogno. In questo c'è senz'altro qualcosa di vero; non ci si inganna quando si nota che un sogno viene riportato con maggiore fedeltà se si tenta di ricordarlo a breve distanza dal risveglio e che verso sera il suo ricordo si fa sempre più incerto. D'altra parte è comunque possibile riconoscere che la sensazione di aver sognato assai più di quanto si riesca a ricordare si fonda molto spesso su un'illusione, della cui origine tratteremo più avanti. L'ipotesi che nel lavoro onirico si verifichi una condensazione non viene del resto contraddetta dalla possibilità che i sogni vadano dimenticati, dal momento che ne danno dimostrazione le numerose rappresentazioni che appartengono ai singoli frammenti di sogno conservati. Se di fatto buona parte del sogno sfugge al ricordo, allora risulta con ogni probabilità precluso l'accesso a una nuova serie di pensieri del sogno. Che i brani onirici di cui non rimane traccia si riferiscano esclusivamente ai pensieri che già conosciamo grazie all'analisi dei brani conservati, costituisce una speranza priva di fondamento alcuno[155].

Osservando la grande massa di idee incidentali che l'analisi fornisce per ogni singolo elemento del contenuto onirico, qualche lettore potrebbe nutrire un dubbio di principio: è possibile annoverare fra i pensieri del sogno tutto il materiale che affiora in un momento successivo, durante l'analisi, vale a dire: è lecito supporre che tutti questi pensieri siano stati presenti già nello stato di son-

[155] Molti autori hanno accennato alla presenza della condensazione nei sogni. Du Prel si dichiara fermamente certo del processo di condensazione cui vanno soggetti i gruppi di rappresentazione nei sogni. [Nota aggiunta nel 1914]

no e abbiano partecipato alla formazione del sogno? O piuttosto succede che nel corso dell'analisi sorgano nuove associazioni di idee, che non hanno preso parte alla formazione del sogno? Posso condividere questo dubbio solo mantenendo alcune riserve. È certamente vero che singole associazioni di idee nascono per la prima volta nel corso dell'analisi; ma ogni volta è possibile persuadersi che tali nuove associazioni si stabiliscono esclusivamente tra pensieri che sono già in relazione con i pensieri del sogno; i nuovi collegamenti sono in un certo senso derivazioni, corto circuiti, resi possibili dall'esistenza di altre e più profonde vie associative. Bisogna convenire che le idee sorte nel corso dell'analisi erano per la stragrande maggioranza già attive nella formazione del sogno, perché quando una catena di pensieri, che sembrano privi di collegamento con la formazione del sogno, ci attraversa la mente, ci si imbatte improvvisamente in un pensiero, appartenente al contenuto onirico, che è indispensabile per l'interpretazione del sogno e che non sarebbe stato accessibile senza quella catena di pensieri. A tale proposito, si veda ad esempio il sogno della monografia botanica, frutto di un eccezionale lavoro di condensazione, sebbene non ne abbia riferito per intero l'analisi.

Ma come giudicare allora lo stato psichico che prende piede durante il sonno e che precede l'attività onirica? I pensieri del sogno sono tutti presenti contemporaneamente, o si susseguono l'uno all'altro, o si generano da centri diversi sequenze simultanee di pensieri, che poi si incontrano? A mio parere, non è necessario ricorrere a una rappresentazione plastica dello stato psichico che si dà durante la formazione del sogno. Basta tener conto del fatto che si tratta di un pensare inconscio e che il processo è probabilmente distinto da quello che conosciamo nella riflessione consapevole in cui ha parte la coscienza.

Un fatto però è certo: la formazione del sogno è data da una condensazione. Ora, come si attua questa condensazione? Sapendo che solo in minima parte i pensieri onirici manifesti sono sostituiti nel sogno da uno dei loro elementi rappresentativi, si dovrebbe concludere che la condensazione si verifica per via di omissione, giacché il sogno non è una traduzione fedele o una proiezione puntuale dei pensieri del sogno, ma una riproduzione oltremodo incompleta e lacunosa. Questa concezione, come vedremo a breve, è assai imprecisa. Ma, per iniziare, partiamo da essa e domandiamoci: se solo pochi elementi dei pensieri del sogno partecipano al contenuto di questo, quali sono le condizioni che ne determinano la scelta?

Per rispondere, concentriamoci ora sugli elementi del contenuto onirico, che devono aver già soddisfatto le condizioni da noi poste. Il materiale più adatto a un'indagine del genere sarà un sogno alla cui formazione abbia contribuito una condensazione eccezionalmente forte. Scelgo un sogno già esposto.

1) Il sogno della monografia botanica

Contenuto del sogno. *Ho scritto una monografia su una specie di pianta, di cui non specifico il nome. Sono davanti al libro, sto voltando una tavola a colori ripiegata. In corrispondenza dell'esemplare è allegato un campione secco della pianta.*

L'elemento di maggior rilievo di questo sogno è la monografia botanica. Questa ha origine dalle impressioni del giorno precedente; avevo in effetti adocchiato nella vetrina di una libreria un volume monografico sul genere "ciclamino". Nel contenuto del sogno non si fa cenno a questo genere: ciò che resta è l'opera monografica e il suo rapporto con la materia botanica. La "monografia botanica" tradisce chiaramente la sua relazione con il lavoro sulla cocaina, che ebbi a scrivere una volta; dalla cocaina l'associazione di idee tocca, da un lato, un mio scritto pubblicato in occasione di una celebrazione e una serie di fatti avvenuti in un laboratorio dell'università, dall'altro, giunge al mio amico oculista, il dottor Königstein, che ha contribuito all'impiego pratico della cocaina. Al dottor Königstein rimanda inoltre il ricordo della conversazione che ebbi con lui la sera prima e che era rimasta interrotta, oltre a varie considerazioni sul giusto compenso delle prestazioni mediche fra colleghi. È pertanto questo colloquio a fornire il vero spunto attuale, il movente del sogno; la monografia sui ciclamini costituisce a sua volta un dato attuale, sebbene di natura indifferente; mi è chiaro come la "monografia botanica" del sogno rappresenti un "termine medio comune" tra i due episodi del giorno, assunto senza modifiche dall'impressione indifferente e messo in relazione con l'episodio psichicamente significativo tramite operazioni associative quanto mai vaste.

Ma oltre alla rappresentazione articolata "monografia botanica", anche ciascuno dei due elementi "botanico" e "monografia", penetra separatamente sempre più a fondo, tramite molteplici collegamenti, nel groviglio dei pensieri del sogno. Al campo "botanico" si rifanno i ricordi relativi al professor *Gärtner* [giardiniere], alla sua *florida* consorte, alla mia paziente *Flora* e alla signora di cui ho raccontato la storia dei *fiori* dimenticati. Gärtner conduce nuovamente al laboratorio e alla conversazione con Königstein; a quella stessa conversazione appartiene l'accenno alle due pazienti. Dalla signora con i fiori si dirama una serie di pensieri che hanno per oggetto *i fiori preferiti* di mia moglie, serie il cui termine ultimo compare nel titolo della monografia intravista durante il giorno. "Botanico" ricorda inoltre un episodio risalente al tempo del ginnasio e un esame dell'università, mentre un nuovo argomento emerso in quella conversazione, ovvero l'argomento delle mie *attività preferite*, si ricongiunge attraverso il mio *fiore preferito* – così chiamo per scherzo il carciofo – alla serie ideativa che parte dai fiori dimenticati; dietro "carciofo" si cela per un verso il mio ricordo dell'Italia e per l'altro quello di una scena infantile che ha segnato l'inizio dei miei rapporti, divenuti col tempo rapporti intimi, con i libri. "Botanico" è dunque un vero e proprio punto nodale, verso cui nel sogno convergono innumerevoli catene di pensieri che, non c'è dubbio, sono state a buon diritto poste in relazione tra loro nel corso di quella conversazione. Ci troviamo qui al centro di una fucina di pensieri, in cui, come nell'opera del tessitore:

Un colpo alle calcole ed ecco muoversi mille fili,
Le spole volano su e giù,
I fili scorrono invisibili,
Un colpo solo genera mille combinazioni.[156]

"Monografia", a sua volta, evoca nel sogno due temi, l'univocità dei miei studi e la dispendiosità delle mie passioni.

Da questa prima analisi si ottiene l'impressione che gli elementi "botanico" e "monografia" siano entrati a far parte del contenuto del sogno in quanto presentano i più numerosi punti di contatto con la maggior parte dei pensieri del sogno, andando così a costituire i "punti nodali" verso i quali converge una gran quantità di pensieri onirici e anche perché, dal punto di vista dell'interpretazione, sono dotati di molteplici significati. La realtà su cui poggiano queste osservazioni può essere espressa anche in un altro

[156] Goethe, *Faust*, parte prima, seconda scena dello Studio.

modo, ovverosia: tutti gli elementi del contenuto onirico appaiono "sovradeterminati", rappresentati più volte nei pensieri del sogno.

Le cose si chiariscono ulteriormente se spingiamo l'indagine verso le altre componenti del sogno rispetto alla loro comparsa nei pensieri onirici. La tavola illustrata che sto sfogliando allude a un nuovo argomento – la critica ai miei lavori da parte dei colleghi – che va a sommarsi a quello delle mie passioni, già rappresentato nel sogno, e al ricordo d'infanzia nel quale distruggo un libro corredato da tavole illustrate; l'esemplare della pianta secca rievoca l'episodio dell'erbario risalente al ginnasio e lo mette in evidenza.

Si rivela così il rapporto esistente tra contenuto e pensieri del sogno. Se da un lato gli elementi onirici sono più volte determinati dai pensieri del sogno, dall'altro ciascun pensiero viene rappresentato nel sogno da più elementi. Il procedere delle associazioni porta da un singolo elemento del sogno a molteplici pensieri onirici, da un singolo pensiero a molteplici elementi. Il sogno dunque non prende forma in modo tale che un pensiero, o un gruppo di pensieri, fornisca un compendio per il contenuto del sogno, e il pensiero seguente offra un altro compendio in sua rappresentanza, un po' come accade in una popolazione che elegge i suoi rappresentanti, bensì la totalità dei pensieri del sogno è soggetta a una determinata elaborazione, al termine della quale gli elementi sostenuti meglio e con più frequenza ottengono una posizione di risalto che apre loro l'ingresso al contenuto del sogno, suppergiù come accade nell'elezione per scrutinio di lista. Ogni qual volta opero una dissezione di questo tipo, a prescindere dal sogno preso in analisi, trovo sempre confermati gli stessi princìpi: gli elementi del sogno prendono forma a partire dalla massa dei pensieri onirici e ognuno di essi appare, rispetto a questi pensieri, pluirideterminato.

Sarà tutt'altro che superfluo dimostrare questo tipo di relazione tra contenuto e pensieri del sogno ricorrendo a un nuovo esempio, che si contraddistingue per l'intreccio singolarmente ingegnoso dei reciproci collegamenti. È un esempio che traggo da un paziente che seguo per claustrofobia. Sarà immediatamente chiaro quale motivo mi ha indotto a intitolare questa costruzione onirica eccezionalmente acuta nel modo seguente.

2) Un bel sogno

Costui percorre la via X... in compagnia di altre persone, fino ad ar-

rivare a una modesta locanda (che non esiste nella realtà). All'interno di questa ha luogo uno spettacolo teatrale, di cui egli è ora pubblico, ora attore. Alla fine gli viene detto che bisogna cambiarsi d'abito per tornare in città. Parte delle persone viene condotta ai locali a pianterreno, parte a quelli del primo piano. Poi scoppia una rissa. Quelli del primo piano si infuriano perché quelli al pianterreno non sono ancora pronti, ed essi quindi non possono scendere. Suo fratello è al piano superiore, e lui, che sta sotto, se la prende con suo fratello perché si sta troppo pigiati nella calca (questo punto non è chiaro). D'altronde sin dall'arrivo si sapeva chi doveva stare sopra e chi sotto. Poi si avvia da solo lungo la salita che dalla via X... conduce in città e cammina con difficoltà, con una fatica tale che non riesce ad avanzare di un sol passo. Un signore piuttosto anziano gli si affianca e impreca contro il re d'Italia. Al termine del pendio, egli procede molto più speditamente.

La fatica della salita era stata così verosimile che al risveglio rimase per un istante nel dubbio se si trattasse di sogno o realtà.

A livello di contenuto manifesto, non tesseremo mai abbastanza le lodi di questo sogno. Con un'eccezione alla norma, voglio intraprendere l'interpretazione partendo dal brano che il sognatore ha indicato come il più chiaro. La fatica sognata e con ogni probabilità anche provata durante il sogno, il salire a stento accompagnato da dispnea, costituisce uno dei sintomi che anni prima il paziente aveva a tutti gli effetti presentato e che all'epoca, accompagnato da altre manifestazioni, era stato fatto risalire a una forma di tubercolosi (probabilmente di natura isterica). Abbiamo già incontrato questa sensazione di inibizione del movimento nei sogni di esibizione, e vediamo qui nuovamente che essa viene impiegata come materiale incessantemente disponibile ai fini di qualche altra raffigurazione. Il brano onirico che descrive la salita come inizialmente faticosa e in un secondo momento, al termine del pendio, agevole, mi ha fatto venire in mente, mentre ascoltavo il racconto del sogno, la celebre, eccelsa introduzione a *Saffo* [1884] ad opera di Alphonse Daudet. Un giovane sale le scale tenendo in braccio la sua amante, che inizialmente è leggera come una piuma; ma mano a mano che sale, la donna pesa sempre più sulle sue braccia e questa scena descrive la parabola della loro relazione, con la quale Daudet intende esortare i giovani a non dissipare sentimenti profondi con ragazze di umile origine e dubbio passato[157]. Pur sapendo che il mio paziente aveva

[157] L'immagine scelta dallo scrittore si chiarisce con quanto ho scritto

avuto e interrotto una relazione amorosa con un'attrice di teatro, non mi attendevo tuttavia di vedere verificata la mia intuizione interpretativa. Tanto più che la situazione ritratta in *Saffo* era invertita rispetto a quella del sogno: nel sogno la salita era dapprima difficoltosa e poi semplice; nel romanzo, il simbolismo funzionava solo se quello che da principio era vissuto alla leggera, si rivelava sul finale un pesante fardello. Cogliendomi di sorpresa, il paziente osservò che l'interpretazione corrispondeva esattamente al contenuto del dramma che la sera prima aveva visto a teatro. Il titolo era *Rund um Wien* [Attorno a Vienna] e raccontava la vita di una ragazza onesta, che passa poco a poco al *demi-monde*, stringe rapporti con personaggi dell'alta società, sale in alto ma finisce per precipitare sempre più in basso. Il dramma gli aveva riportato alla mente un altro spettacolo, messo in scena anni prima, che si intitolava *Von Stufe zu Stufe* [Di gradino in gradino], e sul cui cartellone era disegnata una scala a gradini.

Ecco come prosegue l'interpretazione. L'attrice con cui egli aveva allacciato la sua ultima e più complessa relazione aveva abitato nella via X. Non c'è nessuna locanda in quella via. Ma allorché, per amore di quella donna, aveva passato un periodo dell'estate a Vienna, aveva alloggiato in un piccolo albergo della zona. Al momento di lasciare l'albergo aveva detto al vetturino: «Posso dirmi quantomeno fortunato di non essermi preso malattie dagli insetti!» (un'altra delle sue fobie, del resto). Il vetturino gli aveva risposto: «Ma come si fa a stare in un posto del genere! Questo non è un albergo, è né più né meno una locanda». Alla locanda si rifà immediatamente il ricordo di una citazione:

Da un oste dal gran cuore,
Sono stato di recente ospitato.[158]

Ma nei versi di Uhland l'oste è un albero di mele. Una seconda citazione dà seguito alla catena associativa:

nella sezione dedicata al simbolismo dell'ascesa nei sogni. [Nota aggiunta nel 1911]

[158] Uhland, *Einkehr* (Alloggio), nei *Canti di pellegrinaggio*, 8.

FAUST (ballando con la giovane):
Una volta feci un bel sogno;
Sognai un bel melo;
Vi brillavano due bellissime mele gemelle.
Mi attirarono; vi salii.

LA BELLA: Le piccole mele vi piacquero
Fin dal Paradiso Terrestre.
Mi sento tutta lieta
Che anche il mio giardino due ne porti per voi.[159]

Non è possibile nutrire il minimo dubbio sul significato del melo e delle meline. Il florido seno era stato una delle maggiori grazie con cui l'attrice aveva attratto a sé il mio sognatore.

Sulla base dei successivi passaggi dell'analisi, era lecito credere che il sogno risalisse a un'impressione dell'infanzia. Se così era, il sogno doveva fare riferimento alla balia del giovane, che oggi ha quasi trent'anni. Per il bambino, il seno della balia è in tutto e per tutto una locanda. La balia, così come la Saffo di Daudet, sembra un'allusione all'amante lasciata da poco. Nel contenuto onirico c'è anche il fratello (maggiore) del paziente che, per l'esattezza, è al *piano superiore,* mentre il sognatore sta al *pianterreno.* Assistiamo nuovamente a un'*inversione* del rapporto reale, giacché il fratello, da quanto mi è dato sapere, ha perso la sua posizione sociale, mentre il mio paziente l'ha mantenuta. Riferendo il contenuto del sogno, il paziente ha evitato di dire: mio fratello era di sopra, io ero *parterre.* Sarebbe stata un'espressione troppo evidente, dal momento che si dice che una persona è *parterre* quando ha perso sostanze e posizione; si tratta perciò di un uso traslato, simile a quello "*sceso in basso*". Ora, non è privo di significato il fatto che in questa parte del sogno qualcosa sia rappresentato attraverso un'inversione. L'inversione deve ritrovarsi anche nel rapporto tra pensiero e contenuto del sogno. C'è un'indicazione al modo in cui deve essere eseguita questa *inversione*, ed è evidentemente alla fine del sogno, dove la salita è affrontata in modo *inverso* rispetto al romanzo. Non è pertanto difficile comprendere di che genere di inversione si tratti. In *Saffo*, l'uomo porta in braccio la donna con cui intrattiene rapporti sessuali; nei pensieri onirici

[159] Goethe, *Faust*, parte prima, scena della *Notte di Valpurga.*

diventa perciò, *per converso*, la donna colei che porta l'uomo, e dato che ciò può aver luogo solamente nell'infanzia, il riferimento torna ad essere quello della balia che porta a fatica il lattante. La conclusione del sogno centra pertanto la questione, rappresentando *Saffo* e la balia in una sola allusione.

Come lo scrittore ha scelto il nome "Saffo" in riferimento a una consuetudine lesbica, così i brani del sogno che collocano alcune persone *sopra* e altre *sotto* alludono a fantasie a sfondo sessuale, che occupano i pensieri del sognatore e che, indicando desideri repressi, hanno un legame con la sua nevrosi. Non è l'interpretazione in sé a dirci che si tratta di fantasie, e non di ricordi riferiti ad accadimenti realmente avvenuti: l'interpretazione si limita a rivelare un contenuto di pensieri e lascia a noi il compito di definirne il valore di realtà. Accadimenti reali e fantasie appaiono qui – e non solo qui, ma anche nella formazione delle principali creazioni psichiche dei sogni – come inizialmente equivalenti.

La compagnia di molte persone indica – come già abbiamo visto – un segreto. Il fratello, inserito nella scena infantile per mezzo di "fantasie retrospettive", sta a rappresentare tutti i successivi rivali con le donne. La scena dell'anziano che impreca contro il re d'Italia si riferisce ancora una volta, mediante un fatto recente e di per sé insignificante, alla penetrazione di persone di rango inferiore nell'alta società. Si direbbe che alla lezione che Daudet rivolge al giovane se ne debba affiancare un'altra analoga, che valga per il lattante[160].

Per avvalermi di un terzo esempio che illustri lo studio della condensazione nella formazione onirica, riferirò parte dell'analisi di un sogno di una signora piuttosto anziana in trattamento psicoanalitico. I suoi sogni, in corrispondenza dei gravi stati d'angoscia a cui andava soggetta l'ammalata, contenevano abbondante materiale sessuale: appena ne prese coscienza non solo si sorprese, ma si spaventò. Non potendo portare a termine quest'interpretazione, sembra che il materiale del sogno si disgreghi in molteplici gruppi senza nesso apparente.

[160] La natura fantastica della situazione nella quale è presente la balia del segnatore viene dimostrata dalla circostanza che è oggettivamente accertata, per cui in questo caso la balia era sua madre. Si rammenti d'altra parte qui l'aneddoto del giovanotto, enunciato prima, in cui veniva espresso il rammarico per non avere sfruttato al meglio l'occasione con la balia, rammarico che è di sicuro la fonte di questo sogno.

3) Il sogno dei maggiolini

Contenuto del sogno. *Si ricorda di due maggiolini che tiene chiusi in una scatola e che deve liberare per evitare che soffochino. Apre la scatola, gli insetti appaiono oltremodo debilitati; uno vola verso la finestra aperta, l'altro invece rimane schiacciato dalla maniglia della finestra che lei sta chiudendo su richiesta di qualcuno (espressioni di disgusto).*

Analisi. Il marito è partito, la figlia quattordicenne dorme nel letto al suo fianco. La sera la figlia le fa notare che una tarma è caduta nel suo bicchiere d'acqua; lei non la tira fuori e il mattino seguente compatisce la sfortunata bestiola. La sera aveva letto in un libro di alcuni ragazzi che gettano un gatto nell'acqua bollente e venivano descritti gli spasmi dell'animale. Questi sono i due spunti, di per sé insignificanti, del sogno. Il motivo della *crudeltà sugli animali* è un rovello continuo. In passato passavano l'estate in una certa località e la figlia dava prova di grande crudeltà verso gli animali. Aveva una collezione di farfalle e le chiedeva dell'*arsenico* per ucciderle. Una volta una falena con un ago piantato in corpo continuò a volteggiare a lungo per la stanza; un'altra volta trovarono morti di fame alcuni bruchi che erano stati conservati per la perimorfosi. Quando era ancora più piccola, la bambina era solita strappare le ali a *insetti* e farfalle; oggi inorridirebbe di fronte ad azioni così crudeli: è diventata molto buona.

Questa contraddizione la preoccupa. Gliene rammenta un'altra, quella tra aspetto esteriore e interiorità, così come è rappresentata da George Eliot nell'*Adam Bede* [1859]. Una ragazza bella, ma vanitosa e molto sciocca e, al suo fianco, una ragazza brutta ma ricca di doti spirituali. L'aristocratico che seduce la sciocca; l'operaio che nutre sentimenti nobili e si comporta da gentiluomo. Questo genere di cose non emerge dall'aspetto della gente. Chi mai direbbe dal suo aspetto esteriore che è perseguitata da desideri sessuali?

Lo stesso anno in cui la figlioletta iniziò la sua collezione di farfalle, la zona fu gravemente colpita da un'invasione di *maggiolini.* I bambini torturavano gli *insetti*, li schiacciavano senza pietà. In quei giorni vide un uomo che dopo aver strappato le ali ai maggiolini se li mangiava. La signora è nata a *maggio*, e *maggio* è anche il mese in cui si è sposata. Tre giorni dopo il matrimonio scrisse una lettera ai genitori in cui raccontava quanto era felice. Ma non era affatto vero.

La sera prima del sogno aveva riguardato alcune vecchie lettere e ne aveva lette alcune indirizzate ai suoi, serie e divertenti. Tra le lettere ne aveva trovata una molto comica di un maestro di pianoforte che l'aveva corteggiata quando era una ragazza, e anche quella di uno spasimante *altolocato*[161].

Si rimprovera perché a una delle figlie è capitato in mano un "cattivo" libro di Maupassant[162]. *L'arsenico* che le chiede la figlioletta ricorda *le pasticche di arsenico* che donano vigore virile al Duca di Mora nel *Nababbo* [di Daudet, 1877].

A proposito di "liberare", le viene in mente il brano del *Flauto magico*:

Leggi al tuo cuor non vo' dettar;
Ma non sperar mai libertà.[163]

Per quanto riguarda i maggiolini, ricorda le parole di Caterina:

Innamorato sei di me come un insetto[164]

e, frammezzo, *Tannhäuser*:

Perché sei animato da piacere malvagio...[165]

Ella vive in uno stato di inquietudine e angoscia per il marito assente. La paura che gli capiti qualcosa in viaggio si manifesta in molteplici fantasie diurne. Poco prima, in una seduta di analisi, aveva dato voce, fra i suoi pensieri inconsci, a una lamentela sulla "senilità" di lui. L'espressione di desiderio che serpeggia in questo sogno apparirà forse più evidente se si tiene conto del fatto che, alcuni giorni prima del sogno, fu colta alla sprovvista nel bel mez-

[161] Questo era stato lo spunto reale del sogno.

[162] Da completare: tale lettura è *veleno* per una ragazza giovane. Lei stessa, in gioventù, aveva letto molti libri proibiti.

[163] Sarastro a Pamina nel finale del I atto. Alla lettera: "Non posso costringerti all'amore, ma non ti do la libertà".

[164] Kleist, *Caterina di Heilbronn*, atto IV, scena 2. Un'altra associazione di pensieri porta alla *Penthesilea* dello stesso autore: *crudeltà* verso l'amante.

[165] Citazione errata dall'ultima scena dell'opera di Wagner. Il testo esatto recita: "Perché hai condiviso tal piacere malvagio".

zo delle sue faccende dallo spaventoso imperativo: «impìccati», rivolto a suo marito. Venni poi a sapere che poche ore prima aveva letto da qualche parte che nell'istante dell'impiccagione l'uomo ha una vigorosa erezione. Il desiderio di questa erezione riaffiorava dalla rimozione sotto un terribile travestimento. «Impìccati» significa «procurati un'erezione a ogni costo». Le pasticche di arsenico del dottor Jenkins nel *Nababbo* rientrano in questo tema; ma alla paziente non era ignoto che l'afrodisiaco più potente, la *cantaride*, si ottiene da *insetti schiacciati* (le cosiddette mosche spagnole). A questo significato tende la componente più importante del contenuto del sogno.

Aprire e chiudere *le finestre:* è causa di infinite discussioni tra lei e il marito. Quando dormono, lei preferisce l'aria, lui la rifugge. Il sintomo di cui lei maggiormente si lamenta in questi giorni è la *debolezza.*

In tutti e tre i sogni appena riferiti ho messo graficamente in evidenza gli elementi onirici che tornano all'interno dei pensieri del sogno, in modo da metterne in rilievo i molteplici riferimenti. Ma dal momento che l'analisi non è giunta a conclusione per nessuno dei tre sogni, sarà forse il caso di approfondire l'esame di un sogno analizzato in maniera esaustiva, atto a dimostrare la sovradeterminazione del contenuto onirico. Scelgo a questo fine il sogno dell'iniezione a Irma. In questo esempio risulta evidente che il lavoro di condensazione si avvale, nella composizione del sogno, di molteplici strumenti.

La protagonista del contenuto onirico è la paziente Irma, che appare con i tratti che la contraddistinguono nella vita reale e che perciò, in prima istanza, rappresenta se stessa. Ma la disposizione nello spazio che occupa durante le sedute, accanto alla finestra, appartiene al ricordo di un'altra persona, vale a dire della signora che vorrei scambiare con la mia paziente, come testimoniano i pensieri del sogno. Essendo afflitta da una placca difterica, che mi riporta all'apprensione per la mia figlia maggiore, Irma riesce a rappresentare questa mia figliuola, dietro la quale – a lei legata per omonimia – si nasconde una mia paziente, deceduta in seguito a un'intossicazione. Nel successivo sviluppo del sogno, il significato della presenza di Irma, la cui immagine nel sogno rimane immutata, va cambiando; Irma diviene uno dei bambini che visitiamo nell'ambulatorio pubblico dell'ospedale pediatrico, dove i miei colleghi mostrano la diversità delle loro attitudini mentali. Con ogni evidenza, il passaggio è stato mediato dall'evocazione di mia figlia da piccola. Rifiutando di aprire la bocca, Irma si fa rappresentazione di un'altra signora che mi è capitato di visitare e a seguire, sempre nello stesso contesto, di mia moglie. Le disfunzioni patologiche che osservo nella sua gola, contengono inoltre allusioni a tutta una serie di altre persone.

Queste persone in cui mi imbatto inseguendo "Irma" non si presentano nel sogno in carne e ossa, ma si celano dietro il personaggio onirico "Irma", che diviene in questo modo una figura collettiva con elementi oltretutto contraddittori tra loro. Irma è la rappresentante di queste persone, sacrificate nel lavoro di condensazione, e faccio sì che capiti a lei quello che volta per volta mi ricordo delle altre.

Nel lavoro di condensazione onirica, posso fabbricare una "figura collettiva" anche in un modo diverso, ovvero sommando i tratti effettivi di due o più persone in un'unica immagine onirica. È così che è nato il dottor M. del mio sogno: egli ha lo stesso nome del dottor M., parla e opera come lui; i suoi tratti somatici e la sua patologia sono quelli propri di un'altra persona, mio fratello maggiore; una sola peculiarità, il pallore, è duplicemente determinata, poiché nella realtà appartiene a entrambe le persone.

Una figura mista di questo genere è il dottor R., nel mio sogno dello zio, dove però l'immagine onirica è costruita in modo ancora distinto. Non ho condensato le caratteristiche proprie dell'uno con quelle dell'altro, cancellando così alcuni tratti dall'immagine mnestica di ciascuno, ma ho messo in atto lo stesso procedimento grazie al quale Galton compone i suoi ritratti di famiglia, proiettando le due immagini una sovrapposta all'altra, di modo che i tratti comuni risultino più netti, mentre quelli discordi si cancellano vicendevolmente e risultano indistinti nel quadro. Così, dunque, nel sogno dello zio la *barba bionda* affiora come tratto rafforzato della fisionomia che, propria a due persone diverse, acquista un carattere indistinto e presenta, inoltre, nei capelli che tendono alla canizie, un riferimento a mio padre e a me stesso.

La formazione di figure collettive e di figure miste è una delle principali operazioni della condensazione onirica. A breve avremo modo di parlarne in un altro contesto.

Anche la "dissenteria", pensiero incidentale che appare nel sogno dell'iniezione, è un'idea determinata da molteplici elementi: da un lato, dall'assonanza parafasica con difteria, dall'altro dal richiamo al paziente che ho mandato in Oriente e di cui non è stata riconosciuta l'isteria.

Il cenno al "propilene" dà prova a sua volta di un interessante lavoro di condensazione. Nei pensieri onirici non appariva il propilene, bensì l'"amilene". Sembrerebbe all'apparenza che in questo caso ci troviamo di fronte a un mero spostamento verificatosi nel corso della formazione del sogno. Difatti così è, ma si tratta di uno spostamento che serve agli scopi della condensazione, come risulta comprovato dal seguente sviluppo dell'analisi del sogno. Se concentro l'attenzione ancora per un momento sulla parola "propilene", mi colpisce l'assonanza con la parola "Propilei". I Propilei non si trovano solo ad Atene, ma anche a Monaco. Un anno prima del sogno mi ero recato in quella città per far visita al mio amico, a quel tempo gravemente malato; il riferimento a lui risulta con evidenza dalla "trimetilamina", che segue subito dopo "propilene".

Sorvolerò sul fatto sorprendente per cui in questo e altri passaggi dell'analisi del sogno, ai fini del collegamento delle idee, vengono impiegate come equivalenti associazioni di valore estremamente diverso e cedo alla tentazione di immaginare in maniera, per così dire, plastica il processo dello scambio di *amilene* nei pensieri onirici con *propilene* nel contenuto del sogno.

Ipotizziamo che in un dato momento si trovi l'insieme delle rappresentazioni del mio amico Otto – che non mi capisce, mi crede nel torto e mi porta in dono un liquore che sa di amilene; in un diverso momento, invece, collegato per opposizione, il gruppo di rappresentazioni relative al mio amico berlinese che mi capisce, è disposto a darmi ragione e al quale sono debitore di molte informazioni preziose, non per ultime quelle sulla chimica dei processi sessuali. All'interno del gruppo "Otto", gli elementi che dovrebbero richiamare maggiormente la mia attenzione sono dati dai fatti recenti da cui ha preso spunto il sogno. L'amilene è uno di questi elementi primari, destinati a far parte del contenuto del sogno. L'ampio gruppo di rappresentazioni "Wilhelm" spicca proprio per contrasto con il gruppo "Otto", e in esso acquistano rilievo gli elementi dotati di una consonanza con quelli già in azione in "Otto". Nel corso di questo sogno, passo da una persona che mi dà dispiacere a un'altra che le si contrappone nel darmi piacere, evoco tratto dopo tratto l'amico in contrapposizione all'avversario. Così l'amilene del gruppo "Otto" fa sì che anche nell'altro gruppo si destino ricordi che attengono al campo della chimica; la trimetilamina, con i suoi numerosi sostegni, fa così il suo ingresso nel contenuto del sogno. Anche "amilene" potrebbe accedere invariato al contenuto onirico, ma è sottoposto all'influenza del gruppo "Wilhelm", poiché dall'insieme di ricordi ricoperti da questo nome si estrae un elemento che attribuisce una doppia determinazione ad "amilene". Stando al processo associativo, "propilene" è affine ad "amilene"; dal gruppo "Wilhelm" gli si fa incontro Monaco con i Propilei. I due gruppi di rappresentazioni hanno un loro punto di contatto nella coppia "propilene-Propilei". Quasi in virtù di un compromesso, questo elemento medio accede in seguito al contenuto onirico. Ciò che è accaduto qui è stata la creazione di un elemento medio comune, che partecipa di una determinazione multipla. Risulta così immediatamente evidente che la determinazione multipla serve ad agevolare l'accesso al contenuto del sogno. Per produrre questo termine medio, l'attenzione è stata distolta senza troppi complimenti da ciò che realmente si intende dire e dirottata verso qualcosa che è contiguo nell'ordine associativo.

L'analisi del sogno dell'iniezione ci permette a questo punto di avere uno sguardo d'insieme sui processi di condensazione che intervengono nella formazione del sogno. Le caratteristiche proprie al lavoro di condensazione che abbiamo potuto individuare sono: la scelta degli elementi che ritornano a più riprese nei pensieri onirici, la produzione di nuove immagini (figure collettive, formazioni miste) e la creazione di elementi medi comuni. Sull'utilità della condensazione e su cosa la renda necessaria ci interrogheremo quando ci dedicheremo allo studio dei processi psichici della formazione del sogno nel loro insieme. Ci basti per il momento prendere atto del fatto che la condensazione onirica costituisce una relazione degna d'attenzione tra pensieri e contenuto del sogno.

Il processo di condensazione messo in atto dal sogno si manifesta al meglio quando elegge a suoi oggetti parole e nomi. Il sogno difatti tratta spesso le parole alla stregua di oggetti e le espone alle stesse combinazioni delle rappresentazioni di cose. Ne derivano creazioni verbali curiose e insolite.

1) Una volta che un collega mi fece recapitare un articolo, in cui una recente scoperta di fisiologia moderna era, a mio giudizio, sopravvalutata e, ciò che più conta, presentata in termini enfatici, la notte successiva sognai una frase che si riferiva senza dubbio alcuno all'esposizione in esame: «*Questo scritto è in puro stile no-*

rekdale». Ebbi inizialmente qualche difficoltà a scomporre questa produzione verbale; era certo che era stata costruita secondo un procedimento parodistico, a imitazione dei superlativi colossale e piramidale, ma non era cosa semplice indovinarne la provenienza. Infine il mostro si smembrò nei due nomi Nora e Ekdal, presi da due famosi drammi di Ibsen. Tempo addietro avevo letto un articolo su Ibsen scritto dallo stesso autore di cui, nel sogno, criticavo l'ultimo saggio.

2) Una mia paziente mi espone un breve sogno che dà adito a un'inverosimile combinazione di parole. Insieme al marito, prende parte a una festa di contadini e dice: «Tutto questo sfocerà in un *Maistollmütz* generale». E nel sogno avverte l'oscuro presentimento che si tratti di un dolce di mais, una specie di polenta. L'analisi scompone la parola in mais, *toll* [folle], *mannstoll* [pazza degli uomini, ninfomane], *Olmütz* [città della Moravia], tutti residui verificati di una conversazione avuta a tavola con i parenti. Dietro mais, oltre a un riferimento all'esposizione del Giubileo che veniva inaugurata in quegli stessi giorni, si leggono le parole *Meissen* (una porcellana di Meissen che ritrae un uccello), *Miss* (la Miss inglese dei suoi parenti era partita per Olmütz), *mies* (abietto, schifoso, nell'ebraico colloquiale di registro scherzoso). Una lunga catena di pensieri e associazioni si dirama da ogni sillaba di quell'accumulo linguistico.

3) Un giovane, che ha ricevuto a tarda sera la visita di un conoscente, che ha bussato alla sua porta per consegnare un biglietto da visita, sogna la notte seguente: *un commerciante lavora fino a sera inoltrata per montare il suo telegrafo da camera. Dopo che se ne è andato, il telegrafo non smette di suonare, ma non senza interruzione, bensì a brevi impulsi isolati. Il cameriere esce in cerca del commerciante e quest'ultimo dice: «Che strano, però, che anche le persone che solitamente sono* "tutelrein" *non sanno sbrigarsela in simili faccende*».

Non sfugge come lo spunto indifferente del sogno giustifichi solo uno degli elementi onirici. Ha potuto guadagnare importanza unicamente perché si è abbinato a un episodio precedente che, anch'esso indifferente, ha ricevuto dalla fantasia del sognatore un significato sostitutivo. In gioventù, quando viveva con suo padre, una volta che era mezzo addormentato aveva versato a terra un bicchiere d'acqua; il cavo del telegrafo da camera si era bagnato e il suono ininterrotto aveva disturbato il sonno del padre. Ponendo che il suono ininterrotto corrisponde a bagnarsi, i singoli colpi isolati vanno a raffigurare la caduta delle gocce. Ma la parola *tutelrein* si scompone in tre direzioni e, così facendo, mira a tre temi rappresentati nei pensieri del sogno: *Tutel* significa tutela; *Tutel* (forse *Tuttel*) è un'espressione volgare per indicare il seno femminile, e la componente *rein* [pulito] fa eco alle prime sillabe di *Zimmertelegraph* [telegrafo da camera] per comporre *Zimmerrein*, termine implicato con l'idea di bagnare il pavimento e che è, inoltre, in assonanza con un nome che compare nella famiglia del sognatore[166].

4) In un sogno alquanto lungo e confuso, apparentemente incentrato su di un viaggio per mare, succede che lo scalo più vicino sia Hearsing, quello successivo Fliess. Quest'ultimo è il nome del mio amico di B[erlino], a cui sono spesso andato a fare visita. Il termine Hearsing, invece, contiene in sé i nomi di località, spesso terminanti in "-ing", che si succedono lungo la linea ferroviaria che attraversa i sobborghi di Vienna: Hietzing, Liesing, Mödling

166 La medesima scomposizione e sintesi di sillabe – una vera chimica sillabica – ci serve da svegli per molteplici giochi di parole. "Qual è il modo migliore di fare l'argento (*Silber*)? Si va in un viale dove ci siano *Silberpappeln* [pioppi bianchi, pioppi d'argento], si ordina: "Silenzio!", il *Pappeln* [chiacchierio] finisce e resta libero l'argento." Il primo lettore e critico di questo libro [*Fliess*] mi ha mosso l'obiezione – che sarà probabilmente ripetuta in seguito – che "il sognatore sembra spesso troppo spiritoso". Il fatto è vero, finché si riferisce soltanto a chi sogna; e implica un rimprovero soltanto nel caso in cui venga esteso all'interprete del sogno. In realtà, da sveglio, non posso avanzar grandi pretese al titolo di "spiritoso"; se i miei sogni appaiono spiritosi, ciò non dipende dalla mia persona, ma dalle singolari condizioni psicologiche nelle quali il sogno viene elaborato ed è in stretto rapporto con la teoria dell'umorismo e del comico. Il sogno diventa spiritoso perché gli è preclusa la via diritta e più rapida per l'espressione dei suoi pensieri; diventa tale di necessità. I lettori possono convincersi che alcuni sogni dei miei pazienti dànno l'impressione di essere spiritosi (fanno dello spirito) quanto e più dei miei. In questo caso l'obiezione mi è servita per paragonare la tecnica della battuta di spirito con il lavoro del sogno, argomento di cui ho parlato nel 1905 nel mio libro *Il motto di spirito e la sua relazione con l'inconscio*. [Parte aggiunta nel 1909]

(Medelitz, *meae deliciae*, secondo l'antico nome, quindi *meine Freud* [mia gioia]) e con l'espressione inglese *hearsay* (sentito dire), che fa allusione alla calunnia e fissa un punto di contatto con lo spunto onirico indifferente del giorno precedente, una poesia dei *Fliegende Blätter* che ha per soggetto un nano calunniatore di nome "Sagter Hatergesagt" [Dice Hadetto]. Aggiungendo il suffisso "-ing" al nome *Fliess* si ottiene *Vlissingen*, vale a dire il porto in cui fa scalo mio fratello nel suo viaggio per mare, quando viene a farci visita dall'Inghilterra. Ma il nome inglese di *Vlissingen* è *Flushing*, che significa "arrossire" e stabilisce pertanto un riferimento ai miei pazienti che hanno "paura di arrossire", nonché a una pubblicazione di Bechterew uscita di recente che tratta di questa nevrosi e che mi ha irritato.

5) In un mio sogno successivo, il contenuto si articola in due brani separati. Il primo ruota intorno alla parola *Autodidasker*, di cui ho precisa memoria, l'altro ricalca fedelmente una fugace e innocente fantasia risalente a qualche giorno prima, ovvero la fantasia di dover dire al professor N., alla prima occasione di incontro: «Il paziente su cui ho chiesto il suo consulto l'ultima volta soffre in realtà di semplice nevrosi, proprio come lei aveva supposto». Ora, il neologismo *Autodidasker* non solo deve soddisfare l'esigenza di sostenere o esprimere un senso compresso, ma tale senso deve concordare in pieno con il mio proposito, quale risulta dalla veglia, di gratificare il professor N.

Autodidasker si scompone senza difficoltà in *Autor* [autore], *Autodidakt* [autodidatta] e *Lasker*, che rimanda al nome di Lassalle. Le prime due parole accennano alla circostanza del sogno, che in questo caso è significativa: avevo portato a mia moglie alcuni libri di un famoso scrittore, amico di mio fratello, nato, come sono venuto a sapere, nella mia stessa città: J.J. David. Una sera mia moglie mi disse di essere rimasta profondamente colpita, in un racconto di David, dalla triste storia di un talento andato perduto; prendemmo quindi a parlare dei segni di talento ravvisabili nei nostri figli. Influenzata da quella lettura, ella dette segni di preoccupazione per i bambini e io la rassicurai spiegandole come l'educazione potesse scongiurare quei pericoli. Nella notte il mio pensiero continuò, fece propria la preoccupazione di mia moglie e ad essa intrecciò numerosi altri elementi. Una frase a proposito del matrimonio che lo scrittore aveva detto a mio fratello instradò i miei pensieri su una via parallela che poteva condurre alla raffigurazione onirica. Questa via portava a

Breslavia, dove una signora, nostra cara amica, era andata a sposarsi. La preoccupazione di rovinarmi per colpa di un donna, che costituiva il nucleo dei pensieri del sogno, mi fece rinvenire a Breslavia i due esempi Lasker e Lassalle, che insieme mi dettero modo di rappresentare le due varietà di questa nociva influenza[167]. Il *cherchez la femme* – formula che può riassumere questi pensieri – mi porta d'altronde a mio fratello ancora celibe, che si chiama Alexander. Noto dunque che Alex – la forma abbreviata del suo nome – sembra un po' un anagramma di Las-ker e che questo spunto deve avere influito sui miei pensieri, producendo la deviazione per Breslavia.

Montare e smontare nomi e sillabe, come sto facendo ora, ha però anche un altro significato. Rappresenta il desiderio che mio fratello abbia una vita familiare felice, e per l'esattezza in questo modo: ne *L'opera*, romanzo sulla vita dell'artista, che per contenuto sembra prossimo ai miei pensieri onirici, Zola, come è ben noto, ha descritto a tratti se stesso e la propria felicità familiare celandosi dietro il nome di Sandoz. Probabilmente, trasformando il proprio nome, Zola ha applicato un metodo che piace molto ai bambini: ha rovesciato Zola in Aloz. Ma era ancora troppo scoperto; perciò ha sostituito la sillaba "Al", la stessa con cui inizia il nome di Alexander, con la terza sillaba dello stesso nome, "Sand", e da ciò si è prodotto Sandoz. Non diversamente quindi da come si è prodotto il mio "*Autodidasker*".

La fantasia in cui immagino di informare il professor N. che l'ammalato da noi visitato soffre solo di una nevrosi è entrata nel sogno in questa maniera. Poco prima della fine del mio anno di lavoro, ebbi in carico un paziente per il quale la mia scienza diagnostica si dimostrò insufficiente. Si poteva presumere, ma non dimostrare, una grave malattia di natura organica, che interessava forse il midollo spinale. Diagnosticare una nevrosi sarebbe stato seducente e avrebbe risolto tutte le difficoltà, se solo l'anamnesi sessuale – senza la quale non intendo riconoscere alcuna nevrosi – non fosse stata messa energicamente in discussione dall'ammalato. Nell'imbarazzo ricorsi al medico che io (e non solo io) maggiormente stimo e al cui cospetto sono pronto a inchinarmi. Egli ascoltò i miei dubbi, li trovò comprensibili e concluse: «Continui a osservarlo, sarà una nevrosi». Sapendo che

[167] Lasker morì di paralisi progressiva, dunque in seguito a un'infezione (*lue*) contratta da una donna; Lassalle è morto in duello, come è noto, a causa di una donna.

non condivide il mio punto di vista sull'eziologia delle nevrosi, non volli contraddirlo, ma non nascosi il mio scetticismo. Alcuni giorni dopo, spiegai all'ammalato che non sapevo come aiutarlo e gli consigliai di rivolgersi a un altro medico. Allora, con mia enorme sorpresa, questi prese a scusarsi per avermi mentito – aveva provato un'intensa vergogna – e alla fine mi rivelò proprio quel frammento di eziologia sessuale che avevo atteso e che mi serviva a ipotizzare una nevrosi. Fu per me un sollievo ma, al contempo, anche un'umiliazione. Dovetti riconoscere che il mio consigliere, per nulla disorientato dalle valutazioni anamnestiche, aveva capito meglio di me. Mi ripromisi di dirglielo non appena l'avessi rivisto, di comunicargli che lui aveva ragione e io torto. È esattamente ciò che faccio nel sogno. Ma quale desiderio cerco di appagare, dal momento che riconosco di essere nel torto? Proprio questo, per l'appunto: vorrei sbagliarmi nei miei timori, ovvero, vorrei che mia moglie, dei cui timori mi sono impadronito nei pensieri del sogno, avesse torto. Il motivo dell'avere o non avere torto non è molto distante dal tema che interessa realmente i pensieri del sogno. È la medesima alternativa, del danno organico o funzionale attraverso la donna, o per la precisione, attraverso la vita sessuale: paralisi tabetica o nevrosi, alla quale, sebbene in forma vaga, si riallaccia il genere di morte di Lassalle.

In questo sogno così coeso (e, a un'analisi approfondita, assolutamente trasparente) il professor N. è implicato non solo in quest'analogia e nel mio desiderio di aver torto – oltre che nei rapporti paralleli con Breslavia e la famiglia della nostra amica che si è sposata in quella città – ma anche in un piccolo episodio, avvenuto a breve distanza dal nostro colloquio. Dopo aver concluso con l'ipotesi citata il suo dovere medico, egli si interessò ad alcuni fatti personali. «Quanti figli ha ora?». «Sei». Un gesto rispettoso e perplesso: «Femmine o maschi?». «Tre e tre, sono il mio orgoglio e la mia ricchezza». «Faccia attenzione, con le femmine fila tutto liscio, ma i maschi crescendo pongono delle difficoltà nell'educazione». Obiettai che fino allora erano stati molto docili; evidentemente questa seconda diagnosi sul futuro dei miei figli non mi piaceva più dell'altra fatta poco prima, quella secondo la quale il mio paziente era affetto solo da nevrosi. Queste due impressioni hanno dunque un legame di contiguità che le lega l'una all'altra, per il fatto di essere vissute insieme: la storia della nevrosi appare nel sogno per sostituirsi alla conversazione sull'educazione, che presenta un nesso più stretto con i pensieri del sogno, dato che riguarda da vicino le preoccupazioni espresse in seguito da mia moglie. In questo modo, anche il mio timore che le osservazioni sulle difficoltà di educare i figli formulate da N. possano essere corrette trova posto all'interno del contenuto del sogno, celandosi dietro la rappresentazione del mio desiderio di aver torto riguardo a quei timori. La stessa fantasia, così come si manifesta, ha la funzione di rappresentare i due termini antitetici dell'alternativa.

6) Marcinowski racconta: «Stamattina, tra sogno e veglia, ho avuto l'esperienza di una graziosissima condensazione di parole. In un fluire di brani onirici difficili da ricordare, sono rimasto, per così dire, impressionato da una parola, che vedevo di fronte a me come fosse metà scritta a mano e metà stampata. La parola è "*erzefilisch*" e fa parte della seguente frase che, fuori di ogni contesto, si è insinuata nel mio ricordo cosciente assolutamente isolata: "Ha un effetto *erzefilisch* sulla sensibilità sessuale". Ho capito immediatamente che la parola doveva essere in realtà *erzieherisch* [educativo]. Per un po' mi sono chiesto se "*erzifilisch*" non fosse più corretto. Poi ho pensato alla parola *Syphilis* [sifilide] e, sempre nel dormiveglia, mi sono messo a ragionare, mi sono arrovellato per scoprire come abbia fatto a entrare nel mio sogno, dato che non ho nulla a che fare con questa malattia, né sul piano personale né su quello professionale. Allora mi è venuto in mente "*erzehlerisch*", che chiarisce la seconda "e", in riferimento a quanto accaduto ieri sera, quando sono stato invitato dalla nostra istitutrice a parlare del problema della prostituzione allorché, per produrre un effetto educativo sulla sua vita dei sensi, che in lei ha uno sviluppo non del tutto normale, le ho dato per l'appunto il libro di Hesse sulla prostituzione, dopo averle raccontato (*erzählt*) qualcosa sul problema. E ora, tutt'a un tratto, mi rendo conto che la parola "sifilide" non va intesa in senso letterale, ma che in realtà sta per "veleno", ovviamente in rapporto con la vita sessuale. Dunque, una volta tradotta, la frase suona pienamente logica: con il mio racconto (*Erzählung*), ho tentato di produrre sulla sensualità della mia istitutrice (*Erzieherin*) un effetto educativo (*erzieherisch*), ma ho il timore di aver ottenuto al contempo un effetto velenoso. "*Erzefilisch*" è composta da "*erzäh-*" e "*erzieh-*".

Le distorsioni verbali del sogno ricordano da vicino quelle che conosciamo come proprie della paranoia, ma che non sono assenti nell'isteria e nelle rappresentazioni ossessive. Il linguaggio dei bambini, che in determinati momenti trattano realmente le parole come oggetti e creano nuove lingue e strutture verbali artefatte, è in questo caso la fonte comune sia del sogno sia delle psiconevrosi. L'analisi delle formazioni verbali incoerenti nel sogno si presta alla perfezione a esemplificare l'opera di condensazione del lavoro onirico. Dalla minima serie di esempi cui si è fatto qui ricorso, non si deve trarre la conclusione che simile materiale si presenti di rado, o solo in via eccezionale all'osservazione. È invece molto frequente, ma il fatto che l'interpretazione del sogno dipenda dal trattamento psicoanalitico fa sì che solo un'esigua parte degli esempi giunga ad essere registrata e comunicata, e che le analisi pubblicate siano alla portata pressoché solo di chi ha dimestichezza con la patologia nevrotica. È il caso, ad esempio, di un sogno fatto dal dottor von Karpinska, in cui appare l'assurda formazione verbale *Svingnum elvi*. Da notare anche la comparsa nel sogno di una parola che di per sé non è priva di senso ma che, estrapolata dal suo significato peculiare, si carica di significati diversi, rispetto ai quali funziona come una parola "priva di senso". È ciò che accade nel sogno della "categoria", osservato da Tausk in un ragazzo di dieci anni. "Categoria" sta qui a significare l'organo genitale femminile e "categoriare" equivale a urinare.

Se nel sogno si affacciano discorsi, come tali esplicitamente distinti dai pensieri, vale come regola senza eccezioni che il discorso del sogno deriva da un discorso ricordato nel materiale onirico. Il testo del discorso si conserva totalmente, o subisce un lieve spostamento nell'espressione; spesso il discorso del sogno si compone di frammenti che derivano da ricordi di discorsi diversi; il testo è ciò che rimane invariato, il senso invece può subire una o più alterazioni in diverse direzioni. Capita spesso che il discorso del sogno funga da semplice allusione a un episodio, nel corso del quale ebbe luogo il discorso recuperato alla memoria[168].

[168] Ho trovato recentemente, in un giovane che soffre di rappresentazioni ossessive – e che del resto presenta funzioni intellettuali intatte e altamente sviluppate – l'unica eccezione a questa regola. I discorsi dei suoi sogni non nascevano da discorsi uditi o pronunciati da lui stesso, bensì corrispondevano al testo non deformato dei suoi pensieri ossessivi, che durante la veglia giungevano alla sua coscienza soltanto alterati. [Nota aggiunta nel 1909]

B. Il lavoro di spostamento

Nel passare in rassegna gli esempi di condensazione onirica, avrebbe dovuto già attrarre la nostra attenzione un'altra relazione, probabilmente non meno degna di nota. Dall'osservazione è emerso che gli elementi che si impongono nel contenuto del sogno come componenti essenziali non svolgono la stessa funzione nei pensieri del sogno. Parallelamente, possiamo enunciare la proposizione anche in senso contrario: ciò che nei pensieri del sogno figura a tutti gli effetti come contenuto essenziale, non trova necessariamente rappresentazione nel sogno. Il sogno, per così dire, ha un *centro diverso*: il suo contenuto fa perno su altri elementi, distinti dai pensieri del sogno. Nel sogno della monografia botanica, per esempio, l'elemento "botanico" è palesemente il punto centrale del contenuto onirico; nei pensieri del sogno emergono le difficoltà e i dissidi prodotti dalle obbligazioni fra colleghi e, spingendoci oltre, con l'abitudine che mi viene rimproverata di sacrificare troppo alle mie passioni; l'elemento "botanico" non ha accesso a questo nucleo dei pensieri del sogno, a meno che non vi instauri un debole legame antitetico, dal momento che la botanica non ha mai trovato posto tra le mie discipline di studio favorite. Nel sogno di *Saffo* del mio paziente, l'azione di *salire* e *scendere*, l'*essere sopra* e l'*essere sotto*, sono stati posti al centro del sogno; ma esso ha a che fare con il pericolo di intrattenere rapporti sessuali con persone che stanno in *basso*, di modo che tra tutti gli elementi dei pensieri del sogno, uno solo – per giunta, oltremodo amplificato - sembra essere entrato a far parte del contenuto onirico. Allo stesso modo, nel sogno dei maggiolini, che tratta i rapporti tra sessualità e crudeltà, il motivo della crudeltà ricompare, è vero, nel contenuto del sogno; ma tramite un legame distinto e senza riferimento all'elemento sessuale, ovverosia avulso dal suo contesto e mutato pertanto in qualcosa di estraneo. Ancora, nel sogno dello zio la barba bionda, che è l'elemento centrale, sembra non avere alcun rapporto degno di nota con i desideri di grandezza, nei quali si è rinvenuto il nucleo dei pensieri onirici. È dunque logico che questi sogni comunichino un'impressione di *spostamento.* All'opposto, il sogno dell'iniezione a Irma mostra per converso che nella formazione onirica nulla vieta che i singoli elementi mantengano il medesimo posto che occupano nei pensieri del sogno. La scoperta di questa nuova correlazione tra pensieri e contenuto del sogno – del tutto incostante nel suo significato – è tale da suscitare inizialmente la nostra sorpresa. Allorché in una dinamica psichica della vita normale, vediamo che una rappresentazione è stata prescelta fra numerose altre e si è impressa con singolare vividezza sulla coscienza, siamo portati a giudicare questo esito come un indizio del fatto che la rappresentazione vincente possiede un valore psichico eccezionalmente elevato (un certo livello d'interesse). Si nota che questo valore dei singoli fattori nei pensieri onirici non è mantenuto o non è preso in considerazione, nel caso della formazione del sogno. Possiamo distinguere con esattezza i fattori di maggiore importanza dei pensieri del sogno: la valutazione è immediata. Ora, nella formazione del sogno, questi fattori fondamentali, fattori di estremo interesse, possono essere trattati come fossero elementi di poco conto ed essere sostituiti, nel sogno, da altri elementi, che nei pensieri onirici avevano senza dubbio scarso valore. In un primo momento, sembra che nella selezione operata nel sogno non venga affatto presa in considerazione l'intensità psichica delle singole rappresentazioni[169], ma soltanto la maggiore o minore varietà delle loro determinazioni. Si potrebbe supporre che nel contenuto onirico non pervenga ciò che più conta nei pensieri del sogno, ma ciò che in essi trova posto a più riprese; tuttavia, una simile supposizione non è di grande aiuto nella comprensione della formazione del sogno, poiché, in linea di principio, non si può prescindere dal fatto che i due momenti della determinazione multipla e del particolare valore psichico operino nel medesimo senso. Le rappresentazioni che incidono maggiormente nei pensieri del sogno sono anche quelle che vi ricorrono con maggior frequenza, perché da esse si irraggiano, come da punti centrali, i singoli pensieri onirici. Eppure il sogno può essere refrattario a questi elementi intensamente connotati e agevolati, e accogliere nel suo contenuto altri elementi, denotati solo dalla seconda caratteristica.

Per risolvere questa difficoltà ci serviremo di un'altra impressione, che abbiamo ottenuto dall'esame della sovradeterminazione

[169] L'intensità psichica, il valore, l'interesse di una rappresentazione, vanno naturalmente tenuti distinti dall'intensità sensoriale e dalla vivacità dell'immagine rappresentata.

del contenuto onirico. Forse, leggendo questo studio, qualcuno avrà già compreso da sé che la sovradeterminazione degli elementi del sogno non è una scoperta di grande importanza, dal momento che è ovvia. L'analisi difatti prende avvio dagli elementi del sogno e registra tutti i pensieri che vi si aggiungono incidentalmente; non stupisce quindi che nel materiale ideativo così ricavato sia dato ravvisare con notevole frequenza proprio questi elementi. Non ammetterò senza riserva l'obiezione, ma dimostrerò qualcosa di simile; tra i pensieri che emergono all'analisi ve ne sono molti che appaiono lontanissimi dal nucleo del sogno e che figurano come inserti artificiali, che mirano a uno scopo preciso. Questo scopo è facilmente determinabile: sono proprio questi inserti a creare un collegamento, spesso forzato e voluto, tra contenuto e pensieri del sogno, e qualora questi elementi non venissero presi in considerazione nell'analisi, alle componenti del contenuto verrebbe meno non solo la sovradeterminazione, ma, più in generale, anche una determinazione sufficiente da parte dei pensieri del sogno. Ciò ci porta a concludere che la determinazione multipla, decisiva per la selezione operata dal sogno, non è sempre un momento primario della formazione del sogno, ma è spesso il risultato secondario di una forza psichica a noi ancora ignota. Ciò detto, essa deve svolgere un ruolo fondamentale nel permettere l'ingresso dei singoli elementi nel sogno: possiamo infatti osservare che viene prodotta con un rilevante dispendio di mezzi, qualora non risulti spontaneamente dal materiale del sogno.

Ne consegue l'idea che nel lavoro onirico si dispieghi una forza psichica che per un verso riduce l'intensità degli elementi dotati di alto valore psichico e per l'altro, a partire dagli elementi di minor valore, forma mediante la *sovradeterminazione* nuovi valori, che accedono a loro volta al contenuto del sogno. Se le cose stanno così, significa che nella formazione del sogno le intensità psichiche dei singoli elementi subiscono una *traslazione* e uno *spostamento*, che spiega la differenza che risulta tra il testo del contenuto e quello dei pensieri del sogno. Il processo che qui supponiamo costituisce niente meno che la parte essenziale del lavoro onirico: ad esso va il nome di *spostamento onirico. Spostamento* e *condensazione* sono i due principali motori, responsabili con la loro azione della configurazione del sogno.

Ritengo che per noi sia facile anche riconoscere la forza psichica che si manifesta negli effetti dello spostamento onirico. Il risultato di questo spostamento fa sì che il contenuto onirico somigli più al nucleo dei pensieri onirici e che il sogno rifletta esclusivamente una deformazione del desiderio onirico presente nell'inconscio. Ma la deformazione onirica ci è ormai nota; l'abbiamo messa in relazione con la censura che, nella vita del pensiero, un'istanza psichica esercita nei confronti di un'altra. Lo spostamento onirico è uno dei mezzi principali per ottenere questa deformazione. *Is fecit, cui profuit.* Possiamo ipotizzare che lo spostamento onirico si generi per influsso di quella censura, la difesa endopsichica.[170]

[170] Poiché il nucleo della mia teoria del sogno è costituito dalla deformazione onirica effettuata dalla censura, riporto qui l'ultima parte del racconto *Sogno come veglia* contenuto nel libro di Lynkeus, *Fantasie di un realista*, in cui ho ritrovato questa fondamentale caratteristica della mia teoria.
«Un uomo, che possiede questa singolare caratteristica di non sognare mai cose assurde...
"La tua straordinaria qualità di sognare nello stesso modo in cui vivi è una conseguenza delle tue virtù, della tua bontà e del tuo giusto modo di vivere, del tuo amore per la verità: è la serenità morale della tua natura che mi rende tutto comprensibile in te."
"Ma se ci rifletto bene – rispose l'altro – sono portato a credere che tutti gli uomini siano come me e che nessuno sogni mai delle cose assurde! Un sogno di cui ci si abbia un ricordo abbastanza chiaro per poterlo poi raccontare, un sogno che quindi non sia provocato dalla febbre, ha *sempre* senso, e non può essere diversamente! Le cose infatti che sono contraddittorie non potrebbero mai essere contenute in un tutto. Il fatto che vi sia spesso una confusione di tempo e di spazio non limita l'autentico contenuto del sogno, perché tempo e spazio non hanno sicuramente significato per il loro contenuto essenziale. Noi ci comportiamo molto spesso così anche da svegli. Basti pensare ai racconti di fiabe, a molte straordinarie e significative creazioni immaginarie, di cui nessun uomo intelligente potrebbe dire: è assurdo perché è impossibile!"
"Se soltanto fosse possibile interpretare sempre esattamente i sogni, come tu hai fatto con il mio!", disse l'amico. Non è di sicuro facile, ma basta che il sognatore presti un po' di attenzione per riuscirvi. Perché non ci si riesce la maggior parte delle volte? In voi, nei vostri sogni, sembra che ci sia qualcosa di nascosto, una sorta di particolare e più forte impudicizia, un certo mistero della vostra natura che è difficile da pensare. È per questo motivo che i vostri sogni sembrano così spesso senza senso, addirittura assurdi. Ma, nel profondo, non è così: non può anzi essere così, perché colui che veglia e colui che sogna è sempre lo stesso uomo.»
[Nota aggiunta nel 1909]

Sarà compito di indagini successive studiare in che modo i momenti dello spostamento s'innestino l'uno nell'altro, così come indagare la condensazione e la sovradeterminazione nella formazione del sogno e stabilire quale fattore si sovrappone agli altri e quale è destinato ad essere un fattore secondario. Per ora, come seconda condizione cui debbono sottostare gli elementi che giungono nel sogno, possiamo indicare il fatto che *essi siano sottratti alla censura della resistenza.* E perciò, d'ora innanzi, nell'interpretazione del sogno, considereremo lo spostamento un fatto incontrovertibile.

C. I mezzi di raffigurazione del sogno

Oltre ai due tempi della condensazione e dello spostamento onirico, di cui si è vista l'efficacia nella trasformazione del materiale ideativo latente in contenuto manifesto del sogno, nel corso dello studio registreremo altre due condizioni che influiscono innegabilmente sulla scelta del materiale accolto nel sogno. A rischio di imporre un'apparente battuta d'arresto al nostro cammino, vorrei comunque prendere per prima cosa in considerazione i processi che entrano in gioco nel corso dell'interpretazione del sogno. Non nego che la maniera più semplice per fare chiarezza su di loro e provarne l'attendibilità, di contro a possibili obiezioni, sarebbe quella di prendere a campione un singolo sogno, svilupparne l'interpretazione come ho fatto nel secondo capitolo con il sogno dell'iniezione a Irma, stabilire una connessione tra i pensieri onirici scoperti, e infine ricostruire in base ad essi la formazione del sogno, ovvero completare l'analisi del sogno con la sua sintesi. Ho svolto questo esercizio su diversi esempi, per mia erudizione personale; ma i risultati non possono trovare posto in questa sede, me lo impediscono numerose considerazioni – che qualsiasi persona di buonsenso accoglierebbe – circa il materiale psichico utilizzato. Nell'analisi dei sogni questi scrupoli avevano meno peso, perché l'analisi, quand'anche avanzasse solo per un breve tratto nel tessuto del sogno, poteva mantenere il proprio valore, benché incompleta. Per quanto riguarda la sintesi non posso fare a meno di osservare che, per risultare convincente, deve essere completa. Potrei giungere a una sintesi completa solo dei sogni fatti da persone sconosciute ai lettori. Ma, dal momento che i pazienti nevrotici sono gli unici a offrirmene gli strumenti, questa parte dell'esposizione del sogno dovrà essere rinviata ad altra sede, quando potrò approfondire la spiegazione psicologica delle nevrosi fino a individuare il collegamento con il nostro argomento.[171]

I miei tentativi di creare sinteticamente dei sogni a partire dai

[171] In seguito alla prima edizione di questa edizione di questo libro, ho fatto un'analisi e una sintesi di due sogni nel *Frammento di un'analisi d'isteria* (1905). [Nota aggiunta nel 1909]. La più completa interpretazione di un sogno piuttosto lungo in *Ein Traum, der sich selbst deutet*. [Parte aggiunta nel 1914]

pensieri del sogno stesso mi insegnano che il materiale ottenuto dall'interpretazione è di valore difforme. Una parte è data dai pensieri sostanziali del sogno, i quali pertanto sostituiscono perfettamente il sogno e basterebbero da soli a surrogarlo, laddove questa formazione non fosse influenzata dalla censura. All'altra parte siamo soliti riconoscere scarsa importanza. È considerata di poco valore anche l'affermazione secondo cui tutti questi pensieri avrebbero preso parte alla formazione del sogno: anzi, fra essi si possono incontrare pensieri incidentali che si riferiscono ad eventi successivi al sogno, accaduti fra il tempo del sogno e quello dell'interpretazione. Questa parte comprende tutte le vie di collegamento che conducono dal contenuto manifesto ai pensieri latenti del sogno, ma anche le associazioni che mediano e avvicinano, ovvero quelle che ci permettono, nel corso del lavoro di interpretazione, di pervenire alla conoscenza delle suddette vie di collegamento. Ora come ora ci concentriamo esclusivamente sui pensieri sostanziali del sogno, che il più delle volte si manifestano come un complesso di pensieri e di ricordi, associati in una struttura complicatissima, con tutte le caratteristiche proprie alle successioni di idee che sperimentiamo nella vita desta. Non di rado si tratta di sequenze di idee, che si irradiano da più centri, ma non ignorano punti di contatto tra loro; norma vuole che, nella maggior parte dei casi, al fianco di una sequenza di idee si colloca la sequenza opposta e contraria, collegata alla prima tramite un'associazione per contrasto.

Le singole parti di questa elaborata formazione intrattengono ovviamente molteplici rapporti logici tra loro. Costituiscono primo piano e sfondo, digressioni e chiarimenti, condizioni, dimostrazioni e obiezioni. Quando l'insieme di questi pensieri del sogno è soggetto alla pressione del lavoro onirico – per cui le singole parti vengono voltate, frammentate, affiancate, un po' come ghiaccio che galleggia – allora sorge la domanda: che fine fanno i legami logici, che avevano fino a questo momento formato la struttura? Come vengono raffigurati nel sogno i "se, perché, come se, benché, o – o" così come tutte le altre preposizioni, senza le quali non è possibile comprendere una frase e un discorso?

Va innanzitutto risposto che il sogno non ha a sua disposizione alcun mezzo per raffigurare le relazioni logiche esistenti fra i suoi pensieri. Esso trascura per lo più tutte queste proposizioni, e si assume soltanto l'elaborazione del contenuto oggettivo dei pensieri onirici. All'interpretazione del sogno rimane il compito di ristabilire i collegamenti che il lavoro onirico ha demolito.

Se questa capacità d'espressione viene meno nel sogno, ciò è dovuto al materiale psichico con cui esso è fabbricato. Vanno soggette a una limitazione analoga le arti figurative, pittura e scultura, nei confronti della poesia, che può avvalersi del discorso; anche in questo caso il motivo dell'incapacità sta nel materiale che le due arti elaborano per riuscire a esprimere qualcosa. Prima di giungere alla conoscenza delle proprie leggi espressive, la pittura si sforzava di compensare questo svantaggio. Ci sono alcuni quadri antichi in cui dalla bocca dei personaggi dipinti si facevano pendere biglietti sui quali era scritto il discorso che il pittore temeva di non riuscire a raffigurare nel quadro.

Si potrebbe obiettare, a questo punto, che il sogno non rinuncia a raffigurare relazioni logiche. Ci sono sogni, difatti, che mettono in moto operazioni mentali tra le più complicate, in cui si offrono spiegazioni, si contraddice, si scherza e si fanno confronti, come nel pensiero desto. Ma anche in questo caso, l'apparenza inganna. Quando si approfondisce l'interpretazione di questo genere di sogni, si scopre che tutto questo non testimonia *un lavoro intellettuale svolto nel sogno, ma è bensì materiale onirico.* L'apparente attività di pensiero svolta nel sogno riproduce il contenuto dei pensieri onirici, non *le loro relazioni reciproche*, nel cui legame consiste il pensare. Più avanti ne offrirò degli esempi. Si può invece notare con facilità come tutti i discorsi dei sogni, come tali esplicitamente definiti, sono riproduzioni invariate, o solo appena modificate, di discorsi rinvenibili anche tra i ricordi del materiale onirico. Spesso il discorso allude esclusivamente a un accadimento contenuto nei pensieri del sogno; il senso del sogno è completamente diverso.

Con ciò non voglio negare che anche un lavoro critico intellettuale, che non è mera ripetizione del materiale tratto dai pensieri onirici, ha un suo ruolo nella formazione del sogno. Mi riprometto, al termine di questo studio, di fare chiarezza sull'influenza di questo fattore. Si dimostrerà allora che a svolgere il lavoro intellettuale non sono i pensieri del sogno, bensì il sogno stesso, quando, per così dire, si è già concluso.

Per il momento, dunque, rimane il fatto che le relazioni logiche fra i pensieri onirici non trovano nel sogno una raffigurazione peculiare. Quando, per esempio, capita che nel sogno affiori una contraddizione, sarà una contraddizione rivolta contro il sogno, o una contraddizione attinta dal contenuto di uno dei pensieri onirici; la corrispondenza tra una contraddizione fra pensieri onirici e una contraddizione nel sogno si dà solo per vie estremamente indirette.

Così come, alla fine, la pittura è riuscita a dare quantomeno conto dell'intenzione linguistica dei personaggi raffigurati, della tenerezza, della minaccia, del rimprovero e così via, senza dover ricorrere a biglietti volanti, allo stesso modo, anche il sogno è in grado di rispettare alcune delle relazioni logiche che esistono fra i suoi pensieri, mediante un'opportuna modificazione della peculiare raffigurazione onirica. A questo riguardo, l'esperienza ci insegna che ogni sogno si comporta in modo diverso; alcuni ignorano del tutto la struttura logica del proprio materiale, altri cercano di riprodurla nel modo più esatto possibile. Il sogno, di conseguenza, si allontana ora più ora meno dal testo di cui dispone per l'elaborazione. Del resto, è altrettanto variabile il modo in cui esso si pone di fronte alla struttura temporale dei pensieri del sogno, qualora questa esista nell'inconscio (come per esempio nel sogno dell'iniezione a Irma).

Ma di quali mezzi si avvale il lavoro onirico per far luce sulle relazioni, difficilmente raffigurabili, presenti nel proprio materiale? Tenterò di elencarli uno ad uno.

Per prima cosa il sogno rende conto del nesso che innegabilmente si stabilisce fra tutti i brani dei pensieri onirici, compendiando questo materiale in un'unica situazione o accadimento. Il sogno riproduce un *nesso logico* come *simultaneità*; nel farlo opera come il pittore che, per il quadro della scuola di Atene o del Parnaso, ritrae uniti tutti i filosofi e poeti che non si sono mai dati convegno in una sala o sulla vetta di un monte, ma che in una prospettiva ideale costituiscono una comunità.

Il sogno applica questo metodo di raffigurazione anche ai particolari. Ogni volta che rappresenta due elementi uno accanto all'altro, dimostra che tra i loro corrispettivi nei pensieri onirici è dato un rapporto particolarmente stretto. Lo stesso si verifica nel nostro sistema di scrittura: *ab*, significa che le due lettere vanno pronunciate come una sillaba; *a b*, separate da uno spazio vuoto, fa sì che si distingua *a* come l'ultima lettera di una parola e *b* come la prima di un'altra. Pertanto, le combinazioni oniriche non si costruiscono a partire da componenti casuali, totalmente difformi, del materiale del sogno, ma da componenti che, anche nei pensieri del sogno, osservano un rapporto più intimo fra loro.

Per rappresentare i *rapporti causali*, il sogno ricorre a due metodi, sostanzialmente coincidenti. La rappresentazione più diffusa – quando i pensieri del sogno sono per esempio del tipo: «posto che le cose stavano così e così, doveva succedere questo e quello» – consiste nel porre la proposizione secondaria come sogno preliminare e aggiungere poi la proposizione principale come sogno principale. Se ho interpretato bene, la successione temporale può anche essere invertita. Alla proposizione principale corrisponde però sempre la parte più compiuta del sogno.

Un buon esempio di questo modo di rappresentare la causalità mi fu dato un giorno da una paziente, di cui più avanti riferirò per intero il sogno. Esso era composto da un breve prologo e da un brano onirico molto lungo, perfettamente centrato su un unico motivo e che si poteva riassumere sotto il titolo: «Ditelo con i fiori».

La seguente è la parte introduttiva: *Raggiunge le due domestiche in cucina e le riprende perché non hanno ancora finito il loro "povero pranzo"; al contempo, nota in cucina un gran numero di umili stoviglie, capovolte per farle scolare, e impilate una sopra l'altra. Le due domestiche vanno a prendere l'acqua, e per farlo devono scendere in una specie di fiume che scorre fino alla casa o al cortile.* Si prosegue poi con il sogno principale, che inizia così: *Scende dall'alto, camminando su ringhiere di foggia strana e si rallegra perché il vestito non le rimane impigliato, eccetera.*

Il sogno preliminare rimanda alla casa paterna della signora. Le parole dette in cucina le ha probabilmente sentite frequentemente dalla bocca della madre. Le pile di umili stoviglie vengono dal modesto negozio di chincaglierie che si trova nella casa. L'altra parte del sogno contiene un'allusione al padre, che aveva molto a cuore le domestiche finché, nel corso di un'inondazione – la casa sorgeva nei pressi di un fiume – si ammalò mortalmente. È dunque questo il pensiero che si nasconde dietro il sogno preliminare: «Dato che vengo da questa casa, da condizioni così misere e sconvenienti...». Il sogno principale riprende lo stesso pensiero e lo ripresenta in forma variata per opera dell'appagamento del desiderio: «Sono di nobili origini». In realtà, quindi: «Poiché sono di umili origini, la mia vita è andata così e così».

Da quanto ho potuto constatare, una divisione del sogno in due parti dissimili non comporta sempre e comunque un rapporto causale tra i pensieri delle due parti. Si ha spesso l'impressione che, nei due sogni, lo stesso materiale trovi raffigurazioni diverse a seconda dei punti di vista: è senz'altro il caso della sequenza di sogni fatti nella stessa notte, che termina con una polluzione e in cui il bisogno somatico acquista via via una fisionomia più chiara. Ma può anche darsi che i due sogni si generino da due diversi centri del materiale onirico, e che ciascuno incroci il contenuto dell'altro, di modo che ciò che in un sogno è il centro, si presenta nell'altro come allusione, e viceversa. Tuttavia vi sono alcuni sogni in cui la distinzione tra sogno preliminare, più breve, e sogno successivo, più lungo, presuppone a tutti gli effetti un rapporto di natura causale tra i due brani. L'altro modo di raffigurazione del rapporto causale ha come campo d'azione un materiale meno vasto e consiste nella trasformazione, durante il sogno, di un'immagine, sia di persona sia di oggetto, in un'altra. Solo quando assistiamo al compiersi di questa trasformazione nel sogno, possiamo attestare l'esistenza di un rapporto causale; non nei casi in cui osserviamo solo che a una cosa ne subentra un'altra. Come dicevo, i due metodi di raffigurazione del rapporto causale terminano allo stesso modo: in entrambi i casi, la causa è raffigurata da una successione, rispettivamente una sequenza di sogni, e la subitanea trasformazione di un'immagine in un'altra. Resta il fatto che, nella maggior parte dei casi, il rapporto causale non trova raffigurazione alcuna, ma si risolve nella successione degli elementi, ineliminabile anche nel processo onirico.

L'alternativa "o - o" non trova espressione nel sogno; i termini vi trovano solitamente posto sotto forma di nesso, come se fossero equivalenti. Il sogno dell'iniezione a Irma presenta un esempio classico di questo procedimento. Nei pensieri latenti del sogno si dice apertamente: «Non sono io il responsabile del protrarsi dei dolori di Irma; la colpa è da imputare o al suo rifiuto ad accettare la soluzione, o al fatto che vive in condizioni sessuali sfavorevoli, situazione che non è in mio potere cambiare, o al fatto che i suoi dolori non sono di natura isterica, ma organica». Il sogno però svolge tutte queste possibilità, che quasi si escludono a vicenda, e non si astiene dall'aggiungerne una quarta, che deriva dal desiderio del sogno. In seguito, dopo l'interpretazione, ho applicato l'alternativa "o - o" al contesto dei pensieri del sogno.

Inserendola però nel punto in cui il narratore, al momento della riproduzione del sogno, ricorrerebbe volentieri a un "o - o": era un giardino o un salotto, e così via, nei pensieri del sogno non c'è un'alternativa, bensì un "e", un semplice accostamento. Con "o-o" ci si riferisce perlopiù a un aspetto confuso, che può essere ancora chiarito, di un elemento del sogno. In questo caso la regola interpretativa è la seguente: i singoli termini dell'alternativa apparente devono essere equiparati e collegati con una "e".

Ad esempio, dopo aver atteso piuttosto a lungo, inutilmente, di conoscere l'indirizzo del mio amico che soggiorna in Italia, sogno di ricevere un telegramma che mi comunica questo indirizzo. Lo vedo stampato in blu sulle strisce di carta del telegramma; la prima parola è sbiadita, forse «via Secerno» (la seconda parola è leggibile) oppure «villa Secerno» o addirittura «(casa) Secerno». La seconda parola, che riproduce il suono di nomi italiani e mi riporta alla memoria le nostre conversazioni etimologiche, esprime anche il mio disappunto per il fatto che egli mi abbia tenuto *segreto* per tanto tempo il suo indirizzo; ma in ogni elemento della terna proposta per la prima parola si può riconoscere, all'analisi, un punto di partenza indipendente ed equivalente della concatenazione ideativa.

La notte prima del funerale di mio padre sognai una tabella a stampa, un manifesto o un affisso – pressappoco come i cartelli: «Vietato fumare» nelle sale d'aspetto delle stazioni – su cui si leggeva: «Si prega di chiudere gli occhi», oppure «Si prega di chiudere un occhio», alternativa che sono solito riprodurre nella forma seguente: «Si prega di chiudere gli/un occhi/o».

Ciascuna delle due versioni ha un suo significato particolare e nell'interpretazione del sogno conduce a vie particolari. Avevo scelto il rito più semplice, perché sapevo cosa il morto pensava di tali manifestazioni; ma altri membri della famiglia non concordavano con questa puritana semplicità; credevano che non avremmo potuto fare a meno di vergognarci di fronte alle altre persone che prendevano parte al rito. Pertanto una versione del sogno chiede di «chiudere un occhio», ovverosia di essere accondiscendente. In questo caso, il significato dell'incertezza che abbiamo definito "o - o" è particolarmente semplice da capire. Il lavoro onirico non è riuscito a produrre né un testo unitario dei pensieri del sogno, né un testo tale da dimostrarsi successivamente ambiguo. Pertanto già nel contenuto del sogno i due gruppi ideativi principali si distinguono l'uno dall'altro. In alcuni casi la suddivisione del sogno in due brani di estensione equivalente esprime un'alternativa difficilmente raffigurabile.

Sorprende molto il comportamento del sogno di fronte alla categoria di *contrasto* e di *contraddizione* che, semplicemente, non viene presa in considerazione, il "no" sembra non esistere per il sogno. I contrasti vengono in preferenza ricondotti a unità o rappresentati congiunti. Per di più il sogno non rifugge dal rappresentare un qualsiasi elemento con il suo desiderio contrario, cosicché, di fronte a un elemento che ammette un proprio contrario, non sappiamo dire in prima battuta se fa parte dei pensieri del sogno in senso positivo o negativo[172]. In uno dei sogni riferiti poc'anzi, del quale abbiamo già interpretato il brano preliminare («poiché sono di umili origini»), la sognatrice cammina lungo una ringhiera con un ramo fiorito in mano. Considerando che associa questa immagine al modo in cui, nei quadri dell'Annunciazione (lei stessa si chiama Maria), l'angelo tiene un giglio in mano, e alle bambine vestite di bianco che seguono la processione del Corpus Domini, lungo strade adorne di rami verdi, il ramo fiorito del sogno allude senza dubbio all'innocenza sessuale. Il ramo però è tutto punteggiato di fiori rossi, simili ad altrettante camelie. Giunto al termine del suo cammino – si dice ancora nel sogno – buona parte dei fiori è caduta; seguono quindi chiare allusioni al ciclo mestruale. Allo stesso modo, il ramo portato come un giglio da una fanciulla innocente è al contempo un'allusione alla *Signora delle camelie* che, come si sa, portava sempre una camelia bianca, tranne nel periodo mestruale, durante il quale portava una camelia rossa. Lo stesso ramo fiorito («il fiore della fanciulla», nelle canzoni della *Mugnaia* di Goethe) rappresenta l'innocenza sessuale così come

[172] Da un'opera di K. Abel *Der Gegensinnder Urworte*, 1884, ho scoperto una cosa sorprendente, che è stato confermata anche da altri filologi: le lingue più antiche da questo punto di vista si comportano esattamente come il sogno. All'inizio esse hanno soltanto una parola per i due termini opposti di una serie di qualità o di attività (forte-debole, vecchio-giovane, lontano-vicino, legare-dividere) e solo in un secondo momento costruiscono i termini speciali per indicare i contrari, grazie a lievi modificazioni della parola originaria comune. Abel fa notare che questo comportamento è tipico della lingua egizia, ma segnala che si possono trovare chiare tracce di tale evoluzione anche nelle lingue semitiche e indogermaniche. [Nota aggiunta nel 1914]

il suo contrario. E il sogno, che esprime la gioia di essere riuscita ad attraversare immacolata la vita, fa trapelare in alcuni passaggi (come quello della caduta dei fiori) la serie di pensieri opposta, vale a dire il fatto di aver ripetutamente peccato contro la purezza sessuale (e per l'esattezza nell'infanzia). Nell'analisi del sogno possiamo distinguere chiaramente le due sequenze ideative, una delle quali, quella consolatrice, sembra stratificata in superficie, l'altra, quella accusatrice, più in profondità; sembrano contraddirsi quando invece i loro elementi, simili ma contrari, sono stati raffigurati nel sogno dagli stessi elementi.

Tra le relazioni logiche, una sola trae uno straordinario vantaggio dal meccanismo di formazione del sogno. Si tratta del rapporto di somiglianza, di concordanza, di coincidenza, il "come se", che a differenza di tutti gli altri rapporti può essere raffigurato nel sogno tramite molteplici mezzi.[173] Le sovrapposizioni o i casi di "come se", presenti nel materiale onirico, sono in realtà i primi capisaldi della formazione del sogno, e una notevole parte del lavoro onirico consiste nel creare nuove sovrapposizioni di questo tipo, qualora quelle esistenti non riescano ad accedere al sogno a causa della censura di resistenza. Con la sua tendenza alla condensazione, il lavoro onirico facilita la raffigurazione di questo rapporto di somiglianza. *Somiglianza*, *concordanza*, *coincidenza* sono raffigurate dal sogno, di norma, per concentrazione in un'unità che è già presente nel materiale onirico, oppure viene creata ex novo. Il primo caso può essere definito "*identificazione*", il secondo "*formazione mista*". L'identificazione opera nel caso di persone; la formazione mista nel caso in cui il materiale della mescolanza sia composto da oggetti, sebbene esistano anche formazioni miste di persone. Spesso le località subiscono lo stesso trattamento delle persone. L'identificazione consiste nel fatto che soltanto una delle persone collegate da un elemento comune emerge nella raffigurazione del contenuto onirico, mentre la seconda o le altre persone risultano represse per il sogno. Ma la persona che riveste la funzione di copertura agisce nel sogno in tutti quei rapporti e quelle situazioni che dipendono, oltre che da essa, dalle persone che essa cela. Qua-

[127] Si veda l'osservazione di Aristotele sull'abitudine di interpretare i sogni. [Nota aggiunta nel 1914]

lora la formazione mista comprenda anche persone, nell'immagine del sogno sono già presenti tratti peculiari – ma non comuni – di quelle persone, di modo che l'unione di questi tratti sembra determinare una nuova unità, una persona mista. Questa mescolanza può essere prodotta in modi diversi. O la persona del sogno ha il nome di una delle persone a essa correlate – e allora sappiamo, esattamente come sappiamo nella veglia, che si tratta di questa o quella persona – mentre i tratti visivi appartengono all'altra persona; oppure l'immagine del sogno si compone di tratti visivi, che in realtà appartengono a entrambe. Oltre che dai tratti visivi, la presenza della seconda persona può essere raffigurata anche tramite gesti che le vengono attribuiti, tramite parole che le si fanno dire o tramite la situazione in cui la si pone. In quest'ultimo tipo di caratterizzazione, prende a sfumare la netta distinzione tra identificazione e formazione di persona mista. Ma può capitare anche che la formazione di questa persona mista non riesca. In questo caso la scena del sogno viene riferita a una persona mentre l'altra, che di solito ha un ruolo di maggiore importanza, la affianca come mero spettatore della scena, che osserva sovente senza molto interesse. Il sognatore, ad esempio, può dire: «C'era anche mia madre» (Stekel). Questo elemento del contenuto onirico può essere quindi paragonato a un segno determinativo della scrittura geroglifica, che non ha il suo scopo nell'essere pronunciato ma nella spiegazione di un altro segno.

L'elemento comune che giustifica, ovvero che rende possibile, l'unione delle due persone, può trovare una raffigurazione nel sogno oppure mancare. Di norma, l'identificazione o la formazione di persona mista ha per l'appunto la funzione di fare in modo che questo elemento comune non venga raffigurato. Invece di ripetere A mi è ostile come mi è ostile B, traggo in sogno da A e B una persona mista, oppure mi rappresento A intento a un'azione diversa, che ai nostri occhi caratterizza B. La persona, così creata mi viene incontro nel sogno in qualche nuova connessione e poiché rappresenta sia A sia B, mi sento poi autorizzato a inserire nel punto corrispondente dell'interpretazione l'elemento comune a entrambe, ovvero l'atteggiamento ostile nei miei confronti. Ottengo così, in un gran numero di casi, una condensazione assolutamente eccezionale per il contenuto onirico; posso fare a meno di ricorrere alla raffigurazione diretta di rapporti molto complessi che risalgono a una persona, quando il posto di questa è occupato da un'altra, cui possono essere parzialmente riferiti gli stessi rapporti. Non è difficile comprendere quanto questa raffigurazione per identificazione possa servire anche a evitare la censura di resistenza, che impone condizioni così dure al lavoro del sogno. Il punto da cui prende avvio la censura può trovarsi nelle stesse rappresentazioni che nel materiale sono collegate con quella specifica persona; mi avvalgo poi di una seconda persona, a sua volta relazionata al materiale cui la censura si oppone, sebbene solo con una parte di esso. Il contatto in quel punto, soggetto alla censura, mi consente quindi di dare vita a una persona mista, che riassume in sé tratti caratteristici indifferenti di entrambe le parti. Questa persona mista o persona di identificazione, evadendo la censura, può così trovare spazio nel contenuto del sogno, mentre la condensazione onirica soddisfa le esigenze della censura onirica.

Quando nel sogno è raffigurato anche un elemento comune alle due persone, si tratta in genere di un'indicazione a ricercare un altro elemento comune implicito, la cui raffigurazione è impedita dalla censura. In questo caso si è verificato, in certo modo a favore della raffigurabilità, uno spostamento che interessa l'elemento comune. Dal fatto che la persona mista è individuata nel sogno come contraddistinta da un elemento comune indifferente, giungo alla conclusione che nei pensieri del sogno esiste un altro elemento comune, affatto indifferente.

Pertanto, l'identificazione o la formazione di persona mista svolge nel sogno molteplici funzioni: in primo luogo, serve alla raffigurazione di un elemento comune a entrambe le persone, in secondo luogo, alla raffigurazione di una corrispondenza *spostata*, in terzo luogo, infine, alla manifestazione di una corrispondenza solo *desiderata*. Dal momento che desiderare una corrispondenza fra due persone corrisponde spesso a uno *scambio* delle stesse, anche questa relazione viene indicata nel sogno tramite un'identificazione. Nel sogno dell'iniezione a Irma, desidero scambiare questa paziente con un'altra, desidero dunque che l'altra sia una mia paziente, come lo è Irma; il sogno registra questo desiderio, ponendomi di fronte una persona che si chiama Irma, visitata in una posizione in cui ho potuto vedere solo l'altra. Nel sogno dello zio, il sogno ruota intorno a questo scambio; io mi identifico con il ministro, in quanto tratto e giudico i miei colleghi non meglio di quanto faccia lui. Non ho trovato sinora alcuna eccezione al dato esperenziale che mostra come ogni sogno riguardi la persona che sogna. I sogni sono assolutamente egoistici.[174] Quando nel contenuto onirico non appare il mio io ma solo una persona estranea, posso tranquillamente ipotizzare che il mio io si nasconda per identificazione dietro quella persona. Posso sovrapporle il mio io. In altri casi, quando il mio io appare nel sogno, il contesto in cui agisce mi dice che dietro l'io si nasconde per identificazione un'altra persona. Quando questo accade, il sogno dovrebbe indurmi a riportare a me, al momento dell'interpretazione, quale attribuito all'altra persona, l'elemento comune celato. Ci sono poi sogni nei quali il mio io appare accompagnato da altre persone che, una volta scoperta l'identificazione, si dimostrano ancora una volta come il mio io. Sfruttando queste identificazioni, dovrò allora collegare al mio io determinate rappresentazioni che la censura si è rifiutata di ammettere. Nel sogno il mio io può dunque trovare diverse raffigurazioni, ora dirette, ora realizzate tramite l'identificazione con persone estranee. Avvalendosi di un cospicuo numero di identificazioni di questo genere, è possibile condensare un materiale ideativo straordinariamente ricco.[175] Il fatto che nel sogno il proprio io appaia più volte o sotto raffigurazioni distinte, non è tutto sommato più sorprendente del fatto che esso, nel pensiero cosciente, sia contenuto più volte e in punti diversi, o secondo diversi rapporti, come, per esempio, nella frase: «se penso a che bambino sano ero io». Più manifesto ancora del caso di persone è la soluzione delle identificazioni di località definite con nomi propri, perché qui viene meno la perturbazione dovuta al predominio dell'io nel sogno. In uno dei miei sogni romani il luogo in cui mi trovo si chiama Roma; mi sorprende però vedere una grande quantità di manifesti tedeschi appesi a un angolo di strada. Si tratta dell'appagamento di un desiderio, cui ricollego immediatamente la città di Praga; il desiderio può trarre origine da una fase nazional-tedesca, oggi conclusa, della mia giovinezza. Nel periodo in cui feci il sogno, avevo in programma di incontrarmi a Praga con il mio amico; l'identificazione di Roma e Praga rimanda pertanto a una corrispondenza

[174] Si veda l'osservazione fatta alla nota 65 cap. 5. [Nota aggiunta nel 1925]

[175] Quando non so esattamente dietro quale delle persone che appaiono nel sogno io debba cercare il mio Io, seguo la regola seguente: la persona che nel sogno è oggetto dell'affetto che io provo dormendo è la persona dietro cui si cela il mio Io.

desiderata; preferirei incontrare il mio amico a Roma, invece che a Praga; preferirei, per quest'incontro, scambiare Praga con Roma.

La possibilità di dar vita a formazioni miste è il primo dei tratti che così frequentemente danno ai sogni una fisionomia fantastica, giacché per tramite loro trovano una via di accesso al contenuto onirico elementi che non sono mai stati oggetto di percezione. Il processo psichico che opera nella formazione mista, durante il sogno, è in tutto e per tutto uguale all'atto di immaginare o raffigurarsi, nella vita desta, un centauro o un drago. L'unica differenza è la seguente: nella produzione fantastica della vita desta, a dar adito alla neoformazione è l'impressione che essa si ripropone di suscitare; a determinare la formazione mista del sogno, invece, è un elemento esterno alla struttura che presiede alla formazione: è, cioè, l'elemento comune presente nei pensieri del sogno. La formazione mista del sogno può realizzarsi in modi diversi. Nel caso più semplice, si riproducono solamente le proprietà di un oggetto, e a questa riproduzione si accompagna la consapevolezza che essa riguarda anche un altro oggetto. Una modalità più articolata condensa i tratti dell'uno e dell'altro oggetto in un'immagine nuova, sfruttando con abilità eventuali somiglianze presenti nella realtà fra i due oggetti. La nuova formazione può risultare completamente assurda, o una pura creazione della fantasia, a seconda della natura del materiale e della bizzarria della composizione. Se gli oggetti da riunire in un'unità sono completamente difformi tra loro, il lavoro onirico si accontenta il più delle volte di produrre una formazione mista provvista di un nucleo più chiaro, al quale si sovrappongono determinazioni meno chiare. Quando ciò accade, non si può dire che la condensazione in un'immagine unica sia del tutto riuscita; le due raffigurazioni si sovrappongono l'una all'altra e producono una sorta di competizione fra le rispettive immagini visive. Volendo rappresentare la formazione di un concetto a partire da immagini percettive individuali, si potrebbe giungere a raffigurazioni simili a quelle di un disegno. I sogni, ovviamente, abbondano di formazioni miste di questo tipo. Ne ho già fornito qualche esempio nei sogni analizzati sin qui; ora ne aggiungerò qualche altro. Nel sogno che descrive "con i fiori" il corso della vita della paziente, l'io onirico reca in mano un ramo fiorito che, come s'è visto, rappresenta al contempo l'innocenza e la peccaminosità sessuale. La disposizione dei fiori sul ramo, inoltre, ricorda quella dei fiori di *ciliegio*; i fiori, presi singolarmente, sono *came-*

lie, ragion per cui l'insieme assume anche l'aspetto di una pianta esotica. Il tratto che accomuna gli elementi di questa formazione mista è messo in luce dai pensieri del sogno. Il ramo fiorito allude a regali, che dovevano, o avrebbero dovuto, convincerla a mostrarsi compiacente. Nell'infanzia le ciliegie, successivamente una pianta di camelie; l'esotico è un'allusione a un naturalista, grande viaggiatore, che aveva cercato di sedurla con un disegno floreale. Un'altra paziente produce in sogno un'immagine che sta a metà fra una *cabina balneare*, un *bagno di campagna* e la *soffitta* di una casa di città. Il tratto comune ai primi due elementi è l'allusione alla nudità umana e al fatto di spogliarsi; l'intervento del terzo elemento lascia intuire che (nella sua infanzia) anche la soffitta era teatro di denudamento. Un sognatore crea una località mista, composta da due località di "cura", il mio studio e il locale pubblico in cui aveva conosciuto sua moglie. Una ragazza, dopo che il fratello maggiore le ha promesso del caviale in dono, sogna che le gambe di lui sono *cosparse di piccoli granuli neri di caviale*. Il *contagio* inteso in senso morale e il ricordo di un'eruzione cutanea risalente all'infanzia, in seguito alla quale si vide le gambe ricoperte di puntini rossi anziché *neri*, si sono fusi qui con i *granuli del caviale* in una nuova idea di "*ciò che ha ricevuto da suo fratello*". In questo sogno, parti del corpo umano vengono trattate come oggetti, cosa che d'altronde si ripete in altri casi. In un sogno riferito da Ferenczi[176] c'era un'immagine mista composta dalla figura di un *medico* e da quella di un *cavallo*, che indossava, per di più, una camicia da notte. L'elemento comune di queste tre raffigurazioni emerse dall'analisi, dopo che la *camicia da notte* fu ricondotta a un episodio dell'infanzia che aveva per protagonista il padre della sognatrice. In tutti e tre i casi si trattava di oggetti della sua curiosità sessuale. La bambinaia la portava spesso alle scuderie militari, dove la piccola poteva ampiamente soddisfare la sua curiosità, a quell'epoca non ancora inibita.

Ho affermato poco fa che il sogno non ha alcun mezzo per esprimere la relazione della contraddizione, del contrasto, il "no". Intendo ora, per la prima volta, confutare quest'affermazione. Un certo numero di casi che si possono classificare sotto l'indice del

[176] S. Ferenczi, in "Psychiatr. neurol. Woschr.", vol. 12, nn. 12-13, 1910. [Nota aggiunta nel 1911]

"contrasto" viene raffigurata tramite un mero processo di identificazione, come quando – l'abbiamo visto poc'anzi – la contrapposizione si può ricondurre a uno scambio, a una sostituzione. Ne abbiamo offerto molteplici esempi. Un'altra parte dei contrasti esistenti nei pensieri del sogno, riassumibile approssimativamente sotto la categoria "viceversa, al contrario", trova la propria raffigurazione all'interno del sogno secondo modalità inconsuete, che si potrebbero quasi definire umoristiche. Il "viceversa" non compare apertamente nel contenuto del sogno, ma manifesta la sua presenza all'interno del materiale onirico tramite *l'inversione*, per così dire a posteriori, di un brano del contenuto onirico già formato, e che, per altri motivi, risulta attiguo. È più semplice esemplificare che descrivere questa dinamica. Nel bel sogno del "sopra e sotto" la rappresentazione onirica dell'atto di salire è invertita rispetto al modello dei pensieri del sogno, ovvero rispetto alla scena preliminare della *Saffo* di Daudet; nel sogno, all'inizio è faticoso e in seguito agevole, mentre nel romanzo, all'inizio salire è agevole e poi diviene sempre più faticoso. Anche il "sopra" e il "sotto", riferito al fratello, è rappresentato nel sogno in modo invertito. Ciò sta a indicare una relazione di inversione o contrasto esistente fra due brani del materiale nei pensieri del sogno, la cui origine si è rintracciata nel fatto che, nella fantasia infantile, il sognatore viene portato in braccio dalla bambinaia, mentre nel romanzo, per converso, è l'eroe a portare l'amante. Anche il mio sogno dell'attacco di Goethe contro il signor M. presenta un "viceversa" analogo, che deve essere capovolto prima di poter accedere all'interpretazione del sogno. In questo sogno, Goethe ha attaccato un giovane, il signor M.; nella realtà dei pensieri del sogno, un uomo influente, un mio amico, ha subito un attacco da un giovane studioso anonimo. Nel sogno io conto a partire dalla data di morte di Goethe; nella realtà, il conto prendeva le mosse dalla data di nascita del paralitico. Nel materiale del sogno, il pensiero centrale consiste nell'opposizione al fatto che Goethe venga trattato come fosse un pazzo. Al contrario, il sogno dice: se non capisci il libro, l'idiota sei tu, non l'autore. In tutti questi sogni di inversione, mi sembra di cogliere inoltre un rimando alla formula dispregiativa: «mostrare il *didietro* a qualcuno» (l'inversione, in riferimento al fratello, presente nel sogno di Saffo). Stupisce poi la frequenza con cui si fa ricorso all'inversione nei sogni ispirati a impulsi omosessuali rimossi. L'inversione, la mutazione nel contrario, è d'altra parte uno degli strumenti di rappresentazioni preferiti e di più ampia applicazione del lavoro onirico. Essa si ripropone innanzitutto di riconoscere l'appagamento di desiderio contro un determinato elemento dei pensieri del sogno. "Se solo fosse successo l'esatto contrario!" è di frequente la migliore espressione della reazione dell'Io di fronte a un penoso frammento di ricordo. Ma l'inversione si dimostra eccezionalmente preziosa per la censura, poiché costringe il materiale soggetto a raffigurazione a un tale livello di deformazione da impedire addirittura, in un primo tempo, la comprensione del sogno. Pertanto, quando un sogno si ostina a rigettare il proprio significato, si può sempre tentare di invertire singoli brani del suo contenuto manifesto, e, fatto ciò, accade sovente che ogni cosa risulti immediatamente chiara. Oltre all'inversione del contenuto, non bisogna dimenticare l'inversione temporale. Un processo alquanto diffuso della deformazione onirica consiste nel raffigurare all'inizio del sogno l'esito della vicenda o la conclusione della sequenza ideativa, e nello spostare alla fine le premesse della conclusione o le cause da cui traggono origine i fatti. Se non si tiene a mente questa tecnica della deformazione onirica, ci si può trovare disorientati davanti al compito dell'interpretazione.[177] In alcuni casi, anzi, si estrae il significato del sogno solo dopo aver effettuato ripetute inversioni di molteplici rapporti nel contenuto onirico. È il caso, ad esempio, del sogno di un giovane affetto da nevrosi ossessiva, per il quale il ricordo del suo infantile desiderio di morte nei confronti del padre

[177] Questa stessa modalità dell'inversione temporale ricorre talvolta nell'accesso isterico, che la sfrutta per nascondere allo spettatore il suo significato. Ad esempio, una ragazza isterica deve rappresentare in un accesso un romanzetto, oggetto di fantasia nell'inconscio in seguito a un incontro in stazione. Immagina che l'uomo in questione, attratto dalla bellezza del suo piede, le rivolga la parola, mentre lei sta leggendo, e che poi lei lo segua e viva con lui una tumultuosa scena d'amore. Il suo accesso prende avvio dalla rappresentazione di questa scena d'amore, mediante contrazioni corporee (movimenti delle labbra per i baci, braccia incrociate a significare l'abbraccio), poi corre in un'altra stanza, si siede su una sedia, solleva il vestito per mostrare il piede, fa atto di leggere un libro e mi rivolge la parola (mi risponde). Si confronti a tal rigurado l'osservazione di Artemidoro, *Spiegazione dei sogni*, ib. 1, cap. 9: «Nell'interpretazione delle storie dei sogni, bisogna considerarle una volta dal principio alla fine, un'altra volta dalla fine al principio». [Parte aggiunta nel 1914]

temuto si nasconde dietro la frase seguente: *suo padre lo riprende perché rincasa tardi.* Il contesto del trattamento psicoanalitico e i pensieri complementari del sognatore segnalano invece che, in prima istanza, il testo deve essere questo: *è arrabbiato con suo padre* e, secondo poi, ritiene che suo padre rincasi *troppo presto.* Avrebbe preferito che il padre non tornasse affatto a casa, cosa che coincide con il desiderio di morte nei confronti del padre. Infatti, quando era piccolo, in occasione di una prolungata assenza del padre da casa, egli era stato responsabile di un'aggressione sessuale ed era stato ammonito con la minaccia: "aspetta che torni tuo padre!".

Volendo approfondire ancor più le relazioni tra contenuto e pensieri del sogno, conviene ora soffermarsi sul sogno in sé e domandarsi che cosa esprimano, rispetto ai pensieri del sogno, alcuni dati formali della rappresentazione onirica. A questi dati formali, che non possono fare a meno di colpirci in sogno, si devono innanzitutto i diversi gradi d'intensità sensoriale che contraddistinguono le singole figurazioni oniriche e il maggiore o minore livello di chiarezza fra singoli brani di sogno o fra sogni interi messi a paragone. Le differenze di intensità delle singole figurazioni oniriche comprendono tutta una gamma di sfumature, a partire da una nitidezza espressiva che, per quanto immotivatamente, siamo tentati di giudicare maggiore rispetto a quella reale, fino a una fastidiosa confusione che consideriamo propria del sogno, poiché, a ben vedere, non può essere pienamente assimilata a nessuno dei gradi d'imprecisione che capita di avvertire negli oggetti reali. Inoltre siamo soliti definire l'impressione che ricaviamo da un oggetto onirico confuso in termini di "fugacità", mentre riteniamo che le immagini oniriche più distinte siano quelle più a lungo rimaste nel campo della percezione. Ci domandiamo ora quali condizioni nel materiale del sogno creino queste difformità nella nitidezza dei singoli brani del contenuto onirico. È d'obbligo, innanzitutto, rifiutare alcune inevitabili ipotesi. Poiché dal materiale onirico non sono escluse le sensazioni reali che sopravvengono durante il sonno, è facile supporre che tali sensazioni, o gli elementi che ne scaturiscono, abbiano particolare risalto in fatto di intensità all'interno del contenuto del sogno o, per converso, che ciò che nel sogno appare più nitido possa dipendere da queste sensazioni reali insorte durante il sonno. Tuttavia non è mai accaduto, nell'arco di tutta la mia esperienza, di trovare conferma a questa ipotesi. È corretto affermare che gli elementi del sogno che dipendono da impressioni reali manifestatesi durante il sonno (stimoli nervosi) abbiano un'intensità che li differenzia dagli elementi che derivano da ricordi. Nell'identificazione dell'intensità delle immagini oniriche, il momento della realtà viene meno. Ancora, si potrebbe accogliere l'ipotesi secondo cui l'intensità (vivacità) sensoriale delle singole immagini del sogno sia da ricollegare all'intensità psichica degli elementi che a esse corrispondono nei pensieri del sogno. In questi ultimi, intensità e valore psichico sono coincidenti; non c'è dubbio che gli elementi più intensi siano i più importanti, quelli che stanno al centro dei pensieri del sogno. Ora, sappiamo però che a causa della censura questi elementi sono proprio quelli che rimangono per la maggior parte esclusi dal contenuto del sogno. È possibile tuttavia che i loro prodotti più immediati, i prodotti che li rappresentano, ottengano nel sogno un grado di intensità maggiore, senza per questo porsi al centro della rappresentazione onirica. Ma anche questa ipotesi non regge se si mettono a paragone sogno e materiale del sogno. L'intensità degli elementi del primo non ha nulla a che fare con l'intensità degli elementi del secondo; in effetti, fra materiale del sogno e sogno si assiste a una completa «*trasmutazione di tutti i valori psichici*». Proprio in un elemento del sogno accennato solo di sfuggita, offuscato da immagini più potenti, è spesso possibile ravvisare il solo prodotto diretto di ciò che era preponderante nei pensieri del sogno. L'intensità degli elementi del sogno risulta determinata in un altro modo, e precisamente attraverso due momenti indipendenti l'uno dall'altro. In primo luogo, è chiaro come nella raffigurazione siano dotati di singolare intensità gli elementi che servono ad esprimere l'appagamento di desiderio. Ma procedendo, l'analisi mostra come gli elementi più intensi del sogno diano origine alla maggior parte delle sequenze ideative, e come gli elementi più intensi siano allo stesso tempo quelli determinati con maggior precisione. Il senso non cambia se esprimiamo questo enunciato, desunto per via empirica, nella forma seguente: sono contraddistinti dalla massima intensità quegli elementi del sogno prodotti facendo ricorso al più denso *lavoro di condensazione*. Ne consegue dunque che questa condizione, e quella che presiede all'appagamento di desiderio, possano essere espresse anche in una formula unica.

Non vorrei che la questione appena esaminata, ovvero i motivi alla base della maggiore o minore forza o chiarezza delle componenti del sogno, venisse confusa con un altro problema: la diversa chiarezza di interi sogni o di parti di essi. In un caso, infatti, chiaro si intende come opposto di vago, nell'altro di confuso. Del resto, che l'aumentare e il diminuire della qualità rientri in maniera congiunta in entrambe le scale è un fatto innegabile. Quella parte del sogno che definiamo "chiara" generalmente comprende componenti intense; quando invece definiamo un sogno "non chiaro" ci riferiamo a un sogno le cui componenti sono poco intense. Eppure la questione della gradazione qualitativa dall'apparentemente chiaro fino all'indistinto-confuso è assai più complicata rispetto al problema delle variazioni di vivacità delle componenti oniriche; ma non affronteremo qui questo punto, per ragioni che vedremo meglio in seguito. Sorprendentemente, alcuni casi lasciano intendere che il sogno genera un'impressione di chiaro o di indistinto priva di ogni significato per la sua struttura, ma che deriva piuttosto dal suo materiale onirico e costituisce uno dei suoi elementi. Ricordo infatti un sogno che, al momento del risveglio, mi parve straordinariamente ben strutturato, chiaro e senza vuoti, al punto che, ancora mezzo addormentato, arrivai a ipotizzare un'ulteriore tipologia di sogni, non soggetti al processo della condensazione e dello spostamento ma definibili "fantasie durante il sonno". Un'analisi più approfondita ha segnalato, in questo raro tipo di sogno, le stesse fratture e gli stessi stacchi di qualunque altro; per questo di nuovo abbandonai l'ipotesi della tipologia delle fantasie oniriche.[178] In sintesi, il contenuto del sogno era il seguente: dopo lunghi studi, esponevo al mio amico una complessa teoria sulla bisessualità, che la forza appagatrice del sogno (pur non essendo comunicata nel sogno) rendeva chiara e senza lacune. Quanto avevo creduto un giudizio sul sogno completo era un brano, esattamente quello essenziale, del contenuto onirico. In questa circostanza, il lavoro sul sogno violò i primi pensieri della veglia, trasmettendomi quel brano del materiale, la cui esatta raffigurazione era venuta meno in sogno, come *giudizio* sul sogno stesso. Un caso uguale e opposto mi fornì una volta una paziente che all'inizio si rifiutava persino di comunicare un sogno che era parte dell'analisi "perché così indistinto, così confuso", e che alla fine, pur ripetendo di non essere sicura di quanto diceva, raccontò che nel sogno c'erano

[178] Oggi non so se a ragione. [Nota aggiunta nel 1930]

diverse persone, tra cui lei, suo marito e suo padre, ed era come se non sapesse se suo marito fosse suo padre o chi fosse in realtà suo padre o qualcosa del genere. Il caso, piuttosto banale, apparve chiaro dalla combinazione di questo sogno con le sue associazioni nel corso della seduta quale quello di una cameriera costretta a confessare di aspettare un bambino e a cui ora si avanzano dubbi su "chi sia il vero padre (del bambino)".[179]

La mancanza di chiarezza del sogno, ancora una volta, era pertanto un brano estratto dal materiale che aveva generato il sogno. Uno di questi brani era stato rappresentato in *forma* onirica. *Questa viene utilizzata con assiduità persino inattesa per rappresentare il contenuto nascosto.*

Considerazioni apparentemente innocue sul sogno di solito valgono a celare nel modo più raffinato una parte di quanto si è sognato, mentre in realtà la svelano. Ad esempio, se un sognatore dice: «qui il sogno è *cancellato*» e dall'analisi emerge una reminiscenza infantile dello spiare una persona che si pulisce dopo aver defecato. O si consideri quest'altro caso, che merita d'essere riferito per esteso: un giovane ha un sogno molto chiaro che gli richiama alcune fantasie adolescenziali rimaste coscienti: una sera, durante la villeggiatura in un albergo, sbaglia camera e si ritrova in una stanza dove una signora piuttosto anziana e le sue due figlie si stanno spogliando per andare a dormire. Il sognatore aggiunge: «*Poi c'è un vuoto nel sogno... qui manca qualcosa*, e alla fine nella stanza c'era un uomo che voleva buttarmi fuori e con cui fui costretto a fare a botte». Cerca invano di ricordare il contenuto e l'intenzione di quella fantasia giovanile a cui il sogno con ogni evidenza allude. Ma alla fine emerge che il contenuto rimosso è già dato dall'espressione di cui si serve per il punto indistinto del sogno. I "vuoti" sono gli orifizi genitali delle donne che stanno per coricarsi; "qui manca qualcosa" descrive la caratteristica peculiare dell'organo genitale femminile. In quegli anni giovanili il sognatore moriva dal desiderio di vederne uno e ancora era facile a cadere nella teoria sessuale infantile che attribuisce alla donna un membro maschile.

Analoga la reminiscenza di un altro sognatore: *Vado con la signorina K. al ristorante dei giardini pubblici... poi c'è un punto oscuro, un'interruzione... poi sono nella sala di un casino dove scorgo*

[179] Sintomi isterici correlati: interruzione del ciclo mestruale e forte depressione, il male principale di questa paziente.

due o tre donne, una delle quali in camicia e mutandine.

Analisi. La signorina K. è la figlia del suo ex superiore e, come egli stesso riconosce, un sostituto della sorella. Raramente è riuscito parlare con lei, ma durante una conversazione «in qualche modo prendemmo coscienza del nostro sesso, come se ci dicessimo: io sono un uomo e tu una donna». Nel ristorante del sogno è stato solo una volta, insieme alla sorella di suo cognato, una ragazza a lui del tutto indifferente. Un'altra volta accompagnò tre signore fino all'ingresso dello stesso ristorante. Si trattava di sua sorella, sua cognata e la sorella di suo cognato, della quale abbiamo già detto, tutte e tre a lui del tutto indifferenti, ma tutte e tre appartenenti alla categoria delle sorelle. Solo di rado, forse due o tre volte nella sua vita, è stato in un casino.

L'interpretazione fece leva sul «punto oscuro», sull'«interruzione», per stabilire che, in virtù di una curiosità infantile, egli aveva qualche volta esaminato, ma solo raramente, l'organo genitale della sorella, più piccola di alcuni anni. Qualche giorno dopo affiorò il ricordo cosciente del misfatto cui il sogno alludeva.

Tutti i sogni della stessa notte appartengono, a seconda del loro contenuto, allo stesso insieme; la loro suddivisione e raggruppamento e il numero di parti ricavate hanno una valenza e possono essere ritenuti una comunicazione proveniente dai pensieri latenti del sogno. Quando si interpretano sogni composti da più parti principali, o in generale sogni riconducibili alla stessa notte, è necessario non trascurare l'eventualità che essi, pur diversi e successivi, rechino lo stesso significato ed esprimano i medesimi impulsi con materiale differente. Il primo in ordine cronologico di questi sogni omologhi è generalmente il più distorto e reticente, quello che segue immediatamente è più sfrontato e più chiaro.

Il sogno biblico del faraone interpretato da Giuseppe, quello delle spighe e delle vacche, era di questo tipo. Giuseppe Flavio (*Antichità giudaiche*, lb. 2, cap. 5) lo descrive più minuziosamente rispetto a quanto si legge nella Bibbia. Raccontato il primo sogno, il re dice: «Dopo questa prima visione di sogno mi svegliai inquieto e stetti a pensare che cosa mai potesse significare, ma piano piano mi riaddormentai ed ebbi allora un sogno molto più strano, che mi gettò ancor più nella paura e nella confusione». Dopo aver ascoltato il racconto del sogno, Giuseppe dice: «Il tuo sogno, o re, è secondo le apparenze duplice, ma entrambe le visioni hanno un solo significato».

Jung, che nel suo *Contributo alla psicologia della diceria* (1910) riferisce come il sogno velatamente erotico di una scolara sia stato compreso senza interpretazione dalle sue amiche e sviluppato con qualche variante, a proposito di uno di questi racconti di sogni osserva che "il pensiero conclusivo di una lunga catena di immagini del sogno contiene precisamente ciò che già si era cercato di rappresentare nella prima di esse. Mediante coperture simboliche di volta in volta rinnovate, inversioni, trasposizioni innocue e via dicendo, la censura rimuove il complesso il più a lungo possibile". Scherner, che conosceva bene questa caratteristica della rappresentazione onirica, la inserisce come legge peculiare in appendice alla sua teoria degli stimoli organici:[180] «Ma alla fine, in tutte le formazioni oniriche simboliche che derivano da determinati stimoli nervosi, è perlopiù operativa la legge per cui la fantasia, all'inizio del sogno, dipinge l'oggetto dello stimolo servendosi solo delle allusioni più lontane e più libere, mentre nella conclusione, quando la *verve* pittorica va scemando, raffigura in nudità o lo stimolo stesso, o, rispettivamente, l'organo corrispondente o la sua funzione; così il segno, definendo da sé il suo motivo organico, perviene alla conclusione...». Nel suo lavoro *Un sogno che interpreta se stesso,* Otto Rank ha dato una chiara conferma di questa legge schemeriana. Egli riferisce il sogno di una giovane, composto di due brani sognati la stessa notte e separati anche sotto l'aspetto cronologico, il secondo dei quali si chiudeva con una polluzione. Quest'ultimo, pur senza i contributi della sognatrice, consentì un'interpretazione minuziosa, mentre i numerosi raffronti tra i due contenuti evidenziarono che il primo sogno esprimeva, anche se in una raffigurazione reticente, quanto esprimeva il secondo; così quest'ultimo, il sogno di polluzione, guidò alla completa delucidazione del primo. Facendo giustamente leva su questo esempio, Rank illustra l'importanza dei sogni di polluzione per la teoria dei sogni in generale.

Tuttavia, secondo la mia esperienza sono pochi i casi in cui possiamo interpretare la chiarezza o la confusione del sogno con la sicurezza o il dubbio presenti nel suo materiale. In seguito dovrò palesare il fattore che agisce nella formazione del sogno, che finora ho taciuto, e dal cui influsso in sostanza dipende la citata gradazione di qualità del sogno.

180 K.A. Scherner, *Das Leben des Traumes* (Berlino 1861) p. 166.

In taluni sogni, che per un po' mantengono una certa situazione e un certo scenario, compaiono interruzioni che vengono descritte così: «ma poi è come se fosse insieme a un altro luogo e lì è accaduto...». Ciò che in questo modo interrompe l'azione principale del sogno, che può essere ripresa dopo qulche tempo, appare come una proposizione secondaria, un pensiero inserito. Nei pensieri del sogno la condizione viene raffigurata con la simultaneità (se - quando).

Quale è il significato dietro la sensazione di movimento impedito, elemento così ricorrente nel sogno e che sfiora l'angoscia? Si vuole camminare ma non ci si muove affatto, si vuole fare qualcosa e ci si frappongono continui ostacoli. Il treno sta per partire e non si riesce a raggiungerlo, si alza la mano per vendicare un'offesa ma la mano non c'è, e via dicendo. Abbiamo già visto questa sensazione nei sogni di esibizione, ma ancora non ci siamo addentrati seriamente nella sua interpretazione. Dire che nel sonno agisce una paralisi motoria che diventa percepibile mediante la detta sensazione è facile, ma non esaustivo. Si può chiedere: perché allora non si sognano sempre questi movimenti impediti? E si può immaginare che questa sensazione – provocabile in qualsiasi luogo del sonno – operi per qualche fine della raffigurazione e venga suscitata solo dal bisogno di detta raffigurazione, che è dato nel materiale del sogno?

Il non-poter-fare-nulla nel sogno non figura sempre come sensazione, ma anche come brano del contenuto onirico. Un caso simile penso che sia perfetto per spiegare l'importanza di questa caratteristica del sogno. Riferirò in sintesi un sogno in cui sono accusato di disonestà. *L'ambientazione è una clinica privata e diversi altri locali. C'è un cameriere che mi convoca per un'indagine. Nel sogno so che manca qualcosa e che l'indagine viene condotta perché sono sospettato di essermi appropriato dell'oggetto perduto.* L'analisi rivela che l'indagine ha un doppio significato e allo stesso tempo comprende una visita medica. *Certo della mia innocenza e del mio ruolo di consulente in quella casa, mi avvio sicuro con il cameriere. Davanti a una porta un altro cameriere, indicandomi, dice: «Ha portato proprio una brava persona!». Quindi, solo, entro in una grande sala con delle macchine, che mi ricorda un inferno con i suoi diabolici strumenti di punizione. Legato a una di esse, scorgo un collega che dovrebbe notare la mia presenza, ma non è così. Poi mi dicono che posso andare, ma io non trovo il mio cappello e quindi non posso allontanarmi.*

L'appagamento del desiderio nel sogno, chiaramente, è di essere riconosciuto come persona onesta e potermene andare; pertanto nei pensieri del sogno ci deve essere ogni tipo di materiale contrario a questo punto. Il segno della mia assoluzione è che mi si permetta di andare; poiché nella conclusione il sogno introduce un evento che mi trattiene mentre me ne sto andando, è chiaro che in questo punto vale il materiale represso della contraddizione. Non trovare il cappello significa: tu non sei una persona onesta. Il non-riuscire del sogno è un'espressione della contraddizione, un "no", e quindi l'affermazione precedente per cui il sogno non è in grado di esprimere il no deve necessariamente essere rettificata.[181]

La stessa contraddizione configurata dalla sensazione di movimento impedito è formulata più profondamente, come una volontà a cui si frappone una contro-volontà, in altri sogni che includono la mancata esecuzione del movimento, non solo come circostanza ma anche come sensazione. Quella di movimento impedito rappresenta un *conflitto di volontà.* Avremo modo di notare che proprio la paralisi motoria nel sonno rientra tra le condizioni imprescindibili del processo psichico che realizza l'atto del sognare. L'impulso trasferito sui canali motori altro non è che la volontà, e l'esser certi di avvertire come impedito questo impulso nel sonno rende tutto il processo particolarmente adatto a configurare il volere e il "no" che gli si frappone. Dopo la mia spiegazione, non è difficile realizzare che la sensazione di impedimento della volontà si avvicina molto all'angoscia e nel sogno le si unisce spesso. L'angoscia è un impulso della libido, che si genera dall'inconscio e viene inibito dal preconscio.[182] La sensazione di inibizione che nel sogno è unita ad angoscia non è altro che una volontà un tempo atta a sviluppare libido, ovvero un impulso sessuale.

[181] Nell'analisi completa, la mediazione seguente consente un rimando a un episodio infantile: «Il Moro ha fatto il suo dovere, il Moro può andare». Da cui la domanda scherzosa: «Quanti anni ha il Moro quando ha fatto il suo dovere?». «Un anno, quindi sa andare». «Non trovo il cappello»: è un'esperienza del giorno precedente, che ha più valenze. Una nostra cameriera, un vero genio nel conservare gli oggetti, lo aveva nascosto. Nella conclusione di questo sogno si nasconde anche il rifiuto di tristi pensieri di morte: sono ancora lungi dall'aver fatto il mio dovere; non posso ancora andarmene. Nascita e morte, come nel sogno – di poco precedente – di Goethe e del paralitico.

[182] Nuove conoscenze non permettono più di mantenere questa affermazione. [Nota aggiunta nel 1930]

Il significato dell'espressione che spesso emerge durante un sogno: "non è che un sogno", e a quale forza psichica vada ricondotta, avrò modo di spiegarlo altrove. Qui anticipo che il suo ruolo è quello di svilire quanto si è sognato. Attraverso l'analisi di esempi assai persuasivi, Stekel[183] è pervenuto a una soluzione per certi versi analoga del parallelo e interessante problema di che cosa venga espresso quando nel sogno un certo contenuto viene definito "sognato", ovvero all'interrogativo del "sogno nel sogno". Il "sognato" a sua volta deve essere ridimensionato, privato della sua realtà; quanto si sogna ancora dopo il risveglio dal "sogno nel sogno" è quel che il desiderio del sogno vuole sostituire alla realtà eliminata. Si può dunque supporre che il "sognato" include la raffigurazione della realtà, il ricordo reale, mentre il sogno che continua configura solo quel che è desiderato da chi sogna. L'inclusione di un dato contenuto in un "sogno nel sogno" si interpreta come desiderio che quanto viene definito sogno non sia accaduto. In altre parole: l'inclusione da parte del lavoro onirico di un dato avvenimento in un sogno configura la più decisa convalida della realtà di tale avvenimento, la sua più sicura affermazione. Il lavoro onirico sfrutta l'atto del sognare come forma di rifiuto, e così convalida l'asserzione che il sogno è l'appagamento di un desiderio.

D. La considerazione della raffigurabilità

Fino ad ora abbiamo avuto a che fare con la ricerca delle maniere in cui il sogno raffigura le relazioni tra i pensieri del sogno medesimo; ma così, siamo tornati all'argomento più ampio: quello cioè del cambiamento che investe il materiale onirico in vista della formazione del sogno. Oggi siamo a conoscenza del fatto che il materiale onirico, liberato in buona parte delle sue relazioni, è schiacciato da una compressione, mentre, al contempo, spostamenti d'intensità fra le sue parti vi inducono un cambiamento di valore psichico. Gli spostamenti che stiamo considerando si sono rivelati alterazioni di una determinata rappresentazione con un'altra, adiacente a essa da

[183] W. Stekel, *Jb. psychoanal. psychopath. Forsch.*, vol. 1, 459 sgg. (1909).

un punto di vista associativo, e sono stati messi al servizio della condensazione, così in questo modo al posto di due elementi viene usato nel sogno un elemento intermedio comune. Non abbiamo ancora parlato di un altro tipo di spostamento, l'esistenza del quale ci è però chiarita dall'analisi, e che si mostra in uno *scambio dell'espressione linguistica* del pensiero corrispondente. Si tratta in entrambi i casi di uno spostamento su una catena associativa, ma il medesimo processo si muove in sfere psichiche diverse e il risultato dello spostamento è la sostituzione di un elemento con un altro, e in un altro caso, l'inversione della formulazione di un elemento con quella di un altro.

Questa seconda tipologia di spostamento che interviene nella strutturazione del sogno non ha soltanto un notevole interesse teorico, ma è anche singolarmente adatto a chiarire l'assurdità fantastica con cui si traveste il sogno. Lo spostamento avviene regolarmente facendo sì che un'espressione incolore del pensiero onirico venga scambiata con un'altra, plastica e più reale. Il vantaggio è evidente. Per il sogno, quello che è plastico è anche raffigurabile, e si può applicare in una situazione, là dove l'espressione astratta permetterebbe alla rappresentazione onirica delle difficoltà forse analoghe a quelle presentate dall'illustrazione di un testo politico. Ma non solo la possibilità di raffigurare, anche gli interessi della condensazione e della censura possono facilitarsi con il suddetto scambio. Quando il pensiero del sogno è mutato in linguaggio figurato, tra la nuova espressione e il rimanente del sogno si possono stabilire più facilmente di prima quelle relazioni e quelle coincidenze delle quali il lavoro onirico ha necessità, e che esso crea dove non esistano precedentemente; e ciò perché in ogni linguaggio le parole concrete, in seguito alla loro modificazione, sono più ricche di relazioni delle parole concettuali. Si può ipotizzare che parte del lavoro che si svolge durante la formazione di un sogno – e che tenta di trasformare in un'espressione la più concisa e unitaria possibile, i quanto mai differenti pensieri del sogno – si effettui dunque attraverso un'adeguata trasformazione linguistica dei singoli pensieri. Un pensiero, la cui manifestazione sia immutabile per altri motivi, spargerà e selezionerà le possibilità espressive degli altri, e questo forse sin dall'inizio, come si può verificare nell'opera di un poeta. In una poesia rimata, il secondo verso è collegato a due condizioni: deve rappresentare il significato che gli si addice e la sua espressione deve raggiungere l'identità di suono con il primo. Le poesie più belle forse sono quelle nelle quali non si nota il desiderio di trovare una rima, ma quelle nelle quali sin dall'inizio i due pensieri hanno scelto, per reciproca influenza, l'espressione linguistica che, modificata appena, fa nascere l'identità di suono. In alcuni casi, lo scambio di espressione ha lo scopo di una condensazione del sogno in una maniera ancora più rapida, ovvero facendo nascere una struttura verbale che, nella sua ambiguità, può permettere ai pensieri del sogno di manifestarsi. Tutto il campo dei giochi di parole viene in questa maniera posto a favore del percorso onirico. Non ci deve sorprendere la parte che tocca alla parola nella formazione del sogno. Come punto centrale di numerose raffigurazioni, la parola è un polisenso predestinato mentre le nevrosi (rappresentazioni ossessive) utilizzano, non meno del sogno, dei vantaggi che la parola dona in questo modo per la condensazione e per il travestimento.[184] È semplice dimostrare come anche la deformazione del sogno ottenga un profitto dallo slittamento dell'espressione. Infatti una parola dal doppio senso, posizionata in luogo di due parole che hanno un solo significato, trae in inganno, così come la sostituzione del nostro semplice modo di espressione quotidiano con un modo figurato ci impedisce di capire, soprattutto perché il sogno non rivela mai se gli elementi che mostra si debbano interpretare letteralmente oppure in una maniera traslata, e se si debbano riferire al materiale del sogno in maniera diretta, o tramite l'utilizzo dei così detti modi di dire. Più in generale, nell'analisi di ogni singolo frammento onirico non si sa:

a) se lo si debba interpretare in senso positivo o negativo (rapporto di opposizione);

b) se vada interpretato da un punto di vista storico (come reminiscenza), oppure

c) simbolicamente, o ancora

d) se il suo utilizzo debba iniziare dalla formulazione verbale.

Nonostante questa multilateralità, è permesso dire che la rappresentazione del lavoro onirico, che certo non ci invita a comprenderla, non presenti al traduttore difficoltà più alte di quelle date dalle antiche iscrizioni geroglifiche ai loro interpreti.

[184] Si veda quanto è contenuto in *Il motto di spirito e la sua relazione con l'inconscio* e i "ponti di parole" nella soluzione di sintomi nervosi. [Nota aggiunta nel 1909]

Ho ormai riportato più volte esempi di rappresentazioni oniriche incatenate le une con le altre soltanto dall'ambiguità di un'espressione ("la bocca si apre bene" nel sogno dell'iniezione; "non posso quindi allontanarmi"). Ora racconterò un sogno, nell'analisi del quale la trasformazione figurativa del pensiero astratto ricopre una parte decisamente importante. La distinzione tra un'interpretazione siffatta e un'interpretazione simbolica può essere stabilita con molta chiarezza: nell'interpretazione simbolica, la chiave della simbolizzazione è decisa arbitrariamente dall'analista; nei nostri esempi di travestimento linguistico, queste chiavi sono solitamente note e per giunta sono date dall'utilizzo costante della lingua. Purché si presenti la giusta idea al momento giusto, è possibile chiarire in tutto oppure in parte questa tipologia di sogni, anche a prescindere dalle indicazioni date dal sognatore.

Una mia amica sogna di essere al teatro dell'Opera. Segue una rappresentazione wagneriana, che però si è prolungata sino alle sette e tre quarti del mattino. La platea è cosparsa di tavoli sui quali si può mangiare e bere. Suo cugino, che è appena rientrato dal viaggio di nozze, è seduto a uno di questi in compagnia della sua giovane sposa; accanto a loro siede invece un aristocratico. Di lui, si dice, che la giovane signora se l'è portato con sé fin dal viaggio di nozze, molto chiaramente, pressappoco come dal viaggio di nozze ci si può portare a casa un cappello o un altro oggetto. Nel centro della platea c'è una torre molto alta che in cima ha come una piattaforma circondata da una ringhiera di ferro. Lassù, in alto, è il posto del direttore d'orchestra, che per certi versi assomiglia a Hans Richter; il novello Hans Richter si muove clandestinamente dietro la sua ringhiera, suda volgarmente mentre dirige l'orchestra che è disposta intorno alla base di questa strana torre. La donna è seduta con un'amica (che è anche una mia amica) in un palchetto. La sorella minore vuol passarle dal mezzo della platea un grossissimo pezzo di carbone, con la motivazione che non era a conoscenza della eccessiva durata dell'opera e ora si sente infreddolita. Come se i palchi dovessero essere riscaldati durante la lunghissima opera wagneriana.

Il sogno, per quanto ben diretto verso una situazione specifica, risulta essere abbastanza assurdo: la torre in mezzo alla platea, dalla quale il direttore dirige il suo *ensamble*, e specialmente, il carbone che le vuole donare la sorella! Non le chiesi un'analisi; con una notevole conoscenza dei rapporti personali della sognatrice, riuscii ad interpretarne alcuni passi in solitudine. Sapevo che in passato si era segretamente innamorata di un musicista, la cui carriera però era stata troppo presto interrotta dal sorgere di una malattia mentale. Decisi così di prendere alla lettera la torre in platea. Ne venne fuori allora che l'uomo – che lei avrebbe desiderato vedere al posto di Hans Richter – *torreggiava* sulle altre persone che componevano l'orchestra. Questa torre va intesa come una formazione mista; rappresenta la grandezza dell'uomo, e con la ringhiera in alto, dietro la quale l'uomo si muoveva come una scimmia o un prigioniero (allusione al nome dell'infelice), l'infelice destino che lo attendeva. *Narrenturm* potrebbe essere la parola nella quale i due pensieri avrebbero potuto congiungersi. E così, intuito il metodo di rappresentazione del sogno, si poteva provare a risolvere la seconda follia apparente, ovvero quella dei carboni che la sorella voleva a tutti i costi darle: "Carbone" doveva per forza voler significare "amore segreto":

Kein Feuer, *keine* Kohle
Kann brennen so heiss
Als wie heimliche Liebe,
Von der niemand nichts weiss.

Non *Fuoco*, non *carbone*
Può bruciare così forte
Come *un amore segreto*,
Di cui nessuno sa

Lei e la sua amica erano rimaste sedute; la sorella minore, che ha ancora delle possibilità di prender marito, le passa il carbone "perché lei non era a conoscenza del fatto che *sarebbe durato così a lungo*". Ciò che durerà così a lungo non è detto nel sogno; ma in un racconto potremmo dire: "lo spettacolo"; nel sogno possiamo interpretare la frase per quello che è, dichiararla ambigua e aggiungere: "prima di sposarsi". L'interpretazione "amore segreto" viene sostenuta anche dal cenno al cugino, che nel sogno siede nella platea con sua moglie, e dalla *fin troppo esplicita* relazione amorosa attribuita a quest'ultima. Il contrasto fra "amore segreto" e amore manifesto, tra il fuoco della sognatrice e la freddezza della giovane donna, è uno degli elementi centrali di tutto il sogno. Ma in un caso come nell'altro, inoltre, un "altolocato" fa da parola intermedia tra l'aristocratico e il musicista che aveva suscitato così grandi speranze.

Con questa spiegazione abbiamo scoperto una terza parte determinante, la cui partecipazione alla trasfigurazione dei pensieri del sogno nel contenuto del sogno non deve assolutamente essere sottovalutata: *la considerazione della rappresentabilità nell'esatto materiale psichico di cui si serve il sogno*, vale a dire soprattutto la sua possibilità di essere raffigurato attraverso delle immagini. Tra i diversi annodamenti secondari ai pensieri principali del sogno, sarà scelto quello che fa sì che sia possibile una raffigurazione visiva; il lavoro onirico non ha certo mai paura di trasfondere il pensiero rozzo in un'altra forma linguistica più complessa, anche se quest'ultima è la meno consueta, ma purché renda reale la raffigurazione al sognatore e metta così fine al travaglio psicologico che scaturisce da un pensiero impedito. Questo "travasamento" del contenuto ideativo in un'altra visualizzazione può però mettersi contemporaneamente al servizio del lavoro di condensazione e creare dei rapporti altrimenti inesistenti addirittura con un altro pensiero che, a sua volta, può aver cambiato in precedenza la sua espressione originaria per poter andare incontro al primo.

Herbert Silberer[185] ha indicato un buon modo di guardare direttamente la mutazione dei pensieri in immagini nella nascita del sogno, e quindi di analizzare isolatamente questo momento centrale del lavoro onirico. Quando, in una condizione di stress e di sonnolenza, si sottoponeva a uno sforzo di pensiero, gli succedeva frequentemente che il pensiero gli sfuggisse e apparisse in sua vece un'immagine, nella quale poteva ritrovare il surrogato del pensiero precedente. Con termine non molto appropriato, Silberer nomina questo surrogato come "auto-simbolico". Trascrivo di seguito alcuni esempi delle sue ricerche, sui quali però mi soffermerò ancora in un altro punto di questa opera.

"Esempio n. 1: Sto pensando di dover modificare un passaggio non buono di un mio scritto".

"Simbolo: Mi vedo piallare un pezzo di legno."

"Esempio n. 5: Cerco di rendermi chiaro in mente lo scopo di certi studi metafisici che ho appunto intenzione di realizzare. Questo scopo si dimostra nel fatto che nella ricerca dei fondamentali dell'essere si giunge a forme sempre più somme di coscienza e di livelli di esistenza.

[185] H. Silberer, *Bericht über eine Methode, gewisse symbolische Halluzinations. Erscheinungen hervorzurufen und su beobachten*, in "Jb. Psychoanalyt. psychopath. Forsch." I, 513, 1909. [Nota aggiunta nel 1914]

"Simbolo: infilo un coltello sotto una torta per toglierne una fetta."

Interpretazione: Il movimento del coltello simboleggia il "trapasso" cui si è fatto riferimento... L'interpretazione del simbolismo è la seguente: alcune volte, a tavola, tocca a me tagliare e servire la torta, un compito che porto a compimento con un lungo coltello flessibile: l'azione richiede una certa cura. Particolarmente complesso è separare accuratamente le fette già tagliate; il coltello deve essere spinto con cautela sotto ogni fetta (il lento lavoro di "trapasso", per arrivare ai fondamentali). In realtà sono convinto che l'immagine contiene anche un altro simbolismo. La torta del simbolo è infatti una torta "Dobos", ovvero una torta nella quale il coltello deve oltrepassare numerosi strati (direi "gli strati della coscienza e del pensiero").

"Esempio n. 9: Mi distraggo e non riesco più a cogliere il filo di una serie di pensieri. Cerco di ritrovarlo, ma non riesco."

"Simbolo: Sezione di una composizione tipografica dalla quale sono cadute le ultime righe."

Dato il ruolo che arguzie, citazioni, canzoni e proverbi occupano nella vita intellettuale delle persone che siamo soliti definire colte, forse sarebbe del tutto corrispondente all'aspettativa che mascheramenti di questa qualità vengano usati molto spesso per raffigurare i pensieri di un sogno. Per esempio che cosa significa la comparsa improvvisa di carri, ognuno dei quali è carico di una verdura di diversa qualità? È il contrario del desiderio di "cavoli e rape", dunque un "sottosopra", e vuol dire quindi anche un "disordine". Mi sono meravigliato che questo sogno mi sia stato riferito solamente una volta.[186] Un simbolismo onirico universale si è andato formando solamente per piccole tematizzazioni, sulla base di riferimenti e sostituzioni di parole solitamente note ai più. Del resto, una gran parte di questo simbolismo è ben nota sia al mondo del sogno sia a quello delle psiconevrosi, e anche alle leggende e alle usanze popolari.

Anzi, a un esame più preciso, bisogna ammettere che nell'uti-

[186] Veramente non ho più incontrato questa rappresentazione, pertanto ho dei dubbi sull'interpretazione che ne è stata data. [Nota aggiunta nel 1925]

lizzare questa qualità di sostituzione il lavoro onirico non mette in pratica nessun meccanismo che potremmo definire originale. Per raggiungere i suoi scopi – in questo caso, la possibilità di raffigurare resa esente da ogni censura – esso non fa altro che intraprendere le vie che sono già spianate all'interno del pensiero inconscio, e quindi preferisce quelle trasformazioni del materiale rimosso che con una certa facilità possono anche tramutarsi in coscienti come motto di spirito e allusione, e di cui sono ricche molte delle fantasie dei nevrotici. A questo punto, si rende possibile l'accesso alle interpretazioni di Scherner, di cui in altre occasioni ho già sottolineato la sostanziale esattezza. Il prendersi cura del proprio corpo in modo immaginifico non è affatto caratteristica solamente del sogno. Le mie analisi mi hanno chiarito che tale fenomeno accade regolarmente anche nel pensiero inconscio dei nevrotici, e può risalire a una curiosità sessuale, che ha per oggetto, nel giovane o nella giovane ancora in fase di sviluppo, gli organi genitali, non solo dell'altro sesso ma anche del proprio. Infatti come è stato dimostrato molto efficacemente da Scherner e Volkelt,[187] la casa non è l'unico luogo di rappresentazioni a venire usata per simboleggiare la corporeità, tanto nel sogno quanto nella fantasticheria inconscia della nevrosi. Conosco pazienti che hanno conservato il simbolismo architettonico per il corpo e i genitali (infatti l'interesse sessuale si espande molto al di là dell'àmbito dei genitali esterni): pazienti per i quali torri e colonne rappresentano gambe (come nel *Cantico dei cantici*), e che di fronte ad ogni porta alludono ad uno degli orifizi del corpo ("buco"), e di fronte ad ogni tubo d'acqua si riferiscono all'apparato urinario, e così via. Ma per celare immagini sessuali viene prescelta altrettanto frequentemente la serie di rappresentazioni della vita delle piante o della cucina[188]; nel primo caso l'uso linguistico, dove si posizionano le comparazioni della fantasia riferite ai tempi più remoti, ha nettamente preparato il terreno (la "vigna" del Signore, il "seme", il "giardino" della fanciulla, nel *Cantico dei cantici*). I riferimenti apparentemente inoffensivi alle faccende di cucina permettono di credere ai particolari più nascosti e intimi della vita sessuale, e i sintomi dell'isteria diventano addirittura non interpretabili se scor-

[187] Scherner, op. cit.; J. Volkelt, *Die Traum-Phantasie* (Stoccarda 1875).

[188] Si confrontino sull'argomento i vari esempi contenuti nei volumi supplementari di E. Fuchs, *Illustrierte Sittengeschichte*. [Nota aggiunta nel 1914]

diamo che il simbolismo sessuale può affermare il suo miglior luogo segreto dietro tutte quelle cose quotidiane e a dir poco appariscenti. C'è un chiaro valore sessuale nel fatto che bambini nevrotici temano la vista del sangue o della carne cruda, che rigettino alla semplice vista di uova o pasta, e che la paura dell'uomo di fronte al serpente raggiunga nei nevrotici un livello altissimo; in qualsiasi occasione la nevrosi si serva di tale maschera non fa che percorrere le vie che un tempo, in epoche remote, tutta l'umanità ha intrapreso e la cui esistenza, celata da un leggero strato di copertura, è testimoniata ancor oggi dal nostro uso linguistico, dalla nostra superstizione e dai nostri costumi. Riferisco ora il promesso sogno floreale fatto da una paziente, nel quale indico con caratteri in maiuscoletto quello che dev'essere interpretato con riferimento alla sfera sessuale. Ad interpretazione terminata, il bel sogno non era più di nessun gradimento per la sognatrice.

a) Sogno preliminare: *la donna si reca in cucina dalle due domestiche e le accusa perché non hanno ancora terminato di preparare quel "po' di pranzo"; contemporaneamente vede alcune stoviglie, capovolte per lasciarle a scolare, stoviglie grossolane ammassate le une sulle altre. Aggiunta successiva: le due ragazze vanno a prender l'acqua e nel farlo debbono scendere in una specie di fiume che le porta sino alla casa.*[189]

b) Sogno principale[190]: *La donna scende dall'alto,*[191] *percorrendo strane ringhiere, che sono accorpate in grandi quadri e appaiono come costituite da una trama di piccoli quadrati.*[192] *In verità non è un luogo idoneo a scendere; la donna ha costantemente la preoccupazione di avere un appoggio adatto al piede ed è felice perché il vestito non s'impiglia da nessuna parte e lei mantiene un'andatura adeguata.*[193] *Ha un ramo*

[189] Per l'interpretazione di questo sogno preliminare, che va inteso come "causale", si vedano le pagine relative ai rapporti causali nel paragrafo intitolato *I mezzi di rappresentazione del sogno.*

[190] La sua vita.

[191] Origine elevata, antitesi di desiderio rispetto a quanto espresso nel sogno preliminare.

[192] Formazione mista, che riunisce due luoghi: il cosiddetto solaio della casa paterna, nella quale giocava con il fratello, oggetto delle sue fantasie successive, e il cortile di uno zio cattivo, che aveva l'abitudine di burlarsi di lei.

[193] Antitesi di desiderio nei confronti di un ricordo reale del cortile dello zio, quando lei era solita denudarsi nel sonno.

tra la mani,[194] *in realtà una specie di albero dai fiori rossi, ramificato.*[195] *L'impressione è che si tratti di fiori di ciliegio, ma potrebbe anche trattarsi di* CAMELIE *doppie, che certo non sono solite crescere sugli alberi. Durante la discesa ne ha prima uno, poi improvvisamente* DUE, *poi nuovamente* UNO SOLO.[196] *Quando arriva giù i* FIORI *della parte più bassa sono per la gran parte caduti. Giù osserva un servo che sta curando un albero simile, e che pota con un pezzo di legno folti ciuffi di peli, che potrebbero essere muschio. Altri lavoratori hanno abbattuto alberi simili in un giardino vicino, lasciandoli però sulla strada, sparsi* PER TERRA, *per cui* MOLTA GENTE SE NE APPROPRIA. *La donna chiede se è giusto che ciò avvenga, e chiede se si* PUÒ *anche* PRENDERNE UNO.[197] *Nel giardino vi è anche un* GIOVANE *al quale si avvicina chiedendogli come si può fare per trapiantare* QUESTI RAMI NEL SUO GIARDINO.[198] *Per tutta risposta lui l'abbraccia, ma lei ribellandosi gli chiede che cosa gli sia venuto in mente di fare. Lui le risponde che è permesso.*[199] *Poi si dice disposto ad andare con lei nell'*ALTRO GIARDINO *per insegnarle come si piantano gli alberi, poi aggiunge qualcosa che lei non riesce a comprendere: "Del resto mi mancano tre* METRI *(più tardi dirà: tre metri quadrati) o tre tese di terra." Sembra esigere qualche cosa, come se avesse il desiderio di* RIFARSI NEL GIARDINO DI LEI *o pensasse di* COMMETTERE UNA SPECIE DI INFRAZIONE, *ovvero di trarne un qualche vantaggio personale senza che lei però ne abbia conseguenze negative. Se poi, dopo, lui le mostri veramente qualcosa, lei non lo sa.*

Il sogno precedente, che ho ricordato per i suoi elementi simbolici, rientra in quella serie che chiamerò "biografica". Questo tipo di sogno è molto frequente.[200]

Naturalmente dispongo in abbondanza di materiale simile, ma il raccontarlo spingerebbe troppo a fondo la discussione sugli atteggiamenti nevrotici. Tutto sembra condurre alla stessa conclusione:

[194] Come l'angelo porta un ramo di giglio, nell'Annunciazione a Maria.
[195] *Signora delle camelie.*
[196] Allusione alla pluralità delle persone che servono alle sue fantasie.
[197] Se si può strapparne uno, cioè masturbare.
[198] Il ramo è passato da tempo a rappresentare l'organo genitale maschile; esso contiene inoltre un'allusione molto chiara al suo cognome.
[199] Si riferisce, con quel che segue immediatamente, a cautele coniugali.
[200] Sogno "biografico" analogo è quello riportato come terzo degli esempi di simbolismo onirico e il sogno che interpreta se stesso, diffusamente descritto da Rank ; per un altro ancora, che deve essere letto "a rovescio". [Nota aggiunta nel 1911]

ovvero che non occorre riconoscere alcuna particolare attività di simbolizzazione ad opera della psiche, nel lavoro onirico; il sogno utilizza delle simbolizzazioni che si sono già generate e preparate nel pensiero inconscio, perché meglio aderiscono, per la loro capacità di rappresentazione e perché esenti da ogni tipologia di censura, alle necessità della creazione onirica.

E. La rappresentazione per simboli nel sogno. Altri sogni tipici

L'analisi del sogno biografico chiarifica che ho trovato sin da principio il simbolismo nel sogno. Ma sono arrivato a valutarlo nella sua portata complessiva e nel suo significato solamente in maniera graduale, con l'aumentare dell'esperienza e sotto l'influenza dei lavori di Wilhelm Stekel,[201] di cui ritengo opportuno dare delle specifiche.

Questo autore, che probabilmente ha fatto danno alla psicoanalisi tanto quanto le ha fatto del bene, mostrò numerose insospettate chiarificazioni di simboli, alle quali in un primo momento non si diede ascolto, ma che in un secondo momento trovarono conferma e quindi furono accettate. Il merito di Stekel non è sminuito dall'osservare che lo scetticismo trovato non era senza motivo. Infatti, gli esempi sui quali Stekel poneva le sue interpretazioni erano spesso inadeguati anche perché egli si avvaleva di un metodo decisamente poco attendibile. Stekel arrivò ad interpretare i simboli tramite intuizioni, diciamo per una sua facile predisposizione. Ma tale qualità non può giungere allo statuto di teoria; la sua attendibilità è sottratta ad ogni critica e i suoi risultati perdono indubbiamente di autorevolezza. È quasi come se si tentasse di basare la diagnosi delle malattie infettive sull'olfatto, anche se ovviamente sono esistiti dei clinici ai quali l'olfatto ha reso risultati migliori che ad altri clinici che effettivamente avevano le conoscenze specifiche necessarie a diagnosticare un tifo addominale dall'odore.

Il progredire della ricerca psicoanalitica ha permesso di trovare

[201] W. Stekel, *Die Sprache des Traumes* (Wiesbaden 1911).

pazienti che dimostravano una efficace comprensione istantanea del simbolismo onirico. Spesso erano soggetti con demenza precoce, al punto che per un periodo ci fu la tendenza a sospettare come affetti da questa malattia la totalità dei sognatori con un tale atteggiamento. Ma questo è sbagliato: oggi sappiamo che si tratta di una caratteristica personale senza alcun possibile significato patologico.

Una volta presa dimestichezza con l'utilizzo abbondante del simbolismo per la rappresentazione onirica di materiale sessuale, ci si deve chiedere se alcuni di questi simboli non si mostrano come i "segni" della stenografia, con un significato preciso e stabilito una volta per sempre, e si può essere tentati di ipotizzare un nuovo "libro dei sogni". A riguardo non bisogna dimenticare che tale simbolismo non fa parte in maniera esclusiva dei sogni, ma appartiene anche alla rappresentazione inconscia, soprattutto a quella popolare, e lo si può trovare, persino più forte che nel sogno, anche nel folklore, nei miti, nelle leggende, nelle locuzioni, nella saggezza dei proverbi e nelle battute popolari della nostra epoca.

Dovremmo superare di molto il compito dell'interpretazione del sogno, se fossimo intenzionati a rendere giustizia al valore del simbolo e affrontare i numerosi problemi, in gran parte non risolti, che si collegano a questo concetto.[202] Qui intendiamo sottolineare che la rappresentazione per simboli fa parte delle rappresentazioni indirette, ma che significati di varie tipologie ci chiedono attenzione per le differenze. In una serie di casi, l'elemento di relazione tra il simbolo e l'oggetto di cui prende il posto è molto esplicito, in altri invece è celato; la scelta del simbolo sembra allora decisamente enigmatica. E sono questi i casi che devono riuscire a far luce sul senso definitivo del rapporto simbolico ed essi mostrano che questo rapporto è di natura genetica. Quello che oggi è legato simboli-

[202] Si vedano i lavori sul simbolismo di E. Bleuler, *Jb. Psychoanal. Psychopath. Forsch.*,(1910), e dei suoi allievi zurighesi A. Maeder, *Psychiat.-neurol. Wschr*, (1908), K. Abraham, *Traum und Mythus* (Vienna 1909), e altri, nonché gli autori non medici ai quali si riferiscono (Kleinpaul e altri). Le cose più giuste finora espresse su questo argomento si trovano nello scritto di O. Rank e H. Sachs, *Die bedeutung der psychoanalyse für die geisteswissenschaften* (Wiesbaden 1913). – Vedi inoltre E. Jones, *Die Theorie der Symbolik* (1919). [Parte aggiunta nel 1925]

camente, in epoche remote era collegato da un'identità concettuale e linguistica.[203] Il rapporto simbolico potrebbe essere interpretato come un residuo e un contrassegno dell'identità di una volta. Si può notare che la comunione simbolica in molti casi si dirige ben oltre quella linguistica, come del resto ha già sottolineato Schubert.[204] Un particolare numero di simboli è arcaico quanto lo è la formazione della lingua, altri simboli invece vengono formandosi giorno dopo giorno (per esempio il dirigibile Zeppelin).

Il sogno utilizza questo simbolismo per la raffigurazione travestita dei suoi pensieri latenti. Tra i simboli che hanno un simile utilizzo ve ne sono certo molti che significano la medesima cosa. Tuttavia non si deve scordare la specifica plasticità del materiale psichico. Abbastanza frequentemente un simbolo non va analizzato nel contenuto del sogno in modo simbolico, ma andando a cercare e trovare il suo significato letterale; altre volte invece un sognatore, con una spiccata qualità mnestica, può avvalersi del diritto di usare come simboli sessuali ogni tipologia di oggetto o cosa, anche ciò che solitamente non viene usato per questo scopo. Avendo a disposizione, per la raffigurazione di un contenuto, una scelta tra molti più simboli, egli si convincerà per quel simbolo che mostra rapporti assoluti con il suo rimanente materiale ideativo, il simbolo che permette un significato personalizzato accanto a quello valido in modo tipico.

Anche se le ultime ricerche sul sogno, da Scherner in poi, hanno reso possibile il riconoscimento del simbolismo onirico –persino

203 G.H. Von Schubert, *Die Symbolik des Traumes*, Baberga 1814. [Nota aggiunta nel 1919] Questa concezione troverebbe validissimo appoggio in una teoria del dottor H. Sperber, *Imago*,(1912); egli ritiene che tutte le parole primitive indicassero oggetti sessuali e che abbiano poi perduto questo significato trapassando ad altre cose e attività, comparate con quelle sessuali.

204 G.H. Von Schubert, *Die Symbolik des Traumes* (Bamberga 1814). – È questo il caso per esempio della nave che procede sull'acqua, nei sogni da stimolo orinario degli ungheresi, per quanto alla loro lingua sia estraneo il termine *schiffen* (navigare) per "urinare"(Ferenczi). Nei sogni dei francesi e di altri popoli latini, la stanza funge da rappresentazione simbolica della donna, per quanto non esista in questi popoli il corrispettivo del tedesco *Frauenzimmer (gineceo ma anche donna)*. [Nota aggiunta nel 1914]

Havelock Ellis[205] dichiara che non si può dubitare che i nostri sogni siano colmi di simbolismo – bisogna certo ammettere che l'esistenza dei simboli nella vita onirica trasforma il compito dell'analisi, nel bene e nel male. La tecnica d'analisi che pone le sue basi sulle libere associazioni del sognatore frequentemente non ci è di alcun aiuto specialmente quando si ha a che fare con elementi simbolici del contenuto del sogno; d'altra parte, riflessioni di ordine scientifico non ci permettono di ricorrere all'arbitrio dell'interprete, come praticato nel mondo antico, e come oggi sembra rinascere nelle brutali interpretazioni di Stekel. Le parti del sogno che devono essere considerate simbolicamente ci chiedono l'utilizzo di una tecnica combinata, che pone le sue basi sulle associazioni di chi sogna e contemporaneamente inserisce quel che manca, rifacendosi all'intelligenza dei simboli dell'analista. Per affrontare l'accusa di arbitrio interpretativo, debbono coesistere prudenza critica nella risoluzione dei simboli e uno studio preciso e sistematico di questi su esempi particolarmente trasparenti. Le inesattezze tuttora esistenti nell'attività di interpreti di sogni nascono in gran parte dalle nostre incomplete conoscenze, che però certamente un giorno potranno essere arricchite con un ulteriore approfondimento, anche se in parte dipendono da alcune prerogative dei simboli dei nostri sogni. Questi hanno spesso più significati e risultano ambigui, di modo che, come avviene nel complesso mondo della scrittura cinese, solamente il contesto ci consente di volta in volta di ottenere il risultato più esatto. A questa pluralità di significati dei simboli, si aggiunge poi la precisa facoltà del sogno di ammettere sovrainterpretazioni, e di raffigurare in un unico contenuto ideazioni e impulsi di desiderio molto differenti tra loro, e per giunta per loro stessa natura molto frequentemente divergenti.

Chiarite queste limitazioni e riserve, posso finalmente affermare che il re e la regina spesso e volentieri rappresentano realmente i genitori del sognatore, mentre il principe o la principessa rappresentano frequentemente il sognatore. La medesima autorità che viene riconosciuta al ruolo dell'imperatore viene però assegnata anche ad altri grandi uomini, per cui in certi sogni può apparire per esempio Goethe e assumere il ruolo di simbolo paterno.[206]

205 H. Ellis, *The World of Dreams* (Londra 1911).
206 E. Hitschmann, *Int. Z. Psychoanal.* (1913).

Tutti gli oggetti che si presentano come lunghi: bastoni, tronchi, ombrelli (per il modo di aprirli, che può essere paragonato all'erezione) rappresentano il membro maschile, e allo stesso modo tutte le armi acuminate: coltelli, pugnali, picche. Un simbolo che è molto frequente, e non molto comprensibile, come raffigurazione del membro maschile è anche la lima per le unghie (forse per lo sfregamento e il raschiamento). Astucci, scatole, casse, armadi, stufe invece si riferiscono al ventre femminile, come del resto lo fanno le caverne, le navi e tutte le tipologie di recipienti. Nei sogni le stanze si riferiscono spesso alle donne e infatti è proprio la narrazione dei loro diversi ingressi o delle loro uscite a confermarne l'interpretazione.[207] In questo quadro, l'interesse dell'analista nel sapere se la stanza è "aperta" o "chiusa" diventa facilmente immaginabile.[208] Non occorre però che sia esplicitato quale chiave apra la stanza; il simbolismo della serratura e della chiave è servito a Uhland per un'oscenità amenissima utilizzata nella canzone del Conte Eberstein. Il desiderio di passare attraverso una lunga serie di stanze è assimilabile al sogno di un bordello o di un harem. Ma viene anche utilizzato, secondo gli insegnamenti di Hanns Sachs, per rappresentare il matrimonio (contrasto).[209] Un importante riferimento alla ricerca sessuale degli adolescenti risulta dal sogno che mostrava due stanze che però un tempo ne costituivano una sola, oppure di una stanza molto ben conosciuta di un appartamento che invece si presentava come divisa in due o viceversa: nell'infanzia spesso l'organo genitale femminile e l'ano vengono

[207] "Un mio paziente che vive in pensione sogna di incontrare una ragazza del personale e di chiederle che numero ha; lei risponde, con sua sorpresa: quattordici. In verità egli ha allacciato rapporti con la ragazza in questione e l'ha più volte incontrata nella propria camera da letto. Temendo giustamente che la padrona di casa si insospettisse, lei gli aveva proposto, il giorno prima del sogno, di incontrarsi con lui in una delle stanze vuote. In realtà, questa stanza aveva il numero quattordici, mentre nel sogno è la donna a portare questo numero. È difficile immaginare prova più chiara dell'identificazione fra donna e stanza." E. Jones, *Int. Z. Psychoanal.,* (1914). Vedi Artemidoro, *Spiegazione dei sogni*: "Così per esempio la stanza da letto significa la sposa, se ce n'è una in casa". [Nota aggiunta nel 1919]

[208] Vedi il primo sogno di Dora (1901).

[209] H. Sachs, *Int. Z. Psychoanal.* (1914).

considerati come una cavità unica (il popò) (teoria infantile della cloaca) e soltanto più avanti negli anni si viene a conoscenza che questa regione del corpo comprende invece ben due cavità e due orifizi indipendenti. Scale, scale a pioli, scalinate, il percorrere le scale in salita e in discesa, sono tutte raffigurazioni simboliche dell'atto sessuale.[210] Mentre pareti lisce sulle quali si cerca di salire, facciate di abitazioni dalle quali – spesso con terrore – ci si cala, si riferiscono a corpi umani eretti e ripropongono nel sogno il ricordo della scalata del bambino sui propri genitori o persone che lo accudivano. Le mura "scivolose" sono uomini; e nell'angoscia del sogno ci si aggrappa frequentemente alle "sporgenze" delle abitazioni. Tavole imbandite e travi per lo stesso motivo rappresentano donne, probabilmente per il contrasto che in questo caso abolisce le curvature del corpo. "Legno" potrebbe essere, soprattutto per le relazioni linguistiche, un rappresentante della "materia femminile". Per esempio l'isola portoghese di Madeira significa legno. "Tavola e letto" si riferiscono al matrimonio, la prima viene

[210] Ripeto qui ciò che ho espresso altrove (*Le prospettive future della terapia psicoanalitica*, 1910) "Tempo fa ho saputo che uno psicologo, abbastanza lontano dalle nostre posizioni, si è rivolto a uno di noi osservando che sicuramente noi sopravvalutiamo l'occulto significato sessuale dei sogni. Il suo sogno più frequente è quello di salire una scala, e certamente dietro ciò non vi è nulla di sessuale. Resi avvertiti da questa obiezione, abbiamo posto mente alla comparsa di scale, scalinate e scale a pioli nel sogno e abbiamo presto potuto constatare che la scala (e quel che è analogo alla scala) rappresenta un sicuro simbolo del coito. Il fondamento del paragone non è difficile da trovare: con pause ritmiche e respiro affannoso si giunge a un punto elevato e poi con un paio di rapidi salti si è di nuovo in basso. Così nell'atto di salire le scale si ritrova il ritmo del coito. Non dimentichiamoci di ricorrere all'uso linguistico. Esso ci insegna che "montare" viene senz'altro usato come definizione sostitutiva dell'atto sessuale. Si dice di solito che l'uomo è uno *Steiger* (montatore) e usiamo *nachsteigen* (salire dietro, ossia correre dietro). In francese il gradino della scala si chiama *marche*, mentre un *vieux marcheur* corrisponde integralmente al tedesco *ein alter Steiger* (un vecchio donnaiolo)". [Nota aggiunta nel 1911]

spesso usata al posto del secondo e l'insieme delle rappresentazioni sessuali viene trasposto sul cibo. Tra i vestiti, il cappello da donna spesso significa un organo genitale maschile. Lo stesso vale per il mantello. Nei sogni maschili si è spesso presente la cravatta come simbolo del pene, e non solo perché pende giù ed è tipicamente maschile, ma anche perché una cravatta può essere scelta a differenza del pene.[211] Persone che ospitano questo simbolo, nella vita quotidiana usano molto spesso cravatte e in alcuni casi ne sono collezionisti. Tutti i complessi macchinari dei sogni sono molto probabilmente organi genitali – spesso maschili – e nella loro narrazione il simbolismo onirico si rivela irriducibile. È inoltre molto evidente che tutte le armi e tutti gli utensili: aratro, martello, schioppo, rivoltella, pugnale, sciabola, e così via, sono altrettanto simboli fallici. Alla stessa maniera molti scenari dei nostri sogni sono riconoscibili come simboli di organi genitali, soprattutto quelli con pontili o montagne boscose. Marcinowski ha messo insieme una lunga serie di esempi dove si osservano i sognatori spiegare i loro sogni utilizzando dei disegni, rappresentando località e paesaggi.[212] Queste illustrazioni rendono chiara la differenza presente tra significato manifesto e significato latente. Mentre, osservati senza malizia alcuna, parrebbero riprodurre carte geografiche, e ad un esame più preciso si mostrano rappresentazioni del corpo umano come degli organi genitali, e soltanto così posti rendono credibile la comprensione del contenuto onirico.[213] Anche nel caso di neologismi non chiari è permesso pensare a una composizione data da parti con significato sessuale. Pure i bambini nel sogno non voglio dire spesso altro che gli organi genitali; del resto, noi tutti tendiamo ad indicare il nostro organo genitale come il nostro "piccolino". Il "fratellino" è stato ben interpretato da Stekel come

[211] Vedi in H.R., *Zbl. Psychoanal.* (1912), il disegno di una giovane maniacale di diciannove anni: un uomo con un serpente per cravatta, che si volge contro una ragazza; e il racconto *Il pudibondo* (*Anthropophyteia:* una signora entra in una stanza da bagno e vi trova un signore che ha fatto appena in tempo a indossare la camicia; lui è molto imbarazzato ma si copre subito il collo con la parte anteriore della camicia e dice: "Mi scusi, sono senza *cravatta*". [Nota aggiunta nel 1914]

[212] J. Marcinowski, *Zbl. Psychoanal.*, (1912).

[213] O. Pfister, *Jb. Psychoanal. Psychopath. Forsch.* (1913).

il pene.[214] Intrattenersi amichevolmente con un bambino piccolo, o picchiarlo sono spesso raffigurazioni oniriche dell'onanismo. Per la rappresentazione simbolica della castrazione il sogno invece si serve della calvizie, della perdita dei denti e della decapitazione. La comparsa, in numero doppio o maggiore, di uno dei più frequenti simboli fallici, va considerata anche come uun tentativo di difendersi di fronte al rischio dell'evirazione. Anche la comparsa della lucertola – animale la cui coda, se strappata, ricresce – ha lo stesso valore. Tra gli animali che vengono presentati come simboli dell'organo genitale nella mitologia come nel folklore, tanti rivestono lo stesso ruolo anche nella nostra vita onirica: il pesce per esempio, ma anche la lumaca, il gatto, il topo, ma specialmente il serpente, il più efficace simbolo del membro maschile. Piccoli animali come gli insetti, rappresentano per esempio fratelli indesiderati. E l'esser ricoperti da insetti nocivi per le donne vuol dire spesso rimanere incinta. Tra i simboli d'oggi dell'organo genitale maschile va menzionato sicuramente il dirigibile, per via del suo rapporto con il volo e, talvolta, per la sua forma che sembra evocare quella del pene.

Stekel ha trovato anche altre serie di simboli, molti dei quali richiedono ancora studio e approfondimento. I suoi scritti, e in particolare *Il linguaggio del sogno* (1911), ospitano la più vasta serie di soluzioni di simboli, che ad un esame successivo si sono rivelate esatte, specialmente per quel che concerne la morte. Il povero spirito critico di Stekel e la sua tendenza a fare di tutta l'erba un fascio rendono invece inutilizzabili altre sue proposte, tanto che si deve prevedere molta prudenza nello studio dei suoi lavori. E per questo mi limiterò solamente a pochi esempi.

Destra e *sinistra* hanno un valore etico: "La via di destra significa sempre la strada maestra, la via di sinistra l'errore e il reato. Così la via di sinistra è l'omosessualità, l'incesto, la perversione, quella di destra invece il matrimonio, il rapporto con una prostituta e così via, ovviamente il tutto si direziona in base alla morale del sognatore".[215] Anche i *parenti* sono organi genitali.[216] Questo significato a mio parere vale solamente per il figlio, la figlia, la sorella minore, e per tutto quello che può essere considerato "piccolo".

[214] W. Stekel, *Jb. psychoanal. psychopath. Forsch.* (1909).
[215] Ibid. (1909), 466 sgg.
[216] Ibid.

Esempi ben verificati permettono invece di trovare nelle sorelle il simbolo dei seni, come nei *fratelli* quello degli emisferi superiori. Il *non riuscire a raggiungere* una carrozza è interpretato da Stekel come dispiacere di fronte a una differenza d'età che non si può cambiare.[217] Il *bagaglio* in un viaggio è chiaramente il complesso opprimente dei peccati che noi tutti ci portiamo dietro.[218] Ma proprio la valigia si rivela frequentemente un simbolo certo dei genitali del sognatore. Anche ai numeri Stekel ha assegnato valori simbolici immutabili, ma questi approdi non sembrano essere sufficientemente sicuri e stabili, anche se, nel singolo esempio, l'analisi può risultare più che probabile. E non dimentichiamo che il numero tre è il simbolo dell'organo genitale maschile.

Una delle pericolose semplificazioni di Stekel si rifà al doppio significato dei simboli genitali. "Esiste un simbolo che – immaginazione permettendo – non possa valere sia nella sfera del maschile che in quella del femminile?"[219] L'inciso rende meno certa la dichiarazione, dal momento che la fantasia non sempre lo rende possibile. In ogni caso non mi pare superfluo scrivere che, per quel che ne so, la tesi di Stekel non è durata dinnanzi al riconoscimento di un sempre maggior numero di casi. Oltre a simboli che esprimono sia l'organo genitale maschile sia quello femminile, se ne possono trovare degli altri che descrivono quasi solamente uno di essi, e ancora altri dei quali si conosce attualmente uno solo dei due possibili significati. È l'immaginazione che non permette di usare oggetti lunghi e armi come simboli dell'organo genitale femminile, oppure casse, scatole, e stanze come simboli del membro maschile. La tendenza del sogno ad usare bi-sessualmente i simboli sessuali rivela un tratto antico e primitivo, per il fatto già accennato che nell'infanzia non esiste differenziazione. Ma bisogna tener conto del fatto che in certi sogni si manifesta una specie di inversione del sesso, per cui ciò che è maschile diventa femminile e viceversa. Simili sogni esprimono il desiderio di appartenere al sesso opposto. Anche altre parti del corpo posso rappresentare i genitali, dalla mano al piede per il pene alla bocca all'orecchio e addirittura all'occhio per la vagina. Gli escrementi – dal muco alle lacrime, dall'urina allo sperma – sono interscambiabili. Quest'affermazione

217 Ibid., 479.
218 Ibid., 473.
219 Stekel, op. cit. (1911).

di Stekel,[220] che considero abbastanza rispondente a verità, ha subìto una forte e necessaria limitazione a causa delle osservazioni critiche di Rudolf Reitler: gli escrementi significativi, come lo sperma, possono essere sostituiti da un escremento indifferente.

Spero che queste mie parole acuiscano la curiosità di altri.[221] Ho tentato un'esposizione più ampia del simbolismo dei sogni presente nella mia *Introduzione alla psicoanalisi* (1915-17).

Aggiungerò alcune possibilità dell'uso di questi simboli nei sogni. Vorrei però mettervi sul chi va là contro la possibile e sbagliata sopravvalutazione del ruolo dei simboli per l'interpretazione del materiale onirico, e scongiurarvi di non ridurre il lavoro di traduzione del sogno a quello della traduzione dei simboli, perché molto importante è il meccanismo associativo del sognatore. Le due tecniche si devo fondere e aiutare a vicenda; e nella pratica come nella teoria fondamentale è il meccanismo associativo del singolo sognatore, dove il significato diventa assoluto e personale, mentre la traduzione dei simboli è solo un aiuto, un mezzo che si relaziona con una casistica più generale.

1. Il cappello come simbolo del maschio (dell'organo genitale maschile).[222] (Frammento tratto dal sogno di una giovane donna, agorafobica per angoscia da tensione).

È estate e passeggio per le vie di una città; indosso un cappello di paglia dalla forma curiosa: il centro del cappello è piegato verso l'alto, le parti laterali vanno in giù (qui diventa esitante), e un lato è più basso dell'altro. Sono tranquilla e sicura e quando incrocio un drappello di giovani ufficiali, mi dico: "Voi tutti non mi potrete far mai nulla." Dato che non riesce a trovare associazioni per il cappello del sogno, le suggerisco che potrebbe essere l'organo genitale maschile,

[220] Ibid. (112) R. Reitler, *Int. Z. Psychoanal.* (1913).

[221] Malgrado la diversità esistente fra la concezione schерneriana del simbolismo del sogno e quella sviluppata in queste pagine, debbo però rilevare che Scherner dovrebbe essere riconosciuto come l'autentico scopritore del simbolismo onirico e che le esperienze della psicoanalisi hanno nuovamente posto in onore il suo libro (uscito molti anni fa, nel 1861), che era stato considerato stravagante. [Nota aggiunta nel 1911]

[222] Estratto da *Nachträge zur Traumdeutung*, in "Zentralblatt für Psychoanalyse", I, 5/6, 1911.

con la parte centrale eretta e le due parti laterali pendenti. È strano che un cappello simboleggi un uomo, ma del resto si usa anche l'espressione: "Finir sotto la cuffia." Mi astengo dallo spiegare il particolare delle due parti che pendono disuguali, anche se sono appunto particolari di questa tipologia ad indicare di frequente la giusta direzione da prendere. Continuo a riferirmi a lei: se dunque suo marito possiede un organo genitale così straordinario, non ha certo necessità di aver paura degli ufficiali, di desiderarli, dal momento che lei tende a non uscire mai sprovvista di compagnia. E qui toccavo il nodo centrale della sua angoscia, anche tenendo conto di altre scoperte che avevo fatto precedentemente durante la sua analisi. Dopo la mia osservazione la donna inizia a ritrattare la descrizione del cappello, e confessa di non aver mai affermato che le due parti laterali pendevano verso il basso. Ma essendo io tanto sicuro di ciò che avevo ascoltato ho insistito. La donna è in silenzio e poi chiede cosa significa che un testicolo di suo marito sia più basso dell'altro, e se è cosa comune negli altri uomini. Questo chiarisce lo strano particolare del cappello e così lei accetta tutta l'interpretazione. Quando la donna mi raccontò questo sogno, il simbolo del cappello mi era ben chiaro da tempo. Da altri casi, meno espliciti, mi pareva lecito trarre la conclusione che il cappello forse rappresenta anche l'organo genitale femminile.[223]

2. Il piccolo è l'organo genitale. L'essere investiti è un simbolo del rapporto sessuale. (Un altro sogno della stessa paziente agorafobica).

Sua madre allontana la figlioletta di lei per spronarla a farla camminare da sola. Poi lei è in viaggio con la madre in treno e vede la piccola dirigersi verso il binario, è certa che verrà investita. Si percepisce lo scricchiolio delle ossa (disagio, ma non spavento). Poi lei si affaccia dal finestrino per controllare se dietro sul percorso si riescono a vedere i pezzi. In seguito accusa la madre di aver lasciato andare la bambina.

Analisi. È difficile fornire un'interpretazione completa del

[223] Vedi un esempio di questo nella comunicazione di F. Kirchgraber, *Zbl. Psychoanal. Psychother.* (1912). Stekel, (1909), ha comunicato un caso nel quale il cappello, provvisto di una piuma obliqua al centro, è simbolo di un uomo impotente. [Nota aggiunta nel 1911]

sogno. Dal momento che è parte di un ciclo e quindi può essere capito solo dalla sua relazione con la totalità. Perciò affrontandolo come isolato non è facile ottenere i misteri del simbolismo. La paziente ipotizza che il viaggio in treno sia da considerare storicamente come riferimento alla partenza da una clinica per malattie nervose, dove si era innamorata del direttore. Un giorno la madre era venuta a prenderla quando il medico comparve e le offrì un mazzo di fiori per l'addio, erano presso la stazione dei treni; le dispiacque molto che la madre fosse presente in quel momento, nel momento del dono. La madre quindi sembra essere un elemento di disturbo per le sue relazioni amorose possibili e ipotetiche, ruolo che in effetti la donna aveva svolto durante l'adolescenza della mia paziente. L'associazione seguente invece si riferisce alla frase: "si sporge dal finestrino per guardare se dietro si vedono i pezzi". Ad un primo sguardo il sogno dovrebbe far pensare ai pezzi del corpo della figlioletta investita e smembrata dal treno. Ma l'associazione a sorpresa propone tutt'altra direzione. La paziente si ricorda che una volta aveva notato il padre nudo in bagno; così inizia a disquisire delle differenze dei sessi e nota che nell'uomo si possono vedere i genitali anche da dietro, mentre nella donna no. In questa relazione nota da sola che il piccolo è l'organo genitale, la sua figlioletta (quattro anni) è simbolo del proprio organo genitale. Rimprovera quindi alla madre di aver preteso che lei conducesse la sua vita come se fosse sprovvista della sua vagina e colloca questo rimprovero nella frase iniziale del sogno: "la madre allontana la bambina di lei, per spronarla a camminare da sola". Nella sua fantasia, il camminar sola, giù per le strade, significa non avere una relazione con un uomo, significa non avere un rapporto sessuale (coire=andare insieme) e lei è terrorizzata da questo. A sentirla risulta che da ragazza ha sofferto molto a causa della gelosia della madre, dovuta ovviamente alla preferenza che il padre aveva per la figlia. L'interpretazione più approfondita di questo sogno emerge da un altro fatto nella medesima notte, in cui la donna si sovrappone alla figura di suo fratello. È stata una "cattiva ragazza" e spesso si è dovuta sentir chiamare come un ragazzo mancato. Da questa identificazione col fratello si evince quindi in maniera particolarmente chiara che il piccolo è inequivocabilmente l'organo genitale. La madre lo (la) minaccia di castrazione, e questa non può essere che una punizione per aver "giocato con il membro"; questo significa che lei stessa da bambina tendeva a masturbarsi, mentre nella vita quotidiana ricordava solo l'onanismo del fratello. In base a quello che ci racconta questo secondo sogno la donna deve aver avuto una decisamente precoce consapevolezza del pene, conoscenza che in seguito ha celato. In questo sogno poi si parla anche della teoria della sessualità infantile secondo la quale le bambine derivano per castrazione dai bambini. Dopo averle spiegato la natura profonda della sua idea infantile, la donna ne riconosce la veridicità dalla storia del bambino che domanda alla bambina: tagliato? Al che la bambina risponde prontamente: no, sempre stato così. Nel primo sogno la distanza della piccola nella stazione, ovvero la distanza della sua vagina, si riferisce con ogni probabilità anche al timore della castrazione. In fondo è indignata con sua madre, arrabbiata perché l'ha fatta nascere donna e non maschio. Dall'analisi di questo sogno se non lo si sapesse per certo da precedenti e ben documentate fonti non si evincerebbe facilmente che "l'essere investiti" simbolizzi il rapporto sessuale.

3. Rappresentazione dell'organo genitale mediante edifici, scale, pozzi. (Sogno di un giovane inibito dal complesso paterno).

È a passeggio con il padre in un che sembra il Prater, perché si vede la ROTONDA *e, davanti a questa, un piccolo* FABBRICATO *sporgente, con attaccato un* PALLONE FRENATO, *che però sembra un po' moscio. Il padre gli chiede spiegazioni sull'utilizzo di tutto questo. Lui se ne stupisce, ma comunque si cimenta nella spiegazione. Poi sono in cortile, vi è una grande piastra di latta. Suo padre vuol toglierne una grossa parte, ma si guarda intorno per esser certo che nessuno lo stia spiando. "Basta dirlo al guardiano dice il figlio". Da questo cortile una* SCALA CONDUCE *in un pozzo dalle pareti imbottite, quasi fosse una poltrona di pelle. Alla fine del pozzo si trova una piattaforma, piuttosto lunga, e poi inizia un altro pozzo.*

Analisi. Il paziente appartiene ad una tipologia complessa di malati: fino a un certo punto dell'analisi essi non oppongono resistenza, ma in seguito si mostrano quasi inaccessibili. Di fatto l'uomo interpretò il sogno da solo. La Rotonda – disse – è simboleggia il mio organo genitale, il pallone frenato davanti a essa il mio pene, della cui flaccidità sono sempre pronto a lamentarmi. Si può anche dire meglio: la Rotonda è il sedere – che, per il bambino, è parte dell'organo genitale – il piccolo fabbricato lo scroto. Il padre gli chiede spiegazioni sulla necessità dell'utilizzo, in altre parole gli chiede lo scopo dei genitali. Viene quasi spontaneo tentare di ribaltare la situazione, e allora è il paziente a fare la domanda. Dal momento che una domanda di questo tipo non è mai stata rivolta al padre, bisogna interpretare il pensiero notturno come un desiderio oppure prenderlo come una frase condizionale: "se avessi chiesto a mio padre spiegazioni sessuali". Troveremo presto, in un altro momento del sogno, il seguito di tutto questo. Il cortile non va considerato subito come un luogo simbolico: esso infatti deriva dai magazzini commerciali del padre. Per ragioni di rispetto, ho sostituito con latta il materiale che il padre realmente commercia, senza però altro cambiare al testo del materiale onirico. L'uomo è entrato nell'azienda del padre ed è rimasto scioccato dalle condizioni disoneste sulle quali si basa il guadagno del padre. Quindi il seguito potrebbe essere questo: "(Se lo avessi interrogato), mi avrebbe ingannato come è solito fare con i suoi clienti." Per l'atto di "strappare", che simbolizza la disonestà nel lavoro, è lo stesso sognatore a fornirne la seconda spiegazione, dicendo che significa onanismo. Questo non solo lo sappiamo da molto, ma è in accordo col fatto che la segretezza dell'onanismo è espressa dal suo contrario (si può cioè fare apertamente). Che poi l'atto masturbatorio venga anch'esso attribuito al padre, come la stessa domanda nella prima parte del sogno, corrisponde ad ogni attesa. Inoltre immaginando la morbida imbottitura delle pareti egli simbolizza il pozzo come se fosse una vagina. E io aggiungo che lo scendere, come il salire, sono il simbolo del coito nella vagina.[224] Il paziente stesso spiega partendo dal suo vissuto i dettagli del primo pozzo, al quale seguono una piattaforma piuttosto lunga e poi un altro pozzo. Per un periodo della sua vita ha fatto l'amore, e poi, a causa di inibizioni, ha evitato ogni tipo di rapporto sessuale e ora con il mio aiuto vorrebbe invertire questa tendenza. Verso la conclusione però il sogno diventa più confuso e sembrerà senz'altro plausibile che già nella seconda sequenza si possa intuire la presenza di un altro tema, al quale accennano il commercio del padre, il suo comportamento disonesto, la prima vagina rappresentata come pozzo: ovvero si può supporre che si stia facendo strada un riferimento alla madre.

[224] Vedi le mie osservazioni in "*Le prospettive future della terapia psicoanalitica*" (1910).

4. *L'organo genitale maschile simbolizzato da persone, quello femminile da un paesaggio.* (Sogno di una popolana, moglie di una guardia; comunicato dal dottor B. Dattner).

...Poi una figura si è introdotta nella casa e lei terrorizzata ha chiamato una guardia. Ma questa, con complici due vagabondi, era andata in chiesa,[225] *salendo diversi gradini;*[226] *Alle spalle della chiesa c'era una montagna*[227] *e più sopra una fitta foresta.*[228] *La guardia portava un elmetto, una gorgiera e un mantello.*[229] *Aveva una barba scura e incolta. I due vagabondi, che erano pacificamente accanto alla guardia, avevano intorno ai fianchi dei grembiuli rialzati a sacco.*[230] *Davanti alla chiesa un sentiero conduceva al monte. Esso era interamente coperto lateralmente da erba e cespugli, sempre più folti. Alla sommità della montagna formavano un bosco vero e proprio.*

5. *Sogni di evirazione nei bambini*

a) Un bambino di tre anni e cinque mesi che vive con disagio il ritorno del padre dal fronte, una mattina si sveglia sconvolto e agitato e ripete continuamente la domanda: *"Perché papà portava la sua testa su un piatto? Questa notte papà faceva così!"*.

b) Uno studente, affetto da una grave nevrosi ossessiva, ricorda di aver avuto più volte il seguente sogno all'incirca quando aveva sei anni: *Viene portato dal barbiere per tagliarsi i capelli. Appena arrivato vede una grande donna andare severamente verso di lui. La donna gli taglia la testa. La donna è sua madre.*

6. *A proposito del simbolismo dell'urinare*

I disegni seguenti sono una serie d'immagini che Ferenczi ha trovato in un giornale umoristico ungherese riconoscendole adatte a spiegare la teoria del sogno. Otto Rank ne ha già fatto lo stesso utilizzo per il suo lavoro sulla stratificazione dei simboli intitolato

[225] Oppure cappella = vagina.
[226] Simbolo del coito.
[227] *Mons Veneris.*
[228] *Crines pubis.*
[229] Secondo la spiegazione di un competente, i demoni con mantello e cappuccio hanno una natura fallica.
[230] Le due metà dello scroto.

Sogno della governante francese

Sogno della governante francese.[231] Soltanto l'ultimo quadro, che mostra la governante svegliata dagli strilli del bambino, ci indica che i sette precedenti compongono esattamente le fasi di un sogno. Il primo quadro è lo stimolo che porterà al risveglio. Il bambino ha espresso una necessità e chiede aiuto. Il sogno però sposta la situazione all'aperto, durante una passeggiata. Nel secondo quadro la governante ha già condotto il bambino verso un angolo della strada, il bambino fa pipì, e lei può continuare a dormire. Ma evidentemente lo stimolo del risveglio non si quieta, e il bambino, che fa i capricci perché si sente poco considerato, strilla sempre più forte. Quanto maggiore è la necessità con cui egli pretende il risveglio e il conseguente aiuto della sua governante, tanto più vigorosamente il sogno afferma che tutto è sotto controllo e che la donna può continuare a dormire. Esso traduce in questo modo lo stimolo del risveglio nelle dimensioni del simbolo. Il corso d'acqua generato dal bambino che urina è sempre più forte. Nel quarto quadro vi è già una barchetta, poi una gondola, poi una barca a vela e ancora un grande piroscafo! La lotta fra il desiderio di dormire e l'instancabile stimolo del risveglio è molto chiara e ben illustrata da un artista di valore.

7. *Un sogno di scale.* (Comunicato e interpretato da Otto Rank).

"Devo al collega che mi ha comunicato il sogno determinato da stimolo dentario il seguente e altrettanto chiaro sogno di polluzione: *Rincorro scendendo le scale una bambina che mi ha fatto qualche sgarbo, per punirla. In fondo alle scale qualcuno (un'adulta?) mi trattiene la bimba; l'acchiappo, non so se l'ho malmenata, perché d'improvviso mi trovo a circa metà delle scale, dove quasi volando ho un atto sessuale con la bambina. A dire il vero non era un coito, io strofinavo il mio pene contro i suoi genitali, e potevo vedere chiaramente e contemporaneamente sia il capo di lei reclinato lateralmente che la sua vagina. Durante l'atto sessuale osservo penzolare sopra di me (anche questo come per aria) due quadretti, due paesaggi, entrambi raffigurano una casa immersa nel verde. Nel più piccolo, in basso, al posto della firma dell'artista, c'è il mio nome, come se mi fosse destinato per regalo di compleanno. Inoltre davanti ai due quadri c'è un biglietto, nel quale è scritto che si possono avere anche quadri ad un prezzo più conveniente (mi vedo poi come se fossi disteso sul letto,*

[231] O. Rank, *Jb. Psychoanal. Psychopath. Forsch.* (1912).

in alto, però sul pianerottolo delle scale) e mi sveglio, con una forte sensazione di bagnato: ho avuto una polluzione notturna.

Analisi. La sera precedente al sogno, il paziente era stato in una libreria dove, nell'attesa, aveva osservato attentamente alcuni dei quadri che vi erano esposti e che rappresentavano motivi molto vicini a quelli presenti nei quadri del sogno. Si era avvicinato a uno di questi che aveva particolarmente apprezzato e aveva cercato di leggere il nome del pittore; ma non ci era riuscito. Più tardi, ma nell'arco della stessa giornata, era in compagnia di amici, e aveva sentito raccontare una storia su una cameriera boema, la quale s'era vantata che il suo bambino illegittimo "era stato concepito sulle scale". L'uomo aveva chiesto più dettagli sull'insolito evento e aveva saputo che la donna era andata col suo amante nell'abitazione dei suoi genitori, luogo in cui non ci sarebbe stata alcuna occasione di fare l'amore, e così l'uomo, decisamente eccitato, aveva messo in atto il coito sulle scale. Alludendo simpaticamente a un'espressione maliziosa utilizzata per l'adulterazione del vino, il paziente aveva detto che il bambino era decisamente "cresciuto sulla scala della cantina". Questi sono i riferimenti diurni presenti nel contenuto del sogno in modo piuttosto chiaro e che vengono riprodotti di notte dal sognatore. Ma con la medesima facilità l'uomo racconta un vecchio ricordo dell'infanzia, che è stato anch'esso utilizzato nel sogno. Le scale sono esattamente quelle dell'abitazione dove ha trascorso la maggior parte della sua infanzia e dove ha avuto la prima nozione consapevole degli affari del sesso. Su quelle scale aveva frequentemente giocato e in una occasione era anche scivolato lungo la ringhiera, cosa che gli aveva provocato una eccitazione sessuale. Ora anche in sogno egli corre rapidamente giù per le scale, quasi da non riuscire a toccare i gradini, e come si suol dire, "vola giù". Con riferimento al fatto infantile, quest'inizio del sogno sembra riferirsi al momento dell'eccitazione sessuale. Su quelle scale e nell'appartamento vicino, il sognatore aveva avuto spesso baruffe di natura sessuale con i bambini compagni di giochi, e si era realmente soddisfatto in modo simile a quello mostrato nel sogno.

"Avendo ben chiare le indagini di Freud sui simboli sessuali[232], secondo le quali le scale e il fare le scale nel sogno simbolizzano il coito, questo sogno si rende assolutamente chiaro. La sua spinta –

[232] Si veda il già citato aticolo in "*Zentralb f. PsA*".

come il suo risultato: la polluzione – è di natura dichiaratamente erotica. Durante il sonno si accende l'eccitazione sessuale, la cui dimensione sadica è accennata, sulla falsariga delle baruffe sessuali infantili, dalla rincorsa e dalla sopraffazione sulla bambina. L'eccitamento erotico corre dritto verso l'azione sessuale. Fin qui il sogno è di natura sessuale ma lo è solamente in maniera simbolica e per l'interprete poco pratico potrebbe risultare altamente oscuro. Ma l'eccitazione erotica non si accontenta di questo soddisfacimento simbolico, che comunque permetterebbe la tranquillità del sonno; esso invece vuole giungere al piacere dell'orgasmo, e quindi il simbolismo delle scale diventa raffigurazione del coito. Freud sottolinea il carattere ritmico delle due azioni come una delle pratiche di utilizzo sessuale del simbolo delle scale; questo sogno conferma la tesi di Freud, dal momento che per esplicita affermazione del paziente il ritmo della sua azione sessuale, in su e in giù, è l'elemento meglio raccontato dell'intero sogno. Un'osservazione ancora sui due quadretti che, oltre al loro significato nella vita quotidiana, hanno anche un senso simbolico, come "donnacce"[233], cosa che risulta chiara già dal fatto che si tratta di un quadro di grandi dimensioni e di un quadro di piccole, e nel contenuto del sogno sono presenti una ragazza grande e una piccola. La disponibilità di quadri anche più convenienti conduce al mondo delle prostitute, come d'altra parte il nome del paziente sul quadro piccolo e l'idea che possa essere un regalo di compleanno, indicano il complesso dei genitori (nato sulle scale=procreato nel coito). La scena finale, nella quale il paziente vede sé stesso sul letto, in alto, e sente la sensazione bagnata della polluzione notturna, sembra ricondurci, oltre l'onanismo infantile, a un momento ancora più arcaico dell'infanzia, e sembra avere come riferimento situazioni di enuresi analogamente piacevoli".

8. Un sogno di scale modificato.

Uno dei miei pazienti, un uomo molto malato la cui immaginazione è rivolta alla madre, ha sognato più volte di percorrere le scale in sua compagnia. Gli faccio notare che una masturbazione non esagerata gli sarebbe probabilmente meno dannosa della sua astinenza e a seguito di queste mie parole il sognatore ha questa

[233] *Weibsbilder* significa letteralmente "quadri di donna".

produzione onirica: *Il suo insegnante di pianoforte lo accusa di trascurarne lo studio, di non fare né gli* Studi *di Moscheles né il* Gradus ad Parnassum *di Clementi.* Egli osserva a questo proposito che anche il *Gradus* è una scala e che la tastiera stessa è una scala, in quanto contiene a sua volta una scala musicale. Si può dire che non esiste tipologia di raffigurazioni che si rifiuti di mostrare fatti e desideri di natura sessuale.

9. *Senso di realtà e rappresentazione della ripetizione*

Un uomo di trentacinque anni riferisce un sogno che ricorda chiaramente aver fatto all'età di quattro anni: *il notaio che custodiva il testamento del padre* – perduto all'età di tre anni – *aveva due grandi pere Kaiser, una delle quali gli veniva data per mangiarla. L'altra era posata sul davanzale del soggiorno.* L'uomo si svegliò convinto della veridicità di quello che aveva sognato e chiese con insistenza alla madre di dargli la seconda pera, dicendo che era sul davanzale. La madre sorrise.

Analisi. Il notaio era un vecchio e simpatico signore che – così crede il paziente – un giorno aveva realmente portato con sé delle pere. Il davanzale era identico a quello del sogno. Sembra non ricordare altro; forse solo che: recentemente sua madre gli aveva raccontato a sua volta un sogno: due uccelli sono sulla sua testa, lei si chiede quando andranno via, ma rimangono; uno invece vola verso la sua bocca e inizia a succhiare. L'assenza di associazioni da parte del sognatore ci permette di tentare l'analisi tramite la sostituzione simbolica. Le due pere – *pommes ou poires* – rappresentano probabilmente il seno della madre, il davanzale è la sporgenza degli stessi seni e per giunta analoga alle sporgenze del sogno delle case che ho precedentemente descritto. Al risveglio la sua impressione di realtà è più che giustificata, dal momento che la madre lo ha realmente allattato, anzi pare ben oltre il periodo comune, e inoltre il suo seno materno sarebbe ancora disponibile a svolgere quel ruolo. Il sogno va interpretato così: "Mamma, per favore mostrami ancora il tuo seno, come facevi un tempo". L'espressione "un tempo" viene raffigurata dal mangiare la prima pera, l'espressione "ancora" dal desiderio della seconda pera. La *ripetizione temporale* di un'azione diviene nel sogno la moltiplicazione di un oggetto: le due pere. È sorprendente che un simile simbolismo sia presente già nella produzione onirica di un bambino di quattro anni, ma questa non è la sola eccezione, anzi è la regola. Possiamo affermare che il sognatore dispone del simbolismo fin dal suo primo momento. E quanto precoce ne sia l'utilizzo, anche al di là della vita notturna, si può notare dal seguente ricordo di una donna che ora ha ventisette anni. *Lei all'epoca aveva tra i tre e i quattro anni. La bambinaia la portava insieme al fratellino minore di undici mesi e ad una cugina a metà tra i due di età, al gabinetto per fare i bisogni prima di uscire a fare una passeggiata. La donna/bambina, in quanto più grande di età, sedeva sulla vasca, mentre gli altri due bambini sui vasi. La donna/ bambina chiedeva alla cugina: "Hai anche tu una borsetta? Walter, vedi, lui ha una piccola salsiccia, mentre io ho una borsetta". E la cugina: "Sì, anche io ho la mia borsetta". La bambinaia ascolta sorridendo teneramente e racconta poi la conversazione tra i bambini alla madre, che invece reagisce con rimproveri molto severi.* A questo punto desidero raccontare un sogno, il cui simpatico e dolce simbolismo permise un'interpretazione, con trascurabile intervento da parte della sognatrice.

10. "Contributo al problema del simbolismo nei sogni delle persone sane di mente"[234]

"Una critica spesso mossa dagli avversari della psicoanalisi – e non per ultimo anche da Havelock Ellis[235] – dichiara che il simbolismo onirico è un risultato di una psiche malata, e che non ha in alcuna maniera valore per una mente sana. Dunque, l'indagine psicoanalitica non considera differenze di principio fra la vita psichica normale e quella nevrotica, soltanto variazioni di quantità. I complessi mascherati intervengono nello stesso modo sia nei sani sia nei malati. Anzi, i sogni considerati ingenui delle così dette persone sane di mente contengono di frequente un simbolismo molto più facile, trasparente, e più caratteristico dei sogni di persone affette da nevrosi, nelle quali – in seguito a una più forte presenza della censura e, di conseguenza, ad una più ampia distorsione – questo simbolismo è spesso affaticato, oscuro ai limiti del comprensibile. Il sogno che sto per analizzare mi auguro che possa

[234] A. Robitsek, *Zbl. Psychoanal.* Vol. 2, 340 (1912).
[235] Ellis, op. cit. p. 168.

servire a chiarire una volta per tutte questa questione. Esso proviene infatti da una ragazza assolutamente non nevrotica, dal carattere educato e semplice e molto riservato; nel corso della nostra analisi mi dice di essere fidanzata, anche se esistono degli ostacoli che potrebbero ritardare il matrimonio tra lei e il suo compagno. Così mi racconta questo sogno: "I *arrange the centre of a table with flowers for a birthday*" (preparo il centro di una tavola con fiori per un compleanno). Mi dice d'essere stata in sogno a suo agio come quando è nella sua casa (dove attualmente non risiede) e di aver provato un senso generale di felicità per tutto il sogno. Il "simbolismo popolare" mi consente una interpretazione semplice. Il sogno esprime i suoi sentimenti di futura sposa: la tavola con il centro infiorato è una rappresentazione di lei stessa come del resto del suo organo genitale. I suoi desideri per il futuro sono mostrati come se fossero già realizzati, e i suoi pensieri già si avvicinano alla nascita del futuro figlio; il matrimonio quindi è stato già celebrato. Le faccio notare che *the centre of a table* è un'espressione assolutamente insolita, lei è d'accordo, ma capisco subito che non posso insistere con domande dirette. Ho evitato di suggerirle il significato dei simboli e le ho chiesto solamente cosa pensa delle singole sequenze del sogno. Nel corso dell'analisi la sua timidezza viene meno e si accende in lei una palese curiosità per l'interpretazione accompagnata ad una franchezza, consentita anche dalla piacevolezza della conversazione. Quando le domando di quale specie fossero i fiori del sogno risponde prima: *expensive flowers*; *one has to pay for them* (fiori cari, per i quali bisogna pagare), poi, che erano *lilies of the valley, violets and pinks or carnations* (mughetti, letteralmente: gigli della valle, violette). Suppongo che la parola *lilie* (giglio) compaia in questo sogno nel suo significato popolare ovvero come una raffigurazione della castità; ella è nuovamente d'accordo. *Valley*, la valle, è una rappresentazione onirica della donna; e così, il "casuale" incontro dei due simboli nella denominazione inglese del mughetto viene utilizzato dal simbolismo onirico come sottolineatura della sua preziosa verginità – *expensive flowers, one has to pay for them* – nonché come attesa che l'uomo sappia apprezzarne il pregiato valore. L'osservazione *expensive flowers*, eccetera, ha, come scopriremo, un significato diverso in ognuno dei tre simboli floreali. "Tentò di illustrarmi – in una maniera a mio parere azzardata – il significato nascosto delle *violets*, che in apparenza sono asessuali, con un riferimento inconscio al francese *viol* [violenza carnale]. Con mia sorpresa la paziente combina *violate*, il termine inglese per violentare. La forte e non voluta similitudine di *violet* e *violate* – nella pronuncia inglese si differenziano soltanto per l'accento dell'ultima sillaba – viene utilizzata dal sogno per esprimere "tramite i fiori" il timore della violenza nella deflorazione (nuovamente il simbolismo floreale) e, probabilmente, anche un tratto in parte masochistico della ragazza. L'espressione *one has to pay for them* indica la vita con la quale forse dovrà pagare il prezzo del suo essere prima donna e poi madre. "A proposito di *pinks*, che poi nomina *carnations*, mi incuriosisce la relazione di questa parola con "carnalità" anche se la ragazza vi associa colour (colore). Aggiunge però che *carnations* sono i fiori che l'amante le regala frequentemente e per giunta in gran quantità. Alla fine della nostra bella conversazione, all'improvviso confessa spontaneamente, di avermi mentito. Le è venuto in mente non colour bensì *incarnation* (incarnazione), parola che a dire il vero io attendevo. L'insincerità ovviamente chiarifica come in questo punto specifico la resistenza era decisamente più forte, oltre al fatto che il simbolismo era più trasparente e la lotta fra libido e rimozione aveva ottenuto in questo frammento fallico la massima intensità. L'osservazione che i fiori sono regali molto frequenti del fidanzato mostra, accompagnandosi al doppio valore di *carnation*, un ulteriore cenno al loro significato fallico nelle creazioni notturne. Lo spunto dalla vita reale del dono di fiori diventa adatto ad esprimere il pensiero di un dono sessuale accompagnato a sua volta da una specie di ricambio: la sua verginità e l'attesa di un'appassionata e dolce vita amorosa. L'espressione *expensive flowers, one has to pay for them* potrebbe anche portare con sé un reale riferimento al denaro. Il simbolismo floreale rappresenta la verginità, il simbolo maschile e il riferimento alla deflorazione violenta. Si rammenti inoltre che il simbolismo sessuale dei fiori – peraltro molto diffuso – raffigura anche gli organi sessuali dell'uomo attraverso i fiori, pensiamo agli organi sessuali delle piante; il dono di fiori tra innamorati ha probabilmente in generale questo significato inconscio. "Il compleanno che sta preparando" rimanda certamente alla nascita di un bambino. La ragazza s'identifica col fidanzato; lo immagina mentre sta preparando lei stessa per una futura nascita, dunque durante un atto sessuale. Il pensiero latente potrebbe essere il seguente: se fossi il mio fidanzato, non aspetterei, e deflorerei la mia amata ancor prima di chiedere il suo parere, userei della violenza (violate). Così emerge anche la componente più sadica della libido. "Ad un livello più profondo del sogno, l'espressione *I arrange*, potrebbe avere un valore autoerotico, e dunque infantile. Inoltre la ragazza sa di non essere particolarmente bella; e si rappresenta piatta come una tavola. Così vien sottolineata l'importanza del centre (un'altra volta lo chiama a *centre-piece of flowers*): ovvero la sua verginità. Inoltre l'essere orizzontale della tavola potrebbe essere un ulteriore dato simbolico. Nei sogni nulla è superfluo e ogni parola è un simbolo. In un secondo momento aggiunge al sogno: *I decorate the flowers with green crinkled paper* (orno i fiori con carta increspata verde). Dice che si tratta di *fancy paper* (carta fantasia) con cui si rivestono i comuni vasi per fiori. Dice inoltre: *to hide untidy things, whatever was to be seen, which was not pretty to the eye; there is a gap, a little space in the flowers.* Dunque: per nascondere cose poco pulite, che non sono belle da vedersi, una fessura, un piccolo interstizio tra i fiori. *The paper looks like velvet or moss* (la carta sembra velluto o muschio). Alla termine *decorate* associa *decorum*, esattamente come avevo previsto. Il verde è protagonista. Poi associa *hope* (speranza), che è chiaramente leggibile come un altro riferimento alla gravidanza. In questa sezione del sogno non è l'immedesimazione nell'uomo a dominare in quanto vengono fatti emergere pensieri caratterizzati da pudore e sincerità. La ragazza si fa bella per il fidanzato, riconosce i suoi difetti fisici e cerca di attutirli. Le associazioni velluto e muschio sono un accenno ai *crines pubis.* Il sogno è manifestazione di pensieri che la mente diurna della fanciulla appena conosce; si tratta di pensieri che si richiamano alla sfera dell'amore sensuale e ai suoi vari organi; la ragazza viene "preparata per un compleanno", vale a dire è coinvolta in un atto sessuale; la paura della deflorazione, e forse anche il dolore che ne consegue, hanno anche una certa dose di piacere, e infatti ne possiamo trovare un'espressione; lei confessa a se stessa i difetti del proprio corpo che però vengono compensati da un'eccessiva importanza data alla sua assoluta verginità. Il suo pudore rende possibile la palese dimensione sessuale giustificandola con una imminente nascita. Inoltre emergono anche considerazioni materiali comunemente considerate estranee a chi è innamorato. Il senso di felicità che si estende per tutto il sogno significa che forti complessi hanno raggiunto una qualche sorta di appagamento".

A ragione Ferenczi[236] ha sottolineato l'importanza della facilità con cui proprio i "sogni ingenui" delle persone così dette sane di mente permettono di scoprire e confermare il significato dei simboli e dei sogni. Trascrivo a questo punto l'interpretazione di un sogno di una personalità dei nostri giorni, perché un oggetto, che sarebbe comunque idoneo a simboleggiare anche altro dal membro maschile, viene qui caratterizzato in maniera davvero esplicita ed esemplare come possibile simbolo fallico. Il "prolungamento all'infinito" di una frusta difficilmente non si riferisce ad un'erezione. Inoltre il prossimo sogno offre un esempio molto utile del modo in cui pensieri seri e distanti dalla sfera sessuale giungono alla rappresentazione tramite un materiale sessuale infantile.

11. *Un sogno di Bismarck*[237] (Dal dott. Hanns Sachs)

"*Nei pensieri e ricordi* di Bismarck viene riportata una lettera da lui indirizzata all'imperatore Guglielmo il 18 dicembre 1881[238] che dice: "La comunicazione di Vostra Maestà mi incoraggia a raccontare un sogno fatto nella primavera del 1863, nei giorni più duri del conflitto, da cui nessun occhio umano poteva scorgere una possibile via d'uscita. Sognai, e al mattino raccontai subito il sogno a mia moglie e ad altri testimoni, di cavalcare per uno stretto sentiero alpino, a destra l'abisso, a sinistra le rocce; il sentiero si faceva sempre più stretto, tanto che il cavallo rifiutava di proseguire; impossibile voltare o scendere per mancanza di spazio: allora con il mio frustino nella mano sinistra picchiai contro la liscia parete di roccia e invocai Dio; il frustino divenne infinitamente lungo, la parete di roccia cadde come una quinta, dischiudendo una via larga con vista su poggi e terreni boschivi, come in Boemia, e truppe prussiane con bandiere, e in me, ancora in sogno, il pensiero di come potessi rapidamente farlo sapere a Vostra Maestà. Il sogno si avverò e io mi svegliai contento e rinfrancato." Si può dividere il sogno in due parti: nella prima, Bismark è in difficoltà, nella seconda è liberato in una maniera a dir poco miracolosa. La difficile posizione in cui si trovano cavallo e cavaliere è un simbolo onirico per giunta facilmente riconoscibile della

236 S. Ferenczi, *Int. Z. Psychoanal.* (1917).
237 Tratto da H. Sachs, *Int. Z. Psychoanal.* (1913).
238 O. Von Bismarck, *Gedanken und Erinnerungen* (Stoccarda 1898-99).

situazione politica complessa che lui doveva sentire con particolare angoscia. Bismarck sottolinea la sua posizione disperata usando la medesima metafora pervenuta a raffigurazione onirica: anche il significato doveva dunque essergli familiare. Inoltre ci troviamo di fronte a un esempio di quello che Silberer ha ben definito come "fenomeno funzionale". I processi mentali di Bismark – che si trova di fronte a ostacoli insormontabili, ma non può far a meno di occuparsene – sono resi molto chiaramente dall'immagine del cavaliere che non può andare né avanti né indietro. L'orgoglio che non gli permette di recedere è manifestato con queste parole: "... Impossibile voltare o scendere". Nel suo essere un uomo sempre attivo e che si tormenta a più non posso per il bene degli altri, era normale per Bismarck creare un'equivalenza tra se stesso e un cavallo, e del resto lo ha già fatto in altre occasioni, come per esempio quando ha pronunciato la celebre battuta: "un buon cavallo muore con la sua bardatura addosso". Così, le parole "il cavallo rifiutava" vogliono dire che l'uomo ormai troppo stanco sente il bisogno di distrarsi o potremmo dire che è in procinto di liberarsi con il sonno dalle angosce della realtà. L'appagamento del desiderio, che è così forte nella seconda parte, ha però un preludio nelle parole "sentiero alpino". Forse, Bismarck aveva già deciso che avrebbe trascorso le sue vacanze a Gastein, sulle Alpi, e quindi aveva trasferito in quel posto se stesso, liberandosi dalle pressioni che appartengono ad un valoroso uomo di Stato. Nella seconda sezione del sogno i desideri di Bismark vengono risolti in due modi. In modo simbolico, tramite la sparizione della parete rocciosa che rappresenta l'ostacolo, che viene sostituita da una larga via. La scappatoia più comoda e della quale era alla ricerca; e poi il tutto diventa "scoperto" con la vista delle truppe prussiane che avanzano. Per spiegare questa visione profetica non occorre costruire concatenazioni mistiche; la teoria dell'appagamento di desiderio basta e avanza. Sin d'allora Bismarck desiderava vincere l'Austria, questa era la miglior via d'uscita dai conflitti interni prussiani. Egli sogna così le truppe prussiane con le loro bandiere in terra nemica: in questo modo il sogno esaudisce il suo desiderio. È inoltre significativo il fatto che Bismark non si sia accontentato dell'appagamento onirico, ma che poi abbia saputo conquistare lo stesso desiderio anche nella vita reale. Un tratto importante è il frustino che poi diventa "infinitamente lungo". Frusta, bastone, lancia e oggetti simili sono simboli fallici. L'esagerazione del fenomeno attraverso il prolungamento "all'infinito" vuole riferirsi al sovra-investimento infantile. Il prendere in mano il frustino è un'allusione al masturbarsi, e bisogna quindi pensare ad un piacere infantile remoto. È molto interessante l'interpretazione del dottor Stekel,[239] per il quale la "sinistra" rappresenta l'illecito, e questo si sposerebbe molto bene con l'onanismo infantile che viene praticato dai bambini nonostante ci siano delle proibizioni. Fra questo strato infantile e quello superiore, che investe le attività diurne dell'uomo di Stato, è possibile cogliere uno strato intermedio che però è in relazione con gli altri due. L'intero svolgersi della divina liberazione dal terrore, per mezzo del colpo sulla roccia e invocando l'intervento di Dio, può richiamare alla mente una nota scena biblica, ovvero quando Mosè fa uscire l'acqua dalla roccia per gli assetati figli d'Israele. Possiamo sicuramente supporre che Bismarck conoscesse il passo, in quanto proveniva da una famiglia di protestanti fedeli alla Bibbia. In quella guerra Bismarck forse si paragonava a Mosè, ricompensato da quel popolo che intendeva liberare con una rivolta con odio e crudeltà. In questo modo risulterebbe scoperto il collegamento con i desideri del presente. Però il passo biblico contiene alcuni dettagli che sono facilmente utilizzabili dalla fantasia masturbatoria. Contro il comandamento di Dio, Mosè prende la verga e a causa di questa trasgressione Dio lo punisce dicendogli che morirà senza toccare la Terra promessa. La verga afferrata – che è fallica – nonostante il divieto, e la conseguente produzione di liquido sbattendola contro la roccia, e poi anche il rischio di perder la vita, ecco quindi riuniti tutti i temi principali della masturbazione infantile. Degna di nota è anche l'elaborazione che unisce, attraverso la Bibbia, le due immagini eterogenee, una delle quali nasce nella psiche di Bismark e l'altra dagli impulsi di un'anima infantile e arcaica. Che l'afferrare la verga simboleggi un atto vietato viene ormai accennato simbolicamente solamente dal dettaglio che è la mano sinistra a farlo. Ma nel contenuto onirico manifesto, in quel preciso momento viene invocato nientemeno che Dio, quasi ad escludere qualsiasi pensiero di nascondimento o di segreto. Delle profezie di Dio a Mosè che vedrà la Terra promessa, ma non vi poggerà piede, l'una è rappresentata come appagata (poggi e terreni boschivi), mentre l'altra non è neppure accennata. L'acqua è stata sicuramente eliminata nell'elaborazione secondaria che è riuscita a congiungere questa scena con la precedente. Ora è la roccia a crollare. "Quale conclusione di una fantasia masturbatoria infantile, in cui sia raffigurato il motivo del divieto, dovremmo attenderci il

[239] Stekel, loc. cit. (1909), 466 sgg.

desiderio del bambino che le persone autorevoli ignorino l'accaduto. Nel sogno questo desiderio è sostituito dal suo opposto, ovvero da quello di far conoscere immediatamente lo svolgimento degli eventi al re. I sogni di vittoria e di conquista possono di frequente incarnare l'occultamento di un desiderio di conquista erotica; alcuni singoli momenti del sogno di Bismark, come per esempio l'opposizione a colui che avanza e la comparsa di una larga via maestra a seguito dell'utilizzo del frustino allungato all'infinito, possono essere un'indicazione, ma non credo siano sufficienti a penetrare sino in fondo una specifica serie di pensieri e di desideri che sono sparsi nel sogno. Questo è un esempio di deformazione onirica. Ciò che è sconveniente è stato rilavorato in modo da non sconfinare in nessuna parte dalla trama che svolge la funzione di un velo protettivo. Ne consegue che si è impedito ogni scatenamento dell'angoscia. Questo è un caso di appagamento che si è verificato senza ledere la censura, ed è per questo che Bismark al suo risveglio era così felice e di buon umore.

12. Sogno di un chimico

Un giovane che cercava di convertire in un rapporto con donne le sue abitudini di onanismo.

Preambolo. Il giorno precedente aveva spiegato a uno studente la reazione di Grignard, per cui è necessario sciogliere del magnesio in etere assolutamente puro, sotto l'azione catalitica dello iodio. Due giorni prima, la stessa reazione aveva generato un'esplosione da cui un operaio era uscito con una bruciatura alla mano.

Sogno.

1) Deve preparare del bromuro di fenilmagnesio, vede l'apparecchiatura con una certa chiarezza ma ha sostituito al magnesio se stesso. Ora viene a trovarsi in una disposizione d'animo di straordinaria titubanza, seguita a ripetersi: "È giusto così, così va bene, i miei piedi già cominciano a sciogliersi, le ginocchia diventano molli." Poi si tasta i piedi e nel frattempo (senza sapere come) tira fuori le gambe dall'alambicco, e riprende a dirsi: "Non è possibile. Eppure sì, è giusto così". Quindi apre gli occhi e, semisveglio, ripete a se stesso il sogno, perché vuole raccontarmelo. Teme persino la sua soluzione del sogno, nel dormiveglia si sente molto eccitato e non smette di ripetersi: "Fenil, Fenil".

*2) Si trova con tutta la famiglia a ***ing, alle undici e mezzo ha appuntamento allo Schottentor con una signora, ma alle undici e mezzo* *si sta ancora svegliando. Si dice: "Ormai è troppo tardi; prima che ci arrivi si faranno le dodici e mezzo." Un attimo dopo, vede tutta la sua famiglia riunita intorno alla tavola, molto nitidamente scorge sua madre e la cameriera con la zuppiera tra le mani. Allora dice a se stesso: "Se ormai stiamo per mangiare, non posso certo andarmene via".*

Analisi. Egli è convinto che già il primo sogno abbia una qualche relazione con la signora dell'appuntamento (il sogno è della notte precedente l'atteso incontro). Lo studente a cui ha spiegato la reazione è un soggetto particolarmente antipatico; gli aveva detto: "Non è giusto", perché il magnesio era ancora integro, e lo studente aveva risposto, con il tono di chi non gliene importava: "E va bene, non è giusto." Probabilmente è lui quello studente – la sua indifferenza per la propria *analisi* è tale quale quella dell'altro per la propria *sintesi* – ma quello che nel sogno compie l'operazione devo essere io. Come deve parermi insopportabile, con quella sua aria di indifferenza di fronte al risultato!

Del resto è lui il materiale con cui si fa l'analisi (sintesi). La questione riguarda l'esito della cura. Le gambe del sogno rimandano a un'impressione di ieri sera. Alla lezione di ballo ha conosciuto una signora che ha intenzione di sedurre; l'ha abbracciata così stretta a sé che d'un tratto lei ha lanciato un grido. Quando ha smesso di premere contro le sue gambe, ha avvertito sulle proprie, fino a sopra il ginocchio, in corrispondenza dei punti del sogno, la decisa pressione di risposta di lei. In questo quadro la donna è il magnesio nella storta, con cui finalmente "va bene". È femminile con me e virile con lei. Se funziona con la donna, funziona anche con la cura. L'azione di tastarsi e la percezione delle proprie ginocchia alludono all'onanismo e corrispondono alla debolezza del giorno precedente. Il nostro appuntamento era davvero fissato per le undici e mezzo. Il suo desiderio di non svegliarsi in tempo e di restarsene con gli oggetti sessuali di casa (ovvero con l'onanismo) corrisponde alla sua resistenza.

Nota riguardo alla ripetizione del nome Fenil: tutti questi radicali in "il" mi sono sempre andati a genio, sono così facili da usare: benzil, acetil e via dicendo. Ora, se questo non indica nulla, quando provo con il radicale *Schlemihl*[240] scoppia a ridere e racconta che in un libro di Marcel Prévost che ha letto durante l'estate c'era un capitolo, "Les exclus de l'amour", che parlava davvero degli "Schlémiliés". "È

240 In gergo significa "fannullone"; *Schlemihlerei* significa "la bricconata di un buono a nulla".

il mio caso" si era detto quando ne aveva letto la descrizione. E sarebbe stata una *Schlemihlerei* se non fosse venuto all'appuntamento.

Sembra già emersa una conferma sperimentale diretta del simbolismo sessuale del sogno. Nel 1912, su suggerimento di Swoboda, il dottor Schrötter ha indotto sogni in persone profondamente ipnotizzate mediante una suggestione che ne stabiliva gran parte del contenuto. Se la suggestione stabiliva il compito di sognare un rapporto sessuale normale oppure anormale, il sogno lo eseguiva, sostituendo al materiale sessuale i simboli dell'interpretazione psicoanalitica. Per esempio, se l'imposizione era di sognare un rapporto omosessuale con un'amica, questa appariva nel sogno con in mano una misera *borsa da viaggio*, su cui era incollata un'etichetta con la scritta stampata: "Solo per signore." Pare che la sognatrice non avesse mai saputo del simbolismo e dell'interpretazione onirica. Purtroppo l'esito di questa indagine fondamentale venne turbato da un infausto evento: il suicidio, di poco successivo, del dottor Schrötter. Dei suoi esperimenti sui sogni informa solo una comunicazione preliminare.[241] Risultati analoghi sono stati pubblicati da Roffenstein nel 1923.[242] Ma più interessanti sembrano certi esperimenti di Betlheim e Hartmann, perché escludono il ricorso all'ipnosi.[243] I due hanno raccontato storie di banale contenuto sessuale a persone affette da psicosi di Korsakoff, osservando le deformazioni che si generavano durante l'esposizione. Risultato: venivano alla luce i simboli noti dall'interpretazione onirica (far le scale, pungere e sparare come simboli del coito, coltello e sigaretta come simboli del pene). Una valenza particolare viene attribuita alla comparsa del simbolo delle scale perché – come giustamente spiegano gli autori – "una simbolizzazione di questo tipo sarebbe irraggiungibile per un desiderio cosciente di deformazione".

Solo una volta esaminato il simbolismo nel sogno possiamo procedere nell'analisi dei *sogni tipici*. Ragionevolmente dividerei questi sogni in due classi: quelli che di fatto ripropongono ogni volta lo stesso significato e quelli che, nonostante il contenuto sia

[241] K. Schrötter, *Zbl. Psychoanal.*, vol. 2, 638 (1912).
[242] G. Roffenstein, *Z. ges. Neurol. Psychiat.*, vol. 87, 362 (1923).
[243] S. Betlheim e H. Hartmann, *Arch. Psychiat. Nervenkr.*, vol. 72, 278 (1924).

lo stesso o simile, sono soggetti alle più diverse interpretazioni. Tra quelli della prima classe ho già trattato abbastanza approfonditamente il sogno d'esame.

Per via degli affetti analoghi che generano, ai sogni d'esame si avvicinano i sogni del non riuscire a raggiungere un treno. La loro spiegazione motiverà l'accostamento. Sono sogni di consolazione di un altro moto d'angoscia generato nel sonno: l'angoscia di morire. L'atto del "partire" è uno dei simboli di morte più ricorrenti e inequivocabili. Il sogno, consolatorio, vuole quindi dire: "Stai sereno, non morirai (partirai)", allo stesso modo che il sogno d'esame tranquillizza col dire: "Non temere, anche questa volta non ti accadrà nulla." La comprensione dei due tipi di sogno si fa complessa per via della congiunzione tra la sensazione d'angoscia e, appunto, la manifestazione di conforto.

Per lungo tempo non sono riuscito a individuare il significato dei "sogni da stimolo dentario", che spesso mi è capitato di esaminare nei miei pazienti, perché, con mio stupore, alla loro interpretazione puntualmente si opponevano resistenze troppo forti. Infine, un'evidenza lampante ha fugato ogni dubbio sul fatto che, nei maschi, la matrice di questi sogni si rintraccia nelle voglie onanistiche del periodo della pubertà. Voglio esaminare due sogni di questa categoria, di cui uno è al tempo stesso un "sogno di volo". Appartengono entrambi alla stessa persona, un giovane con forti tendenze omosessuali, inibite però nella vita reale.
Si trova a una rappresentazione del Fidelio*, nella platea dell'Opera, vicino a L., personalità che egli trova simpatica e di cui vorrebbe conquistarsi l'amicizia. D'un tratto sorvola la platea in linea obliqua, fino in fondo, quindi si mette le mani in bocca e si cava due denti.*

Egli stesso definisce così il volo: come se venisse "gettato" per aria. Trattandosi di una rappresentazione del *Fidelio*, sorge spontaneo il verso del poeta:

Wer ein holdes Weib errungen...
Chi ha conquistato un'amabile donna

ma la conquista di una donna, anche la più amabile, non rientra tra i desideri del sognatore, a cui meglio si confanno altri due versi:

Wem der grosse Wurf gelungen,
Eines Freundes Freund zu sein...
A chi è toccata la grande fortuna
Di essere amico di un amico...

Ora, il sogno comprende questo "grande getto", che però non corrisponde semplicemente alla soddisfazione di un desiderio. Vi si ritraccia anche l'amara considerazione che nelle sue richieste d'amicizia egli è già stato più volte non corrisposto, è stato "gettato fuori", e insieme la paura che questo destino possa reiterarsi col giovane accanto al quale si gode la rappresentazione del *Fidelio*. E a ciò si somma ora un'ammissione, umiliante per il sensibile sognatore: una volta, dopo esser stato respinto da un amico, si era masturbato due volte di seguito, eccitato sensualmente dal desiderio.

Il secondo sogno: due professori universitari che egli conosce lo curano al mio posto. Uno dei due fa qualcosa al suo membro; egli ha paura di un'operazione. L'altro preme contro la sua bocca una spranga di ferro, facendogli perdere uno o due denti. Si trova legato con quattro fazzoletti di seta.

Il significato sessuale di questo sogno è lampante. Ai fazzoletti di seta corrisponde l'identificazione con un omosessuale di sua conoscenza. Il sognatore, che non ha mai praticato il coito e che nella realtà non ha mai provato ad avere rapporti omosessuali, riconduce il rapporto sessuale al modello dell'onanismo puberale, una volta a lui familiare.

Credo che anche le diffuse varianti del sogno tipico da stimolo dentario – quando, ad esempio, un altro estrae il dente di chi sogna e simili – si possano comprendere tenendo presente la stessa spiegazione.[244] Quello che può risultare ambiguo è il modo in cui lo "stimolo dentario" perviene a questo significato. Pongo qui l'accento sulla assai usuale trasposizione dal basso verso l'alto, che è al servizio della rimozione sessuale e in virtù della quale, nell'isteria, qualsiasi sensazione e intenzione che dovrebbe riferirsi ai genitali può venir

[244] L'estrazione di un dente da parte di un'altra persona si interpreta in genere come evirazione, così come il taglio di capelli da parte del barbiere (Stekel). Bisogna distinguere tra sogni da stimolo dentario e sogni del dentista in genere, come quelli riferiti da I.H. Coriat, *Zbl. Psychoanal. Psychother.*, vol. 3, 440 (1913).

realizzata almeno in altre parti ineccepibili del corpo. Trasposizione analoga si realizza anche quando, nel simbolismo del pensiero inconscio, il volto sostituisce i genitali. A questo risultato si perviene anche con l'uso linguistico, individuando in *Hinterbacken* l'omologo delle guance e in *Schamlippen* le labbra che incorniciano la fessura orale. Il naso viene assimilato al pene in più di un'allusione, e sempre la peluria perfeziona la somiglianza. Soltanto una formazione, i denti, non offre alcuna possibilità di assimilazione, e proprio questa analogia di coincidenza e deviazione la rende adatta a una raffigurazione realizzabile in virtù della pressione della rimozione sessuale.

Certo non voglio dire che l'interpretazione del sogno da stimolo dentario come sogno di masturbazione – interpretazione di cui non posso dubitare – sia stata chiarita del tutto.[245] Porto avanti la spiegazione fin dove ho elementi di discussione, ma sono costretto a lasciare aperta la questione. Inoltre, devo far riferimento a un'altra associazione che si ricava dall'espressione linguistica. Esiste dalle nostre parti un modo di dire grossolano che indica l'atto masturbatorio: *sich einen ausreissen o sich einen herunterreissen.*[246] Mi sfugge da dove derivino queste espressioni e quale sia la rappresentazione allegorica alla loro base, ma il "dente" calzerebbe perfettamente alla prima delle due.

Dal momento che i sogni di estrazione o caduta di un dente nell'immaginario popolare vengono interpretati come morte di un congiunto – mentre, come si accennava sopra, la psicoanalisi può ammettere tale significato al massimo in senso parodistico – inserisco qui un "sogno da stimolo dentario", messo a mia disposizione da Otto Rank.[247]

"A proposito dei sogni da stimolo dentario, un collega, che da qualche tempo si sta fortemente interessando alle questioni connesse con l'interpretazione onirica, mi ha fatto pervenire il seguente racconto: "*Di recente ho sognato di trovarmi dal dentista*

[245] Secondo una comunicazione di C.G. Jung, i sogni da stimolo dentario nelle donne hanno il significato di sogni di parto. – Ha dato conferma di ciò E. Jones. L'elemento in comune fra questa e la precedente interpretazione è dato dal fatto che nei due casi (evirazione – parto) si tratta del distacco di una parte dal tutto corporale.

[246] Si veda a questo proposito il sogno "biografico" a pp. 322 sg. e 323, n. 82.

[247] La seguente citazione è tratta da O. Rank, in "Zbl. Psychoanal", vol. I, 408, 1911. [Nota aggiunta nel 1911]

per farmi curare un dente mascellare posteriore. Egli lo trapana così tanto che il dente diviene inutilizzabile. Quindi lo afferra con la pinza e lo tira via con una semplicità così irrisoria che mi stupisce. Mi dice di non prendermela perché non è quello il dente che ha veramente curato, quindi lo mette sul tavolo, dove il dente (che ora mi sembra un incisivo superiore) si sfalda in più strati. Mi alzo dalla poltrona operatoria, mi avvicino curioso e, con aria interessata, avanzo una domanda di carattere medico. Il dentista, mentre separa le diverse parti del dente, che è straordinariamente bianco, e le frantuma (polverizza) con un arnese, mi spiega che la questione ha a che fare con la pubertà, e che solo prima di questa fase i denti fuoriescono con tanta facilità; nella donna il momento determinante a questo proposito è la nascita di un figlio."

Osservo inoltre (nel dormiveglia, mi sembra) che questo sogno era accompagnato da una polluzione, che però non so collocare con sicurezza in un momento preciso del sogno; l'ipotesi che mi pare più plausibile è che sia avvenuta durante l'estrazione del dente.

"Sogno poi un avvenimento che non ricordo ma che finisce così: *dopo aver lasciato da qualche parte (forse nel guardaroba del dentista) cappello e giacca, sperando che qualcuno mi segua per portarmeli, e con indosso il solo soprabito, corro per raggiungere un treno in partenza. All'ultimo riesco a saltare sulla carrozza di coda, dove c'è già qualcuno. Però non posso più entrare dentro la vettura, e debbo affrontare il viaggio in una posizione scomoda, dalla quale non ho modo di liberarmi se non alla fine. Attraversiamo una grande galleria dove passano due treni in senso opposto al nostro, come se attraversassero il nostro treno, come se questo fosse la galleria. Guardo attraverso il finestrino come se mi trovassi all'esterno".*

Per interpretare il sogno tornano utili i seguenti episodi e pensieri del giorno precedente:

1) Da poco sono realmente in cura da un dentista, e nel periodo del sogno ho continui dolori allo stesso dente mandibolare che il medico trapana nel sogno e sul quale, anche nella realtà, sta lavorando da più di quanto vorrei. La mattina del giorno prima sono stato di nuovo da lui per via del dolore, e questi mi ha consigliato l'estrazione di un altro dente, anche questo mandibolare, che è probabilmente all'origine del dolore. Si tratta di un "dente del giudizio" che sta giusto spuntando. In quell'occasione gli ho posto una domanda in merito alla sua etica professionale.

2) Nel pomeriggio dello stesso giorno mi sono visto costretto a giustificarmi con una signora per il mio umore nero, dovuto al mal di denti; al che lei mi ha risposto di temere l'estrazione di una radice, la cui corona si è quasi frantumata del tutto. Secondo lei, farsi estrarre un canino è particolarmente doloroso e pericoloso, nonostante una conoscente l'abbia rassicurata che per i denti mascellari (come è appunto il suo caso) l'operazione sia più facile. La stessa conoscente le ha anche raccontato che una volta, mentre era sotto anestesia, le è stato cavato un dente sbagliato, il che non ha fatto che aumentare la sua paura per l'inevitabile operazione. Poi mi ha domandato se per denti canini si intendano i denti posteriori o quelli anteriori, e cosa se ne sa. Le ho fatto notare come tutte queste opinioni nascondessero una punta di superstizione, senza però tralasciare di richiamare la dovuta attenzione sul nucleo di verità insito in qualche credenza popolare. È qui che mi ha citato il detto antico e più che noto: se una donna incinta ha mal di denti avrà un maschietto.

3) Questo modo di dire ha suscitato il mio interesse in merito al significato particolare, illustrato da Freud nella sua *Interpretazione dei sogni*, dei sogni da stimolo dentario, come sostituto di masturbazione, perché anche nel detto popolare il dente viene posto in una certa relazione con l'organo genitale maschile (maschietto). Quindi, la sera stessa mi sono riletto il passo esatto dell'*Interpretazione dei sogni* e ho trovato le indicazioni riportate di seguito, di cui è facile rintracciare la pertinenza col mio sogno così come quella dei due episodi raccontati in precedenza. Sui sogni da stimolo dentario Freud scrive che "nei maschi, la matrice di questi sogni si rintraccia nelle voglie onanistiche del periodo della pubertà." Inoltre: "Credo che anche le diffuse varianti del sogno tipico da stimolo dentario – quando, ad esempio, un altro estrae il dente di chi sogna e simili – si possano comprendere tenendo presente la stessa spiegazione. Quello che può risultare ambiguo è il modo in cui lo "stimolo dentario" perviene a questo significato. Pongo qui l'accento sulla assai usuale trasposizione dal basso verso l'alto (nel sogno che stiamo considerando, anche dalla mandibola alla mascella) che è al servizio della rimozione sessuale e in virtù della quale, nell'isteria, qualsiasi sensazione e intenzione che dovrebbe riferirsi ai genitali può venir realizzata almeno in altre parti ineccepibili del corpo". "Inoltre, devo far riferimento a un'altra associazione che si ricava dall'espressione linguistica. Esiste dalle

nostre parti un modo di dire grossolano che indica l'atto masturbatorio: *sich einen ausreissen* o *sich einen herunterreissen.*" Dalla prima giovinezza conosco quest'espressione come definizione del masturbarsi; da qui l'interprete esperto con facilità potrà trovare l'accesso al materiale infantile che forse è alla radice di questo sogno. Aggiungo solo che la facilità con cui nel sogno il dente viene via – dente che, una volta estratto, diventa un incisivo superiore – mi ricorda un episodio della mia infanzia, quando da solo, con facilità e senza dolore, mi cavai un incisivo superiore. Questo ricordo, che ancora oggi conservo intatto in ogni suo particolare, appartiene allo stesso periodo cui risalgono i miei primi tentativi consapevoli di masturbazione (ricordo di copertura).

L'accenno di Freud a una comunicazione di C.G. Jung, secondo la quale "nelle donne i sogni da stimolo dentario hanno il significato di sogni di parto", e la credenza popolare sul significato del mal di denti nelle donne incinte hanno generato nel sogno l'opposizione tra significato femminile e significato maschile (pubertà). A tal proposito ricordo un sogno precedente. Poco dopo aver concluso la cura da un dentista, sognai che mi cadevano le corone d'oro appena fissate, e la cosa mi irritava molto per l'ingente spesa che ancora non ero riuscito ad ammortizzare del tutto. Ora questo sogno, in rapporto a una mia certa esperienza, mi appare evidente come esaltazione dei benefici materiali della masturbazione in opposizione all'amore oggettuale, economicamente svantaggioso in ogni suo aspetto (corone d'oro), e penso che proprio l'opinione di quella signora sul significato del mal di denti nelle donne incinte abbia risvegliato in me questa catena di riflessioni.

Fino a qui ritengo l'interpretazione del collega sicuramente condivisibile oltre che irreprensibile, alla quale non ho nulla da aggiungere se non eventualmente un accenno al probabile significato della seconda parte del sogno, che mediante la relazione di parole: *Zahn-(ziehen-Zug; reissen-reisen)* rappresenta il passaggio, a quanto risulta realizzatosi con difficoltà, del sognatore dalla masturbazione al rapporto sessuale (galleria attraverso cui i treni entrano ed escono in opposte direzioni), oltre che i pericoli di quest'ultimo (gravidanza; soprabito).

Piuttosto il caso mi sembra interessante, da un punto di vista teorico, per due aspetti. Innanzitutto, esso conferma la relazione stabilita da Freud, per cui l'eiaculazione, nel sogno, avviene al momento dell'estrazione del dente. Non possiamo che considerare la polluzione, in qualunque aspetto si manifesti, come un soddisfacimento masturbatorio che avviene senza intervento di stimoli meccanici. Per di più, in questo caso il soddisfacimento della polluzione non si ha come avviene di solito in rapporto a un oggetto, anche se immaginario, ma, se così si può dire, in maniera puramente autoerotica, che al massimo consente di individuare una leggera inclinazione omosessuale (dentista).

Il secondo aspetto notevole è il seguente: sorge spontanea l'obiezione che in questo caso è del tutto inutile cercare di applicare la concezione freudiana, poiché le esperienze del giorno precedente bastano esse sole a spiegarci chiaramente il contenuto del sogno. La visita dal dentista, la conversazione con la signora e la lettura dell'*Interpretazione dei sogni* rendono abbastanza evidente il fatto che il soggetto ha avuto questo sogno perché afflitto anche di notte dal mal di denti; se ci vogliamo spingere a tanto, si può dire che l'ha avuto proprio col fine di eliminare il dolore che turbava il sonno (attraverso la rappresentazione dell'estrazione del dente dolente, cui si accompagna la copertura della temuta sensazione di dolore per tramite della libido). E tuttavia, pur rimanendo il più possibile elastici in questo punto, non è possibile affermare che la lettura delle spiegazioni freudiane abbia potuto suscitare nel sognatore la relazione tra estrazione dentaria e atto masturbatorio, o anche solo renderla attiva, se questa non fosse già stata precostituita molto tempo addietro, come lo stesso sognatore stesso ha ammesso ("strapparsene uno"). Ciò che può aver risvegliato questa relazione, insieme alla conversazione con la signora, risulta invece dalla comunicazione successiva del sognatore: durante la lettura dell'*Interpretazione dei sogni* non aveva comprensibilmente dato troppo credito a questo significato tipico dei sogni da stimolo dentario, e aveva voluto sapere se la cosa valesse per tutti i sogni di questo tipo. Il sogno quindi gliene dà conferma, almeno per quel che riguarda la sua persona, e in questo modo gli indica perché era stato obbligato a dubitarne. Pertanto anche sotto questo aspetto il sogno è l'appagamento di un desiderio, e precisamente quello di convincersi dell'importanza e della validità di questa concezione freudiana."

Del secondo gruppo di sogni tipici fanno parte quelli in cui si vola o si è librati in aria, si cade, si nuota e via dicendo. Che cosa significano questi sogni? Non è possibile affermarlo in generale.

Come vedremo, essi hanno di volta in volta un significato diverso, e solo il materiale di sensazioni che contengono proviene sempre dalla stessa fonte. Le indicazioni ricavate dalle psicoanalisi ci lasciano dedurre che anche questi sogni ripetono impressioni che appartengono all'infanzia, ovvero si riferiscono a quei giochi di movimento che esercitano sul bambino una singolare attrattiva. Quale zio non ha fatto volare il nipote, correndo per la stanza tenendolo sollevato sulle braccia, o non ha giocato a farlo cadere, dondolandolo sulle ginocchia e allungando d'un tratto una gamba, o non lo ha sollevato in aria facendo improvvisamente finta di togliergli il sostegno? I bambini urlano di gioia, e chiedono instancabilmente di giocare ancora, soprattutto se il gioco comporta un minimo spavento o vertigine; da grandi se ne creano la ripetizione nel sogno, omettendo però le mani che li hanno sorretti, per cui volano e cadono liberamente. Si sa quanto i bambini piccoli adorino giochi di questo tipo, come il dondolio e l'altalena; quando poi al circo vedono giochi acrobatici il ricordo si rinnova di nuovo. In alcuni giovani l'accesso isterico, in seguito, non è altro che una riproduzione di simili esercizi, che essi eseguono con grande abilità. Non è infrequente che si siano generate anche sensazioni sessuali in questi giochi di movimento, pur di per sé innocenti. Per dirla con una parola di uso comune che comprende tutte queste manifestazioni: è il *divertimento* (*Hetzen*) infantile che si ripete nei sogni del volare, del cadere, della vertigine e simili, e le cui sensazioni di piacere ora si mutano in angoscia. Ma come ogni mamma sa bene, lo stesso divertimento dei bambini va a finire piuttosto spesso in litigio e in pianto.

Pertanto ho buoni motivi per rigettare la tesi secondo cui lo stato della nostra sensibilità cutanea durante il sonno, le sensazioni di movimento dei nostri polmoni e via dicendo generano i sogni di volo e di caduta. Noto inoltre che anche queste sensazioni vengono riprodotte a seconda del ricordo a cui il sogno fa riferimento; sensazioni che sono dunque contenuto e non fonti del sogno.[248]

Questo materiale di sensazioni motorie omogenee e proveniente dalla stessa sorgente viene ora utilizzato per rappresentare i più svariati pensieri del sogno. Le interpretazioni più varie, del tutto

[248] Le considerazioni sui sogni di movimento sono qui ripetute per motivi di contesto. [Nota aggiunta nel 1930]

peculiari in alcune persone, tipiche in altre, si richiedono per i sogni del volare o dell'essere librati, che di solito sono accompagnati da piacere. Una delle mie pazienti sognava molto spesso di attraversare la strada sospesa a una certa altezza, senza toccare terra. Era davvero bassa di statura e temeva ogni contaminazione che potesse derivare dal contatto con la gente. Entrambi i suoi desideri erano così soddisfatti dal sogno di essere librata, che staccava i suoi piedi da terra e faceva in modo che la sua testa raggiungesse le zone più alte. In altre sognatrici il sogno di volo aveva invece significato nostalgico: "Se fossi un uccellino"; mentre di notte diventavano angeli quelle che non venivano chiamate così durante il giorno. La forte connessione tra l'atto di volare e l'immagine dell'uccello spiega perché il sogno di volo nei maschi abbia perlopiù un significato banale. Non ci stupiremo di sentire che l'uno o l'altro di questi sognatori è sempre molto fiero del suo saper volare.

Il dottor Paul Federn di Vienna ha formulato l'affascinante teoria secondo cui la maggior parte di questi sogni di volare siano sogni di erezione, fenomeno strano, oggetto per gli uomini di fantasie inesauribili, che non può non parere una sospensione della legge di gravità (si vedano a questo proposito i falli alati degli antichi). Come non rilevare che anche Mourly Vold – lucido sperimentatore di sogni avverso a qualsiasi interpretazione – appoggia la lettura erotica dei sogni di volo (e di sospensione).[249] Per lui l'erotismo è "il motivo più importante del sogno di librarsi" e si lega al forte senso di vibrazione del corpo che accompagna questi sogni, oltre che alla loro consueta associazione con erezioni o polluzioni.

Di tipologia più spesso angosciosa sono invece i sogni di *cadere*. Nelle donne la loro interpretazione non presenta in genere difficoltà, dal momento che quasi sempre esse ammettono l'immagine del cadere come simbolo del cedere di fronte a una tentazione erotica. Ancora in parte inesplorate sono le fonti infantili del sogno di caduta; quasi tutti i bambini sono caduti, prima o poi, per essere poi rialzati e accarezzati; quando di notte cadevano dal lettino, venivano portati nel letto della persona che si prendeva cura di loro. Chi sogna spesso di *nuotare*, di attraversare le onde con grande soddisfazione e via dicendo di solito è stato affetto da enuresi e nel

[249] J.M. Vold, *Über den Traum*, trad. ted. di O. Klemm (Lipsia 1910-12) vol. 2, p. 791.

sogno replica un piacere a cui da molto tempo si è abituato a rinunciare. Avremo modo di vedere, esaminando alcuni esempi, a quale raffigurazione agevolmente si prestino questi sogni di nuotare.

L'interpretazione dei sogni di *fuoco* si lega a una proibizione fatta ai bambini, quella di non "giocare con i fiammiferi", per non bagnare il letto la notte. Infatti, anche questi sogni si basano sulla reminiscenza della *enuresis nocturna* degli anni infantili. Nel *Frammento di un'analisi d'isteria*[250] ho riferito l'analisi completa e la sintesi di un sogno di fuoco di questo tipo in relazione alla storia clinica della sognatrice, e ho indicato gli impulsi degli anni più avanzati che questo materiale dell'infanzia permette di rappresentare.

Si potrebbe andare avanti a elencare tutta una serie di "sogni tipici", se per "tipico" si intende il fenomeno per cui lo stesso contenuto onirico manifesto si ripete in sognatori diversi; così ad esempio i sogni di camminare attraverso vicoli stretti, di percorrere una fuga di stanze, i sogni di ladri notturni a cui si legano anche le misure precauzionali adottate dalle persone nervose prima di andare a dormire, i sogni in cui si è inseguiti da animali feroci (tori, cavalli), o si è minacciati con coltelli, pugnali, lance; gli ultimi due sono peculiari del contenuto onirico manifesto di persone ansiose. Questo materiale meriterebbe un'indagine che lo analizzasse in maniera specifica. Intanto posso avanzare due considerazioni che però non si riferiscono in modo esclusivo ai sogni tipici.

Chi si occupa dell'interpretazione dei sogni deve essere pronto ad ammettere che la gran parte dei sogni di adulti ha per contenuto materiale sessuale e dà espressione a desideri erotici; può formarsi un giudizio in proposito solo chi esamina veramente i sogni, vale a dire chi va oltre il loro contenuto manifesto addentrandosi fin nei pensieri latenti, e non chi invece si accontenta di registrarne il contenuto manifesto (come ad esempio Näcke nei suoi lavori sui sogni sessuali).[251] Questa considerazione non genera alcuna sorpresa, ma si addice perfettamente ai nostri princìpi esplicativi del sogno. Non c'è altra pulsione che sia stata così repressa fin dall'infanzia quan-

[250] 1905.

[251] P. Näcke, *Arch. Krimanthrop.* (1903) 307; *Mschr. Krimpsychol.*, vol. 2, 500 (1905); *Arch. Krimanthrop.*, vol. 24, 1 (1907), e vol. 29, 363 (1908); Ärztl. Sachv.-Ztg, N. 2 (1911).

to quella sessuale nelle sue diverse componenti,[252] di nessun'altra permangono desideri inconsci così profondi e numerosi che poi agiscono durante il sonno generando sogni. Mai sottovalutare nell'interpretazione onirica quest'importanza dei complessi sessuali, e ovviamente mai neppure esagerarla fino all'esclusività.

Un'analisi che possa dirsi accurata arriverà a stabilire che essi vanno persino interpretati bisessualmente, dal momento che consentono un'indiscutibile sovrainterpretazione, nella quale si attuano impulsi omosessuali, ovvero impulsi opposti alla normale attività sessuale di chi sogna. Affermare però, come Stekel e Adler,[253] che tutti i sogni vanno interpretati bisessualmente mi sembra una generalizzazione indimostrabile, nonché improbabile, che io non mi sento di appoggiare. In primis è innegabile che esistono numerosi sogni che appagano desideri diversi da quelli erotici in senso lato, vale a dire i sogni di fame e di sete, i sogni di comodità e via dicendo. Anche affermazioni quali "dietro ogni sogno si deve trovare la clausola di morte", o quelle secondo le quali in ogni sogno è possibile rintracciare un "procedere dalla linea femminile verso quella maschile", mi sembra che passino di molto il limite del lecito nell'interpretazione del sogno.

Quella per cui tutti i sogni esigono un'interpretazione sessuale – contro la quale si polemizza instancabilmente nella letteratura – non ha nulla a che vedere con la mia *Interpretazione dei sogni.* Non la si trova in nessuna delle sette edizioni di questo libro ed è in evidente contraddizione con altre tesi ivi espresse.

Abbiamo già detto altrove che sogni assolutamente innocenti possono indicare banali desideri erotici, e potremmo confermarlo con numerosi nuovi esempi. Ma anche molti sogni all'apparenza indifferenti, nei quali non sembrerebbe di rintracciare nulla di particolare sotto nessun aspetto, dopo l'analisi vengono riferiti – spesso in modo inatteso – a impulsi di desiderio di indubbia natura sessuale. Chi ad esempio potrebbe immaginare, prima del lavoro d'interpretazione, un desiderio sessuale nel sogno seguente? Il sognatore racconta: *Tra due grandi palazzi, un po' retrostante, si trova una piccola casa con le porte chiuse. Mia moglie mi ci accompagna per il tratto di strada, sfonda la porta e io penetro veloce e leggero*

[252] Vedi i miei *Tre saggi sulla teoria sessuale* (1905).
[253] Stekel, op. cit., p. 71; A. Adler, *Fortschr. Med.*, vol. 28, 486 (1910).
(167) Stekel, op. cit., p. 34.

all'interno di un cortile che sale in linea obliqua.

Chiunque abbia familiarità con l'interpretazione di sogni noterà subito che il penetrare in ambienti stretti e l'aprire porte chiuse appartengono al più comune simbolismo sessuale, e facilmente scorgerà in questo sogno la rappresentazione di un tentativo di amplesso da tergo (tra le due grandi natiche del corpo della donna). Il passaggio stretto in salita obliqua è ovviamente la vagina. L'aiuto attribuito alla moglie porta all'interpretazione per cui, in realtà, solo il riguardo per la donna lo trattiene da un simile tentativo, mentre, dopo una richiesta di informazioni, il sognatore ammette che il giorno del sogno nella sua casa è entrata in servizio una giovane che gli è piaciuta e gli ha dato l'impressione che non sarebbe poi tanto restia a un approccio simile. La casetta fra i due palazzi deriva da una reminiscenza del Hradschin di Praga, e allude quindi alla giovane che viene da questa città. Quando a qualche paziente faccio presente la ricorrenza del sogno di Edipo, di avere cioè rapporti sessuali con la propria madre, mi sento rispondere: "Non riesco a ricordare un sogno simile." Tuttavia, un attimo dopo affiora il ricordo di un altro sogno irriconoscibile e irrilevante, che si è ripetuto spesso nel paziente, e l'analisi rivela che si tratta di un sogno del medesimo contenuto, ovvero di nuovo di un sogno edipico. Posso assicurare che, tra i sogni di rapporti sessuali con la madre, quelli mascherati sono assai più ricorrenti di quelli manifesti.[254]

[254] Ho pubblicato un esempio tipico di tali sogni d'Edipo sul numero 1 di "Zentralblatt fur Psychoanalyse"; un altro, insieme ad una esaustiva interpretazione di Otto Rank, è stato inserito nel numero 4. [Nota aggiunta nel 1911] Per altri sogni d'Edipo in cui è presente il simbolismo dell'occhio, si veda Otto Rank (in "Internat. Zeitschrift fur Psychoanalyse", I, 1913). Vi si incontreranno altri studi sui «sogni di occhi» e sul simbolismo dell'occhio in Eder, Ferenczi, Reitler. L'accecamento nel mito di Edipo e in altri contesti è una rappresentazione sostitutiva della castrazione. Agli antichi peraltro non era nemmeno ignota l'interpretazione simbolica dei sogni di Edipo mascherati. Si veda Otto Rank (in "Jahrb.", II, p. 534): «Così, ci è stato tramandato un sogno di rapporto sessuale con la madre fatto da Giulio Cesare, che gli interpreti considerarono di buon auspicio per la conquista del mondo (madre-terra)». Famoso è anche l'oracolo dato ai Tarquini, secondo il quale colui che per primo avesse baciato la madre (*osculum matri tulerit*), avrebbe dominato su Roma, cosa che Bruto considerò come un accenno alla madre terra (*terram osculo contigit, scilicet quod ea commmunis mater omnium mortalium esset,* Livio, I, 56).

Ci sono sogni di paesaggi o località nei quali, mentre ancora si sogna, si nota con certezza: qui sono già stato una volta. Nel sogno però questo "già visto" (déjà vu) ha una valenza particolare. Qui la località si riferisce sempre all'organo genitale della madre; infatti di nessun altro posto si può dire con tanta sicurezza di "esserci già stati una volta". In un solo caso un paziente affetto da nevrosi ossessiva mi mise in imbarazzo, raccontandomi un sogno nel quale visitava un appartamento in cui era stato due volte. Ma questo stesso paziente, tempo prima, mi aveva raccontato, a proposito del suo sesto anno di vita, che una volta aveva diviso il letto con la madre, e

[Parte aggiunta nel 1914]
Si veda a questo proposito il sogno di Ippia citato da Erodoto (6, 107): «Ippia condusse però i barbari a Maratona, dopo che la notte prima aveva fatto il seguente sogno: gli sembrò di dormire accanto a sua madre. Ne concluse che sarebbe tornato ad Atene, avrebbe ripreso il suo potere e sarebbe morto vecchio in patria». [Parte aggiunta nel 1914]
Questi miti e le loro interpretazioni danno la prova di un'esatta conoscenza psicologica. Ho constatato che le persone che sanno di essere predilette o preferite dalla loro madre hanno nella vita quella particolare fiducia in se stesse e quell'incrollabile ottimismo che sembrano spesso eroici e spingono veramente al successo. [Parte aggiunta nel 1911]
Esempio tipico di un sogno d'Edipo mascherato. Un uomo sogna: ha una relazione con una donna che vorrebbe sposare un altro. Ha paura che quest'altro possa scoprire il legame e che quindi sfumi il progetto matrimoniale e per questo si comporta in maniera molto affettuosa con costui; gli si avvicina e lo bacia. Nella vita reale del sognatore vi è solo un punto che si accorda con il contenuto del sogno. Egli ha una relazione segreta con una donna sposata, e un'osservazione ambigua del marito di lei, di cui è amico, gli ha fatto credere che quest'ultimo possa avere sospettato qualcosa. Ma vi è anche un altro elemento nella realtà che il sogno non aveva menzionato, l'unico che può offrire la chiave per la sua comprensione. Il marito soffriva di una grave malattia organica, la moglie era pronta di fronte alla possibilità che lui morisse improvvisamente, e il sognatore coscientemente vorrebbe sposare la giovane vedova subito dopo la morte del marito. Grazie a questa situazione esteriore, il sognatore si trova posto nella costellazione del sogno d'Edipo. Il suo desiderio può uccidere il marito per permettergli di sposare la donna. Il suo sogno deforma ipocritamente questo desiderio: lei non è sposata, ma è un altro che vorrebbe sposarla, il che corrisponde alle intenzioni segrete del sognatore e i desideri ostili nei confronti del marito si celano dietro a una dimostrazione affettiva che ha origine nel ricordo del suo rapporto infantile con il padre. [Parte aggiunta nel 1923]

aveva approfittato dell'opportunità per infilare un dito nell'organo genitale della donna addormentata.

Alla base di molti sogni che spesso sono angosciosi e che ipotizzano per il sognatore il dover camminare in luoghi angusti e stretti oppure la predominanza dell'acqua, possiamo rintracciare fantasie sulla vita intrauterina, sul periodo in cui giacevamo nel ventre materno oppure sullo stesso momento del nascere. Trascrivo di seguito il sogno di un giovane che nella sua immaginazione giunge addirittura a cogliere l'occasione intrauterina per poter assistere ed osservare un atto sessuale compiuto dai propri genitori. *È nel mezzo di un pozzo molto profondo, che però contiene una finestra, esattamente come nella galleria del Semmering. Attraverso questa egli intravede dapprima un ambiente spoglio, poi inizia a dipingervi un quadro, che nel suo immediato presentarsi finisce col riempire il vuoto. Questo quadro ritrae un campo che viene incredibilmente solcato da uno strumento di lavoro, l'aria è limpida, e appare l'idea che il lavoro vi viene svolto con attenzione, le zolle di terra dal colore blu-nero risultano gradevoli. Poi prosegue, e la sua attenzione si ferma su un trattato di pedagogia che è aperto... Rimane senza parole nel constatare che in esso si dedichi così tanta attenzione agli aspetti sessuali del bambino, così si trova a pensare a me.*

Un notevole sogno d'acqua di una paziente, che ebbe un ruolo interessante nel corso del suo trattamento, è il seguente: *durante il soggiorno estivo presso un lago lei si getta nelle oscurità dell'acqua, esattamente dove si specchia il pallore lunare.* Sogni come questo si riferiscono alla nascita; si può giungere alla loro interpretazione invertendo gli elementi presentati nel sogno manifesto; così, l'azione diventa uscire dall'acqua, anziché gettarvisi, l'argomento è la nascita.[255] Il luogo dal quale si nasce non è conoscibile e viene da ragionare sul possibile significato malizioso di *la lune* in francese. Il pallore lunare è quindi il bianco popò, donde il bambino capisce ben presto d'essere venuto. Che cosa vorrà dire quindi il fatto che la paziente desideri "venire al mondo" nel luogo della sua villeggiatura? Quando interrogo la sognatrice, che interviene senza esitazione, scopro che lei intende che forse è venuta nuova-

[255] Sul significato mitologico della nascita dall'acqua si veda O. Rank, *Der Mythus von der Geburt des Helden* (Lipsia e Vienna 1909).

mente al mondo attraverso l'esperienza della cura. E così questo sogno si trasforma nell'invito a continuare la terapia, esattamente in quel luogo di villeggiatura, cioè mi spinge a farle visita in quel luogo; e forse, mi chiedo, il suo sogno contiene anche un dimesso riferimento al desiderio profondo di essere un giorno lei stessa madre.[256] Da un'opera di Ernest Jones rilevo un altro sogno sul venire al mondo, sul nascere, accompagnato dalla sua interpretazione:[257] "*Lei si trova sulla riva del mare e bada ad un ragazzino, che potrebbe anche essere suo figlio, siamo nel momento stesso in cui costui entra caoticamente nell'acqua. Il ragazzino prosegue fino ad esserne quasi sommerso, lasciando così intravedere solamente la sua testa, che fa su e giù sulla superficie dell'acqua marina. Immediatamente dopo ci troviamo nell'atrio decisamente affollato di un albergo. Suo marito le dice di volerla lasciare e la paziente inizia quasi subito a dialogare con un estraneo.*" Durante l'analisi, la seconda sezione del sogno immediatamente si mostrò essere null'altro se non la rappresentazione di una possibile fuga dalla figura di suo marito e l'inizio di una relazione sentimentale con una terza persona...

La prima sezione del sogno era fin troppo palesemente una fantasia di nascita. E nei sogni, come nella mitologia, il venire al mondo di un bambino dal liquido amniotico viene raffigurato di solito attraverso un capovolgimento, ovvero come l'ingresso e il contatto dello stesso bambino con l'acqua; se ne possono rintracciare numerosi esempi come la nascita di Adone, di Osiride, di Mosè e di Bacco. La testa che emerge e discende può ricordare di frequente la sensazione di quello che è lo scalciare del bambino, che la paziente ha imparato a riconoscere nel periodo della sua unica gravidanza.

Il pensiero del ragazzo che sta discendendo giù nell'acqua produce un'immagine nella quale la paziente può osservare se stessa nell'atto di tirarlo fuori dall'acqua, poi di condurlo nella camera

[256] Ho imparato piuttosto tardi a comprendere l'importanza delle fantasie e dei pensieri inconsci riguardo alla vita del ventre materno. Essi racchiudono sia la spiegazione della particolare angoscia che molti uomini hanno di essere sepolti vivi, sia anche la più profonda motivazione inconscia della credenza in una vita dopo la morte, che non fa altro che proiettare nel futuro questa misteriosa vita prenatale. *La nascita rappresenta d'altra parte la prima esperienza angosciosa e, da questo punto di vista, la fonte e il modello del sentimento di angoscia.* [Nota aggiunta nel 1909]

[257] E. Jones, *Amer. J. Psychol.* Vol. (1910). [Nota aggiunta nel 1914]

dei bambini, e ancora di lavarlo, vestirlo e infine portarlo nella propria abitazione. "La seconda sezione del sogno mostra dei pensieri che si rivolgono alla fuga, e questa è fortemente in relazione con i pensieri latenti della prima sezione del sogno; la prima sezione del sogno si riferisce al contenuto latente della seconda, ovvero alla fantasia di nascita. Oltre all'inversione già citata, si manifestano altre inversioni in ciascuna delle due sezioni. Nella prima il bambino è *nell'acqua* e la sua testa inizia a oscillare; nei pensieri che si possono rintracciare all'origine del sogno emergono dapprima i movimenti del ragazzo e poi lui *abbandona* l'acqua (doppia inversione). Nella seconda sezione è il marito a lasciarla; nei pensieri del sogno è lei che lascia il marito".

Abraham riferisce un altro sogno di venuta al mondo fatto da una giovane donna in dolce attesa.[258]

Da un frammento depavimento della camera un percorso sotterraneo conduce senza mezze vie nell'acqua. La donna apre una botola e immediatamente appare, con indosso una pelliccia scura, una creatura misteriosa che forse può ricordare una foca. La creatura si scopre poi essere una proiezione del suo fratello minore, con il quale lei si è sempre comportata come se ne fosse la madre. Con una nutrita serie di esempi Otto Rank ha dimostrato che i sogni della venuta al mondo utilizzano lo stesso simbolismo dei sogni mossi dallo stimolo dell'urina.[259] Lo stimolo erotico vi è rappresentato come stimolo di andare al bagno; il complicarsi del significato in questi sogni si relaziona con una trasformazione verificatasi nel significato del simbolo fin dai tempi dell'infanzia.

Ora possiamo quindi tornare all'argomento interrotto precedentemente, dedicato al contributo degli stimoli organici perturbatori del sonno alla determinazione dei sogni. I sogni nati sotto questo influsso non soltanto ci dimostrano in una maniera incredibilmente chiara la tendenza all'appagamento di un desiderio e la necessità di comodità, ma di frequente anche un simbolismo molto esplicito e comprensibile, dato che non raramente il risveglio è provocato da uno stimolo *il cui soddisfacimento è già stato vanamente tentato, in veste simbolica, durante l'esperienza del sogno.* Questo è valido per i sogni di polluzione oltre che per i sogni stimolati dalla necessità

[258] Abraham, op. cit.
[259] O. Rank, *Jb. Psychoanal. Psychopath.* Forsch. (1912).

di urinare e di defecare.

"Il carattere più riconoscibile dei sogni di polluzione non ci dà soltanto l'occasione di smascherare certi stimoli sessuali, oramai scoperti come tipici eppure terribilmente rifiutati, ma può anche mostrarci che qualche momento onirico che potrebbe sembrare innocente è solamente il preludio simbolico di un altro momento che è invece esplicitamente sessuale; questo però arriva ad una rappresentazione diretta, solo nei sogni di polluzione, che per giunta sono rari, mentre molto più di frequente prende le sembianze di un sogno angoscioso che ci conduce direttamente anch'esso al risvegliarci".[260]

Il simbolismo dei *sogni procurati da uno stimolo urinario* è decisamente esplicito ed è stato notato sin dai tempi più remoti. Già Ippocrate portò avanti l'idea che il fatto di sognare fontane e sorgenti d'acqua vuol dire avere un disturbo alla vescica. Scherner[261] ha approfondito la complessità del simbolismo dello stimolo urinario[262] e ha affermato che "lo stimolo urinario più prepotente si trasforma sempre e comunque in stimolazione della sfera sessuale e delle sue rapprentazioni simboliche... Il sogno che sorge da uno stimolo urinario è frequentemente e contemporaneamente l'avvisaglia di sogno di origine sessuale". Otto Rank, del quale ho riportato le idee presenti nella sua ricerca sulla "stratificazione simbolica nel sogno del risveglio", appura che molto probabilmente numerosi "sogni da stimolo urinario" vengono mossi da uno stimolo sessuale, che in un primo momento tenta di soddisfarsi percorrendo una strada regressiva, nella forma infantile dell'erotismo uretrale.[263]

Singolarmente chiarificatori sono quindi i momenti nei quali lo stimolo urinario prodotto può far giungere il sognatore a risvegliarsi e in seguito al necessario svuotamento della sua vescica, dopo di che il sogno può proseguire e manifestare la sua reale necessità attraverso esplicite immagini dal contenuto erotico.[264]

[260] Rank, op.cit.
[261] Ellis, op. cit.
[262] Scherner, op. cit.
[263] Rank, loc. cit.
[264] Le stesse rappresentazioni simboliche che sono alla base del sogno vescicale infantile, in un senso "recente", hanno un significato squisitamente sessuale: acqua = urina; sperma = liquido amniotico; nave = "navigare" (urinare) = matrice (cassa); bagnarsi = enuresi = coito = gravidanza;

I sogni mossi da uno stimolo intestinale mostrano il loro simbolismo in una maniera del tutto simile e confutano in questo modo la relazione esistente fra oro e sterco, già frequentemente presente nella psicologia di origine popolare.[265] "In questo modo una donna, nel periodo in cui è sottoposta a visita medica a causa di disturbi intestinali, sogna un ricercatore che nasconde sotto terra un tesoro presso una capanna in legno di piccole dimensioni che però ha le sembianze di una "ritirata di campagna". Il contenuto, proseguendo nel sogno, è il seguente: la donna pulisce il sedere di sua figlia, che è una piccola bambina."[266]

Oltre *ai sogni di nascita* si trovano accostati *i sogni che rappresentano un salvataggio.* Salvare, e principalmente salvare dall'acqua, se il sogno è di una donna significa partorire, ma cambia valore se chi sogna è un uomo. I banditi, i ladri che agiscono di notte e i fantasmi, che provocano paura prima di coricarsi e che di frequente si trovano a spaventare anche chi dorme, derivano da semplice, sola e antica reminiscenza infantile. Si tratta dei visitatori notturni che toglievano il bambino dal luogo del sonno per posarlo sul vaso, al fine che non sporcasse il letto con i suoi bisogni, o che alzavano le lenzuola del suo letto per controllare con amore la posizione delle sue mani durante le ore notturne. Analizzando alcuni di questi sogni dal contenuto pauroso, sono riuscito ad identificare anche chi è la figura del visitatore notturno. Il bandito era sempre il padre, mentre i fantasmi corrispondevano con ogni probabilità a figure femminili che indossavano bianche camicie da notte.

nuotare = vescica piena = luogo del bambino non ancora nato = pioggia = orinare = simbolo di fecondazione; viaggiare (andare con un veicolo = scendere) = alzarsi dal letto = congiungersi carnalmente ("andare", viaggio di nozze); urinare = sfogo sessuale (polluzione) – Rank. [Nota aggiunta nel 1919]

265 S. Freud, *Carattere ed erotismo anale* (1908); Rank, loc. cit.; B. Dattner, *Int. Z. Psychoanal.* (1913); T. Reik, ibid. (1915).

266 Rank, loc. cit.

F. Esempi. Calcoli e discorsi nel sogno

Prima di dare il giusto risalto al quarto momento fondamentale della formazione di un sogno, desidero trascrivere alcuni esempi esclusi dalla mia raccolta, che possono dimostrare il dialogare dei tre momenti che ormai conosciamo, e per certi versi illustrare notevolmente affermazioni fatte liberamente, oppure ancora permettere scoperte inconfutabili. Nelle mie precedenti parole dedicate al lavoro onirico, ho trovato una certa difficoltà a dimostrare ed illustrare i miei risultati. Gli esempi riportati per ogni tesi sono accettabili solamente nel contesto dell'interpretazione di un dato sogno; e estrapolati da quel contesto, si trovano a perdere il loro smalto, mentre d'altra parte un'interpretazione, anche non ben approfondita, può risultare talmente complessa da far smarrire il senso della discussione che invece dovrebbe illustrare. Tutto questo serva a giustificarmi, se ora vado disponendo le cose più diverse le une accanto alle altre, strette tra loro solamente dal riferimento al paragrafo precedente del testo.

Di seguito alcuni esempi di modalità della raffigurazione onirica particolari e insoliti. *Nel sogno di una signora accade che una cameriera si trova su una scaletta dalla quale dovrà pulire le finestre del luogo ed ecco comparire accanto a sé uno scimpanzé, poi un gatto e un gorilla. La cameriera scaraventa gli animali addosso alla sognatrice, e improvvisamente lo scimpanzé si stringe forte a quest'ultima, la scena assume un tratto assai ripugnante.* Questo sogno ha ottenuto la sua finalità in una maniera decisamente semplice, ovvero prendendo alla lettera un modo di dire e mettendolo in scena in maniera didascalica. "Scimmia", come del resto tutti i nomi riferiti agli animali, è una parola offensiva e quello che accade nel sogno significa probabilmente "lanciare ingiurie". Presto troveremo altre esemplificazioni di questo semplice artificio del lavoro onirico. Infatti nello stesso modo procede un altro sogno: *una donna con il figlio piccolo dal cranio vistosamente deformato ha sentito dire che il bambino è così in conseguenza della posizione che aveva nel ventre materno. A detta del dottore attraverso una compressione si potrebbe migliorare il cranio del bambino ma ciò danneggerebbe il cervello. Lei pensa che essendo un maschio il danno potrebbe essere di inferiore portata.* Questo sogno mostra una raffigurazione plastica di un concetto astratto: "impressioni dell'infanzia", delle quali la sognatrice ha avuto notizia durante il trattamento di analisi. Invece nell'esempio che segue, il lavoro onirico si mostra in maniera differente. Il sogno porta le tracce di una rimembranza di una gita sulla piccola laguna di Hilm, presso Graz: *il clima è sfavorevole; un albergo pietoso ha le pareti bagnate dall'acqua, i letti sono umidi* (quest'ultima parte del contenuto è meno diretta di quanto la descriva io in questo momento). Il sogno significa "superfluo". Il concetto astratto che aleggiava sui pensieri del sogno è stato reso in un primo momento, in una maniera decisamente equivoca, sostituendolo probabilmente con "traboccante" o con "fluido" e "superfluido" e quindi condotto alla rappresentazione tramite un accumulo di immagini simili. Acqua fuori, acqua dentro le pareti, acqua come umidità che impregna i letti, una totalità fluida e "superfluida". Non rimarremo sorpresi se, ai fini della rappresentazione onirica, l'ortografia è sottomessa al suono delle parole, dal momento che codeste libertà sono presenti per esempio nella rima. Nel sogno decisamente circostanziato di un giovane uomo, analizzato in modo assai penetrante da Otto Rank[267], è riportato che una donna passeggia per dei campi dove taglia belle spighe di orzo e di grano. Un amico d'infanzia le si avvicina e lei immediatamente sente il desiderio di non essergli vicina. Attraverso il percorso dell'analisi si dimostra che si tratta di un bacio "innocente". Le spighe che non debbono essere strappate, bensì tagliate, svolgono nel sogno perfettamente la loro funzione, e servono a rappresentare numerosi altri pensieri latenti. In compenso, la lingua in altre situazioni rende molto più semplice al sogno la possibilità di rappresentare il pensiero latente, dal momento che può usufruire di tutta una serie di termini che in principio erano intesi in senso plastico e concreto, mentre ora si utilizzano in una maniera decisamente più astratta. Basta che il sogno conferisca a queste parole il loro pieno significato anteriore, o che segua a ritroso, per una parte del percorso, la mutazione del significato della parola. Per esempio un uomo sogna che il fratello abita in un armadio; nel percorso d'interpretazione l'armadio viene sostituito da uno *stipo*: il pensiero del sogno è che il fratello, e non il sognatore,

[267] O. Rank, *Jb. Psychoanal. Psychopath. Forsh.* Vol. 2, 482 (1910).

deve affaticarsi e *stiparsi* in ristrettezze.

Un altro sognatore si arrampica su una montagna, dal quale riesce a gioire di una vista straordinariamente ampia. Ed è così che si immedesima nel fratello che stampa una rivista dedicata alle relazioni con l'estremo Oriente. In un sogno dell'*Enrico il verde* un cavallo scalpitante gioca e corre in un bel campo d'avena, ogni grano della quale è composto da "mandorle dolci, uva passa e un soldino nuovo, avvolti tutti insieme nella seta rossa e tenuti stretti da un piccolo pezzo di setola di maiale". Il sognatore ci fornisce subito la spiegazione della rappresentazione onirica, dal momento che il cavallo è felicemente solleticato fino al punto di parlare e dire: "L'avena mi pizzica piacevolmente".

Nell'antica letteratura nordica delle saghe, secondo Henzen[268] l'utilizzo di sogni che si basa sui modi di dire e sui giochi di parole risulta essere decisamente ricorrente, e a dire il vero, è assai raro rilevare esempi di sogni sprovvisti di doppi sensi e giochi di parole.

La raccolta di queste tipologie di rappresentazioni, e la loro suddivisione secondo principi semplici ed essenziali, costituisce un lavoro decisamente interessante. Alcune di queste rappresentazioni possono essere descritte come quasi spiritose. Spesso si ha la sensazione che da soli non saremmo mai riusciti a decifrarle.

1) Un uomo sogna che *gli viene chiesto il proprio nome, ch'egli però non riesce più a ricordare.* "Non mi viene in mente nemmeno per sogno".

2) Una paziente riferisce un suo sogno, *dove tutti i personaggi coinvolti sembrano particolarmente grandi.* Aggiunge che significa che si tratta di un episodio risalente alla prima infanzia, dal momento che in quel periodo della sua vita tutti gli adulti le sembravano incredibilmente grandi. La donna è assente nel proprio sogno. In altri esempi, lo spostamento all'infanzia viene figurato in maniera anche molto differente e spesso si verifica una confusione tra tempo e spazio. Si assiste ai personaggi e alle situazioni come se fossero molto lontane, come al termine di una lunga strada, oppure come se si osservassero tramite una specie di binocolo rovesciato.

3) Un uomo che nella vita quotidiana ha l'abitudine di essere astratto e impreciso, seppur dotato di buon spirito, *sogna di diri-*

[268] W. Henzen, *Über die Träume in der altnordischen Sagaliteratur* (Lipsia 1890).

gersi alla stazione esattamente nel momento in cui arriva il treno. Ma poi improvvisamente il marciapiede viene avvicinato al treno in sosta: ovvero si verifica un'assurda inversione degli eventi. Questo particolare indica che nel contenuto del sogno deve essere fatta un'inversione anche per qualcos'altro. L'analisi ci conduce dinnanzi i ricordi di libri illustrati con uomini a testa in giù che camminavano sulle mani.

4) La medesima persona riferisce in un'altra occasione un breve sogno, che ad alcuni certamente ricorderà la tecnica di un rebus. Suo zio lo bacia quando sono in macchina. Costui aggiunge prontamente l'interpretazione, che certamente io stesso non avrei mai trovato: ovvero si riferisce all'autoerotismo. Una battuta della vita quotidiana avrebbe potuto avere il medesimo tono.

5) Il sognatore *tira fuori una donna nascosta dietro il letto.* Vuol dire: la preferisce (*hervorziehen*=tirar fuori; *vorziehen*=preferire).

6) Il sognatore in veste di ufficiale *siede a un banchetto, esattamente dal lato opposto all'imperatore:* ovvero si schiera contro il padre.

7) Il sognatore si prende *cura di un'altra persona che ha una frattura alle ossa.* L'interpretazione dimostra che questa frattura rappresenta un adulterio e così via.

8) Le ore della giornata popolano spesso il contenuto dei sogni dell'infanzia. Ad esempio le cinque e un quarto del mattino potrebbero voler dire per il sognatore che c'è un riferimento all'età di quando aveva cinque anni e tre mesi, ovvero il momento significativo della nascita del piccolo fratello.

9) Un altro esempio relativo alle epoche della vita: *una donna cammina con due bambine che hanno una differenza di un anno e un quarto d'età.* La sognatrice non riesce a trovarvi però nessun riferimento a persone o famiglie che lei stessa conosce. E così interpreta che le due bambine rappresentano lei stessa, e che il sogno è lì a ricordarle due eventi altamente traumatici risalenti alla sua infanzia, e tra i quali intercorre la stessa distanza di tempo: tre anni e mezzo, quattro anni e tre quarti.

10) Non c'è da sorprendersi che persone che si trovano in cura psicoanalitica, la sognino di frequente e manifestino nel sogno tutti i pensieri e le attese che questa provoca. L'immagine prescelta per la cura è regolarmente quella di un viaggio, spesso in *macchina*, in quanto mezzo nuovo e complesso; l'ironia del paziente si manifesta poi nell'accenno alla velocità della macchina. Se *l'inconscio*,

quale elemento del pensiero vigile, deve essere mostrato nel sogno, vi viene sostituito in maniera efficace da località *sotterranee* che altre volte, fuori da ogni riferimento alla cura analitica, avevano assunto il significato di corpo femminile o di grembo materno. "Sotto" si riferisce di frequente ai *genitali*, l'antitetico "sopra" al volto, alla bocca oppure al petto. Solitamente il lavoro onirico simboleggia tramite *animali pericolosi* gli impulsi passionali – tanto del sognatore, quanto di altre persone – verso i quali il sognatore nutre paura e quindi, con uno spostamento trascurabile, le stesse persone che hanno queste passioni. È breve la strada per la rappresentazione, che ricorda in maniera approssimativa il totemismo del *padre* temuto mediante animali paurosi, cani, cavalli selvatici. Si potrebbe dire che gli animali feroci rappresentano la libido, temuta dall'Io e osteggiata tramite il meccanismo della rimozione. La stessa nevrosi, la "persona malata", viene di frequente staccata dal sognatore e rappresentata come una persona a sé stante.

11) Riferisce Sachs:[269] "Dall'*Interpretazione dei sogni* apprendiamo che il lavoro onirico conosce diverse maniere di rappresentare un termine o una locuzione sotto una forma sensoriale-visiva. Per esempio, può avvalersi del fatto che l'espressione che viene mostrata è a doppio senso e servendosi di questo come di uno "scambio" può far coesistere nel contenuto manifesto, al posto del primo significato, il secondo. "È quanto è accaduto nel sogno che segue, e in verità con un raffinato utilizzo, e sotto forma di materiale rappresentativo delle impressioni recenti e corrette della veglia. "Il giorno del sogno ero infastidito a causa di un raffreddore e la sera avevo deciso di non lasciare il letto durante tutto lo svolgersi della notte, ovviamente se questo mi fosse stato possibile. Apparentemente il sogno mi fece soltanto proseguire il mio percorso della giornata. Avevo incollato dei ritagli di giornale su di un quaderno, badando bene di assegnare ad ognuno il corretto posto che gli spettava. Il sogno diceva: "*Mi impegno ad incollare un ritaglio sul libro; ma non sta sulla pagina, cosa che mi affligge terribilmente.* "Mi svegliai e la sofferenza del sogno continuava in forma di reale dolore al ventre, che mi costrinse a non rispettare il mio proposito. Il sogno, in quanto "custode del sonno", aveva simulato la soddisfazione necessaria al mio desiderio di rimane-

[269] H. Sachs, *Zbl. Psychoanal.*, vol. 1, 413 (1911).

re sotto le coperte. Si può persino giungere a scrivere che, per rappresentare i pensieri del sogno, il lavoro onirico utilizza tutti i mezzi che può raggiungere, e che appaiano essi stessi come leciti o illeciti alla critica vigile, esponendosi così al dubbio e all'ironia di coloro che hanno solamente inteso parlare dell'interpretazione del sogno senza mai praticarla. Di tali esempi è popolato specialmente il libro di Stekel, *Il linguaggio del sogno,* ma preferisco evitare di fare degli esempi, dal momento che l'assenza di spirito critico e l'arbitrio tecnico dell'autore rendono incerti anche coloro che non sono vittime di pregiudizi.

12) Da un lavoro di Tausk:[270]

a) *A. sogna di poter osservare la sua governante di una volta che indossa un abito di alpaca nera, teso e aderente fino al sedere.* Questo vuol dire che considera quella donna lasciva.

b) *C. vede in sogno su una strada una ragazza circondata da luce bianca e vestita con una camicia bianca.* Su quella strada il sognatore ha interpretato le prime passioni sessuali con una certa signorina Bianca.

c) *La signora D. sogna di osservare il vecchio Blasel (ottantenne attore viennese) che è sdraiato sul divano, armato dalla testa ai piedi. Poi egli salta sopra tavoli e sedie, estrae una spada, si guarda attentamente allo specchio e muove furiosamente l'arma in aria, come se lottasse con un nemico invisibile.* La sognatrice ha un vecchio dolore alla vescica. Durante l'analisi è sdraiata sul divano e quando si guarda allo specchio, nonostante gli anni e la sua malattia, si sente tutto sommato ancora molto bella.

13) La "grande prestazione" nel sogno. Un uomo sogna *di guardare se stesso disteso su un letto esattamente come se fosse una donna incinta. Tale stato gli diventa molto faticoso. Esclama: "Preferirei..."* (nell'analisi, rifacendosi al ricordo di un infermiere, completa: "spaccare pietre"). *Dietro il suo letto vi è una cartina geografica, dal margine inferiore che è mantenuto teso da un bastoncino di legno. Impulsivamente strappa il listello, afferrandolo per le sue estremità, ma questo non vuole rompersi, bensì si scinde in due metà. Ciò gli dà sollievo e in qualche modo agevola il parto.* Senza aiuto, interpreta lo strappare il listello come una notevole prestazione, attraverso la quale si libera dalla sua deplorevole situazione (nella cura),

[270] V. Tausk, *Int. Z. Psychoanal.* Vol. 2, 464 (1914).

strappandosi dalla sua impostazione femminile... Il particolare del listello di legno che oltre a rompersi, si scinde in due e per giunta nel senso della lunghezza, trova il suo senso nel fatto che il sognatore ricorda come il raddoppiamento, unito alla distruzione, implichi un'allusione alla castrazione. Attraverso un'ostinata antitesi di desiderio, il sogno rappresenta anche l'evirazione mediante la stessa presenza di due simboli fallici. L'inguine, del resto, è situato vicino ai genitali. Il sognatore riassume l'interpretazione dicendo che egli affronta e vince la minaccia di evirazione che lo ha portato all'impostazione femminile.

14) In un'analisi che ho condotto in francese c'era da interpretare un sogno in cui compaio sotto forma di elefante. Naturalmente, sono costretto a chiedere in che modo pervengo ad una tale e rara forma. "Voi mi ingannate" risponde il sognatore (*trompe*=proboscide).

Spesso al lavoro onirico riesce anche la raffigurazione di un materiale complesso e sfaccettato, quale per esempio i nomi propri; il tutto avviene tramite l'utilizzo forzato di riferimenti molto distanti tra loro. In uno dei miei sogni, *il vecchio Brücke mi ha dato un compito. Faccio una "preparazione" e ne estraggo qualche cosa che sembra carta d'argento accartocciata.* (In seguito dirò di più su questo sogno). L'associazione mi fornisce come risposta: "stagnola" e ora so che intendo il nome di Stannius, l'autore di un'opera sul sistema nervoso dei pesci.[271] Il primo incarico scientifico assegnatomi dal mio maestro si riferiva effettivamente al sistema nervoso di un pesce, l'ammocete. Quest'ultimo nome non era utilizzabile nell'indovinello a figure.

A questo punto desidero ricordare un altro sogno dallo strano contenuto, che è notevole anche come sogno infantile, ed è facilmente spiegabile attraverso il percorso dell'analisi. Una signora racconta: Sono capace di ricordare che quando ero una bambina una notte ho sognato più volte *che il buon Dio aveva in testa un cappello di carta a punta.* Molto spesso a tavola mi mettevano in testa un cappello simile, al fine che non curiosassi nei piatti degli altri bambini. Poiché ho sentito dire che Dio è onnisciente, il sogno

[271] H. Stannius, *Das peripherische Nervensystem der Fische* (Rostock 1849).

significa che so tutto, nonostante il cappello che ho in testa.

Con i numeri e i calcoli che ci si presentano durante i sogni è possibile notare, e in modo molto istruttivo, in cosa consiste il lavoro onirico, e come si relaziona col suo materiale, i pensieri del sogno. Per di più i numeri che ci appaiono in sogno hanno per le persone superstiziose un significato augurale. Sceglierò dunque dalla mia raccolta alcuni esempi di questo tipo.

1. Un sogno di una signora, poco prima della fine della cura.

La donna vuol pagare qualche oggetto; sua figlia le prende dal portafoglio tre fiorini e sessantacinque kreuzer, ma lei dice: "Cosa fai? Costa soltanto ventuno kreuzer!". Conoscendo la situazione della sognatrice, questo breve brano di sogno mi fu chiaro senz'alcuna spiegazione particolare da parte sua. La signora era straniera, e sua figlia andava in un collegio di Vienna in maniera che lei potesse continuare l'analisi con me. L'anno scolastico sarebbe durato ancora solamente per tre settimane e la stessa sorte sarebbe toccata alla cura. Il giorno precedente al sogno la direttrice del collegio le aveva chiesto se preferiva lasciare lì la figlia ancora per un altro anno. Evidentemente si era prospettata anche l'ipotesi di prolungare di un anno anche la cura. Ed è a questo che fa riferimento il sogno: un anno è uguale a 365 giorni, le tre settimane prima della fine dell'anno scolastico e della cura sono sostituibili con ventuno giorni. I numeri, che si accostavano al tempo, venivano nel sogno accostati a valori monetari ma anche esprimendo un significato profondo, dal momento che si suole dire "*Time is money*", il tempo è danaro. Trecentosessantacinque kreuzer sono tre fiorini e sessantacinque kreuzer. L'esiguità degli importi che compaiono nel sogno corrisponde all'appagamento di un desiderio; e questo desiderio ha diminuito sia le spese dell'analisi sia quelle del collegio.

2. In un altro sogno, i numeri ci conducono verso luoghi e riferimenti decisamente più complessi.

Una donna che è da molti anni sposata scopre che una sua conoscente quasi della stessa età di nome Elise L. ha appena celebrato il suo fidanzamento ufficiale. Questo è il sogno che fa in seguito ad aver appreso la notizia: *È a teatro, con suo marito, parte della platea è vuota. Suo marito le dice che sarebbero dovuti venire anche Elise e il suo fidanzato, ma avevano trovato solamente posti scadenti, tre per un fiorino e cinquanta kreuzer, e così hanno deciso di non andare.*

Lei crede che non sarebbe stato così terribile. Un fiorino e cinquanta kreuzer? Da dove vengono questi numeri? Dal giorno precedente, infatti sua cognata ha ricevuto dal marito centocinquanta fiorini e ha comprato un gioiello. Faccio caso al fatto che centocinquanta fiorini valgono cento volte un fiorino e cinquanta kreuzer. Perché i posti a teatro erano *tre*? In proposito risulta un solo riferimento: la fidanzata ha *tre* mesi di meno della nostra sognatrice. Ecco la soluzione del sogno ma rimane ancora da scoprire per quale motivo una sedia rimane vuota. Si tratta di un'allusione a un piccolo episodio, che ha fornito a suo marito un ottimo motivo per rimproverarla. La donna desiderava andare a una delle rappresentazioni che erano in programma in quella settimana ed era stata così previdente da comprare i biglietti parecchi giorni prima; aveva quindi dovuto pagare anche la tariffa di prenotazione. Poi una volta a teatro, scoprirono che la sala era mezza vuota e che quindi non aveva avuto molto senso *tutta quella premura*.

Sostituirò ora al sogno i suoi pensieri: "È stato *assurdo* sposarsi così presto, *non avrei avuto bisogno di affrettarmi* in quella maniera. La vicenda di Elise mi mostra che avrei pur sempre trovato un marito. E anche uno *cento volte* migliore (marito uguale tesoro), se soltanto avessi avuto *la pazienza* (contrasto con la *fretta* della cognata). Addirittura avrei potuto permettermi ben tre uomini con la mia dote!". In questo sogno è cambiato il contesto nel quale vengono utilizzati i numeri. Qui il lavoro di deformazione è stato più radicale, cosa che interpretiamo come esempio che i pensieri del sogno nel giungere alla rappresentazione dovettero superare una resistenza endo-psichica particolarmente alta. E non dobbiamo neanche dimenticare che in questo sogno è presente un elemento incredibile, ovvero che per *due* persone sono previsti *tre* posti. Ecco l'assurdità che viene interpretata: lei crede che sia stato *assurdo* sposarsi così presto. Il tre (tre mesi di differenza d'età), contenuto in una relazione del tutto marginale fra le due persone, è stato poi intelligentemente usato per creare l'assurdità necessaria al sogno. La riduzione dei centocinquanta fiorini reali al fiorino e cinquanta corrisponde alla *poca considerazione* del marito da parte della mia paziente.

3. Un altro esempio ci presenta la capacità dei sogni di contare e che ha suscitato tanto disprezzo.

Un uomo è seduto in casa B (una famiglia che conosceva una volta) e pronuncia queste parole: "È stato incredibile che non mi sia stata data la Mali". Poi chiede ad una ragazza: "Quanti anni ha?", "Sono nata nel 1882", "Ah! ventott'anni!"

Poiché il sogno è datato 1898, il calcolo è chiaramente errato e la bassa capacità aritmetica del mio paziente dovrebbe essere paragonata con quella di un paralitico, a meno che non ci sia un'altra spiegazione possibile. Il sognatore apparteneva a quella categoria di persone il cui pensiero non riesce a mettersi da parte per nessuna donna incontrata.

Per un periodo abbastanza lungo dopo di lui era entrata rego larmente nel mio studio una ragazza che quindi egli incontrava, sulla quale mi chiedeva informazioni, e verso la quale voleva essere gentile ad ogni costo. Ed era costei che a suo parere dimostrava circa ventotto anni. Questo per spiegare il risultato del calcolo apparentemente sbagliato. Ma c'è anche da considerare che il 1882 era l'anno in cui si era sposato. Nonostante ciò non poteva fare a meno di cercare di essere piacente con le altre due donne che poteva incontrare nel mio studio, le due cameriere non più giovani, che a turno erano solite aprirgli la porta. Inoltre cogliendole poco disposte a parlare con lui, si era detto che forse lo ritenevano un signore troppo anziano.

4. Al signor B. Dattner devo un altro sogno di numeri che emerge per una cristallina determinazione, o meglio sovra-determinazione: Il padrone di casa mia, guardia di pubblica sicurezza che lavora per la magistratura, sogna di *prestar servizio sulla strada* (appagamento di un desiderio). *Incontra un ispettore con il numero 22 oppure 62 oppure 26 sul colletto. Rimane il fatto che il numero 2 è più volte ripetuto.*

Già la scissione della cifra 2262, nella riproduzione del sogno, può far ipotizzare che le diverse parti che lo compongono abbiano significati distinti. Si ricorda una conversazione tenuta in ufficio dove riflettevano sulla durata del loro servizio.

Il tutto era nato perché un ispettore era andato in pensione all'età di 62 anni. Il sognatore invece ha 22 anni di servizio e gli mancano per finire ancora 2 anni e 2 mesi. Per prima cosa bisogna notare che nel sogno compare un suo desiderio, ovvero quello di ricevere il grado d'ispettore. Il superiore col numero 2262 sul colletto rappresenta lui stesso; conduce il suo servizio sulla strada, e ora ha finito i suoi 2 anni e 2 mesi e può finalmente andare in pensione, esattamente come il suo collega.[272]

Confrontando questi e altri esempi simili, si può certamente affermare che il lavoro onirico non fa mai dei conti che sono giusti o sbagliati; ma utilizza i numeri sotto la forma di un calcolo, li rende presenti nei pensieri onirici, ed essenzialmente li utilizza come allusioni. Esprime i proprio intenti, esattamente come avviene per i nomi e le parole.

Durante i sogni non produciamo nuovi discorsi. L'analisi ci mostra ogni volta nelle produzioni oniriche vengono colti pensieri come frammenti di discorsi fatti o uditi, e assemblandoli al di là della logica del senso della vita quotidiana. Il tutto viene connesso in una maniera inedita, cosicché il discorso del sogno, apparentemente coerente quando viene vissuto, nel momento dell'interpretazione si scompone in tre o quattro frammenti. In questa nuova veste ha spesso trascurato il significato originario che le parole avevano nei pensieri ed è però riuscito a ricavare dal contesto un significato assolutamente inedito.[273] Con un'analisi più puntuale,

[272] Analisi di altri sogni di numeri si vedano in C.G. Jung, *Contributo alla conoscenza del sogno di numeri* (1911), J. Marcinowski, *Zbl. Psychoanal.*, vol. 2, 619 (1912), e altri. Vedi anche E. Jones, *Zbl. Psychoanal.*, vol. 2, 241 (1912). [Nota aggiunta nel 1914]

[273] La nevrosi si comporta come il sogno. Conosco una paziente che soffre per udire (allucinare) contro la sua volontà canzoni o brani di canzoni, senza riuscirne a comprendere il significato per la sua vita psichica. Non è certamente paranoica. In seguito l'analisi mostra che lei, introducendovi certe licenze poetiche, ha trasformato il senso di queste canzoni. «*Leise, leise, fromme Werse*» (Dolcemente, dolcemente, pia melodia), significa per il suo inconscio: *romme Waise* (pia orfana) dove l'orfana è lei stessa. L'inizio di un canto di Natale: «*O du selige, o du fröhliche*» (O tu beato, o tu gioioso), diventa, interrompendolo prima di «tempo di Natale», un canto di nozze e via discorrendo. Lo stesso meccanismo di deformazione può anche realizzarsi, senza nessuna allucinazione, nei semplici pensieri casuali. Perché una mia paziente è perseguitata dal ricordo di una poesia imparata nella giovinezza: «*Nächtlich am Busento lispeln*» (Di notte sul Busento mormorano)? Perché la sua fantasia si ferma ad una parte della citazione: *Nächtlich am Busen...* (Di notte sul seno). Si sa che la parodia ha utilizzato questo procedimento. I «Fliegende Blätter» pubblicarono, tra le loro illustrazioni dei classici tedeschi, una vignetta unita alla poesia *Siegesfert* (Festa della vittoria) di Schiller, in cui era stata troncata una citazione:

possiamo identificare componenti più chiare e poi ne possiamo trovare delle altre con il ruolo di connettivi, esattamente come quando in una frase per esercizio aggiungiamo le parole o sillabe celate. La struttura del sogno è come una pietra da breccia, nella quale frammenti più grandi di differenti materiali sono tenuti uniti da una massa intermedia solidificata.

Questa descrizione è sicuramente valida per quei discorsi del sogno che hanno qualche elemento del carattere sensoriale del discorso e che descriviamo come "discorsi". Gli altri, quelli che non hanno nel sogno un'accentuazione acustica o motoria, sono semplicemente pensieri, come del resto lo sono quelli che si verificano nella nostra attività mentale diurna e finiscono inalterati in molti sogni. Anche la lettura influisce in maniera determinante nella costruzione degli elementi che compongono i nostri sogni. Ma tutto ciò che nel sogno sembra risaltare vistosamente come discorso può essere fatto giungere a un discorso reale fatto oppure udito da chi sogna.

Così nell'"innocente sogno del mercato" comunicato, la frase "non ne può più avere" serve a creare una sovrapposizione tra me e il macellaio, mentre un brano dell'altro discorso "non lo conosco, non lo prendo" cerca di fornire un elemento di innocenza al sogno. Il giorno prima la mia paziente aveva rifiutato qualche imposizione della sua cuoca dicendo: "non lo conosco, sia brava", ospitando poi nel sogno

Und des frisch erkämpften
Freut sich der Atrid und strickt...

(E della donna appena conquistata
Gioisce l'Atride e fa la maglia...)

La poesia invece proseguiva:

... Um den Reiz des Schönen Leibes
Seine Arme hochbegluckt.
(... Le grazie del bel corpo
Con le braccia estasiato.)

[Nota aggiunta nel 1909]
(Il gioco di parole si basa sulla differenza tra *stricken* = fare la maglia e *umstricken* = irretire)
[N.d.T.]).

il primo frammento del discorso, per poi alludere alla parte seguente, che ben si sarebbe legata alla fantasticheria sulla quale si fondavano le basi del sogno, ma che contemporaneamente l'avrebbe anche smascherata. Ecco un esempio che ci fornisce il medesimo risultato.

Siamo in un grande cortile nel quale vengono bruciati cadaveri. L'uomo: "Vado via, non riesco ad assistervi". Poi incontra due giovani garzoni macellai: "Allora, è piaciuto?" Uno dei due risponde: "No, non era buono", quasi sembrava carne umana. Ed ecco la parte innocente: conclusa la cena, l'uomo si reca con la moglie in visita dai cari vicini, che è risaputo che sono persone *di poco appetito*. L'anziana ospitale signora sta cenando e *costringe* l'uomo a mangiare con lei. Egli rifiuta dichiarando di non aver abbastanza appetito. "Ma su, questo riuscirà pure a mangiarlo!". Così assaggia e fa i complimenti. "Ma che buono!". Più tardi quando è di nuovo solo con la moglie, si lamenta dell'insistenza della signora, e denigra il cibo che gli era stato offerto. Il "non posso vederlo" è un pensiero riferito alle qualità fisiche della signora e andrebbe tradotto nel senso che non desidera incontrarla.

Più esplicativa risulterà l'analisi di un altro sogno. Era notte e mi sono recato nel laboratorio di Brücke e, quando ad un certo punto bussano delicatamente alla porta, mi ritrovo ad aprire al defunto professor Fleischl, che è accompagnato da persone a me estranee e che dopo qualche parola si siede al tavolo. Segue poi un secondo sogno: *Il mio amico Fliess senza farsi troppo notare lo scorso luglio è passato per Vienna; mi capita di incontrarlo lungo la strada a chiacchierare col mio defunto amico P., e proseguo insieme a loro per mete che non ricordo e ad un tratto siedono l'uno di fronte all'altro, come se fossero separati da un tavolino, io invece rimango davanti, diciamo sul lato stretto dell'ipotetico tavolino. Fliess riferisce un racconto che riguarda la sorella: "In tre quarti d'ora era morta" e poi seguita: "Questa è la soglia". Visto che P. non capisce, Fliess mi guarda e mi domanda quanto dunque io abbia riferito a P. degli eventi che lo riguardano. Ed io, sopraffatto da strane emozioni, desidero dire a Fliess che P. è addirittura morto. Dico, invece, notando io per primo lo sbaglio: "Non vixit". Osservo P. in modo penetrante e più lo osservo e più egli diventa pallido e confuso, i suoi occhi sempre più azzurri, e finisce col dissolversi nel nulla. Io ne sono straordinariamente felice, e ora comprendo che anche Fliess è come un fantasma, un revenant, e inizio a pensare che tali persone esistono solamente finché uno lo desidera e che però possono venire eliminate dal desiderio di un altro uomo.*

Questo bel sogno racchiude molti enigmi caratteristici dei contenuti onirici: la critica che ho fatto in sogno, quando ho notato di essermi sbagliato nel dire *Non vixit* anziché *Non vivit*; il mio atteggiamento piuttosto sbrigativo con persone che il sogno stesso dichiara defunte; l'assurdità delle mie parole finali e l'enorme soddisfazione che esse mi arrecano – quando dico che "darei la mia vita" pur di chiarire la soluzione. Nella realtà, però, non sono capace di compiere quello che compio in sogno, ossia di immolare il rispetto che nutro per le persone che mi sono care alla mia ambizione. Qualsivoglia inganno manderebbe a monte il significato del sogno, che ben conosco. Quindi, d'ora in avanti mi limiterò a concentrarmi su alcuni elementi utili per l'interpretazione.

Il nucleo del sogno è rappresentato da una scena in cui annìento P. con uno sguardo. Stranamente, i suoi occhi diventano cerulei da far spavento, dopodiché P. scompare. Questa scena è chiaramente l'imitazione di una che avevo vissuto di persona. Un tempo ero dimostratore presso l'Istituto di fisiologia, prestavo servizio di mattina presto e a Brücke era giunta voce che, a volte, mi presentavo in ritardo al laboratorio degli studenti. Quindi, una mattina, Brücke si presentò puntuale all'orario di apertura per aspettarmi. Mi rivolse poche decise parole; ma a sconvolgermi non furono tanto le sue parole, quanto quei terribili occhi azzurri che mi fissavano, di fronte ai quali io venni meno, proprio come P. nel sogno, in cui – per mia fortuna – le parti sono invertite. Chi può ricordare i meravigliosi occhi – invariati fino alla vecchiaia – del grande maestro e l'abbia visto adirato si immedesimerà senza alcuna difficoltà nelle emozioni del giovane peccatore.

A lungo non riuscii a comprendere l'origine del *Non vixit*, con cui emettevo il mio giudizio nel sogno, fino a quando mi apparve con chiarezza che queste due parole erano evidentemente, nel sogno, non delle parole sentite o pronunciate, ma delle parole *viste*. Mi resi immediatamente conto della loro provenienza. Alla base del monumento all'imperatore Giuseppe (*Kaiser Josef*), nella *Hofburg* di Vienna, si leggono queste belle parole: *Saluti patriae vixit non diu sed totus*.[274]

[274] L'iscrizione esatta è: *Saluti publicae vixit / non diu sed totus*. Wittels ha proposto una probabile eziologia del mio errore nel mettere "*patriae*" invece di "*publicae*". [Nota aggiunta nel 1925]

Ho isolato da questa iscrizione il significato che essa condivideva con la sequenza di idee ostili presenti nei pensieri del sogno e doveva essere: che quel tizio non s'immischi, nemmeno vive. Ciò mi ricordò che quel sogno l'avevo fatto pochi giorni dopo l'inaugurazione del monumento di Fleischl all'Università; in quella circostanza avevo rivisto il monumento a Brücke e (inconsciamente) dovevo essermi rammaricato che la morte prematura avvesse privato il mio amico P., uomo estremamente brillante che aveva dedicato tutta la vita alla scienza, del suo meritato diritto ad avere un monumento in quei luoghi. E così gli ho eretto un monumento nel mio sogno. D'altronde, il mio amico P. si chiamava Giuseppe (Josef).[275]

Secondo le regole dell'interpretazione dei sogni, non ho ancora il diritto di passare dal *non vixit*, che proviene dal ricordo della statua dell'imperatore Giuseppe, al *non vivit*, di cui ho bisogno. C'è un altro elemento dei pensieri del mio sogno che deve aver reso possibile una tale sostituzione. Una vaga sensazione mi suggerisce di prestare attenzione al fatto che nella scena del sogno ci sono due correnti di pensiero opposte nei confronti del mio amico P.: una ostile e una affettuosa, la prima è in superficie, la seconda è nascosta; entrambe giungono a rappresentazione nell'unica frase: *Non vixit.* Dal momento che si era reso benemerito della scienza, gli avevo eretto un monumento; ma dato che si era reso colpevole di un cattivo desiderio (espresso alla fine del sogno), lo annientavo. Ho costruito una frase di un tono particolarissimo, e dovevo aver avuto in mente un modello. Dove si può trovare una simile antitesi, una tale contrapposizione di due opposte reazioni nei confronti della stessa persona, reazioni che entrambe devono essere pienamente giustificate e tuttavia non si contraddicono a vicenda? In un unico passo, che però si imprime profondamente nel lettore: nel discorso di giustificazione di Bruto, nel *Giulio Cesare* di Shakespeare «Poiché Cesare mi amava, io lo piango; poiché era felice, io gioisco; poiché era valoroso, io lo onoro; ma poiché era avido di dominio, io l'ho ucciso». La struttura di queste frasi e l'antitesi delle idee non sono forse le stesse che ho scoperto nei pensieri del sogno? Nel sogno avevo fatto la parte di Bruto. Se

[275] Come esempio di sovra-determinazione aggiungo che la mia giustificazione per il ritardo al lavoro stava nel fatto che, finito di lavorare a tarda notte, la mattina dovevo fare una lunga strada dalla Kaier Josef Strasse alla Währinger Strasse.

solo potessi trovare nel sogno un'altra traccia che confermi questa sorprendente relazione collaterale! Potrebbe essere questa: il mio amico Fl. viene a Vienna in luglio. Questo particolare non trova nessun appiglio nella realtà. Per quanto ne so, il mio amico non è mai stato a Vienna in *luglio*. Ma il nome del mese di luglio deriva da Giulio Cesare e quindi potrebbe essere l'allusione al pensiero intermedio – io faccio la parte di Bruto – che sto cercando.

Una volta, cosa strana a dirsi, avevo davvero interpretato la parte di Bruto. Avevo recitato la scena di Bruto e Cesare, di Schiller, davanti a un pubblico di bambini. Avevo quattordici anni e recitavo insieme a mio nipote, che aveva un anno più di me ed era arrivato dall'Inghilterra a casa nostra, anch'egli quindi un *revenant*: in lui riaffiorava il compagno di giochi della mia fanciullezza. Eravamo stati inseparabili fino a tutti i miei tre anni d'età, ci eravamo amati e avevamo litigato, e questo rapporto della mia infanzia è stato decisivo, come ho accennato altrove, per tutti i miei successivi rapporti con i coetanei. Da allora, molte sono state le reincarnazioni di John, che hanno fatto rivivere ora questo, ora quel lato del suo carattere, fissato per sempre nel mio ricordo inconscio. Deve avermi sicuramente trattato male, qualche volta, e io devo aver mostrato coraggio di fronte al mio tiranno, perché in seguito mi hanno raccontato un breve discorso di giustificazione che avevo usato di fronte alla domanda di mio padre, quando mi chiedeva: «Perché picchi John?». La mia risposta di bambino di non ancora due anni era: «L'ho picchiato perché lui mi ha picchiato». Deve essere stata questa scena infantile a trasformare il *non vivit* in *non vixit*, dato che nel linguaggio dei ragazzi più grandi picchiare si dice *wichsen*. Il lavoro onirico può servirsi di simili nessi. L'ostilità, che ha così poco fondamento nella vita reale, nei confronti del mio amico P., che mi era superiore in molti aspetti e che poteva perciò adattarsi bene a fornire una nuova versione del mio compagno di giochi dell'infanzia, risale certamente alla complicata relazione infantile con John.

Ritornerò dunque su questo sogno.

G. SOGNI ASSURDI. LE PRESTAZIONI INTELLETTUALI NEL SOGNO

Nelle interpretazioni dei sogni viste finora, l'elemento dell'assurdità del contenuto onirico è ricorso con tale frequenza che non è possibile procrastinare l'indagine sulla sua origine e sul suo eventuale significato. È anzi bene ricordare che l'assurdità dei sogni ha fornito, a coloro che sono contrari a riconoscere il valore del sogno, un argomento cruciale per non vedervi altro che un prodotto privo di senso di un'attività mentale ridotta e frammentaria.

Comincerò con alcuni esempi, nei quali l'assurdità del contenuto onirico è soltanto apparente, dato che essa scompare non appena comincia ad approfondirsi il significato del sogno. Si tratta di alcuni sogni che parlano – e inizialmente potrà sembrare casuale – del padre morto.

1. Sogno di un paziente che ha perso il padre sei anni prima.

A suo padre era capitata una grave disgrazia. Viaggiava su un treno notturno, il treno ha deragliato, i sedili sono stati scaraventati l'uno contro l'altro e la testa gli era rimasta schiacciata. Poi lo vede supino sul letto con una ferita sopra l'arcata sopraccigliare sinistra, che terminava verticalmente. Si meraviglia che suo padre avesse avuto un incidente (dal momento che è già morto, aggiunge nel racconto). *I suoi occhi sono così chiari.*

Secondo i criteri correnti dell'interpretazione dei sogni, il contenuto di questo sogno dovrebbe essere spiegato così: inizialmente, quando rappresenta l'incidente occorso al padre, il sognatore ha dimenticato che il padre è morto da molti anni; in un secondo momento, il ricordo riaffiora e fa sì che il sognatore, durante il sogno, si meravigli di quello che sta sognando. Ma l'analisi ci ha insegnato che è del tutto inutile ricorrere a spiegazioni del genere. Il sognatore aveva commissionato a un artista un *busto* del padre e due giorni prima del sogno era andato a vederlo. È questo busto che gli sembra *disgraziato.* Lo scultore non aveva mai visto suo padre, e aveva realizzato il lavoro basandosi su alcune fotografie che aveva ricevuto. Il giorno prima del sogno, il figlio devoto ha chiesto a un vecchio servitore di famiglia di andare nello studio dell'artista per sapere se anch'egli aveva l'impressione che la testa di marmo risultasse *troppo stretta in senso trasversale*, fra le tempie. Segue la sequenza affastellata dei ricordi che ha contribuito alla formazione del sogno. Ogni volta che era tormentato da preoccupazioni d'affari o difficoltà di famiglia, suo padre aveva l'abitudine di stringersi le tempie tra le mani, come se volesse comprimersi la testa, come se fosse diventata troppo grande. Il nostro sognatore, bambino di quattro anni, aveva assistito alla scena in cui un colpo partito accidentalmente da una pistola carica aveva annerito gli occhi del padre (*gli occhi sono così chiari*). Nel punto in cui nel sogno c'è la ferita, il padre da vivo, quand'era assorto o triste, aveva una profonda ruga. Che la ruga sia stata sostituita nel sogno da una ferita è un'allusione alla seconda circostanza del sogno. Il sognatore aveva fotografato la sua figlioletta; la lastra gli era scivolata di mano e quando l'aveva raccolta essa presentava un'incrinatura che percorreva la fronte della bambina come un solco verticale, arrivando fino all'arcata sopraccigliare. Non poté evitare di essere superstizioso, perché il giorno prima che sua madre morì gli si era incrinata la lastra fotografica con cui l'aveva fotografata.

L'assurdità di questo sogno non era altro che il risultato di una sbadataggine dell'espressione linguistica, che non distingueva il busto o la fotografia dalla persona reale. È comune a tutti dire [guardando un busto o una fotografia]: «Non trovi che abbia qualcosa di diverso da mio padre?». L'apparenza di assurdità di questo sogno si sarebbe potuta evitare facilmente. Se potessimo giudicare da quest'unica esperienza, saremmo portati a dire che quest'apparenza di assurdità è stata ammessa o forse anche voluta.

2. Un secondo esempio, assolutamente simile, tratto da un mio sogno. (Ho perso mio padre nel 1896).

Dopo la sua morte, mio padre ha avuto un ruolo politico presso i magiari: li ha unificati politicamente. Poi vedo un'immagine piccola e indistinta: una folla come nel Reichstag, qualcuno in piedi su una sedia, o due sedie, e delle persone intorno a questa. Allora mi ricordo che in punto di morte mio padre assomigliava molto a Garibaldi e fui felice che la promessa si fosse avverata.

È decisamente assurdo. Questo sogno lo feci all'epoca in cui *l'ostruzionismo* parlamentare aveva spinto gli ungheresi all'anarchia e a quella crisi da cui poi li liberò Koloman Széll. Quel dettaglio insignificante – ossia, il fatto che la scena del sogno appariva in immagini piccole – è cruciale per chiarire un punto. I nostri pensieri nei sogni sono rappresentati, di solito visivamente, con immagini di una grandezza pressoché naturale; l'immagine del mio sogno è la riproduzione di una xilografia, inserita in una *Storia illustrata dell'Austria*, che mostra Maria Teresa alla Dieta di Pressburg, la famosa scena del "*Moriamur pro rege nostro*"[276]. Come Maria Teresa in quella xilografia, così mio padre in sogno era circondato dalla folla; ma era in piedi su una o due sedie (*Stühle*): compariva in veste di giudice di giurisdizione (*Stuhlrichter*, letteralmente: giudice di sedia). (*Li ha uniti*: qui il nesso è dato dall'espressione (tedesca): "Non avremo bisogno del giudice".) Tutti noi che eravamo al suo capezzale notammo che mio padre in punto di morte somigliava tanto a Garibaldi. Egli ebbe un aumento di temperatura *post mortem*, le sue guance diventarono sempre più paonazze... Mentre ricordavo tutto ciò, involontariamente pensai a

Und hinter ihm in wesenlosem Scheine
Lag, was uns alle bändigt, das Gemeine.
E dietro a lui, vana e vuota apparenza,
Giaceva ciò che tutti noi doma, il comune.

L'innalzamento dei nostri pensieri ci avverte che avremo a che fare con ciò che è comune.

L'aumento della temperatura *post mortem* corrisponde alla frase «*dopo la sua morte*» presente nel sogno. I suoi dolori maggiori erano dovuti alla completa paralisi intestinale di cui aveva sofferto nelle ultime settimane. Da questa derivava tutta una serie di pensieri irriverenti. Uno dei miei coetanei, che perse il padre quando era ancora al ginnasio – e fu in quella circostanza che io, profondamente colpito, gli offrii la mia amicizia – una volta mi raccontò con sarcasmo del dolore di una sua parente il cui padre era morto per strada; a casa, spogliandolo, si accorsero che al momento della morte, o subito dopo, aveva avuto un'evacuazione intestinale. La

[276] Non mi ricordo in quale autore ho riscontrato un accenno ad un sogno in cui sono presenti molte figure minuscole, la cui origine era un'incisione di J. Callot che il sognatore aveva guardato durante il giorno. In essa sono presenti molte figure piccolissime; un'altra serie, sempre dello stesso autore, rappresenta gli orrori della Guerra dei Trent'anni.

figlia si era molto rattristata che questo particolare ributtante si presentasse a turbare il ricordo del padre. Ed eccoci arrivati ora al desiderio incarnato in questo sogno.

Chi non vorrebbe apparire da morto puro e grande di fronte ai propri figli? Dov'è finita l'assurdità del sogno? L'assurdità è superficiale e si spiega col fatto che nel sogno si rappresenta un modo di dire perfettamente legittimo di cui siamo abituati a tralasciare l'assurdità che esiste tra le parti di cui è composta. Anche in questo caso, abbiamo l'impressione che l'apparenza assurda sia voluta, deliberatamente cercata.

L'insistenza con cui nel sogno le persone morte appaiono come vive, agiscono e sono in relazione con noi ha suscitato un eccessivo stupore e suscitato strane dichiarazioni, da cui traspare con tutta evidenza la nostra incomprensione del sogno. Tuttavia, la spiegazione di questi sogni è ovvia. Quanto spesso pensiamo: «Cosa penserebbe papà se fosse ancora vivo?» I sogni rappresentano questo "se" al presente, in una determinata situazione. Per esempio, un giovane che ha ricevuto una ricca eredità dal nonno e viene rimproverato per aver speso molto sogna che il nonno sia vivo e che gli chieda un resoconto. Quello che interpretiamo come una ribellione contro il sogno, una protesta basata sulla nostra perfetta consapevolezza della morte di quell'uomo, in realtà è un pensiero di consolazione – il morto non ha potuto esperire quel fatto – o di soddisfazione – il morto non può più interessarsene.

Un altro genere di assurdità che ricorre nei sogni di parenti morti non esprime ironia né sarcasmo, ed è funzionale al rifiuto estremo di raffigurare un pensiero rimosso che si vuole far passare come se fosse il più impensabile. Possiamo trovare una soluzione a questi sogni solo se teniamo a mente che il sogno non distingue tra desiderio e realtà. Un uomo ha assistito il padre nella sua malattia, ha sofferto profondamente per la sua morte e poco dopo fa un sogno assurdo: *Suo padre è nuovamente in vita e parla con lui come in passato, però* (ed è questo l'elemento sorprendente) *è pur sempre morto, ma non lo sa*. Il sogno si capisce se dopo la frase «è pur sempre morto» si inserisce "in conseguenza del desiderio del sognatore", e dopo «ma non lo sa» si aggiunge "che il sognatore aveva questo desiderio". Nel corso della malattia del padre, il figlio ne aveva più volte desiderato la morte, ossia, credeva, pietosamente, che la morte avesse potuto alleviare tutte le sue sofferenze e porvi fine. Nel lutto dopo la morte, si rimproverò, inconsciamente, anche di questo suo desiderio pietoso, come se con quello avrebbe concorso ad abbreviare la vita del malato. La raffigurazione in sogno del rimprovero che il giovane muoveva a se stesso fu resa possibile dal risveglio dei primissimi impulsi infantili contro il padre; ma proprio a causa dell'enorme contrasto tra lo spunto all'origine del sogno e i pensieri del giorno, il sogno doveva risultare così assurdo.[277]

Solitamente, i sogni che riguardano persone defunte cui si è affezionati pongono problemi difficili all'interpretazione e spesso la loro soluzione non è soddisfacente. Il motivo va cercato in una forte ambivalenza sentimentale che governa il legame tra il sognatore e il defunto. In questi sogni, spesso, il defunto è rappresentato come vivo, poi d'un tratto si dice che egli in realtà è morto e poi di nuovo torna a vivere. È imbarazzante. Finalmente, ho capito che l'oscillazione di morte e vita rappresenta l'*indifferenza* del sognatore ("che sia vivo o morto per me è lo stesso"). Questa indifferenza, ovviamente, non è reale ma desiderata: è funzionale a rinnegare i suoi orientamenti affettivi, fortissimi e spesso in contraddizione tra loro, e il sogno si erige a rappresentazione dell'*ambivalenza.*

Per altri sogni, in cui si hanno relazioni con defunti, si è spesso rivelata indicativa la seguente regola: se nel sogno non si dice che il morto è effettivamente morto, il sognatore si paragona al morto, sogna la propria morte. La riflessione o la sorpresa che compaiono improvvisamente nel sogno, «ma è già morto da tanto tempo», sono una difesa contro questa mescolanza, un rifiuto del sognatore del significato di morte.

Capisco che si possa avere l'impressione che l'interpretazione del sogno non ha ancora carpito tutti i segreti ai sogni che hanno questo contenuto.

3. Nell'esempio che presento ora, ho potuto sorprendere il lavoro onirico proprio nel momento in cui ha fabbricato intenzionalmente un'assurdità, che non trovava alcuno spunto nel materiale. Viene dal sogno che mi è stato ispirato dall'incontro con il conte Thun, prima di partire per le vacanze. *Viaggio in una carrozza con un solo cavallo e ordino di portarmi a una stazione. A un'obiezione che il cocchiere mi muove, come se l'avessi stancato troppo, rispondo:*

[277] Si veda: *Precisazioni sui due principi dell'accadere psichico*, in "Jahrbuch f. PsA", III, 1911. [Nota aggiunta nel 1911]

«Naturalmente, non posso viaggiare con lei sulla linea ferroviaria». Tuttavia è come se avessimo già fatto insieme un tratto di strada, che generalmente si percorre in treno. L'analisi portò i seguenti chiarimenti a questa storia confusa e assurda. Avevo preso, quel giorno, una carrozza che avrebbe dovuto portarmi in una strada molto lontana, a Dornbach. Ma il cocchiere non conosceva la strada e, com'è solita fare questa brava gente, andò sempre avanti finché me ne accorsi e gli indicai la strada, senza lesinargli delle osservazioni sarcastiche. Un'associazione di idee, che incontrerò anche in seguito, collega questo vetturino agli aristocratici. Per ora basti l'accenno che ciò che colpisce noi, plebe borghese, dell'aristocrazia è il fatto che essa preferisca prendere il posto del cocchiere. Infatti, il conte Thun guidava il carro dello stato dell'Austria. La frase seguente del sogno, però, si riferiva a mio fratello, che io identifico con il vetturino. Quell'anno avevo disdetto il viaggio che dovevamo fare insieme in Italia (*«non posso andare con lei proprio sulla linea ferroviaria»*), il mio rifiuto era una sorta di punizione perché lui aveva l'abitudine di lamentarsi che in questi viaggi lo stancavo troppo (cosa che resta identica nel sogno), perché pretendevo repentini cambiamenti di località e di vedere troppe cose belle in un solo giorno. Quella sera mio fratello mi aveva accompagnato verso la stazione, ma era sceso poco prima, alla stazione Ovest delle ferrovie urbane, per recarsi a Purkersdorf. Gli avevo fatto notare che sarebbe potuto rimanere ancora un pochino con me se fosse andato a Purkersdorf con la ferrovia Ovest invece che con la ferrovia urbana. Ed ecco da dove deriva l'elemento del sogno: percorre in carrozza un tratto di strada *che solitamente si percorre in ferrovia.* Nella realtà era successo esattamente il contrario («si viaggia anche in senso inverso»), avevo detto a mio fratello: «Il percorso che fai con la ferrovia urbana puoi farlo insieme a me con la ferrovia Ovest». Tutta la confusione del sogno è data dal fatto che uso "carrozza" al posto di "ferrovia urbana", cosa che, in realtà, mi è molto utile nella mescolanza del cocchiere con mio fratello. Nel sogno quindi ricavo qualcosa di insensato, qualcosa che sembra inspiegabile e che quasi contraddice una mia frase precedente: «Non posso andare con lei sulla linea ferroviaria». Devo, però, aver dato di proposito questa forma a tutta la storia misteriosa, dato che non ho alcun bisogno di sostituire "carrozza" con "ferrovia urbana".

Ma con quale proposito? Tra poco sapremo cosa significa l'assurdità del sogno e perché essa venga ammessa o creata. In questo caso, la soluzione dell'enigma è la seguente: nel sogno ho bisogno di un'assurdità e di qualcosa di incomprensibile che sia collegato al "viaggiare", perché nei pensieri del sogno c'è un giudizio che esige di arrivare a una raffigurazione. Una sera, in casa di quella signora ospitale e spiritosa che in un'altra scena del medesimo sogno compare in qualità di "massaia", avevo sentito due indovinelli che non ero riuscito a risolvere. Il resto della compagnia li conosceva, e io feci una figura un po' barbina, sforzandomi inutilmente di trovare la soluzione.

Si trattava di due doppi-sensi basati su *Nachkommen* e *Vorfahren.* Mi pare che dicessero:

Der Herr befiehlt's,
Der Kutscher tut's.
Ein jeder hat's,
Im Grabe ruht's.

Il padrone l'ordina,
Il cocchiere lo fa.
Ognuno l'ha,
Nella tomba sta.

(Risposta: *Vorfahren* ["recarsi in carrozza" e "antenati"])

Era imbarazzante che il secondo indovinello fosse per metà identico al primo:

Der Herr befiehlt's,
Der Kutscher tut's.
Nicht jeder hat's,
In der Wiege ruht's.

Il padrone lo ordina,
Il cocchiere lo fa.
Non tutti lo hanno,
nella culla sta.

(Risposta: *Nachkommen* ["seguire, venir dietro" e "posteri"])

Quando vidi il conte Thun *viaggiare in carrozza* in pompa

magna e mi immedesimai nello stato d'animo di Figaro, secondo cui il merito dei gran signori consiste nell'essersi dati la pena di nascere (di essere posteri), questi due indovinelli divennero passaggi intermedi del lavoro onirico. Siccome è facile scambiare aristocratici per cocchieri e siccome in passato, dalle nostre parti, era usuale chiamare il cocchiere "signor cognato" (*Herr Schwager*), il lavoro di condensazione poté includere mio fratello nella stessa rappresentazione. Ma il pensiero sotteso al sogno tuttavia dice: *«È assurdo essere orgogliosi dei propri antenati. Preferisco essere io stesso un antenato, un avo»*. Dal giudizio «è assurdo» ecco, dunque, l'assurdità del sogno. Ora si risolve anche l'ultimo mistero di questo punto oscuro del sogno, per cui *io avevo viaggiato già prima col cocchiere, ero già andato in carrozza con lui.*

Il sogno è reso assurdo quando, tra gli altri elementi, nel pensiero latente è presente il giudizio critico «è assurdo», quando in generale critica e ironia giustificano un'inconscia serie di pensieri del sognatore. L'assurdo diventa così uno dei modi in cui il lavoro onirico raffigura la contraddizione, così come l'inversione di relazione materiale tra pensieri e contenuto del sogno e lo sfruttamento della sensazione di inibizione motoria. Tuttavia, l'assurdo del sogno non si deve tradurre con un semplice "no"; esso deve riflettere l'atteggiamento dei pensieri del sogno, e al contempo ironizzare o ridere attraverso la contraddizione. È solo per raggiungere questo fine che il lavoro onirico fornisce qualche cosa di ridicolo. Ancora una volta esso dà una *forma manifesta a un brano del contenuto latente.*[278]

In verità ci siamo già imbattuti in un esempio che mostra in modo convincente il significato del sogno assurdo. È il sogno, interpretato senza analisi, della rappresentazione wagneriana che dura sino alle sette e tre quarti del mattino, e in cui l'orchestra è diretta

[278] Il lavoro onirico quindi fa la parodia del pensiero visto come ridicolo, dando vita a qualche cosa di ridicolo che è in relazione ad esso. Si comporta allo stesso modo Heine, nel momento in cui vuole prendere in giro i brutti versi del re di Baviera. E lo fa con versi ancora più brutti: *Herr Ludwig ist ein grosser Poet / und singt er, so stürzt Apollo / Vor ihm auf die Kniee und bittet und fleht, / «Halt ein, ich werde sonst toll, oh!»*. Traduzione: Il signor Ludwig è un gran poeta / e quando canta cade Apollo / in ginocchio davanti a lui e prega e implora, «Finiscila, altrimenti impazzisco, oh!»

dall'alto di una torre, e così via. Esso significa in tutta evidenza: questo è un *mondo alla rovescia*, una pazza società. Chi merita qualcosa non l'ottiene e chi non se ne cura la ottiene: la sognatrice intende paragonare il suo destino a quello di sua cugina. E non è certamente casuale che, come primi esempi di assurdità dei sogni, abbiamo incontrato per primi sogni che fanno riferimento al padre morto. In questi sogni si raccolgono, in maniera caratteristica, le condizioni della creazione dei sogni assurdi. L'autorità del padre provoca precocemente la critica del bambino; la durezza delle sue pretese induce il bambino, per averne sollievo, a prestare attenzione a ogni debolezza di lui; la devozione che nei nostri pensieri attribuiamo alla figura del padre, soprattutto dopo la sua morte, intensifica la censura, che impedisce alle espressioni critiche di affiorare alla coscienza.

4. Un altro sogno assurdo riguardante il padre morto.

Ricevo una lettera dal Consiglio comunale della mia città natale. Si riferisce alle spese per un ricovero in ospedale nel 1851, dovuto a un accesso in casa nostra. Ciò mi diverte, innanzitutto perché nel 1851 io non ero ancora nato e in secondo luogo perché mio padre, cui potrebbe far riferimento la lettera, è già morto. Vado da lui nella stanza accanto, dove mio padre giace disteso sul letto, e gli racconto l'accaduto. Con mia sorpresa, mio padre si ricorda che una volta, nel 1851, si era ubriacato e avevano dovuto rinchiuderlo o sorvegliarlo. Era successo quando lavorava per la ditta T... «Quindi tu bevevi?» gli chiedo. «E ti sei sposato poco dopo?». Calcolo che io sono nato nel 1856, che mi sembra subito successivo all'anno in questione.

Dalle spiegazioni precedenti, deduciamo che l'insistenza con cui questo sogno mostra le proprie assurdità va considerata solo come il risultato di una polemica molto amara e appassionata presente nei pensieri del sogno. Ci stupiamo tanto più nell'osservare che in questo sogno la polemica è condotta apertamente e che il padre è indicato come la persona oggetto del sarcasmo. Questa franchezza sembra essere in contraddizione con le nostre considerazioni sulla censura nel lavoro onirico. Ma in questo caso – e ciò valga da spiegazione – il padre è soltanto un fantoccio, e la polemica è condotta con un'altra persona che compare nel sogno mediante un'unica allusione. Se solitamente il sogno ha per oggetto la ribellione contro altre persone, dietro alle quali si nasconde il padre, in questo caso è il contrario: il padre è un fantoccio che nasconde altre persone, ed è per questa ragione che il sogno può occuparsi in modo così manifesto della sua persona, che altrimenti sarebbe sacra: perché c'è la certezza che in verità non si tratta di lui. Tutto ciò ci è rivelato dalle circostanze del sogno. Esso avvenne dopo che ebbi ricevuto la notizia che un collega più anziano, le cui opinioni sono considerate inattaccabili, aveva manifestato disprezzo e stupore per il fatto che un mio paziente continuasse il trattamento psicoanalitico con me per il *quinto anno* consecutivo. Con un travestimento evidente, le frasi iniziali del sogno alludono al fatto che questo collega per un certo tempo si era fatto carico degli obblighi che mio padre non poteva più sostenere (*spese, ricovero all'ospedale*); quando la nostra amicizia iniziò a raffreddarsi, mi ritrovai in quel conflitto di sentimenti che, nel rapporto tra un padre e un figlio, è provocato dalla parte svolta dal padre e dalle sue prestazioni precedenti. I pensieri del sogno si difendono dal rimprovero secondo cui *non procedo più velocemente* con la mia cura, e rimprovero che, muovendo dal trattamento di questo paziente, si allarga poi a inglobare anche altro. Conosce forse qualcuno che potrebbe procedere più in fretta? E non sa forse che situazioni di questo genere sono spesso inguaribili e possono durare per tutta la vita? Che cosa rappresentano *quattro* o *cinque* anni in confronto a un'intera vita, e soprattutto se si considera che la vita del malato è stata alleviata di molto? In questo sogno, l'impressione di assurdità è in gran parte data dal fatto che frasi provenienti da diversi settori dei pensieri sono giustapposte l'una all'altra, senza passaggi intermedi. Così, per esempio, la frase «vado da lui nella stanza accanto» abbandona l'argomento delle frasi precedenti e riprende fedelmente la circostanza in cui avevo annunciato a mio padre il mio fidanzamento, che avevo deciso da solo. Quella frase mi ricorda il nobile disinteresse dimostrato da mio padre in quella occasione e lo contrappone al comportamento di un'altra persona, diversa. In questo sogno è consentito irridere il padre perché i suoi meriti gli sono pienamente riconosciuti nei pensieri del sogno ed egli è indicato da altri come esempio da seguire. È proprio di ogni censura che, tra le cose proibite, si possa dire più facilmente ciò che non è vero di ciò che è vero. Nella frase seguente in cui il padre ricorda *di essersi ubriacato*, nulla, in verità, si riferisce a lui. Qui, egli copre il grande Meynert, i cui passi ho seguito con grande venerazione prima che il suo comportamento verso di me, dopo una breve predilezione, diventasse di aperta ostilità. Il sogno mi ricorda che Meynert mi raccontò che, in un periodo della sua giovinezza, prese l'abitudine di *inebriarsi con il cloroformio* per cui dovette *ricorrere a una casa di cura.* Mi ricorda anche un altro episodio tra noi, avvenuto poco prima che egli morisse. Avevamo avuto un acceso scambio di lettere sull'isteria maschile che egli negava. Quando stava per morire, lo andai a trovare e gli chiesi come stesse. Indugiò nella descrizione della sua condizione e terminò dicendomi: «Lei lo sa bene, sono sempre stato uno dei più bei casi di isteria maschile». Così, con mia grande sorpresa e soddisfazione, ammise quello che aveva negato caparbiamente per tanto tempo. Che in questa scena del sogno io abbia nascosto Meynert dietro mio padre non deriva tanto da un'analogia tra loro, ma è la rappresentazione icastica ed esauriente di un'espressione al condizionale contenuta nel sogno, che per intero è questa: se io, seconda generazione, fossi stato figlio di un professore o di un alto consigliere, avrei certamente fatto strada più in fretta. Nel sogno ho fatto di mio padre un alto consigliere e un professore. L'assurdità maggiore del sogno, e quella che colpisce di più, è nella alterazione della data, il 1851, che non mi sembra diverso dal 1856, *come se cinque anni di differenza non significassero nulla.* Ma è precisamente questo il pensiero del sogno che deve essere espresso. Quattro o cinque anni sono all'incirca il tempo in cui beneficiai dell'appoggio del collega di cui ho parlato prima ed è anche il periodo di attesa che imposi alla mia fidanzata prima di sposarla; e, per una coincidenza casuale sfruttata volentieri dai pensieri del sogno, è anche il tempo che ho stabilito per la completa guarigione del paziente a cui oggi tengo di più. «*Cosa sono cinque anni?*» chiedono i pensieri del sogno. «*Per me non sono nulla, non hanno importanza.* Ho ancora tempo davanti a me e, come alla fine si è realizzato ciò che voi non volevate ammettere, riuscirò anche in questo». Il numero 51, poi, separato dal secolo, è determinato anche in un altro modo, e con significato opposto. Ecco perché nel sogno esso ricorre più volte. 51 è l'età in cui l'uomo sembra più esposto al pericolo, l'età in cui ho visto morire, d'improvviso, alcuni colleghi, e tra loro uno che era stato nominato professore, dopo una lunga attesa, pochi giorni prima.

5. Un altro sogno assurdo con i numeri.

Il signor M., un mio conoscente, è stato attaccato in un articolo addirittura da Goethe e, a parere di tutti noi, con una violenza ingiustificata. L'attacco ha ovviamente distrutto il signor M. Se ne lamenta dolorosamente a tavola; tuttavia, la sua venerazione per Goethe non è stata intaccata da questo episodio. Provo a fare chiarezza sui tempi, che mi sembrano irrealistici. Goethe è morto nel 1832; naturalmente, il suo attacco a M. deve essere avvenuto prima, e il signor M. a quell'epoca doveva essere giovanissimo. Mi sembra plausibile che avesse all'incirca diciotto anni. Ma non so con sicurezza in che anno siamo e quindi su tutti i miei calcoli grava l'oscurità.

D'altronde, l'attacco si trova nel famoso saggio di Goethe Sulla Natura.

Presto avremo modo di capire l'assurdità di questo sogno. Recentemente, il signor M., che avevo conosciuto a tavola, mi aveva invitato a visitare suo fratello, che mostra sintomi di *alterazione mentale di tipo paralitico.* Il sospetto era fondato. Durante la visita accadde una cosa penosa: senza averne nessun motivo, il malato danneggiò il fratello, alludendo ad alcuni *episodi della sua giovinezza.* Avevo chiesto al malato l'anno di nascita e gli avevo fatto fare diversi calcoli per sondare lo stato di indebolimento della sua memoria. Superò le prove piuttosto bene. Mi accorgo ora che nel sogno mi comporto come un paralitico («non so con sicurezza in che anno siamo»). Il resto del sogno deriva da un'altra fonte, recente. Un mio amico, redattore di una rivista medica, aveva consentito che il suo giornale pubblicasse una critica feroce scritta da un giovanissimo e inesperto recensore, *che distruggeva* l'ultimo libro del mio amico Fl. di Berlino. Mi sentii in diritto di intervenire e rimproverai per quella vicenda il redattore, che si mostrò enormemente dispiaciuto per aver pubblicato quella critica, e tuttavia non si offrì di porvi rimedio. Allora troncai i miei rapporti con la rivista e nella lettera di dimissioni scrissi che speravo che *i nostri rapporti privati non risentissero di quell'episodio.* La terza fonte del sogno era un racconto, che avevo sentito da poco, di una paziente sulla malattia psichica del fratello che, dopo aver esclamato: «*Natura, natura!*», era piombato in uno stato di pazzia. I medici avevano pensato che questa esclamazione derivasse dalla lettura del bel frammento di Goethe e fosse soltanto il sintomo dell'affaticamento del malato, in relazione ai suoi studi di filosofia naturale. Io ero più incline a vedervi un significato sessuale che qui, anche le persone meno colte, danno a questa parola. Il fatto che, in seguito, il malato si mutilasse i genitali, quanto meno, non mi smentì. Quando l'attacco di pazzia si manifestò, il malato aveva *diciott'anni.*

Se consideriamo poi che il libro del mio amico, così aspramente attaccato (un altro critico aveva scritto: «Ci si chiede se il pazzo sia l'autore o se lo siamo noi»), è dedicato ai *rapporti temporali* della vita e mette in relazione la durata della vita di Goethe con il multiplo di un numero significativo in biologia, si capisce che nel sogno io mi sostituisco al mio amico (*provo a fare chiarezza sui tempi*). Ma mi comporto come un paralitico e il sogno è denso di assurdità. Quindi, i pensieri del sogno dicono ironicamente: «Ovviamente è lui il folle, il pazzo e voi siete le persone geniali che capiscono tutto meglio. Ma è sicuro che non sia il contrario?». Numerosi erano gli esempi di questa *inversione* nel sogno, dato che Goethe ha attaccato il giovane, ed è una cosa assurda, è molto più facile che sia un giovane ad attaccare Goethe, che è immortale; e poi io calcolo dall'*anno della morte* di Goethe, mentre al paralitico feci fare i calcoli dall'*anno della sua nascita*.

Ma ho anche promesso di dimostrare come tutti i sogni sono mossi da impulsi egoistici. Devo dunque spiegare come mai in questo sogno faccio mia la causa del mio amico e mi metto al suo posto. La convinzione critica del mio stato vigile non è sufficiente. Ma la vicenda del malato diciottenne e la diversa interpretazione della sua esclamazione «Natura!» sono allusioni alla posizione critica che ho assunto nei confronti degli altri medici con la mia convinzione di un'eziologia sessuale delle psiconevrosi. Posso dirmi: le critiche dirette al tuo amico si dirigeranno anche contro di te, come in parte ti è già successo. E posso sostituire il "lui" dei pensieri del sogno con il "noi". «Sì, avete ragione: siamo noi i pazzi». Il fatto che *mea res agitur* mi è ricordato anche dall'allusione al breve ma bellissimo saggio di Goethe, perché fu la lettura di questo saggio, durante una conferenza popolare, a spingermi, quand'ero un liceale indeciso, verso lo studio delle scienze naturali.

6. Devo mostrare ancora un altro sogno egoistico, anche se il mio Io non vi figura. Ho alluso a un breve sogno in cui il professor M. dice: «*Mio figlio, il miope...*»; ho spiegato che si trattava solo di un'introduzione a un altro sogno, nel quale intervengo io. Ecco, quindi, il sogno principale, che allora mancava; in esso compare una formazione di parole assurda e misteriosa, che ha bisogno di essere chiarita.

Alcuni avvenimenti occorsi a Roma rendono necessario far partire i bambini, come di fatto avviene. La scena si svolge davanti a una porta, una porta doppia secondo l'uso degli antichi (nel sogno so già che *si tratta della Porta Romana di Siena). Sono seduto sul bordo di una fontana e sono molto triste, quasi piango. Una donna – una custode o una suora – fa uscire i due ragazzi e li consegna al padre, che non sono io. Il più grande dei due è con certezza il mio figlio maggiore; il volto dell'altro non lo vedo. La donna che porta il bambino gli chiede un bacio d'addio. La si nota per il suo naso rosso. Il bambino non le concede il bacio ma le porge la mano per salutarla e le dice «*auf geseres*» e poi, rivolto a noi due (o a uno di noi) dice: «*Auf ungeseres*». Mi sembra che quest'ultima frase indichi una preferenza.*

Questo sogno è elaborato a partire da una matassa di pensieri prodotti da uno spettacolo che avevo visto a teatro, *Il nuovo ghetto*. Il problema ebraico, l'inquietudine per il futuro dei figli, cui non possiamo dare una patria, la preoccupazione di educarli in modo che diventino liberi di varcare le frontiere, tutto ciò è facilmente riconoscibile nei pensieri del sogno.

«*Sui fiumi di Babilonia, là sedemmo e piangemmo*». Siena è famosa tanto quanto Roma per le sue belle fontane; per Roma devo cercare nel sogno un surrogato qualsiasi fra le località a me note. A Siena, vicino a Porta Romana, avevamo visto un grande edificio illuminato. Venimmo a sapere che si trattava del manicomio. Poco prima del sogno, avevo saputo che un uomo della mia stessa fede religiosa era stato costretto a lasciare il suo posto di lavoro, ottenuto con molta fatica, in un manicomio statale.

Il nostro interesse si concentra sull'espressione *auf geseres* – quando, data la circostanza descritta nel sogno, ci saremmo aspettati *auf wiedersehen* – e sul suo opposto, che sembra completamente insensato, *auf ungeseres*.

Secondo quanto ho appreso da alcuni filologi, *Geseres* è un'autentica parola ebraica che deriva dal verbo *goiser*, traducibile nel migliore dei modi con "sofferenze imposte", "fatalità". L'uso gergale della parola, il suo significato, sembrerebbe essere "lamentarsi", "gemere". *Ungeseres* è un'espressione verbale di mia personalissima invenzione, che, se in un primo momento ha attratto la mia attenzione, poi mi ha lasciato perplesso. La breve considerazione alla fine del sogno, secondo cui *Ungeseres* avrebbe indicato una preferenza rispetto a *Geseres*, mi apre alle associazioni e alla comprensione. Una relazione simile si riscontra anche nel caviale: il caviale non salato (*ungesalzen*) è più apprezzato di quello salato (*gesalzen*). Caviale per il popolo, "passioni lussuose": si nasconde qui un'allusione scherzosa a una persona di casa mia che è più giovane di me e che si prenderà cura, in futuro, dei miei figli.

Questo ben concorda con il fatto che c'è un'altra persona di casa, la nostra bravissima bambinaia, che è indicata in modo ben riconoscibile nel sogno come custode (o suora). Tuttavia, tra le due coppie *gesalzen/ungesalzen* e *Geseres/Ungeseres* manca ancora un anello di congiunzione. Lo si trova in *gesäuert/ungesäuert* (lievitato-non lievitato); durante la fuga dall'Egitto, i figli di Israele non ebbero il tempo di far lievitare la pasta del pane, e, in ricordo di ciò, ancora oggi a Pasqua mangiano pane non lievitato. Ora posso collocare anche l'idea improvvisa che mi è venuta nell'analisi di questo passo. Mi sono ricordato che l'anno scorso a Pasqua passeggiavo insieme al mio amico di Berlino per le vie di Breslavia, città a noi sconosciuta; una ragazzina mi chiese di indicarle una certa via; dovetti scusarmi di non potergliela dare e dissi poi al mio amico: «Speriamo che nella sua vita la piccola dimostrerà maggiore accortezza nella scelta delle persone da cui farsi guidare». Poco dopo, notai una targa "Dottor Herodes, riceve...". «Speriamo» dissi «che il collega non sia un pediatra». Nel frattempo, il mio amico mi aveva esposto le sue opinioni sul significato biologico della *simmetria bilaterale*, iniziando così una frase: «Se avessimo un solo occhio in mezzo alla fronte, come il Ciclope...». Questo ci riporta al discorso del professore nel sogno preliminare: «Mio figlio, il miope». Ed eccomi arrivato alla fonte principale di *Geseres*. Quando, tanti anni fa, il figlio del professor M., che oggi è un pensatore originale, andava ancora a scuola, contrasse una malattia oculare che il medico dichiarò preoccupante. Se fosse rimasta unilaterale, secondo il medico, sarebbe stata una cosa da nulla, ma se invece avesse coinvolto anche l'altro occhio, allora sarebbe diventata un affare serio. La malattia passò senza lasciare strascichi. Ma poco tempo dopo comparvero i sintomi all'altro occhio. Terrorizzata, la madre chiamò subito il medico nella solitudine del suo soggiorno di campagna. Ma il medico si nise *dall'altra parte* e urlò alla madre: «Che *Geseres* mi fa? Se l'altro occhio è guarito, guarirà anche questo». E così avvenne.

Ed ecco il riferimento a me e ai miei. Il banco di scuola, su cui studiò il figlio del professor M., è stato regalato dalla madre al mio primogenito, che pronuncia, nel mio sogno, le parole di saluto. È ora facilmente comprensibile uno dei desideri che si possono riferire a questa traslazione. Ma questo banco di scuola, per la sua particolare conformazione, dovrebbe impedire al bambino di diventare *miope* e *unilaterale*. Da cui nel sogno: *miope* (che nasconde il termine "*Ciclope*") e le conversazioni sulla *bilateralità*. L'inquietudine sull'unilateralità ha più significati: oltre all'unilateralità fisica, quella dello sviluppo intellettivo. Non sembra però che l'assurdità della scena onirica contraddica proprio questa preoccupazione? Il bambino, dopo aver pronunciato *in una direzione le sue parole di saluto, nell'altra dice il contrario*, come per ristabilire un equilibrio. *Si comporta, per dir così, rispettando la simmetria bilaterale!*

Insomma, spesso il sogno racchiude il maggior significato precisamente nel punto in cui sembra più assurdo. In tutte le epoche, le persone che avevano qualcosa da dire ma non potevano farlo senza incorrere in rischi hanno indossato volentieri il cappello da buffone. I destinatari dei discorsi proibiti li tolleravano più volentieri, potendone riderne e potendo adagiarsi nell'illusione che le cose spiacevoli fossero pazzesche. Il sogno si comporta come il principe Amleto nella tragedia: deve fingersi folle. Perciò quel che Amleto disse di sé, mutando gli accadimenti reali con altri risibili e incomprensibili, si può dire anche del sogno: «Io sono pazzo soltanto col Nord-Nord-Ovest; quando il vento soffia da Sud, so distinguere un airone da un falco»[279].

Ho risolto quindi il problema dell'assurdità dei sogni: i pensieri del sogno non sono mai assurdi – quanto meno non nei sogni di persone sane – e il lavoro onirico genera sogni assurdi e sogni con elementi assurdi quando raffigura gli elementi di critica, ironia e sarcasmo dei pensieri dei sogni in una forma espressiva adeguata.

Adesso mostrerò come, in generale, il lavoro onirico si realizzi grazie ai tre elementi già accennati e grazie a un quarto che devo ancora segnalare: come esso traduca i pensieri del sogno, considerando le quattro condizioni prescritte; e come la questione della psiche nel sogno, se essa agisce nel pieno delle proprie capacità spirituali o solo con alcune di esse, sia mal posta e prescinda dalle condizioni di fatto. Ora – siccome esistono molti sogni il cui contenuto si giudica o si critica o si apprezza, o dei cui singoli elementi ci si sorprende, si tentano spiegazioni e si adducono argomentazioni – devo eliminare, in base ad alcuni esempi, le obiezioni che

[279] Questo sogno inoltre mostra bene il principio generale secondo cui i sogni all'interno della stessa notte, seppur divisi da un ricordo, derivano tutti dal medesimo materiale ideativo. La scena del sogno in cui mi figuro di allontanare i miei figli da Roma è deformata da un riferimento ad una analoga situazione avvenuta nella mia infanzia. Tutto questo significa che io provo invidia nei confronti dei miei parenti per la possibilità che hanno avuto, parecchio tempo prima, di mandare all'estero i loro figli.

potrebbero sorgere da casi siffatti.

Rispondo così: *tutto ciò che nei sogni sembra apparente attività della funzione di giudizio non deve affatto essere ritenuto come prestazione mentale del lavoro onirico ma fa parte del materiale dei pensieri del sogno, e da lì arriva, come prodotto finito, nel contenuto onirico manifesto.*

Posso corroborare la mia affermazione, aggiungendo che i giudizi che si danno sul sogno *al risveglio*, e le sensazioni che ci riportano, fanno parte del contenuto onirico latente, e vanno inclusi nell'interpretazione del sogno.

1. Ne ho già riportato un esempio molto evidente. Una paziente non vuole raccontarmi il proprio sogno perché è troppo confuso. Nel sogno ha visto una persona, e non sapeva se si trattasse del marito o del padre. Seguiva poi una seconda parte del sogno, in cui compariva un "secchio per l'immondizia", a cui si collega il ricordo seguente. Da poco padrona di casa, un giorno, aveva detto scherzando a un giovane parente che frequentava la casa che il suo prossimo compito sarebbe stato l'acquisto di un nuovo secchio per l'immondizia. La mattina seguente ne ricevette uno, che però era pieno di mughetti. Questo passo del sogno serve a rappresentare il modo di dire: «Non è erba del mio giardino». Completata l'analisi, si scopre che nei pensieri del sogno c'è l'eco di una storia sentita in gioventù: una ragazza aveva avuto un figlio, di cui non *era chiaro chi fosse il padre*. In questo caso, quindi, la rappresentazione del sogno arriva a coinvolgere i pensieri da svegli, facendo sì che uno degli elementi del pensiero del sogno sia rappresentato da un giudizio sul sogno nel suo insieme concepito da svegli.

2. Un caso simile. Un mio paziente fa un sogno che gli sembra interessante, perché appena sveglio si dice: «*Questo lo devo raccontare al dottore*». Il sogno è analizzato e risultano allusioni piuttosto chiare a una relazione, iniziata durante la cura, di cui aveva deciso di *non raccontarmi nulla.*[280]

3. Un terzo esempio tratto dalla mia personale esperienza.

280 Nei sogni fatti durante una cura psicoanalitica, quando chi sogna si dice "*devo raccontarlo al dottore*" si mette in evidenza una forte resistenza per la confessione del sogno, che infatti spesso è dimenticato. [Nota aggiunta nel 1909]

Vado all'ospedale insieme a P., passando per un quartiere con case e giardini. Intanto penso di aver visto più volte, in sogno, quel quartiere. Non mi oriento bene. P. mi indica una strada, che, dopo l'angolo, conduce a un ristorante (con sala interna). Lì chiedo della signora Doni e scopro che abita nel retro, in una stanzetta, con tre bambini. Mi avvio e, strada facendo, incontro una persona indistinta con le mie due figlie, che poi porto via con me, dopo aver indugiato qualche tempo con loro. Una specie di rimprovero nei confronti di mia moglie per averle lasciate lì.

Quando mi sveglio provo una grande soddisfazione che attribuisco al fatto che grazie all'analisi avrei capito cosa significava il pensiero: l'ho già sognato[281]. Ma su questo l'analisi non m'insegna nulla: mi fa soltanto capire che la soddisfazione deriva dal contenuto latente del sogno e non da un giudizio sul sogno. È la soddisfazione per aver avuto dei figli dal mio matrimonio. P. è una persona con cui, per un certo periodo della vita, ho condiviso il cammino, ma poi mi ha superato nettamente sia dal punto di vista sociale che da quello materiale; però dal suo matrimonio non ha avuto figli. I due spunti del sogno possono sostituire la prova fornita da un'analisi completa. Il giorno prima avevo letto sul giornale il necrologio per una signora Dona A...y (che trasformo in Doni), morta di parto. Da mia moglie ero venuto a sapere che la defunta era stata assistita dalla stessa levatrice che aveva assistito lei nel parto dei nostri due figli minori. Il nome "Dona" mi aveva colpito perché l'avevo incontrato per la prima volta poco tempo prima in un romanzo inglese. L'altro spunto del sogno deriva dalla data in cui lo feci; era la notte prima del compleanno del mio figlio maggiore, dotato, a quanto sembra, di talento poetico.

4. Ebbi un'analoga soddisfazione quando mi risvegliai da quel sogno assurdo in cui mio padre, dopo essere già morto, assumeva un ruolo politico tra i Magiari; ragione ne era la prosecuzione della sensazione che aveva accompagnato l'ultima frase del sogno. *Mi ricordo che in punto di morte assomigliava molto a Garibaldi ed ero contento che, alla fine, si fosse avverato...* (e il seguito l'avevo dimenticato).

L'analisi mi consente di riempire la lacuna del sogno. È l'allu-

[281] A proposito di questo tema, si è accesa una lunga discussione negli ultimi numeri della "Revue philosophique" (*Paramnesia nel sogno*).

sione al mio secondogenito, cui ho dato il nome di una grande personalità storica, che mi aveva attratto profondamente quand'ero giovane, e specialmente dopo il mio viaggio in Inghilterra. L'anno in cui aspettavamo che nascesse, decisi di dargli questo nome, nel caso fosse stato un maschio. E così salutai il neonato, con mia *grande soddisfazione.* È facile notare come la megalomania repressa del padre si trasferisca nei pensieri sui figli – e, anzi, si ammetterà facilmente che questo sia uno dei modi con cui si compie la repressione di questo sentimento, che diventa necessaria nella vita. Il bambino si era guadagnato il diritto di essere accolto nel sogno per un incidente, che si perdona sia ai bambini sia ai moribondi, che gli era appena capitato: quello di sporcare il letto. Si confronti in proposito *Stuhlrichter* e il desiderio del sogno di apparire *grandi e puri* di fronte ai propri figli.

5. Dovendo scegliere atti di giudizio che restano confinati nei sogni, ossia che non penetrano la vita da svegli né vi si trasferiscono, mi sarà di grande agio potermi servire di sogni che ho già comunicato per altre ragioni. Il sogno dell'attacco mosso da Goethe al signor M. mi sembra che abbia tutta una serie di atti di giudizio. «*Provo a fare un po' di luce sui rapporti temporali, che paiono inverosimili*». Questa frase non sembra forse una reazione critica di fronte all'assurdità del fatto che Goethe possa aver sferrato un attacco letterario contro un mio giovane conoscente? «*Mi sembra verosimile che avesse diciott'anni*». Questa frase sembra decisamente il risultato di un calcolo, in verità difettoso, mentre «*non so con sicurezza in che anno siamo*» sembrerebbe piuttosto un esempio di incertezza o di dubbio nel sogno. Ma adesso so, grazie all'analisi del sogno, che questi atti di giudizio, apparentemente compiuti per la prima volta nel sogno, sono formulati in un modo che rende possibile attribuire loro un diverso significato, con cui essi diventano indispensabili all'interpretazione e contemporaneamente permettono di eliminare ogni assurdità. Con la frase «*provo a fare un po' di luce sui rapporti temporali, che paiono inverosimili*», mi sostituisco al mio amico, che cerca effettivamente di chiarire i rapporti temporali della vita. Così la frase perde il significato di giudizio che critica le assurdità delle frasi precedenti. L'aggiunta: «che *mi paiono inverosimili*» fa parte del successivo «*mi pare attendibile*». Alla signora che mi raccontò la vicenda della malattia del fratello, risposi all'incirca con le stesse parole: «*Mi sembra inverosimile* che l'esclamazione: "*Natura, natu-*

ra!" abbia qualcosa a che fare con Goethe. *Mi sembra molto più attendibile* che essa ricopra un ben noto significato sessuale». Qui è stato senz'altro emesso un giudizio, ma non nel sogno, bensì nella realtà, in un'occasione che è stata ricordata e utilizzata dai pensieri del sogno. Il contenuto del sogno fa suo questo giudizio, come qualsiasi altro frammento dei pensieri del sogno.

Il numero 18, con cui il giudizio è messo assurdamente in rapporto nel sogno, conserva ancora la memoria del contesto da cui è stato estrapolato il giudizio reale. Infine, la frase «*non so con precisione in che anno ci troviamo*» tentava di protrarre la mia identificazione con il paralitico, e durante il suo esame questo era stato effettivamente confermato.

Nella spiegazione dei giudizi apparenti del sogno, è bene ricordare la regola data sopra per il lavoro di interpretazione: lasciare da parte la correlazione creata dal sogno tra gli elementi onirici, considerandola alla stregua di una mera apparenza inessenziale, e ricondurre ogni singolo elemento, in se stesso considerato, alla sua origine. Ai fini dell'analisi, il sogno è un insieme che necessita di essere ridotto a frammenti. Tuttavia, notiamo che nei sogni si manifesta una forza psichica che intesse delle correlazioni, sottoponendo il materiale ricavato dal lavoro del sogno a una *elaborazione secondaria*. Si tratta delle manifestazioni di una forza che esamineremo più avanti, come quarto momento determinante della formazione del sogno.

6. Continuo a cercare altri esempi di attività della funzione giudicante nei sogni già riferiti. Nel sogno assurdo della lettera ricevuta dal consiglio comunale chiedo: «*Poco dopo ti sei sposato? Faccio il conto che sono nato nel 1856, che mi sembra l'anno successivo all'anno in questione*». Questa frase assume la forma di una perfetta *conclusione*. Mio padre si è sposato poco dopo l'accesso, nel 1853; io, infatti, nato nel 1856, sono il figlio maggiore, e quindi c'è concordanza. Sappiamo però che la conclusione è falsata dall'appagamento di desiderio, sappiamo che la frase dominante nei pensieri del sogno dice: «*Quattro o cinque anni non hanno importanza: non sono un lungo periodo*». Ma ogni singolo passo di questa conclusione, sia per quanto attiene al contenuto che per quanto attiene alla forma, va determinato in modo diverso a partire dai pensieri del sogno: è il malato, di cui il collega deplora la pazienza, che pensa di sposarsi subito dopo la fine del trattamento. Il tipo di relazione che nel sogno ho con mio padre ricorda un *interrogatorio* o un *esame*, e anche un professore

dell'università che a chi si iscriveva al suo corso la usava richiedere uno stato civile completo: «Anno di nascita?» «1856». «*Padre*?» E qui si rispondeva dando la desinenza latina al nome del proprio padre, e noi studenti immaginavamo che l'aulico consigliere deducesse dal nome del padre *informazioni* cui il novello iscritto non avrebbe sempre acconsentito. Quindi, nel sogno l'azione di *trarre conclusioni* sarebbe solamente una ripetizione dell'azione di *trarre conclusioni* che compare nei pensieri del sogno, come parte materiale. Questa osservazione ci insegna qualcosa di nuovo. Se nei contenuti del sogno una conclusione esiste, essa deriva certamente dai pensieri del sogno; ma essa può esservi contenuta sia come parte del materiale ricordato, sia in quanto collega tra loro, come un filo conduttore, una serie di pensieri del sogno. In ogni caso, la conclusione del sogno rappresenta una conclusione che deriva dai pensieri del sogno.[282]

Ora dovremmo proseguire con l'analisi del sogno. Accanto all'interrogatorio del professore sorge il ricordo di un elenco di studenti universitari che, all'epoca, era scritto in latino. E accanto a questo, il ricordo del mio corso di studi. I *cinque anni* previsti dal corso di laurea in medicina erano, anch'essi, troppo pochi per me. Senza curarmene, studiai per altri anni mentre i miei conoscenti mi consideravano un perdigiorno e dubitavano che sarei riuscito a finire gli studi. A un certo punto, mi decisi a dare *in fretta* gli ultimi esami e riuscii a finire: *nonostante il rinvio.* Ed ecco un consolidamento dei pensieri del sogno che oppongo con orgoglio ai miei critici. «Anche se non intendete crederci, perché mi prendo del tempo, finisco lo stesso e arrivo alla *conclusione.* È già successo così molte altre volte».

La parte iniziale del sogno contiene alcune frasi cui non si può negare il carattere di argomentazione. E l'argomentazione non è assurda: potrebbe benissimo essere la stessa usata da svegli. *In sogno, la lettera ricevuta dal consiglio comunale mi diverte innanzitutto perché nel 1851 non ero ancora nato e, in secondo poi, perché mio padre, cui poteva riferirsi l'accaduto, era già morto.*

Due cose esatte già di per sé e che coincidono perfettamente

[282] Questi risultati correggono su alcuni punti le osservazioni da me fatte sulla rappresentazione di relazioni logiche nei sogni – osservazioni che si limitavano a descrivere il funzionamento generale del lavoro onirico senza considerarne i meccanismi più particolareggiati.

con le argomentazioni che userei in un caso del genere. Dall'analisi precedente, sappiamo che questo sogno è nato sulla scorta di pensieri amareggiati e profondamente caustici. Inoltre, se supponiamo che le ragioni alla base dell'intervento della censura sono molto forti, allora sarà chiaro che il lavoro del sogno ha tutti i motivi per modellare una *confutazione ineccepibile di una pretesa assurda*, secondo il modello esistente nei pensieri del sogno. Ma l'analisi ci fa notare che in questo caso si è utilizzato materiale derivante dai pensieri del sogno. È come se in un'equazione matematica ci fossero, oltre ai numeri, un segno di moltiplicazione, uno di sottrazione, uno di potenza e uno di radice e qualcuno trascrivesse tutto in disordine, senza capire. I due argomenti possono essere ricondotti al seguente materiale. Mi rincresce pensare che alcune premesse che sono alla base della mia spiegazione psicologica delle psiconevrosi susciteranno, non appena saranno divulgate, ironia e incredulità. Per esempio, affermo che alcune impressioni del secondo anno di vita, e a volte persino del primo, condizionano in maniera durevole l'animo dei futuri malati e, pur se alterate o esagerate nei ricordi, possono rappresentare la prima e la più profonda ragione di un sintomo isterico. I pazienti cui, al momento opportuno, spiego questo, di solito ridicolizzano la nuova informazione, e dichiarano di voler andare alla ricerca dei ricordi del tempo *in cui ancora non erano nati*. Credo che rivelando il ruolo insospettato che il padre ha nei primissimi impulsi sessuali troverei un'analoga accoglienza. Ma io ho la convinzione, che poggia su ragioni valide, che entrambe le affermazioni sono vere. E ne trovo conferma nei casi in cui la morte del padre è accaduta quando i figli erano in tenerissima età e tuttavia gli eventi successivi, che sono inspiegabili altrimenti, dimostrano che i figli hanno conservato, a un livello inconscio, dei ricordi della persona così prematuramente scomparsa. So che entrambe le mie affermazioni si basano su delle *conclusioni* che saranno contestate. Quindi, l'appagamento del desiderio è all'origine del fatto che il lavoro onirico, per produrre *conclusioni incontestabili*, utilizzi precisamente il materiale di *queste conclusioni*, che ho il timore che saranno contestate.

7. Il principio di un sogno cui ho brevemente accennato esprime bene la sorpresa per l'argomento che affiora.

Brücke mi ha assegnato un qualche incarico. «Cosa piuttosto strana» fa riferimento a una parte inferiore del mio corpo, il bacino e le gambe, che vedo di fronte a me come se stessero in procinto di essere dissezionati, senza tuttavia che io ne senta la mancanza nel corpo, o che ne provi il benché minimo ribrezzo. Accanto a me c'è Louise N. e lavoriamo insieme. Il bacino è stato svuotato, a volte lo vedo dall'alto, a volte dal basso e le due visioni si confondono. Si intravedono grandi protuberanze di un rosso carne (che già nel sogno mi ricordano le emorroidi), e qualcosa che sta sopra e assomiglia a una carta stagnola[283] *spiegazzata e che deve essere asportato con cautela. Poi ritorno in possesso delle gambe, cammino per un tratto e poi, per la stanchezza, proseguo in carrozza. Con mia grande sorpresa, la carrozza entra in un portone; questo si apre e conduce a un corridoio che all'estremità conduce di nuovo all'aperto*[284]*. Poi cammino con una guida di montagna che prende il mio bagaglio e attraversiamo paesaggi molto differenti tra loro. A un certo punto, ho le gambe stanche e la guida porta anche me. La terra è acquitrinosa e noi camminiamo sul bordo; per terra c'è della gente seduta, indiani o zingari e tra loro una ragazza. E prima io ero andato avanti da solo sul terreno malcerto, sorpreso a ogni passo di riuscire così bene, dopo la preparazione alla parte inferiore del mio corpo. Alla fine, arriviamo in una casetta di legno, alla cui estremità c'è una finestra aperta. Lì la guida mi posa per sistemare due assi – che erano pronte sul davanzale – a mo' di ponte sull'abisso che dobbiamo varcare uscendo dalla finestra. Comincio ad essere terrorizzato per le mie gambe ma, al posto del passaggio che mi aspettavo, scorgo due uomini sdraiati su delle panche di legno situate a ridosso delle pareti della casa, e accanto a loro sembra ci siano due bambini addormentati. Come se fossero stati i bambini a rendere possibile il passaggio. Mi sveglio sconvolto.*

Chi si sia fatto anche solo un'idea della ricchezza di condensazione del sogno, potrà immaginare facilmente quanto inchiostro farà versare l'analisi dettagliata di questo sogno. Fortunatamente per i nostri fini, qui posso limitarmi a riprodurre l'analisi dello stupore che mi si manifestava in quell'inciso «*Cosa piuttosto strana*». E arrivo al suggerimento del sogno: una visita dalla signora Louise N., che anche in sogno lavorava insieme a me. «Mi presti qualcosa da leggere?». Le do *Lei* di Rider Haggard. «È un libro *strano*, ma

283 *Stanniol*. Allusione a Stannius (vedi sopra).

284 Era l'ingresso del mio palazzo, in cui gli inquilini lasciavano le carrozzine dei bambini; era spesso sovradeterminato.

denso di significati occulti» sto per dirle «l'eterno femminino, l'immortalità degli affetti...». Ma mi interrompe: «Già lo conosco. Non avresti qualcosa di tuo?». «No, le mie opere immortali non sono ancora scritte». «E quando usciranno le tue "spiegazioni ultime" che, stando alle tue promesse, anche noi riusciremo a leggere?», chiede con un tono un po' provocatorio. Adesso capisco che, attraverso di lei, è qualcun altro che mi sollecita e ammutolisco. Penso a quanto mi costa presentare al pubblico anche solo il lavoro sul sogno in cui devo necessariamente esporre così tanta parte della mia intimità.

Das Beste was du wissen kannst,
Darfst du den Buben doch nicht sagen.

Ciò che sai di meglio,
Non puoi dirlo ai tuoi alunni.

La preparazione che mi viene detto di fare rappresenta l'*autoanalisi* legata alla comunicazione dei sogni. Il vecchio Brücke interviene a ragione in questo punto: nei miei primi anni di studi scientifici era accaduto che abbandonassi una mia scoperta finché un suo energico ordine mi costringeva a pubblicarla. I pensieri seguenti, che rimandano alla conversazione che ebbi con Louise N., vanno troppo a fondo per diventare coscienti; essi subiscono uno spostamento grazie al materiale che si è ridestato in me dall'accenno a *Lei* di Rider Haggard. Il giudizio di «*cosa piuttosto strana*» fa riferimento a questo libro e a un altro dello stesso autore, *Il cuore del mondo*, e molti elementi del sogno provengono da questi romanzi fantastici. Il terreno acquitrinoso su cui siamo condotti, l'abisso che dobbiamo varcare con le assi che noi stessi abbiamo portato, provengono da *Lei*; mentre gli indiani, la ragazza e la casa di legno da *Il cuore del mondo*. In entrambi i romanzi la guida è una donna, in entrambi ci sono viaggi pericolosi, in *Lei* c'è un cammino avventuroso verso una zona sconosciuta – e quasi mai percorsa. Le gambe stanche erano una sensazione che avevo realmente in quei giorni. Probabilmente, esse erano in rapporto con uno stato d'animo depresso e con una domanda densa di dubbi: «Fino a dove mi condurranno ancora le mie gambe?». In *Lei* l'avventura termina con la guida che, lungi dall'ottenere l'immortalità per sé e per gli altri, muore nell'enigmatico fuoco centrale. Un'angoscia del genere si è certamente trasferita nei pensieri del sogno. *La casa di legno* è senza dubbio anche una *bara*, una tomba. Ma con la raffigurazione del pensiero più indesiderato di tutti il lavoro del sogno ha fatto un capolavoro. Una volta sono stato in una tomba, una tomba etrusca vuota vicino ad Orvieto: una stanza angusta con due panche di pietra a ridosso dei muri, su cui stavano stesi gli scheletri di due adulti. L'interno della casa di legno del sogno ha lo stesso aspetto, solo che la pietra è stata sostituita dal legno. Apparentemente il sogno dice: «se devi stare in una tomba, che sia quella etrusca» e, grazie a questa sostituzione, la triste attesa si fa molto desiderata. Ma il sogno è capace – come vedremo più avanti – di mutare nel suo contrario solo la raffigurazione inerente allo stato affettivo, ma non sempre lo stato affettivo in sé. Mi sveglio con la "*mente sconvolta*" quando ormai è stata già raffigurata anche l'idea che forse i figli riusciranno ad ottenere ciò che è stato negato al padre: una nuova allusione allo strano romanzo in cui l'identità di una persona rimane nelle generazioni dei successivi duemila anni.

8. In un altro sogno ritroviamo lo stupore per un'esperienza vissuta in sogno, ma esso è connesso a una proposta di interpretazione così sbalorditiva, così inconsueta e quasi buffa che da sola sarebbe sufficiente a giustificare l'analisi di tutto il sogno – anche se fossero assenti due altri punti che suscitano il nostro interesse. Nella notte tra il 18 e il 19 luglio, viaggio in treno a sud e mentre dormo sento gridare: «*Hollthurn, dieci minuti*». *Il mio pensiero corre immediatamente alle oloturie – un Museo di storia naturale, un luogo in cui uomini coraggiosi hanno fatto di tutto per difendersi dallo strapotere del signorotto locale, senza tuttavia riuscirvi (sì, la Controriforma in Austria!) – come se fosse un luogo della Stiria o del Tirolo. Vedo un piccolo museo in cui si conserva quel che rimane di questi uomini o i loro trofei. Vorrei scendere ma rimando. Sulla banchina ci sono donne che offrono frutta; sono sedute per terra e porgono i cesti in modo allettante. Io ho esitato, pensando che non avessimo tempo, ma siamo ancora immobili. D'un tratto mi ritrovo in un altro scompartimento in cui il cuoio e i sedili sono talmente stretti che con la schiena si urta contro lo schienale.*[285] *Me ne meraviglio: «Ma avrò cambiato posto mentre dormivo». Ci sono molte persone,*

[285] Questa descrizione risulta incomprensibile anche a me, ma seguo il buon principio di raccontare un sogno con le stesse parole che avevo in mente mentre lo scrivo. Le parole fanno parte di ciò che è raffigurato nel sogno.

tra cui due inglesi, fratello e sorella; molti libri, che vedo nitidamente, su una mensola alla parete. Vedo The Wealth of Nations *(*La ricchezza delle nazioni*),* Matter and Motion *(*Materia e movimento, *di Clerk-Maxwell), grandi e rilegati in tela marrone. L'uomo chiede alla sorella se ha dimenticato un libro di Schiller. È come se i libri fossero alternativamente miei e loro. Vorrei intromettermi nel loro dialogo, assentendo, sostenendo...* Mi sveglio madido di sudore dalla testa ai piedi, tutti i finestrini sono chiusi. A Marburg il treno si ferma.

Mentre trascrivo, mi ricordo di un passo del sogno che il ricordo voleva omettere. *Dico ai fratelli:* «It is from...» *(è dal) e poi mi correggo:* «It is by...» *(è di). L'uomo dice alla sorella: «L'ha detto giusto»*. Il sogno inizia con il nome della stazione che deve avermi leggermente risvegliato. Sostituisco *Marburg* con *Hollhurn*. Che la prima volta io abbia sentito gridare «Marburg!» è provato dall'allusione a Schiller, che è nato a Marburg anche se non a Marburg in Stiria.[286] Benché fossi in prima classe, le condizioni di viaggio erano disagiate. Il treno era stracolmo. Nel mio scompartimento c'erano un uomo e una donna di aspetto molto dignitoso ma che si rivelarono privi di educazione – oppure non giudicarono necessario nascondere la loro contrarietà per la mia intrusione. Il mio gentile saluto non fu ricambiato. E benché il marito e la moglie sedevano vicini, in senso contrario a quello del viaggio, la donna non tardò ad occupare con il suo ombrello il posto accanto al finestrino di fronte a lei. La porta fu subito richiusa ed essi scambiarono alcune frasi piuttosto mordaci sull'utilità di aprire il finestrino. È probabile che avessero immediatamente percepito il mio bisogno d'aria. Era caldo e nello scompartimento completamente chiuso l'aria divenne opprimente. Per la mia esperienza, un comportamento talmente arrogante e privo di rispetto è proprio, di solito, di persone che non hanno pagato il biglietto o che l'hanno pagato soltanto a metà. Quando arrivò il controllore, gli mostrai il

[286] Schiller non è nativo di Margurg ma di Marbach, come sa ogni studente tedesco del ginnasio e come del resto so anche io. Questo è un altro di quegli errori che si inseriscono nel sogno come contropartita di una alterazione voluta presente in un altro luogo, e di cui ho cercato di fornire una spiegazione nella *Psicopatologia della vita quotidiana*, cap. 10. [Nota aggiunta nel 1909]

mio salatissimo biglietto, mentre la donna rispose in tono burbero e minaccioso: «Mio marito ha la tessera». Di aspetto era piuttosto massiccia, sul volto un'espressione insoddisfatta, e di età non lontana dal periodo in cui la bellezza femminile inizia la sua decadenza. Il marito non disse una parola, rimase seduto immobile. Io provai a dormire. E in sogno mi presi una bella vendetta dei miei irrispettosi compagni di viaggio. Sarebbe difficile persino immaginare quante offese e umiliazioni si nascondono dietro gli sparsi frammenti della prima parte del sogno. Dopo aver soddisfatto questa esigenza, emerse il desiderio di cambiare scompartimento. Il sogno cambia spesso di scena e senza che venga data una minima spiegazione a giustificazione del cambiamento; non sarebbe stato strano affatto se io avessi sostituito i miei compagni di viaggio con altri più gentili dei miei ricordi. Ma è successo qualcosa che si è opposto al cambiamento di scena e ha giudicato necessario darne una spiegazione. Come ho fatto ad arrivare d'un tratto in un altro scompartimento? Non riesco a ricordarmi di aver cambiato posto. C'è un'unica spiegazione plausibile: *dovevo aver lasciato lo scompartimento mentre dormivo*, cosa molto insolita di cui però i neuropatologi hanno qualche esperienza. Sappiamo che esistono persone che si mettono in viaggio in uno stato crepuscolare, senza manifestare con il benché minimo indizio il loro stato, fino a che a un certo punto, durante il viaggio, ritornano in sé e si sorprendono del buco nei loro ricordi. Quindi, mentre sogno affermo che il mio è un caso di *automatisme ambulatoire*.

L'analisi offre un'altra soluzione: la proposta di spiegazione che tanto mi sorprende va ascritta non già al lavoro onirico, bensì all'emulazione della nevrosi di un mio paziente. Ho già parlato di un uomo molto colto e dal cuore tenero che dopo la morte dei propri genitori iniziò ad accusarsi di tendenze omicide e che ora soffriva per le misure di sicurezza che era costretto a prendere contro le proprie tendenze. Era un caso di gravi rappresentazioni ossessive, con un'autocoscienza perfettamente integra. Agli inizi fu il camminare per la strada che gli divenne pesante per l'ossessione di voler sapere dove sparissero tutte le persone che incontrava. Se d'un tratto qualcuno si sottraeva alla sua vista indagatrice, gli restava il triste sentimento di aver forse lui stesso eliminato quella persona. Inoltre, dietro questo sintomo si annidava una fantasia di Caino perché «tutti gli uomini sono fratelli». Incapace di risolvere la situazione, rinunciò a uscire di casa e visse imprigionato tra le quattro mura domestiche. Ma nella sua stanza arrivavano gli echi, attraverso i giornali, di assassini accaduti fuori e la sua coscienza gli metteva il dubbio che fosse proprio lui l'assassino che si cercava. La certezza di non essere mai uscito di casa nelle settimane precedenti ridusse, per un certo periodo di tempo, queste accuse fino a quando, un giorno, gli passò per la mente l'idea di aver lasciato la casa mentre dormiva e quindi di aver così commesso il crimine senza esserne consapevole. Da quel giorno, chiuse a chiave la porta di casa e affidò la chiave alla sua vecchia governante, proibendole di ridargliela indietro, anche se fosse stato lui in persona a chiedergliela. È da qui che viene la mia proposta di spiegazione del sogno, secondo cui avrei cambiato scompartimento mentre dormivo: essa è stata inclusa nel sogno come prodotto finito, a partire dal materiale dei pensieri del sogno, e ha la funzione di farmi identificare con quel paziente. Il suo ricordo mi è stato risvegliato da una facile associazione. Con lui avevo fatto, poche settimane prima, il mio ultimo viaggio di notte. Era guarito e andavamo insieme dai suoi parenti, in provincia, che mi avevano fatto chiamare. Finché rimasi sveglio, ce la passammo benissimo insieme. Io sapevo che all'origine della sua malattia c'erano degli impulsi ostili attinenti all'ambito sessuale nei confronti del padre che risalivano all'infanzia. Nell'identificarmi con lui, mi confessavo una cosa analoga. La seconda scena del sogno si risolve in una fantasia piuttosto ardita: i miei compagni di viaggio, abbastanza anziani, sono così sgradevoli nei miei confronti perché con il mio arrivo ho tolto loro la possibilità di scambiarsi quelle tenerezze notturne che avevano in mente. Questa fantasia deriva da una scena della mia infanzia in cui il bambino entra nella stanza dei genitori, probabilmente spintovi dalla sua curiosità sessuale, e viene allontanato dalle autorevoli parole di suo padre.

Penso che non sia necessario addurre ulteriori esempi; servirebbero solo a confermare ulteriormente quello che già abbiamo dedotto, ossia che l'atto di giudizio nei sogni è solo la ripetizione di un modello che deriva dai pensieri del sogno. Una ripetizione mal fatta e inserita a sproposito in un dato contesto, e utilizzata con grande abilità in modo tale da dare l'impressione di un'attività di pensiero che prescinde dal sogno. Ora potremmo passare ad analizzare quell'attività psichica che, in realtà, non sembra partecipare alla creazione del sogno ma che, quando lo fa, tenta di unire i vari elementi del sogno, eterogenei, in modo significativo e armonico.

Prima ancora però dobbiamo occuparci delle manifestazioni affettive che appaiono nei sogni, e metterle a confronto con quelle che l'analisi scopre nei pensieri del sogno.

H. Gli stati affettivi nel sogno

L'ammonimento acuto di Stricker ci esorta a non sorvolare sulle manifestazioni affettive dei sogni in quella maniera sprezzante con cui siamo soliti buttarci alle spalle, al risveglio, il contenuto del sogno: «Se in sogno ho paura dei banditi, è vero che questi sono immaginari ma la paura è reale». Lo stesso accade se in sogno sono contento. Lo testimonia la nostra sensibilità: l'affetto provato in sogno non ha meno valore di quello vissuto da svegli; e più ancora che con il suo contenuto di rappresentazioni, il sogno esige che il suo contenuto affettivo sia accolto nelle esperienze reali della nostra psiche. Da svegli non siamo capaci di accogliere questo contenuto perché non siamo in grado di dare il giusto valore psichico a un affetto se esso non è collegato con un contenuto rappresentativo. Se affetto e rappresentazione non concordano in genere e intensità, il nostro giudizio vacilla. Ha sempre stupito che i contenuti rappresentativi dei sogni non comportano il risultato affettivo che ci aspetteremmo nei pensieri da svegli. Strümpell ha asserito che nei sogni le rappresentazioni sono prive dei loro valori psichici. Ma nei sogni non è assente il caso contrario in cui una forte manifestazione affettiva corrisponde a un contenuto che non sembrerebbe dover dare adito allo scoppio di quell'affetto. In sogno sono in una situazione paurosa, pericolosa, raccapricciante e tuttavia non provo né paura né raccapriccio; altre volte invece mi spavento per inezie e mi rallegro per cose fanciullesche. L'enigma del sogno scompare d'improvviso e del tutto, come non fa nessuno degli altri enigmi onirici, se dal contenuto manifesto passiamo al contenuto latente. Non dovremo sforzarci di spiegarlo perché non esiste più. L'analisi ci fa capire come, mentre *i contenuti rappresentativi subiscono dislocazioni e sostituzioni, gli affetti rimangono fissi.* Non bisogna stupirsi, quindi, se il contenuto rappresentativo, trasformato dalla deformazione del sogno, non corrisponde più all'affetto che è rimasto intatto. E quando l'analisi rimette il vero contenuto al posto che aveva in precedenza, non c'è più nulla di cui meravigliarsi.[287]

Nel complesso psichico che subisce l'influsso della censura, gli affetti sono la parte che resiste, l'unica che può darci un'indicazione su come debba avvenire l'integrazione. Questa relazione si rivela nelle psiconevrosi con più chiarezza che nei sogni. In queste ultime infatti, l'affetto ha sempre ragione, almeno nella sua qualità, mentre la sua intensità può risultare accresciuta a causa di spostamenti dell'attenzione nevrotica. Quando l'isterico si stupisce di avere tale paura per un nonnulla, o l'ossessivo si sorprende che da un'inezia scaturisca un rimprovero tanto intenso, entrambi cadono in errore, prendendo per essenziale il contenuto rappresentativo – il nonnulla o l'inezia – e si schermiscono, senza riuscirvi, facendo del contenuto il punto di origine del loro lavoro mentale. La psicoanalisi suggerisce loro la strada da seguire giustificando l'effetto e andando sulle tracce della rappresentazione a esso corrispondente che è stata rimossa per sostituzione. Questo comporta che l'effusione degli affetti e il contenuto rappresentativo non costituiscono un tutt'uno inscindibile, come siamo abituati a pensare; entrambe le parti, infatti, sono unite l'una all'altra in modo da poter essere poi separate nell'analisi. L'interpretazione del sogno suggerisce che questo è il caso. Faccio un esempio, la cui analisi giustifica l'apparente assenza di affetto per un contenuto rappresentativo che invece sembrerebbe esigerlo.

1. *Lei scorge, in un deserto, tre leoni; uno ride ma lei non ne ha paura. Poi, evidentemente è corsa via perché la troviamo che vuole arrampicarsi su un albero; trova però sua cugina, un'insegnante di*

[287] Se non vado errato, il primo sogno di mio nipote, a venti mesi d'età, mostrava che il lavoro onirico aveva trasformato il materiale dei pensieri del sogno in un appagamento del desiderio, e lo stato affettivo a loro legato rimaneva invariato durante il sonno. La notte prima della partenza del padre per il fronte, il bambino gridava tra i singhiozzi: «Papà, papà, *baby*!». Questo significa solo una cosa: papà e *baby* restavano insieme e le lacrime erano per la separazione imminente. Il bambino, a quell'età, sapeva già esprimere il concetto di separazione incombente: *fort* (via), sostituita da un *oooh* molto accentuato, era stata una delle sue prime parole e molto prima di questo sogno aveva giocato a "via" con i suoi giocattoli, gioco che derivava da un buon controllo di sé, ottenuto nell'accettare l'allontanamento della madre. [Nota aggiunta nel 1919]

francese, che è già in cima ecc.

Il materiale che ci dà l'analisi è il seguente: all'origine del sogno è stata una frase del suo compito d'inglese: «La criniera è l'ornamento del *leone*». Suo padre aveva una barba di quelle che contornano il viso come una criniera. La sua insegnante di inglese si chiama Miss *Lyons* ("Leoni"). Un suo conoscente le ha mandato delle ballate di *Loewe* ("Leone"). Ecco qui i tre leoni: di che dovrebbe avere paura? Ha letto un racconto in cui un nero, inseguito da cani poliziotti per aver indotto altri alla sommossa, si arrampica su un albero per salvarsi. In uno stato d'animo di grande eccitazione seguono ricordi come i seguenti: le istruzioni per catturare leoni tratte dai *Fliegende Blätter*: se si prende un deserto e lo si passa al setaccio restano i leoni. Poi l'aneddoto, spassosissimo e un po' indecente, di un impiegato che, a chi gli chiede perché non si adoperi di più nell'ottenere i favori del capo, risponde di aver provato a *infilarsi* ma che il suo diretto superiore era già *su*. Tutto il materiale del sogno diventa comprensibile quando si sa che la signora, il giorno del sogno, aveva ricevuto la visita del superiore di suo marito. Era stato molto gentile, le aveva fatto il baciamano e *lei non aveva avuto paura*, benché si sapesse che lui è una «grossa bestia» e che nel capoluogo della sua regione fa la «parte del leone». Questo leone è avvicinabile a quello del *Sogno d'una notte di mezza estate* che si capisce essere il falegname Snug, e così sono tutti i leoni del sogno che ci fanno paura.

2. Veniamo ora, come secondo esempio, al sogno della ragazza che vedeva il figlio di sua sorella morto nella bara senza provare, come preciso ora, né dolore né tristezza. Dall'analisi capiamo il perché. Il sogno nascondeva soltanto il desiderio di rivedere il suo amato: l'affetto sarà stato corrispondente al desiderio e non alla sua sostituzione. Non c'era nessun motivo perché fosse triste. Sono molti i sogni in cui l'affetto resta connesso al contenuto rappresentativo che ha sostituito quello che gli spettava. In altri sogni, il processo di dissoluzione si spinge oltre e l'affetto, che risulta affatto svincolato dalla rappresentazione del contenuto, si manifesta in un altro luogo del sogno che gli si confà maggiormente. In sostanza, si tratta di un caso analogo a quello degli atti di giudizio dei sogni, che abbiamo visto sopra. Se nei pensieri del sogno appare una conclusione rilevante, anche il sogno ne ha una; però, la conclusione del sogno può essere trasferita su un materiale affatto differente.

Non è raro che lo spostamento avvenga secondo un principio di contrasto. Ne faccio un esempio con il sogno successivo, che ho analizzato in modo esauriente.

3. *Un castello sul mare; in seguito non è propriamente sul mare ma su un canale angusto che sfocia nel mare. Il governatore è un tale Signor P. Siamo insieme in una grande stanza con tre finestre, di fronte alle quali, come merli su una fortezza, si innalzano delle sporgenze del muro. Io sono preposto alla guarnigione, all'incirca nel ruolo di ufficiale volontario di marina. Siamo in stato di guerra e abbiamo paura che arrivino le navi da guerra nemiche. Il signor P. vuole andare via e mi spiega cosa fare nel caso da noi paventato. Sua moglie è malata e si trova, insieme con i loro figli, nel castello minacciato. Se inizia il bombardamento, bisogna immediatamente evacuare la grande stanza. Respira affannosamente e sta per andarsene quando io lo fermo per chiedergli come gli posso far avere notizie in caso di necessità. Mi dice qualcosa in proposito, poi cade a terra morto. L'ho senz'altro stancato con le mie inutili domande. Mi chiedo se dopo la sua morte – che tra l'altro non mi fa nessun effetto – sua moglie resterà nel castello, se devo trasmettere la notizia al comando, e se mi devo addossare la direzione del castello, dato che gli sono subito secondo in grado. Poi sono alla finestra ad osservare le navi che passano; sono mercantili che varcano velocissimi l'acqua scura, alcuni hanno molti comignoli, altri una coperta gonfia (uguale agli edifici delle stazioni nel sogno precedente, che qui non ho raccontato). Dopo, sono insieme a mio fratello e insieme guardiamo dalla finestra sul canale. Vediamo una nave e, spaventati, gridiamo: «Ecco una nave da guerra!». Ma dopo capisco che si tratta delle navi che già conosco che stanno tornando. Poi passa una nave piccola, bizzarramente tagliata a metà. Sul ponte c'erano degli oggetti a forma di bicchieri o scatole. Insieme gridiamo: «Ecco la nave della colazione!».*

I movimenti rapidi delle navi, il blu scuro del mare, il fumo bruno delle ciminiere, tutto questo concorre a produrre un'impressione tesa e cupa. I luoghi del sogno derivano dai molti viaggi nell'Adriatico (Miramare, Duino, Venezia e Aquileia). Avevo ancora vivo il ricordo di un viaggio breve e intenso fatto a Pasqua, poco prima del sogno, insieme a mio fratello ad Aquileia. Nel sogno è presente anche *la guerra navale* tra America e Spagna e le mie preoccupazioni per il destino dei miei parenti che vivono in America. In due punti del sogno risaltano degli affetti. In un punto, manca un'emozione che ci si sarebbe aspettati: si esplicita che la morte del governatore non mi fa nessun effetto; in un altro, quando mi pare di vedere la nave da guerra, *ho paura* e sento tutte le gamme di quest'emozione. Questo è un sogno ben elaborato e la distribuzione degli affetti è organizzata in modo da evitare qualsiasi contraddizione. Non c'è nessun motivo per cui io mi debba spaventare della morte del governatore, ed è logico che io mi spaventi vedendo la nave da guerra. L'analisi rivela che il signor P. è un sostituto del mio io (mentre nel sogno io sono il suo sostituto): io sono il governatore che muore all'improvviso. I pensieri del sogno concernono il futuro delle persone a me care dopo la mia morte prematura. Quest'ultimo è il solo pensiero penoso del sogno ed è qui che va collocato lo spavento che nel sogno si lega alla vista della nave da guerra. E, in modo opposto, l'analisi evidenzia che la parte dei pensieri del sogno da cui era presa la nave da guerra era ricca di ricordi felici. L'anno precedente a Venezia, era una splendida giornata ed eravamo affacciati alle finestre della nostra stanza in riva degli Schiavoni; guardavamo la laguna azzurra, che era più vivace del solito. Si aspettava l'arrivo di alcune navi inglesi, che sarebbero state accolte solennemente, quando mia moglie d'un tratto, allegra come una bimbetta, esclamò: «*Ecco la nave da guerra inglese!*». (In sogno, le stesse identiche parole mi spaventano; per l'ennesima volta constatiamo che i discorsi del sogno derivano da quelli della vita reale. Presto farò capire come anche l'elemento "*inglese*" è presente nel sogno). Insomma, in questa parte del sogno, passando dai pensieri al contenuto onirico, io trasformo l'allegria in spavento; questa trasformazione esprimeva una parte del contenuto latente del sogno. E questo prova bene come il lavoro onirico separa liberamente l'affetto da ciò cui è legato nei pensieri del sogno e lo inserisce in un'altra parte del contenuto del sogno.

Approfitto dell'occasione per analizzare con più attenzione la «nave della prima colazione», la cui apparizione conclude, in maniera assurda, una situazione che era rimasta a un livello razionale. Nel pensare attentamente alla nave così come appare nel sogno, mi accorgo solo ora che il fatto che fosse nera e tagliata nel punto della sua massima larghezza la rendeva lontanamente simile a un oggetto che ci aveva incuriosito nei musei delle città etrusche: una tazza di creta con due manici, di forma rettangolare, su cui era posata tutta una serie di oggetti, tazze da tè o da caffè, non dissimili dai nostri servizi per la *colazione*. Apprendemmo che si trattava della *toilette* di una signora etrusca, con vasetti di trucco e cipria; e scherzosamente ci dicemmo che sarebbe stata una buona idea portare degli oggetti simili alle nostre mogli. L'oggetto del sogno significa quindi *toilette* nera, lutto e allude esplicitamente alla morte. L'altra estremità dell'oggetto mi ricorda la navicella (*Nachen* che, stando a quello che mi dice un amico filologo, deriva dalla radice νέκυς "cadavere") su cui, nei tempi preistorici, si deponeva il cadavere, affidandone la sepoltura al mare. Questo fa capire perché le navi del sogno ritornavano.

Still auf gerettetem Boot,
treibt in den Hafen der Greis.

Silenzioso sulla barca salvata,
ritorna in porto il vecchio.

La nave della colazione sembra tagliata nella larghezza. Ma da dove deriva il suo nome, "nave della colazione"? Qui compare l'elemento "inglese" che ci è rimasto dalle navi da guerra: colazione si dice "*breakfast*", ossia "rompi-digiuno". Il "rompere" si riferiva al naufragio ("rottura della nave"), il digiuno si collega alla *toilette* nera. Ma solo il nome della nave è una creazione del sogno. L'oggetto invece è esistito e mi ricorda uno degli episodi più felici dell'ultimo viaggio. Siccome non ci fidavamo del vitto di Aquileia, avevamo portato del cibo da Gorizia; ad Aquileia avevamo comprato un'ottima bottiglia di vino dell'Istria e mentre il postale attraversava lentamente il canale delle Mee, passando per la squallida laguna di Grado, noi che eravamo gli unici passeggeri facemmo la colazione in coperta, e la assaporammo come di rado avevamo fatto prima. Questa, quindi, era *la nave della colazione.* Ed è proprio dietro questo ricordo denso di spensieratezza e gioia di vivere che il sogno nasconde i pensieri più tristi sul futuro ignoto e angoscioso.

Lo scollamento degli affetti dalle rappresentazioni che li hanno suscitati è la cosa più sorprendente che accade nella formazione del sogno, ma questo non è l'unico cambiamento che gli affetti subiscono nel passaggio dai pensieri del sogno al sogno stesso, e nemmeno il più essenziale. Dal confronto tra gli affetti dei pensieri del sogno con quelli del sogno, una cosa risulta evidente: se nel sogno si trova un affetto, questo lo si ritrova pure nei pensieri del sogno. Ma non viceversa. In generale, il sogno è più povero di affetto del materiale psichico, dalla cui elaborazione proviene. Dopo aver ricostruito i pensieri del sogno, mi rendo conto che in questi i più intensi movimenti psichici si sforzano di farsi sentire, e spesso lottano con altri che si oppongono per contrasto. Se poi guardo ancora al sogno, esso appare spesso scialbo, privo di toni emotivi particolarmente intensi. Grazie al lavoro onirico, sia il contenuto che i toni emotivi dei miei pensieri sono ridotti a un livello di indifferenza. Si potrebbe dire che il lavoro onirico in certo modo reprime gli stati emotivi. Prendiamo ad esempio il sogno della monografia botanica. I pensieri erano quelli di un desiderio vivo e appassionato di difendere la mia libertà di agire e di condurre la mia vita come sembra giusto a me, e a me soltanto. Il sogno che ne è derivato ha tutt'altro tenore. Ho scritto una monografia, che sta davanti a me, illustrata con tavole a colori e ogni volume accludeva degli esemplari essiccati. Sembra la quiete di un campo di battaglia disseminato di cadaveri. Non c'è più alcun cenno degli impeti della battaglia. Se è vero che può essere diverso e nel sogno possono comparire manifestazioni affettive ben vivide, tuttavia mi voglio qui soffermare sul fatto, incontestabile, che molti sogni sembrano indifferenti, quando non è possibile entrare nei pensieri del sogno senza esserne profondamente emozionati.

Non posso qui fornire una spiegazione teorica esauriente della *repressione degli stati emotivi* nel progresso del lavoro onirico – ciò implicherebbe un esame più particolareggiato e approfondito della teoria degli affetti e dei meccanismi della rimozione. Voglio però indicare due concetti. Per una serie di ragioni, devo raffigurare lo sprigionamento degli affetti come un processo centrifugo che è diretto all'interno del corpo, simile ai processi di innervazione motoria e secretoria. Ora, come durante il sonno, l'invio degli impulsi motori verso l'esterno sembra sospeso, così allo stesso modo il risveglio centrifugo degli affetti, attraverso il pensiero inconscio, può essere più difficile durante il sonno. Gli impulsi affettivi che si verificano durante i pensieri del sogno sarebbero quindi impulsi deboli e altrettanto deboli sarebbero quelli che entrano nel sogno. Stando a questa concezione, la repressione degli stati affettivi non è un risultato del lavoro onirico ma una conseguenza del sonno. Può essere che sia vero, ma non può essere l'unica spiegazione. Bisogna inoltre considerare che tutti i sogni che si sono rivelati elaborati e complessi si sono rivelati un compromesso prodotto da un conflitto tra forze psichiche. Per un verso i pensieri che formano il desiderio devono lottare contro un'azione di censura che si oppone loro; per l'altro, spesso abbiamo constatato che nel pensiero inconscio ogni pensiero è legato al suo tratto opposto. Poiché ogni singolo pensiero genera affetti, la repressione degli stati affettivi può essere considerata una conseguenza dell'inibizione esercitata dalle forze opposte e della censura che reprime gli impulsi. Insomma, l'inibizione sarebbe un secondo esito della censura onirica, mentre la deformazione onirica ne è il primo.

Farò ora un esempio di un sogno in cui il tono affettivo indifferente del contenuto del sogno può essere ricondotto ad una situazione inversa dei pensieri del sogno. Riporto un breve sogno, che disgusterà tutti i lettori.

4. *Una vetta, su cui c'è un bagno all'aperto, una lunga panca con un grande buco all'estremità. Tutta l'estremità posteriore è ricoperta da una fitta serie di mucchi di escrementi di varie grandezze, più o meno recenti. Urino sulla panca. Il getto di urina pulisce tutto; i mucchi si staccano e scivolano nel buco. Sembrava che fosse rimasto qualcosa.* Come mai durante il sogno non ho provato disgusto?

Perché, lo mostra l'analisi, all'elaborazione del sogno hanno concorso pensieri molto piacevoli e soddisfacenti. Mi sono subito venute in mente le stalle di Augia, pulite da Ercole. Questo Ercole ero io. La vetta e i cespugli derivano da Aussee, dove si trovavano i miei figli. Ho scoperto l'eziologia infantile delle nevrosi e ho evitato ai miei figli di ammalarsi. La panca (tranne, ovviamente, il buco del bagno) è l'immagine fedele di un mobile che mi aveva regalato una paziente che mi era grata. Mi ricorda che i pazienti mi onorano. Anche il museo di escrementi può essere ricondotto a un episodio lieto. Pur se mi disgusta nella realtà, nel sogno esso è una memoria del bel paese, l'Italia, dove, come è noto, i bagni non sono molto dissimili. L'urina purificatrice è un'evidente indizio di sentimenti di grandezza. È in questo modo che Gulliver spegne il grande incendio presso i Lillipuziani, suscitando le ire della minuscola regina. E allo stesso modo Gargantua, il superuomo di Rabelais, si è vendicato dei parigini, cavalcando su Notre-Dame e urinando sulla città. E nel giorno precedente al sogno avevo sfogliato le illustrazioni di Garnier al libro di Rabelais. E questa è quindi un'altra dimostrazione che il superuomo sono io! La piattaforma di Notre-Dame era il mio luogo preferito di tutta Parigi, e ogni pomeriggio libero lo trascorrevo a vagare per le torri, i mostri e i diavoli della chiesa. Il fatto che tutti gli escrementi scivolassero via con tale facilità per il getto di urina è una rappresentazione del motto: *Afflavit et dissipati sunt*, che un giorno apporrò a titolo di un capitolo destinato alla terapia sull'isteria.

Ed ecco lo spunto da cui ha preso le mosse il sogno. In un caldo pomeriggio estivo, verso sera, avevo fatto una lezione sulla relazione tra isteria e perversioni e tutto quello che dicevo mi sembrava enormemente fastidioso, privo di ogni valore. Ero stanco, non provavo il minimo piacere per il mio, complesso, lavoro e avrei voluto stare a distanza dalla sporcizia umana, mi mancavano i miei figli e le bellezze dell'Italia. Con questi sentimenti, abbandonai l'aula, e andai in un caffè all'aperto a fare uno spuntino, poiché avevo perso ogni appetito. Mi si avvicinò uno dei miei studenti, chiedendomi se si poteva sedere insieme a me mentre bevevo il caffè e cercavo di inghiottire un panino; iniziò a complimentarsi, a dirmi quanto avesse appreso da me, come adesso vedeva ogni cosa con occhi diversi e mi disse che avevo ripulito le stalle di Augia dagli errori e dai pregiudizi nella teoria delle nevrosi: ero un grand'uomo. Il mio stato d'animo non andava d'accordo con le sue lodi. Mi sforzai di reprimere la nausea, e me ne andai prima per affrancarmi da lui, prima di dormire leggiucchiai ancora Rabelais e lessi il racconto di Conrad Ferdinand Meyer, *I dolori di un ragazzo*.

Il sogno derivava da tutto questo materiale, cui il racconto di Meyer aveva aggiunto il ricordo di episodi dell'infanzia (cfr. l'ultima scena del sogno del conte Thun). Lo stato d'animo della giornata, nauseato e infastidito, entrò nel sogno perché fornì quasi tutto il materiale del contenuto onirico. Di notte, emerse uno stato d'animo contrario: di forte, eccessiva, autoaffermazione, che spazzò via il precedente. Il contenuto del sogno, quindi, si assestò per consentire di esprimere, con quel materiale, gli stati di micromania e di megalomania. Il compromesso originò un contenuto onirico equivoco e, a causa dell'inibizione degli elementi opposti, un tono di indifferenza affettiva. Stando alla teoria dell'appagamento del desiderio, un sogno così fatto sarebbe stato impossibile se ai pensieri nauseati non si fossero aggiunti i pensieri opposti, la megalomania repressa ma non esente dal piacere. In sogno non si può rappresentare ciò che ci è penoso; e ciò che ci è penoso di giorno può entrare nel sogno solo se maschera un appagamento di desiderio. Il lavoro onirico, oltre che ammettere o abolire gli affetti dei pensieri del sogno, può trattarli ancora in un altro modo. Può trasformarli nel loro opposto. A questo punto conosciamo la regola secondo cui, per l'interpretazione del sogno, ogni elemento del sogno può rappresentare sia se stesso sia il suo contrario. A priori non si può mai sapere se si debba ipotizzare l'uno o il suo opposto. È il contesto a dirimere. Questo è già stato intuito dalla coscienza popolare, come dimostra il fatto che spesso i libri dei sogni avanzano nell'interpretazione secondo il principio dei contrari. Questa trasformazione di una cosa nel suo contrario è resa possibile dai vincoli associativi che nei nostri pensieri legano la rappresentazione di una cosa a quella del suo contrario. Come ogni altro dislocamento, essa è funzionale agli scopi della censura, ma dipende anche dall'appagamento del desiderio, che non consiste in altro che nella sostituzione di una cosa spiacevole nel suo opposto. Come le rappresentazioni di cose, così anche gli stati affettivi dei pensieri del sogno possono apparire trasformati, in sogno, nei loro contrari. È probabile che questo dipenda prevalentemente dalla censura onirica. Nella vita sociale, *repressione e inversione degli stati affettivi* servono essenzialmente a dissimulare, secondo un meccanismo analogo a quello della censura onirica. Se parlo con qualcuno che devo trattare con rispetto quando invece desidererei dirgli cose ostili, per me è più importante *dissimulare* i miei stati affettivi che addolcire le mie espressioni verbali. Ossia, se uso parole garbate ma le associo a sguardi o gesti di odio e disprezzo, parlando con questa persona otterrei un effetto analogo a quello che avrei ottenuto se le avessi riversato addosso tutto il mio disprezzo. In buona sostanza, la censura mi obbliga quindi innanzitutto a reprimere i miei affetti: se sono bravo a dissimulare, rappresenterò lo stato affettivo opposto, sorridendo al posto di arrabbiarmi, fingendo affetto quando invece vorrei distruggerla.

Abbiamo già visto un esempio eccellente di questa inversione, funzionale alla censura onirica, degli stati affettivi nel sogno. Nel sogno del mio zio con la barba, nutro una gran tenerezza per il mio amico R., quando i pensieri del sogno lo trattano come un deficiente. È stato grazie a questo esempio che abbiamo desunto l'esistenza di una censura del sogno. Pure in questo caso non è necessario assumere che il lavoro onirico crei ex novo uno stato affettivo opposto; di solito, lo ritrova latente nei pensieri del sogno, lo rafforza poi con la potenza psichica dei meccanismi di difesa fino a quando esso prevale nell'elaborazione del sogno. Nel sogno appena menzionato dello zio, la tenerezza risale verosimilmente a una fonte infantile (come si desume dal prosieguo del sogno), perché per me il rapporto tra zio e nipote è diventato – a causa della natura particolarissima delle mie prime esperienze nell'infanzia – fonte di ogni amicizia e odio. Un esempio eccellente di questa inversione affettiva è dato dal sogno che racconta Ferenczi:[288] «Un uomo piuttosto vecchio viene svegliato di notte dalla moglie, spaventata dalla risata sonora e inarrestabile del marito. L'uomo racconterà poi il suo sogno: *ero a letto quando entra un conoscente; voglio accendere la luce ma, tentando e ritentando, non ci riesco. Mia moglie si è alzata dal letto per darmi una mano ma nemmeno lei riesce. Poi, vergognandosi del suo negligé, desiste e torna a letto. Era tutto così buffo che cominciai a riderne a crepapelle. Mia moglie mi chiese "Perché ridi, perché ridi?" Ma io continuai imperterrito a ridere fino a quando mi sono svegliato.* Il giorno dopo l'uomo era affranto e aveva un terribile mal di testa che attribuiva al troppo ridere.

Dal punto di vista dell'analisi, il sogno non è altrettanto allegro. Il conoscente rappresenta, nei pensieri del sogno, l'immagine – richiamata alla memoria il giorno precedente – della morte come "la grande sconosciuta". Il giorno precedente, l'uomo piuttosto anziano, con l'arteriosclerosi, aveva avuto motivo di pensare alla morte. La risata sfrenata prende il posto del pianto e dei singhiozzi legati al timore di dover morire. La luce che non riesce più ad accendere è la luce della vita. Questi pensieri possono essere connessi ai tentativi di coito del giorno precedente, falliti nonostante l'aiuto della moglie in *negligé*. Si è reso conto di scendere la china. Il lavoro onirico ha mutato l'idea triste della morte in comicità e i singhiozzi in risata.

C'è una categoria di sogni che può essere definita, a buon diritto, ipocrita e che mette a dura prova la teoria dell'appagamento del desiderio. Me ne accorsi per la prima volta quando la dottoressa Hilferding discusse, presso la Società psicoanalitica di Vienna, un sogno di Peter Rosegger, che riferisco subito. In *Licenziato!* Rosegger racconta: «Generalmente dormo bene, ma sono stato inquieto per molte notti perché, insieme alla mia umile vita di studente e letterato, per moltissimi anni mi sono portato dietro l'ombra della

[288] Vedi "Internat. Zeitschr. F. Psychoanalyse", IV, 1916.

vita di un sarto. Di giorno non indugiavo spesso nei pensieri sul mio passato. Chi è uscito dai panni di un filisteo e tende alla conquista del cielo e della terra è preso in altre faccende. E nemmeno quando ero giovane e spensierato pensavo ai miei sogni; solo in seguito, quando avevo preso l'abitudine a riflettere su ogni cosa o quando il filisteo che era in me riprese ad agitarsi, mi resi conto che in ogni sogno – se sognavo – ero sempre il garzone di un sarto, e lavoravo da lungo tempo nel laboratorio del mio maestro senza essere pagato. Ero seduto insieme a lui, cucivo e stiravo e percepivo che quello non era più il mio posto, che mi dovevo dedicare ad altro, dato che ormai ero diventato un cittadino; ma ero sempre in vacanza ad aiutare il mio maestro. Mi sentivo continuamente a disagio, mi seccava perdere tempo in questo modo quando avrei potuto fare cose migliori e più utili. A volte poi quando non facevo per bene le cose, dovevo pure sorbirmi i rimbrotti del mio maestro, senza che fosse mai contemplato un mio compenso. E spesso, curvo al lavoro nel laboratorio buio, mi riproponevo di licenziarmi e di affrancarmi. Una volta lo feci pure ma il maestro mi ignorò e poco dopo mi ritrovai di nuovo seduto a cucire insieme a lui. Quant'ero contento quando mi svegliavo da queste ore noiose! E mi ripromettevo di scacciare via con forza il sogno nel caso si fosse riproposto e di esclamare con vigore: «È tutto un trucco, io sono a letto e voglio dormire!». Poi, la notte successiva mi ritrovavo ancora nel laboratorio del sarto... E continuò così per anni, con una spaventosa regolarità. Una volta, mentre io e il mio maestro lavoravamo per Alpelhofer – il contadino con cui imparavo il mestiere – il mio maestro mostrò una particolare scontentezza per il mio lavoro. "Dove ce l'hai la testa?" mi chiese, irato. Fantasticai di prendere e alzarmi, dire al maestro che se stavo lì con lui era solo per fargli piacere, e poi andarmene. Ma non lo feci e, anzi, tollerai che il maestro prendesse un apprendista cui mi fu ordinato di fare posto sulla panca. Mi misi a cucire in un angolo. Quello stesso giorno venne assunto ancora un altro apprendista, un bacchettone boemo che aveva lavorato con noi diciannove anni prima e che una volta, di ritorno dall'osteria, cadde in un torrente. Quando si volle mettere a sedere non c'era posto e guardai il maestro con aria interrogativa. Egli mi disse: «La sartoria non fa per te, *sei libero di andare, sei licenziato*». Fui così terrorizzato che mi svegliai di soprassalto. La luce dell'alba penetrava dalle finestre nella mia amata casa. Ero circondato da opere d'arte; nella mia bellissima biblioteca mi aspettavano l'immortale Omero, l'immenso Dante, l'ineguagliabile Shakespeare, il glorioso Goethe e tutti gli insigni immortali. Dalla stanza accanto arrivavano le voci dei bambini che iniziavano a svegliarsi e giocavano con la mamma. Mi sembrò di aver ritrovato quella vita idilliaca, dolce, quieta, tenera, poetica e spirituale in cui tante volte avevo sentito che risiedeva la felicità umana contemplativa. E tuttavia ero angustiato dal pensiero di non aver preceduto il mio padrone licenziandomi e di essere stato cacciato via da lui. «E che stupore! Dalla notte in cui il maestro mi licenziò, dormo bene, ho smesso di sognare l'epoca lontana in cui facevo il sarto e i tempi in cui ero stato sereno nella semplicità e che avevano gettato una lunga ombra sui miei anni successivi».

In questa teoria di sogni di uno scrittore che in giovinezza era stato apprendista presso un sarto, è difficile individuare l'appagamento del desiderio. Tutte le gioie sono confinate alla vita di giorno, i sogni sembrano perpetuare un'ombra di una vita triste che era riuscito a lasciarsi alle spalle. Posso abbozzare alcune spiegazioni, grazie ad alcuni miei personali sogni di un tipo analogo. Quando ero un giovane medico, lavorai a lungo all'Istituto di chimica, senza mai raggiungere grandi risultati in quel lavoro; da sveglio non penso mai a quel periodo sterile, e piuttosto umiliante, del corso dei miei studi. Ma il lavoro nel laboratorio, l'eseguire esami e fare analisi sono diventati un mio sogno ricorrente. È un genere di sogni sgradevole, come i sogni degli esami, e mai del tutto chiaro. Quando ne interpretai uno, mi concentrai sulla parola "*analisi*" che mi fornì la chiave per capirlo. È vero che successivamente sono diventato un "analista" e che "faccio analisi", anche se "*psicoanalisi*", che vengono lodate.

D'un tratto capii: nella vita diurna sono orgoglioso del tipo di analisi che faccio e tendo a vantarmi del mio successo; di notte, invece, ecco che mi si ripresentano le analisi fallite, di cui non ho alcuna ragione per inorgoglirmi.

Sono sogni di punizione della persona "arrivata", simili a quelli dell'apprendista sarto diventato scrittore. Ma è possibile che, nella tensione tra l'orgoglio dell'"arrivato" e l'autocritica, il sogno si allei con quest'ultima, assumendo nel suo contenuto un ragionevole rimprovero invece che l'appagamento, illecito, del desiderio? La risposta a questa domanda, come ho già detto sopra, pone alcune difficoltà. Possiamo supporre che in un primo momento alla base del sogno ci fosse un'ambizione illimitata; questa è stata sostituita, nel sogno, dalla sua attenuazione, mortificazione. Ricordo in proposito che nella vita psichica ci sono tendenze masochistiche cui si può attribuire un tale cambiamento di segno. Non obietterei se questo genere di sogni, *sogni di punizione*, venissero scissi dai *sogni di appagamento del desiderio.* Non lo considererei una limitazione alla teoria dei sogni che ho sostenuto fino ad ora; lo riterrei una sorta di stratagemma linguistico nei confronti delle persone che fanno difficoltà a conciliare gli opposti. Ma l'esame più attento di sogni di questo tipo consente di individuare dell'altro. In uno dei miei sogni del laboratorio, sullo sfondo si accennava alla mia età, che mi faceva ritornare all'anno più difficile e improduttivo di tutta la mia carriera di medico. Non lavoravo ancora e non sapevo come sbarcare il lunario e mi accadde di dover scegliere tra più donne da sposare! Io ero di nuovo giovane e lo era anche la donna che ha condiviso con me tutti gli anni difficili. Uno dei desideri che rodono di continuo l'uomo che invecchia era il moto, inconscio, del sogno. Certo, il contenuto del sogno era stato determinato dal conflitto – che infuria in altri strati psichici – tra vanità e autocritica, ma il sogno era stato reso possibile dal desiderio di giovinezza, che ha radici profonde. A volte, da svegli, ci diciamo "Sì, tutto va bene ora mentre prima erano tempi difficili; ma era bello, ero ancora così giovane!"[289].

Un altro gruppo di sogni, che spesso ho trovato in me, ritenendoli ipocriti, ha per contenuto la riconciliazione con persone con le quali i rapporti amichevoli erano cessati da tempo. L'analisi individua un tema che mi porterebbe a lasciar perdere anche l'ultimo scampolo di considerazione per questi amici, e a considerarli estranei o nemici. I sogni, però, raffigurano un rapporto opposto.

Nei racconti dei sogni di un poeta, si può credere che egli abbia escluso elementi considerati discordanti o secondari. Abbiamo quindi davanti a noi degli enigmi che potremmo sciogliere con una completa riproduzione del contenuto del sogno. Otto Rank mi ha fatto presente che in una fiaba dei Grimm, *Il piccolo sarto* o *Ammazzasette*, è raccontato un sogno molto simile di un uomo che

[289] Dal momento in cui la psicoanalisi ha separato la persona in Io e Super-Io (si veda *Psicologia delle masse e analisi dell'Io*, 1921), in questi sogni di punizione si può agevolmente riconoscere la relazione di desiderio del Super-Io. [Nota aggiunta nel 1930]

ha fatto fortuna. Il sarto diventato eroe e genero del re sogna, una notte in cui riposa con la principessa sua moglie, il proprio lavoro. La principessa, insospettita, chiama dei soldati a vegliare, la notte successiva, sulle parole dette in sogno dal marito, per accertarsi della sua vera persona. Ma il sarto è avvertito e fa in modo di correggere il proprio sogno.

Il complesso processo di abolizione, riduzione e inversione, con cui gli affetti dei pensieri del sogno diventano infine gli affetti del sogno stesso, è evidente in alcune sintesi appropriate di sogni che sono stati indagati per intero. Vorrei qui analizzare altri esempi di affetti nel sogno, che mostreranno, forse, la realizzazione di alcuni casi che ho qui elencato.

5. Nel sogno in cui il vecchio Brücke mi assegna il bizzarro incarico di fare una preparazione del mio bacino *è assente l'orrore (Grauen) che dovrebbe corrispondervi.* Ebbene, questo era un appagamento del desiderio in molteplici sensi. La preparazione rappresenta l'autoanalisi che io compio, in un certo modo, con la scrittura del libro sui sogni, la cui pubblicazione mi era così difficile da farmi dilazionare di più di un anno la stampa del manoscritto, che era pronto. Qui si risveglia il desiderio di superare questa sensazione che mi frena, ed è per questo che nel sogno non provo nessun disgusto. Avrei anche voluto non rendermi conto dell'altro senso di *Grauen* ("incanutire"): sto diventando brizzolato e il grigio (*Grau*) dei miei capelli mi incita a non ritardare. Già sappiamo che il sogno finiva con la rappresentazione del pensiero di lasciare ai miei figli il compito di arrivare a destinazione del mio difficile viaggio.

Nei due sogni che trasferiscono la soddisfazione al momento del risveglio, la soddisfazione è giustificata, nel primo, dall'aspettativa di comprendere che cosa significa quel "l'ho già sognato", quando in realtà la soddisfazione è data dalla nascita dei due figli; nel secondo, dalla certezza che "quello che si presentava come una premonizione" si sarebbe verificato, ma la soddisfazione era la stessa con cui in passato avevo accolto la nascita di mio figlio. Gli affetti che dominavano i pensieri del sogno rimanevano confinati al sogno, ma in nessun sogno le cose sono così semplici. Se approfondiamo un pochino le due analisi, ci accorgiamo che la soddisfazione che non era stata assoggettata alla censura era stata rafforzata da un'altra fonte, che temeva la censura, il cui affetto avrebbe trovato senz'altro un'opposizione se non si fosse nascosto dietro l'affetto di soddisfazione derivante da una fonte legittima, che lo rende ammissibile.

Purtroppo non posso dimostrarlo nel sogno in questione, ma posso addurre un esempio esterno che renderà chiaro ciò che intendo. Prendiamo il seguente caso: c'è una persona che odio a tal punto che tendo a rallegrarmi molto all'idea che le accada qualcosa di male. Ma la mia morale non concede spazio a questo mio istinto. Non mi azzardo a esprimere il desiderio che le capiti qualcosa di male e, se dovesse accaderle una disgrazia di cui non ha colpa, censuro il mio soddisfacimento e mi sforzo di esprimere dispiacere. A ognuno sarà capitata una situazione analoga. Poi però capita che la persona odiata si ritrovi, per sue azioni, in una situazione che si è meritata: questo mi autorizza a sfogare la mia soddisfazione per la punizione da cui è colpita, e mi trovo ad essere d'accordo con molte persone imparziali. E mi rendo conto che la mia soddisfazione è maggiore di quella degli altri, perché essa è fortificata dall'odio che la censura aveva bloccato fino a quel momento ma che ora, con le condizioni mutate, può trovare libero sfogo. Questo è un caso che si presenta spesso in società quando persone antipatiche o membri di una minoranza invisa commettono una colpa. In questi casi, la punizione non corrisponde alla colpa, ma alla colpa ingigantita dall'avversione nei loro riguardi, che prima non aveva avuto esiti. È fuor di dubbio che chi infligge la pena agisce ingiustamente; ma non ha la possibilità di avvedersene a causa della soddisfazione che prova nel dare sfogo a ciò che per molto tempo è stato represso. In questi casi, l'affetto è giustificato per la sua qualità, non per la sua misura; e l'autocritica, confortata su un punto, omette l'esame del secondo punto. Quando si è aperta una porta, accade facilmente che entrino più persone di quante si fosse pensato in un primo momento. È così che si spiega – nella misura in cui una spiegazione psicologica sia possibile – quel tratto del carattere nevrotico per cui delle occasioni che permettono di provare un'emozione raggiungono un risultato la cui qualità si può capire, ma la cui quantità eccede la misura. L'eccesso deriva da fonti affettive che sono rimaste inconsce e represse, ma che creano un legame associativo con la circostanza, mentre la fonte affettiva è incontrastata e consente loro di liberare l'agognato affetto. Badiamo qui al fatto che nei rapporti tra un'istanza repressa e una che reprime non bisogna limitarsi alla sola considerazione della reciproca inibizione. In altre parole, vanno anche considerati i casi in cui le due istanze concorrono insieme, rinvigorendosi, a produrre un effetto patologico. E si applichino poi queste osservazioni sul meccanismo psichico per capire le manifestazioni affettive dei sogni. Una soddisfazione che si esprime nel sogno e che può immediatamente essere collegata ai pensieri del sogno non risulta mai interamente spiegata con questa unica indicazione. Generalmente, è necessario cercare un'ulteriore fonte nei pensieri del sogno, una fonte su cui agisce la censura e che, a causa di questa pressione, non avrebbe provocato una soddisfazione, ma il suo opposto. Questa fonte, a causa della presenza della prima, può sottrarre il suo affetto di soddisfazione alla rimozione e indurlo ad accrescere la soddisfazione che deriva dall'altra fonte. Quindi, gli affetti del sogno risultano composti da una confluenza di più fonti e sono sovradeterminati rispetto al materiale dei pensieri del sogno: *fonti affettive in grado di produrre lo stesso affetto cooperano per formare questo affetto.*[290]

Possiamo capire meglio questi rapporti complessi grazie all'analisi del bel sogno del *non vixit.* Qui sono due i punti del contenuto manifesto del sogno in cui si concentrano le manifestazioni affettive di diversa natura. Sentimenti ostili e dolorosi ("invaso da strane emozioni", dice il sogno) si confondono nel momento in cui annientai l'amico-antagonista con due parole. Poi, alla fine del sogno, sono felicissimo e mi sembra possibile ciò che da sveglio mi pare assurdo, ossia che esistano dei *revenants* che si possono eliminare solo con il desiderio. Non ho ancora parlato dello spunto che ha originato il sogno. È una circostanza estremamente importante che consente di penetrare in profondità nella comprensione del sogno. Il mio amico berlinese, che ho chiamato Fl., mi aveva detto che si sarebbe dovuto sottoporre a un'operazione e che i suoi parenti viennesi mi avrebbero ragguagliato sulla sua salute. Le prime notizie che ricevetti sulla sua salute erano preoccupanti e mi inquietai. Sarei voluto andare a trovarlo ma a quel tempo avevo un disturbo molto doloroso che rendeva ogni mio movimento una vera tortura. Dai pensieri del sogno adesso capisco che avevo paura per la vita del mio amico. La sua unica sorella, che non avevo mai conosciuto, era morta da giovane e, da quanto sapevo, in seguito a una malattia fulminante (*nel mio sogno Fl. dice che sua sorella era morta nell'arco*

[290] In modi analoghi ho spiegato l'effetto piacevolissimo dei motti di spirito tendenziosi. [Nota aggiunta nel 1909]

di "tre quarti d'ora"). Avrò pensato che la costituzione del mio caro amico non fosse molto più robusta e avrò immaginato di partire, in seguito a notizie ancora peggiori, arrivando *troppo tardi*; cosa di cui poi mi sarei sempre rimproverato.[291] Questo rimprovero è diventato il fulcro del sogno, rappresentato nella scena in cui Brücke, il maestro da me adorato quand'ero studente, mi rimprovera per la stessa cosa, con uno sguardo atroce nei suoi occhi azzurri. Sarà immediatamente chiaro cosa ha causato la deviazione della scena; il sogno non la ripete nel modo esatto in cui io l'ho vissuta. Se lascia all'altro i suoi occhi azzurri, attribuisce a me la parte di quello che annienta, ribaltamento che è l'evidente esito dell'appagamento di un desiderio. La preoccupazione per la vita dell'amico, il rimprovero per non esserlo andato a trovare, l'umiliazione – era venuto a Vienna da me *senza farsi vedere* –, il bisogno di giustificarmi tramite la mia malattia, tutto questo concorre all'agitazione di sentimenti che sentivo già chiaramente nel sonno e che imperversa in certa parte del sogno.

Nell'occasione che aveva dato luogo al sogno c'era anche altro, che aveva avuto un effetto opposto su di me. Quando ricevetti le notizie sulle condizioni del mio amico nei giorni seguenti all'intervento, mi venne anche raccomandato di non farne cenno con nessuno, cosa che mi aveva offeso perché implicava una sfiducia, mal posta, nella mia riservatezza. Pur sapendo che la raccomandazione non veniva dal mio amico, ma dalla scarsa delicatezza e dalle ansie eccessive dell'intermediario, tuttavia fui comunque toccato sgradevolmente dal rimprovero, perché esso aveva una sua ragion d'essere. È noto che i rimproveri che non hanno nulla di vero non ci scalfiscono, non possono turbarci. Dunque, una volta quand'ero molto giovane mi trovavo tra due amici che volevano onorare anche me di questo nome e avevo riferito, senza necessità, quello che uno aveva detto dell'altro. Non mi sono mai dimenticato dei rimproveri che mi furono rivolti. Uno degli amici tra cui avevo messo zizzania era il professor Fleischl; l'altro lo si può chiamare "Josef", nome che ha nel sogno il mio amico e antagonista P. Del rimprovero secondo cui non so tenermi le cose per me sono eco, nel sogno,

[291] È questa fantasia che esige il *non vivit* invece di *non vixit*: «Se arrivato troppo tardi, lui non vive più». E ho spiegato sopra che il *non vivit* era l'esito della situazione manifesta del sogno.

due elementi: l'espressione "*in incognito*" e la domanda di Fl. *su cosa avessi riferito delle sue cose a P.* Fu il ricordo (della mia antica indiscrezione e dei suoi effetti) che spostò il rimprovero dell'arrivare in ritardo dal presente al tempo in cui lavoravo nel laboratorio di Brücke e – mediante lo spostamento della seconda persona della scena dell'annientamento su Josef – con questa scena non raffiguro solo il rimprovero di arrivare in ritardo ma anche quello, ben più rimosso, di non essere capace di mantenere un segreto. È evidente qui l'opera di condensazione e spostamento del sogno, e anche le sue cause. E il fastidio provato per l'ammonimento a non farne cenno con nessuno è rinvigorito da origini remote – anche se poco rilevanti nel presente – e si ingrossa in un fiume di sentimenti ostili nei riguardi di persone che, in realtà, amo.

L'origine remota che rinvigoriva proviene dalla mia infanzia. Ho già detto che il mio rapporto con un nipote di un anno più grande di me è la fonte di ogni amicizia e inimicizia con i miei coetanei. Era più forte di me, ma io presto imparai a difendermi. Eravamo inseparabili e ci amavamo anche se, di tanto in tanto, litigavamo e, testimoniano i nostri parenti più anziani, accusavamo l'altro presso di loro. Tutti i miei amici sono stati, in un certo senso, dei *revenants*, delle incarnazioni di questa prima persona che "apparve molto presto a miei occhi turbati". Mio nipote riapparve poi quand'ero adolescente e insieme recitammo la scena di Cesare e Bruto. La mia vita sentimentale ha sempre avuto bisogno di un amico intimo e di un nemico odiato; ho sempre saputo trovarne e spesso poi riuscivo a realizzare l'ideale infantile, trovando nella stessa persona sia l'amico che il nemico, ma non nello stesso tempo e con le cadenzate oscillazioni della mia prima infanzia. Adesso non intendo indagare il modo con cui un'emozione recente possa risalire direttamente all'infanzia e sostituirvisi nell'emozione che suscita. Questa spiegazione, che rientra nella psicologia del pensiero, sarebbe utile in una spiegazione psicologica delle nevrosi. Per i nostri scopi dell'interpretazione dei sogni, è sufficiente considerare che un ricordo infantile possa d'un tratto ripresentarsi o che un ricordo del genere possa essere creato dall'immaginazione, con un contenuto come il seguente: due bambini litigano per un oggetto (non specifico di cosa si tratta, anche se il ricordo o l'abbaglio del ricordo fa sì che io ne abbia in mente uno ben preciso). Ognuno dice di *essere arrivato per primo* e che l'oggetto gli spetti quindi di diritto. Ci picchiamo e la forza ha la meglio sulla ragione. Stando ad alcune spie del sogno, potrei sapere di essere in torto (*"notai io stesso l'errore"*), ma per questa volta sono più forte e ho la meglio nella lotta. Il vinto corre da mio padre, suo nonno, mi incolpa e io mi difendo con le parole che so dal racconto di mio padre: «L'ho picchiato perché lui ha picchiato me». Questo ricordo, o forse più probabilmente questa fantasia, che mi ritorna in mente analizzando il sogno – io stesso non so da dove – è un fulcro dei pensieri latenti del sogno, raccoglie le emozioni che vi predominavano come la base di una fontana raccoglie le acque che scorrono. Ed è a partire da questo che i pensieri del sogno s'incamminano per altre strade: «Ben ti sta di avermi dovuto fare spazio. Perché mi hai cacciato? Io non ho bisogno di te, trovo facilmente qualcuno con cui giocare» ecc. ecc. Questi pensieri percorrono varie vie che li avrebbero fatti sfociare nella rappresentazione del sogno. Una volta dovetti rimproverare un analogo "*ôte-toi que je m'y mette*" ("Lèvati, mi ci metto io!) al mio defunto amico Josef [P.]. Seguendo i miei passi, era venuto a fare l'assistente nel laboratorio di Brücke; da lì avanzare di carriera era molto lungo. I due assistenti restavano al loro posto e i giovani erano impazienti. A volte, il mio amico, conscio che non avrebbe vissuto a lungo e sapendo che non aveva uno stretto legame con chi gli era superiore (Fleischl), non nascondeva la sua impazienza. Ora, siccome il suo superiore era molto malato, il desiderio di P. di mandarlo via poteva essere interpretato, oltre che come "promoveatur ut amoveatur", anche in modo disdicevole. Ovviamente, anche io, anni prima, avevo desiderato ottenere un posto vacante, e anche con più forza di lui; dove ci sono gerarchie e avanzamenti, c'è sempre una via aperta a desideri che vengono repressi. In Shakespeare, il principe di Galles, di fronte al capezzale del padre morente, non resiste alla tentazione di indossare la corona. E, come ci si può aspettare, il sogno punisce il suo desiderio irrispettoso, non il mio![292] «L'ho ucciso perché era ingordo di potere». Dato che non fu in grado di aspettare che l'altro gli cedette il posto, fu allontanato. Questi pensieri mi erano sorti subito dopo aver partecipato alla cerimonia di inaugurazione, all'università, del monumento eretto per l'altro.

[292] Il nome *Josef* è rilevante nei miei sogni, come si sarà notato. Il mio io si nasconde facilmente dietro alle persone che portano quel nome perché Giuseppe è il *nome dell'interprete dei sogni* della Bibbia.

Parte della soddisfazione che provo in sogno è da interpretare così: «È una giusta punizione, te la meriti».

Ai funerali del mio amico P., un ragazzo fece un'osservazione che parve inopportuna: «La persona che ha fatto l'orazione ha parlato come se il mondo non potesse sopravvivere più senza di lui». A parlare in questo ragazzo era il dolore sincero, irritato dall'esagerazione. Ma a questa frase si collegano i pensieri del sogno: «È vero, nessuno è insostituibile. Ne ho già accompagnati così tanti alla tomba! Io però vivo ancora. Sono sopravvissuto a tutti e sono padrone del terreno». Un pensiero del genere, fatto nel momento in cui vado dal mio amico, temendo di non rivederlo mai più, può avere solo una spiegazione: sono contento di sopravvivere ancora a qualcuno, non sono *io* che muoio, ma *lui*; io sono il padrone del terreno come nella mia immaginazione infantile. Ero felice di sopravvivere ed esprimevo la felicità con l'ingenuo egoismo dell'aneddoto dei due sposi in cui uno dice all'altro: «Se uno di noi muore, io vado a vivere a Parigi». Per me era altrettanto chiaro che non sarei stato io a morire.

È necessaria una padronanza difficile di se stessi per interpretare e riferire i propri sogni. Ci si svela come l'unica persona crudele tra le persone nobili con cui si divide la propria vita. Mi sembra perfettamente naturale che i *revenants* esistano solo finché lo desideriamo, e il desiderio li può annullare. Abbiamo visto il motivo per cui il mio amico Josef è stato punito. Ma i *revenants* sono le reincarnazioni del mio amico; io sono pago di aver sempre potuto trovare un sostituto per lui e di poterne trovare all'occorrenza per le persone che sto per perdere adesso. Nessuno è insostituibile. Ma dove si trova qui la censura onirica? Come mai non contrasta con vigore questa serie di pensieri dall'egoismo così volgare, trasformando la soddisfazione, collegata a quei pensieri, in vero dispiacere? Ritengo che sia perché un'altra serie di pensieri, leciti, che si riferivano alle stesse persone, rivestono della loro tonalità affettiva l'emozione dall'origine infantile proibita. In un altro livello dei miei pensieri, all'inaugurazione imponente di quel monumento, ho pensato: «Ho già perso molti amici cari, alcuni sono morti, con altri l'amicizia è passata; eppure è bello che io li abbia sostituiti con nuovi amici, che mi sia conquistato dei nuovi amici che significano molto di più di quanto potessero significare gli altri e che adesso che sono in un'età in cui non è facile allacciare nuove amicizie manterrò per sempre». La soddisfazione di aver potuto sostituire gli amici persi può entrare nel sogno senza problemi, ma dietro di essa si insinua, strisciante, l'immaginazione infantile.

L'affettività infantile rafforza senz'altro l'affettività attuale, ma insieme ad essa è penetrato anche l'odio. Ma il sogno include anche un'allusione a una serie di pensieri che potevano, a ragione, condurre a una soddisfazione. Dopo molto tempo, il mio amico Fl. ha avuto una bambina. So che ha sofferto molto per la morte prematura di sua sorella e gli scrivo dicendogli che dirigerà sulla figlia l'amore per la sorella, e finalmente la bambina gli farà dimenticare la sua perdita irreparabile. Questa serie di pensieri si aggancia al pensiero intermedio latente del sogno, da cui due strade si biforcavano: «Nessuno è insostituibile». «Ci sono soltanto *revenants*; tutto quello che si è perso, a un certo punto ritorna». I legami associativi tra le componenti contrastanti dei pensieri del sogno si ritrovano vicini grazie alla circostanza, del tutto casuale, che la figlia del mio amico ha lo stesso nome della bambina con cui giocavo da piccolo, mia coetanea e sorella del mio amico e antagonista. Avevo accolto con soddisfazione il nome "Pauline" e per alludervi nel sogno ho sostituito a uno Josef un altro Josef e non ho potuto reprimere la stessa iniziale dei nomi di Fleischl e Fl. Da qui i miei pensieri andarono alla scelta dei nomi dei miei figli. Volevo dare loro dei nomi che non dipendessero dalle mode del momento ma che fossero motivati dal ricordo di persone care. I nomi resero i miei figli dei *revenants.* Ma d'altronde, avere dei figli non è per tutti un modo di accedere all'*immortalità*?

Aggiungo ancora poche osservazioni sugli stati affettivi del sogno, da un'altra angolazione. Nella psiche di chi dorme può essere insito un elemento dominante che chiamiamo "stato d'animo", che può concorrere a determinare il sogno. Questo stato d'animo può essere esito della giornata precedente o di origine somatica. In entrambi i casi, esso sarà accompagnato da pensieri corrispondenti. Che il contenuto rappresentativo dei pensieri del sogno condizioni la disposizione affettiva o che invece esso sia il risultato della disposizione affettiva che si spiega somaticamente è irrilevante per la formazione del sogno. Questa è sempre vincolata al limite di poter rappresentare solo l'appagamento del desiderio e di poter ricavare la propria forza motrice solo dal desiderio. Lo stato d'animo attuale viene trattato come la sensazione che appare durante il sonno e che o viene trascurata o viene interpretata come appagamento di un desiderio. Stati d'animo dolorosi durante il sonno diventano forze motrici perché risvegliano desideri che il sogno deve appagare. Il materiale a cui si legano gli stati d'animo viene elaborato fino a che diventa atto a esprimere l'appagamento di un desiderio. Tanto più i pensieri dolorosi sono forti e prepotenti nei pensieri del sogno, tanto più gli impulsi di desiderio fortemente repressi approfitteranno dell'occasione per venire rappresentati. Dato che il dispiacere – che essi dovrebbero creare da sé – è già presente, essi hanno già fatto la parte più difficile del lavoro che li induce a farsi strada nella rappresentazione del sogno. Osservando questo, tocchiamo ancora una volta la questione dei sogni di angoscia, che si dimostreranno essere il caso limite della funzione del sogno.

I. L'ELABORAZIONE SECONDARIA

Infine analizziamo il quarto fattore che interviene nella formazione del sogno. Seguendo il metodo prima proposto per l'indagine del contenuto del sogno, ovvero esaminandone gli eventi di rilievo a seconda della loro provenienza dai pensieri onirici, abbiamo bisogno di introdurre un'ipotesi completamente nuova per spiegarne alcuni elementi; intendo i casi, nel sogno, di stupore, di ira, di ribellione, e proprio verso una parte del suo stesso contenuto. La maggior parte di essi non è indirizzata contro quest'ultimo, ma è parte del materiale onirico sussunta e opportunamente utilizzata, come mostrano gli esempi *ad hoc* da me proposti; ce ne sono alcuni, tuttavia, da ricondurre a un'altra origine e il cui correlato, nel materiale onirico, è irreperibile. Si consideri, ad esempio, la critica assai frequente: "È solo un sogno"; si tratta di una vera e propria critica del sogno, che potrebbe essere avanzata nella veglia. Può rivelarsi anche il preludio del risveglio, ma assai più di frequente la precede una sensazione penosa, che va scemando solo dopo la constatazione dello stato di sogno. Tuttavia, tale pensiero durante il sogno ha lo stesso significato della battuta, a scena aperta, della bella Elena di Offenbach, ovvero sminuire l'esperienza appena trascorsa e consentire la sopportazione del seguito; il suo scopo è quello di sopire un'istanza che in quel preciso momento avrebbe tutte le ragioni di svegliarsi e impedire il proseguimento del sogno, o della scena. È più facile, però, continuare a dormire e sopportarlo "perché è solo un sogno". Credo quindi che tale critica negativa si affacci nel sogno quando la censura, mai del tutto sopita, viene colta di sorpresa dal sogno già ammesso; quando insomma è troppo tardi per reprimerlo, e quella critica vuole opporsi all'angoscia o alla sensazione penosa che esso genera. Si tratta di un'espressione di *esprit d'escalier* da parte della censura psichica. Tale esempio ci prova inconfutabilmente che non tutto ciò che è contenuto nel sogno ha origine dai suoi pensieri, ma può contribuirvi anche una funzione psichica, affine al nostro pensiero vigile. La questione è stabilire se si tratta di un caso eccezionale o se l'istanza psichica, generalmente attiva solo nel ruolo di censura, partecipa regolarmente alla formazione del sogno. Vale senza dubbio la seconda. Chiaramente l'istanza censurante, finora analizzata solo nella sua attività di limitazione e omissione del contenuto del sogno, genera in esso anche interpolazioni e arricchimenti, spesso facilmente riconoscibili e riferite timidamente, introdotte da un "come se"; sono prive di vivacità particolare e sempre situate in punti tali da poter collegare due brani del contenuto del sogno o stringere un rapporto fra due parti di esso. Permangono nella memoria meno dei veri derivati del materiale del sogno e, se questo non viene ricordato, esse saltano immediatamente. Credo fortemente che il lamento frequente di aver dimenticato la maggior parte dei sogni e di ricordare solo frammenti, pur avendo sognato molto, derivi proprio dalla caduta immediata di tali pensieri di raccordo. Una volta terminata l'analisi, capita che queste interpolazioni si tradiscano essendo impossibile reperire nei pensieri del sogno alcun materiale ad esse riferibile. Ma un'analisi più approfondita mi delinea questo caso come piuttosto raro; i pensieri intercalati possono sempre essere riferiti a un materiale di quelli del sogno, tuttavia impossibile da essere accolto in esso, né per il proprio valore né per sovradeterminazione. Sembra infatti che la funzione psichica che stiamo ora considerando nella formazione del sogno promuove creazioni nuove solo nei casi limite, mentre, finché è possibile, utilizza ciò che può rintracciare di conveniente nel materiale onirico. La sua tendenza è quel che distingue e tradisce questa parte dell'attività onirica. Essa lavora come il filosofo nell'asserzione maliziosa del poeta: con le sue pezze e le sue toppe, tappa le lacune nella struttura del sogno. Fa perdere al sogno la sua apparenza di assurdità e incoerenza, e lo assimila a un'esperienza comprensibile. Non sempre però con successo. Possono aversi quindi sogni che, a un'osservazione superficiale, appaiono perfettamente logici e corretti: partono da una situazione plausibile, la svolgono senza contraddizioni e giungono (ma nei casi più rari) a una conclusione che non sorprende. Sono questi i sogni più profondamente elaborati da questa funzione psichica, simile al pensiero vigile; sembrano dotati di senso, che però è anche il più distante dal loro reale significato. La loro analisi mostra che l'elaborazione secondaria del sogno ha trattato il materiale molto liberamente, mantenendo con esso il minor numero di legami. Essi, se così si può dire, sono già stati interpretati una volta, prima che noi li interpretiamo nella veglia. Capita anche che quest'elaborazione tendenziosa abbia successo solo in un brano: fino a un certo punto il sogno sembra coerente, poi diventa insensato o confuso, per poi tornare magari di nuovo, nel suo sviluppo, a una parvenza di ragionevolezza. In altri sogni ancora, l'elaborazione fallisce del tutto e abbiamo a che fare con un assurdo cumulo di frammenti del contenuto onirico. Non credo che questa quarta istanza attiva nella formazione del sogno (che in realtà è l'unica delle quattro che formano il sogno a esserci familiare anche per altro verso) non abbia alcuna capacità creativa di offrire al sogno nuovi contributi, ma è indubbio che anche la sua influenza, al pari di quella delle altre, si esprime più chiaramente nelle preferenze e nelle scelte di materiale psichico già formato nei pensieri onirici. In un caso però lo sforzo di aggiungere al sogno una "facciata" le viene per la maggior parte risparmiata, poiché una simile creazione si trova, già pronta per essere utilizzata, nel materiale dei pensieri onirici. Generalmente chiamo tale elemento "fantasia"; per evitare equivoci, dirò subito che il suo corrispettivo nella vita vigile è il "sogno a occhi aperti"[293]. Gli psichiatri non hanno ancora chiarito del tutto il suo ruolo nella nostra vita psichica; l'apprezzamento che ne ha fatto Benedikt mi sembra un inizio molto promettente. Il significato del "sogno a occhi aperti" non è sfuggito alla sicura chiaroveggenza dei poeti: si consideri la notissima descrizione che Alphonse Daudet ne fa a proposito di un personaggio minore del suo *Nababbo*. Lo studio delle psiconevrosi sorprendentemente rivela che tali fantasie sono il primo dei sintomi isterici (o almeno di tutta una loro serie) non legati ai ricordi, ma alle fantasie costruite in base ad essi. Queste formazioni ci sono più facilmente note grazie alla fre-

[293] *Rêve, petit roman-day-dream, story.*

quente comparsa di fantasie diurne coscienti; tuttavia, accanto ad esse ve ne sono numerosissime inconsce, costrette a rimanere tali per via del loro contenuto e della loro derivazione dal materiale rimosso. Un esame più approfondito dei loro caratteri mostra che esse meritano lo stesso nome delle nostre produzioni mentali notturne, ovvero "*sogni*": delle loro caratteristiche condividono infatti una parte essenziale. L'approfondimento di queste formazioni avrebbe potuto veramente aprirci la via d'accesso più breve e migliore per la comprensione dei sogni notturni; anch'esse sono appagamenti di desiderio; si basano perlopiù su impressioni di vicende infantili; godono per le loro creazioni di una certa indulgenza da parte della censura. L'analisi della loro composizione rivela che lo spunto di desiderio che si manifesta nella loro produzione ha fuso e riordinato in un nuovo insieme il materiale con cui sono costruite. Con i ricordi infantili – a cui si rifanno – hanno circa lo stesso rapporto che taluni palazzi barocchi romani hanno con le rovine antiche, alle cui pietre quadre e colonne si è attinto per le costruzioni più recenti. Nell'"elaborazione secondaria" del contenuto onirico (da noi riferita al quarto momento formativo del sogno) lavora la stessa attività che, senza inibizione di altri fattori, può intervenire nella creazione dei sogni a occhi aperti. Anzi, potremmo dire che questo quarto momento tenta di plasmare il materiale offertogli per creare qualcosa come un sogno a occhi aperti; se però questo esiste già nel contesto dei pensieri onirici, il fattore in questione lo farà proprio per convogliarlo nel contenuto del sogno. Taluni sogni sono una pura ripetizione di una fantasia diurna, che forse giace inconscia, quale ad esempio il sogno del bambino che procede sul carro di battaglia insieme agli eroi della guerra di Troia. Nel mio sogno *Autodidasker*, la seconda parte almeno è la fedele riproduzione di una fantasia diurna, di per sé innocua, sui miei rapporti con il professor N. Il fatto che la fantasia già pronta costituisca perlopiù una parte del sogno, o che solo una sua parte raggiunga il contenuto del sogno, dipende dalla complessità delle condizioni che il sogno deve soddisfare nel suo sorgere. In generale dunque la fantasia svolge lo stesso ruolo di qualsiasi altro elemento del materiale latente, ma spesso è ancora riconoscibile nel sogno come un blocco unitario. Nei miei sogni alcune parti sono riconoscibili per un'impressione diversa dalle altre; la loro composizione è, per così dire, più scorrevole, più coerente e, contemporaneamente, più debole delle altre dello stesso sogno; sono sì fantasie inconsce, che pervengono al sogno ben connesse, ma mi è sempre risultato impossibile fissarne una. D'altronde, così come tutti gli altri elementi dei pensieri onirici, esse vengono affiancate, fuse, stratificate le une sopra le altre e via dicendo. Esistono però differenti sfumature: si va dal caso in cui, quasi immutate, possono formare il contenuto o almeno la facciata del sogno, fino al caso opposto, in cui compaiono nel contenuto del sogno solo da uno dei loro elementi o da vago accenno a uno di essi. Senz'altro i vantaggi che esse possono contrapporre alle esigenze della censura e alle necessità della condensazione sono determinanti anche per la sorte delle fantasie dei pensieri onirici. Tra gli esempi che ho proposto per l'interpretazione onirica ho trascurato, per quanto possibile, i sogni in cui una parte di rilievo è giocata dalle fantasie inconsce, dal momento che la comparsa di quest'elemento psichico avrebbe comportato un'analisi più approfondita sulla psicologia del pensiero inconscio. In ogni caso è impossibile escludere del tutto la "fantasia", neanche in questo contesto, poiché di frequente giunge inalterata nel sogno, e ancor più spesso vi traspare chiaramente. Riferirò quindi un altro sogno, composto di due fantasie diverse, antitetiche, sovrapponibili in singoli punti, di cui l'una è superficiale, mentre l'altra si può considerare come interpretazione della prima.[294]

Il sogno (l'unico di cui sono sprovvisto di appunti precisi) si svolgeva all'incirca così: il sognatore è un giovane scapolo, seduto nella sua trattoria abituale, che è vista con chiarezza; poi più persone vogliono portarlo via e uno lo vuole arrestare. Lui dice ai compagni di tavolo: "Pago dopo, tornerò", ma loro ridacchiando rispondono: "Lo sapevamo già, dicono tutti così." Un cliente urla alle sue spalle: "Ecco un altro che se ne va." Viene poi portato in un locale angusto, in cui incontra una donna con un bimbo in braccio. Uno degli accompagnatori dice: "Questo è il signor

[294] Ne *Il caso di Dora* ho analizzato dei sogni dello stesso tipo, ossia dati da fantasie giustapposte. Ho sottovalutato il ruolo di queste fantasie nella formazione dei sogni fino a quando mi sono limitato a lavorare sui miei sogni, che si basano generalmente su discussioni e diverbi di opinioni più che su sogni a occhi aperti. Nei sogni di altre persone, è più facile ravvisare *la forte analogia tra fantasie notturne e sogni a occhi aperti*, così com'è facile intuire che la fantasia della veglia precede entrambi i fenomeni psichici. [Nota aggiunta nel 1909]

Müller"; al che un commissario, o un altro funzionario, sfogliando un pacco di biglietti o di carte, ripete: "Müller, Müller, Müller", finché gli fa una domanda, e lui risponde di sì. Quindi il sognatore si volge verso la donna a cui è cresciuta una lunga barba. È un sogno le cui due componenti sono facilmente individuabili: quella superficiale è una *fantasia di arresto*, elaborata *ex novo* dall'attività onirica; dietro di essa, come materiale a tratti trasformato dal lavoro onirico, si intravede la *fantasia di matrimonio*, e le caratteristiche che possono essere comuni a entrambe sono individuabili molto chiaramente, come in una fotografia sovrapposta di Galton. La promessa del sognatore, fino a quel momento scapolo, di tornare al tavolo degli amici, l'incredulità dei compagni, dovuta alle numerose esperienze, il grido alle sue spalle: "Ecco un altro che se ne va" (da intendere "si sposa"), sono tratti facilmente comprensibili anche applicando l'altra interpretazione. Lo stesso vale per la risposta affermativa alla domanda del funzionario. L'atto di sfogliare un mucchio di carte, ripetendo lo stesso nome, corrisponde al momento, secondario ma preciso, della cerimonia di nozze: la lettura ad alta voce dei telegrammi d'augurio inviati a mucchi e indirizzati tutti allo stesso nome. Alla comparsa della sposa in persona, la fantasia di matrimonio vince sulla fantasia di arresto che la copre; ho spiegato con un'informazione la barba che la sposa esibisce alla fine (il sogno infatti non fu sottoposto ad analisi): il giorno precedente il sognatore passeggiava con un amico, contrario quanto lui al matrimonio, e gli aveva indicato una bella bruna che avanzava verso di loro; l'amico però aveva risposto: "Sì, certo, se solo a queste donne non crescesse con gli anni la barba come al padre." È chiaro che anche in questo sogno non mancano elementi, in cui la deformazione onirica ha operato più a fondo; si consideri la frase: "Pagherò più tardi", che potrebbe alludere al paventato comportamento del suocero riguardo alla dote. Riflessioni di varia natura evidentemente impediscono al sognatore di abbandonarsi con soddisfazione alla fantasia di matrimonio; una di queste – quella per cui il matrimonio comporta la perdita della libertà – nella trasformazione si è trasferita in una scena di arresto. Sempre tenendo presente che il lavoro onirico si serve volentieri di una fantasia che trova già pronta piuttosto che elaborarne una col materiale dei pensieri del sogno, forse potremo sciogliere uno degli enigmi più interessanti del sogno. Ho riferito il sogno di Maury che, colpito alla nuca da un'assicella, si sveglia da un lungo sogno, un romanzo completo sull'epoca della grande Rivoluzione. Poiché il sogno ci viene presentato come coerente ed è costruito interamente in modo tale da illustrare lo stimolo di risveglio – atto che non poteva essere intuito dal sognatore –, l'unica ipotesi plausibile è che tutto il ricco sogno sia stato composto e si sia svolto nel breve periodo tra la caduta dell'asse sulla vertebra di Maury e il risveglio causato dal colpo. Non ci spingeremo al punto di spiegare tale rapidità con il lavoro mentale vigile, ma piuttosto attribuiremo al lavoro onirico il privilegio di uno sviluppo decisamente accelerato. Autori più recenti hanno avanzato grandi obiezioni a questa conclusione, velocemente divenuta popolare, le quali da una parte mettono in dubbio l'esattezza del resoconto di Maury, dall'altra vogliono dimostrare che la velocità delle nostre attività mentali vigili non è minore di quella della produzione onirica. La discussione solleva questioni di principio la cui soluzione non pare imminente. Tuttavia, voglio precisare che l'argomentazione di Egger a proposito del sogno della ghigliottina di Maury non mi è sembrata persuasiva; di questo sogno vorrei proporre piuttosto la spiegazione seguente. È così implausibile che il sogno di Maury costituisca una fantasia serbata per anni, già pronta nella sua memoria, risvegliata – o direi "allusa" – nel momento in cui riconobbe lo stimolo del risveglio? Così per prima cosa si escluderebbe qualsiasi difficoltà a comporre una storia tanto lunga e precisa nel periodo di tempo estremamente ridotto che il sognatore ha a disposizione, essendo questa già bell'e pronta. Se l'asse avesse colpito la nuca di Maury durante la veglia, egli forse avrebbe fatto in tempo a pensare: "È proprio come essere ghigliottinato."; ma poiché lo ha colpito durante il sonno, il lavoro onirico utilizza rapidamente questo stimolo per produrre un soddisfacimento di desiderio, come se pensasse – in senso figurato, s'intende – "Ecco una buona occasione per realizzare quella fantasia di desiderio che mi sono creato in quel periodo durante la lettura." Non credo si possa dubitare del fatto che il romanzo sognato sia proprio uno di quei romanzi che un adolescente solitamente crea sotto lo stimolo di impressioni molto eccitanti. Chi, a maggior ragione un francese e storico della civiltà, non avrebbe subìto il fascino delle descrizioni dell'epoca del Terrore, quando l'aristocrazia, uomini e donne, il fiore della nazione, dimostrò che era possibile morire con animo sereno e mantenendo la vivacità del proprio spirito e la finezza del proprio stile di vita, fino alla chiamata fatale? È seducente immaginare di essere uno di quei giovani che con un baciamano si congeda dalla signora, prima di salire impassibile sul patibolo. O, se il fulcro di quella fantasia è stato l'ambizione, immedesimarsi in una di quelle grandi personalità che, con la sola forza dei loro pensieri e della loro feconda eloquenza, dominano la città in cui pulsano le passioni dell'umanità; che in nome di un ideale mandano a morte migliaia di persone e preparano la trasformazione dell'Europa, mentre non sono sicuri neppure della propria testa e un giorno la pongono sotto la lama della ghigliottina; si pensi a uno dei Girondini o all'eroe Danton. Un tratto conservato nel ricordo: "accompagnato da un'immensa moltitudine" rivela che la fantasia di Maury è di tipo ambizioso.

Tuttavia, questa fantasia, già pronta da tempo, non necessariamente deve essere percorsa interamente durante il sogno; basta che venga, diciamo così, "sfiorata". Mi spiego meglio. Se si pronunciano delle battute e qualcuno, come nel *Don Giovanni*, dice: "È dalle *Nozze di Figaro* di Mozart", improvvisamente in me ondeggiano ricordi, ma di essi, un attimo dopo, niente di isolato può giungere alla coscienza. La battuta significativa funge da punto di irruzione, da cui a un tempo si pone in eccitazione tutto un insieme. Nel pensiero inconscio potrebbe non avvenire diversamente. Mediante lo stimolo del risveglio, il punto psichico che apre il varco all'intera fantasia della ghigliottina viene posto in eccitazione; fantasia che però non viene percorsa durante il sonno, ma solo nel ricordo, dopo il risveglio. Da svegli, ricordiamo nei dettagli la fantasia che nel sogno è stata toccata interamente. In questo modo non possiamo assicurarci che ricordiamo effettivamente qualcosa di sognato. Anche altri sogni impostati sullo stimolo del risveglio, ad esempio quello di battaglia di Napoleone, prima dell'esplosione della macchina infernale, possono essere spiegati come fantasie già pronte, suscitate, come un tutto unico, dallo stimolo del risveglio. Tra i sogni raccolti da Justine Tobowolska nella sua dissertazione sulla durata apparente del sogno, il più probante mi sembra quello riferito da Macario, del drammaturgo Casimir Bonjour. Questi una sera volle assistere alla prima di un suo lavoro, ma per la stanchezza si addormentò dietro le quinte proprio quando si alzava il sipario; nel sonno ripercorse tutti i cinque atti del suo lavoro, rilevando i vari cenni di commozione degli ascoltatori durante le diverse scene; al termine della rappresentazione, tutto beato sentì il suo nome pronunciato tra le più vive espressioni di plauso. All'improvviso si svegliò. Quello che vide e sentì gli parve incredibile: la rappresentazione era ancora ai primi versi della prima scena, e lui, quindi, non poteva aver dormito più di due minuti. Il ripercorrere cinque atti del dramma, il notare la reazione del pubblico alle singole scene non sembrano comportare la necessità di una creazione nuova durante il sonno, ma possono invece riprodurre, nella direzione indicata, un lavoro di fantasia già compiuto. La Tobowolska e altri autori osservano che tutti i sogni con un decorso rappresentativo accelerato sono caratterizzati da una straordinaria coerenza, a differenza di altri, e che il loro ricordo è più sommario che dettagliato; queste caratteristiche dovrebbero essere proprio quelle di tali fantasie compiute, sfiorate dal lavoro onirico, ma gli autori non sembrano giungere a simili conclusioni. Sono lontano però dal dire che tutti i sogni di risveglio implicano questa spiegazione, o che la questione dell'accelerazione del decorso rappresentativo nel sogno ammette questa sola soluzione.

A tal proposito, non possiamo eludere il discorso sul rapporto tra quest'elaborazione secondaria del contenuto del sogno e gli altri fattori del lavoro onirico. Si potrebbe pensare che i momenti determinanti nella formazione del sogno (tendenza alla condensazione, necessità di aggirare la censura e considerazione della raffigurabilità nei mezzi psichici) dapprima diano vita, a seconda del materiale disponibile, a un contenuto onirico provvisorio, che poi viene riplasmato fino a soddisfare, per quanto è possibile, le esigenze di una seconda istanza, ma ciò è poco probabile; semmai è vero che quest'ultime da subito costituiscono una delle condizioni che il sogno deve soddisfare, e che essa, così come quelle della condensazione, della censura di resistenza e della raffigurabilità, a un tempo opera sul vasto materiale dei pensieri onirici in senso induttivo e selettivo. Tuttavia, tra le quattro, le esigenze dell'ultima sembrano le meno imperative per il sogno. Assai probabile risulta l'identificazione di questa funzione psichica, autrice della cosiddetta elaborazione secondaria del contenuto onirico, con l'attività del pensiero vigile; quest'ultimo infatti, il preconscio, agisce su un qualsiasi materiale percettivo proprio come la predetta funzione sul contenuto onirico. Suo compito è fare ordine in tale materiale, creare delle relazioni, ridurlo a una coerenza intelligibile, conforme alle nostre aspettative; anzi, stiamo andando anche troppo avanti, e l'abilità dei prestigiatori si fa beffe di noi, facendo leva proprio su questa nostra abitudine intellettuale. Mentre tentiamo di comporre in modo comprensibile le impressioni, spesso commettiamo gli errori più strani, o arriviamo persino a falsificare la verità del materiale che ci viene offerto; di ciò si hanno ampie prove, al punto che non servono citazioni. Non ci curiamo, durante la lettura, di certi errori di stampa che pure disturbano il senso, e questo perché ci illudiamo di leggere il testo corretto. Pare che il redattore di un giornale francese molto letto abbia fatto questa scommessa: nessun lettore si sarebbe accorto dei "davanti" o "dietro" intercalati in ogni frase di un lungo articolo. La vinse. In un giornale che lessi anni fa ricordo che fui colpito da un curioso esempio di connessione errata. Dopo la seduta della camera francese in cui Dupuy, con l'audace frase "*La séance continue*", sedò il terrore insorto dopo lo scoppio nella sala di una bomba lanciata da un anarchico, quanti avevano assistito all'evento dalla galleria in qualità di testimoni vennero interrogati sulle loro impressioni in merito all'attentato; tra loro, due provinciali riferirono l'uno di avere effettivamente sentito, al termine di un discorso, una detonazione, ma di aver creduto che fosse consuetudine parlamentare sparare un colpo al termine di ogni discorso, l'altro, che forse aveva già ascoltato diversi oratori, di aver avuto la stessa convinzione, pur credendo che tale sparo fosse un riconoscimento che si faceva seguire solo a discorsi particolarmente riusciti.

Pertanto, il nostro pensiero normale è la sola istanza psichica che si avvicina al contenuto onirico con la pretesa di renderlo intelligibile e lo sottopone a una prima interpretazione, causandone così il travisamento completo. Compito della nostra interpretazione rimane allora quello di tralasciare a ogni costo l'apparente coerenza del sogno in quanto di origine sospetta, e di rinviare al materiale onirico sia per quel che concerne gli elementi chiari che quelli confusi. Abbiamo così modo di rilevare da cosa dipende la scala qualitativa dei sogni, che va dalla confusione alla chiarezza: chiare ci risultano quelle parti del sogno in cui l'elaborazione secondaria ha ottenuto qualche risultato, confuse tutte le altre, che non hanno avuto la forza di tale attività. Dal momento che le parti confuse di solito sono anche quelle espresse con minor vivacità, possiamo ritenere il lavoro onirico secondario responsabile anche di un contributo all'intensità plastica di ciascuna delle figurazioni oniriche. Cercando qualcosa di assimilabile alla struttura definitiva del sogno quale risulta dalla cooperazione del pensiero normale, trovo solo quelle enigmatiche iscrizioni con cui i "Fliegende Blätter" tanto a lungo hanno divertito i lettori. Una frase, per contrasto di àmbito dialettale e il cui significato è il più scurrile possibile, deve illudere di racchiudere un'iscrizione latina; per questo la connessione sillabica viene annullata e le parole sono disposte in un nuovo ordine. Qua e là si crea una vera parola latina, altrove crediamo di vedere abbreviazioni di parole latine e in altri punti ancora dell'iscrizione l'apparenza di parti disgregate o di lacune copre l'assenza di significato delle lettere isolate. Per non essere vittime dello scherzo, dobbiamo non vederla come un'iscrizione, considerare le lettere in quanto tali e, trascurando l'ordine in cui sono disposte, comporle in parole della nostra lingua madre.

L'elaborazione secondaria è un momento fondamentale del lavoro onirico, la cui importanza è stata rilevata dalla maggior parte degli studiosi. Havelock Ellis la descrive con una felice allegoria: "Possiamo in realtà immaginare che la coscienza del sonno dica a se stessa: «Ecco qua il nostro maestro, la coscienza vigile, che dà un'enorme importanza alla ragione, alla logica, e così via. Su, presto! Piglia le cose, mettile in ordine, ogni ordine è buono, prima che entri lei a occupare la scena.»" Delacroix afferma chiaramente l'identità di questo modo di procedere con quello del pensiero vigile: "Questa funzione interpretativa non è peculiare del sogno: è lo stesso lavoro di coordinamento logico che noi facciamo sulle nostre sensazioni durante la veglia." James Sully sostiene lo stesso principio. Ugualmente la Tobowolska: "Su queste successioni incoerenti d'allucinazioni, lo spirito si sforza di compiere lo stesso lavoro di coordinamento che fa, durante la veglia, sulle sensazioni: collega tra di loro, in un legame immaginario, tutte queste immagini distaccate e colma le lacune troppo ampie che si trovavano fra di esse." Secondo alcuni studiosi, tale lavoro di ordinamento e interpretazione comincia già durante il sogno per continuare nella veglia; così ad esempio Paulhan: «Ho pensato spesso, tuttavia, che potesse esserci una certa deformazione del sogno, o meglio riformazione, nel ricordo [...]. La tendenza sistematizzante dell'immaginazione potrebbe benissimo compiere dopo il risveglio ciò che ha abbozzato durante il sonno; così, la rapidità reale del pensiero sarebbe aumentata in apparenza dai perfezionamenti dovuti all'immaginazione vigile». Così Bernard-Leroy e la Tobowolska: «Nel sogno, al contrario, l'interpretazione e il coordinamento si hanno non solamente in forza dei dati del sogno, ma anche per l'aiuto di quelli della veglia [...]». Stando così le cose, questo momento della formazione del sogno, l'unico riconosciuto, inevitabilmente è stato sopravvalutato, tanto da attribuirgli l'intera creazione del sogno; questa dovrebbe compiersi nel momento del risveglio, secondo quanto sostengono Goblot e, in senso più lato, Foucault, i quali riconoscono al pensiero vigile la facoltà di creare il sogno con i pensieri che emergono dal sonno. Bernard-Leroy e la Tobowolska a tal proposito sostengono: «Si è creduto di poter situare il sogno al momento del risveglio, e si è attribuita al pensiero vigile la funzione di costruire il sogno con le immagini presenti nel pensiero del sonno».

Collego l'esame di un nuovo contributo al lavoro onirico, rilevato da alcune luminose osservazioni di Herbert Silberer, alla valutazione dell'elaborazione secondaria. Come ho già riferito altrove, Silberer per così dire ha colto in flagrante la trasposizione del pensiero in immagine, costringendosi a un'attività mentale in condizione di stanchezza e sonnolenza; mentre il pensiero elaborato dileguava, al suo posto si presentava una visione, rivelatasi poi il surrogato di quel pensiero perlopiù astratto. Nel corso di tali esperimenti, l'immagine emergente – che corrispondeva a un elemento onirico – raffigurava qualcosa di altro rispetto al pensiero in attesa di elaborazione, ovvero la stanchezza, la difficoltà o l'avversione per tale lavoro: ovvero, al posto dell'oggetto della sua fatica, lo stato soggettivo e la situazione funzionale della persona che si affaticava. Per distinguerlo dal "fenomeno *materiale*" che ci si doveva aspettare, Silberer definì questo caso, in lui assai frequente, "fenomeno *funzionale*".

Ad esempio: «Un pomeriggio sono assonnato e disteso sul mio divano, eppure mi forzo a riflettere su una questione filosofica; più esattamente, tento di porre in relazione le concezioni del tempo di Kant e Schopenhauer. Non riesco a fissare contemporaneamente le idee di entrambi, come dovrei fare per operare il confronto, per via della sonnolenza. Dopo diversi tentativi vani, di nuovo, con tutta la mia forza di volontà, mi imprimo nella mente il ragionamento kantiano, e cerco poi di applicarlo all'impostazione schopenhaueriana della questione. Quindi mi dedico totalmente a quest'ultima, ma, non appena provo a tornare a Kant, di nuovo mi è sfuggito, e tento invano di recuperarlo. Questo inutile tentativo mi si presenta ora a occhi chiusi, all'improvviso, come nell'immagine onirica, sottoforma di simbolo plastico-visivo: *domando informazioni a un burbero segretario che, chino sulla scrivania, non dà ascolto alle mie richieste. A un certo punto, solleva lo sguardo e mi guarda seccato e scontroso».*[295]

Riferisco altri esempi relativi all'ondeggiamento tra sonno e veglia: "Esempio 2. Circostanze: mattina, risveglio. In uno stato di sonno piuttosto profondo – stato crepuscolare – ripenso a un sogno precedente, quasi risognandolo e concludendolo, quando mi accorgo di avvicinarmi alla coscienza vigile; voglio però rimanere ancora nello stato crepuscolare.

Scena: *oltrepasso un ruscello con un piede, ma lo ritiro subito e cerco di rimanere al di qua.*"

"Esempio 6. Circostanze: le stesse dell'esempio 4 (vuole rimanere ancora un po' a letto senza però addormentarsi).

Scena: *saluto qualcuno con cui prendo accordi per incontrarlo(la) presto ancora una volta.*" Il fenomeno "funzionale", la "rappresentazione dello stato invece che dell'oggetto", fu studiato da Silberer principalmente nelle due condizioni del sonno e della veglia. Si coglie facilmente come, per l'interpretazione del sogno, solo quest'ultima abbia importanza. Silberer ha mostrato con esempi persuasivi che il brano finale del contenuto manifesto di molti sogni immediatamente seguìti dal risveglio altro non è che il proposito o il processo stesso del risveglio. Per ottenere ciò è necessario varcare una soglia ("simbolismo della soglia"), uscire da un ambiente ed entrare in un altro, partire, tornare a casa, lasciare un compagno, immergersi nell'acqua e via dicendo. Inoltre, nei miei sogni, così come in quelli delle persone che ho analizzato, non mi è sfuggito che gli elementi onirici riferibili al simbolismo della soglia sono assai meno frequenti di quanto ci aspetteremmo, secondo quanto riferisce Silberer.

È del tutto probabile che questo "simbolismo della soglia" sia la spiegazione alla base anche di certi elementi fulcro della trama onirica, ad esempio dove si hanno variazioni nella profondità del sonno e la tendenza a interrompere il sogno; tuttavia, esempi certi di questo fenomeno non sono stati ancora forniti. Pare più frequente il caso della sovradeterminazione, ovvero l'utilizzo di un punto del sogno (il cui contenuto di base deriva dalla compagine dei pensieri onirici) *anche* al fine di rappresentare uno stato dell'attività psichica.

Molti abusi, senza colpa dell'autore, si sono generati dall'assai

[295] Vedi *Jahrb.*, I, p. 514

interessante fenomeno funzionale di Silberer, poiché in esso ha trovato appoggio l'antica tendenza all'interpretazione simbolico-astratta dei sogni. In alcuni, il privilegio di cui gode la "categoria funzionale" arriva a farli parlare di fenomeno funzionale tutte le volte che nel contenuto dei pensieri onirici si intravedono attività intellettuali o processi sentimentali, nonostante questo materiale meriti anch'esso di entrare nel sogno in qualità di residuo diurno. Che i fenomeni di Silberer costituiscano un secondo contributo del pensiero vigile alla formazione del sogno, sebbene meno costante e meno importante del primo, introdotto sotto il nome di "elaborazione secondaria", è un dato innegabile. È stato rilevato come parte dell'attenzione attiva durante il giorno rimane desta anche durante il sonno, e si rivolge al sogno per controllarlo, criticarlo e addirittura interromperlo; in quest'istanza psichica non si può non riconoscere il permanere del censore, al quale spetta un'influenza così fortemente limitativa sulla configurazione del sogno. Gli studi di Silberer aggiungono il principio per cui in date circostanze interviene una sorta di autosservazione che contribuisce al contenuto onirico. Sarà meglio trattare altrove dei probabili rapporti tra questa istanza – che può divenire invadente, specie in menti filosofiche – e la percezione endopsichica, il delirio di attenzione, la coscienza e il censore del sogno[296]. Qui mi limiterò a riassumere tale vasta trattazione del lavoro onirico. La questione è stata impostata in questi termini: nella creazione del sogno, la psiche si serve di tutte le sue facoltà in libero svolgimento o solo di una parte di esse, impedita nella sua prestazione? Il nostro esame ci spinge a rigettare una tale impostazione perché inadeguata alle situazioni di fatto. Ma, se nella risposta vogliamo mantenere lo stesso impianto della domanda, è necessario dar ragione a entrambe le concezioni, che in apparenza si escludono a vicenda in quanto antitetiche. Il lavoro psichico nella creazione onirica procede lungo due operazioni: produzione dei pensieri del sogno e loro trasformazione in contenuto del sogno. Essi sono formati in modo perfetto e con tutta l'energia psichica che è nelle nostre facoltà; sono parte del pensiero non divenuto cosciente, lo stesso all'origine dei pensieri coscienti attraverso una determinata trasformazione. Gli enigmi

[296] In *Introduzione al narcisismo*, in *Jahrbuch der Psychoanalyse*, VI, 1914. [Nota aggiunta nel 1914]

che si nascondono nei pensieri onirici, per quanto importanti e misteriosi, non hanno però alcuna relazione particolare col sogno, e dunque non è il caso di trattarli tra i suoi problemi.[297] La seconda operazione, quella che trasforma i pensieri inconsci in contenuto onirico, è tipica invece della vita del sogno. Questo lavoro onirico vero e proprio è lontano dal modello del pensiero vigile molto più di quanto abbiano pensato persino i denigratori più accaniti dell'operato della psiche nella formazione del sogno. Non si tratta di qualcosa di più sciatto, più imperfetto, più smemorato, più incompleto del pensiero vigile; piuttosto la sua qualità è del tutto differente, e perciò non è possibile confrontarlo immediatamente con esso. Esso non pensa, non calcola, non giudica; il suo solo compito è trasformare. Lo si può ben comprendere considerando le condizioni a cui deve sottostare la sua attività. È necessario prima di tutto sottrarre alla censura la sua creazione, il sogno, e per far ciò il lavoro onirico utilizza lo *spostamento delle intensità psichiche*, giungendo alla trasformazione di tutti i valori psichici; i pensieri, prevalentemente, devono essere trasposti quali tracce mnestiche visive o acustiche, e da tale esigenza, per l'attività onirica, deriva la *considerazione della raffigurabilità*, a cui esso replica con nuove trasposizioni. È probabile che si producano intensità maggiori di quelle che, di notte, sono disponibili nei pensieri del sogno, e per tale scopo è necessaria l'intensa *condensazione* a cui

[297] In passato mi era difficilissimo far comprendere ai lettori la distinzione tra contenuto manifesto e pensieri latenti dei sogni. Mi venivano sempre mosse obiezioni fondate su sogni non interpretati, nella forma in cui li si ricordavano, e non contemplando la necessità della loro interpretazione. Adesso che gli analisti hanno deciso di sostituire il sogno manifesto con il significato dato dalla sua interpretazione, fanno un'ulteriore confusione cui restano caparbiamente attaccati. Tentano di trovare l'essenza del sogno nel suo contenuto latente, trascurando la distinzione tra pensieri onirici latenti e lavoro onirico. I sogni, dopo tutto, non sono che una forma di pensiero, resa possibile dal sonno. È il lavoro onirico a dare quella forma, ed è questo l'essenziale del sogno, la spiegazione delle sue caratteristiche. Dico tutto questo per sostenere la "tendenza prospettica" del sogno. Che i sogni tentino di risolvere i problemi che la nostra vita psichica si trova ad affrontare non è più strano di quanto lo sia l'attività svolta dalla nostra vita psichica diurna e cosciente; qui si aggiunge che la medesima attività continua nel preconscio. [Nota aggiunta nel 1925]

sono sottoposte le componenti di tali pensieri. Le relazioni logiche del materiale ideativo sono piuttosto trascurate; solo alla fine vengono velatamente rappresentate nelle peculiarità *formali* dei sogni. Mutamenti minori di quelli del loro contenuto rappresentativo subiscono gli stati affettivi dei pensieri onirici: la regola vuole che siano repressi, ma, se si conservano, sono separati dalle rappresentazioni e combinati in base alla loro affinità. Al principio che gli studiosi hanno eletto a significare l'intera attività della creazione del sogno si confà solo una parte del lavoro onirico, la rielaborazione, che, mutabile nella sua misura, è prodotta dal pensiero vigile solo in parte desto[298].

298 Nella quarta, quinta, sesta e settima edizione dal 1914 al 1922 a questo punto seguivano due saggi di O. Rank, rispettivamente intitolati *Sogno e poesia* e *Sogno e miti*, che furono esclusi dalla pubblicazione delle mie opere complete. [Nota aggiunta nel 1925]

CAPITOLO VII

La psicologia dei processi onirici

Tra i sogni che mi hanno raccontato altre persone, ce n'è uno che richiama in modo del tutto particolare la nostra attenzione. Me l'ha riferito una paziente che l'aveva sentito a una conferenza sul sogno. La vera fonte mi è sconosciuta, ma la mia paziente fu molto colpita dal contenuto, che "risognò", ossia in un suo sogno ne riprese, ripetendoli, alcuni elementi in modo da poter esprimere una coincidenza su un punto particolare.

Le premesse del sogno, esemplare, sono queste: un padre aveva passato giorni e notti al capezzale del figlio malato. Quando il bambino muore, il padre riposa in una stanza adiacente, lasciando la porta aperta per poter vedere la stanza in cui il corpo di suo figlio giace nella bara, circondata da grandi candele. A un vecchio signore era stata affidata la veglia, egli siede accanto al bambino e prega a bassa voce. Dopo alcune ore di sonno, il padre sogna che *il bambino sia a fianco al letto, e lo strattoni, sussurrando con tono di rimprovero: «Papà, non lo vedi che brucio?»*. Il padre si sveglia e scorge una luce vivida che proviene dalla stanza del figlio, vi si precipita e trova il vecchio addormentato e i veli e un braccio del bambino amato bruciati da una candela che vi era caduta sopra.

L'interpretazione di questo sogno commovente è piuttosto facile e, stando a quanto mi dice la mia paziente, anche il conferenziere l'ha ricostruita con esattezza. La luce vivida, passando per la porta aperta, era rifluita nella stanza del padre che dormiva, facendogli dedurre ciò che avrebbe dedotto anche da sveglio, ossia che una candela era caduta e aveva originato un incendio accanto al corpo del bambino. È possibile che il padre avesse introdotto fin nel suo sonno la paura che il vecchio non potesse avere le forze per portare a termine il proprio incarico.

Condividiamo questa interpretazione in tutto, tranne per il fatto che riteniamo che il contenuto del sogno sia stato sovradeterminato e che il discorso del bambino sia stato messo insieme in base a discorsi presi dalla vita reale e che erano importanti per il padre. Per esempio, quando il bambino dice "brucio", la parola riconduce alla febbre con cui è morto il bambino e la frase "*non lo vedi, papà?*", intensissima dal punto di vista affettivo, a una circostanza che per noi è sconosciuta. Riconoscendo che il sogno è un processo denso di significati che va inserito nelle esperienze della psiche di chi lo ha fatto, nonostante ciò ci stupiamo che il sogno sia avvenuto in quelle condizioni, quando cioè era necessario che il risveglio fosse molto veloce. Constatiamo inoltre che anche questo sogno include l'appagamento di un desiderio: il bambino morto è ancora vivo in sogno, allerta il padre, gli si avvicina e lo strattona, come probabilmente era accaduto nell'episodio da cui la prima parte del discorso del bambino ha preso le mosse. Per appagare questo desiderio, il padre ha protratto il sonno per un istante in più, preferendo il sonno alla veglia perché nel primo il bambino era ancora in vita. Se il padre si fosse svegliato prima, capendo di dover accorrere nella camera del bambino, avrebbe accorciato di un istante la vita del figlio.

Sappiamo con certezza qual è la caratteristica di questo sogno che attrae il nostro interesse. Fino a questo momento, abbiamo badato a capire in cosa consiste il senso segreto dei sogni, come lo si possa capire e quali sono i meccanismi che il lavoro onirico mette in atto per celarlo. Al centro del nostro interesse sono stati i problemi dell'interpretazione dei sogni. Ma adesso abbiamo a che fare con un sogno che non pone problemi di interpretazione, il significato è chiaro, ed esso tuttavia mantiene le caratteristiche che individuano i sogni dalla veglia ed è questo che dobbiamo spiegare. Dopo aver accantonato le questioni interpretative, ci rendiamo conto di come sia manchevole la nostra psicologia del sogno. Ma, prima di intraprendere questa strada, fermiamoci a guardare indietro per capire se nel cammino che abbiamo fatto finora non abbiamo trascurato qualcosa di essenziale. Dobbiamo sapere che la strada più agevole, e gradevole, l'abbiamo già percorsa. Tutte le strade che abbiamo percorso finora sfociavano, se non vado errato, nella luce, nella spiegazione, nella comprensione. Da adesso in poi, volendo entrare più a fondo nei processi psichici del sogno, tutte le strade condurranno al buio. È *impossibile arrivare a spiegare* il sogno come processo psichico. Ciò vorrebbe dire riportare al noto, e oggi non abbiamo alcuna conoscenza psicologica cui possiamo sottoporre ciò che l'indagine psicologica dei sogni ci dice essere alla base della loro spiegazione. Siamo obbligati a sciorinare ipotesi che contornano a mala pena la struttura dei funzionamenti psichici e le forze che vi sono in gioco. Dobbiamo fare attenzione e non portare le nostre ipotesi troppo oltre le loro prime implicazioni, perché correremmo il rischio di vanificarle. Anche se procedessimo senza errori nelle nostre deduzioni e anche a voler considerare tutte le possibilità che la logica ci offre, tuttavia è probabile che la manchevolezza degli elementi di cui disponiamo segni il fallimento dei nostri calcoli. E anche muovendo dall'analisi del sogno più attenta e minuziosa non potremmo ottenere una conclusione e nemmeno una chiarificazione salda sulla formazione e sui procedimenti dello strumento psichico. Per ottenere ciò, sarà necessario assemblare tutti i risultati tratti dallo studio comparato di una lunga serie di prestazioni psichiche. È per questo che le ipotesi psicologiche cui arriveremo dopo l'analisi dei procedimenti onirici dovranno sostare in attesa di essere corroborate dai risultati di altre analisi che, condotte a partire da una diversa prospettiva, arrivino al fondo dello stesso problema.

A. La dimenticanza dei sogni

Sono pertanto dell'idea di occuparci in prima istanza di una questione da cui deriva un'obiezione non presa finora in considerazione, e tuttavia tale da poter rendere infondati i nostri sforzi di interpretare il sogno. Ci è stata da più parti mossa l'obiezione che, in realtà, non sappiamo niente del sogno che ci accingiamo a interpretare e che, più precisamente, non abbiamo garanzia alcuna di sapere come esso si sia effettivamente prodotto.

Quello che ci ricordiamo del sogno e a cui applichiamo le nostre capacità interpretative è innanzitutto amputato dalla inaffidabilità della nostra capacità di ricordare, la quale si rivela straordinariamente inidonea a conservare il sogno e ha forse smarrito gli elementi più importanti di esso. Accade infatti di frequente che, quando stiamo attenti ai nostri sogni, siamo obbligati a prendere atto, con nostro disappunto, di aver sognato molto di più del frammento di cui veniamo a conoscenza e che lo stesso ricordo di quest'ultimo ci sembra stranamente impreciso. Inoltre, tutto congiura a che la nostra capacità di ricordare non riesca a ricostruire il sogno integralmente, ma in modo infedele e deformato. In tal modo, come si può per un verso dubitare che ciò che abbiamo sognato sia effettivamente così impreciso e contraddittorio come ce lo ricordiamo, così per un altro continuiamo a dubitare che un sogno sia stato così rigoroso come lo esponiamo e che, nello sforzo di trasmetterlo, non siamo stati portati a reintegrare mancanze inesistenti o prodotte dalla dimenticanza inserendovi materiale nuovo scelto con criteri arbitrari, imbellettandolo e rendendolo qualcosa di rotondo e rifinito, al punto tale da rendere vano ogni giudizio sul suo contenuto reale. Anzi, c'è chi[299] ipotizza che tutta la dimensione di ordine e rigore entri nel sogno solo nel momento di ricordarlo. Ci esponiamo in tal modo al rischio che l'oggetto che ci accingiamo a giudicare ci si sfilacci in mano.

Nelle nostre interpretazioni non abbiamo finora tenuto conto di questi segnali. Anzi: nelle parti più esili, meno evidenti e più insicure del suo contenuto, abbiamo colto una spinta all'interpretazione non meno evidente di quella che emerge nelle parti più comprensibili e sicure. Nel sogno dell'iniezione di Irma veniva detto: "Chiamo *subito* il dott. M." e abbiamo ipotizzato che nemmeno quest'aggiunta si sarebbe fatta strada nel sogno se non fosse stata collegata a una particolare implicazione. In tal modo siamo arrivati alla storia di quel povero paziente al cui letto chiamai "subito" il collega più anziano. Nel sogno, all'apparenza assurdo, per il quale la differenza tra 51 e 56 è una *quantité négligeable*, il numero 51 veniva citato varie volte. Ma, anziché pensare che tale elemento fosse ovvio o ininfluente, abbiamo ritenuto che ci fosse un altro corso di pensieri nel contenuto latente del sogno, che porta al numero 51, e ciò in evidente opposizione con un elemento ideativo

[299] H. Spitta, *Die Schlaf- und Traumzustände der Menschlichen Seele*, Tubinga 1882, p. 338. Stessa cosa anche in Foucault e Tannery. [Parte aggiunta nel 1914, poi inserita in nota nel 1930]

dominante, che si dà arie sull'età. Nel sogno *Non vixit* si trova un inciso poco evidente che inizialmente non avevo notato: «Siccome P. non lo capisce, Fl. mi domanda» ecc. Successivamente, quando l'interpretazione arrivò a un punto morto, ripensai a queste parole e muovendo da loro trovai la strada per arrivare sino alla fantasia infantile che appare nei pensieri del sogno come punto intermedio che li annoda. Ciò si produsse grazie ai versi del poeta:

Selten habt ihr mich verstanden
Selten auch verstand ich Euch,
Nur wenn wir im Kot uns fanden,
So verstanden wir uns gleich!

Raramente mi avete *capito*,
Raramente anch'io vi ho capito,
Solo quando ci trovammo nel fango
Ci siamo subito capiti![300]

Ogni analisi potrebbe fornire materiali per illustrare con esempi quanto proprio gli elementi meno significativi del sogno siano fondamentali per l'interpretazione e quanto si ritardi lo scioglimento dell'enigma se ad essi si presta attenzione con ritardo. Nell'interpretazione onirica abbiamo dato la stessa importanza ad ogni sfumatura linguistica con cui il sogno viene riferito; anzi, se ci veniva esposto un testo incoerente o manchevole (come se il tentativo di tradurre il sogno nell'idonea formulazione espressiva fosse fallito) abbiamo tenuto conto dei limiti dell'espressione. In breve: abbiamo considerato come sacro un testo che secondo gli studiosi sarebbe il frutto di un'improvvisazione arbitraria, messa su frettolosamente e goffamente. La contraddizione va spiegata.

E la spiegazione va in direzione della nostra tesi, senza con ciò voler minimamente criticare gli studiosi. Se guardiamo ai fatti dal punto di vista delle nostre nuove conoscenze sull'origine del sogno, ciò che appare incoerente si rivela perfettamente rigoroso. È vero che, quando cerchiamo di riferire il sogno, lo deformiamo; ritroviamo cioè in esso l'elaborazione secondaria, spesso fallace, imposta dal pensiero normale. Ma tale deformazione altro non

[300] Heine, *Libro dei canti*, n. 78 "Il ritorno".

è che una componente di quell'elaborazione cui sono sottoposti i pensieri onirici in conseguenza del sistematico intervento della censura. Proprio qui gli studiosi hanno avuto sentore o osservato la parte esplicitamente attiva dei processi di deformazione del sogno; non ci interessiamo ad essa perché siamo consci che un processo di deformazione di gran lunga più diffuso e meno comprensibile ha già preso di mira il sogno, a cominciare dai pensieri latenti di questo. Il solo sbaglio degli studiosi sta nel fatto che essi ritengono arbitrario il cambiamento che si produce con il sogno al momento del ricordo e della traduzione in parole di esso – di conseguenza un cambiamento che non è suscettibile di un'altra soluzione e che quindi ci porta lontano dalla comprensione del sogno. Tali studiosi non considerano nella giusta misura la determinazione che si produce nell'attività psichica e dove non vi è nulla di arbitrario. Possiamo dimostrare, in via generale, che un nuovo corso di pensieri fa immediatamente propria la determinazione di quella componente lasciata indeterminata dal primo corso. Se, per esempio, voglio pensare un numero: non è assolutamente possibile giacché il numero che ho pensato è determinato, in modo assolutamente necessario e obbligato, da pensieri che possono essere molto distanti dalla mia intenzione del momento[301]. Parimenti ridotta è l'arbitrarietà dei cambiamenti subiti dal sogno nello stato di veglia. Tali cambiamenti restano legati al contenuto che rimpiazzano e ci indicano la strada verso quel contenuto, il quale a sua volta ne rimpiazza un altro.

Abitualmente, quando analizzo i sogni dei pazienti, faccio questa prova, e sempre con risultati positivi. Se la presentazione di un sogno mi appare sulle prime di difficile comprensione, chiedo a chi lo presenta di ripetere tale presentazione. Quasi mai il paziente utilizza le stesse parole. Ma lì dove egli cambia modo di esprimersi, lì mi pare che si palesino i punti di fragilità del travestimento onirico e dei quali io faccio lo stesso uso di Hagen quando si servì del segno ricamato sull'abito di Sigfrido. L'interpretazione può avere inizio da qui. Invitato a rifare il suo racconto, il paziente sa che io mi sforzerò in modo particolare di dare la soluzione del suo sogno. Sotto l'azione della sua resistenza, egli cercherà subito di riparare i punti di faglia del suo travestimento onirico e sostituirà

[301] Si veda la *Psicopatologia della vita quotidiana*. [Nota aggiunta nel 1909]

a un'espressione che rischia di tradirlo un'altra più lontana, ma in tal modo richiamerà la mia attenzione sulla frase lasciata cadere. Dalla fatica con cui ci si protegge dalla risoluzione del sogno, ne deduco la cura con cui la veste di questo è stata intessuta.

Meno ragione hanno gli studiosi quando conferiscono così grande importanza al dubbio con cui noi giudichiamo il sogno. Tale dubbio, infatti, non è intellettualmente fondato giacché la nostra memoria non dà alcuna garanzia, eppure – molto più spesso di quanto non sia oggettivamente necessario dar retta alle sue indicazioni – noi ne siamo succubi. A sua volta, il dubbio sulla nostra capacità di riprodurre precisamente il sogno in tutti i suoi particolari è anch'esso un effetto della censura del sogno, della resistenza che provoca il farsi strada nella coscienza dei pensieri del sogno. Tale difficoltà non sempre viene meno con gli spostamenti e i cambiamenti da essa effettuati; si fissa altresì come dubbio su quanto viene filtrato. Ed è tanto più facile non riconoscere il dubbio giacché esso prudentemente lascia da parte gli elementi onirici marcati, e attacca quelli deboli e non marcati. Ma oramai abbiamo capito che tra i pensieri del sogno e lo stesso sogno si è prodotto una completa "trasmutazione dei valori psichici"; la deformazione ha potuto prodursi solo perché vi è stata una sottrazione di valore, con cui essa di regola si manifesta e a cui si limita. Se a un elemento non marcato del sogno si aggiunge pure il dubbio possiamo certamente vedervi un effetto diretto di uno dei pensieri del sogno cui è stato barrato l'accesso. Funziona come quando scoppiava una rivolta in una delle repubbliche antiche o rinascimentali. Le famiglie nobili e potenti che prima governavano sono ora cacciate in esilio e tutte le alte cariche vengono allora occupate da nuovi venuti; nella città vengono ammessi solo quei membri delle famiglie che hanno perso il potere e sono completamente privi di potere e di danaro oppure i loro lontani discendenti. Ma nemmeno essi godono pienamente dei diritti civili e si guarda a loro in modo diffidente. Nel caso del nostro esempio, il dubbio sta al posto della diffidenza. Per questo motivo richiedo che, nell'analisi di un sogno, si faccia a meno di tutto l'insieme dei giudizi di certezza e che la certezza totale come la minima possibilità che un fatto qualunque possa essere accaduto nel sogno vengano trattate allo stesso modo. Fintanto che nello stare dietro a un elemento onirico non si decide di adottare questo modo di procedere, l'analisi è ferma. La svalorizzazione dell'elemento considerato procura all'analizzato l'effetto psichico di non riuscire a farsi venire in mente nessuna delle rappresentazioni involontarie che quell'elemento ricopre. Tale effetto di per sé non è, a dire il vero, evidente: non sarebbe contraddittorio se qualcuno dicesse: «Non sono sicuro se nel sogno c'era questo o quello, però mi viene in mente...». E invece questo non viene mai detto ed è proprio l'effetto di disturbo esercitato sull'analisi a svelare il dubbio come prodotto e strumento della resistenza psichica. La psicoanalisi diffida a ragion veduta. Una delle sue regole enuncia: *qualunque fatto disturbi la prosecuzione del lavoro costituisce una resistenza*[302].

Pure il fatto di dimenticare i sogni resta incomprensibile finché non si ricorra, nella spiegazione di esso, al ruolo della censura psichica. La sensazione di avere fatto nella notte molti sogni, ma di non ricordarne che pochi può avere, in una serie di casi, un altro significato che è pressappoco il seguente: ossia che il lavoro del sogno si è prodotto per tutta la notte in modo da essere percepito e che ha lasciato dietro di sé solo quell'unico piccolo sogno. Quanto al resto è indubitabile che, al risveglio, il sogno si scordi in misura crescente. Molte volte ce lo si scorda nonostante i nostri faticosi sforzi di ricordarcelo. Penso però che, come al solito, la dimenticanza venga esagerata, così come si esagera a proposito della limitazione di conoscenza del sogno (considerato nelle sue lacune). Molte volte con l'analisi è possibile ricostruire quello che è andato perduto con la dimenticanza del contenuto del sogno; in tutta una serie di casi, si può ritrovare – a partire da un singolo elemento rimasto – se non il sogno (il che di per sé non è importante), i suoi pensieri latenti. Nell'analisi sono necessari una grande attenzione e autocontrollo; tutto qui, ma sufficiente a mostrarci che nella

[302] Questa frase: «Qualsiasi cosa interrompa lo sviluppo del lavoro è una resistenza», così perentoria, potrebbe essere fraintesa. Per fare sì che questo non succeda, è necessario intenderla nel suo significato di regola tecnica, di avvertimento per l'analista. Non c'è alcuna intenzione di negare il fatto che, durante l'analisi, possano verificarsi diversi incidenti, attribuibili all'intenzione dell'ammalato. Può capitare che il padre del paziente muoia senza che questi l'abbia ucciso; può scoppiare una guerra che pone fine all'analisi. Ma nonostante ciò, dietro l'evidente esagerazione di questa frase, vi è un nuovo e utile significato. Anche se la motivazione che interrompe l'analisi è reale e non dipende dal paziente, spesso è da lui che dipende l'importanza dell'interruzione, e la resistenza si rivela in modo chiaro nel subitaneo ed esagerato sfruttamento di questa circostanza. [Nota aggiunta nel 1925]

dimenticanza del sogno non è estranea un'intenzione ostile (cioè una resistenza)[303].

Una prova convincente della non casualità della dimenticanza dei sogni in funzione della resistenza la ricaviamo dal prendere in considerazione, durante l'analisi, il momento precedente a quello della dimenticanza[304]. Non è raro che, durante il lavoro di inter-

[303] Dalla mia opera *Introduzione alla psicoanalisi*, prendo il seguente sogno usandolo come un esempio del significato assunto dal dubbio e dall'incertezza all'interno del sogno, e contemporaneamente, della riduzione del contenuto onirico a un unico elemento. L'analisi ha avuto successo, anche se differita nel tempo: «Una paziente scettica fa un sogno abbastanza lungo, durante il quale avviene che alcune persone le parlino molto bene del mio libro su il *Motto di spirito*. Si accenna poi a qualche cosa a proposito di un *"canale", forse per un altro libro in cui si parla di un canale, oppure per qualcosa con un canale... non lo sa... e tutto è molto nebuloso*. Si potrebbe pensare che l'elemento "canale" potrebbe sfuggire all'interpretazione, per via della sua imprecisione. L'interpretazione è difficoltosa. Alla sognatrice non viene in mente niente a proposito di "canale", e naturalmente nemmeno io ho nulla da dire. Passato del tempo, in realtà il giorno dopo, mi racconta che le è venuto in mente qualcosa che potrebbe essere in rapporto con questo elemento. Si tratta veramente di una battuta che ha sentito raccontare. Su una nave, durante la traversata da Dover a Calais, un famoso scrittore parla con un signore di nazionalità inglese, che all'improvviso mentre parla cita la frase: «*Du sublime au ridicule il n'y a qu'un pas*». «*Oui, le pas de Calais*», risponde lo scrittore, intendendo dire che per lui la Francia è sublime e l'Inghilterra ridicola. Ma con il nome *Pas de Calais* si indica anche un "canale", il Canale della Manica.
Se penso che questa associazione di elementi sia in rapporto con il sogno? Decisamente sì, anzi, è la soluzione dell'enigma onirico. Oppure dubitate forse che questa battuta di spirito fosse già presente prima del sogno, come base inconscia dell'elemento "canale"? Oppure pensate che si sia aggiunto come un'invenzione successiva? In realtà, l'idea che è venuta alla mia paziente rivela lo scetticismo che si nasconde dietro un'ostentata ammirazione; è proprio a causa della resistenza che l'associazione appare così insicura, e che l'elemento onirico si è realizzato in una maniera così imprecisa. Osservate a questo punto qual è la relazione dell'elemento onirico con la sua base inconscia. Esso ne è come una particella, un'allusione; il suo isolamento l'ha reso assolutamente incomprensibile». [Nota aggiunta nel 1919]

[304] A proposito dell'intenzionalità dell'oblio, si confronti il mio breve studio sul *Meccanismo psichico della dimenticanza*, presente in «Monatsschrift für Psychiatrie und Neurologie», 1898 (che è poi divenuto il primo capitolo della *Psicopatologia della vita quotidiana*). [Parte aggiunta nel 1909]

pretazione onirica, riappaia d'un tratto una parte tralasciata del sogno, di cui si dice che fino a quel momento era stata dimenticata. Tale parte del sogno che è stata strappata alla dimenticanza è sempre la più importante; si trova sulla via diretta alla soluzione del sogno e per tale ragione era la più esposta alla resistenza. Fra i vari esempi che ho inserito in questo volume ce n'è uno cui ho dovuto in un successivo momento aggiungere un elemento del contenuto onirico. Si tratta del sogno del viaggio in cui mi vendico di due compagni maleducati – sogno che ho lasciato quasi non interpretato a causa del suo contenuto parzialmente e rudemente osceno. L'elemento che avevo omesso è il seguente: Dico di un libro di Schiller: "It is from...", ma – constatando di aver sbagliato – correggo: "It is by...", al che l'uomo dice alla sorella: "Lo ha detto correttamente".[305]

Il fatto di essermi in sogno autocorretto, e che è sembrato così meraviglioso a qualche studioso, non mette conto che ne trattiamo. Mi sembra più interessante sottolineare il tipo di errore linguistico commesso in sogno, avvalendomi del mio ricordo. A 19 anni ero andato per la prima volta in Inghilterra, dove passai una giornata intera a vagabondare sulla spiaggia del Mare d'Irlanda. Naturalmente raccolsi gli animaletti marini che la marea aveva lasciato dietro di sé ed ero per l'appunto alle prese con una stella marina (il sogno comincia con Hollthurn-Holothurien: oloturie), quando una bella ragazzina si avvicinò chiedendomi: "Is it a starfish? Is it alive?". Risposi: "Yes, he's alive", poi però ebbi vergogna per il mio sbaglio e ridissi la frase correttamente. Ora, al posto dell'errore linguistico di quella volta, il sogno ne mette un altro che i tedeschi commettono altrettanto facilmente: "Il libro è di Schiller" non si traduce con *from*..., ma con *by*.... Che il lavoro del sogno abbia fatto la sostituzione perché attraverso l'omofonia di *from* con l'aggettivo tedesco *fromm* [pio] si produce un'evidente condensazione non ci colpisce più che tanto, dopo tutto ciò che abbiamo detto

[305] Capita abbastanza frequentemente che nel sogno vengano effettuate delle correzioni di frasi straniere, perlopiù attraverso persone estranee. Maury, sognò, proprio quando stava imparando l'inglese, di dire ad una persona che aveva visto il giorno prima, queste parole: *I called for you yesterday*; e l'altro lo corresse dicendo: Avresti dovuto dire: *I called on you yesterday*. [Nota aggiunta nel 1914]

sull'intenzionalità del lavoro onirico e l'assenza di scrupoli nel suo scegliersi i mezzi. Ma cosa vuol dire l'innocente ricordo della spiaggia marina nell'ambito di quel sogno?

Per mezzo dell'esempio più innocente possibile esso rivela che faccio uso di una parola al genere sbagliato, che cioè metto il sesso (*he*) dove non va messo. È certamente una chiave per risolvere il sogno. Se qualcuno conosce poi la derivazione del titolo del libro *Matter and motion* (Molière in *Il Malato immaginario*: "La matière est-elle laudable?" – *a motion of the bowles*), potrà senza difficoltà mettere ciò che manca.

Sono d'altra parte in grado di provare con una *demonstratio ad oculos* che la dimenticanza del sogno è per lo più conseguenza della resistenza. Un paziente dice di aver fatto un sogno ma di non ricordarselo; quindi è come se non lo avesse sognato. Procediamo nel lavoro, incontro una resistenza, spiego qualcosa all'ammalato, lo aiuto convincendolo e portandolo a prendere atto di qualche pensiero sgradevole e, non appena ci riesco, esclama: "Ora so nuovamente che cosa ho sognato". La stessa resistenza che quella volta lo aveva disturbato sul lavoro, gli aveva fatto scordare il sogno. Riuscendo a fargli avere la meglio sulla resistenza, ho fatto sì che potesse ricordare il sogno.

Così, del pari, a un certo punto del lavoro il paziente riesce a ricordare un sogno che aveva fatto tre o quattro giorni prima e di cui fino a quel momento non si ricordava.[306]

L'esperienza della psicoanalisi offre un'ulteriore riprova del fatto che la dimenticanza dei sogni ha molto più a che fare con la resistenza che non con la radicale differenza tra lo stato vigile e quello di sonno, come invece pensano gli studiosi. Spesso succede a me, come agli altri analisti e ai pazienti che fanno una psicoanalisi, di svegliarci grazie a un sogno e di prendere subito a interpretarlo nel pieno delle nostre facoltà mentali. Spesso in casi del genere non trovavo pace fino a che non avevo capito il sogno interamente; ma, nonostante ciò, poteva succedere che al mio risveglio io avessi completamente scordato sia il lavoro dell'interpretazione che di che cosa parlasse il sogno, e ciò benché io fossi consapevole di aver so-

[306] E. Jones racconta un analogo caso, che si verifica spesso: quando si analizza un sogno, all'improvviso ci se ne ricorda un altro, che fino a quel momento era stato dimenticato e di cui peraltro non si sapeva nemmeno l'esistenza. [Nota aggiunta nel 1914]

gnato e interpretato il mio sogno. Capitava con maggior frequenza che il sogno mi facesse dimenticare il risultato dell'interpretazione, anziché il fatto che l'attività intellettuale mi permettesse di ricordare il sogno. Tuttavia fra tale lavoro interpretativo e il pensiero della veglia non c'è quell'abisso psichico con cui gli studiosi vogliono unicamente spiegare la dimenticanza dei sogni.

Quando Morton Price critica la mia spiegazione della dimenticanza dei sogni perché sostiene che essa concerne solo un particolare caso di amnesia nel caso di stati psichici dissociati (*dissociated states*) e perché il fatto che la mia spiegazione di questa particolare amnesia non può funzionare per altri tipi e, dunque, le toglie valore anche in questo specifico caso, rivela al lettore che, con tutte le sue descrizioni di stati dissociati, non ha mai cercato una loro spiegazione dinamica. In caso contrario non avrebbe potuto non fare la scoperta che la rimozione (o piuttosto la resistenza da questa prodotta) causa sia queste dissociazioni che l'amnesia del loro contenuto psichico.

Durante la composizione di questo scritto ho fatto un'esperienza che rivela quanto i sogni siano dimenticati al pari di altri atti psichici e che, per quanto riguarda il loro essere trattenuti dalla memoria, sono pienamente paragonabili alle altre attività psichiche. Fra le mie note avevo segnato numerosi sogni personali che, per un motivo o un altro, non avevo allora interpretato o avevo interpretato solo parzialmente. Un paio di anni dopo ho cercato di interpretare alcuni di essi, allo scopo di fornirmi di materiale illustrativo per le mie tesi. Il tentativo è pienamente riuscito, anzi: desidero sottolineare che l'interpretazione dopo tanto tempo è stata più facile di quando i sogni erano esperienze immediate. Come spiegazione di questo fatto vorrei dire che da allora ho vinto dentro di me diverse resistenze che allora mi ostacolavano. In occasione di tali successive interpretazioni, ho messo a confronto i pensieri del sogno ricavati allora con quelli di dopo, e sotto il risultato recente ho subito trovato quello di un tempo. Non mi sono stupito più che tanto rammentandomi che – con lo stesso metodo e con gli stessi risultati – uso da molto far interpretare ai miei pazienti i loro sogni di anni addietro che essi ogni tanto mi riferiscono, come se fossero stati fatti la notte precedente. A proposito dei sogni di angoscia, darò due esempi di interpretazione posticipata. Nel primo caso, legittimamente mi aspettavo che, anche da questo punto di vista, il sogno si sarebbe comportato come un sintomo nevrotico.

In effetti, se ho in trattamento psicoanalitico uno psiconevrotico (per esempio un isterico), devo arrivare a poter spiegare sia i primi sintomi della sua malattia (superati da molto) che i sintomi attuali che lo hanno condotto a me e mi sembra che il primo compito sia più facile da assolversi del secondo, che oggi insiste con urgenza. Già negli *Studi sull'isteria*, editi nel 1895, ho potuto fornire la spiegazione del primo attacco isterico (prodottosi all'età di 15 anni) in una paziente che ne aveva più di 40[307].

Farò ora, come mi capita, qualche altra osservazione sull'interpretazione dei sogni in modo da fornire la possibilità di orientarsi al lettore che voglia controllarmi applicando tale mio lavoro ai propri sogni.

Che non ci si aspetti, però, che l'interpretazione dei propri sogni si ottenga per ciascuno senza fatica. Già la semplice percezione dei fenomeni endottici e di altre sensazioni, cui solitamente non si fa caso, richiede esercizio, sebbene nessun moto psichico si opponga ad essi. Di gran lunga più difficle risulta venire a capo delle "rappresentazioni involontarie". Chi invece non si rassegni, dovrà limitarsi alle speranze destate in questo lavoro e, applicando le regole date, dovrà nel corso del lavoro cercare di frenare in sé ogni critica, ogni pregiudizio, ogni assunzione di una determinata posizione affettiva o di tipo intellettivo. Dovrà aver ben chiaro in mente la regola stabilita da Claude Bernard per chi fa il ricercatore sperimentale di fisiologia in laboratorio: "*Travailler comme une bête* [lavorare come una bestia]", ossia con costanza, ma anche con altrettanto disinteresse per il risultato. A chi dia retta a questi consigli, il compito certamente non sembrerà più ostico. D'altra parte, non è che l'interpretazione si completi tutta in una volta; più di qualche volta succede che, dopo aver lavorato su una serie associativa, ci si accorga che la propria capacità si è esaurita e che per quel giorno il sogno non ci parlerà più. È bene allora smet-

[307] I sogni che vengono fatti nei primi anni dell'infanzia, e che sovente rimangono impressi nitidamente nella memoria per decenni, assumono quasi sempre una grandissima importanza per capire l'evoluzione e la nevrosi del sognatore. Analizzare questi sogni può far risparmiare al medico degli errori e delle incertezze che potrebbero farlo confondere, anche da un punto di vista teorico. [Parte aggiunta nel 1919 e poi messa in nota nel 1930]

tere e riprendere il lavoro un altro giorno. Allora un'altra parte del contenuto del sogno desterà la nostra attenzione e troveremo modo di accedere a un nuovo filone di pensieri onirici. Possiamo definire tale modo di procedere: un'interpretazione "scaglionata" del sogno.

Molto più difficile è persuadere il neo interprete che il suo lavoro non è interamente concluso anche se egli possiede un'interpretazione onirica completa, dotata di senso, coerente e capace di chiarire tutti gli elementi del sogno. Accanto a questa, ve ne può infatti essere un'altra, una sovrainterpretazione dello stesso sogno di cui prima non si era accorto. In realtà non è facile rappresentarsi la complessità dei flussi di idee inconsci, in lotta fra loro per arrivare ad esprimersi, e aver fiducia nelle capacità del lavoro onirico di produrre di volta in volta forme espressive plurisemiche, a mo' dell'apprendista sarto della fiaba che ne aveva ammazzate sette in un colpo solo. Sempre il lettore serberà la propensione ad accusare l'autore di sperperare inutilmente il suo spirito. Ma chi avrà fatto la sua esperienza personale si convincerà del contrario.

D'altro canto, tuttavia, non sono d'accordo con quanto ha detto per la prima volta Silberer, secondo cui tutti i sogni – o anche soltanto numerosi sogni oppure certi gruppi di sogni – necessitano di due diverse interpretazioni, in rapporto fermo tra di loro. Una delle due interpretazioni (da Silberer definita "psicoanalitica") conferisce al sogno un qualunque significato, nella maggior parte dei casi sessuale-infantile; l'altra, per lui più importante e chiamata "anagogica", svela i pensieri più seri, spesso profondi, presi come materiale dal lavoro onirico. Tuttavia Silberer non ha dimostrato la sua affermazione producendo una serie di sogni analizzati dal punto di vista delle due interpretazioni e pertanto sono costretto a obiettargli che la questione della doppia interpretazione non sta in piedi. La maggior parte dei sogni non necessita di alcuna sovrainterpretazione né si presta ad alcuna lettura anagogica. La sua teoria, come altri tentativi teorici recenti, ha il merito di riconoscere l'azione di una tendenza al mascheramento delle condizioni fondamentali della formazione onirica e allo sviare l'attenzione dalle radici pulsionali di questa. Ho potuto trovare la conferma delle indicazioni di Silberer in molti casi. L'analisi mi ha infatti provato che il lavoro del sogno aveva dovuto convertire numerosi pensieri della vita di veglia – astratti e di difficile rappresentazione immediata – in sogno. Il lavoro del sogno cercava di risolvere la difficoltà utilizzando dell'altro materiale ideativo, che era in rapporto allentato (spesso definibile come *allegorico*) con i pensieri astratti e che, al tempo stesso, presentava minore difficoltà per la traduzione di esso in rappresentazione. L'interpretazione astratta di un sogno formatosi in questa maniera viene subito prodotta da colui che sogna; l'interpretazione esatta del materiale interpolato dovrà invece essere prodotta usando i nostri metodi tecnici.

Alla domanda se ogni sogno è suscettibile di intepretazione, la risposta è: No. Non dimentichiamoci che nel lavoro interpretativo abbiamo a che fare con le forze psichiche preposte alla deformazione del sogno. Riuscire ad avere la meglio su di esse grazie al nostro interesse intellettivo, la nostra capacità di autocontrollo, la nostra cultura e le nostre esperienze in materia di interpretazione è una questione di rapporto di forze. In una certa misura l'interpretazione è sempre possibile, almeno fin dove ci permette di spingerci il convincimento che il sogno abbia un suo significato, e il più delle volte possiamo anche farci un'idea di detto significato. Molte volte un sogno successivo ci permette di confermare l'interpretazione data a quello precedente ed estenderla. Tutta una serie di sogni, fatti per settimane e mesi, ha spesso un'origine comune e va quindi interpretata tenendo conto del complesso dei sogni collegati. In una serie di sogni successivi si può spesso osservare che il centro del primo diviene elemento periferico, appena accennato, nel secondo e viceversa, in maniera tale che i due sogni si integrino vicendevolmente anche per ciò che concerne l'interpretazione. Ho già dimostrato con numerosi esempi che i diversi sogni fatti nella stessa notte vanno considerati come un unico complesso dal punto di vista interpretativo.

Anche nel caso dei sogni più esaurientemente interpretati, occorre spesso lasciare un punto oscuro perché l'interpretazione rivela che in quel punto c'è un nodo di pensieri onirici non facilmente sbrogliabile né in grado di fornire altri materiali al significato del sogno. È l'ombelico del sogno, il punto in cui esso sfocia nell'inconoscibile. I pensieri onirici in cui ci imbattiamo nel lavoro di interpretazione sono in generale destinati a restare senza conclusione e a sfociare nell'intricato annodamento del nostro mondo intellettivo. Dal punto più intricato di tale annodamento si leva, come il fungo dal suo micelio, il desiderio del sogno.

Torniamo ai fatti della dimenticanza onirica. Non ne abbiamo in effetti tratto un'importante conclusione. Se la vita della veglia prova l'intenzione manifesta di scordare il sogno che si è fatto la notte (sia nella sua interezza al momento del risveglio, che in parte nel corso della giornata) e se individuiamo nella resistenza psichica la causa maggiore di tale dimenticanza (che già nella notte ha fatto del suo meglio contro il sogno) c'è da domandarsi che cosa allora abbia permesso (malgrado la resistenza) la formazione di tale sogno. Consideriamo il caso più lampante: quello in cui la vita della veglia mette fuori campo il sogno, come se esso non si fosse mai formato. Se consideriamo in questo caso le forze psichiche in gioco, dobbiamo ritenere che il sogno non si sarebbe formato se la resistenza avesse agito la notte come agisce durante il giorno. Dobbiamo dedurne che, durante la notte, la resistenza è andata perdendo parte della propria forza, visto che sappiamo che essa in parte si manteneva, giacché abbiamo provato che essa contribuisce alla formazione del sogno per mezzo della deformazione di esso. È tuttavia possibile che di notte essa si indebolisca, che attraverso la sua riduzione il sogna possa arrivare a prodursi e di conseguenza non stentiamo a comprendere perché al risveglio la resistenza, investita di tutta la sua forza, nuovamente elimini ciò che era stata obbligata a permettere finché era debole. La psicologia descrittiva ci insegna infatti che condizione fondamentale per la produzione del sogno è lo stato ipnotico della psiche. Potremmo ora darne la spiegazione: *lo stato ipnotico permette la formazione del sogno perché riduce la censura endopsichica.*

Certamente, propendiamo per ritenere tale conclusione come l'unica possibile se consideriamo i dati di fatto della dimenticanza onirica e per sviluppare, a partire da essa, altri corollari sui rapporti energetici fra sonno e veglia. Ma per il momento ci fermiamo qui. Se riusciremo ad approfondire ulteriormente la psicologia del sonno, ci accorgeremo allora della possibilità che la formazione di questo possa prodursi anche in altra maniera. La resistenza dei pensieri del sogno al divenire coscienti può forse essere aggirata senza che essa debba per forza essere indebolita. È inoltre probabile che i due momenti propizi alla formazione del sogno (riduzione e aggiramento della resistenza) siano resi possibili in contemporanea dallo stato ipnotico. Fermiamoci qui e riprenderemo più oltre la questione.

Vi sono altre obiezioni al nostro modo di interpretare, con le quali ora dobbiamo aver a che fare. Infatti noi ci muoviamo lasciando da parte tutte le rappresentazioni finalizzate che solitamente si impongono alla nostra riflessione, ci concentriamo sul singolo elemento del sogno e osserviamo i pensieri involontari che ci vengono in mente in associazione con esso. Successivamente consideriamo un'altra parte del contenuto del sogno, rifacciamo con essa lo stesso lavoro e ci lasciamo trasportare dai pensieri, senza badare alla loro direzione e, così facendo, saltiamo come si dice di palo in frasca. Ci aspettiamo di cogliere alla fine di questo modo di procedere i pensieri onirici dai quali si è prodotto il sogno, senza che noi ci siamo intromessi. In merito a ciò potrà esserci mossa la critica che non ha niente di stupefacente il fatto di arrivare da qualche parte, partendo da un singolo elemento del sogno. Ad ogni rappresentazione si può infatti associare alcunché; stupefacente è solo il fatto di imbattersi proprio nei pensieri del sogno nel corso di questo fluire arbitrario di pensieri senza meta. Forse è un'autoillusione; muovendoci da quest'unico elemento, si percorre la catena delle associazioni finché ci accorgiamo che per qualsivoglia motivo essa si interrompe; se poi prendiamo un altro elemento, è più che ovvio che l'associazione, in partenza illimitata, risenta di una limitazione. In testa teniamo ancora la prima catena di pensieri e quindi, nell'analisi della seconda rappresentazione del sogno, ci imbatteremo con maggior probabilità in singole associazioni che hanno qualche tratto in comune con quelle della prima catena. Da qui ci immaginiamo di aver individuato un pensiero che costituisce un punto nodale fra i due elementi del sogno. Poiché solitamente colleghiamo liberamente un pensiero all'altro escludendone solo i passaggi tra una rappresentazione e l'altra (tipici del pensiero normale), alla fine è facile arrivare a fare, con i "pensieri intermedi", una mistura che chiamiamo "pensieri del sogno". Tale mistura non ha alcuna garanzia giacché i "pensieri del sogno" non sono altrimenti conosciuti e si presenta come surrogato psichico del sogno. Ma in realtà è puro arbitrio e sfruttamento ingegnoso del caso: chiunque affronti questa inutile fatica può a suo piacere immaginare per un sogno qualsiasi un'interpretazione qualsiasi.

Se ci venissero effettivamente avanzate critiche di questo tipo potremmo a nostra discolpa rifarci agli effetti provocati dalle nostre interpretazioni, alle associazioni con altri elementi del sogno sorte inaspettatamente nella ricerca delle singole rappresentazioni, alla difficoltà di ritrovare qualcosa di coincidente con il sogno e in grado di spiegarlo in modo altrettanto esauriente delle nostre interpretazioni, ricorrendo tuttavia a un metodo diverso da quello che va dietro le associazioni psichiche via via stabilentisi. Per giustificarci potremmo anche sostenere che nell'interpretazione del sogno abbiamo a che fare con lo stesso procedimento usato nella risoluzione dei sintomi isterici, per i quali la fondatezza del procedimento è data dalla comparsa e scomparsa dei sintomi, lì dove l'interpretazione del testo si corrobora delle illustrazioni di questo stesso. Non c'è tuttavia ragione per non affrontare la questione del modo in cui (percorrendo una concatenazione di pensieri che si estende arbitrariamente e senza meta) si possa arrivare a una meta preesistente: se non siamo capaci di risolverla, possiamo però sbarazzarcene per sempre.

È infatti palesemente impreciso dire che ci lasciamo andare a un fluire senza meta di rappresentazioni permettendo (come nel lavoro d'interpretazione) alla nostra riflessione di ritirarsi e alle rappresentazioni involontarie di emergere. Possiamo provare che rinunciamo sempre e unicamente alle rappresentazioni finalizzate da noi conosciute e che, con il venir meno di queste, prendono il sopravvento rappresentazioni sconosciute dello stesso tipo – o, come diciamo in modo poco preciso, inconsce –, le quali sono loro ora a orientare il fluire delle rappresentazioni involontarie. A causa dell'influsso da noi stesso impresso sulla nostra vita psichica non può esservi un pensiero senza rappresentazioni finalizzate; né so in quali stati di turbamento psichico ciò potrebbe d'altro canto prodursi[308]. Qui gli psichiatri hanno troppo affrettatamente

[308] Mi hanno fatto notare che anche lo studioso E. von Hartmann condivideva la mia opinione di questo argomento di estrema importanza dal punto di vista psicologico. N.E. Pohorilles ("Internat. Zeitschr. f. ärztl. PsA", I, 1913, p. 605 sgg.) dice: «A proposito del ruolo dell'inconscio nella creazione artistica, Von Hatmann (Philosophie des Unbewussten, vol. I, sez. B, cap. 5) ha enunciato chiaramente la legge dell'associazione di idee diretta da rappresentazioni inconsce finalizzate, senza rendersi conto tuttavia della reale portata della suddetta legge. La cosa che a lui premeva di dimostrare era che "ogni combinazione di rappresentazioni sensoriali, se non è l'effetto solo del caso, ma deve condurre a qualche scopo, ha bisogno dell'aiuto dell'inconscio", e che l'interesse cosciente per un determinato collegamento ideativo può spingere l'inconscio a ritrovare, tra le innumerevoli rappresentazioni possibili, quella che conviene allo scopo. "È l'inconscio che sceglie secondo i fini dell'interesse: questo vale sia per le associazioni di idee del pensiero astratto, sia per le

rinunciato alla stabilità della struttura psichica.

Nell'ambito dell'isteria e della paranoia so con certezza che non si stabilisce un decorso ideativo disordinato e privo di rappresentazioni finalizzate, del pari nella formazione o nella soluzione dei sogni. Forse tale decorso non si stabilisce nemmeno nelle affezioni psichiche endogene; perfino i deliri sconclusionati sono portatori di un significato, secondo quanto congettura ingegnosamente Leuret, e ci risultano incomprensibili solo in ragione di certe lacune. Anch'io la penso così da quando ho potuto osservarli. I deliri sono l'effetto di una censura che non si preoccupa più di nascondersi, una censura che invece di darsi da fare per rielaborare qualcosa che non faccia più scandalo cancella senza alcuna remora ciò che non accetta, in maniera tale che ciò che resta risulta scombinato. La censura opera come la censura russa di confine sui giornali: fa arrivare i giornali stranieri ai lettori, che vuole proteggere, solo dopo averne cancellato i passi pericolosi con grosse righe nere.

Può darsi che il libero gioco delle rappresentazioni in catene di associazioni casuali venga alla luce nei processi distruttivi organici del cervello; quello che è considerato tale nelle psiconevrosi può

rappresentazioni sensoriali, le combinazioni artistiche e i motti di spirito." Per questo, non si deve ridurre l'associazione d'idee alla rappresentazione evocata o evocatrice, come indica la pura psicologia associativa. Questa riduzione sarebbe "giustificata realmente solo nel caso in cui l'uomo potesse vivere dei casi in cui fosse libero non solo da ogni fine cosciente, ma anche dal dominio o dalla partecipazione di ogni interesse inconscio, di ogni stato d'animo. Ma ciò non è possibile, perché anche quando si possano sottoporre in modo in apparenza completo i propri pensieri al caso, quando ci si lasci andare completamente ai sogni involontari della fantasia, agiscono sempre altri interessi capitali, sentimenti e stati d'animo determinanti secondo il momento, che esercitano la loro influenza sull'associazione d'idee" vol. I, p. 240). Nei sogni seminconsci si trovano solo rappresentazioni corrispondenti all'interesse principale (inconscio) del momento" (ibidem). Il risalto dato all'influenza dei sentimenti e degli stati d'animo sul libero corso delle idee, fa apparire adesso come assolutamente giustificato, anche dal punto di vista della psicologia di Hartmann, il procedimento metodologico della psicoanalisi». Du Prel (*Die Philosophie der Mystic* p. 107), basandosi sul fatto che un nome che tentiamo di riportare alla mente ci torna improvvisamente alla memoria, afferma che esiste un pensiero inconscio e tuttavia diretto verso uno scopo, il cui risultato penetra improvvisamente nella coscienza. [Nota aggiunta nel 1914] caso per caso essere spiegato come influenza esercitata su una serie di pensieri da una censura venuta in primo piano sotto la spinta di rappresentazioni finalizzate rimaste velate. Come prova inoppugnabile di un'associazione libera da rappresentazioni finalizzate è stato preso il caso in cui le rappresentazioni (o le immagini) che emergono si mostrano collegate fra loro da legami associativi superficiali, cioè da assonanza, doppio senso, contemporaneità senza rapporto di significato, da tutte le associazioni che ci vengono quando facciamo una battuta di spirito o un gioco di parole. La definizione si presta a tutti i collegamenti ideativi che vanno dagli elementi del contenuto del sogno ai pensieri intermedi, da questi ai pensieri veri e propri del sogno. In molte analisi abbiamo trovato esempi che hanno necessariamente provocato il nostro stupore. Nessun collegamento era troppo debole, nessuna battuta troppo biasimevole per non fare da ponte tra un pensiero e un altro. Ma la comprensione precisa di tale indulgenza è alquanto ovvia. *Tutte le volte in cui un elemento psichico è collegato a un altro da un'associazione superficiale che dà problema, tra i due elementi c'è anche un collegamento corretto e più profondo, caduto sotto la resistenza della censura.*

Il prevalere della censura – non la sospensione delle rappresentazioni finalizzate – è la vera ragione del prevalere delle associazioni superficiali. Esse sostituiscono quelle più profonde, se la censura rende impercorribili le normali vie di collegamento. Avviene lo stesso quando un ostacolo alla circolazione (per esempio un'esondazione) rende in montagna impraticabili le strade ampie e principali e il traffico è allora spostato su sentieri scomodi e erti, battuti abitualmente solo da cacciatori.

Possiamo qui distinguere due casi, che nella sostanza valgono uno. Nel primo, la censura si appunta solo contro il collegamento che mette in relazione due pensieri i quali, se separati, non cadono sotto la censura. Allora quei due pensieri fanno uno dopo l'altro il loro ingresso nella coscienza; la loro relazione resta velata, ma in compenso ci accorgiamo di un collegamento superficiale tra i due, al quale non avremmo fatto caso e il quale abitualmente prende inizio in un punto dell'insieme rappresentativo diverso da quello da cui ha origine il collegamento represso, e però fondamentale. Nel secondo caso, i due pensieri sono sottoposti entrambi alla censura per via del loro contenuto; entrambi compaiono non nella loro forma precisa, ma in una deformata, sostituita, e i due pensieri che stanno al loro posto sono scelti in modo da riprodurre – tramite un'associazione di superficie – il collegamento di base che mette in rapporto i pensieri da essi rimpiazzati. *Sotto la spinta della censura nei due casi si è prodotto uno spostamento da un'associazione normale e seria a un'altra di superficie e apparentemente assurda.*

Poiché conosciamo questo ricorso agli spostamenti, nell'interpretazione dei sogni lavoriamo senza alcuna remora anche sulle associazioni di superficie[309].

Nelle nevrosi la psicoanalisi ricorre frequentemente alle due tesi secondo cui, se si rinuncia alle rappresentazioni finalizzate della coscienza, nel fluire delle rappresentazioni prendono il sopravvento quelle finalizzate nascoste, laddove le rappresentazioni di superficie costituiscono solo un sostituto per spostamento delle associazioni represse, più profonde; anzi, la psicoanalisi fa di queste due tesi gli stessi pilastri portanti della propria tecnica. Quando raccomando a un paziente di tralasciare ogni tipo di pensiero raziocinante e di dirmi qualsiasi cosa gli passi per la mente, lo faccio sulla base del principio per cui lui non riuscirà a liberarsi delle rappresentazioni finalizzate collegate al trattamento analitico e mi ritengo autorizzato di conseguenza a dedurre che le cose all'apparenza più innocenti e meno dotate di senso sono in realtà collegate alla sua malattia. Un'altra rappresentazione finalizzata, di cui il paziente nemmeno sospetta, concerne me stesso. Il giudizio complessivo, assieme alla dimostrazione piena, delle due tesi spetta alla descrizione della tecnica psicoanalitica in quanto metodo terapeutico. In questo modo giungiamo a uno dei punti di raccordo e abbandoniamo volutamente l'argomento dell'interpretazione onirica[310].

[309] Le medesime indicazioni ovviamente valgono anche per il caso in cui le associazioni superficiali sono presenti nella loro forma più semplice nel contenuto onirico, come ad esempio nei sogni raccontati da Maury: *pèlerinage-Pellettier-pelle*; chilometro-chilogrammo-Ghigoplo-Lobelia-Lopez-Lotto. Dal mio lavoro sui nevrotici so quale sia la reminescenza che predilige questo tipo di rappresentazione. È la ricerca nell'enciclopedia, con la quale la maggior parte di loro è riuscita a calmare, nel periodo della curiosità puberale, il bisogno di spiegazione dei misteri sessuali.

[310] Le tesi qui enunciate, che tempo addietro erano apparse come inverosimili, più tardi sono state provate sperimentalmente e applicate negli studi di C.G. Junge e dei suoi allievi, *Diagnostichen Assoziationsstudien*. [Nota aggiunta nel 1919]

Rimane solo una delle critiche avanzatemi, ed è giusta: non è infatti detto che tutte le associazioni del lavoro di interpretazione si siano prodotte anche nel lavoro onirico notturno. Infatti, nell'interpretazione della veglia noi indietreggiamo per una via che dagli elementi onirici si spinge sino ai pensieri del sogno. Il lavoro del sogno ha seguito la strada inversa ed è improbabile che tali vie siano praticabili in direzione contraria. Piuttosto è come se, durante il giorno, grazie ai nuovi collegamenti ideativi, noi scavassimo dei pozzi che incrociano in questo o quel punto i pensieri intermedi e quelli del sogno. Possiamo accorgerci di come il materiale ideativo fresco, della veglia, si inserisca nelle file dell'interpretazione e come lo stesso aumento della resistenza, riapparsa dopo la notte, imponga nuovi e più lontani giri. Ma il numero o il tipo dei pensieri laterali che in tal modo intrecciamo quotidianamente non hanno la benché minima importanza psicologica, giacché altro non fanno che porci sulle tracce dei pensieri del sogno di cui andiamo in cerca.

B. La regressione

Ora però, una volta respinte le obiezioni sollevate contro di noi o, quanto meno, una volta individuate le nostre armi di difesa, non possiamo astenerci oltre dall'affrontare le indagini psicologiche a cui da tempo ci siamo preparati. Ricapitoliamo i risultati principali dell'indagine condotta sinora. Il sogno è un atto psichico di grande importanza; la sua forza motrice è data sempre da un desiderio da appagare; il fatto che esso non venga riconosciuto come desiderio, le sue molte incoerenze e stranezze, dipendono dall'azione della censura psichica, cui va soggetto nel corso della sua formazione; oltre all'istanza di sfuggire a questa censura, intervengono a formarlo: una pressione a condensare il materiale psichico, la considerazione della raffigurabilità sotto forma di immagini sensoriali e, sebbene non di norma, l'attenzione volta all'aspetto razionale e intelligibile della forma onirica. Ciascuno di questi principi conduce a postulati e congetture psicologiche; bisogna prendere in esame il rapporto reciproco tra lo stimolo di desiderio e le quattro condizioni, oltre che le relazioni reciproche tra queste ultime: il sogno va considerato nel contesto della vita psichica.

Abbiamo aperto questo capitolo con un sogno, per rammentarci gli enigmi che non sono stati ancora risolti. L'interpretazione del sogno del bambino che sta bruciando non ha presentato particolari difficoltà, per quanto, a nostro giudizio, non fosse riferito integralmente. Ci siamo interrogati sul perché in questo caso si sia dato un sogno, invece di un risveglio, e abbiamo individuato tra i motivi del sognatore il desiderio di raffigurarsi il bambino ancora in vita. Continuando l'indagine potremo scoprire che anche un altro desiderio opera nel sogno. Dunque, il primo motivo che ha fatto sì che il processo ideativo del sonno si sia tramutato in sogno è stato quello di assecondare l'appagamento di desiderio.

Se si sopprime questo appagamento, rimane solo un carattere a separare tra loro i due generi di accadimenti psichici. Il pensiero del sogno sarebbe stato questo: «Vedo una luce filtrare dalla camera in cui giace la salma. Forse è caduta una candela e il bambino sta bruciando!». Il sogno riproduce fedelmente l'effetto di questo pensiero, ma lo rappresenta in una situazione reale, sensorialmente percepita come un'esperienza della vita desta. È proprio questo, tuttavia, il carattere psicologico più diffuso e manifesto del sognare: un pensiero, in genere quello desiderato, si concretizza nel sogno, viene rappresentato in forma di scena oppure, così almeno sembra, viene vissuto.

Come spiegare questa caratteristica propria del lavoro onirico o, più modestamente, come la si può situare nel contesto dei processi psichici?

A un esame più approfondito, risulta che nella forma espressa di questo sogno insistono due caratteri pressoché indipendenti tra loro. Uno è la rappresentazione in forma di situazione oggettiva, dalla quale è escluso il "forse"; l'altro è la traduzione del pensiero in immagini visive e in discorso.

La trasformazione che interessa i pensieri del sogno, tale per cui l'attesa che in essi si manifesta viene trasferita nel presente, non risulta forse del tutto evidente in questo sogno in particolare. Questo dipende dalla parte singolare, e per la precisione secondaria, che l'appagamento di desiderio gioca in questo sogno. Scegliamone un altro, nel quale il desiderio del sogno non è altro che il proseguimento nel sonno dei pensieri della vita desta, come ad esempio il sogno dell'iniezione a Irma. Qui il pensiero del sogno che trova espressione è un ottativo: «Magari fosse Otto il responsabile della malattia di Irma!». Il sogno elimina l'ottativo e lo sostituisce con il presente semplice: «Sì, Otto è responsabile della malattia di Irma». Questa dunque è la prima delle trasformazioni che il sogno, anche quando non va soggetto a deformazione, attua nei propri pensieri. Non indugeremo su questa prima caratteristica. Basti il riferimento al fantasticare cosciente, al sogno a occhi aperti, che si comporta in maniera analoga con il proprio contenuto rappresentativo. Quando Monsieur Joyeuse di Daudet vaga disoccupato per le strade di Parigi, mentre le figlie lo credono al lavoro, seduto al suo posto in ufficio, sogna – anch'egli al presente – gli eventi che dovrebbero garantirgli sicurezza e lavoro. Il sogno dunque si avvale del presente negli stessi modi e vantando un diritto pari a quello del sogno a occhi aperti. Il presente è il tempo in cui il desiderio viene rappresentato come appagato.

Ma tipico del sogno, rispetto al sogno a occhi aperti, è esclusivamente il secondo carattere, che fa sì che il contenuto rappresentativo non sia pensato, bensì tramutato in immagini sensoriali, alle quali crediamo e che siamo certi di vivere. Aggiungiamo subito che non tutti i sogni operano la trasformazione della rappresentazione in immagine sensoriale; vi sono sogni fatti esclusivamente di pensieri e ai quali non per questo negheremo la loro natura di sogni. Il mio sogno «Autodidasker» (fantasia diurna con il professor N.) appartiene a questa specie, e non ospita più elementi sensoriali di quanti vi troverebbero rappresentazione se avessi pensato il suo contenuto di giorno. In tutti i sogni abbastanza lunghi si osservano inoltre elementi che non hanno subìto la trasformazione sensoriale, ma che semplicemente vengono pensati o saputi, come avviene di regola nella veglia. Richiamiamo l'attenzione, a questo punto, sul fatto che questa trasformazione della rappresentazione in immagine sensoriale non accade solo nel sogno, ma, in maniera analoga, nell'allucinazione, nelle visioni quasi autonome che si possono avere nello stato di salute o come sintomo delle psiconevrosi. In sintesi, il rapporto che stiamo studiando non è affatto esclusivo; sta di fatto che questo carattere del sogno, qualora si manifesti, risulta essere di centrale importanza, al punto che non si potrebbe concepire la vita onirica senza di esso. Per comprenderlo si rende però necessaria una trattazione assai estesa.

Nelle opere che trattano la teoria del sogno, c'è un'osservazione che, fra le tante, può fornire un punto di partenza. Nella sua *Psicofisica*, il grande Fechner, soffermandosi a considerare il sogno, ipotizza che *la scena dei sogni sia diversa da quella della vita rappresentativa e desta.*[311] A suo giudizio, nessun'altra ipotesi permette di cogliere le

[311] G.T. Fechner, *Elemente der Psychophysik* (Lipsia, 1860) pt. 2, pp. 520 sg.

caratteristiche peculiari della vita onirica.

L'idea che ci viene così suggerita è quella di una *località psichica*. Non è nostra intenzione tener conto del fatto che conosciamo l'apparato psichico in questione anche come preparato anatomico e ci proponiamo di rifuggire la tentazione di definire in termini anatomici la località psichica. Restando sul piano psicologico, ci limitiamo ad accogliere l'invito di raffigurarci lo strumento che serve alle operazioni psichiche su per giù come un microscopio composito, una macchina fotografica e simili. La località psichica trova così corrispondenza in un punto, posto all'interno di questo apparecchio, nel quale prende corpo uno degli stadi preliminari dell'immagine. Nel microscopio e nel telescopio si tratta, come è risaputo, di località e regioni almeno in parte ideali, che non comprendono alcuna componente tangibile dell'apparecchio. Credo non sia necessario scusarmi per le approssimazioni sia di queste sia di tutte le altre immagini simili: queste analogie servono unicamente a confortarci nel tentativo di comprendere la complessità dell'attività psichica, distinguendone le singole componenti dell'apparato e assegnando a ciascuna la sua funzione specifica. Per quanto ne so, non si è ancora mai tentato di portare alla luce la struttura dello strumento psichico partendo da questa scomposizione. Credo si tratti di un tentativo innocuo. Mi sembra lecito, infatti, concedere spazio alle nostre congetture, a patto di mantenere un giudizio sereno e di non prendere l'impalcatura per la costruzione. Poiché, nell'approccio a un fenomeno ignoto, non abbiamo bisogno d'altro che di rappresentazioni ausiliarie, privilegeremo in prima istanza ipotesi più grossolane e immediate.

Pensiamo dunque all'apparato psichico come a uno strumento composito, alle cui varie parti daremo il nome di *paradigmi* o, per amor di chiarezza, di *sistemi*. Si potrebbe supporre che questi sistemi debbano osservare un orientamento costante nello spazio, un po' come fossero sistemi di lenti del telescopio, disposti uno di seguito all'altro. A rigore, non è necessario immaginare una vera e propria disposizione nello spazio dei sistemi psichici. È sufficiente, una volta assegnato alla successione un ordine fisso, che in determinati processi psichici i sistemi vengano attraversati dall'eccitamento secondo una sequenza temporale preordinata. È possibile che in altri processi la sequenza subisca variazioni: lasciamoci aperta tale possibilità. Per comodità, d'ora in avanti daremo alle componenti dell'apparato il nome di «sistemi ψ».

Ora, la prima cosa che colpisce è che quest'apparato, composto di sistemi ψ, segue una direzione. Tutta la nostra attività psichica nasce da stimoli (interni o esterni) e termina in innervazioni. Attribuiremo quindi all'apparato un'estremità sensoriale e una motoria; nell'estremità sensoriale c'è un sistema [P] che riceve le percezioni, nell'estremità motoria un altro sistema [M] che dà l'innesco alla motilità. Il processo psichico procede di norma dall'estremità percettiva all'estremità motoria. L'immagine schematica dell'apparato psichico può essere rappresentata così:

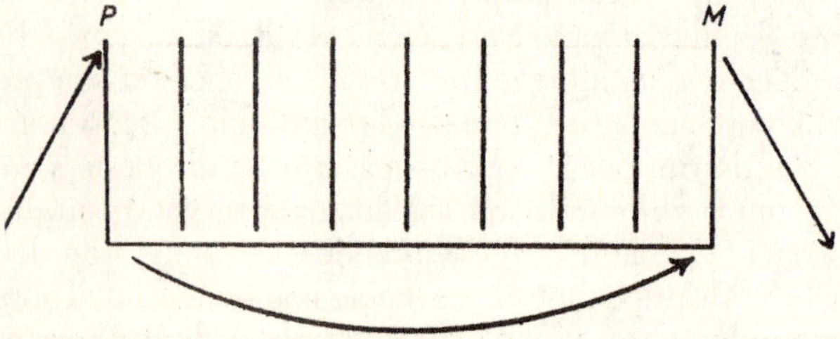

Figura 1

Questo si limita però a soddisfare un'esigenza che da tempo ci è nota, il fatto cioè che l'apparato psichico abbia la stessa conformazione di un apparato riflesso. I processi di riflesso restano il modello di ogni attività psichica.

Riteniamo ora di poter introdurre una prima differenziazione in corrispondenza dell'estremità sensoriale. Nel nostro apparato psichico rimane una traccia delle percezioni con cui veniamo a contatto, cui possiamo dare il nome di «traccia mnestica» [Tmn]. Possiamo chiamare, difatti, «memoria» la funzione che ad essa fa riferimento. Volendo far risalire i processi psichici a dei sistemi, le tracce mnestiche altro non sono che mutamenti permanenti negli elementi dei sistemi. Ora però, come è già stato rilevato altrove, difficilmente lo stesso sistema conserva fedelmente le modificazioni dei suoi elementi, reagendo al contempo con prontezza e ricettività sempre uguali alle nuove occasioni di mutamento. Sulla base del principio che guida il nostro tentativo, assegneremo dunque queste due attività a sistemi diversi. Supponiamo così che un sistema più superficiale dell'apparato riceva gli stimoli percettivi senza serbarne traccia, senza dunque averne memoria, e che dietro questo si trovi un secondo sistema che trasforma la momentanea eccitazione del primo in tracce durature. In questo caso, l'immagine schematica dell'apparato psichico sarebbe la seguente:

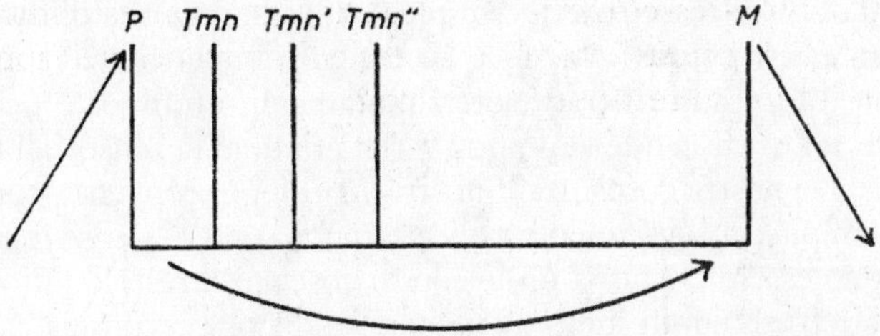

Figura 2

È noto che, oltre al contenuto, serbiamo durevolmente anche qualche altra cosa delle percezioni che agiscono sul sistema P. Le nostre percezioni stabiliscono tra loro un legame anche al livello della memoria, innanzitutto per coincidenza temporale. È il fenomeno noto come «*associazione*». Ora è chiaro che, se il sistema P è del tutto privo di memoria, non può conservare neppure le tracce utili all'associazione; ai singoli elementi P sarebbe impedito di svolgere la loro funzione, se il residuo di un collegamento precedente dovesse interferire a ogni nuova percezione. Ne dobbiamo dedurre che il fondamento dell'associazione risiede in realtà nei sistemi mnestici. L'associazione consisterebbe allora nel fatto che, quando la resistenza si riduce e nuove vie si aprono la strada, l'eccitamento si trasmetterebbe non a un secondo, ma bensì a un terzo elemento della memoria.

A un esame più approfondito, emerge la necessità di supporre l'esistenza non di uno, ma di diversi elementi di traccia mnestica, al cui interno l'eccitamento diffusosi tramite gli elementi P trova una fissazione diversificata. Ad ogni modo sarà il primo di questi sistemi *Tmn* a registrare l'associazione per simultaneità, mentre lo stesso materiale percettivo troverà nei sistemi più arretrati un diverso ordine, a seconda dei livelli di coincidenza, di modo che, attraverso i successivi sistemi, trovino ad esempio rappresentazione i rapporti di affinità e così via. Inutile sarebbe tentare di esprimere a parole il valore psichico di simile sistema. A caratterizzarlo sarebbero gli intimi rapporti che lo legano agli elementi della materia prima del ricordo, ovvero, in termini più strettamente teorici, i diversi gradi di resistenza che si oppongono al passaggio di questi elementi.

È d'obbligo inserire a questo punto un'osservazione di carattere generale, utile forse a far luce su un fatto importante. Il sistema P non è in grado di trattenere i mutamenti, e quindi è privo di memoria: ne discende la grande varietà di qualità sensoriali di cui dispone la nostra coscienza. I nostri ricordi, per converso, compresi quelli più profondamente radicati in noi, sono di per sé inconsci. Possono essere portati a un livello di coscienza, resta il fatto che i loro effetti si manifestano tutti nella condizione inconscia. Quello che chiamiamo il nostro «carattere» trova senza dubbio fondamento nelle tracce mnestiche delle nostre impressioni, e in verità sono proprio le impressioni che hanno operato su di noi con maggiore intensità, quelle relative alla nostra infanzia, che stentano a farsi coscienti. Quando però i ricordi riemergono alla coscienza, non sono accompagnati da una qualità sensoriale, oppure ne conservano una molto esigua rispetto alle percezioni. Se si riuscisse a dimostrare che *nei sistemi ψ la memoria e la qualità si escludono a vicenda nell'ambito della coscienza*, nuovi orizzonti si illuminerebbero alla ricerca sulle condizioni dell'eccitamento neuronico[312].

Le ipotesi sulla struttura dell'apparato psichico nella sua estremità sensoriale fatte fin qui non tengono conto del sogno e delle informazioni psicologiche che se ne possono desumere. Il sogno tuttavia fornisce conferme alla conoscenza di un'altra zona dell'apparato. S'è visto come, per spiegare la formazione del sogno, abbiamo dovuto azzardare l'ipotesi di due istanze psichiche, di cui una critica l'attività dell'altra, impedendone la presa di coscienza. La conclusione cui siamo giunti è che l'istanza critica ha con la coscienza una relazione più stretta rispetto all'istanza criticata. Si pone a mo' di schermo fra questa e la coscienza. Sono stati poi individuati degli appigli che permettono di ravvisare nell'istanza critica ciò che dirige la nostra vita desta e che regola il nostro

[312] Più tardi ho ritenuto che la coscienza addirittura appaia al posto della traccia mnestica (vedi *Nota sul "notes magico"*, 1924). [Nota aggiunta nel 1925]

operato cosciente e volontario. Se giunti a questo punto, sulla base delle nostre supposizioni, sostituiamo queste istanze con dei sistemi, il sistema critico, come si evince da quanto esposto sopra, viene a trovarsi nell'orbita dell'estremità motoria. Introduciamo a questo punto nel nostro schema i due sistemi assegnando loro due nomi distinti per rappresentare il loro rapporto con la coscienza.

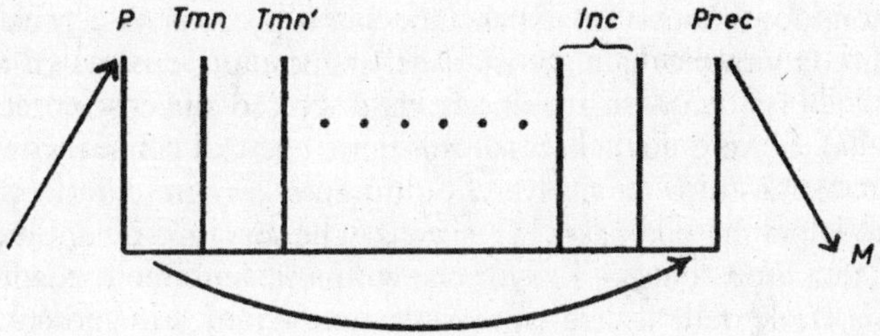

Figura 3

Diamo il nome di «preconscio» all'ultimo sistema dell'estremità motoria, dando a significare che i processi percettivi che vi hanno luogo possono affiorare alla coscienza senza subire ulteriori impedimenti, a patto che siano soddisfatte alcune condizioni, quali il grado di intensità che è necessario raggiungere, una determinata distribuzione della funzione che chiamiamo «attenzione», e via dicendo. Al contempo, questo è il sistema a capo della motilità volontaria. Chiamiamo «*inconscio*» il sistema che gli sta subito dietro, perché non ha accesso alla coscienza *se non attraverso il preconscio*; il processo di eccitamento, all'atto del passaggio, subisce determinate modificazioni[313].

Ora, in quale di questi sistemi dobbiamo collocare l'impulso alla formazione del sogno? Per semplicità, diremo: nel sistema *Inc.* Eppure, come vedremo nel corso della trattazione, questo non è del tutto esatto, poiché la formazione del sogno non può fare a

[313] L'ulteriore sviluppo di questo schema lineare dovrà tenere presente la congettura secondo la quale al sistema che segue il *Prec* deve essere attribuita la coscienza, ovvero che P = C (coscienza). [Nota aggiunta nel 1919]

meno di stringere legami con i pensieri onirici contenuti nel sistema preconscio. Allo stesso tempo, studiando il desiderio onirico, scopriremo che il sogno trae la sua forza dall'*Inc*, e quest'ultimo decisivo elemento ci autorizza ad assumere il sistema inconscio come punto d'origine della formazione del sogno. Ma, non diversamente da tutte le altre formazioni di pensiero, questo stimolo alla produzione del sogno tenderà a spingersi nel *Prec.* E, di lì, ad affiorare alla coscienza. Sappiamo per esperienza che questa via d'accesso che conduce alla coscienza passando per il preconscio, è preclusa durante la vita diurna ai pensieri del sogno dalla censura di resistenza. Di notte, questi trovano la via d'accesso alla coscienza, ma quale sia la via e quale la trasformazione che essi subiscono resta un problema tutto da risolvere. Se durante la notte ciò divenisse possibile perché si abbassa la resistenza che sorveglia il confine tra inconscio e preconscio, i sogni che avremmo sarebbero costituiti dal materiale delle nostre rappresentazioni e non presenterebbero il carattere allucinatorio su cui al momento si concentra la nostra attenzione.

Un abbassamento della censura tra i due sistemi *Inc* e *Prec* può rendere dunque ragione di formazioni oniriche come quelle dell'«Autodidasker», ma non spiega sogni come quello del bambino che brucia, che ha segnato il principio di questa nostra analisi.

L'unico modo per descrivere ciò che accade nel sogno allucinatorio è il seguente: l'eccitamento segue una *direzione regressiva.* Invece di avanzare verso l'estremità motoria dell'apparato, retrocede verso l'estremità sensoriale fino a raggiungere il sistema percettivo. Se chiamiamo «progressiva» la via che il processo psichico prende a partire dall'inconscio durante il giorno, possiamo definire «*regressivo*» il carattere del sogno[314].

Questa regressione è senz'altro una delle più considerevoli

[314] Alberto Magno aveva già fatto un primo accenno a questo momento della regressione. L'*imaginatio* costituisce il sogno, insieme alle immagini che ha conservato degli oggetti percepibili, e il processo avviene inversamente a quello della veglia, secondo quanto afferma Diepgen. Nel *Leviatano*, 1651, Hobbes afferma: «In conclusione, i nostri sogni sono l'inverso della nostra immaginazione da svegli, ossia se il movimento, quando siamo desti, comincia a un estremo, quando sogniamo comincia all'estremo opposto» (secondo H. Ellis, p. 112). [Nota aggiunta nel 1914]

peculiarità psicologiche del processo onirico, senza per questo dimenticare che non si tratta di una caratteristica esclusiva del sogno. Il ricordo intenzionale, così come altri processi circoscritti del nostro pensiero normale, implicano a loro volta la regressione, all'interno dell'apparato psichico, di complicati atti rappresentativi che tornano verso la materia grezza delle tracce mnestiche a partire dalle quali si sono formati. Tuttavia, nella vita desta questo ritorno al passato non si spinge mai oltre le immagini mnestiche; non conferisce carattere allucinatorio alle immagini percettive. Perché nel sogno non succede altrettanto? Nell'analisi del lavoro di condensazione svolto dai sogni ci siamo visti costretti a ipotizzare che, per mezzo del lavoro onirico, l'intensità propria alle rappresentazioni passasse per intero dall'una all'altra. Con ogni probabilità è questa alterazione del normale processo psichico, che procede secondo una direzione inversa, ovvero a partire dai pensieri, a dare piena intensità sensoriale al sistema P.

Non dobbiamo farci illusioni sulla rilevanza di queste osservazioni. Tutto ciò che abbiamo fatto, è stato assegnare un nome a un fenomeno inspiegabile. Con il termine «*regressione*» ci riferiamo al fatto che nel sogno la rappresentazione torna all'immagine sensoriale da cui si è originata in un dato momento. È anch'esso un passaggio che merita di essere illustrato. A che pro dare un nome se non ci fa apprendere nulla di nuovo? Ritengo che il termine «regressione» abbia la funzione di collegare un fatto già noto allo schema di apparato psichico provvisto di una direzione. Ed è a questo punto che, per la prima volta, l'esposizione di quello schema mostra tutta la sua utilità, perché grazie ad esso potremo giungere a comprendere un'altra caratteristica peculiare della formazione del sogno, senza doverci affidare a nuove considerazioni. Considerando il processo onirico alla stregua di una regressione operata all'interno dell'apparato psichico, trova spiegazione il fatto, stabilito per via empirica, che nel lavoro onirico si perdono, o si esprimono a costo di grande fatica, tutte le relazioni logiche dei pensieri del sogno. Secondo lo schema, queste relazioni logiche non appartengono ai primi sistemi *Tmn*, ma si collocano in altri sistemi più avanzati, e regredendo fino alle immagini percettive si vedono private della loro espressione. *Nel corso della regressione, la conformazione dei pensieri onirici si scompone nella sua materia prima.*

Ma quale mutamento rende possibile la regressione, impraticabile durante il giorno? Dovremo accontentarci di congetture. Sono probabilmente mutamenti nella distribuzione di energia tra i singoli sistemi, che li rende più o meno adatti al passaggio dell'eccitamento; ma in ogni apparato di questo tipo, si può ottenere lo stesso effetto sul passaggio dell'eccitamento tramite mutamenti di ordine diverso. Il primo pensiero, ovviamente, va allo allo stato di sonno e ai mutamenti che esso provoca all'estremità sensoriale dell'apparato nel grado di energia investita. Nello stato di veglia una corrente ininterrotta fluisce dal sistema P alla motilità; di notte, questa corrente cessa e smette di opporsi al ritorno dell'eccitamento. A dire di alcuni studiosi, questo «scollegamento dal mondo esterno» dovrebbe chiarire i caratteri psicologici del sogno. Per spiegare la regressione onirica, si dovrà tuttavia tener conto delle altre regressioni che si manifestano in stati di veglia patologici. Sono forme che, ovviamente, non seguono il prospetto che abbiamo appena dato: la regressione opera malgrado il flusso continuo di corrente sensoriale che scorre in direzione progressiva. Le allucinazioni proprie dell'isteria, la paranoia e le visioni cui vanno soggette le persone sane di mente si spiegano a mio giudizio come altrettante regressioni, sono cioè pensieri trasformati in immagini, con l'avvertenza che i soli pensieri a subire questa trasformazione sono quelli strettamente connessi a ricordi repressi o sommersi nell'inconscio. Uno dei miei pazienti isterici più giovani, un ragazzo di dodici anni, al momento di addormentarsi ha l'inquietante visione di «*volti verdi con gli occhi rossi*» che lo spaventano. All'origine di questa visione c'è il ricordo represso, ma un tempo cosciente, di un ragazzo che frequentava quattro anni prima e che gli aveva offerto un quadro indigesto di molte cattive abitudini infantili, tra cui l'onanismo, che adesso, a posteriori, è per lui occasione di auto-riprovazione. Sua madre all'epoca aveva osservato che quel ragazzaccio aveva *la faccia verdastra e gli occhi rossi* (vale a dire, cerchiati di rosso). Ecco da dove trae origine la spaventosa visione, unicamente finalizzata, del resto, a riportargli alla memoria un'altra ammonizione della madre, secondo la quale ragazzi di tal fatta diventano idioti, non riescono a imparare niente a scuola e muoiono presto. Il mio giovane paziente fa in modo che parte della premonizione si realizzi, i suoi studi non progrediscono e, dall'analisi delle sue associazioni mentali involontarie, teme fortemente l'avverarsi della seconda parte. Va detto che nel giro di breve il trattamento fa sì che il ragazzo riesca a prendere sonno, dimentichi la sua ansietà e porti a termine l'anno scolastico con ottimi voti.

Un secondo esempio può essere dato dalla spiegazione di una visione che una donna isterica di quarant'anni mi disse di aver avuto all'epoca in cui era sana. Una mattina apre gli occhi e, nella stanza, vede il fratello, che invece è in manicomio, come lei ben sa. Accanto a lei, nel letto, dorme il figlioletto. Copre il bambino con la coperta, *per evitare che si spaventi* e sia preso da *convulsioni* alla vista dello *zio*, e a quel punto la visione svanisce. L'apparizione traduce un ricordo risalente all'infanzia della signora, che pur essendo rimasto cosciente ha un legame molto intimo con il materiale inconscio. La bambinaia le aveva raccontato che sua madre, morta prematuramente (quando lei aveva solo un anno e mezzo), aveva sofferto di *convulsioni* epilettiche o isteriche, dovute a uno spavento procuratole dal fratello (lo *zio* della mia paziente), che le era comparso davanti come un fantasma, con una *coperta* sopra la testa. Gli elementi della visione sono gli stessi contenuti nel ricordo: l'apparizione del fratello, la coperta, lo spavento e le conseguenze generate dallo spavento. Ma questi elementi si trovano distribuiti in una situazione diversa e trasferiti su altre persone. La vera causa della visione, il pensiero di cui essa prende il posto, è il timore che il bambino possa finire come lo zio, al quale somiglia fisicamente. I due esempi appena citati sono in parte connessi con lo stato di sonno e questo li rende forse poco adatti alla dimostrazione che intendo dare. Rinvio dunque il lettore alla mia analisi di una paranoica affetta da allucinazioni[315] e ai risultati dei miei studi, ancora inediti, sulla psicologia delle psiconevrosi, dove trova conferma l'assunto che, in simili casi di regressione del pensiero, giocano un ruolo non trascurabile i ricordi, in particolare quelli infantili, repressi o rimasti confinati nell'inconscio. Questi ricordi fanno per così dire da traino al pensiero che ad essi è associato, e a cui la censura impedisce di trovare espressione attraverso la regressione, ovvero attraverso un'istanza rappresentativa che permette loro di esistere a livello psichico. A questo riguardo, voglio ricordare, come risulta dagli studi sull'isteria, che le scene infantili (siano esse ricordi o fantasie) assumono forma allucinatoria quando possono affiorare alla coscienza, e perdono questo carattere solo una volta riferite. È inoltre risaputo che, anche chi non possiede una memoria visiva, i primissimi ricordi dell'infanzia sono contraddistinti an-

[315] *Nuove osservazioni sulle neuropsicosi da difesa* (1896) par. 3.

che in età matura da una notevole vivacità sensoriale. Se si pensa al ruolo svolto, nei pensieri onirici, dalle esperienze infantili o dalle fantasie che da quelle esperienze derivano, e alla frequenza con cui singoli frammenti di queste esperienze riaffiorano nel contenuto onirico, dando forma ai desideri stessi del sogno, si concluderà che anche il sogno, traducendo i pensieri in immagini visive, può risultare dalla forza *d'attrazione* che il ricordo raffigurato visivamente, e suscettibile a un incremento di intensità, esercita sul pensiero escluso dalla coscienza, che lotta per trovare espressione. Sulla base di questo assunto, si potrebbe anche descrivere il sogno come *il surrogato di una scena infantile, che il materiale recente ha alterato per effetto di traslazione.* La scena infantile deve accontentarsi di riapparire sotto spoglie oniriche, senza poter imporre la propria forma rinnovata. Il significato, non privo di esemplarità, che le scene infantili (o le loro rievocazioni fantastiche) assumono nel contenuto del sogno rende superflua una delle ipotesi di Scherner e dei suoi riguardo le fonti di stimolo interne. Scherner parla di uno stato di «stimolo visivo», di eccitamento che si produce all'interno dell'organo della vista, quando è possibile rinvenire nei sogni una spiccata vividezza o abbondanza di elementi visivi.[316] Non è il caso di stare a confutare questa ipotesi. Piuttosto, possiamo limitarci ad assumere tale stato di eccitamento unicamente per il sistema psichico di percezione dell'organo della vista, fermo restando però che questo stato di eccitamento si origina a partire dal ricordo e riproduce l'eccitamento visivo che un tempo fu attuale. Non posso trarre dalla mia esperienza personale esempi atti a dimostrare questa influenza del ricordo infantile: debbo ammettere che nei miei sogni gli elementi sensoriali sono generalmente meno ricchi rispetto a quelli degli altri; ma nel sogno più bello e più vivido di questi ultimi anni, non ho difficoltà a ricondurre a qualità sensoriali, tratte da impressioni vicine nel tempo, sperimentate di recente, la nitidezza allucinatoria del contenuto onirico. Ho già esposto un sogno in cui ero profondamente colpito dal blu scuro dell'acqua, dal colore scuro del fumo che usciva dai fumaioli delle navi, e dal rosso scuro e brunito degli edifici che vedevo davanti a me. Era il sogno che meglio si prestava ad essere interpretato sulla base di uno stimolo visivo. E come era giunta la mia vista a un simile stato

[316] K.A. Scherner, *Das Leben des Traumes* (Berlino 1861).

di eccitamento? Attraverso un'impressione recente, collegata a una serie di impressioni precedenti. Tanto per cominciare, i colori del sogno erano gli stessi della scatola delle costruzioni, con cui il giorno prima i bambini avevano montato uno splendido edificio perché lo potessi ammirare. Il rosso cupo era quello dei mattoni grandi, il blu e il marrone quello dei mattoncini piccoli. A queste si erano sommate le impressioni cromatiche dell'ultimo viaggio in Italia, il bell'azzurro dell'Isonzo e della laguna, il marrone del Carso. La bellezza dei colori del sogno ripeteva quella rivista nel ricordo. Riprendiamo quanto detto sin qui sulla peculiare capacità del sogno di tramutare il suo contenuto rappresentativo in immagini sensoriali. Dobbiamo ancora spiegare questa natura del lavoro onirico, riportarla a leggi stabilite dalla psicologia, l'abbiamo presa quale indizio di condizioni sconosciute, assegnandole il nome di carattere «regressivo». Abbiamo supposto che questa regressione, quando si verifica, è una conseguenza della resistenza che ostacola il pensiero nel suo normale corso verso la coscienza, nonché dell'attrazione esercitata allo stesso tempo sul pensiero da ricordi che si manifestano sotto forma intensamente sensoriale.[317] È possibile che nel sogno contribuisca ad agevolare la regressione l'arresto della corrente diurna progressiva, che procede dagli organi sensoriali; nelle restanti forme di regressione, questo fattore accessorio dovrebbe essere compensato da un acuirsi delle altre cause di regressione. Ripetiamo che in questi casi di regressione patologica, così come nel sogno, il processo della trasposizione energetica potrebbe differire da quello in atto nelle regressioni della vita psichica normale, dato che esso apre il passo a un totale investimento allucinatorio dei sistemi di percezione. Ciò che nell'analisi del lavoro onirico abbiamo denominato «considerazione della raffigurabilità» potrebbe dipendere dall'*attrazione selettiva* esercitata dalle scene rivissute a livello visivo, che sono investite dai pensieri del sogno.

[317] In una esposizione della teoria della rimozione sarebbe necessario indicare che un pensiero incorre nella rimozione, per il concorso di due momenti che lo influenzano. Da un lato esso viene respinto (dalla censura della coscienza), dall'altro lato esso viene attratto (dall'inconscio), nella stessa maniera in cui si giunge sulla cima della grande piramide. [Nota aggiunta nel 1914] Si confronti il mio saggio *La rimozione.* [Parte aggiunta nel 1919]

Parlando di regressione, noteremo che il ruolo da essa svolto nella teoria della formazione dei sintomi nevrotici non è meno importante di quello svolto nella teoria del sogno. Riconosciamo così tre tipi di regressione: a) *topica*, come si evince dallo schema dei sistemi ψ, già citati; b) *temporale*, quando la regressione giunge a formazioni psichiche più antiche; c) *formale*, quando la normale espressione è sostituita da modi primitivi di comunicazione e di raffigurazione. Tutti e tre i tipi di regressione si possono tuttavia raggruppare in un unico tipo e, il più delle volte, sono sovrapponibili, poiché ciò che è cronologicamente più antico è anche formalmente primitivo e, nella topica psichica, più prossimo all'estremità percettiva. Prima di abbandonare il tema della regressione onirica, è necessario accennare a un'impressione che ha già richiamato più volte la nostra attenzione e sulla quale torneremo, con più insistenza, dopo aver approfondito lo studio delle psiconevrosi. L'impressione cioè che il sognare, nel suo complesso, sia una forma di regressione verso le più remote esperienze del sognatore, una reviviscenza della sua infanzia, di pulsioni che sono state dominanti, e di modi d'espressione disponibili a quel tempo. Alle spalle di questa infanzia individuale, poi, ci è dato intravedere l'infanzia filogenetica, lo sviluppo del genere umano, che nel singolo individuo si ripete in forma abbreviata, soggetta all'influenza delle circostanze fortuite della vita. Possiamo ora indovinare l'esatta portata delle parole di Nietzsche: nel sogno «sopravvive un antichissimo brano di umanità, che non si può quasi più raggiungere per via diretta» e si spera di giungere, con l'analisi dei sogni, a recuperare alla conoscenza l'eredità atavica dell'uomo, a ravvisare quanto c'è di psichicamente innato in lui. All'apparenza, il sogno e la nevrosi conservano una traccia delle antichità psichiche maggiore di quella che saremmo portati a credere, così che la psicoanalisi può reclamare a sé un ruolo predominante fra le scienze impegnate nella ricostruzione delle fasi più antiche e più oscure dei primordi dell'umanità.

Non è detto che questa prima parte della nostra analisi psicologica dei sogni ci soddisfi appieno. Valga come consolazione la consapevolezza che siamo costretti a ricostruire al buio. Se i nostri calcoli non sono completamente errati, dovremmo giungere nella stessa regione anche partendo da un altro punto d'avvio, per poi orientarci meglio.

C. L'APPAGAMENTO DI DESIDERIO

A inizio capitolo, il sogno del bambino in fiamme fornisce un ottimo spunto per analizzare i problemi che la teoria dell'appagamento di desiderio può presentare. La scoperta del sogno quale appagamento di desiderio è stata senz'altro una sorpresa, e ciò non solo per la contraddizione che deriva dal sogno d'angoscia. Chi di noi era pronto a un'enunciazione così univoca, dopo che i primi chiarimenti dell'analisi hanno rivelato che il sogno adombra significato e valore psichico? L'enunciazione di Aristotele (esatta, pur nella sua genericità) definisce il sogno "pensiero esteso nello stato di sonno", ovvero quando si dorme. Pertanto, il pensiero, che durante il giorno genera atti psichici tanto differenti (quali obiezioni, previsioni, giudizi, conclusioni, propositi e via dicendo) perché durante la notte dovrebbe limitarsi alla sola produzione di desideri? Non si conoscono piuttosto molti sogni che offrono, trasfigurato in sogno, un atto psichico differente, quale ad esempio un'angoscia, e non è forse di questa natura proprio il chiarissimo sogno del padre, già riferito? Avvertendo il riflesso sui suoi occhi, anche nel sonno, realizza con angoscia che una candela si è rovesciata e può aver dato fuoco al cadavere; quindi, converte questa deduzione in sogno, con l'aspetto di una circostanza percettibile e attuale. Qual è il ruolo dell'appagamento di desiderio? Non sembra innegabile la prevalenza del pensiero, che si protrae dalla veglia o viene risvegliato dalla nuova percezione sensoriale? Questa esatta valutazione ci obbliga a esaminare più attentamente il ruolo dell'appagamento di desiderio nel sogno e il significato dei pensieri vigili che perdurano nel sonno.

La suddivisione dei sogni in due gruppi è stata suggerita proprio dall'appagamento di desiderio. Accanto a sogni che apparivano manifestamente come appagamenti di desideri, se ne sono incontrati altri, in cui tale appagamento risultava irriconoscibile e di frequente celato in ogni modo. Se i primi sono risultati propri soprattutto dei bambini (ma sogni di desiderio *brevi*, sinceri, *sembravano* – insisto su questo punto – verificarsi anche in adulti), negli altri, specificamente, si è individuata l'azione della censura onirica. Ora, si tratta di individuare l'origine da cui, di volta in volta, deriva il desiderio che si esplica nel sogno. E tale origine a quali situazioni, contrastanti o alternative, è riconducibile? Direi al contrasto tra l'attività diurna divenuta cosciente e quella psichica rimasta inconscia, che appare individuabile solo di notte. Pertanto, ritengo che le possibili derivazioni del desiderio siano tre. La prima: il desiderio può essersi generato di giorno ma non aver trovato soddisfazione per via di situazioni esterne, e dunque rimanere, per la notte, riconosciuto e irrisolto; la seconda: può essere emerso di giorno, ma esser stato respinto, rimanendo così irrisolto e represso; infine, la terza: può non aver agganci con l'attività diurna e appartenere a quella tipologia di pensieri che, dall'area del represso, si generano in noi solo di notte. In base allo schema di apparato psichico che abbiamo tracciato, il desiderio del primo tipo si colloca nel sistema *Prec*; il desiderio del secondo tipo si può ammettere che sia stato ricacciato dal sistema *Prec* nel sistema *Inc* e che solo lì sussista, qualora si sia conservato; il desiderio del terzo tipo, in generale, lo si può ritenere incapace di oltrepassare il sistema dell'*Inc.* A questo punto, desideri che originano da fonti così diverse si può credere che abbiano lo stesso valore per il sogno, la stessa facoltà di generarlo? Un resoconto dei sogni di cui disponiamo per trovare una risposta a questo interrogativo ci ricorda in primo luogo la necessità di aggiungere una quarta fonte: gli impulsi di desiderio attuali che generano di notte (ad esempio in seguito allo stimolo della sete o al bisogno sessuale). Quindi, si può ritenere che l'origine del desiderio onirico non abbia alcuna influenza sulla sua capacità di suscitare un sogno. Si consideri il sogno della bambina che continua la gita al lago interrotta di giorno e gli altri sogni infantili, che si spiegano con un desiderio della veglia inappagato ma non represso. Gli esempi che si potrebbero citare a prova del fatto che un desiderio represso di giorno può farsi strada nel sogno sono innumerevoli; ne riferirò qui uno molto semplice. Una signora piuttosto arguta, la cui giovane amica si è fidanzata, di giorno, alle domande dei conoscenti a proposito del fidanzato, risponde con elogi infiniti; in questo modo reprime il suo vero pensiero, che avrebbe espresso volentieri: "*è un uomo dozzinale*". Di notte, alla stessa domanda, sogna di rispondere così: "*per altre ordinazioni è sufficiente l'indicazione del numero*". Inoltre, diverse analisi hanno mostrato che in tutti i sogni soggetti a deformazione il desiderio proviene dall'inconscio ed è rimasto latente durante il giorno. Ne deriva che tutti i desideri, apparentemente, sembrano avere lo stesso valore e la stessa facoltà per quanto riguarda la produzione del sogno. In questa sede non è possibile mostrare come in realtà le cose non stiano esattamente così. E tuttavia tenderei ad ammettere che il desiderio del sogno subisce condizionamenti più decisi. I sogni infantili non lasciano dubbi sul fatto che un desiderio irrisolto di giorno possa essere all'origine del sogno, bisogna tener presente che in questo caso si ha a che fare con il desiderio di un bambino, con un impulso di desiderio la cui forza è quella propria della sfera infantile. Nell'adulto stento a credere che un desiderio inappagato di giorno sia sufficiente a produrre un sogno; piuttosto ritengo che, via via che l'attività di pensiero domina le nostre pulsioni, siamo sempre più inclini a rinunciare alla formazione o alla conservazione di desideri forti come quelli infantili, perché ci appaiono vani. Agiranno senz'altro differenze individuali: qualcuno può mantenere il processo psichico di tipo infantile più a lungo di altri, differenze analoghe si potranno rintracciare anche nell'attenuazione della vivacità di rappresentazione propriamente visiva specifica dell'infanzia; tuttavia non credo che, in generale, nell'adulto sia sufficiente il desiderio inappagato, residuo del giorno prima, per produrre un sogno. Piuttosto, sono propenso ad ammettere che l'impulso di desiderio che deriva dalla sfera cosciente offra un contributo all'istigazione del sogno, ma forse nulla più. Non si avrebbe sogno se il desiderio preconscio non cercasse un sostegno altrove.

E lo trova nell'inconscio. *Credo che il desiderio conscio abbia facoltà di produrre il sogno solo qualora susciti un affine desiderio inconscio che lo rafforzi.* I risultati delle analisi delle nevrosi mi lasciano supporre che questi desideri inconsci siano sempre attivi, sempre pronti a procurarsi un'espressione, nel caso trovino modo di allearsi con un impulso che deriva dal conscio, e a trasferire su di esso la loro maggiore forza.[318] Inevitabilmente si giunge così all'apparenza che solo il desiderio conscio abbia trovato realizzazione nel sogno; ma una certa eccentricità nella sua configurazione ci condurrà al potente ausiliario che viene dall'inconscio. Questi

[318] Essi condividono questo carattere di indistruttibilità con tutti gli altri atti psichici realmente inconsci, vale a dire appartenenti al solo sistema *Inc.* Questi atti costituiscono delle vie aperte una volta per sempre, che non vengono mai cancellate e che riconducono sempre il processo di eccitamento alla scarica, ogni volta che l'eccitamento inconscio ne riprende possesso. Per servirmi di un paragone: l'unico tipo di annientamento che esiste per essi è quello delle ombre del regno d'Averno nell'*Odissea*, che si destano a nuova vita non appena bevono del sangue. I processi che dipendono dal sistema preconscio sono invece distruttibili in un senso completamente differente. È su questa differenza che riposa la psicoterapia delle nevrosi.

desideri del nostro inconscio, che potremmo definire "immortali" tanto ricordano i leggendari Titani, i quali da tempo immemorabile sopportano il peso di imponenti macigni rotolati su di loro dagli dèi vincitori e che ancor oggi di tanto in tanto sussultano al fremito delle loro membra, questi desideri rimossi insomma sono però essi stessi di origine infantile, come ci suggerisce l'indagine psicologica delle nevrosi. Pertanto lascerei qui da parte la tesi già formulata in precedenza, secondo la quale l'origine del desiderio onirico sarebbe irrilevante, per far spazio a una nuova: *il desiderio che si rappresenta nel sogno non può non essere infantile*, e nell'adulto ha origine nell'*Inc*, mentre nel bambino, in cui non esiste ancora la distinzione tra *Prec* e *Inc*, o si sta formando gradualmente, è un desiderio non soddisfatto né rimosso dell'attività vigile. Certo, questa tesi non è sempre dimostrabile, ma ritengo che sia valida in molti casi, anche in quelli più insospettabili, e in linea generale non può essere contestata.

In merito alla formazione del sogno, considero secondari gli impulsi di desiderio che persistono dall'attività diurna, così come il materiale di sensazioni attuali durante il sonno in merito al contenuto onirico. Sulla stessa linea valuto gli altri impulsi psichici che sopravvivono all'attività diurna e non sono desideri. Quando decidiamo di dormire, possiamo momentaneamente cessare gli investimenti di energia del nostro pensiero vigile. Dorme bene chi riesce a farlo bene; uno di questi pare fosse Napoleone I. Tuttavia, non è detto che ci si riesca sempre, né in modo completo. L'attività del pensiero può essere protratta durante il sonno da questioni irrisolte, inquietudini angoscianti, eccesso d'impressioni, che mettono in moto processi psichici in quel sistema da noi chiamato preconscio. Se volessimo classificare tali impulsi di pensiero, otterremmo una classificazione di questo tipo: 1) quello che durante il giorno non può essere concluso per via di un ostacolo fortuito; 2) quello che rimane incompiuto per il venir meno della nostra forza intellettuale; 3) quello che di giorno viene respinto e represso. A questo elenco si devono aggiungere altri due punti: 4) quello che di giorno è stato suscitato nel nostro *Inc* dal lavoro del *Prec*, e, ultimo, 5) le impressioni diurne indifferenti e per questo rimaste sospese. Sarebbe un errore sottovalutare le intensità psichiche che questi residui dell'attività vigile introducono nello stato di sonno, in particolar modo quelle del secondo gruppo. Non credo di sbagliare sostenendo che questi eccitamenti fremono anche di notte per trovare espressione ma lo stato di sonno blocca il consueto perdurare del processo d'eccitamento nel preconscio, nonché la sua conclusione nella presa di coscienza. Non si riesce a dormire finché, anche di notte, non si ha modo di prendere coscienza in modo normale dei propri processi ideativi. È difficile dire quale mutamento lo stato di sonno possa generare nel sistema *Prec*;[319] quel che è certo è che nelle variazioni d'investimento energetico di tale sistema, che presiede anche all'accesso alla motilità, inibita nel sonno, devono essere ricercate le caratteristiche psicologiche del sonno. Al contrario, nessuna motivazione della psicologia del sogno a me nota mi induce a escludere che il sonno provochi mutamenti secondari nelle condizioni del sistema Inc. Pertanto l'eccitamento notturno del *Prec* non può che seguire la via presa dagli eccitamenti di desiderio provenienti dall'*Inc*, ed è qui che deve rafforzarsi, seguendo le deviazioni degli eccitamenti inconsci. Qual è il ruolo dei residui diurni preconsci nei confronti del sogno? Senz'altro si introducono numerosi nel sogno, sfruttando il loro contenuto per imporsi alla coscienza anche di notte; talvolta arrivano persino a dominarlo, costringendolo a portare avanti l'attività diurna. Ugualmente è indubbio che essi possono assumere qualsiasi altro aspetto oltre quello di desiderio; a proposito di ciò, per la teoria dell'appagamento di desiderio può risultare assai istruttivo, se non addirittura fondamentale, vedere a che vincoli essi sono soggetti per poter essere accolti nel sogno. Tra i casi già analizzati sceglierei il sogno riferitomi dall'amico Otto con i segni del morbo di Basedow. Durante il giorno si era creata in me un'ansia, giustificata dall'aspetto di Otto, che mi toccava da vicino, come tutto ciò che lo riguarda. Immagino di essermela portata dietro anche nel sonno; probabilmente intendevo chiarire cosa potesse avere. Durante la notte, questa apprensione ha trovato espressione nel sogno che ho riferito, il cui contenuto, se da una parte era assurdo, dall'altra non rispondeva ad alcun soddisfacimento di desiderio. Ugualmente cercai di capire dove si generasse quella così inadeguata espressione del timore provato di giorno, e fu grazie all'analisi che individuai il nesso, identificando

[319] Ho tentato di approfondire le condizioni del sonno e i presupposti dell'allucinazione nel saggio *Supplemento metapsicologico alla teoria del sogno* (1915). [Nota aggiunta nel 1919]

l'amico con il barone L. e me stesso col professor R. C'era una sola spiegazione per la scelta di questa sostituzione del pensiero diurno. Nell'*Inc* ero evidentemente sempre pronto a identificarmi col professor R., perché in questo modo si realizzava uno degli immortali desideri infantili: quello di grandezza. In questo modo alcuni pensieri terribili nei confronti del mio amico – senz'altro repressi durante il giorno – avevano approfittato per insinuarsi anch'essi nella raffigurazione onirica; ma anche quell'ansia diurna, tramite sostituzione, era pervenuta a una sorta di espressione nel contenuto onirico. Il pensiero del giorno, che in realtà non era un desiderio ma un'apprensione, in qualche modo doveva riuscire ad allacciarsi a un desiderio infantile, ora inconscio e represso, per poter così affiorare, una volta acconciato a dovere, per la coscienza. Maggiore era l'apprensione, tanto più irruento poteva essere l'allacciamento che veniva a crearsi; non era necessario un nesso tra il contenuto del desiderio e quello dell'apprensione: infatti nel nostro esempio non ve n'era.

Si potrebbe esaminare la questione anche da un altro punto di vista, analizzando il comportamento del sogno quando nei pensieri onirici gli viene proposto materiale in totale contraddizione con il soddisfacimento di un desiderio, quali legittime apprensioni, valutazioni dolorose, giudizi penosi. La gamma dei possibili risultati si articola nel modo seguente: 1) Il lavoro onirico sostituisce le rappresentazioni penose con altre opposte, e respinge i corrispettivi affetti spiacevoli; il risultato è un sogno di totale appagamento, un evidente soddisfacimento di desiderio, su cui non bisogna aggiungere alcunché; 2) Le rappresentazioni penose pervengono al contenuto onirico manifesto alterate sì, ma ben riconoscibili. È questo il caso che potrebbe inficiare la teoria del sogno come desiderio e che necessita di indagini più approfondite. Questi sogni possono risultare indifferenti, ma possono anche trascinarsi dietro tutte le emozioni penose che sembrano legittimate dal loro contenuto rappresentativo; in ultimo possono portare addirittura al risveglio, con sviluppo di angoscia. L'individuazione di questi sogni penosi come appagamenti di desideri è provata dall'analisi. Un desiderio inconscio e rimosso, che l'Io del sognatore non potrebbe che vivere in maniera penosa, ha sfruttato l'occasione offerta dal persistere dei residui diurni penosi, consentendo loro di insinuarsi nel sogno. Tuttavia, se nel primo esempio il desiderio inconscio veniva a coincidere con quello conscio, nel secondo si fa palese il contrasto tra conscio e inconscio, che è come dire tra materiale rimosso e Io, e così si giunge alla situazione della favola dei tre desideri che la fata concede alla coppia di sposi. La soddisfazione per l'appagamento del desiderio rimosso può risultare così forte da compensare i sentimenti penosi legati ai residui diurni. In questo caso il sogno sarà indifferente dal punto di vista affettivo, pur essendo da una parte soddisfacimento di un desiderio e dall'altra quello di un timore; tuttavia non è impossibile che l'Io dormiente assuma un ruolo ben più attivo nella formazione del sogno, reagendo con grande sdegno all'avvenuto appagamento del desiderio rimosso e conducendo il sogno alla sua conclusione in una situazione d'angoscia. Risulta così evidente che, dal punto di vista della nostra teoria, i sogni penosi e angosciosi sono appagamenti di desiderio tanto quanto i puri sogni di soddisfazione.

Spiacevoli possono essere anche i *sogni di punizione*; in questo caso si verrebbe ad aggiungere una novità alla teoria del sogno. Il loro appagamento riguarda sempre un desiderio inconscio, ovvero quello di una punizione inflitta al sognatore per un moto di desiderio illegittimo, rimosso. Questi sogni corrispondono all'esigenza che vogliamo sostenere, in quanto la forza motrice all'origine della loro formazione non può che esser stata procurata da un desiderio appartenente all'inconscio. Tuttavia, la differenza tra questi e gli altri sogni di desiderio emerge solo con un'analisi psicologica più specifica. Nei casi del secondo gruppo, il desiderio inconscio all'origine del sogno apparteneva al materiale rimosso, mentre nei sogni di punizione abbiamo sempre a che fare con un desiderio inconscio, da ricondurre però non al materiale rimosso, ma all'Io. I sogni di punizione esprimono quindi la possibilità di una più profonda partecipazione dell'Io alla formazione del sogno, il cui meccanismo di solito appare più chiaro se si sostituisce l'antitesi conscio/inconscio con quella Io/materiale rimosso. Tale sostituzione è possibile solo tenendo conto dei processi psiconevrotici e perciò non è stata applicata in questo libro. Mi limiterò a dire che i sogni di punizione, in via generica, non subiscono condizionamenti da parte di residui diurni penosi, anzi, si creano assai facilmente proprio nella condizione opposta, quando cioè i residui diurni sono pensieri di soddisfazione, ma soddisfazioni illecite; al sogno manifesto perviene solo l'esatto contrario di essi, come è per i sogni del primo gruppo. In questo consiste dunque il carattere essenziale dei sogni di punizione: artefice del sogno non è più il desiderio inconscio che proviene dal materiale rimosso (sistema *Inc*), ma il desiderio di punizione, anche se inconscio (ovvero preconscio), che reagisce a esso e appartiene all'Io.[320]

Esaminerò qui alcuni punti dell'esposizione, *in primis* le modalità secondo le quali il processo onirico lavora con un residuo diurno quando questa è un'attesa penosa, e lo farò servendomi di un sogno personale. Inizio poco chiaro. *Faccio presente a mia moglie che per lei ho una notizia assolutamente particolare, ma lei ha paura e non vuole ascoltarmi. Io le assicuro che in realtà è una cosa che la farà molto felice e prendo a raccontarle che il corpo ufficiali di nostro figlio ci ha inviato una somma di denaro (5000 corone?)... un riconoscimento? ...distribuzione?... Nel frattempo ci siamo spostati in una stanzetta, una sorta di ripostiglio, per cercare qualcosa. All'improvviso appare mio figlio, vestito non in uniforme, ma in tenuta sportiva aderente(mi sembra una foca?) con un cappellino. Si arrampica su un cesto buttato a lato vicino a un cassone, come per appoggiarci sopra qualcosa. Lo chiamo, ma lui non risponde. Il volto o la fronte mi sembrano fasciati, si sistema qualcosa in bocca, no, ce la spinge dentro. I suoi capelli hanno un riflesso argenteo. Penso: "Si è esaurito? Ha i denti finti?"* Mi sveglio prima di riuscire a chiamarlo una seconda volta; ho batticuore ma non angoscia. L'orologio segna le due e mezzo. Anche in questo caso non riesco a riferire un'analisi completa; mi limiterò a far presenti alcuni punti importanti. Una tormentosa attesa diurna è lo spunto del sogno: da più di una settimana aspettavamo notizie da nostro figlio al fronte. Facilmente si coglierà che nel contenuto del sogno è espressa la convinzione che egli sia ferito o caduto. All'inizio, è evidente lo sforzo di sostituire ai pensieri angosciosi il loro contrario: la notizia è qualcosa di molto piacevole, come un invio di denaro, un riconoscimento, una distribuzione. (La somma di denaro proviene da un avvenimento piacevole della mia professione medica e quindi tende ad andare fuori tema.) Tuttavia gli sforzi sono vani; la madre avverte qualcosa di orribile e rifiuta di ascoltarmi. Del resto i travestimenti sono troppo sottili, ovunque è evidente il riferimento a quanto andrebbe represso. Se il figlio è caduto, i compagni ci spediranno i suoi effetti; dovrò distribuire ai fratelli e agli altri i suoi averi; è

[320] In questo punto va inserito il Super-Io, poi riconosciuto dalla psicoanalisi. [Nota aggiunta nel 1930]

frequente che si accordino riconoscimenti all'ufficiale dopo la sua morte "da eroe". Quindi il sogno passa a esprimere in maniera diretta quello che all'inizio voleva negare, e in ciò si avverte (per quanto non manchino deformazioni) la tendenza al soddisfacimento di un desiderio. Secondo Silberer, il trasferimento nel sogno da un luogo a un altro si deve intendere senz'altro come "simbolismo della soglia".[321] Non abbiamo modo di intuire cosa gliene dia la necessaria forza motrice. Il figlio, però, non appare come uno che "cade", ma al contrario come uno che "sale"; egli infatti è stato un coraggioso alpinista. Non veste l'uniforme, ma una tenuta sportiva, il che tradotto vuol dire che l'infortunio che temiamo ora cede il posto a uno precedente, di tipo sportivo, che si ebbe durante una gita quando cadde con gli sci e si ruppe il femore. Tuttavia il suo abbigliamento, che lo fa somigliare a una foca, richiama subito un ragazzo più giovane, il nostro piccolo e buffo nipote; il riflesso argenteo dei capelli allude a suo padre, nostro genero, che ha risentito molto della guerra. Che cosa significa? Ma di questo basta. Il ripostiglio e il cassone, dal quale vuole prendere qualcosa o sul quale vuole mettere qualcosa, sono palesi allusioni a un infortunio che accadde a me quando avevo due o tre anni. Ero salito su uno sgabello in dispensa per prendermi qualcosa di buono che si trovava su un cassone o su un tavolo; lo sgabello cadde ferendomi con lo spigolo dietro la mandibola; ho rischiato di perdere tutti i denti. Affiora qui un monito, "Ben ti sta", come un moto ostile nei confronti del guerriero coraggioso. Andando oltre nell'analisi, arrivo all'impulso celato, che potrebbe essere soddisfatto nella temuta disgrazia del figlio: è l'invidia per la gioventù, che l'uomo di età matura crede di aver represso completamente, ed è chiaro che, se una tale disgrazia si avvera, è proprio la forza della commozione dolorosa a rintracciare, per il suo sollievo, un simile soddisfacimento di desiderio rimosso.

A questo punto ho modo di chiarire il significato del desiderio inconscio per il sogno. Riconosco l'esistenza di sogni generati quasi esclusivamente da residui dell'attività diurna, e arrivo anche ad ammettere che finanche il mio desiderio di essere finalmente professor *extraordinarius* mi avrebbe concesso una notte tranquilla se non avesse influito sul mio stato d'animo l'ansia da me provata

[321] H. Silberer. *Jb. Psychoanal. Psychopath. Forsch.*, vol. 3, 621 (1912).

il giorno precedente per la salute del mio amico. Questa però non avrebbe ancora generato sogni; la necessaria *forza motrice* doveva venire da un desiderio, la cui produzione era rimandata alla preoccupazione stessa. Come se, ad esempio, un pensiero diurno facesse per il sogno la parte *dell'imprenditore*, che però, pur avendo, come si dice, l'idea e l'intenzione di tradurla in azione, non può agire in mancanza di capitale e di un *capitalista* che sostenga le spese, e quest'ultimo, in termini di sogno, è sempre e comunque *un desiderio proveniente dall'inconscio*, non importa quale sia il pensiero diurno. Accade però che l'imprenditore sia il capitalista stesso; anzi, per il sogno questo è il caso più frequente. L'attività diurna ha ravvivato un desiderio inconscio, che ora si fa artefice del sogno. I processi onirici coincidono con tutte le altre eventualità del rapporto economico che abbiamo nell'esempio: l'imprenditore può fare la sua parte con un piccolo capitale; più imprenditori possono rivolgersi allo stesso capitalista; più capitalisti possono contribuire tutti insieme alle necessità degli imprenditori. In termini onirici, ciò equivale a dire che esistono sogni sostenuti da più desideri e altre varietà dello stesso tipo, facilmente accertabili e di scarso interesse. Altre lacune in questa esposizione della teoria sul desiderio del sogno potranno essere colmate solo successivamente.

Il terzo termine di paragone nel nostro esempio, ovvero sia la quantità fornita in misura adeguata all'imprenditore, può risultare molto utile per chiarire la struttura del sogno. Come già rilevato in precedenza, nella maggior parte dei sogni si può individuare un centro ad alta intensità sensoriale, che è generalmente la raffigurazione diretta dell'appagamento di desiderio, dal momento che, tralasciando gli spostamenti generati dal lavoro onirico, l'intensità sensoriale degli elementi del contenuto manifesto viene perlopiù a sostituire l'intensità psichica degli elementi del contenuto latente. Gli elementi situati in prossimità dell'appagamento di desiderio generalmente non hanno connessione con il suo significato; semmai possono essere derivati di pensieri penosi in contrasto col desiderio stesso che, per mezzo del rapporto – perlopiù artificioso – con l'elemento centrale, hanno acquisito una forza tale da risultare adatti alla raffigurazione. È questa la via mediante la quale l'intensità rappresentativa dell'appagamento di desiderio si estende a tutta una sfera di rapporti, i cui elementi, anche quelli di per sé sprovvisti di mezzi, vengono indotti alla raffigurazione. Le sfere dei singoli appagamenti di desiderio si delimitano reciprocamente con più facilità nei sogni a più desideri motori, e spesso le lacune esistenti nel sogno possono essere facilmente interpretate come zone di confine.

Nonostante quanto detto in precedenza sembri restringere il ruolo dei residui diurni nel sogno, voglio ugualmente concentrarmi ancora su di essi. In realtà, se è vero che – e l'esperienza lo prova – il sogno sorprendentemente riconosce nel suo contenuto un riferimento a un'impressione diurna recente, talvolta anche la più indifferente, non si potrà negare che i residui diurni siano un ingrediente imprescindibile per la formazione del sogno.

Ancora non è chiaro perché sia necessaria questa aggiunta alla miscela onirica; essa si spiega solo tenendo conto del ruolo svolto dal desiderio inconscio e poi ricorrendo alla psicologia delle nevrosi, la quale mostra come la rappresentazione inconscia per sua stessa natura sia perlopiù incapace di penetrare nel preconscio, e possa esercitare qualche effetto su di esso solo unendosi a una rappresentazione innocente, già appartenente al preconscio, trasferendo su di essa la sua forza e servendosene come di una copertura. È il caso della traslazione, che spiega tanti strani avvenimenti della vita psichica dei nevrotici; essa infatti può lasciare immutata la rappresentazione preconscia, che perviene così a una forza che non le compete, oppure può imporle un cambiamento mediante il contenuto della rappresentazione all'origine della traslazione. Mi si conceda un nuovo paragone tratto dalla vita quotidiana, a mio avviso particolarmente calzante dal momento che, per la rappresentazione rimossa, le condizioni sono analoghe a quelle poste nel nostro paese al dentista americano, impossibilitato a esercitare la sua professione se non servendosi come prestanome e schermo dinanzi alla legge di un dottore in medicina, in possesso di regolare laurea. E come i medici con più vasta clientela non sono di fatto quelli che pervengono a tali accordi con gli odontotecnici, così in termini psichici le rappresentazioni, preconsce o consce, che abbiano richiamato su di sé una buona dose dell'attenzione attiva nel preconscio non sono proprio quelle che vengono scelte a copertura di una rappresentazione rimossa. L'inconscio infatti preferisce circondare con i suoi collegamenti o quelle impressioni e rappresentazioni del preconscio che, per via della loro indifferenza, non sono state proprio prese in considerazione, oppure quelle che di questa considerazione sono state private ben presto dalla condanna. Il principio per cui le rappresentazioni che hanno stretto un legame molto forte in un senso si chiudono in qualche modo a collegamenti nuovi è un principio ben noto della teoria associativa, comprovato da tutte le esperienze. Su di esso in passato ho tentato di basare una teoria delle paralisi isteriche. Nel momento in cui siamo disposti a riconoscere che nel sogno si fa valere lo stesso bisogno di traslazione da parte delle rappresentazioni rimosse, a noi noto dall'analisi delle nevrosi, abbiamo sciolte in una volta sola due delle sue aporie: quella per cui l'analisi del sogno rivela l'intrusione di un'impressione recente, e l'altra per cui quest'elemento recente sia di solito del tipo più indifferente. Se sommiamo quanto appreso altrove, ovvero che tali elementi recenti e indifferenti pervengono di solito al contenuto onirico al posto di quelli più lontani provenienti dai pensieri del sogno, essendo allo stesso tempo quelli che meno temono la censura di resistenza, abbiamo spiegata, grazie a quest'ultima osservazione, la preferenza per gli elementi banali, mentre la costanza degli elementi recenti ci lascia intuire l'obbligo alla traslazione. I due gruppi di impressioni soddisfano la pretesa dell'elemento rimosso di ottenere materiale ancora libero da associazioni, perché le impressioni indifferenti non hanno dato adito a molte associazioni, mentre per quelle recenti non ce n'è stato ancora il tempo. Apprendiamo dunque come i residui diurni (a cui ora possiamo sommare le impressioni indifferenti) non solo prendono in prestito – e più precisamente dall'*Inc* la forza motrice di cui dispone il desiderio rimosso, quando partecipano più attivamente alla generazione del sogno, ma offrono anche qualcosa all'inconscio e più precisamente qualcosa di indispensabile, ovvero il punto di aggancio necessario per la traslazione. Se volessimo indagare più a fondo i processi psichici, dovremmo far luce sul gioco degli eccitamenti tra preconscio e inconscio; infatti lo studio delle psiconevrosi va in questa direzione, mentre il sogno non offre argomenti a questa indagine. Un'ultima osservazione sui residui diurni. È indubbio che siano proprio loro a disturbare veramente il sonno e non i sogni, che invece cercano in ogni modo di proteggerlo. Più avanti torneremo su questo punto.

Finora abbiamo fatto derivare il desiderio onirico dalla regione dell'*Inc* e ne abbiamo circoscritto il rapporto coi residui diurni, che a loro volta possono essere desideri, sollecitazioni psichiche di qualsiasi altro tipo, o anche semplici impressioni recenti; in questo modo abbiamo aperto la strada all'importanza del lavoro ideativo vigile in ogni sua varietà nei confronti della formazione del sogno.

Sotto questa luce si potrebbero anche spiegare quei casi limite in cui il sogno, nel ruolo di continuatore del lavoro diurno, conduce a buon esito un compito irrisolto della veglia. Manca qui un esempio la cui analisi permetta di individuare la sorgente di desiderio infantile o rimossa che, una volta attivata, ha rinsaldato con buoni risultati il lavoro dell'attività preconscia. Ma ancora ben lontana appare la risposta alla domanda perché l'inconscio nel sonno non sa offrire altro che la forza motrice per l'appagamento di un desiderio. La soluzione dell'enigma, a cui si potrà giungere mediante lo schema di apparato psichico che abbiamo tracciato, deve chiarire la natura psichica dell'atto di desiderio. Che tale apparato abbia raggiunto ormai la perfezione dopo una lunga evoluzione è fuori dubbio, ma è interessante tornare a uno stadio precedente della sua capacità operativa. Sappiamo, in base a supposizioni che però dovrebbero muovere da altri presupposti, che all'inizio esso tendeva a rimanere il più possibile scevro da stimoli, e che quindi il suo schema originario era quello di un apparato riflesso, grazie al quale allontanava velocemente per via motoria gli eccitamenti sensitivi provenienti dall'esterno. Tuttavia, l'urgenza vitale turba quest'attività basica e proprio grazie a essa l'apparato riceve l'impulso a uno sviluppo successivo, nella forma, inizialmente, dei grandi bisogni fisici; l'eccitamento prodotto da tali bisogni cercherà uno sfogo nella motilità, che chiameremo "mutamento interno" o "espressione del moto dell'animo". Si pensi a un bambino affamato: se rimane inascoltato grida e si agita; tuttavia la situazione non conoscerà sviluppi, perché l'eccitamento che deriva dal bisogno interno non corrisponde a una forza agente in quel momento, ma a una che opera incessantemente. Una svolta si ha quando, in qualunque modo avvenga, con l'aiuto di altri, il bambino esperimenta il *soddisfacimento* che sospende lo stimolo interno; è in questa fase che compare una determinata percezione (nel nostro esempio è l'alimento), la cui immagine mnestica d'ora in avanti rimarrà associata alla traccia mnestica dell'eccitamento generato dal bisogno. Non appena tale bisogno si affaccia una seconda volta, un moto psichico, dovuto al collegamento stabilito, tende a reinvestire l'immagine mnestica corrispondente a quella percezione e riprovoca la percezione stessa: in qualche modo si ripropone la situazione del soddisfacimento iniziale. Chiamiamo "desiderio" un moto di questo tipo, il cui appagamento si ha nel riaffacciarsi della percezione, che si raggiunge nel modo più rapido muovendo dall'eccitamento dovuto al bisogno all'investimento totale della percezione. Nulla esclude la possibilità che in uno stato primitivo dell'apparato psichico l'appagamento si raggiunga proprio in questo modo e che l'atto del desiderio sfoci quindi in un'allucinazione. Questo primitivo lavoro psichico è teso quindi a un'identità di percezione, ovvero alla ripetizione della percezione collegata col soddisfacimento del bisogno. Tale attività mentale originaria dev'esser stata tradotta in un'attività secondaria più funzionale da un'esperienza vitale negativa. La produzione, all'interno dell'apparato psichico, dell'*identità di percezione* nelle modalità regressive, più veloci, non è connessa con l'esito che si ottiene altrove con l'investimento della stessa percezione dall'esterno; senza soddisfacimento, rimane il bisogno. Un livellamento di investimento interno ed esterno si avrebbe con la permanenza ininterrotta del primo, che è quanto avviene realmente nelle psicosi allucinatorie e nelle fantasie da fame, la cui attività psichica si esaurisce nell'atto di *bloccare l'oggetto desiderato*. È necessario impedire la totale regressione al fine di raggiungere un impiego più conveniente della forza psichica, in modo che la prima non vada oltre l'immagine mnestica e da qui abbia modo di trovare altre vie che consentono infine di stabilire la desiderata identità percettiva a partire dal mondo esterno.[322]

Impedire ciò, così come deviare l'eccitamento, è compito di un secondo sistema che domina la motilità volontaria, ovvero che, nella propria attività, include l'impiego della motilità per gli obiettivi prima ricordati. La complessa attività di pensiero, che va dall'immagine mnestica fino alla produzione dell'identità di percezione mediante il mondo esterno, non rappresenta però che una *modalità indiretta* di *soddisfacimento di desiderio*, resa necessaria dall'esperienza.[323] Il pensiero infatti altro non è che il surrogato del desiderio allucinatorio, mentre è chiaro che il sogno sia il soddisfacimento di un desiderio dal momento che nulla, eccetto questo, ha la facoltà di attivare il nostro apparato psichico. Il

322 In altre parole, è necessaria l'istituzione di un "esame di realtà". [Nota aggiunta nel 1919]

323 Ha ragion d'essere l'esaltazione che J. Le Lorrain, *Rev. Phil.*, vol. 40, 59 (1895), fa del soddisfacimento di desiderio nel sogno: "Senza reale fatica, senza essere costretto a ricorrere a questa lotta ostinata e lunga che usa e corrode le gioie raggiunte."

sogno, appagatore di desiderio nella modalità breve regressiva, ci offre così un assaggio del metodo operativo primario dell'apparato psichico, abbandonato in quanto inadatto all'obiettivo. Quello che prima aveva potere sulla veglia, quando l'attività psichica era ancora giovane e inesperta, sembra relegato nella vita notturna, quasi come le armi primitive, l'arco e la freccia che, abbandonate dall'adulto, troviamo ancora nella stanza dei bambini. *L'atto di sognare è un brano della superata vita psichica infantile.* Nelle psicosi, questi procedimenti operativi dell'apparato psichico, generalmente repressi nella veglia, acquistano nuovo potere, per poi rivelarsi incapaci di soddisfare i nostri bisogni di fronte al mondo esterno.[324]

A quanto pare, i moti di desiderio inconsci provano a imporsi anche durante il giorno, cercando una via attraverso il sistema del preconscio fino alla coscienza e al dominio della motilità, come provano tanto la traslazione quanto le psicosi. Nella censura tra *Inc* e *Prec* che il sogno ci impone, siamo quindi costretti ad ammettere e rispettare il custode della nostra salute mentale; sarà forse avventato allora che questi allenti di notte la propria attività, permettendo ai moti repressi dell'*Inc* di esprimersi e rendendo di nuovo possibile la regressione allucinatoria? Io non credo, perché quando il custode vigile riposa (benché sappiamo che non dorme profondamente) chiude anche ogni accesso alla motilità e così, quali che siano gli impulsi dell'*Inc*, normalmente inibito, che cercano di esprimersi, possiamo stare tranquilli perché restano innocui, non potendo azionare l'apparato motorio, il solo in grado di avere ripercussioni sul mondo esterno; insomma, lo stato di sonno garantisce l'incolumità della fortezza da sorvegliare. Più pericoloso è quando lo spostamento delle forze non è provocato dalla riduzione notturna dell'impegno di energie della censura critica, ma da un loro indebolimento patologico, o da un rafforzamento patologico degli eccitamenti inconsci, mentre il preconscio è investito e gli accessi alla motilità sono liberi; in questo caso il custode viene sbaragliato, gli eccitamenti inconsci sottomettono il preconscio e prendono il sopravvento sulle nostre parole e sulle nostre azioni, oppure conquistano con la violenza la regressione allucinatoria e

[324] Altrove ho trattato questo punto (vedi *Precisazioni sui due princìpi dell'accadere psichico*, 1911) dove ho posto i due princìpi di piacere e di realtà.

dirigono l'apparato – destinato altrove – grazie all'attrazione che le percezioni esercitano sulla ripartizione della nostra energia psichica. Questo è lo stato che chiamiamo psicosi.

Siamo a questo punto nelle migliori condizioni per portare avanti la costruzione dell'impalcatura psicologica, che abbiamo interrotto dopo l'inserimento dei due sistemi *Inc* e *Prec*; tuttavia dobbiamo ancora insistere sull'individuazione del desiderio come unica forza motrice psichica del sogno. Diamo per assodato che il sogno è sempre un soddisfacimento di desiderio in quanto prodotto del sistema Inc., il cui unico obiettivo è appunto l'appagamento di un desiderio e le cui uniche forze sono quelle rappresentate dai moti di desiderio. Se continuiamo con tali speculazioni psicologiche sull'interpretazione del sogno, non possiamo tacere che per mezzo di esse il sogno si colloca in un contesto che può includere anche altre formazioni psichiche. Se esiste un sistema dell'*Inc*, o qualcosa di affine per quel che riguarda la nostra trattazione, il sogno non può esserne l'unica manifestazione; è possibile che tutti i sogni siano il soddisfacimento di un desiderio, ma oltre a essi devono pur esistere altre forme di appagamenti anomali di desideri. In realtà la teoria di tutti i sintomi psiconevrotici conduce alla conclusione che *anch'essi vanno interpretati come appagamenti di desiderio dell'inconscio.*[325] Nella nostra trattazione il sogno è il primo anello in una serie assai importante per lo psichiatra, la cui comprensione risolve il lato strettamente psicologico del lavoro psichiatrico;[326] tuttavia conosco un carattere essenziale di altri anelli di questa serie, come dei sintomi isterici, che ancora mi sfugge nel sogno. Dalle indagini che abbiamo riferito altrove in questa trattazione, mi è chiaro che per generare un sintomo isterico devono convergere le due correnti della nostra vita psichica; il sintomo non è solo espressione di un desiderio inconscio realizzato, ma, con esso, deve appagarsi anche un desiderio del preconscio, così che il sintomo sia determinato almeno due

[325] Più esattamente, una parte del sintomo corrisponde al soddisfacimento inconscio di un desiderio, un'altra alla formazione reattiva nei confronti di tale soddisfacimento. [Nota aggiunta nel 1914]

[326] Hughlings Jackson aveva detto: "Trovate l'essenza del sogno e avrete trovato tutto quel che si può sapere intorno alla follia." [Nota aggiunta nel 1914]

volte, ovvero da entrambi i sistemi in conflitto. Come nel sogno, non ci sono limiti a un'ulteriore sovradeterminazione, mentre la determinazione che non deriva dall'Inc ritengo che corrisponda regolarmente a una serie di pensieri di reazione nei confronti del desiderio inconscio, come un'autopunizione. In termini del tutto generali, direi che *un sintomo isterico si genera soltanto quando due appagamenti di desiderio opposti, ciascuno proveniente da un sistema psichico diverso, possono coincidere in un'unica espressione.* (Si vedano su questo punto le ultime mie trattazioni sull'origine dei sintomi isterici nel saggio *Fantasie isteriche e loro rapporti con la bisessualità*, 1908.) Inutili sarebbero qui degli esempi, poiché solo una spiegazione esaustiva di tali complicati rapporti sarebbe convincente; ma voglio ugualmente riferire un esempio, non perché risulti dimostrativo, ma solo per la sua capacità di fare chiarezza. Una mia paziente tramite il vomito isterico esaudiva una fantasia inconscia dell'età giovanile, ovvero il desiderio di essere sempre incinta e di avere tantissimi figli; a questa poi si aggiunse il desiderio di averli dal maggior numero possibile di uomini. Contro questo desiderio sfrenato si era generato un vigoroso moto di difesa, ma, dal momento che col vomito la paziente poteva perdere la sua bellezza così da non piacere più a nessun uomo, il sintomo perveniva comunque alla serie di idee di punizione e, accolto da entrambe le parti, si fece reale. Lo stesso modo di pervenire al soddisfacimento di un desiderio fu adottato dalla regina dei Parti nei confronti del triumviro Crasso; giudicando la sua campagna mossa da una sete di oro, dopo la sua morte gli fece colare oro fuso in gola. «Così hai quel che desideravi.» Per quel che sappiamo, il sogno esprime solo un appagamento di desiderio dell'inconscio; non mi risulta che il potente sistema preconscio, una volta costretto l'appagamento a certe deformazioni, opponga alcuna resistenza. In generale non possiamo dimostrare che nel sogno si realizzi, nel ruolo di antagonista, un pensiero antitetico al desiderio del sogno. Talvolta l'analisi dei sogni ci ha presentato segni di creazioni reattive: un caso è la tenerezza per l'amico R. nel sogno dello zio; altrove tuttavia incontriamo l'elemento mancante, proveniente dal preconscio. Se il sogno, dopo le più varie deformazioni, finisce per esprimere un desiderio dell'*Inc,* il sistema dominante ripiega su quello di *dormire*, che realizza con la produzione di quei mutamenti d'investimento energetico di cui è capace nell'ambito dell'apparato psichico, per poi bloccarlo per tutta la durata del sonno.[327] La formazione del sogno risulta dunque facilitata da questo continuo desiderio di dormire del preconscio. Si consideri il sogno del padre, che la luce proveniente dalla camera ardente induce a pensare che la salma abbia preso fuoco. L'azione del desiderio rappresentato nel sogno, che allunga di qualche attimo la vita del bimbo, è risultata una delle forze psichiche per cui il padre, nel sogno, arriva a tale conclusione invece che essere svegliato dalla luce. È probabile che non stiamo considerando altri desideri derivanti dal materiale perché non possiamo fare l'analisi del sogno; tuttavia siamo in grado di dire che la sua seconda forza motrice è la necessità del sognatore di dormire: il sogno, per un attimo, allunga sia la vita del bimbo che il sonno del padre. "Lo lascio agire, altrimenti devo svegliarmi": questo è ciò che ci diciamo. Quel che accade qui, si verifica anche in tutti gli altri sogni: il desiderio di sonno appoggia quello inconscio. Altrove abbiamo fatto l'esempio di alcuni sogni che appaiono chiaramente sogni di comodità; a dire la verità, tutti i sogni sono definibili così. Quelli di risveglio, elaboratori dello stimolo sensoriale esterno per renderlo compatibile con il prolungamento del sonno, in modo da inserirlo nel tessuto di un sogno e disattivare la sua facoltà di evocare il mondo esterno, sono i sogni in cui l'efficacia del desiderio di continuare a dormire si manifesta più apertamente; tuttavia, tale desiderio deve poter avere la sua parte anche in tutti gli altri sogni, che, come un campanello, possono scuotere lo stato di sonno solo dall'interno. "Lascia stare, continua a dormire: è solo un sogno" è ciò che il *Prec* talvolta comunica alla coscienza, quando il sogno va oltre i limiti, e descrive in termini del tutto generali – ma di nascosto – il comportamento dell'attività psichica dominante nei confronti del sogno. In conclusione, posso dire che *per tutta la durata della condizione di sonno siamo consapevoli di sognare tanto quanto di dormire;* è trascurabile l'obiezione per cui la nostra coscienza non viene mai indotta a prendere atto della prima certezza, mentre per quanto riguarda la seconda, ciò vale solo in una condizione particolare: quando la censura si sente sopraffatta. Ci sono invece persone che durante la notte conservano molto chia-

[327] Prendo in prestito quest'idea dalla teoria del sonno di A.-A. Liébeault, *Le sommeil provoqué et les états analogues* (Parigi 1889), a cui si deve la ripresa delle indagini sull'ipnosi.

ramente la consapevolezza del dormire e sognare e quindi sembrano avere una grande facoltà di governare la vita onirica. Ad esempio, se uno di questi sognatori è insoddisfatto dell'andamento di un sogno, lo interrompe senza svegliarsi e lo riprende dall'inizio per portarlo avanti in un altro modo, proprio come uno scrittore popolare che, su richiesta, dirige la sua commedia verso porti più felici. O, se il sogno lo porta in una situazione sessualmente eccitante, pensa nel sonno: "Non voglio continuare questo sogno se devo arrivare a una polluzione; preferisco rimandare la cosa a una situazione reale." Si legge in Vaschide che il marchese d'Hervey de Saint-Denys[328] avrebbe raggiunto sui propri sogni un potere tale da affrettarli e condurli nella direzione desiderata; è probabile che in lui un altro desiderio preconscio, osservare i propri sogni e compiacersene, abbia preso il posto di quello di dormire. Il sogno è conciliabile tanto con un tale proposito quanto con un deterrente posto a condizione del risveglio (sonno della balia); si sa poi che l'interesse per il sogno in tutti aumenta il numero dei sogni di cui al risveglio si conserva il ricordo. In merito ad altre considerazioni sulla direzione dei sogni, Ferenczi nota:[329] "Il sogno modifica totalmente il pensiero che in quel momento impegna la vita psichica, abbandonando l'immagine onirica che potrebbe inficiare l'appagamento di desiderio e tenta una nuova via, finché riesce ad appagare un desiderio che, con un compromesso, soddisfa le due istanze della vita psichica."

[328] Hervey de Saint-Denys, *Les rêves et les moyens de les diriger* (Parigi 1867) pp. 268 sgg.; N. Vaschide, *Le sommeil et les rêves* (Parigi 1911) p. 139.
[329] S. Ferenczi, *Zbl. Psychoanal.*, vol. 2, 31 (1911).

D. Il risveglio a causa del sogno. La funzione del sogno. Il sogno d'angoscia

Ora che sappiamo che, durante la notte, il preconscio è concentrato sul desiderio di dormire, possiamo fare un passo avanti nella conoscenza del processo onirico. Non senza aver prima riassunto le acquisizioni fatte sin qui. È dunque verosimile che il lavoro della vita desta lasci dietro di sé dei residui diurni, che conservano parte del loro investimento energetico; oppure che durante il giorno, il lavoro della veglia abbia destato un desiderio inconscio, o ancora che le due cose si trovino a coincidere: ci siamo già soffermati sulle possibili varietà del caso. Nell'attimo in cui sopravviene lo stato di sonno, se non già nel corso della giornata, il desiderio inconscio si dirige verso i residui diurni e si traspone ad essi. Prende così forma un desiderio traslato sul materiale recente, oppure il desiderio recente, represso, si ravviva, investito da un rafforzamento dell'inconscio. A questo punto, esso vorrebbe avanzare verso la coscienza percorrendo le normali vie dei processi ideativi, passando attraverso il *Prec*, dal quale attinge una sua componente. Ma va a sbattere contro la censura, che è ancora attiva, e si piega alla sua influenza. A questo punto, esso subisce la deformazione che si era già delineata nel corso della trasposizione sul materiale recente. In questa fase, esso è dunque avviato a divenire in qualche misura analogo a una rappresentazione ossessiva, una fissazione delirante e via dicendo, ossia simile a un pensiero rafforzato da una trasposizione, deformato nella propria espressione da una censura. Tuttavia, lo stato di sonno del preconscio impedisce di procedere oltre; è probabile che il sistema, per difendersi dall'irruzione, abbia ridotto i suoi eccitamenti. Il processo onirico si avvia così verso la regressione, resa per l'appunto possibile dalla peculiarità dello stato di sonno, e segue nel suo cammino l'attrazione esercitata da insiemi mnestici, a loro volta presenti solo in forma di investimenti energetici di natura visiva, e non come trasposizione segnica dei sistemi successivi. Lungo il percorso di regressione, esso acquista raffigurabilità. (Parleremo più avanti della compressione). In questo modo, esso ha terminato la seconda parte del suo accidentato percorso. La prima parte andava, progressivamente, dalle scene e fantasie inconsce al preconscio, la seconda, dal confine della censura, procede a ritroso verso le percezioni. Il fatto che il processo onirico diventi contenuto percettivo implica che abbia trovato il modo di aggirare l'ostacolo che la censura e lo stato di sonno gli opponevano nel preconscio. Esso riesce a farsi notare e a non passare inosservato alla coscienza. Questa infatti, che svolge la funzione di organo sensoriale cui spetta il riconoscimento delle qualità psichiche, può essere risvegliata nella vita desta a partire da due punti. In primo luogo dalla periferia dell'intero apparato, dal sistema percettivo; in secondo luogo dalle sensazioni di piacere e dispiacere, che sembrano essere pressapoco le sole qualità psichiche che presiedono la distribuzione di energia all'interno dell'apparato. Tutti gli altri processi che operano nei sistemi ψ, anche quelli del *Prec*, sono privi di qualsivoglia qualità psichica e non ricadono quindi nella sfera della coscienza, in quanto non caratterizzano la sua percezione con sensazioni di piacere o dispiacere. È giunto il momento di riconoscere che *questi flussi di piacere o dispiacere regolano in maniera automatica lo svolgersi dei processi di investimento energetico.* In un secondo momento, si è reso necessario dare al flusso delle rappresentazioni un'indipendenza maggiore dai sintomi di dispiacere, per consentirgli operazioni più delicate. A questo scopo, abbiamo dovuto riconoscere al sistema *Prec* delle qualità proprie, tali da attrarre la coscienza, qualità che con ogni probabilità esso trae dal collegamento dei processi preconsci con il sistema mnestico dei segni linguistici, che non è privo di qualità psichiche. Attraverso le qualità di questo sistema, la coscienza – che prima funzionava come mero organo sensoriale per l'assunzione delle percezioni – diventa un organo sensoriale deputato ad assumere parte dei nostri processi ideativi. È come se ora ci fossero due livelli sensoriali, uno rivolto alla percezione, l'altro ai processi ideativi preconsci. Devo presumere che il sonno renda il livello sensoriale della coscienza rivolto al *Prec.* Molto meno meno eccitabile di quello rivolto ai sistemi percettivi. Il fatto che i processi ideativi notturni perdano di interesse ha un suo scopo ben definito: nel pensiero tutto deve essere fermo; il *Prec* esige di dormire. Ma, una volta trasformato in percezione, il sogno riesce ad eccitare la coscienza in virtù delle nuove qualità acquisite. L'effetto di questo eccitamento sensoriale risponde pienamente alla propria funzione, che consiste nell'indirizzare verso la fonte di eccitamento, come centro d'attenzione, una parte dell'energia di investimento disponibile nel *Prec.* Bisogna quindi riconoscere che il sogno ha sempre una funzione di risveglio, dal momento che mette in moto una parte della forza inattiva del *Prec.* Il sogno subisce quindi, ad opera di questa forza, un'influenza che, in relazione alla coerenza e all'intelligibilità, abbiamo denominato «elaborazione secondaria». Ciò significa che il sogno subisce un trattamento identico a quello di ogni altro contenuto percettivo; fin dove il suo materiale glielo permette, viene sottoposto alle stesse rappresentazioni anticipatrici. Volendo ravvisare una direzione per questa terza fase del processo onirico, essa è ancora una volta la direzione progressiva.

Per evitare fraintendimenti, sarà bene spendere qualche parola sulle caratteristiche temporali di questi processi. Goblot, seguendo un ragionamento oltremodo seducente, che si direbbe ispirato all'enigma del sogno della ghigliottina di Maury, tenta di dimostrare che l'unico tempo richiesto dal sogno è quello dell'intervallo di transizione fra sonno e risveglio. Serve del tempo per svegliarsi, ed è in questo intervallo di tempo che si sogna. Immaginiamo che l'ultima immagine del sogno sia stata tanto intensa da costringerci al risveglio. In realtà era tanto più intensa quanto più in quel momento eravamo già sul punto di destarci. «Un sogno è l'inizio di un risveglio».

Già Dugas ha fatto notare come Goblot sia costretto a passare sotto silenzio molti fatti reali per sostenere la sua tesi in linea di principio. Esistono anche sogni dai quali non ci si risveglia, come ad esempio i sogni nei quali si sogna di sognare. Tutto ciò che sappiamo riguardo il lavoro onirico ci impedisce nel modo più assoluto di relegarlo unicamente all'attimo del risveglio. Per converso, dobbiamo ritenere probabile che la prima parte del lavoro onirico prenda avvio già durante il giorno, quando siamo ancora nel regno del preconscio. La seconda parte, la trasformazione operata dalla censura, l'attrazione esercitata dalle scene inconsce, l'aprirsi alla percezione: è lecito supporre che tutto ciò non si arresti mai nel corso di tutta la notte, e a tale riguardo, non temiamo di sbagliarci quando diciamo che ci è parso di aver sognato per tutta la notte, anche se non sappiamo dire che cosa. Ma non mi sembra necessario immaginare che i processi onirici rispettino fedelmente, nel loro affiorare alla coscienza, la scansione temporale che abbiamo descritto: che cioè esista da principio il desiderio trasposto, a seguire la deformazione per opera della censura e infine l'inversione regressiva di direzione. È una suddivisione utile ai soli fini della descrizione; in realtà si tratta piuttosto di tentativi simultanei in questa e quella via, di oscillazioni dell'eccitamento in una direzione o nell'altra. Fin quando, alla fine, un determinato raggruppamento diviene stabile perché più adatto all'accumulazione. Le mie esperienze personali potrebbero addirittura indurmi a credere che il lavoro onirico impieghi spesso più di un giorno e di una notte per giungere a un risultato e, se così fosse, le abili evoluzioni della costruzione onirica cesserebbero di apparire portentose. A mio vedere, perfino le attività intellegibili che interessano il sogno in quanto evento percettivo, possono dirsi compiute prima che il sogno richiami a sé la coscienza. È tuttavia innegabile che da questo momento in poi il processo subisca un'accelerazione, dal momento che il sogno viene ora trattato alla stregua di un qualsiasi altro oggetto della percezione. È come un fuoco d'artificio, che richiede ore di preparazione e poi brucia in un attimo.

Attraverso il lavoro del sogno, il processo onirico può acquistare un'intensità sufficiente ad attirare la coscienza e risvegliare il preconscio, senza che la durata e la profondità del sonno influiscano sulla sua attività; oppure, può succedere che la sua intensità non sia sufficiente, e allora il sogno rimane in attesa fino a che, subito prima del risveglio, l'attenzione, che si è fatta più vigile, non gli va incontro. Sembra che la maggior parte dei sogni disponga di un'intensità psichica relativamente debole, dal momento che vive in attesa del risveglio. Questo spiega anche il modo in cui solitamente percepiamo qualcosa di ciò che abbiamo sognato quando veniamo svegliati all'improvviso da un sonno profondo. Come nel risveglio spontaneo, l'attenzione si concentra dapprima sul contenuto percettivo che risulta dal lavoro onirico, e subito dopo si sposta su ciò che avviene intorno a noi.

I sogni che ricoprono un maggiore interesse teorico sono quelli che ci costringono al risveglio nel bel mezzo del sonno. Possiamo chiederci, avendo presente le funzioni dimostrabili in ogni altro fenomeno, perché il sogno, e dunque il desiderio inconscio, abbia il potere di disturbare il sonno, vale a dire l'appagamento del desiderio preconscio. Ciò dipende probabilmente da relazioni energetiche che ci sono ignote. Se le conoscessimo, scopriremmo probabilmente che la libertà d'azione concessa al sogno e l'attenzione più o meno spassionata che ad esso è dedicata, costituiscono un risparmio d'energia, che non si verificherebbe nel caso in cui l'inconscio dovesse essere imbrigliato durante la notte come lo è di giorno. L'esperienza insegna che il sognare, anche se nella notte interrompe più volte il sonno, non è incompatibile con il dormire. Ci si sveglia per un attimo e subito ci si riaddormenta. È come quando, dormendo, si scaccia una mosca: ci si sveglia *ad hoc*. Quando ci si riaddormenta, l'elemento di disturbo sparisce. L'appagamento del desiderio di dormire, come dimostrano i noti esempi del sonno della balia e così via, è senza dubbio compatibile con il mantenimento di una certa dose d'attenzione in una direzione determinata.

Si solleva a questo punto un'obiezione, che trova fondamento nella conoscenza più approfondita dei processi inconsci. Abbiamo definito «sempre attivi» i desideri inconsci. Ciò malgrado, durante il giorno non sembra che essi abbiano una forza sufficiente a renderli percettibili. Se però il desiderio inconscio, in uno stato di sonno, si dimostra forte abbastanza da generare un sogno e destare con esso il preconscio, perché questa forza si esaurisce nel momento in cui si prende coscienza del sogno stesso? Non dovrebbe piuttosto il sogno rinnovarsi senza sosta, proprio come la mosca fastidiosa che dopo essere stata scacciata torna una e più volte? Cosa ci ha permesso di affermare che il sogno elimina i disturbi del sonno?

È del tutto vero che i desideri inconsci rimangono sempre attivi. Essi rappresentano strade che possono essere sempre percorse se solo servono al passaggio di una scarica di eccitamento. Essere indistruttibili è una delle caratteristiche fondamentali dei processi inconsci. Nell'inconscio nulla giunge a un termine, nulla è passato o dimenticato. Lo studio delle nevrosi, specie dell'isteria, lo dimostra in termini particolarmente chiari. La via dei pensieri inconsci, che si scarica durante la crisi, può essere nuovamente percorsa non appena si accumula un eccitamento sufficiente. Un'umiliazione subita trent'anni fa, se solo riesce a trovare l'accesso alle fonti affettive dell'inconscio, si ripresenta sotto forma di umiliazione attuale. Basta sfiorarne il ricordo perché essa torni a vivere, investita di un eccitamento che, a sua volta, trova nella crisi la sua scarica motoria. È qui che deve intervenire la psicoterapia. Ad essa spetta dare soluzione e oblio ai processi inconsci. Infatti l'affievolirsi dei ricordi e la debolezza affettiva delle impressioni non più recenti, che siamo portati a considerare normale e ad attribuire all'influsso primario del tempo sui residui mnestici della psiche, è in realtà una trasformazione secondaria che avviene tramite un lavoro faticoso. È il preconscio che compie questo lavoro e *la psicoterapia non può percorrere altra strada che quella di piegare l'Inc al dominio del Prec.*

Esistono quindi due vie d'uscita per il singolo processo d'eccitamento inconscio. Esso può essere abbandonato a se stesso, e allora finisce per trovare sbocco in un determinato punto, trovando in questo modo una via di fuga all'eccitamento nella motilità; oppure può sottostare all'influenza del preconscio, che *lega a sé* l'eccitamento invece di *respingerlo. Quest'ultima condizione è quella tipica del processo onirico.* L'investimento energetico che, prese le mosse dal preconscio, va incontro al sogno divenuto percezione, perché vi è stato indirizzato dall'eccitamento della coscienza, lega l'eccitamento inconscio del sogno e gli impedisce di agire da elemento di disturbo. Appena sveglio, il sognatore ha effettivamente scacciato per un attimo la mosca che minacciava di turbare il suo sonno. Possiamo intuire, giunti a questo punto, che era davvero più conveniente e vantaggioso lasciare piena libertà al desiderio inconscio, instradarlo alla regressione in modo che potesse creare un sogno e poi legare e neutralizzare questo sogno a costo di un piccolo dispendio di lavoro preconscio, piuttosto che imbavagliare l'inconscio anche durante il sonno. Di fatto, c'era da aspettarsi che il sogno, sebbene non nascesse come processo con un suo scopo prefisso, avrebbe finito per giocare un ruolo nel campo di forze della vita psichica. Vediamo ora che genere di ruolo è il suo. Il suo compito è quello di ricondurre l'eccitamento rimasto libero dell'*Inc* sotto il dominio del *Prec.* Così facendo, esso tiene a distanza l'eccitamento dell'inconscio, opera come una sorta di valvola, e al contempo assicura il sonno del preconscio, in cambio di un modesto dispendio di attività vigile. Come tutte le altre formazioni psichiche della sua sorta, il sogno diviene una soluzione di compromesso posta al servizio dei due sistemi, dei quali appaga i desideri, qualora siano fra loro conciliabili. Se volgiamo uno sguardo alla «teoria dell'eliminazione» di Robert, ammetteremo di dover convenire con lui sul punto fondamentale, ossia la determinazione della funzione del sogno, pur dissentendo dalle sue premesse e dalla sua analisi del processo onirico.[330]

[330] È questa la sola funzione che possiamo riconoscere al sogno? Altre non ne conosco. A. Maeder in *Jb. Psychoanal. Psychopath. Forsch.*, vol. 4, 692 (1912), è vero, ha tentato di riconoscere al sogno altre funzioni "secondarie". Maeder partiva dalla giusta osservazione che alcuni sogni

La limitazione *"qualora i due desideri siano fra loro conciliabili"* implica l'eventualità che la funzione del sogno fallisca in determinati casi. Il processo onirico appare in un primo momento come appagamento di un desiderio dell'inconscio; se in questa funzione di appagamento, il sogno investe il preconscio con un'intensità che ne turba la tranquillità, significa che il sogno è venuto meno ai patti, ha eluso la seconda parte del suo compito. Il sogno si interrompe senza preavviso e viene sostituito dal pieno risveglio. A ben vedere, anche in questo caso non si può addossare al sogno la responsabilità dell'azione di disturbo sul sonno, di cui solitamente è il custode, e non è il caso di mettere in dubbio la sua utilità. Questo non è l'unico esempio in cui, nell'organismo, un congegno che di norma è funzionale, diviene inefficace e di intralcio nel momento in cui le condizioni da cui si origina subiscono un'alterazione; il disturbo risponde allora a una nuova funzione, quella cioè di segnalare l'alterazione e mettere in moto gli strumenti dell'organismo deputati a regolarla.

Un buon esempio è offerto dal sogno d'angoscia, e affinché non si creda che voglio evitare, ogni qualvolta essa incroci la mia strada, la teoria dell'appagamento di desiderio, inizierò con il dare qualche cenno che ci avvicini alla sua spiegazione. Da tempo ormai non vediamo nulla di contraddittorio nel fatto che un processo

contengono tentativi di risolvere conflitti (tentativi realmente effettuati più tardi) e che si comportano dunque come esercizi preparatori dell'attività della veglia. Maeder propose quindi un parallelo fra i sogni e i giochi degli animali e dei bambini, che vanno letti come esercizio preliminare di istinti congeniti e preparazione a una successiva attività, e teorizzò una *fonction ludique* del sogno. Poco prima di Maeder, anche A. Adler (*Zbl. Psychoanal.*, vol. 1, 215 n. 1911), aveva dato rilievo alla funzione di "premeditazione" del sogno. Ma basta una semplice considerazione a mostrarci che questa funzione "secondaria" del sogno non trova alcuna applicazione nel quadro dell'interpretazione del sogno. Premeditare, concepire progetti, elaborare tentativi di soluzione, che poi eventualmente possono operare nella veglia, tutto questo e altro ancora rappresenta l'attività inconscia e preconscia dello spirito, che può prolungarsi nello stato di sonno, come "residuo diurno", che può pertanto legarsi a un desiderio inconscio per formare il sogno. La funzione premeditatrice del sogno è quindi, piuttosto, una funzione del pensiero vigile preconscio, il cui risultato può emergere attraverso l'analisi dei sogni o di altri fenomeni. Dopo aver fatto coincidere a lungo il sogno con il suo contenuto manifesto, bisogna evitare ora di confonderlo con i suoi pensieri latenti. [Nota aggiunta nel 1914] psichico latore di angoscia possa servire ciò malgrado ad appagare un desiderio. A mo' di spiegazione, valga il fatto che il desiderio fa parte di un sistema, l'*Inc*, ed è invece rifiutato e represso nel sistema del *Prec.*[331] Anche nel caso di perfetta salute mentale, non si ha mai un'assoluta sottomissione dell'*Inc* al *Prec*; la misura di questa repressione ci indica il grado della nostra normalità psichica. I sintomi nevrotici ci danno a intendere che i due sistemi sono fra loro in conflitto; essi sono il prodotto di un compromesso che impone a questo conflitto una fine provvisoria. Se da una parte permettono all'*Inc* di far defluire il suo eccitamento, funzionando come valvole di sfogo, dall'altra costringono in qualche modo l'*Inc* sotto il dominio del *Prec.* Un esempio istruttivo è dato dall'analisi del significato di una fobia isterica o dell'agorafobia. Un nevrotico che non riesce ad attraversare da solo la strada ci induce a parlare

[331] Un secondo momento, ben più rilevante e significativo, ma non di meno trascurato dai profani è il seguente. L'appagamento di un desiderio dovrebbe senz'altro produrre piacere ma, ci si chiede, a chi? Naturalmente, a chi desidera. Sappiamo però che il sognatore ha un rapporto del tutto speciale con i propri desideri. Li rifiuta, li censura, in breve non li vuole. L'appagamento di un desiderio, quindi, può non arrecargli alcun piacere, ma al contrario dispiacergli. E l'esperienza c'insegna che questo contrario – che dobbiamo ancora spiegare – si manifesta in forma di angoscia. Il sognatore può dunque essere paragonato, nel suo rapporto con i propri desideri onirici, soltanto alla somma di due persone, congiunte fra loro da molti elementi comuni. Invece di proseguire con l'argomentazione, vi racconterò una famosa fiaba, nella quale si ritrovano le stesse relazioni. Una buona fata promette a due poveri, marito e moglie, di esaudire i loro primi tre desideri. I due, al colmo della gioia, si propongono di sceglierli accuratamente. Ma la donna si lascia tentare dall'odore di salsicce arrostite che viene dalla casa vicina a desiderarne un paio per sé. Le due salsicce appaiono all'istante. Il primo desiderio è esaudito. L'uomo monta su tutte le furie e al colmo dell'esasperazione desidera che le salsicce pendano dal naso della moglie. Anche questo desiderio si compie e le salsicce non si staccano più dal naso; questo è il secondo desiderio appagato, ma è il desiderio dell'uomo, e la donna non ne è punto contenta. Si sa come continua la favola. Poiché in fin dei conti i due sono una cosa sola, marito e moglie, il terzo desiderio deve essere che le salsicce si stacchino dal naso della donna. Questa fiaba potrebbe applicarsi a molti altri contesti; in questo caso ci serve soltanto a illustrare la possibilità che l'appagamento del desiderio di una persona produca scontento nell'altra, se non c'è accordo fra loro. [Nota aggiunta nel 1919]

giustamente di «sintomo». Se eliminassimo il sintomo, costringendo il malato all'azione di cui non si ritiene capace, otterremmo una crisi d'angoscia, e d'altronde da una crisi d'angoscia per strada è scaturita spesso l'agorafobia. Comprendiamo in questo modo che ci si è costruiti un sintomo per evitare che esploda l'angoscia; la fobia si erge davanti all'angoscia come una fortezza di confine.

Prima di proseguire la trattazione è necessario prendere in esame il ruolo che gli stati affettivi svolgono in questi processi; ma potremo farlo qui solo in misura parziale. Partiamo pertanto dalla premessa che la repressione dell'*Inc* diventa necessaria specialmente perché le rappresentazioni, lasciate libere di fluire, produrrebbero nell'*Inc* una condizione affettiva che, sebbene in principio avesse carattere di piacere, dopo la rimozione acquista carattere di dispiacere. La repressione si ripropone, efficacemente, di impedire lo sviluppo di questo dispiacere. La repressione interessa anche il contenuto rappresentativo dell'*Inc*, perché proprio da lì potrebbe avere origine la scarica di dispiacere. Queste considerazioni poggiano su un'ipotesi ben precisa che riguarda i sistemi di produzione degli stati affettivi. Li si considera alla pari di attività motorie o secretorie, che si innervano a partire dalle rappresentazioni dell'*Inc*. Sottoposte al dominio del *Prec*. queste rappresentazioni vengono in un certo senso soffocate, e gli impulsi che generano gli affetti vengono inibiti all'atto dell'emissione. Il rischio, una volta cessato l'investimento energetico da parte del *Prec*, è rappresentato dal fatto che gli eccitamenti inconsci producono uno stato affettivo che, a causa della precedente rimozione, può manifestarsi solo sotto forma di dispiacere e di angoscia.

Questo rischio deriva dalla totale libertà di cui gode il processo onirico. Perché il rischio si avveri, è necessario che ci siano state delle *rimozioni* e che gli impulsi di desiderio repressi siano caratterizzati da un'intensità sufficiente. Si tratta di condizioni che esulano dal quadro psicologico della formazione del sogno. Farei volentieri a meno in questa sede di soffermarmi sul sogno d'angoscia e di affrontare i relativi punti oscuri, se solo lo specifico momento della liberazione dell'*Inc* durante il sonno non ricollegasse il nostro tema alla questione dello sviluppo d'angoscia.

Come ho già avuto modo di ripetere, la teoria del sogno d'angoscia rientra nella psicologia delle nevrosi. Stabilita la sua connessione con il tema del processo onirico, non c'è motivo per indugiare su di essa. Premesso che l'angoscia nevrotica ha origine sessuale, tutto ciò che mi resta da fare è porre al vaglio dell'analisi alcuni sogni d'angoscia, per dar conto del materiale sessuale presente nel loro pensiero latente.

Ai numerosi esempi che mi sono offerti da pazienti nevrotici ho buone ragioni per preferire i sogni d'angoscia di persone giovani.

Personalmente, non mi capita da decenni di avere un vero e proprio sogno d'angoscia. Ne ricordo uno che ebbi a sette od otto anni, che a trent'anni di distanza ho analizzato. Si trattava di un sogno molto vivido, *dove vedevo la mia amata mamma singolarmente calma in volto, addormentata, che veniva portata in camera e deposta sul letto da due (o tre) persone con becchi d'uccello.* Mi svegliai tra urla e pianti, disturbando il sonno dei miei genitori. Quelle altissime figure, con strani panneggi e becchi d'uccello, venivano dalle illustrazioni della Bibbia di Philippson; suppongo che fossero divinità dalle teste di falco di un bassorilievo sepolcrale dell'antico Egitto. L'analisi, inoltre, mi restituisce il ricordo del figlio di un portinaio, un ragazzino maleducato che spesso giocava con noi nel cortile davanti casa; mi pare si chiamasse Philipp. E ho l'impressione di avergli sentito pronunciare per la prima volta il termine con cui volgarmente si indica il rapporto sessuale, che le persone colte chiamano solo con un termine latino, «*co-ire*»; un termine cui le teste di falco alludono esplicitamente. A farmi indovinare il significato sessuale della parola deve essere stata l'espressione del volto del mio smaliziato maestrino. L'espressione che mia madre aveva nel sogno era una trasposizione del volto di mio nonno, che avevo visto sofferente durante il coma, pochi giorni prima che morisse. Pertanto l'elaborazione secondaria svolta dal sogno va interpretata come: «*la mamma sta morendo*», in accordo con il bassorilievo *sepolcrale*. Mi svegliai in preda all'angoscia e non smisi di piangere finché i miei genitori non si furono svegliati. Ricordo che appena vidi mia madre ritrovai la calma, come se avessi avuto bisogno di essere rassicurato: «allora non è morta». Tuttavia questa interpretazione secondaria risentiva dell'influsso dell'angoscia preesistente. L'angoscia non dipendeva dal fatto di aver sognato che la mamma stava morendo; avevo già interpretato il sogno in questi termini nell'elaborazione preconscia proprio perché ero già vittima dell'angoscia. L'angoscia, d'altronde, può essere fatta risalire, tramite la rimozione, a un oscuro desiderio, di natura indubbiamente sessuale, che nel contenuto visivo del sogno aveva trovato una consona espressione. Un uomo di ventisette anni, gravemente sofferente da un anno, ha avuto tra gli undici e i tredici anni un sogno ricorrente, che gli procurava un'intensa angoscia, in cui *si vedeva inseguito da un uomo con un'accetta; voleva correre ma si sentiva come paralizzato e non riusciva a muovere un passo.* Si tratta chiaramente di un sogno d'angoscia molto tipico e privo di allusioni sessuali. Nel corso dell'analisi, il sognatore riporta da principio un racconto fattogli dallo zio in un periodo successivo a quello del sogno: di notte era stato assalito per strada da un farabutto. Da quest'associazione, conclude che all'epoca del sogno gli potrebbe essere capitato di udire una storia analoga. Quanto all'accetta, egli ricorda che all'incirca in quel periodo si era ferito una mano con *l'ascia* mentre spaccava la legna. Da qui, senza soluzione di continuità, passa al suo rapporto con il fratello minore, con cui abitualmente veniva alle mani e che era solito gettare a terra; in particolare ricorda un'occasione in cui gli aveva sferrato un colpo in testa con uno stivale, facendolo sanguinare, e sua madre aveva detto: «Temo che prima o poi lo ammazzerà». Mentre indugia sul tema della *violenza*, lo attraversa d'un tratto un ricordo di quando aveva nove anni. I genitori erano rincasati tardi ed erano andati a letto mentre lui faceva finta di dormire; quindi aveva udito il suono di un respiro affannoso, accompagnato da rumori che lo avevano inquietato e aveva intravisto la posizione dei due genitori a letto. Il concatenarsi dei suoi pensieri dimostra che aveva stabilito una corrispondenza tra questo rapporto dei genitori e il suo con il fratello minore. Riassunse quanto accaduto fra i genitori con l'espressione: *violenza* e *botte*, concetto che trovava conferma nelle *tracce di sangue che dice di aver spesso visto nel letto della madre.*

Che il rapporto sessuale degli adulti provochi inquietudine nei bambini che vi assistono e li getti in uno stato di angoscia è, per così dire, un dato di esperienza quotidiana. Ho spiegato quest'angoscia dicendo che si tratta di un eccitamento sessuale, che sfugge alla comprensione dei bambini, anche perché è soggetto a un rifiuto dal momento che a esserne coinvolti sono i genitori, e per questo si trasforma in angoscia. In una fase precedente della vita, l'impulso sessuale per il genitore di sesso opposto non subisce alcun processo di rimozione e si manifesta liberamente.

Negli stessi termini sono indotto a spiegare le crisi di angoscia notturna accompagnate da allucinazioni (*pavor nocturnus*), così frequenti nei bambini. Anche in questo caso, non possono essere che impulsi sessuali non dominati dalla ragione e respinti; prendendone nota, ne risulterebbe probabilmente anche una ciclicità temporale, dal momento che l'incremento della libido sessuale può risultare tanto da impressioni eccitanti casuali, quanto dai processi di sviluppo spontanei, che si producono a fasi. Non dispongo di tutto il materiale d'osservazione necessario a portare a termine questa spiegazione.[332] I pediatri invece sembrano non disporre dell'unica prospettiva che consenta la comprensione di questo insieme di fenomeni, sia dal lato somatico sia da quello psichico. A riprova di quanto si possa mancare per poco la comprensione di casi del genere, accecati dai paraocchi della mitologia medica, vorrei citare il buffo caso che ho rinvenuto nella tesi sul *pavor nocturnus* di Debacker.[333]

Un ragazzo di tredici anni, di salute cagionevole, divenne improvvisamente pauroso e trasognato; prese a dormire un sonno inquieto, interrotto quasi ogni settimana da una grave crisi d'angoscia accompagnata da allucinazioni. Il ricordo di questi sogni era sempre molto chiaro. Poté quindi riferire che il *diavolo* gli aveva intimato: «Ora ti abbiamo, ora ti abbiamo», e che sentiva odore di pece e di zolfo e il fuoco che gli bruciava la pelle. Si svegliava dal sogno in preda allo spavento, senza riuscire in un primo tempo a gridare, finché liberava la voce e lo si sentiva dire chiaramente: «No, no, non me, non ho fatto niente». Oppure: «No, per favore, non lo farò mai più». Alcune volte disse anche: «Non è stato Alberto». In seguito evitò di spogliarsi «perché il fuoco lo afferrava solo quando era svestito». Nel periodo in cui i sogni del diavolo lo tormentavano, fino a togliergli la salute, fu mandato in campagna dove nel giro di un anno e mezzo si riprese; un giorno, a quindici anni, confessò: «Non osavo confessarlo, ma sentivo di continuo una sensazione di pizzicore ed eccitazione nelle *parti intime*.[334] Ne ero così provato che più volte ho pensato di buttarmi dalla finestra del dormitorio». Non è affatto difficile indovinare:

1) che in passato il ragazzo si era masturbato, probabilmente l'aveva negato ed era stato minacciato di gravi punizioni per il

[332] In seguito questo materiale è stato fornito in misura abbondante dalla letteratura psicoanalitica. [Nota aggiunta nel 1919]

[333] F. Debacker, *Des hallucinations et terreurs nocturnes chez les enfants* (Parigi 1881) p. 66.

[334] Sottolineato da me; del resto inequivocabile.

suo brutto vizio (la sua confessione: «Non lo farò mai più», il suo negare: «Non è stato Alberto»); 2) che gli stimoli della pubertà gli avevano ridestato, con quel pizzicore ai genitali, la tentazione di masturbarsi; che però in quel momento 3) aveva luogo in lui una lotta di rimozione, che reprimendo la libido la trasformava in angoscia, la quale sottostava a posteriori alle punizioni che erano state minacciate un tempo. Sentiamo invece le conclusioni del nostro autore: «Risulta da quest'osservazione:

1) Che sotto l'influsso della pubertà, un ragazzo di salute cagionevole può cadere in uno stato di grande debolezza, e che può quindi essere vittima di *un'anemia cerebrale molto grave*.[335]

2) Quest'anemia cerebrale produce trasformazioni del carattere, allucinazioni demonomaniache e stati d'angoscia notturna, forse anche diurna, molto intensi.

3) La demonomania e gli autorimproveri del ragazzo sono da imputare all'influenza dell'educazione religiosa impartitagli da bambino.

4) Tutti i fenomeni sono scomparsi dopo la pubertà, in seguito a un prolungato soggiorno in campagna, grazie a esercizi fisici e recupero delle forze.

5) È lecito forse attribuire all'ereditarietà e alla sifilide di cui un tempo soffrì il padre una predisposizione all'insorgenza dello stato cerebrale riscontrato nel bambino.

Conclusione: Abbiamo inserito questo caso nel quadro dei deliri apiretici d'inanizione, attribuendolo in particolare a una forma di ischemia cerebrale».

E. Il processo primario e il processo secondario. La rimozione

Penetrando più a fondo nella psicologia dei processi onirici, sto percorrendo un duro compito per il quale anche la mia capacità espositiva basta appena. Riprodurre nella descrizione la simulta-

[335] Questo è un mio corsivo.

neità di un rapporto complesso sta diventando troppo pesante per le mie capacità. Porto con me conseguenze del non poter seguire lo sviluppo storico delle mie idee. Le intuizioni sulla concezione del sogno derivano da lavori precedenti sulla psicologia delle nevrosi, alla quale però non dovrei far riferimento in questa sede e alla quale però devo continuamente tornare; ecco, vorrei procedere in direzione inversa, stabilendo a partire dal sogno le relazioni con la psicologia delle nevrosi. Intuisco tutte le difficoltà che incontrerà il lettore, ma non conosco alcun mezzo per evitarle.

Scontento di questa situazione mi riferisco volentieri ad un altro punto di vista, forse di valore superiore. Mi trovo di fronte a un argomento dominato dai più violenti contrasti di opinione fra gli studiosi, come ho evidenziato nella premessa al capitolo 1. Nell'elaborazione dei problemi del sogno, si sono evidenziati il maggior numero di questi contrasti. Sono stato costretto a contestare – e in modo addirittura deciso – soltanto due delle opinioni: l'opinione che il sogno sia un processo privo di senso e quella che sia un processo somatico; ma per il resto ho dato ragione dell'intricato contesto della nostra trattazione, a tutte le opinioni in contrasto fra loro e ho dimostrato che i vari autori avevano scoperto qualcosa di esatto. Che il sogno prosegua le aspirazioni e gli interessi della veglia è stato appurato in modo assolutamente incontestabile dalla scoperta dei pensieri onirici latenti. Questi affrontano unicamente quello che ci sembra importante. Il sogno non affronta mai fatti non interessanti per il sognatore. Ma è stato capito anche il contrario, ovvero che il sogno raccoglie i "rifiuti" della giornata e non riesce a far proprio un interesse per il diurno, se questo non si è prima sottratto, in qualche modo, al lavoro della veglia. Questa conclusione mi è sembrata valida per il contenuto del sogno, che dona ai pensieri onirici un'espressione trasfigurata dalla deformazione. Il processo onirico si impossessa più facilmente, per ragioni associative, del materiale recente, o di quello indifferente, di quel materiale che l'attività di pensiero vigile non ha ancora rimosso; e per ragioni di censura opera una traslazione di intensità psichica da ciò che è importante (o riprovevole) a ciò che è indifferente. L'ipermnesia del sogno e la disponibilità del materiale infantile sono i pilastri di base della teoria dei sogni; in essa, la parte indispensabile alla creazione del sogno è stata attribuita al desiderio che sorge dal materiale infantile. Ovviamente, non abbiamo mai pensato di sminuire l'importanza, sperimentalmente confermata, degli stimoli sensoriali esterni che intervengono comunque nel sonno in atto, ma abbiamo posto questo materiale nel medesimo rapporto dei residui ideativi, sopravvissuti al lavoro diurno. Non dobbiamo tuttavia negare che il sogno interpreta lo stimolo sensoriale oggettivo come se si trattasse di un'illusione, ma abbiamo aggiunto il perché di quest'interpretazione, che gli specialisti avevano lasciato indeterminato. L'interpretazione accade in modo che l'oggetto percepito non infastidisce il sonno e diventa utilizzabile per il soddisfacimento di un desiderio. Non ammettiamo, infatti, come fonte particolare del sogno, lo stato d'eccitamento degli organi sensoriali, che sembra appurato da Trumbull Ladd, ma siamo capaci di spiegarlo attraverso la rianimazione regressiva dei ricordi che recitano dietro il sogno. Anche alle sensazioni organiche interne, delle quali si fa volentieri il centro della spiegazione del sogno, è rimasta una parte, seppure piccola, nella nostra concezione. Queste sensazioni – cadere, essere librati, essere ostacolati – sono un materiale sempre pronto, con cui il lavoro onirico esprime i pensieri del sogno, ogni volta ve ne trovi un motivo. Secondo la percezione cosciente del contenuto onirico già generato, pare esatto dire che il processo onirico è veloce; seguendo le fasi precedenti di un simile processo, ci è sembrato probabile uno sviluppo lento e ondulante. A proposito del mistero costituito da un contenuto onirico numerosissimo, concentrato nell'attimo più corto, si è potuto offrire il chiarimento che ci si riferisce alla cattura di prodotti della nostra vita psichica ormai pronti. Che il sogno nei ricordi venga mutato e tagliato è sembrato esatto, ma non sconcertante, perché si tratta solamente dell'ultima fase, manifesta, di un lavoro di modificazione in atto sin dall'inizio della nascita del sogno. Nel dibattito petulante e forse inconciliabile tra chi sostiene che la vita psichica durante la notte è spenta e chi sostiene al contrario che dispone di tutte le sue capacità, esattamente come di giorno, si è dato ragione a entrambe le parti, senza però poter aderire a nessuna delle due. Nei pensieri del sogno sono state rinvenute le prove di un'attività intellettuale estremamente complicata che utilizza quasi tutti i mezzi a disposizione dell'apparato psichico; ma non si può non notare che i pensieri del sogno sono nati di giorno ed è anche necessario ammettere che esiste uno stato di sonno della vita psichica. In questa maniera, incredibilmente, ha acquisito significato particolare perfino la teoria del sonno parziale; ma non abbiamo posto la caratteristica dello stato di sonno nel disfacimento delle connessioni psichiche, bensì nell'impianto del sistema psichico, che di giorno governa e controlla il desiderio di dormire. L'allontanamento dal mondo esterno ha mantenuto il suo significato anche nella nostra idea; esso contribuisce, seppur non da solo, a rendere reale la regressione imposta dalla rappresentazione onirica. L'abdicare a dirigere ad arbitrio lo svolgimento delle rappresentazioni è inconfutabile; ma non per questo la vita psichica deve essere considerata come sprovvista di uno scopo, perché abbiamo notato che, venute meno le rappresentazioni volute, giungono al potere quelle indesiderate. E non solo abbiamo identificato la diminuzione nel sogno della concatenazione associativa ma abbiamo affidato ad esso un ambito nettamente superiore rispetto a quello che si potesse ipotizzare; abbiamo però anche scoperto che si tratta solamente della sostituzione obbligata di un'altra concatenazione giusta e importante. Certo, anche noi abbiamo definito il sogno come una cosa complessa e assurda; ma alcuni esempi ci hanno indubbiamente fatto apprendere quanto sapiente e preciso si mostri esso nel momento medesimo in cui assume i panni dell'assurdo. Nessun contrasto ci separa quanto le funzioni che sono state attribuite al sogno. Che il sogno scarichi la psiche come se si trattasse di una valvola di sfogo e che, secondo l'espressione di Robert,[336] ogni specie di fatti negativi diventino innocui attraverso la rappresentazione onirica è un fatto che non solo si sovrappone esattamente con la nostra teoria del doppio appagamento di desiderio tramite il sogno, ma permette, grazie alla sua formulazione, di comprendere più chiaramente la teoria di Robert. Il semplice e certo evolversi di tutte le facoltà psichiche si manifesta, nella nostra teoria, nella piena libertà permessa al sogno dall'attività preconscia. Il "rinascere della vita psichica, nel sogno, al modo di vedere embrionale" e l'osservazione di Havelock Ellis:[337] "un mondo arcaico di profonde emozioni e di pensieri *imperfetti*" ci sembrano efficaci anticipazioni delle nostre idee, che fanno partecipare alla nascita del sogno procedimenti operativi primitivi, censurati durante il giorno; l'affermazione di Sully[338] che "i nostri sogni sono un mezzo per

[336] W. Robert, *Der Traum als Naturnotwendigkeit erklärt* (Amburgo 1886).
[337] H. Ellis, *Pop. Sci. Mon.* Vol. 54, 721 (1899).
[338] J. Sully, *Fornightly Rev.*, vol. 53, 362 (1893).

non perdere queste primitive e successive personalità. Nel sonno torniamo alle nostre remote modalità di osservare le cose, come ai nostri antichi sentimenti verso di esse, ritorniamo quindi a impulsi e azioni che per lungo tempo ci sono appartenute" è stata dai noi sottoscritta; come per Delage[339], anche per noi il "represso" diviene il carburante del sogno.

Abbiamo accettato pienamente la parte che Scherner attribuisce alla fantasia onirica, oltre che le interpretazioni dello stesso autore, anche se gli abbiamo assegnato un'altra collocazione geografica all'interno dell'ampia regione del problema.[340] Non è il sogno a far nascere la fantasia, bensì al contrario è l'attività fantastica e inconscia a svolgere la parte più impegnativa nella formazione dei pensieri del sogno. Ringraziamo Scherner per averci indicato la fonte dei pensieri onirici; ma quasi tutto quello che egli affida al lavoro onirico va ridistribuito nei meandri delle attività dell'inconscio, che di giorno in giorno si sviluppano; quest'attività fornisce la trama del sogno nonché la base della nascita dei sintomi nevrotici. Per ovvi motivi siamo stati costretti a dividere il lavoro onirico da quest'attività. Inoltre, non abbiamo assolutamente rinunciato ad indagare la relazione tra sogno e disturbi psichici, anzi l'abbiamo fondata su una nuova base più solida.

Riuniti da ciò che di innovativo vi è nella nostra teoria del sogno, troviamo dunque inseriti nella nostra piramide di idee i risultati più diversi e contraddittori degli specialisti; alcuni li abbiamo utilizzati diversamente, solamente una minima parte respinta del tutto. Ma anche la nostra costruzione risulta ancora oggi imprecisa e non definitiva. Al di là degli innumerevoli dubbi che abbiamo incontrato addentrandoci nelle tenebre della psicologia, una nuova contraddizione sembra assalirci. Da un lato abbiamo fatto nascere i pensieri del sogno da un lavoro psichico del tutto classico; ma dall'altro abbiamo fatto emergere in mezzo a essi, e verso il contenuto onirico, una piccola serie di processi ideativi completamente estranei ed esagerati, che abbiamo attraversato poi nel corso dell'analisi. Tutto ciò che abbiamo definito "lavoro onirico" sembra allontanarsi a tal punto dai processi a noi noti e considerati giusti, da spingerci a considerare senz'altro come necessari anche i più critici giudizi

[339] Y. Delage, *Rev. Industr.*, vol. 2, 40 (1891).
[340] Scherner, *op. cit.*

degli specialisti sulla ridotta attività psichica presente nei sogni. Forse solamente spingendoci ancor più nel problema riusciremo a trovare una soluzione. Voglio scegliere una delle costellazioni che conducono alla genesi del sogno. Abbiamo visto che il sogno sostituisce molti pensieri della nostra vita diurna che sono connessi in maniera del tutto logica. Non possiamo perciò dubitare che questi pensieri sorgano dalla nostra vita mentale quotidiana. Nei pensieri del sogno si presentano tutte le qualità che ammiriamo altamente nei nostri corsi ideativi e attraverso le quali si caratterizzano come manifestazioni complesse di un indubbiamente alto livello. Ma nulla ci obbliga a supporre che questo lavoro intellettuale sia avvenuto durante il sonno. Questo interferirebbe gravemente sulla rappresentazione dello stato di sonno psichico, sulla quale ci siamo finora basati. Queste idee, piuttosto, possono benissimo derivare dalla vita diurna, ed essersi prolungate oltre misura, al riparo dallo sguardo vigile della coscienza, e quindi anche essersi ritrovate belle e pronte al momento del nostro cadere nel sognare. Dovendo trarre qualche conclusione da quanto detto, potrebbe essere la prova che *le attività intellettuali più complesse sono possibili senza l'intervento della coscienza.* Avremmo dovuto saperlo da qualsiasi seduta di psicoanalisi con un paziente isterico o con una persona soggetta a nevrosi ossessiva. Questi pensieri onirici non sono certo incapaci di giungere a coscienza; e se durante la vita diurna non ne abbiamo preso coscienza, ciò dipende da svariate motivazioni. La presa di coscienza è collegata con l'applicazione di una data funzione psichica, l'attenzione, che impiegata soltanto in quantità precisa potrebbe essere allontanata dalla rispettiva successione di pensieri verso nuovi lidi. Vi è un'altra modalità attraverso la quale simili successioni ideative possono venire defraudate della loro coscienza: per esempio sappiamo dal nostro pensiero cosciente che, quando usiamo l'attenzione, seguiamo una strada ben precisa; e se su questa via arriviamo a compiere una rappresentazione che non regge alla critica, smettiamo, cambiamo, lasciamo diminuire l'attenzione che vi abbiamo riversato. Ora sembra che la serie di pensieri incominciata e successivamente abbandonata possa poi proseguire la propria storia senza che l'attenzione intervenga nuovamente, a meno che non raggiunga un'intensità decisamente alta. Un rifiuto iniziale, forse conscio, pone il giudizio come un processo ideativo impreciso e può dunque essere la causa del fatto che questo processo si dilunga, inosservato dalla coscienza, fino al momento stesso dell'addormentarsi.

Riassumendo, chiamiamo *preconscio* tale susseguirsi di pensieri, e riteniamo che sia giusto e che possa essere interrotto e represso. Diciamo anche in che modo ci raffiguriamo lo svolgimento della rappresentazione. Noi siamo convinti che, partendo da una rappresentazione finalizzata lungo le vie associative che questa ha deciso, venga mossa una certa qualità di eccitamento, che possiamo definire "energia di investimento". Una successione di pensieri "trascurata" non ha avuto un simile investimento; e questo è stato ritirato da una successione "repressa" o "rifiutata"; entrambe sono lasciate ai loro privati eccitamenti. Il susseguirsi di pensieri finalizzati diventa capace in particolari condizioni di attirare su di sé l'attenzione della coscienza, e con la mediazione di quest'ultima ottiene poi un "sovra-investimento". Un po' più avanti dovremo approfondire le nostre ipotesi sulla natura e sull'attività della coscienza.

Una successione di pensieri nata in questo modo nel preconscio può finire spontaneamente o conservarsi. Nel primo caso, noi ipotizziamo che la sua energia si propaghi in tutte le direzioni associative che si dipartono dalla successione stessa, utilizzando tutta la catena di pensieri in uno stato di eccitazione di una certa durata, che poi va diminuendo perché l'eccitazione si trasforma in investimento inattivo. Se si manifesta questo primo caso, il processo perde di importanza. Ma nel nostro preconscio sono in pronte ad intervenire altre rappresentazioni finalizzate che derivano dai nostri sempre presenti desideri inconsci. Esse possono impadronirsi dell'eccitazione che è nella cerchia di pensieri lasciati a se stessi, ponendo così il collegamento tra questa cerchia e il desiderio inconscio, e attuando *una traslazione* su di essa dell'energia specifica del desiderio inconscio: da questo momento la successione di pensieri repressi è capace di conservarsi, anche se da questo invigorimento non le viene alcun diritto di accedere alla coscienza. Possiamo ipotizzare che la successione di pensieri finora preconscia *sia stata spostata nell'inconscio.* Altre geografie che portano alla formazione del sogno potrebbero essere: la successione preconscia di pensieri era sin dall'inizio collegata col desiderio inconscio, e per questo ha trovato l'atteggiamento negativo dell'investimento finalizzato dominante; oppure, per altri motivi, si è formato un desiderio inconscio il quale cerca una trasfigurazione sui residui psichici non attaccati dal preconscio. Alla fine, tutti e tre i casi mostrano lo stesso risultato: nel preconscio si attua una serie di pensieri che, disertato dall'investimento preconscio, ha avuto un investimento energetico dal desiderio inconscio. Da ora in poi il tratto di pensieri subisce una serie di trasformazioni, che non sono più processi psichici normali, e dalle quali si ottiene un risultato notevole: una formazione psicopatologica. Vogliamo sottolineare il tutto e dividerlo per punti:

1) Le qualità delle singole rappresentazioni diventano capaci di sfogare nella loro totalità e passano da una rappresentazione all'altra, in maniera che si formino singole rappresentazioni capaci di grande intensità. Reiterando più volte il processo, l'intensità di una serie di pensieri può trovarsi agglomerata in un unico elemento. È questa la *compressione* o *condensazione*, che abbiamo appreso a riconoscere durante il sogno. È la principale autrice della sorprendente impressione creata dal sogno, poiché nella vita psichica quotidiana e diurna, accessibile alla coscienza, non conosciamo nulla di simile. Anche nella vita psichica normale abbiamo raffigurazioni che rivestono grande importanza, come punti nodali, oppure come risultato finale di complesse corde di pensiero, però questo valore non si manifesta in alcun carattere che la percezione interna *possa comprendere*; ciò che è in essa rappresentato non diviene più intenso. Nella condensazione, tutto l'ambiente psichico si trasforma in *intensità* del contenuto rappresentativo. È come quando in un libro faccio stampare una parola in grassetto, oppure evidenziata in altra maniera, dove quindi aggiungo un valore fondamentale per la comprensione del testo. Parlando, direi una certa parola ad alta voce e con enfasi, accentuandola con passione. Il primo paragone porta a un esempio preso in prestito dal lavoro onirico. Gli studiosi d'arte notano che le più antiche sculture seguono un principio per certi versi simile, esprimendo l'importanza delle persone raffigurate in maniera direttamente proporzionale alla grandezza della figura. Il re è scolpito tre o quattro volte più grande degli altri, il nemico sconfitto è piccolo. Una scultura dell'epoca romana si servirà al medesimo scopo di mezzi ancora più raffinati: la figura dell'imperatore sarà al centro, e lo mostrerà ritto in tutta la sua personalità, e inoltre particolareggerà la sua perfezione, e mostrerà i nemici ai suoi piedi, ma non lo farà apparire un uomo tra dei nani. L'inchino del dipendente dinanzi al capo è ancor oggi un residuo di quell'antico principio. La direzione in cui procedono le pratiche del sogno è prescritta, da un lato, dalle

relazioni preconsce dei pensieri onirici e dall'altro dalla capacità di calamita propria dei ricordi visivi dell'inconscio. Il lavoro di condensazione ha come conseguenza le intensità richieste per l'irruzione nei sistemi percettivi.

2) A causa della libertà di traslazione propria delle intensità e al servizio della condensazione, nascono *raffigurazioni intermedie,* quasi dei compromessi. Anche in questo caso di tratta di qualche cosa di inaudito per il decorso normale delle cose. Al contrario, quando siamo alla ricerca dell'espressione linguistica adatta ai pensieri preconsci, si possono notare molto spesso formazioni di compromesso, che sono indicate da lapsus verbali.

3) Le rappresentazioni che spostano l'una all'altra le proprie intensità sono quelle caratterizzate dai *rapporti più deboli* e sono legate da tipi di associazioni che il nostro pensiero non ama e che concede frequentemente all'uso delle battute di spirito. Vengono considerate non assolute e sono le rappresentazioni accostabili per assonanza e contesto.

4) I pensieri in contraddizione non tendono a eliminarsi a vicenda, ma vivono l'uno al fianco dell'altro, e spesso si uniscono tra loro per produrre condensazioni *come se non vi fosse alcuna contraddizione*, o formano compromessi che spesso accettiamo nel nostro agire. Questi sarebbero alcuni dei più eclatanti processi anormali, ai quali vengono asserviti, nel corso del sogno, i pensieri che in precedenza sono stati formati razionalmente. L'unico aspetto importante – e in ciò viene riconosciuto il carattere fondamentale di questi processi – è rendere snello e *idoneo alla scarica* il potenziale di energia di investimento adoperato; il contenuto e il significato profondo degli elementi psichici, ai quali sono collegati questi investimenti energetici, diventano secondari. Si potrebbe anche ritenere che la condensazione e la nascita di compromessi si verifichino solamente al servizio della regressione, cioè quando si trasformano i pensieri in immagini. Ma dall'analisi e dalla sintesi di sogni diversi che difettano della regressione a immagini, per esempio del sogno "Autodidasker", risultano i medesimi processi di spostamento e di condensazione che possiamo rinvenire negli altri sogni.

Dobbiamo constatare che alla nascita del sogno partecipano due tipologie di processi psichici di natura diversa; il primo crea pensieri onirici perfettamente giusti, equivalenti al pensiero normale; l'altro procede in maniera scorretta. Già nel capitolo 6 abbiamo analizzato, isolandolo, quest'ultimo processo, chiamandolo lavoro onirico vero e proprio. Ma adesso che cosa possiamo notare a proposito della sua genesi? A questo punto non saremmo capaci di fornire una risposta se non fossimo imbevuti della psicologia delle nevrosi, e più esattamente dell'isteria. Questa ci insegna che gli stessi processi psichici scorretti – e altri non ancora elencati – dominano la produzione della sintomatologia isterica. Anche qui troviamo, in un primo momento tutta una serie di pensieri perfettamente giusti e per giunta decisamente assimilabili ai nostri pensieri coscienti, della cui vita però non possiamo sapere alcunché fino a quando ci si presentano attraverso questa forma. Se in qualche punto si inseriscono nella nostra percezione, dalla possibile analisi del sintomo in azione, desumiamo che i pensieri normali hanno subìto una trasfigurazione anormale e che *sono stati tradotti nel sintomo tramite quella che abbiamo definito una condensazione, una nascita di compromessi, di associazioni superficiali, un occultamento delle contraddizioni, quasi una regressione.* Considerando la piena identità esistente tra le caratteristiche del lavoro onirico e quelle dell'attività psichica fino alla nascita dei sintomi psiconevrotici, ci riterremo abilitati a trasferire al sogno le conclusioni che abbiamo tratto per l'isteria. Dalla teoria dell'isteria possiamo estrapolare il seguente principio: *una simile elaborazione psichica anormale di una sequenza di pensieri normale può accadere solo quando questa si è fatta portatrice di un desiderio inconscio che deriva dai ricordi dell'infanzia e che forse si trova in stato di rimozione.* Di conseguenza ad un simile principio, la teoria del sogno si basa sull'ipotesi che il desiderio fondamentale del sogno abbia origine sempre e comunque nell'inconscio, il che non sempre può essere dimostrato, però neppure respinto. Per poter definire la "rimozione", dobbiamo proseguire nell'architettare la nostra impalcatura psicologica.

Ci eravamo interessati alla finzione di un apparato psichico primitivo, il cui lavoro è regolato dallo sforzo di eludere un'accumulazione di eccitazione e di rendersi privo di stimoli. Per questo motivo, era realizzato secondo lo schema di un apparato riflesso; la motilità, ciò che controlla il mutamento interno del corpo, era la strada di cui disponeva per la scarica. Abbiamo analizzato poi le conseguenze psichiche di un'esperienza di soddisfacimento e avremmo potuto a questo punto inserire la seconda ipotesi, secondo cui un'accumulazione di eccitamento viene percepita come una tristezza e rende mobile l'apparato, con la finalità di ottenere nuovamente lo stato di soddisfacimento, dove la diminuzione dell'eccitamento viene sentita come piacere. Chiamiamo desiderio codesta corrente all'interno del meccanismo, che inizia col dispiacere e punta al piacere; abbiamo detto che nulla, al di là di un desiderio, è in grado di azionare il meccanismo e che in esso la vita dell'eccitamento è regolata automaticamente dalle percezioni di un piacere e un dispiacere. È possibile che il primo atto di desiderio sia stato un atteggiamento allucinatorio della rimembranza di soddisfacimento. Ma quest'allucinazione – a meno di non serbarla sino all'esaurimento – si rivelò inadeguata a provocare la fine del bisogno, ovvero il piacere collegato al soddisfacimento. Si rese così fondamentale una seconda attività che non favorisse l'avanzata fino al grado della percezione dell'investimento del ricordo e che non favorisse il collegamento, a partire da quel punto, di tutte le forze psichiche, ma guidasse l'eccitamento nascente dallo stimolo di bisogno per una via indiretta, la quale infine, tramite la motilità volontaria, trasformasse il mondo esterno in modo tale da permettere la percezione reale dell'oggetto di soddisfacimento.

Questo è lo schema dell'apparato psichico; i due sistemi sono il germe di ciò che, nell'apparato sviluppato appieno, indichiamo come *Inc* e *Prec*.

Per poter intelligentemente trasfigurare il mondo esterno attraverso la motilità bisogna raggiungere un gran numero di esperienze nei sistemi mnestici e inoltre fissare in maniera multiforme le relazioni, che a loro volta vengono evocate in questo materiale mnestico da diverse rappresentazioni finalizzate. Andiamo avanti. L'attività del secondo sistema, che diffonde investimenti e nuovamente li ritrae, ha bisogno da un lato di organizzare liberamente tutto il materiale mnestico e dall'altro lato si consumerebbe in maniera superflua, se spendesse nelle singole strade di pensiero enormi quantità di investimento energetico, che per giunta si disperderebbero inutilmente e diminuirebbero la quantità utile alla trasformazione del mondo esterno. Nell'interesse di una maggiore chiarezza, dichiaro dunque che il secondo sistema riesce a mantenere inattiva la maggior parte degli investimenti energetici e a utilizzarne per lo spostamento solamente una minuscola parte. Il meccanismo di questi processi non mi è chiaro; chi volesse approfondire quest'ordine di idee, dovrebbe rivolgersi alle analogie della fisica e scoprire una strada per illustrare il processo motorio attraverso l'eccitamento neuronico. Da parte mia, insisto solamente nel ritenere che l'attività del primo sistema sia finalizzata ad un *libero deflusso delle quantità d'eccitamento* e che il secondo sistema causi, attraverso gli investimenti che da esso diffondono *un ostacolo* al deflusso, una trasformazione in investimento energetico non attivo, e forse con una netta sproporzione di livello. Immagino quindi che il decorso dell'eccitamento sia legato a condizioni meccaniche nettamente diverse da quelle vigenti sotto il dominio del primo. Una volta finito il suo lavoro mentale di verifica, anche il secondo sistema fa in modo che sparisca l'ostacolo, permettendo così di sgorgare verso la motilità. Considerando adesso i rapporti tra quest'ostacolo al deflusso, messo in atto dal secondo sistema, e il regolamento effettuato dal principio di dispiacere, si può giungere a delle interessanti conclusioni. Cerchiamo il corrispettivo opposto dell'esperienza primaria di soddisfacimento, *l'esperienza di uno spavento esterno.* E ipotizziamo che uno stimolo percettivo, fonte di un'eccitazione dolorosa, agisca sull'apparato primitivo. Il risultato saranno espressioni motorie disordinate, sinché una di esse sottrarrà l'apparato alla percezione e contemporaneamente al dolore; tale espressione si ripeterà nuovamente alla riapparizione della percezione, fino al momento in cui quest'ultima scomparirà di nuovo. In questo ultimo caso non sopravviverà alcuna tendenza a reinvestire, sia in modo allucinatorio sia in altro modo, la percezione relativa alla nascita di un dolore. Nell'apparato primario esisterà la tendenza ad abbandonare quest'immagine mnestica penosa, nel momento in cui venga in qualche modo destata, quando il traboccare della sua eccitazione nella percezione farebbe insorgere un dispiacere. L'allontanamento dal ricordo, che è una banale ripetizione della fuga iniziale dalla percezione, viene anche semplificato dal fatto che il ricordo non ha qualità sufficiente per far nascere la coscienza, e quindi attirare un nuovo investimento. Quest'allontanamento semplice e lineare dal ricordo di quello che era angoscioso del processo psichico fornisce il modello della *rimozione psichica.* Ognuno di noi è consapevole di quanta parte di quest'allontanamento dall'angoscia si possa ancora oggi ritrovare nella vita psichica quotidiana di un uomo adulto.

Grazie al principio di dispiacere, il primo sistema è completamente incapace di trascinare qualunque evento angoscioso nella concatenazione ideativa. Esso può solo desiderare. Se nulla cambiasse, il lavoro ideativo del secondo sistema sarebbe ostacolato. Ora si aprono due possibilità: o il lavoro del secondo sistema si libera definitivamente dal principio di dispiacere e continua per la sua strada senza preoccuparsi del dispiacere legato al ricordo, oppure sa arricchire il ricordo spiacevole fino al punto di evitare la liberazione del dispiacere. Possiamo rifiutare la prima possibilità, perché il principio di dispiacere mostra di essere anche il regolatore del decorso di eccitamento del secondo sistema; siamo quindi diretti verso l'altra possibilità, per cui il secondo sistema investe un ricordo in maniera da impedirvi il deflusso dell'eccitamento, e quindi anche il deflusso in direzione dello sviluppo di dispiacere. Sono allora questi due i punti di partenza: il riguardo per il principio di dispiacere e il principio del minimo dispendio d'innervazione. E questi ci conducono alla possibilità secondo la quale l'investimento da parte del secondo sistema è allo stesso tempo un ostacolo al deflusso dell'eccitamento. Non dimentichiamo però che il secondo sistema *può affrontare una rappresentazione soltanto se è capace di inibire lo sviluppo di dispiacere che ne deriva.* Nel caso in cui qualcosa mancasse a quest'inibizione, rimarrebbe comunque inaccessibile anche al secondo sistema e perciò verrebbe abbandonato in virtù del principio di dispiacere. In ogni caso non serve che l'inibizione del dispiacere sia finita; è necessario riconoscere un inizio di dispiacere che mostri la natura del ricordo al secondo sistema ed eventualmente la sua diminuita idoneità alla finalità perseguita dal pensiero. Chiamerò adesso "*processo primario*" il processo psichico che è accettato unicamente dal primo sistema; *processo secondario*, quello che risulta dall'inibizione del secondo. Posso fornire ancora un'altra indicazione sulla finalità che costringe il secondo sistema a sistemare il processo primario. Quest'ultimo tende a scaricare l'eccitazione per stabilire, grazie alla quantità di eccitamento così raccolta, *un'identità di percezione*; il processo secondario abbandona quest'intento, per accoglierne al suo posto un altro, il raggiungimento di un'*identità di pensiero.* L'intera azione del pensare è soltanto una strada indiretta, che va dal ricordo di soddisfacimento, inteso come rappresentazione finalizzata, all'investimento identico dello stesso ricordo, che deve essere raggiunto nuovamente passando per le esperienze motorie. Il pensiero deve relazionarsi con le vie di comunicazione fra le raffigurazioni, senza lasciarsi sconcertare dalle loro intensità. È però esplicito che le condensazioni di rappresentazioni, le formazioni intermedie e di compromesso, creano problemi al raggiungimento di questa meta di identità: sostituendo una rappresentazione con l'altra, distanziano dalla strada che inizia dalla prima rappresentazione e che avrebbe poi condotto altrove. Questi processi vengono indubbiamente evitati nel pensiero secondario. Inoltre è immediato notare come il principio di dispiacere renda complesso il perseguimento dell'identità di pensiero da parte del processo ideativo, al quale peraltro offre i punti di appiglio più considerevoli. La tendenza del pensiero dev'essere rivolta a liberarsi e rendersi indipendente sempre di più dalla regolazione esclusiva messa in atto dal principio di dispiacere, oltre che a limitare l'evolversi di stati affettivi del lavoro ideativo a un minimo, ancora utilizzabile come segnale. Sembra che questo affinamento dell'attività sia raggiunto attraverso un ulteriore sovrainvestimento, mediato dalla coscienza. Ma sappiamo che esso riesce raramente in maniera soddisfacente, persino nella vita psichica normale, e che il nostro pensiero è accessibile alla falsificazione dovuta alla presenza del principio di dispiacere.

Ma non è questa la mancanza nella capacità funzionale del nostro apparato psichico che fa sì che i pensieri conseguenti al lavoro ideativo secondario cadano vittima del processo psichico primario: formula, questa, con cui è possibile raccontare il lavoro che può condurre sia al sogno sia ai sintomi isterici. L'inadeguatezza è la conseguenza dell'incontro di due momenti fondamentali della nostra storia evolutiva, uno dei quali spetta interamente all'apparato psichico e ha avuto un'influenza importante sul rapporto dei due sistemi, mentre l'altro interviene in misura minore e immette nella vita psichica forze motrici di origine organica. Entrambi nascono nella vita infantile e rappresentano un precipitato della trasformazione che il nostro corpo psichico e somatico ha subìto fin dai tempi dell'infanzia.

Se ho chiamato *primario* un processo psichico dell'apparato, l'ho fatto tenendo conto dell'ordine di importanza e di capacità delle sue qualità, ma anche facendo intervenire le condizioni temporali. Non esiste un apparato psichico che possieda soltanto il processo primario, questo è vero, ma per quel che ne sappiamo, è una finzione teorica. Rimane il fatto che i processi primari sono presenti fin dall'inizio, mentre quelli secondari nascono e crescono soltanto gradualmente, nel corso della vita; questi inibiscono e sostituiscono quelli primari, e ne hanno il pieno dominio forse a maturità avvenuta. Dopo questa comparsa tardiva dei processi secondari, il centro della nostra essenza, consistente in desideri inconsci, rimane volante e non soggetto a inibizione da parte del preconscio; il tutto è ridotto una volta per tutte ad assegnare agli impulsi di desiderio provenienti dall'inconscio le strade più semplici e facilmente percorribili. Per tutte le aspirazioni psichiche seguenti, questi desideri inconsci rappresentano una costrizione, cui debbono prostrarsi, e che possono eventualmente deviare e dirigere verso lidi più alti. In seguito a questo ritardo, una grande quantità del settore del materiale mnestico rimane preclusa anche all'investimento preconscio.

Tra questi moti di desiderio provenienti dall'infanzia, che non possono essere né distrutti né inibiti, ce ne sono anche taluni il cui appagamento è in rapporto di contraddizione con le rappresentazioni finalizzate del pensiero secondario. Il soddisfacimento di simili desideri non provocherebbe più uno stato affettivo di piacere, ma al contrario di dispiacere, *ed è proprio questa mutazione dello stato affettivo che costituisce il centro di ciò che definiamo "rimozione"*. In quale maniera e attraverso quali forze motrici, si effettua questa mutazione? Questo è il problema fondamentale della rimozione, che in questa sede accenneremo solamente. Ci basta tener presente che una simile trasformazione dello stato affettivo si verifica nel corso dell'adolescenza ed è legata all'attività del sistema secondario. I ricordi non sono mai stati semplici e accessibili al *Prec* e per questo motivo è quasi impossibile inibire tale sprigionamento. È a causa di questo sviluppo d'affetto che simili raffigurazioni non sono ora più accessibili. Entra in campo invece il principio di dispiacere che fa sì che il *Prec* si distanzi da questi pensieri di traslazione. Essi vengono abbandonati al loro destino, "rimossi", e in questo modo la presenza di un patrimonio mnestico infantile, sottratto sin dall'inizio al preconscio, diviene la condizione fondamentale e primaria della rimozione. Nel migliore dei casi, lo sviluppo di dispiacere termina non appena venga tolto l'investimento energetico ai pensieri di traslazione nel *Prec*, e un simile risultato vuol dire che l'intervento del principio di dispiacere è stato adeguato. È invece un discorso diverso se il desiderio inconscio rimosso ha un rafforzamento organico, che può passare ai suoi pensieri di traslazione, mettendoli in condizione di tentare grazie al loro eccitamento la penetrazione nella coscienza, e questo vale anche se sono stati abbandonati dall'investimento del *Prec*. Questa è una specie di lotta difensiva, perché il *Prec* rafforza l'opposizione ai pensieri rimossi (contro-investimento). Ma dal momento in cui i pensieri rimossi sono investiti fortemente dall'eccitazione inconscia del desiderio, e sono abbandonati dall'investimento preconscio, essi sono sottomessi al processo psichico primario e puntano a una scarica motoria oppure, trovando la strada spianata, ad una rinascita allucinatoria della desiderata identità percettiva. Prima abbiamo capito empiricamente che i processi scorretti si svolgono solamente su pensieri che sono stati rimossi. Siamo ora giunti al momento in cui dobbiamo procedere oltre. Questi processi scorretti sono nell'apparato psichico quelli primari; e si manifestano ogni volta che le raffigurazioni, abbandonate dall'investimento preconscio e lasciate in balìa di loro stesse, sono capaci di appagarsi con l'energia non inibita, e tendente a scaricarsi, che proviene dall'inconscio. Qualche altra osservazione è qui necessaria per sostenere la concezione secondo la quale simili processi chiamati scorretti non sono in realtà che falsificazioni dei processi normali, quasi degli errori di pensiero. Così vediamo che il trasferimento dell'eccitazione preconscia sulla motilità avviene mediante gli stessi processi, e che la connessione fra raffigurazioni inconsce e parole chiarisce facilmente gli stessi spostamenti e le stesse mescolanze, causa della distrazione. Inoltre, una prova dell'aumentare del lavoro necessario a inibire questi procedimenti primari potrebbe risultare come conseguenza dal fatto che otteniamo un effetto di *comicità, specialmente se consentiamo loro di penetrare nella coscienza.*

La teoria delle psiconevrosi dichiara con certezza che solamente impulsi di desiderio sessuali nei periodi di sviluppo della fanciullezza hanno subìto la rimozione (trasformazione affettiva) e che, successivamente, possono rinnovarsi e così provvedere a trovare le forze motrici necessarie ad ogni formazione di sintomi psiconevrotici. Solamente introducendo simili energie sessuali, si possono colmare le lacune ancora presenti nella teoria della rimozione. Intendo lasciare in dubbio se sia giusto avanzare il requisito dell'elemento sessuale e infantile anche per la teoria dei sogni; non intendo considerarla, dal momento che già l'ipotesi che il desiderio del sogno proviene ogni volta dall'inconscio non è più dimostrabile.[341] Inoltre non desidero indagare ancora in che

[341] In questo punto, come in altri dell'elaborazione del tema, vi sono delle lacune che ho lasciato apposta, visto che per colmarle sarebbe necessario un lavoro eccessivo e, dall'altra parte, sarebbe lo stesso se si utilizzasse del

consista la differenza nel gioco delle forze psichiche tra la nascita del sogno e quella dei sintomi isterici; infatti non abbiamo ancora alcuna conoscenza adeguata. Riconosco però una fondamentale importanza a un altro punto e devo ammettere che soltanto per esso ho raccolto qui tutte le discussioni sui due sistemi psichici, sui loro procedimenti operativi e sulla rimozione. In qualsiasi modo possa variare l'interpretazione della censura psichica, dell'elaborazione giusta e scorretta del contenuto dei sogni, resta appurato che tali processi sono in azione nella formazione dei meccanismi onirici e che figurano una importante analogia con i processi riscontrati nella formazione dei sintomi isterici. Il sogno certamente non è un fenomeno patologico e non ha per presupposto alcuna stranezza dell'equilibrio psichico, e del resto non lascia dietro di sé nessun de-potenziamento delle capacità operative. Considero assolutamente ridicola l'obiezione secondo la quale dai miei sogni, come da quelli dei miei pazienti nevrotici, non si possano dedurre informazioni sui sogni delle persone sane. Se dunque dagli accadi-

materiale che è estraneo al sogno. Ad esempio, ho evitato di indicare se alla parola "represso" fornisca un significato diverso dalla parola "rimosso". Il lettore forse avrà capito soltanto che quest'ultima accentua di più della prima l'appartenenza all'inconscio. Non ho tentato di spiegare un problema contiguo: il motivo per cui i pensieri del sogno subiscano la deformazione da parte della censura, anche quando rinuncino a continuare progressivamente il loro cammino verso la coscienza e scelgano invece la via della regressione. Allo stesso modo vi sono altre omissioni. Quello che soprattutto mi interessava era di offrire un quadro dei problemi che solleva un'analisi più approfondita del lavoro onirico e di indicare altri temi che vi sono connessi. Non ho sempre deciso con facilità in quale punto interrompere l'indagine. Se non ho trattato a fondo il ruolo delle rappresentazioni sessuali nel sogno e ho evitato di interpretare sogni con un contenuto apertamente sessuale, questo dipende da un motivo particolare che forse non è lo stesso che il lettore crede. Per via delle mie opinioni personali e della teoria che difendo in neuropatologia, non c'è nulla di più lontano da me che considerare la vita sessuale come un *pudendum* che non deve preoccupare né il medico né lo scienziato. Credo che sia ridicola l'indignazione morale per la quale il traduttore tedesco della *Spiegazione dei sogni* di Artemidoro di Daldi fu costretto a sopprimere l'intero capitolo dedicato ai sogni sessuali impedendone la conoscenza al lettore. Il mio unico motivo sta nel fatto che, per dare una spiegazione ai sogni sessuali, avrei dovuto impegnarmi nei problemi ancora oscuri della perversione e della bisessualità; e così, mi sono riservato tutto questo materiale per un lavoro futuro.

menti deduciamo le forze motrici della nostra vita onirica, dobbiamo anche ammettere che il meccanismo psichico nevrotico non sorge da un'alterazione patologica che attacca la vita psichica, ma che si trova già bello e pronto nelle strutture normali del nostro apparato psichico. Volendoci accontentare di una piccola crescita di conoscenza certa e non dubitabile, diremo: il sogno ci mostra come il materiale rimosso continua ad esistere anche nell'uomo normale. Simile materiale rimane ancora capace di influenzare la nostra vita. È il sogno stesso una delle manifestazioni di ciò che è represso; e secondo la teoria lo è in tutti i casi, secondo l'esperienza concreta in una gran parte di essi. Quello che è rimosso e represso, quello che nella vita quotidiana è stato occultato e attaccato nella propria espressione dall'eliminazione delle contraddizioni, ed escluso dalla percezione interna, può trovare nella vita notturna mezzi e vite e strade e percorsi per imporsi alla coscienza.

Flectere si nequeo Superos,
Acheronta movebo.

Se non potrò piegare gli Dèi,
Mi indirizzerò verso l'Acheronte.

Ma l'interpretazione del sogno è la maniera migliore per una buona conoscenza dell'inconscio nella vita psichica.

Attraverso l'analisi del sogno, si può ottenere una conoscenza parziale della composizione di questo strumento che è così misterioso e stupendo e affascinante; certo, noi possiamo avere solamente una conoscenza parziale, che è un inizio importante per comprendere la realtà dell'essere umano. Dal momento che la malattia – almeno quella funzionale – non distrugge l'apparato né la produzione di nuove scissure al suo interno, bisogna interpretarla in maniera dinamica, tramite il rafforzamento o l'indebolimento delle sezioni che influiscono sul gioco di forze. In altre occasioni future potremmo inoltre segnalare in che modo la struttura dell'apparato, basata su due istanze, renda possibile anche all'attività normale un affinamento che altrimenti sarebbe impossibile.[342]

[342] Il sogno non è l'unico fenomeno che fa sì che si possa fondare la psicopatologia sulla psicologia. In una serie di studi non ancora completa, uscita su "Monatsschrift für Psychiatrie und Neurologie" (*Meccanismo psichico della dimenticanza*, 1898; *Ricordo di una copertura*, 1899) ho di-

F. L'INCONSCIO E LA COSCIENZA. LA REALTÀ

Osservando con maggiore attenzione la realtà ci accorgiamo che non è l'esistenza di due sistemi posti nei pressi di un'estremità motoria dell'apparato, ma quella di *due processi o modi di decorso dell'eccitazione*, che le disamine psicologiche dei capitoli precedenti ci hanno portato ad ammettere. Per noi le cose non cambiano; dobbiamo essere sempre capaci di lasciar cadere le nostre idee ausiliarie, specialmente se riteniamo che non siano assolute. Tentiamo ora di aggiustare il tiro, dal momento che consideravamo i due sistemi, nel senso più facile e grossolano, come due luoghi posizionati all'interno dell'apparato psichico; questi atteggiamenti hanno lasciato la loro impronta nell'utilizzo dei termini "rimuovere" e "penetrare". Quando dichiariamo che un pensiero inconscio tende alla traduzione nel preconscio per poi entrare nella coscienza, non intendiamo che debba formarsi un secondo pensiero posizionato in un altro luogo e accanto al quale continua ad esistere l'originale; e anche per la penetrazione nella coscienza, intendiamo evitare qualsiasi idea relativa alla modifica del luogo. Quando dichiariamo che un pensiero preconscio è stato rimosso e poi sistemato nell'inconscio, queste immagini – prese in prestito da una serie di idee che può ricordare la lotta per un territorio – potrebbero indurci nell'ipotesi che veramente, in uno degli spazi della psiche, un ordine sia frantumato e sostituito da un nuovo ordine, però nell'altra località. Prendiamo quindi per paragone un'immagine che sembra condurci alla realtà dei fatti, ovvero: un investimento energetico viene spostato su di un certo dispositivo o ne viene ritirato, in maniera tale che la struttura psichica si trova nel dominio di un'istanza oppure ne viene distolta. Qui sostituiamo nuovamente a una maniera di rappresentazione topica una maniera di rappresentazione dinamica; non è la struttura psichica che ci appare come una parte dinamica, al contrario la sua innervazione.[343]

mostrato che era possibile basarsi sulla stessa conoscenza per interpretare moltissimi fatti psichici quotidiani. Questi ultimi e altri saggi sulle dimenticanze, sui lapsus verbali, su atti mancati e così via, sono stati riuniti nella *Psicopatologia della vita quotidiana*. [Parte aggiunta nel 1909]

[343] Si è reso necessario elaborare e modificare questa concezione non ap

Comunque reputo importante continuare a utilizzare una raffigurazione plastica dei due sistemi. Per evitare degli abusi bisogna ricordare che raffigurazioni, pensieri, e più in generale le formazioni psichiche, non possono affatto venire individuate negli elementi organici del sistema nervoso, ma *tra questi*, e così le resistenze e le semplificazioni ne rappresentano il corrispettivo necessario. Tutto quello che può essere oggetto della nostra percezione interna risulta essere *virtuale*, esattamente come l'immagine nel telescopio mostra il passaggio di raggi luminosi. Ma i sistemi – che da parte loro non sono assolutamente psichici e non divengono mai penetrabili dalla nostra percezione psichica – ci è permesso considerarli quasi come delle lenti di telescopio che proiettano l'immagine. Insistendo su questa possibilità, la censura tra due sistemi corrisponderebbe alla rifrazione dei raggi del telescopio, nel passaggio in un nuovo mezzo.

Abbiamo fino ad ora praticato della psicologia per conto nostro; ma è giunto il momento di ritrovare le concezioni scientifiche che governano la psicologia odierna e quindi di analizzare il rapporto con i nostri orientamenti. La questione dell'inconscio nella psicologia è, secondo la nobile asserzione di Lipps,[344] non tanto un problema psicologico quanto il problema stesso di tutta la psicologia. Fin quando la psicologia affrontava questo problema attraverso la dichiarazione che lo "psichico" è esattamente il "cosciente", e che i "processi psichici inconsci" sono un esplicito controsenso, era inaccettabile utilizzare la psicologia per le osservazioni che un medico poteva trarre da stati psichici atipici. L'incontro fra medico e filosofo è credibile solamente se entrambi concordano sul fatto che i processi psichici inconsci sono "l'espressione funzionale e ben giustificata di un fatto concreto". Il medico non può che rifiutare drasticamente l'assicurazione che "la coscienza è il carattere indispensabile dello psichico" ed al massimo, se il suo rispetto per le formule dei filosofi glielo permette, può dire che medico e filosofo non si occupano dello stesso oggetto e non studiano la stessa

pena fu riconosciuto, come carattere essenziale di una rappresentazione preconscia, il suo legame con residui di rappresentazioni verbali. Si legga *L'inconscio*, 1915. [Nota aggiunta nel 1925]

344 T. Lipps, *Der Begriff des Unbewussten in der Psychologie*, relazione al III Congresso internazionale di psicologia, Monaco 1897.

scienza. Infatti, anche una singola osservazione di qualità riguardo la vita psichica di un nevrotico, oppure la sola analisi di un sogno, debbono pretendere la salda consapevolezza che i processi ideativi più difficili e giusti, ai quali non sarà negato certo l'appellativo di processi psichici, riescono a verificarsi senza smuovere la coscienza del soggetto.[345] Certo, il medico non sa di simili processi inconsci fino al momento in cui questi non influenzano sulla coscienza un'azione che permette una comunicazione o un'osservazione. Ma quest'effetto cosciente può chiarire un carattere psichico completamente differente dal processo inconscio, e quindi alla percezione interna può risultare assolutamente impossibile riconoscere nell'uno il sostituto dell'altro. Il medico deve avere il proprio diritto di avventurarsi, servendosi di un *procedimento dimostrativo,* nell'effetto cosciente e nel processo psichico inconscio; e in questa maniera può scoprire che l'effetto cosciente non è che un possibile risultato psichico del processo inconscio, e che quest'ultimo è divenuto cosciente come tale e, ancora, che è esistito e ha prodotto dei risultati senza in alcun modo negarsi.

Rinunciare alla sopravvalutazione della qualità della coscienza è condizione primaria e indispensabile per ogni sguardo adeguato allo svolgimento psichico. Secondo l'espressione di Lipps, l'inconscio è accettato come base generale della vita psichica.[346] L'inconscio è il cerchio più grande, che ospita al suo interno quello minore del conscio; e tutto quello che è conscio ha una parte di sé nell'inconscio, e l'inconscio può essere immobile nel suo gradino e semplicemente ambire al pieno valore di prestazione psichica. L'inconscio è letteralmente lo psichico reale, *altrettanto sconosciuto nella sua natura più profonda quanto lo è la realtà del mondo esteriore,*

[345] Sono felice di poter menzionare un autore i cui studi sul sogno hanno portato alle medesime conclusioni sul rapporto tra attività conscia ed inconscia. Du Prel afferma: «La domanda *cos'è l'anima?* ha bisogno necessariamente di una ricerca preliminare sull'identità di coscienza e anima. Il sogno non risponde positivamente a quest'indagine preliminare, mostrando che il concetto di anima va al di là di quello di coscienza, come ad esempio la forza di attrazione di un astro supera di molto la sua sfera luminosa». (*Philos. d. Mystik*, p. 47). «Non bisogna mai stancarsi di ribadire la seguente verità: coscienza e anima non sono concetti con la medesima estensione». [Nota aggiunta nel 1914]

[346] Lipps, loc. cit., 146 sg.

e a noi presentato dai dati della coscienza in maniera assolutamente incompleta, quanto lo è il mondo esteriore dalle segnalazioni ricevute dai nostri organi sensoriali.

Superando l'antica contrapposizione tra vita conscia e vita onirica attraverso la comparsa dello psichico inconscio nella posizione che gli spetta, si tolgono una serie di questioni riguardanti i sogni che hanno frequentemente preoccupato gli studiosi del passato. Molte attività, il cui accadere nei sogni poteva sbalordire, non vanno ora più assegnate al sogno, ma al pensiero inconscio presente e operante anche durante lo svolgersi del giorno. Se il sogno, secondo Scherner,[347] pare giocare con una rappresentazione simboleggiante del corpo, sappiamo che si tratta di fantasie inconsce che accondiscendono a impulsi sessuali, e che si manifestano non soltanto nel sogno ma anche nelle fobie isteriche. Quando il sogno conclude certe operazioni della vita diurna e mostra addirittura delle idee assolutamente valide, dobbiamo dedurre che si tratta solamente del travestimento del sogno, che infatti è opera del lavoro onirico e dell'attività ausiliaria di alcune forze oscure, che riemergono dalle profondità della psiche. L'attività intellettuale è opera delle stesse forze psichiche che l'effettuano durante il giorno. Forse siamo portati in maniera esagerata a sovrastimare il carattere conscio anche della produzione intellettuale e artistica. Dalle testimonianze di uomini enormemente produttivi, come Goethe e Helmholtz, conosciamo che l'essenziale e il nuovo delle loro creazioni si è loro presentato improvvisamente, giungendo così alla loro percezione come qualcosa di quasi già compiuto. Il concorso dell'attività conscia non può d'altronde meravigliarci nei casi in cui è necessaria una tensione di tutte le nostre energie spirituali. Ma spesso l'attività conscia nasconde ai nostri occhi ogni altra attività con cui essa collabora.

Quasi non è necessario esporre, come tema particolare, l'importanza storica dei sogni. Nel caso in cui un condottiero sia stato spinto da un sogno a compiere un'impresa temeraria, il cui risultato ha avuto importanza nella storia, si presenta un nuovo problema, ma solamente fino a quando si contrappone il sogno, come forza estranea, ad altre forze psichiche a noi più note; ma non più, se si interpreta il sogno come una *forma espressiva* di impulsi, sui quali durante la nostra vita diurna incombe una resistenza e che di notte

[347] Scherner, op. cit. pp. 114 sg.

si liberano nelle loro profonde fonti di eccitazione.[348] Il rispetto che le popolazioni del passato avevano per il sogno è come un omaggio a ciò che di indistruttibile vi è nell'animo umano, e al demoniaco che sviluppa il desiderio del sogno e che si annida nel nostro inconscio. Non è senza motivo che dichiaro che ci si riferisce al *nostro inconscio*, dal momento che quel che definiamo con tale nome non coincide con l'inconscio dei filosofi e nemmeno con l'inconscio di Lipps. Nel primo esempio, sembra individuare semplicemente l'opposto del conscio; l'esistenza, oltre ai processi consci, di processi psichici inconsci rappresenta una nozione che viene accanitamente contestata o fatalmente difesa. Con Lipps invece veniamo a sapere di un principio più ampio e complesso, secondo il quale tutto lo psichico esiste sotto forma di inconscio, una parte del quale poi è presente anche come conscio. Ma non è per confutare un simile principio che ci siamo avvicinati ai fenomeni del sogno e della formazione dei sintomi isterici; l'analisi della vita diurna sana è sufficiente a stabilirlo, al di là di possibili dubbi. Ciò che di incredibilmente innovativo ci ha mostrato l'analisi delle formazioni psicopatologiche – e già della loro prima parte, il sogno – si riferisce al fatto che l'inconscio – lo psichico – si mostra come funzione di due sistemi divisi e in quanto tale è già presente nella vita psichica sana e normale. Vi sono quindi *due differenti tipologie di inconscio*, che negli studi degli psicologi non avevano ancora una distinzione. Entrambe formano un inconscio nel senso psicologico; ma secondo le nostre idee, uno – quello che chiamiamo *Inc* – non è capace di raggiungere la coscienza, mentre l'altro – *Prec* – sia pur schiavo di certi regolamenti complessi – forse soltanto sorpassando una nuova censura, e senza tener conto del sistema *Inc* – può arrivare alla coscienza. Il fatto che le eccitazioni per arrivare alla coscienza debbano percorrere una successione invariabile, quasi una processione di istanze, ci è servito a permettere un paragone spaziale. Abbiamo così mostrato le relazioni dei due sistemi – sia quelle interne che quelle con la coscienza – notando che il sistema *Prec* è quasi come uno schermo tra il sistema *Inc* e la coscienza; e che il sistema *Prec* non solo sigilla l'accesso alla coscienza, ma comanda pure l'accesso alla motilità volontaria, disponendo inoltre dell'emissione di una forza d'investi-

[348] Si guardi a questo proposito il sogno di Alessandro Magno durante l'assedio di Tiro (σὰ-Τυρος), citato nella nota 4 del cap. 2. [Nota aggiunta nel 1911]

mento mobile, una parte della quale ci è nota come attenzione.[349] Dobbiamo stare alla larga anche dalla divisione tra *coscienza superiore* e *coscienza inferiore*, che ha incontrato molta fortuna nella letteratura più recente sulle psiconevrosi, perché proprio essa amplifica l'equivalenza tra psichico e conscio.

Cosa resta nella nostra esposizione della coscienza, che una volta era onnipotente e occupava tutto il resto? Direi solamente *il ruolo di organo di senso per la percezione di qualità psichiche.* Secondo il concetto principale del nostro ragionamento, possiamo interpretare la percezione cosciente esclusivamente come attività propria di un sistema specifico, per il quale è necessaria la definizione breve C; ecco, ipotizziamo che questo sistema sia accostabile nei suoi aspetti più meccanici ai sistemi percettivi chiamati P, e quindi: reso eccitabile da qualità psichiche e invece non adatto a conservare la traccia delle mutazioni, in altre parole senza memoria alcuna. L'apparato psichico che, con l'organo di senso dei sistemi P, è dedicato al mondo esterno, assume lo stesso ruolo di mondo esterno in funzione dell'organo di senso della C, la cui giustificazione teleologica risiede esattamente in un simile rapporto. Ed ecco ancora una volta il principio della processione di istanze che pare dominare la struttura dell'apparato. Il complesso delle eccitazioni si dirige verso l'organo di senso della C da ben due parti: dal sistema P, la cui eccitazione, determinata dalle sue qualità, subisce un nuovo sviluppo fino a diventare sensazione cosciente, e dall'interno dello stesso apparato, i cui funzionamenti di ordine quantitativo sono percepiti, esattamente quando giungono a determinate trasfigurazioni, ovvero come serie qualitative di piacere e dispiacere. Per i filosofi che hanno appurato la possibilità di formazioni ideative corrette e decisamente complesse anche senza partecipazione della coscienza, è risultato indubbiamente complesso attribuire alla coscienza una determinata funzione; è infatti sembrata loro un'immagine superflua, un riflesso del processo psichico ormai sviluppato. L'analogia tra il sistema C e i sistemi percettivi ci può chiarire il tutto. Infatti possiamo osservare che la percezione, attraverso i nostri organi di senso, ha come

349 Si guardi la mia *Nota sul concetto di inconscio nella psicoanalisi*, in cui si analizza il significato descrittivo, dinamico e sistematico del termine ambiguo "inconscio". [Nota aggiunta nel 1914]

conseguenza il dirottare un investimento di attenzione proprio in quelle vie attraverso le quali si propaga l'eccitazione sensoriale in arrivo; l'eccitazione qualitativa del sistema P infatti è necessaria per regolare il decorso della quantità mobile presente nell'apparato psichico. Possiamo avvalerci della medesima attività per l'organo di senso sovrastante, quello del sistema C. Intuendo nuove qualità, esso presta un nuovo contributo alla direzione e alla distribuzione funzionale delle quantità mobili di investimento. Attraverso la percezione di piacere e dispiacere, interferisce nel decorso degli investimenti all'interno dell'apparato psichico, che di solito agisce inconsciamente e per spostamenti quantitativi. È quasi certo che in un primo momento il principio di dispiacere regoli automaticamente gli spostamenti dell'investimento energetico; ma è pure assai chiaro che la coscienza di codeste qualità metta in atto una seconda e più raffinata regolazione capace addirittura di opporsi alla prima, nonché di perfezionare la capacità di prestazione dell'apparato tutto, mettendolo nella condizione, contrariamente alla primitiva disposizione, di investire e sviluppare anche tutto quello che è connesso con uno sprigionamento di dispiacere. La psicologia delle nevrosi ci mostra che a questi regolamenti, compiuti dall'eccitamento qualitativo degli organi di senso, spetta una parte nettamente fondamentale nell'attività funzionale dell'apparato. Il dominio automatico del principio primario di dispiacere, e la conseguente limitazione della possibilità di prestazione, sono spezzati da regolazioni sensitive automatiche. La rimozione – che, originariamente importante, sfocia in una pericolosa rinuncia all'inibizione e al controllo della psiche – si realizza in questa maniera in modo più semplice sui ricordi piuttosto che sulle percezioni, dal momento che nei primi viene ad annullarsi l'aumento di investimento causato dall'eccitamento degli organi di senso psichici. Se da un lato un pensiero che deve essere rigettato talvolta non diviene cosciente, in quanto è soggetto alla rimozione, in altri casi invece può essere rimosso, semplicemente perché, per altri motivi, è stato sottratto alla percezione della coscienza.

Queste sono solamente delle possibilità di cui si serve la terapia per evocare rimozioni ormai compiute. Seguendo uno sguardo teleologico si scopre che niente dimostra il valore del sovra-investimento, prodotto dalla presenza regolatrice dell'organo di senso C sulla quantità mobile, meglio della nascita di una nuova serie qualitativa e quindi di una nuova regolazione, che rappresenta la prerogativa dell'uomo rispetto agli animali. Non a caso i processi ideativi sono privi di qualità con la sola eccezione dell'eccitazione concomitante di piacere e dispiacere, che però deve essere frenata da possibili elementi di perturbazione del pensiero. Per attribuire una certa qualità a simili processi, nell'uomo, si associano ai ricordi verbali, i cui resti qualitativi sono giusti per attrarre l'attenzione della coscienza e, di conseguenza, per rivolgersi al pensiero con un nuovo investimento energetico mobile. Solamente con l'analisi dei meccanismi ideativi isterici si può valutare tutta la complessità dei problemi della coscienza. Infatti se ne ricava la sensazione che anche il transito dal preconscio all'investimento della coscienza sia legato a una censura, esattamente simile alla censura tra *Inc* e *Prec.* Anche questa inizia ad agire solamente ad un certo livello quantitativo, e per questo perde il controllo delle formazioni di pensiero non molto rilevanti. Ogni specie di esempi in cui simili pensieri rimangono esclusi dalla coscienza, o vi entrano con rigide limitazioni, si trovano accorpati nell'àmbito dei fenomeni psiconevrotici; tutti possono suscitare l'attenzione sull'intimo e silenzioso rapporto esistente fra censura e coscienza.

Voglio terminare questa trattazione psicologica comunicando due casi di questo genere. L'anno scorso incontrai una ragazza dallo sguardo intelligente e disinvolto. La sua tenuta era stupefacente: mentre spesso l'abbigliamento femminile è curato in ogni minimo dettaglio, lei indossava una calza a penzoloni e due asole della camicetta erano sbottonate. Si lamentava di alcuni dolori ad una gamba e mostrava spontaneamente il suo polpaccio nudo. Ma la sua lagnanza principale era la seguente: *provava la sensazione in tutto il corpo di avere dentro di lei qualcosa che si muoveva.* Ogni tanto effettivamente il suo corpo *si irrigidiva.* Il mio collega, pure lui presente, mi guardò: trovò la lamentela inequivocabile. A entrambi infatti parve strano che la madre della paziente non avesse nessun sospetto. Inoltre la ragazza stessa non ipotizzava in nessuna maniera l'attendibilità più o meno presente nel suo discorso. Dunque, in questo caso specifico è stato possibile schermare la censura, in maniera da far giungere alla coscienza, sotto la fragile forma di una lamentela, una fantasia che di solito sostava nel preconscio. Un altro esempio: iniziai un trattamento psicoanalitico con un ragazzo di quattordici anni che aveva un tic convulsivo, del vomito isterico, e della cefalea; così gli dissi che chiudendo gli occhi forse avrebbe visto delle immagini e forse gli sarebbero tornati alla mente dei pensieri che poi sarebbe stato importante riferirmi. Mi rispose per immagini. Ritornò visivamente nel suo ricordo la sensazione che provò prima di venire da me. Infatti giocò a scacchi con un suo zio e in quel momento riusciva a vedere dinnanzi a sé la stessa scacchiera. Discuteva di diverse posizioni di gioco, favorevoli o sfavorevoli, come mosse non permesse. Poi notò che sulla scacchiera era posato un pugnale, di proprietà del padre, ma che la sua fantasia trasferiva esattamente sulla scacchiera. Poi vide un falcetto, una falce e infine l'immagine di un vecchio contadino che falciava l'erba dinnanzi la sua lontana casa natia. Non molti giorni dopo riuscii ad interpretare questa complessa serie di immagini. Una spiacevole situazione familiare aveva inquietato il ragazzo. Un padre severo e crudele, che era solito minacciarlo, lo aveva traumatizzato. Il divorzio del padre dalla madre che era comprensiva e affettuosa e in seguito il secondo matrimonio del padre con una giovane ragazza che presentò come la nuova mamma non contribuì a migliorare le cose. Pochi giorni dopo si manifestò la malattia del ragazzo. Era la rabbia celata contro il padre ad aver assemblato quelle immagini in trasparenti allusioni. Una reminiscenza antica ne aveva fornito il materiale. Il falcetto era quello con cui Zeus evirò il padre, la falce e l'immagine del contadino descrivevano Crono, colui che divora i suoi figli, del quale Zeus si vendica. Il matrimonio del padre era un'occasione per restituirgli le minacce che un tempo aveva dovuto sopportare perché giocava con i suoi organi genitali (il gioco degli scacchi; le mosse proibite; il pugnale). Si trattava di ricordi a lungo rimossi che si insinuavano nella coscienza attraverso il percorso indiretto fornito da immagini solamente *in apparenza prive di significato.*

A mio parere, quindi, il significato teorico dello studio sul sogno consisterebbe nei suoi aiuti forniti alla conoscenza psicologica e nelle conoscenze propedeutiche che è capace di donare allo studio delle psiconevrosi. Ma chiedo: chi può prevedere l'importanza cui può assurgere la conoscenza della struttura e delle attività dell'apparato psichico, se già il livello d'oggi del nostro sapere consente una felice influenza terapeutica sulle forme in sé guaribili di psiconevrosi? Ma sento domandare: qual è il valore effettivo e pratico di questo lavoro per la conoscenza psichica, per la scoperta delle segrete qualità caratteriali dei singoli individui? Non hanno gli impulsi inconsci, mostrati dall'attività del sogno, forse il valore di forze reali nella vita psichica? Quanto dobbiamo considerare il significato etico dei desideri repressi, che, così come creano sogni, forse un giorno riusciranno a creare altre cose? Forse non posso rispondere a simili domande. Le mie idee non hanno approfondito questo aspetto del problema del sogno. Ritengo però che non poteva avere in alcun modo ragione l'imperatore romano che fece uccidere il proprio suddito perché questi aveva sognato di ammazzarlo. Prima di tutto, si sarebbe dovuto impegnare nel comprendere il valore di quel sogno; perché molto probabilmente si trattava di altro. E anche se un sogno differente avesse avuto quel significato "pericoloso" di lesa maestà, sarebbe comunque giusto rammentarsi il noto detto di Platone: l'uomo virtuoso sogna quel che l'uomo malvagio fa. Penso quindi che sarebbe necessario mettere i sogni in libertà. Ma non sono nella condizione di dichiarare se si debba trovare una *realtà* ai desideri inconsci. Quando si hanno di fronte i desideri inconsci, nella loro manifestazione più veritiera, bisogna sapere che la *realtà psichica* è una specifica modalità di esistenza e che questa non deve essere mischiata e scambiata con la *realtà materiale*. Quindi non è permesso e non è idoneo il rifiuto degli uomini di prendersi la responsabilità dell'immoralità dei loro sogni. La comprensione della modalità di funzionamento dell'apparato psichico e l'esame di tutte le relazioni tra conscio e inconscio più che altro dileguano tutto quello che di mostruoso, scandaloso, e non etico vi è nella nostra vita onirica e fantastica. "Quel che il sogno ci ha mostrato sulle relazioni con il presente (la realtà), deve poi essere cercato anche nella coscienza, e non dobbiamo stupirci se poi troviamo il mostro che abbiamo osservato sotto la lente d'ingrandimento dell'analisi".[350]

Per valutare l'atteggiamento dell'uomo servono azione e interesse nel modo di sentire, entrambe si manifestano consciamente. Ma soprattutto l'azione merita d'essere al primo posto, dal momento che numerosi impulsi penetrati nella coscienza sono poi soppressi da reali forze presenti della vita psichica, e tutto questo ancor prima di immergersi nell'azione; anzi, di frequente non trovano alcun ostacolo psichico, e questo proprio perché l'inconscio è perfettamente consapevole che questi verranno filtrati in altra maniera. Ad ogni modo, è molto importante apprendere come conoscere quel terreno sconvolto sul quale con grande vanità si fondano le

[350] H. Sachs, *Jb. Psychoanal. Psychopath. Forsch.*, vol. 3, 569 (1912).

basi delle nostre virtù. La complessità del carattere di un uomo, infatti, giunge decisamente di rado ad un approdo per mezzo di una semplice alternativa, come forse imporrebbe la nostra antica e superata dottrina morale. E il significato del sogno per la conoscenza del nostro futuro? Direi che non è il caso di pensarci. Si dovrebbe invece inserire in sua vece che il sogno è fondamentale per la conoscenza del nostro passato. Il sogno deriva dal passato, in qualsiasi maniera decidiamo di interpretare questa frase. L'atavica credenza secondo la quale il sogno ci indica il nostro avvenire non è totalmente senza fondamento. Infatti il sogno, appagando un nostro desiderio, ci conduce in un certo senso anche verso il nostro futuro, e in qualche maniera può determinare le nostre azioni; ma attenzione, perché questo futuro, considerato dal sognatore come il suo presente, è influenzato dal desiderio insopprimibile come un'immagine forte e radicata del passato.